Mario Erschen

– STILLFRIED –

Ein Name im Wetterleuchten der Geschichte

Eine literarische Annäherung

2014

Böhlau Verlag Wien Köln Weimar

Gedruckt mit der Unterstützung durch die Österreichische Kulturvereinigung

Bibliografische Information der Deutschen Nationalbibliothek:
Die Deutsche Nationalbibliothek verzeichnet diese Publikation in der
Deutschen Nationalbibliografie; detaillierte bibliografische Daten sind
im Internet über http://dnb.d-nb.de abrufbar.

Umschlagabbildungen:
Die Stillfriedschen Vorfahren im »Nächtlichen Bankett« des Barockmalers Wolfgang Heimbach
metaphorisch zusammengefasst. © Kunsthistorisches Museum Wien, GG 599Schloss;
Stillfriedscher Stammsitz Schloss Neurode und Familienwappen

© 2014 by Böhlau Verlag Ges.m.b.H., Wien Köln Weimar
Wiesingerstraße 1, A-1010 Wien, www.boehlau-verlag.com

Alle Rechte vorbehalten. Dieses Werk ist urheberrechtlich geschützt.
Jede Verwertung außerhalb der engen Grenzen des Urheberrechtsgesetzes ist unzulässig.

Lektorat: Angelika Klammer, Wien
Korrektorat: Sonja Knotek, Wien
Satz: Michael Rauscher, Wien
Druck und Bindung: FINIDR s.r.o., Český Těšín
Gedruckt auf chlor- und säurefrei gebleichtem Papier
Printed in the Czech Republic

ISBN 978-3-205-79510-0

Roswitha, der allerinnersten Lektorin meiner Texte

Inhaltsverzeichnis

Entrata 13

– Alfons –

Kindheit und Jugend 17
Große Erwartungen 21
Der Erste Weltkrieg 26
Eine Geschichte in der Geschichte: Alice, die Schwester 30
Neubeginn 33
Die Erste Republik 37
Schlange und Kaninchen 43
Der Weltbrand 48
Der österreichische Widerstand 53
Georg bei den Gebirgsjägern 59
Menschen im Widerstand 62
Geiselhaft des Gewissens 64
Rudolf Marogna-Redwitz, ein deutscher Offizier gegen Hitler . . 67
Österreichs Widerstand im Aufwind 72
O5 74
Die Befreiung Wiens 82
Die Befreiung Tirols 85
Der Wiederaufbau 87
Der Tribun 90
Der Publizist 94
Der Verhandlungspartner 99
Im Gestrüpp der Zeitgeschichte 102
Kampf gegen Windmühlen 104
Alfons redivivus 105
Die Gedankenkathedrale 111
Familiäre Einkerbungen 121
Das Buch zwischendurch 122

Der Patriarch	123
Der Hiob von Neurode	125
Noch einmal Emanuel, Alfons Stillfrieds Cousin	128
Zwei Generalissimi	130
In seinem Leben die Wichtigsten	131
Ursprung des Hauses Stillfried	134
Die Summe eines Lebens	139

– BERNHARD –

Die Kindheit	142
Die Neulandschule	144
Die Sommerferien	146
Das Erste Regiment	149
Die Seeschlacht bei Lepanto	155
Vaters bayerischer Cousin	157
Krieg!	158
Das Donkosaken-Konzert	159
Georg zum Gedenken	161
Vaters Büffel	162
Bei der deutschen Kriegsmarine	164
An die Oder – oder was!	168
Nichts wie nach Hause!	170
Fortune	175
Paris	177
Gottgefällige Geschäftigkeit	179
Ira in Amerika	182
Ira Huzuliak	184
Bernhards Jahr in den USA	186
Studentenehe	189
Bei der BBC in London	192
Rutland Gate 28	196
Blackheath, ein Kommen und Gehen	196
Roland Hill	197
London – Wien und zurück	200
Fortune, Fortune	201
Wer nicht wagt …	204

Inhaltsverzeichnis

Morgenland	206
Beirut	207
Teheran	211
Istanbul	216
Kairo	218
Kulturreferent für den Vorderen Orient	220
In der Zielgeraden	224
Orientalische Ära	231
Den Nil aufwärts	238
Khalil und Gottes Weisheit	240
Musik auf Reisen, die »Stillfried-Tour«	241
Die österreichischen Ausgrabungen	244
Was sonst noch unter der Sonne gedeiht	249
Slatin Paschas Verehrerin	256
Ferien vom Nil	259
Büffels Geburtstagsgeschenk an den Vater	260
Wir haben einen Bruder!	263
Amphitheater, nicht schon wieder!	265
Nicht ohne Baedeker	267
Der Jom-Kippur-Krieg	268
Der Vater, die letzten Jahre	271
Was zeigt die Uhr?	275
Abschied vom Nil	276
London, das zweite Mal	277
BBC, ein anderer Name für Fortune	281
Von einem, der Hitlers Reden auswendig wusste	282
Die Spitze der Nadel	284
Gens electa, Herr Kollege!	288
Bernhards Baumschule	289
Ein ganzer Wald	293
Neue Maßstäbe	298
Mit Blick auf die Themse	301
The Golden Age was coming to an end ...	304
Die verschiedenen Arten, einer Kultursektion vorzustehen	306
Das Haus mit den fünf drinkcorners	308
Karrierismus, ein österreichisches Beispiel	309
Die Initiative	311
Historische Selbstbesinnung	314

Der Sektionschef und das Ende einer Erbfeindschaft	325
Entdeckung und Erforschung eines Subkontinents	335
Die Wende	337
Subkontinent zwischen Traum und Wirklichkeit	340
Dreizehn Tage, zwanzig Jahre	341
Eine Annexion der besonderen Art	346
Weggelegt	348
Bis neunundfünfzig nach zwölf	350
BILDTAFELN	353

– RAIMUND –

Um mit einem Rückblick zu beginnen	370
Weltenbummler, Globetrotter	376
Scheidung auf Japanisch	377
Das japanische Teehaus	379
Mexiko, eine verlorene Sache	382
Das literarische Kuckucksei	385
Was kam, wie es kommen musste	387
Kapitän im Pazifik	388
Die Preußen, wie schnell schossen sie wirklich?	390
Was über Raimunds Leben zu erzählen übrig bleibt	393
Das Ekel	394
Eine bedauernswerte Ehefrau, ein in seiner Ehre gekränkter Offizier und ein Erbschleicher	396
Rüdiger Cincinnatus	398
Ganz unter seinesgleichen in Prag	405
Ende und Anfang	410
Das nächtliche Bankett	411
Mondscheinadel	415
Der Traum	415
NACHBEMERKUNG	421
DANKSAGUNG	423

Inhaltsverzeichnis

QUELLEN 425

DIE ANFÄNGE DES STILLFRIEDSCHEN GESCHLECHTS 433

ALFONS STILLFRIED – ZEITTAFEL 435

BERNHARD STILLFRIED – ZEITTAFEL 437

RAIMUND STILLFRIED – ZEITTAFEL 439

PERSONENREGISTER 441

Entrata

Die wohlfeilste Art des Stolzes hingegen ist der Nationalstolz. Denn er verrät in dem damit Behafteten den Mangel an individuellen Eigenschaften, auf die er stolz sein könnte, indem er sonst nicht zu dem greifen würde, was er mit so vielen Millionen teilt. Wer bedeutende persönliche Vorzüge besitzt, wird vielmehr die Fehler seiner eigenen Nation, da er sie beständig vor Augen hat, am deutlichsten erkennen. Aber jeder erbärmliche Tropf, der nichts in der Welt hat, darauf er stolz sein könnte, ergreift das letzte Mittel, auf die Nation, der er angehört, stolz zu sein.

Arthur Schopenhauer

Ich sitze in dem kleinen Garten, dessen schattigste Stelle in den letzten Monaten mein bevorzugter Arbeitsplatz war. Vor mir auf dem Tisch die mit Dokumenten gefüllten Mappen und ein Stoß Bücher, alles gelesen, sortiert, griffbereit. Um mich herum die Mauern der Nachbarhäuser, die den in zwei Terrassen angelegten Garten umschließen und dem Ganzen eine südländische Note geben. Über mir der spätsommerliche Himmel Mittelitaliens, genauer gesagt: der Marken. Sie bilden die »Wade« des Stiefels und ihr Name erinnert an das deutsche Mittelalter, besonders an die Zeit der Hohenstaufer. Der Größte, den dieses Fürstengeschlecht hervorgebracht hat und unter allen deutschen Kaisern die faszinierendste Erscheinung, Friedrich II., ist in den Marken zur Welt gekommen. Jesi heißt seine Geburtsstadt und man schrieb das Jahr 1194.

Damit ist eine erste Verbindung zu meiner Erzählung hergestellt, denn Friedrich II. hat in der Goldenen Bulle von Eger Přemysl Ottokar I. als erblichen König von Böhmen anerkannt. Und eng verflochten mit dem Geschlecht der Přemysliden, mit der Geschichte Böhmens und Mitteleuropas ist das Haus Stillfried. Sein Ursprung und Weg durch mehr als ein Jahrtausend werden nur den Hintergrund meiner Erzählung bilden. In ihren Vordergrund stelle ich die von jüngerer und jüngster Vergangenheit umschlossenen Lebensläufe dreier Träger des uralten Namens, in unmittelbarer Generationenfolge bilden sie das Dreigestirn dieser Erzählung.

So faszinierend wie der Stoff ist auch sein historischer Hintergrund. Die Geschichte des Hauses Stillfried kennt viele Anfänge. So kommt es, dass jede Geschichte eine Vorgeschichte hat. Letztere reicht zurück bis in das 9. Jahrhundert, hin zu den Karolingern. Und noch in den fernsten Anfängen, wo Geschichtliches sich in das Gewand der Legende kleidet, hat der Zweifel gegen die Wahrscheinlichkeit einen schweren Stand.

Die Generationenkette, in der jedes Glied mit Namen und Biografie bekannt ist, beginnt lückenlos in der ersten Hälfte des 16. Jahrhunderts. Will man ein genaueres Datum festhalten, kann es 1519 sein, das Geburtsjahr Heinrichs des Älteren, Erbherr und Patriarch auf Schloss Neurode in Schlesien. Sein Name, in der damaligen Schreibung Heinrich Stillfried der Elder von Rattonitz auf Neurode, steht jedenfalls ganz oben auf der Deszendenztafel. Heinrich und seine beiden unmittelbaren Nachfolger in der Herrschaft über das Neuroder Hauptlehen, Sohn Bernhard I. und Enkel Bernhard II., kann man ein Dreigestirn nennen. Denn alle drei gingen, viel eindeutiger als spätere Erben, ganz in ihrer vom Feudalsystem definierten Bestimmung auf. Bodenständig waren sie, grund- und naturverbunden, lebten mit den Jahreszeiten, berechneten ihre land- und forstwirtschaftlichen Erträge noch selbst, schauten ihren Verwaltern genau auf die Finger. Sie waren unbeschränkte Herren über eine größere Zahl von Untertanen; das brachte ihnen auch Ehrenämter ein: richterliche, administrative und militärische. Ihr liebster Zeitvertreib aber war und blieb die Jagd. An diese Welt, die so sehr von ihrem Gutdünken abhing, grenzte die andere Welt, in der auch sie zu etwas ihnen Übergeordnetem aufblickten. Selbst Herren ihrer Macht hatten sich mit einem Wirt einzurichten, ohne den sie ihre Rechnung nicht machen konnten. Da gab es Liegenschaftsverträge, die zu ihrer Gültigkeit der Bestätigung des Landesherrn bedurften, und da gab es Lehen, die bei Wegfall bestimmter Voraussetzungen an die Krone zurückfielen; das Entgegenkommen oder die Nachgiebigkeit des Herrschers mussten im Regelfall mit hohen Summen erkauft werden. Aber liquid zu sein, war auf die Dauer nicht genug. Wer den Familienbesitz auch im Gegenwind der Zeiten unversehrt erhalten oder gar mehren wollte, musste es, wenn schon nicht faustdick, so jedenfalls doch hinter den Ohren haben: taktieren, finassieren und lavieren. Wo endete Bauernschläue und wo begann höhere Diplomatie? Gerade im Leben Heinrichs des Älteren, Bernhards I. und Bernhards II. hat derlei Bedeutung und zum Teil auch anekdotische Relevanz gehabt. Bei aller Verschiedenheit in Temperament und Charakter, jeder dieser drei Stillfrieds war Lehnsträger im ursprünglichen Sinn. Nach und nach änderte sich das, anfänglich vielleicht nur deshalb, weil der gerade an der Reihe befindliche Erbherr neue Vorlieben, zusätzliche Interessen oder weiterführende Ambitionen hatte, die seinen Horizont über die Grundgrenzen hinausschoben. Später sollten dann noch gewichtigere und allgemeingültige Gründe hinzutreten.

Verweilen wir ein paar Augenblicke in diesem schlesischen Winkel zwischen Glatz und Waldenburg, lassen wir sie unsere Fantasie beflügeln, die Namen der stillfriedschen Lehnsgüter: Neurode, Waldiz, Kunzendorf, Hausdorf, Volpersdorf, Ludwigsdorf, Gotschhein, das Kalte Floß, die Eile, Falkenberg, Schindelberg und die Hohen Gebirge samt dem Kalten Felde. Bleiben wir einige Augenblicke bei der ruhigen Schönheit, die diese Landschaft einst ausgestrahlt haben muss. Schöpfen wir aus dem eigenen Vorrat an Sinneseindrücken, die sich uns in ländlicher Umgebung, in freier Natur irgendwann einmal eingeprägt haben, holen wir sie uns hier zurück: den Kuckucksruf an einem Frühsommervormittag, die Schwalben über dem Dachfirst, den Juchtengeruch von Kutschenpolsterungen, den Duft des Flieders, das Winken von Mohnblumen, den Flug der Libellen, das Geräusch eines Landregens, das Schauspiel des Regenbogens. Schlesien gehörte in dieser Zeit zu Böhmen, das ein großes und mächtiges Königreich war.

Von dem seinem Grundbesitz noch ganz verbundenen Dreigestirn am Anfang der Zeiten von Neurode nun zu dem im 19. und 20. Jahrhundert verankerten stillfriedschen Dreigestirn: Raimund, Alfons und Bernhard. Gibt es etwas, das sie miteinander verbindet? Dass kein nennenswerter Besitz, geschweige denn Großgrundbesitz ihr Leben bestimmte, traf in der Familie vor ihnen schon auf andere zu. Dass ihr Adel gleichgesetzt werden kann mit dem, was José Ortega y Gasset »ein gespanntes Leben« genannt hat, »Leben, das immer in Bereitschaft ist, sich selbst zu übertreffen, von dem, was es erreicht hat, fortschreitet zu dem, was es sich als Pflicht und Forderung vorsetzt«, stimmt ebenso, doch in diesem Sinn *gespannt* mag schon das Leben früherer Stillfrieds verlaufen sein. Was also sind die Merkmale, die diese drei Männer miteinander, aber kaum mit früheren Generationen teilen? Erstens ein ausgeprägtes Misstrauen gegen herrschende Meinungen, Hand in Hand mit der Abneigung, sich von anderen ins Heft diktieren zu lassen, was klug und richtig sei. Für ihre Vorfahren hatte geistige Unabhängigkeit noch Grenzen gehabt; die eigene Meinung bedingungslos der des Monarchen unterzuordnen, war nicht nur für die Offiziere unter ihnen eine Selbstverständlichkeit gewesen. Das zweite Merkmal liegt in einer kritischen Haltung zum Adelsbegriff. Mit dieser Problematik setzte sich Alfons am konsequentesten auseinander. Intellektuell jedenfalls, obschon gerade er der alten Zeit und dem sogenannten Guten, das ihr nachgesagt wird, ein Leben lang stark verbunden blieb. Großvater und Enkel hingegen werden wir mit Blick auf die eigene Abstammung weit weniger nostalgisch erleben. Doch Standesdünkel, soviel ist sicher, war jedem der drei Protagonisten fremd.

Der Schreibplatz im Garten wird mir noch für einige Wochen erhalten bleiben. Unser Feigenbaum trägt heuer besonders reich. Die kleine Stadt, in der wir vor zwei Jahren unser Quartier aufgeschlagen haben, liegt auf einem Hügel und heißt Recanati; in ihr wurde 1798 Giacomo Leopardi geboren, einer der großen Dichter Italiens, für mich der größte. Auch er entstammte einem Adelsgeschlecht, dessen Nachkommen übrigens heute vom Weinbau leben. Der Wein gedeiht gut in der Gegend, besonders der rote. Mit Alfons Freiherrn von Stillfried und Rathenitz werde ich meine Erzählung beginnen. Sein Adelstitel hat das Ende der Habsburgermonarchie freilich nur um wenige Monate[1] überlebt, dieses eine Mal aber habe ich seinen Namen in aller der Historie geschuldeten Vollständigkeit angeführt. Ich verlasse die Generationenfolge, um in der Mitte einzusetzen, also bei Alfons, den seine Zeit auf eine Gratwanderung sandte, die über eine längere Strecke extremer und gefahrvoller kaum gedacht werden kann. Ich denke, das hebt ihn heraus.

---

[1] Das Parlament des neu entstandenen Staates Deutschösterreich hat am 3. April 1919 die Aufhebung des Adels, der weltlichen Ritter- und Damenorden und gewisser Titel und Würden beschlossen.

– ALFONS –

Kindheit und Jugend

Mit Alfons Stillfried also beginnt meine Erzählung. Geboren am 20. November 1887 zu Wien in der Reichsratsstraße am westlichen Rand des 1. Wiener Gemeindebezirks in einem der eleganten Wohnhäuser, deren Fassaden von dem eklektischen Stil der kaum mehr als einen Steinwurf entfernten Ringstraße geprägt sind. Alfons Mutter Helene, eine geborene von Jankovich, war schön und anmutig. Ein Foto zeigt sie Mitte zwanzig; sie hat kluge und gute Augen. Es fällt nicht schwer, sie sich als zärtliche Mutter vorzustellen, als milderndes Korrektiv zu ihrem um fünfundzwanzig Jahre älteren Mann. Denn Raimund Freiherr von Stillfried und Rathenitz beanspruchte – nach einem äußerst bewegten Leben als Soldat, Weltreisender, Unternehmer, Fotograf und Maler – auch als endlich sesshaft gewordener Familienvater seinen Freiraum, in welchem er, vor Kinderlärm abgeschirmt, seine nächste Ausstellung konzipieren oder an einem seiner Vorträge über ferne Länder feilen konnte. Helenes Vater hatte in der damals zu Ungarn gehörenden Slowakei ausgedehnte Güter besessen, die ihm jedoch beim großen Börsenkrach des Jahres 1873 abhanden gekommen waren. Er teilte dieses Schicksal mit manch anderem Gutsbesitzer, der, so wie er vom Börsenfieber befallen, das ganze Vermögen in Industrieaktien angelegt und alles verloren hatte. Doch Sándor von Jankovich war dank der Protektion von höherer Stelle das Schlimmste erspart geblieben. Man bestellte ihn zum Ökonomie-Direktor der Coburgschen Güter im ungarischen Fülek, wo er unter recht komfortablen Bedingungen ein hohes Alter erreichte. Helenes Mutter erlebte nur die ersten Jahre dieser neuen Existenz; sie starb in Fülek und ist dort begraben.

Alfons hatte eine Schwester, die zwei Jahre älter war. Sie hieß Alice und das Verhältnis zwischen den Geschwistern blieb, wenn wir von einer zwischenzeitlichen Trübung absehen, ein Leben lang besonders innig. Von den Jahren in der Reichsratsstraße und dem Leben, das seine Eltern dort führten, hat Alfons die Vorstellung von etwas ganz Besonderem bewahrt, etwas, was ihm selbst nie so recht vergönnt sein sollte: ein Leben in materieller Sorglosigkeit und gesellschaftlichem Glanz, ein »Leben auf großem Fuß«, wie er sich später ausdrückte. Dieses Bild wird sich kaum aus dem Stoff früher Kindheitserinnerungen zusammengesetzt haben, viel eher mögen es schwärmerische Reminiszenzen seiner Mutter gewesen sein, die Alfons später verinnerlicht hat. In seinen ältesten Erinnerungen spielten die Großeltern eine wichtige Rolle. Väterlicherseits gab es nur den Großvater August Freiherr von Stillfried und Rathenitz. Die Großmutter, eine geborene Clam-Martinitz und Ur-ur-ur …-Enkelin des beim berühmt-berüchtigten Prager Fenstersturz zusammen mit zwei anderen Leidensgenossen »defenestrierten« Kaiserlichen Rates Martinitz, war schon vor Langem gestorben. »Defenestrieren«, dieses schöne lateinstämmige Fremdwort für »aus dem Fenster werfen«, stammt aus stillfriedschen Unterlagen. Zu Großvater August, der in Wien-Währing wohnte, ging die Familie jeden Sonntag zum Mittagessen. Den alten Offizier hatte man als Folge einer erzherzoglichen Kabale mit dreiundfünfzig Jahren als Feldmarschallleutnant in Pension geschickt und genau genommen war es nur diese nie verwundene Kränkung, mit der er seit dem Tod seiner Frau noch auf du und du zusammenlebte, häuslich umsorgt von seiner Wirtschafterin Marie. Von dieser hatte er sich ausbedungen, jedes Mal, wenn er im Begriff sei, der ärgerlichen Neigung alter Leute nachzugeben und längst Erzähltes zu wiederholen, ihn zu ermahnen. »Exzellenz haben schon die Gnad' gehabt«, waren die Worte, mit welchen Marie sich dieser heiklen Aufgabe zu entledigen pflegte. Auch mütterlicherseits haben Alfons und seine Schwester so richtig nur den Großvater gekannt, die Erinnerung an die Großmutter war verblasst. Wie schon erwähnt, lebte Großvater Sándor als Ökonomie-Direktor in Fülek, wo Alfons mit Mutter und Schwester jahrelang die wunderbarsten Sommerferien verbracht hat. Jedem der Kinder wurde dort ein kleines Gartenstück zugewiesen, auf dem sie Gemüse anpflanzen und selbst ernten konnten; sogar ein Esel stand ihnen zur Verfügung! Eine alte Ruine, die sich in unmittelbarer Nähe befand, vervollständigte den Reiz. Raimund Stillfried hingegen hielt es nie lange in Fülek, höchstens zwei Wochen; er verstand sich nicht allzu gut mit seinem Schwiegervater, denn der verzärtelte ihm die Kinder. So wie er nach Fülek gekommen war, so fuhr er nach Wien zurück: mit dem Fahrrad, der Sparsamkeit und dem Sport zuliebe, wie er sagte, aber wohl auch, weil zu den Besonderheiten dieses Mannes ein deutlicher Zug zum Sonderling gehörte.

Ob Alfons eine glückliche Jugend hatte? Schon früh zeigte sich, dass er ein extravaganter Kopf war! Jugend als Auflehnung, Zweifel, Suche nach den eigenen Grenzen, Jugend als oftmaliges Anrennen und Anecken. Wer in seiner Jugend nicht radikal war, wird später bestenfalls Gediegenes leisten. Schule und extravagante Köpfe sind nicht für einander geschaffen. Die ersten sechs Jahre seines holprigen Wegs zur Matura legte Alfons an der Graf Strakerschen Akademie in Prag zurück, an welcher ihm sein Vater, ein auch bei Hofe geschätzter Maler und Fotograf, dem dessen ungeachtet Geldverlegenheiten nicht ganz fremd waren, einen kaiserlichen Stiftungsplatz verschafft hatte. Eine glückliche Wahl konnte man das nicht nennen. Die Methoden sowohl der Erziehung als auch des Unterrichts, deren man sich an dieser Anstalt bediente, hatten von Anfang an zu wünschen übrig gelassen und auch die Aufsicht durch die Präfekten war unzureichend. In seinen Erinnerungen meinte Alfons, die nachhaltigsten Lernerfolge habe er nicht den Lehrern, sondern dem schlechten Beispiel seiner älteren Kameraden zu danken gehabt. Zu seinen bittern Erfahrungen gehörten die Osterferien, denn während dieser hatte der Zögling Stillfried aus Gründen väterlicher Sparsamkeit (Reisekosten deckte das Stipendium nicht) in Prag zu bleiben. War das schon grau und traurig genug, zog es Alfons auch den Unmut des Präfekten zu, der sich nun selbst um den Urlaub gebracht sah.

Der Unterricht war so geregelt, dass die Zöglinge von der fünften Klasse aufwärts das öffentliche Gymnasium in Prag besuchen mussten, wo die »Strakianer«, wie man sie abfällig nannte, als die schlechtesten Schüler verrufen waren. Zum Skandal aber kam es in der Sexta. Im Religionsunterricht war von Hostienschändung die Rede gewesen; Ungläubige hätten mit etwas Spitzem eine geweihte Hostie durchbohrt, doch zu ihrem Entsetzen habe diese zu bluten begonnen. Alfons, für alles Außerordentliche empfänglich, faszinierte diese Erzählung über die Maßen; er beschloss eine Wiederholung des Experiments. Mit zwei Klassenkameraden schlich er nachts in die Internatskapelle, in welcher die Schüler täglich dem Frühgottesdienst beizuwohnen hatten. Alle drei glaubten nicht, dass die Hostie bluten würde. Sollte sie es aber tun, würden sie den geistlichen Stand wählen, das hatten sie gelobt. Es floss kein Blut! Noch der alte Stillfried quälte sich mit dieser Erinnerung, doch das Beunruhigende lag für ihn nicht so sehr in der eigenen Handlung, sondern darin, dass das unheilige Experiment auf nicht minder unheilige Weise bekannt geworden war. Einer der beiden Kameraden war die Tat beichten gegangen und der Geistliche hatte sein Beichtgeheimnis gebrochen! Die drei Täter flogen hochkant aus dem Internat. Alfons Vater nahm diese Nachricht mit großer Fassung auf, neigte er doch dazu, in der nächtlichen Eskapade kein Sakrileg, sondern eher eine fromme Regung zu sehen. Freilich, der Rekurs, den er wegen des verlorenen Stiftungsplatzes an den Kaiser richtete, blieb ergebnislos. Auch die beiden Komplizen scheinen den Hinauswurf halbwegs glimpflich überstanden zu haben; einer von ihnen brachte es zum Ministerialrat im Wiener Landwirtschaftsministerium, wo Alfons ihn übrigens noch manchmal besuchte. Doch birgt diese Geschichte nicht auch ein kleines Apropos, eines zum Prager Fenstersturz? Dieselbe Stadt als Schauplatz, die Dreizahl der »Defenestrierten«, ihr glücklicherweise weicher Fall, die religiösen Hintergründe und zu guter Letzt die Anrufung des Monarchen. Als Nachfahre des Kaiserlichen Rates Martinitz hätte sich Alfons einen geschichtsträchtigeren und extravaganteren Schulabgang gar nicht wünschen können!

Was den zwischen Sexta und Septima liegenden Sommerferien folgte, war ein Intermezzo: der Start als Schüler des Gymnasiums in der Gymnasiumstraße des 19. Wiener Gemeindebezirks. Schon im Semesterzeugnis hatte Alfons mit der Note »Völlig ungenügend« in den Hauptgegenständen Latein, Griechisch und Mathematik einen traurigen Rekord aufgestellt. Da somit auf einen positiven Abschluss der siebten Klasse keine Aussicht bestand, tat der Vater wohl das Vernünftigste; er nahm den Sohn aus der Schule und verpflichtete einen Hauslehrer. Dr. Karl Schechner erwies sich als ausgesprochen gute Wahl; Schüler und Lehrer wurden Freunde, die zum gemeinsamen Billardspiel gerne auch das Kaffeehaus besuchten. Trotzdem wurde der Unterrichtsstoff nach und nach bewältigt und Alfons schaffte die Matura schließlich sogar termingerecht – und zwar in Prag am Deutschen Gymnasium auf der Kleinseite. Leicht hatte er es nicht, man prüfte ihn als Externisten in allen Fächern, auch in Religion. Und keine Spur von jener wohlwollend verhaltenen Parteilichkeit, die Gymnasialprofessoren Schülern, die ihnen seit Jahren anvertraut sind, entgegenzubringen pflegen. Nun, auch in einer Umgebung kühler Neutralität hat der Externist Stillfried alle Prüfungen bestanden, in Physik allerdings erst zwei Monate später beim herbstlichen »Nachzipf«.

Nachdem er sich eine Woche Erholung gegönnt hatte, begann Alfons mit seinen Vorbereitungen auf das sogenannte Einjährig-Freiwilligenjahr. Einer seiner Freunde, Leutnant Erich von Görgey, war beim Pressburger Feldhaubitzen-Regiment und eben zu dieser Einheit wollte er, was ihm auch gelang. Die Militärschule für die »Einjährigen« befand sich in Ödenburg; dort »ein recht flottes Leben geführt« zu haben, daran hat Alfons sich auch später gerne erinnert. Der Militärschule folgte die praktische Ausbildung beim Regiment in Pressburg. Die Manöver, die auf dem Ausbildungsplan standen, erlebte er in der Bukowina; zunächst waren es Strapazen, dann jedoch »eine vergnügliche Zeit«, wie es in Alfons Notizen heißt. Besonders die Casino-Besuche in Vatra Dornei, einem eleganten Kurort mit besonders schönem Park, hatten es ihm angetan. Im Casino wurde nicht nur gespielt, auch Bälle fanden dort statt und er war ein begeisterter Tänzer. Zurück in Pressburg, wird Alfons mit seinen Jahrgangskameraden am 1. Jänner 1908 zum Kadetten befördert. Der Taschenkalender des Einjährig-Freiwilligenjahres, dieses letzten ganz und gar unbeschwerten, war zugeklappt.

Grosse Erwartungen

Alfons hatte sich für das Jusstudium entschieden, doch dem Vater wollte er damit möglichst nicht auf der Tasche liegen; abgesehen davon stellte er sich das Leben, das er zu führen gedachte, etwas großzügiger vor als jenes, das väterliche Zuwendungen allein ihm gestatten würden. Ziemlich gleichzeitig mit seiner Inskription an der Universität Wien fand er eine Anstellung bei der Staats-Eisenbahn-Gesellschaft (STEG) – und zwar als Aspirant, wie der schöne Titel lautete, mit dem man seinen Fuß auf die erste Sprosse der Karriereleiter setzte. Im Juni 1908 brachte Franz Josephs sechzigjähriges Regierungsjubiläum Abwechslung in den Alltag des jungen Mannes, hoch zu Ross nahm er am Kaiser-Jubiläums-Huldigungs-Festzug teil. Ein Spektakel, dessen Symbolik an Üppigkeit kaum zu überbieten war, beherrschte die Prachtstraßen von Wien! Nur Bilderstürmer, wie Karl Kraus oder Adolf Loos, blieben der allgemeinen Begeisterung fern. Zwei Jahre nach Alfons Eintritt wurde die STEG, deren Büros sich am Schwarzenbergplatz befanden, ganz vom Staat übernommen und Alfons, gerade zweiundzwanzig, war nun neben seinem Patent als Leutnant der Reserve auch pragmatisierter Staatsbeamter. Der junge Stillfried hielt sich nicht unbedingt an die Dienststunden; dafür belebte er den Büroklatsch, wenn er sich nach »durchdrahter« Nacht wieder einmal verspätet hatte und am Schwarzenbergplatz im Fiaker vorgefahren war. Zum neuen Jahr erhielt jeder Beamte der STEG die sogenannte Gratifikation, einen Betrag in der Höhe eines Monatsgehaltes, und es war der Amtsdiener, dem die Aufgabe zufiel, die Kuverts auszuteilen. Alfons, stolz wie er war, sah das zu sehr nach Trinkgeld aus und ein solches, ließ er sich vernehmen, werde er nicht annehmen. Mit nobler Geste überließ er das Geld dem verblüfften Amtsdiener. Das alles gewann ihm nicht die Zuneigung seiner Vorgesetzten. Alfons scherte das wenig, er wohnte schon längst nicht mehr bei den Eltern in Währing und fühlte sich ganz als sein eigener Herr.

In der Nacht vom 11. auf den 12. August 1911 läutete es an der Wohnungstür, die Haushälterin der Eltern stand draußen: der Vater war plötzlich gestorben, an einem Schlaganfall, wie der Amtsarzt noch in den frühen Morgenstunden feststellte, im zweiundsiebzigsten Lebensjahr. Helene von Stillfried, das zeigte sich schon bald, war unzureichend versorgt und bedurfte der Unterstützung. Freunde der Familie, wie Johannes von Liechtenstein und Rudolf von Mehoffer, halfen, wo sie konnten. Letzterer, ein alter Junggeselle, gehörte seit Langem quasi zur Familie; er war ein sehr bekannter Porträtmaler, der viele Mitglieder der Aristokratie porträtiert hatte, darunter Erzherzog Franz Ferdinand, die Herzogin von Hohenberg und auch die Kinder dieser beiden. Helene hatte drei jüngere Brüder. Lajos, der älteste von ihnen, half auch mit Geld aus; er war Generalstabsoffizier, der dann als Oberst und Regimentskommandant in den Ersten Weltkrieg zog. Alfons gab seine Junggesellenwohnung in der Grinzingerstraße 71 auf und zog zu seiner Mutter in die Gentzgasse 9. Diese neue Umgebung und die Rücksicht, die auf die Mutter zu nehmen war, scheinen auf den jungen Mann einen günstigen Einfluss gehabt zu haben. Er besann sich auf sein Jusstudium, das er bisher ganz vernachlässigt hatte, nahm im Sommer 1912 zwei Wochen Urlaub und saß täglich bis in die Nacht über seinen Büchern und Skripten. Zu mehr als dem einmaligen konzentrierten Durchlesen des Stoffes reichte die Zeit wohl nicht, doch Alfons hatte neben einem guten Gedächtnis hier auch das nötige Stück Fortune. Im Juli trat er zur Ersten Staatsprüfung an; er bestand sie, ohne eine einzige Vorlesung oder irgendeinen Vorbereitungskurs besucht zu haben.

Dass Alfons sich in diesem Sommer zum Lernen hingesetzt hat – und das mit Erfolg –, ist umso bemerkenswerter, als er gerade damals eine sehr honette Entschuldigung gehabt hätte, die Prüfung noch einmal zu verschieben, nämlich auf die Zeit nach dem Duell. So war es dazu gekommen: Alfons wohnte noch nicht lange bei seiner Mutter, als diese ihm eines Tages mitteilte, sie sei in ihrer Ehre beleidigt worden. Frau von Görgey, Mutter jenes Erich von Görgey, dem Alfons in das Pressburger Feldhaubitzen-Regiment gefolgt war, habe sie zum Tee besucht und ihr zwischen dem einen Biskuit und dem anderen erzählt, dass Konteradmiral Emil Fath, der Mann ihrer Schwester, die Behauptung ausstreue, Helene von Stillfried habe ein Verhältnis mit dem Fürsten Johannes von Liechtenstein. Dieser war ein Freund der Familie, vor allem aber war er mit Raimund von Stillfried befreundet gewesen; als Bewunderer von dessen Kunst hatte er auch mehrere Bilder bei ihm in Auftrag gegeben. Dass der Fürst die Witwe seines Freundes mit einer kleinen Rente unterstützte, konnte sich der Konteradmiral, dem Motive wie Großmut und Hilfsbereitschaft offenbar über den Verstand gingen, partout nicht anders erklären als mit einer Bettgeschichte. Alfons in seinen handschriftlichen Erinnerungsnotizen: »Also schrieb ich an Fath einen Brief, um ihn zu zwingen, mich zu fordern. Schon am nächsten Tag erschienen zwei Linienschiffskapitäne, um Faths Forderung zu überbringen.« Die beiden staunten nicht schlecht, als sich herausstellte, dass der junge Mann, der ihnen die Tür geöffnet hatte, niemand anderer war als der Geforderte. Alfons war fünfundzwanzig und sah noch jünger aus, sodass die zwei gesetzten Herren zuerst nicht glauben wollten, einen Offizier vor sich zu haben. Nachdem sie dem Konteradmiral berichtet hatten, dachte dieser tatsächlich nicht länger daran, sich zu duellieren. Mit einem blutjungen Leutnant der Reserve! Weder vom Alters- noch vom Rangunterschied schien ihm das zumutbar. Alfons ließ nicht locker; er beriet sich mit seinem Onkel Lajos, dem Bruder seiner Mutter, und dieser alte Haudegen bestärkte ihn in seiner Haltung. Der Brief, mit dem nun er als Oberstleutnant des Generalstabscorps die Forderung seines Neffen überbrachte, vermochte Fath zwar nicht umzustimmen, doch die Einmischung des Onkels verlieh der Ehrenangelegenheit immerhin so viel Gewicht, dass eine militärjuristische Prozedur in Gang kam. Zunächst hatte Alfons vor einem Gremium zu erscheinen, das sich Generalrat nannte und aus vier Generälen bestand; den Vorsitz führte ein Vizeadmiral. Fünf ältere und ranghohe Herren entschieden im Sinne eines anderen älteren und ranghohen Herrn. Mit anderen Worten, sie ließen den Leutnant abblitzen. Da dieser sich nicht geschlagen gab, ging die Causa in die nächste Instanz, die in Fällen wie diesem auch als die letzte galt: die Offiziersversammlung. Ein Artillerie-Regiment war bestimmt worden und alle Offiziere desselben hatten nun in einer Abstimmung zu entscheiden, wer von den beiden Kontrahenten sich einer Ehrverletzung schuldig gemacht habe. Hätte die Offiziersversammlung gegen Alfons entschieden, wäre ihm seine Charge aberkannt worden. Leutnant Stillfried, der die Möglichkeit gehabt hätte, in Begleitung eines Verteidigers zu erscheinen oder sich von einem solchen vertreten zu lassen, zog es vor, seine Sache selbst in die Hand zu nehmen. Am festgesetzten Tag betrat er das Lokal No. 98 im Artilleriearsenal, wo das Plenum versammelt war. Kaum hatte ihm der Regimentskommandant das Wort erteilt, rechtfertigte sich Alfons mit einer »flammende Rede«; so hat er es später ausgedrückt. Die Offiziersversammlung gab einstimmig Leutnant Stillfried recht und das bedeutete, dass der Konteradmiral sich dem Duell stellen musste. Er, der damit nicht gerechnet hatte, war wie vor den Kopf geschlagen. Emil Fath lebte noch vier Wochen, dann beging er Selbstmord. Eine Notiz im »Neuen Wiener Journal« sprach von einem »seit mehreren Jahren bestehenden und immer wiederkehrenden hochgradigen Nervenleiden«, das ihn geistig zerrüttet habe. So formulierte man damals, wenn man jemandem, der freiwillig aus dem Leben geschieden war, trotzdem ein kirchliches Begräbnis wünschte. Ein Protokoll, das die Unterschriften der Vertreter der beiden Kontrahenten trägt, erklärte die Ehrenangelegenheit »durch das Ableben des Herrn Konteradmirals Fath für erledigt und beendet«. Eine Tragödie war es trotzdem. Ein Schatten, der auf die erlangte Genugtuung fiel. Auch nahm Alfons es sich zu Herzen, dass die Beziehungen zur Familie seines Freundes Erich Görgey gelitten hatten, lag doch eine Zeit lang noch der Vorwurf in der Luft, er hätte Emil Fath in den Tod getrieben.

Im Winter 1912 kriselte es am Balkan. In Wien schien man einen Krieg mit Serbien für möglich zu halten; tatsächlich kam es zu einer Teilmobilisierung in Bosnien. Unter den jüngeren Beamten in der Eisenbahnzentrale am Schwarzenbergplatz war die Idee aufgekommen, für eine Weihnachtsspende zugunsten der österreichischen Soldaten in Bosnien zu sammeln. Nach ersten Ergebnissen sah es ganz so aus, als würde sich der Großteil der Belegschaft an der Sammlung beteiligen. Dann kam das Verbot des Direktors mit der Auflage, dass das bisher eingesammelte Geld den Einlegern zurückzuzahlen sei. Wenn es sich nicht nur um gekränkte Beamteneitelkeit handelte, lag es vielleicht daran, dass dieser Hofrat ein »enragierter[1] Tscheche« war, wie man sich damals in gutösterreichischen Kreisen auszudrücken beliebte. Dass Politik im Spiel gewesen sei, haben Jahrzehnte später, als auch der Zweite Weltkrieg schon vorbei war, Freunde des Alfons Stillfried behauptet; diese wollten noch von einer anderen Sammlung wissen, die etwa zur gleichen Zeit im Bereich der Staatsbahndirektion Prag stattgefunden habe oder zumindest vorbereitet worden sei: eine Weihnachtssammlung für serbische Soldaten. Wie dem auch sei, Alfons hat sich im Kollegenkreis kein Blatt vor den Mund genommen und die Folge war, dass man ihm mit einer Disziplinaruntersuchung drohte. Er wandte sich darauf hin an einen Reichsratsabgeordneten, den er flüchtig kannte, und dieser schrieb oder inspirierte einen Leitartikel in einer Wiener Tageszeitung. Die Überschrift wird wohl »Kein Weihnachten für unsere Soldaten in Bosnien« oder so ähnlich gelautet haben. Am Schwarzenbergplatz herrschte hellste Aufregung! Man versuchte, den Bahnassistenten Stillfried unter Druck zu setzen, er möge das Ganze als einen Irrtum beziehungsweise ein Missverständnis hinstellen, und in diesem Fall hätte er weder mit einem Disziplinarverfahren noch mit sonstigen Konsequenzen zu rechnen. Alfons lehnte ab. Was folgte, war das bekannte Spiel, in welchem Bonhomie, Wohlwollen und Verständnis nur Masken sind, die den auf die schwarze Liste Gesetzten täuschen und vertrauensselig machen sollen, um ihn dann umso gründlicher abzuservieren. In diesem Spiel hat man es im österreichischen Beamtentum zu allerhöchster Vollkommenheit gebracht; die

---

1 Im alten Österreich gebräuchliches Wort für »leidenschaftlich«.

raffinierten Spielregeln übertrug eine Generation auf die andere. Ein Virtuose dieser Kunst, Sektionschef im Eisenbahnministerium, wünschte, den jungen Beamten persönlich kennenzulernen; er kam diesem bis zur Zimmertür entgegen, nötigte ihn in einen der bequemen Fauteuils der höheren Besuchen vorbehaltenen Sitzgruppe und bot ihm eine Zigarette an. Von Alfons Darstellungen zeigte sich der Sektionschef sehr beeindruckt, blieb in aller Höflichkeit aber völlig unverbindlich. Drei Wochen später, als man schon glauben konnte, die Sache sei abgetan, war es ein Regierungsrat in der Bahndirektion, der Alfons gegenübersaß. Seine Versetzung in eine andere Abteilung sei leider unvermeidlich, aber das dürfe der junge Kollege bei Gott nicht als Maßregelung auffassen, im Gegenteil, und im Übrigen werde er, der Regierungsrat, seine Hand schützend über ihn halten. Um es kurz zu machen: Die Abteilung, in die man ihn stecken wollte, war in der ganzen Zentrale als die schlimmste und gleichzeitig tristeste verrufen.

Es gibt Koinzidenzen, die einen in Feiertagsstimmung versetzen. Als Alfons an diesem Tag nach Hause kam, fand er in der Post eine Aufforderung seines Regiments, sich aktivieren zu lassen. Das Abgeordnetenhaus hatte endlich die Budgetmittel bewilligt, die notwendig waren, um die bisher stiefmütterlich behandelte Artillerie zu modernisieren. Der Geschützpark sollte erneuert werden und dazu brauchte man fachlich ausgebildete Offiziere. Alfons ging noch am späten Abend zum Hauptpostamt, um dem Regiment seine Zusage zu schicken. Schon am nächsten Tag schmiss er alles hin und es fällt nicht schwer, sich seinen letzten Auftritt am Schwarzenbergplatz vorzustellen. Dass er damit auch fünf Pensionsjahre eingebüßt hatte, kümmerte ihn nicht. Bald erreichte ihn die Einberufung zu seinem Feldhaubitzen-Regiment nach Pressburg. Die sogenannte »Ergänzungsprüfung zum Berufsoffizier«, die man nach seiner Einberufung innerhalb eines Jahres abzulegen hatte, bestand er auf Anhieb und so war er im Mai 1914 Berufsoffizier geworden. Wer glaubte damals an einen Weltkrieg!

Was ist Glück, wer ist glücklich? Alfons Stillfried hat von jenem Allerweltsglück, das für gar nicht so wenige Menschen tagaus, tagein in kleinen Wellen mitschwingt, sehr wenig gehabt und oft genug mag er das schmerzlich empfunden haben. Für Alfons hat Fortuna ein anderes Glücksmaß passend gefunden. Das sollte ihm noch mehr als ein Mal das Leben retten.

Alfons

Der Erste Weltkrieg

Ein Krieg, den Alfons als mehrfach dekorierter Offizier durchlief, schließlich als Hauptmann, die längste Zeit und bis zum Ende an der italienischen Front eingesetzt. Für ihn hatte der Krieg »frisch-fröhlich« begonnen. War das nicht damals die allgemeine Stimmung gewesen? Zu Weihnachten wollte man ja wieder zu Hause sein. Irgendwo nördlich von Krakau begann der Einsatz. Der Batteriekommandant, ein reicher Gutsbesitzer, war mit zwei prachtvollen Pferden eingerückt. Eines davon überließ er Alfons, der glücklich war, statt eines Militärgauls einmal ein richtiges Pferd reiten zu können. Übrigens war Leutnant Stillfried der erste Offizier seines Regiments, der eine Auszeichnung erhielt, das *Signum Laudis*. Im Frühjahr 1915 erkrankte Alfons. Weder aus seinen Erzählungen noch seinen Aufzeichnungen wissen wir, was ihm damals fehlte, doch vermutlich lag der Verdacht einer beginnenden Tuberkulose vor. Er wurde nämlich nach Bochnia verlegt, einem Ort in der Nähe von Krakau, wo sich eine Saline befand, die für ihre Inhalationskuren bekannt war; diese gehörten damals zur Lungentherapie. In Bochnia hat Alfons ein polnisches Mädchen kennengelernt. Auch wenn die beiden einander nicht allzu oft gesehen haben dürften, hat diese Beziehung erst das Kriegsende unter sich begraben. Der Kur, die nach erfolgreicher Anwendung bald abgesetzt werden konnte, folgte die Versetzung nach Wien – und zwar zu einer Kommission, welche in verschiedenen Fabriken Artilleriemunition zu kontrollieren hatte. Alfons musste sich um die Munitionsfabrik in Enzesfeld kümmern. Nach dieser dreimonatigen Hinterlandsverwendung ging es zurück zum Regiment, das mittlerweile in die Karpaten verlegt worden war – und zwar in die Gegend von Ungwar. Es dauerte nicht lange und Leutnant Stillfrieds Regiment befand sich auf dem Vormarsch nach Warschau. Die zurückweichenden Russen versuchten zwar hin und wieder, sich zu einem Gegenstoß zu sammeln, doch sie mussten noch weiter zurück. Auch in diesem Zusammenhang hat Alfons sich später an einen »frisch-fröhlichen Reiterkrieg« erinnert.

Als Italien an der Seite der Ententemächte in den Krieg eingetreten war, wurde das Pressburger Feldhaubitzen-Regiment in die Südtiroler Berge verlegt. Zum Reiten war das nun kein Gelände mehr und an die Stelle berittenen Draufgängertums trat das Erlebnis tief verschneiter Bergeinsamkeit, einer scheinbaren Idylle in 2.000 Metern Höhe. Alfons wurde bald Batteriekommandant und seine Kanoniere mochten ihn gern. Als er von einem kurzen Urlaub zurückkam, hatten sie ihm einen besonders schönen Unterstand mit selbst getischlerter Einrichtung gebaut. Das Leben dort oben ließ einen zeitweise die Kriegswirklichkeit vergessen und in seinen Tagträumen spielte Alfons, der inzwischen zum Hauptmann befördert worden war, mit dem Gedanken, sich gleich nach dem Krieg pensionieren zu lassen, nicht etwa, um ein Dandy-Leben zu führen, sondern ganz im Gegenteil, um sich von allen Oberflächlichkeiten des sogenannten Gesellschaftslebens zurückzuziehen: zu einem Leben des Nachdenkens, des Studiums, der Beschäftigung mit Wesentlichem.

Doch auch in den verschneiten Bergen bestand der Krieg auf seinem Recht. Einmal, als er schon mehr als eine halbe Stunde in seinem Beobachtungsstand verweilt hatte, entdeckte Alfons einen italienischen Nachschubweg. Er ließ ihn unter Feuer nehmen, doch die Italiener, die ausgezeichnete Artilleristen hatten, brachten ihre Geschütze in eine neue Stellung und von dort aus nahmen sie die Österreicher unter Beschuss, die dabei einen Kanonier und ein Pferd verloren. Alfons, dessen Unterstand ebenfalls von einem Geschoss getroffen worden war, nahm sich den Tod seines Kanoniers sehr zu Herzen.

An dieser Stelle sind zwei Schriften zu erwähnen, die Alfons im letzten Kriegsjahr an der italienischen Front verfasste. Die eine, zu der ihn der Tod des Kanoniers getrieben hatte, trug den Titel »Die Kriegsverlängerer im Schützengraben« und forderte, dass man im Stellungskrieg nur dann schießen dürfe, wenn man angegriffen werde oder wenn es die strategisch-taktischen Umstände erforderten. Es habe keinen Sinn, dem Gegner in der gegenüberliegenden Stellung kleine Verluste beizubringen, da solche Verluste fast immer gegenseitig seien. Und was die großen Verluste betreffe, so gelte allzu oft, was Schiller Wallenstein dem Questenberg antworten lässt: »Manch blutig Treffen wird um nichts gefochten, weil einen Sieg der junge Feldherr braucht.« Der Autor des Artikels wünschte sich eine statistische Auswertung aller großen Kanonaden; dabei würde sich nämlich herausstellen, dass »die Zahl derer, die die Langeweile einiger beschränkter Herren mit dem Leben bezahlen mussten, bei Freund und Feind alles in allem gewiss Legion ist. Bei Freund und Feind, denn jede Beschießung fordert das Vergeltungsfeuer heraus«. Doch Alfons beschränkte sich in seiner Schrift nicht auf Fragen dieser Art, auf neun mit Maschine geschriebenen Seiten beschäftigte er sich auch mit Fragen der Politik, nicht zuletzt in der Zeit »danach«, die gewiss nicht im Zeichen eines »Siegfriedens« stehen werde. Das schrieb er im Frühjahr 1918. Die andere Schrift, sieben Maschinenschreibseiten lang, verfasste er im Juli desselben Jahres; sie stand unter dem Titel »Ein Vorschlag«. Wozu Alfons da anregen wollte, war nicht mehr und nicht weniger als eine durchgreifende Rationalisierung der österreichisch-ungarischen Kriegsführung unter Einschluss der Kriegswirtschaft, Letzteres gerade auch zu dem Zweck, die Versorgung der schon arg unterernährten Bevölkerung auf eine tragfähigere Grundlage zu stellen. Kernpunkt war die Forderung nach einer partiellen Demobilisierung der eigenen Streitkräfte, die, wie er meinte, ohne Gefährdung der militärischen Front durchaus möglich sei – und zwar zu dem vordringlichen Zweck, eine nachhaltige Erhöhung der produktiven Kräfte sicherzustellen. Auch der heutige Leser ist beeindruckt von der unkonventionellen Art, mit welcher der Autor an die Probleme heranging. Wäre es, Alfons Gedankengängen folgend, möglich gewesen, den Ersten Weltkrieg mit einem für beide Seiten annehmbaren Patt zu beenden, beiderseits also ohne Triumph und ohne Demütigung? Neben seinem militärischen Sachverstand konnte Hauptmann Stillfried »die dreieinhalbjährige Erfahrung eines Truppenoffiziers« geltend machen, »der über diese Dinge viel nachgedacht hat«. Beide Schriften lesen sich wie ein großes Apropos zu dem selbstständigen und unabhängigen Geist der Protagonisten dieser Trilogie. Wem hat Alfons diese Texte damals zu lesen gegeben? Höherenorts wohl niemandem, denn für eine Eingabe auf dem Dienstweg waren die Formulierungen zu direkt, zu unverblümt. Seinen Aufsatz »Die Kriegsverlängerer im Schützengraben« schickte Alfons einem Wochenblatt, das für seine pazifistische Linie bekannt war; in der Redaktion herrschte Begeisterung, doch gegen die Zensur war nicht aufzukommen. Dafür erschien aus Alfons Feder etwas anderes im Druck – etwas, das hier wegen seiner reichlich dreisten Attitüde erwähnt zu werden verdient: ein dreiundneunzig Seiten starkes Büchlein mit dem Titel »Kritische Betrachtungen, im Felde angestellt und im Tagebuch verzeichnet«. Mit großer Geste hatte er sich von seiner Wiener Buchhandlung ein halbes Dutzend mehr oder weniger wissenschaftliche Publikationen an die italienische Front schicken lassen; nur zwei der sechs Autoren haben es seither in die Lexika geschafft. Nun denn, Alfons las diese Werke, um sie dann unter dem Pseudonym »Astill« ziemlich naseweise mehr zu tadeln, als zu loben, ja zum Teil regelrecht in der Luft zu zerreißen. Er selbst scheint die Sache später auf dem Konto seiner Jugendsünden verbucht zu haben. Im Übrigen hat Hauptmann Stillfried auch den Dienstweg nicht gescheut; dann ging es aber nicht um höhere Strategie oder Politik, sondern um praktisch-taktische Vorschläge, die er auf dafür vorgesehenen Formblättern an sein Regimentskommando richtete. Die Blaupause einer solchen Eingabe, die das Datum vom 25. Juni 1918 trägt, hat die »gereizte Stimmung bei der Truppe« und das »Misstrauen zur Führung« zum Gegenstand. Um diesem Missstand, der mittlerweile in der Armee feststellbar sei, gegenzusteuern, müssten institutionalisierte Gesprächsebenen geschaffen werden, die einen besseren Informationsaustausch und mehr Koordination sicherstellten. In den höheren Kommandos und Stäben kenne man die Meinung der Truppenoffiziere kaum oder man berücksichtige diese zu wenig. So viel, nach Weglassung diplomatischer Verkleidungen, im Klartext. Was Alfons da vorschlug, müsse »sich nicht wesentlich unterscheiden von den Besprechungen, welche schon im Frieden nach jeder Übung stattgefunden haben, wenn auch in Anbetracht der Lage eine viel weitergehende Offenheit unbedingt notwendig ist«.

Hätten Alfons Stillfried und Gleichgesinnte in Staat und Armee auch nur halbwegs den Ton angegeben, wie wäre Karl Kraus zu all dem Material für »Die letzten Tage der Menschheit« gekommen, zu der Weltkriegstragödie, in der die tragenden Rollen mit Operettenfiguren besetzt waren?! Alfons, den viele Gedanken und Fragen bewegten, suchte das Gespräch mit anderen, den Gedankenaustausch, der Anregung und geistigen Gewinn versprach, und gerade mit einigen jüdischen Kameraden traf er sich auf dieser Ebene. So war bald eine Runde nachdenklicher Köpfe entstanden, die auch nach dem Krieg Freunde blieben.

Ende Oktober 1918 erkrankte Alfons an der Spanischen Grippe, doch im Innsbrucker Spital, wohin man ihn verlegt hatte, hielt es ihn nicht lange. Die Ereignisse überstürzten sich, sodass an eine Rückkehr an die Front nicht mehr zu denken war. So schlug er sich zur Reichshaupt- und Residenzstadt durch. Als das Ende feststand, war mit dem alten Österreich auch für Alfons eine Welt untergegangen, ein Gedanke, den zu fassen ihm nur nach und nach gelingen wollte. Das Chaos des Zusammenbruchs erlebte er in Wien; es war kaum möglich, sich darin zurechtzufinden. In der Volkswehr, dem in der Geburtsstunde der bedrängten Republik zu deren Schutz gegründeten militärischen Ordnungsdienst, konnte sein Platz kaum sein. Abgesehen davon, dass Hauptmann Stillfried mit der Republik nichts im Sinn hatte, schien ihm diese Volkswehr ein allzu bunt zusammengewürfelter Haufen, soweit in so grauen Tagen von »bunt« die Rede sein konnte. So endete seine militärische Laufbahn mit einer zwangsweise verfügten Abfertigung, wobei der Betrag wenig später kaum noch für ein Nachtmahl reichte. Derjenige, dem es damals deutlich besser ging, musste schon ein wahrer Glückspilz oder aber ein Glücksritter sein und Alfons war keiner von beiden. Auch die Wohnung in Pressburg, seine letzte Vorkriegsgarnison, hatte man völlig ausgeplündert. Nicht genug damit, wurde ihm, wie das in der Willkür von Umbruchszeiten passiert, aufgrund einer Verfügung des Staatssekretariates für Heereswesen die Auszahlung seiner beim Regimentssparfonds angelegten Ersparnisse glatt verweigert. Doch in der damaligen Unordnung wäre wohl auch diese Summe sehr bald zerronnen. Wie dem auch sei, in einer Zeit der Häufung vergleichbaren und noch schlimmeren Missgeschicks fielen solche Einbußen letztlich kaum ins Gewicht!

Alfons

Eine Geschichte in der Geschichte:
Alice, die Schwester

Alice hat drei Bücher geschrieben: »Erfahrung und Glaube«, »Das universale Sinnbild des Abendlandes« und »Spirituelle Psychologie«, drei gedankenschwere Schriften, schwer und beflügelt zugleich. Die Fotos zeigen sie in verschiedenen Altersstufen, noch als Kind, zusammen mit dem jüngeren Bruder; als Elfjährige, sehr hübsch, aber auch sehr ernst für ihr Alter; als bildschöne junge Frau mit einem bezaubernden Lächeln; Anfang dreißig in der Tracht des Roten Kreuzes, im Ersten Weltkrieg war das; als Frau in vorgerücktem Alter, schon auf den ersten Blick eine starke Persönlichkeit, und die ihr in die Wiege gelegte Anmut hat sie noch immer nicht eingebüßt. Ihr Lebenslauf verdient, als eigene Geschichte betrachtet und herausgehoben aus zeitlichem Gleichlauf mit der Haupthandlung erzählt zu werden. Alice und Alfons hingen sehr aneinander und auch im Extravaganten waren sie Geschwister. Auch sie liebte es, »außerhalb (von Mauern) zu wandeln«, aber sie war nicht nur extravagant, sie war auch exzentrisch: »nichts hielt sie in der Mitte«, im Hergebrachten. Dort war nicht ihr Platz. Kaum achtzehnjährig, war sie Außenseiterin, jedenfalls gemessen an dem, was noch zu Beginn des 20. Jahrhunderts für gehörig und üblich galt. Veranlagung wird dabei im Spiel gewesen sein, aber auch die freie und weltoffene Atmosphäre des Elternhauses, in der Alice und ihr Bruder aufgewachsen waren. Die Vorstellung, in die sogenannte Gesellschaft eingeführt zu werden und am Ende einer Ballsaison Verlobung zu feiern, hatte für sie etwas entschieden Idiotisches. Ihre Interessen und Neigungen waren ernster Natur, sie gingen aufs Geistige. Doch zu sagen, sie sei eine Intellektuelle gewesen, würde zu kurz greifen. Wissen war für sie nicht brillierender Selbstzweck, sondern immer und überall mit der Sinnfrage verknüpft, mit der Frage nach dem größeren Zusammenhang. Neben dem Wissen, das man an Schulen und Universitäten erwirbt, gab es für Alice noch die andere Art von Wissen – eines, in das man eingeweiht werden musste. Es zog sie wohl auch zum Spirituellen hin. Und ein Leben lang schöpfte sie aus ihrem Christentum, ihre Publikationen zeigen das sehr klar. Sie sind in der zweiten Hälfte der Fünfzigerjahre des 20. Jahrhunderts erschienen, als Alice schon Anfang siebzig war. Als junge Frau, die erst im Begriff stand, sich in dem von ihr angestrebten kontemplativen Leben einzurichten, scheint sie sich zunächst einmal der Astrologie gewidmet zu haben, jener ernsthaften nämlich, zu der astronomische Kenntnisse notwendig waren. Die Sterne und ihre Bahnen sind für Alice bis ins hohe Alter bedeutsam geblieben. Bald auch hatte es ihr die Anthroposophie angetan, in die sie immer tiefer eindrang; Rudolf Steiner, den Begründer dieser Lehre, hat sie persönlich gekannt. Zu beidem, zur Astrologie ebenso wie zur Anthroposophie, war die Neigung von der Mutter auf sie gekommen. Helene Freifrau von Stillfried hatte selbst jahrelang einen dahin tendierenden Freundeskreis um sich versammelt. Später, nach dem Ersten Weltkrieg, wurde Alice auf Carl Gustav Jung aufmerksam, den bekannten Schweizer Psychiater und Begründer der analytischen Psychologie. Sie schrieb ihm, er antwortete ihr und lud sie zu sich an den Zürichsee ein; sie wurde Jungs Schülerin, hat später auch mit ihm zusammengearbeitet. Schon früh hatte Alice erkannt, dass ihre Vorstellung vom Leben mit Ehe- und Familiennormalität nicht vereinbar war. Andererseits wusste sie auch, dass ihr Vater nicht die Mittel besaß, seiner Tochter eine entsprechend großzügig dotierte Rente auszusetzen.

Und also doch die »gute Partie«? Ja und nein! An Verehrern mangelte es Alice gewiss nicht, wenn ihrem Bruder auch kein einziger gut genug für sie war, am allerwenigsten Dr. Heinrich von Morawitz-Cadio. Wann und bei welcher Gelegenheit die beiden einander über den Weg gelaufen waren, ist nicht bekannt. In Alices Alltagsleben begann der Jurist erst 1910 eine gewisse Rolle zu spielen und von ihrer Familie wurde er lange nur als Randerscheinung zur Kenntnis genommen, nicht einmal als besonders sympathische. Ein Vierteljahrhundert älter als sie, machte er der Stillfriedtochter den Hof. Nicht nur die Beharrlichkeit seiner Werbung war bemerkenswert, sondern auch die Art: Beinahe scheu schaute er zu ihr auf, dankbar für jede freundliche Geste, bescheiden und gleichzeitig die Aufmerksamkeit in Person, immer rücksichtsvoll und von geradezu feierlichem Ernst. An Menschen, die in ihrem Leben eine Wendung vollzogen haben und danach Andere geworden sind oder zu sein glauben, beobachtet man mitunter solch ernste, leicht gravitätische Feierlichkeit.

Den großen Altersunterschied hätte man bei den Stillfrieds gerade noch hingenommen, gab es einen nicht geringeren doch auch bei Alices und Alfons Eltern. Was an ihm, der so unablässig um die mittlerweile Fünfundzwanzigjährige warb, wirklich irritierte, war der Umstand, dass der Beruf, den er ausübte – immerhin war er Staatsanwalt –, mit dem Ruf, in dem er stand, ganz und gar nicht zusammenpassen wollte. Heinrich von Morawitz-Cadio galt als loser, leicht gezauster Vogel. Er war für seine kostspieligen Liaisons bekannt, von welchen jene mit Saharet, der weltberühmten Primaballerina, die spektakulärste war, aber auch für seine Spielleidenschaft; es hieß, er verbringe ganze Nächte am Kartentisch. Nicht genug damit, wurde ihm auch nachgesagt, er habe seine etwas unklare Herkunft zu einer aristokratischen hinaufstilisiert. Er hat um seine vorzeitige Pensionierung angesucht und nur das, wie damals gesagt wurde, soll ihm eine disziplinär verfügte Absetzung erspart haben. In der Folge ging Morawitz nach Amerika, wo er, wie er später erzählte, überall als »Count« begrüßt wurde, wahrscheinlich unter dem freudigen Hallo seiner Kumpane. Als der »Count« nach zwei Jahren aus den Vereinigten Staaten nach Wien zurückkehrte, hatte sich die Aufregung um seine Person längst gelegt; er war nun der Herr Staatsanwalt i. R. und so ließ er sich gerne betiteln. Im Übrigen spricht alles dafür, dass er, als er um Alice zu werben begann, sein buntes Treiben und die zahlreichen Eskapaden schon hinter sich gelassen hatte.

Alfons und seine Mutter, der Vater war im Vorjahr gestorben, erblicken im Phänomen »Hartnäckigkeit« den eigentlichen Grund, warum »der Morawitz«, nur so nannten sie ihn, sein Ziel erreichte. Alice gab ihm ihr Jawort, dies freilich auf der Grundlage eines Pakts, der ihr (Zitat aus den Erinnerungsnotizen des Bruders) »unbedingte Freiheit« zusicherte, ein Dasein, das ganz ihren geistigen Interessen gewidmet war und sich in einem Freiraum abspielte, zu dem auch der Ehemann nur beschränkten Zutritt hatte. Hat später nicht auch Alfons von »unbedingter Freiheit« geträumt, als er in seinem Beobachtungsstand an der italienischen Front sich die Zeit nach dem Krieg auszumalen versuchte? Bleibt noch zu ergänzen, dass Alice das Recht verbürgt war, wann immer ihr dies notwendig erscheinen sollte, sich vom Ehemann und dem gemeinsamen Haushalt zu absentieren. Sie heirateten am 24. April 1912. Mutter und Bruder, die so wie der Vater immer die Nase gerümpft hatten, ließen sich bei der Trauung nicht blicken. Alfons, der sehr an seiner Schwester hing, zog es zwar in die Währinger Kirche, doch er blieb ganz hinten stehen, wo ihn eine Säule verdeckte. Alice vor dem Altar drehte sich vergeblich nach ihm um. Vorübergehende Eiszeit zwischen den Mitgliedern der Familie Stillfried.

Heinrich Morawitz kaufte bald nach der Hochzeit eine schöne Villa oben auf der Kuppe des Nussbergs. Nach einer bewegten Vergangenheit war dem Staatsanwalt i. R. nun sein letzter ganz großer Wunsch in Erfüllung gegangen. Die beiden sollen in ihrer Ehe nur den Tisch geteilt haben, aber eigentlich ist das ganz ohne Belang; jedenfalls blieb die Ehe kinderlos. Dort, wo der Schwerpunkt von Alices Persönlichkeit lag, hat sie dem Namen ihres Mannes viel Ehre gemacht. Als Alice Morawitz-Cadio hat sie ihre Bücher publiziert und mit diesem Namen war sie jahrzehntelang Mittelpunkt eines ausgewählten Kreises von Schülern und Bewunderern. Später, als rund um das wohl situierte Paar die Not sich ausbreitete und auch vor Alices Verwandten nicht Halt machte, war der pensionierte Staatsanwalt hilfsbereit wie immer. Er hat ein hohes Alter erreicht, verbrachte die letzten Jahre ganz in der Obhut und Pflege seiner Frau.

Neubeginn

Alfons erste Schritte nach dem Untergang der Habsburgermonarchie. Noch vor dem Krieg hatte er ja handstreichartig die erste Staatsprüfung geschafft, doch an der Front war ihm nach der Fortsetzung seines Studiums nicht nach mehr zumute gewesen und auch in der ersten Bedrängnis der Nachkriegszeit erschien anderes wichtiger. Im Übrigen würde er sich erneut in den Umständen eines Werkstudenten zurechtzufinden haben und eine für ihn in Betracht kommende Anstellung musste erst gefunden werden. Inzwischen halfen Lebensmittelpakete über das Schlimmste hinweg; sie kamen aus den USA und der Absender war Franz, der ältere Bruder des Vaters, der ebenfalls Fernweh verspürt hatte, das verband die Geschwister, und in der Neuen Welt geblieben war. Dieser Onkel, den Alfons nie kennengelernt hat, starb aber bald nach dem Ersten Weltkrieg; er war kinderlos geblieben. Wir wissen nicht, wann Alfons von dem Ziel eines absolvierten Jusstudiums endgültig Abschied nahm. Er wollte es in der Privatwirtschaft versuchen. Es war ihm zu Ohren gekommen, dass sein ehemaliger Hauslehrer, Dr. Karl Schechner, gerade eine Aktiengesellschaft gegründet hatte, die sich »Warenverkehrsstelle« nannte. Alfons besuchte den alten Freund und dieser stellte ihn ein. War seine Tätigkeit in diesem Unternehmen zunächst wohl eher Beschäftigungstherapie gewesen, nahm die Sache etwas konkretere Formen an, nachdem die Warenverkehrsstelle eine Abteilung für Mineral- und Industrieöle eingerichtet hatte. Er wurde dorthin versetzt und die neue Umgebung ebenso wie die Arbeit sagten ihm zu. In der Ölabteilung lernte er seine künftige Frau kennen: Alice von Greiner, sie arbeitete da als Sekretärin. Ihrem Vater, Feldmarschallleutnant Leo von Greiner, unter dem Karl Schechner im Krieg gedient hatte, war es gelungen, sie in der neu gegründeten Aktiengesellschaft unterzubringen. Und schon atmen wir die dünne Luft jener Jahre, in welchen Menschen, die in der Monarchie zu den oberen Schichten gezählt hatten, nun mit dem Elan der Verzweiflung bemüht waren, sich und ihren Angehörigen eine neue Lebensgrundlage zu schaffen. Zu den Gruppen, die sich in dieser rauen Wirklichkeit zurechtfinden mussten, gehörten hohe Offiziere, Beamte der oberen Dienstklassen, bei den einen wie bei den anderen so mancher mit einem Adelsbrief, auf dem die Tinte noch nicht ganz trocken war. Aber auch Adel mit altem Stammbaum war nicht vor diesem Los bewahrt, außer man hatte noch genug Grundbesitz. Vieles lief damals über Seilschaften, die sich überall gebildet hatten. Vor allem ehemalige Kriegskameraden halfen einander, wo sie konnten. Etwas Protektion war oft der letzte Vorteil, den man aus seiner Zugehörigkeit zu einer ehemals führenden Klasse noch ziehen konnte, und auch da musste man Glück haben. Dass sie etwas ridikül wirkten, diese Träger verfallener Titel, Ränge und Würden, wer wollte ihnen das zum Vorwurf machen? Sie dilettierten, wo Professionalität gefragt war. Jedenfalls blieb Alfons beim Öl, solange er in der Wirtschaft so recht und schlecht sein Geld verdiente. Das tat er schließlich als selbstständiger Unternehmer und auch da aktivierte er seine Beziehungen, verwandtschaftliche ebenso wie freundschaftlich-kameradschaftliche. Der Schwager, eigentlich nur dessen Geld, wurde Gesellschafter in der neu gegründeten Firma mit dem Namen »Fritza« und da Heinrich Morawitz mit einem Mautner-Markhof befreundet war, wurde das gleichnamige Unternehmen wichtiger Kunde. Andere Kundschaft vermittelten ihm Kriegskameraden und Freunde, nicht zuletzt Guido von Maculan, der in der Spirituosenerzeugung leitend tätig war. In der Presshefe- und Spirituosenherstellung brauchte man ein besonderes Gäröl. Wie dem auch sei, Alfons hatte sich eingearbeitet, in der Ölbranche war er nun ganz zu Hause. Mehoffer, der alte Freund der Familie und seit Langem Untermieter bei Helene Stillfried, nannte ihn mit gutmütigem Spott »the oil king of Döbling«. Auch ein Auto hatte Alfons sich angeschafft, einen Steyr Cabriolet; ohne einen fahrbaren Untersatz war an Kundenakquisition auf dem Lande nicht zu denken. Später hat sich Alfons mit seiner Firma auf das Ölen von Staubstraßen spezialisiert. Staubige Straßen gab es damals noch viele, doch die dafür verfügbaren öffentlichen Gelder waren knapp, sodass Aufträge auf sich warten ließen. Erst ab dem Jahr 1934 sollte es damit aufwärts gehen; im autoritären Ständestaat also, in welchem Leute, bei denen Alfons Stillfried etwas galt, auf Bundes-, Landes- und Gemeindeebene an Schaltstellen saßen und öffentliche Aufträge vergeben konnten. Der sich nun einstellende Geschäftserfolg ging aber auch auf das Konto des Kompagnons, an den Alfons sich auch im hohen Alter noch mit Dankbarkeit, Sympathie und Hochachtung erinnert hat. Dieser Mann hieß Bergels und war Jude. 1938 emigrierte er nach Frankreich. Als Nazideutschland auch dort einmarschierte, soll er die Möglichkeit zur Flucht ausgeschlagen haben, um anderen Flüchtlingen den Vortritt zu lassen.

In der Ölbranche also hat Alfons Alice Greiner kennengelernt, er sollte sie bald nur noch »Aly« nennen. Sie beschlossen zu heiraten, im Jahr 1921 war das. Die Hochzeit selbst wurde quasi geheim gehalten, weil das Geld so knapp war; nur der engste Familienkreis wohnte ihr bei, freilich ohne den Vater der Braut, denn Leo von Greiner, der Feldmarschallleutnant, hatte den Untergang der Monarchie nicht lange überlebt. Sein Ehrengrab auf dem Wiener Zentralfriedhof wurde während des Zweiten Weltkriegs von Fliegerbomben zerstört.

Alice hatte dichtes dunkelblondes Haar, war schlank und sehr apart; ihrem Mann gefiel es, sich mit ihr in Gesellschaft zu zeigen. Sie liebte ihren Mann, ohne dessen Interessen zu teilen; ihre Begabung ebenso wie ihre Geistesgaben gravitierten zum Konkret-Sachlichen, zum Praktischen und im Zugehen auf das Schöne ließ sie sich ganz von ihrem Gefühl leiten. Alfons erwiderte die Liebe seiner Frau aus vollem Herzen, doch bei Gesprächen über die »großen Themen und ewigen Fragen« war in der Familie eindeutig Alice, die Schwester, sein bevorzugtes Gegenüber. Aly hat ihrem Mann diesen geschwisterlichen Gedankenaustausch immer gegönnt, aber das bewahrte sie nicht vor einem gewissen Ressentiment gegen die Schwägerin; zu sehr schwebte ihr diese immerzu in höheren Regionen. Nie war sie zur Stelle, wenn es galt, irgendwo mit anzupacken. Und an Gelegenheiten dazu hat es im neu gegründeten Haushalt selten gefehlt, vor allem später, als dieser auf fünf Köpfe angewachsen war. Nicht dass Alice nicht hilfsbereit gewesen wäre, doch ihrer Art von Hilfsbereitschaft fehlte die praktische Komponente. Das nur am Rande. Das Bild von den Eheleuten blieb indessen unvollständig, fügten wir nicht hinzu, dass Aly, die Offizierstochter, ihrem Alfons ein Leben, ein »beschwingtes Leben« lang, den Rücken freigehalten hat: in Perioden materieller Beengtheit, die sich immer wieder einstellten, dann während der Zeit der Tilgung Österreichs von der Landkarte im Zeichen des Hakenkreuzes und erst recht im Zweiten Weltkrieg mit seiner für das Ehepaar ernsthaften Lebensbedrohung.

1922 kam Georg zur Welt, 1925 Bernhard und 1927 Maria. Das war das unruhige Jahr, in dem der Justizpalast brannte. Als das passierte, war Aly mit den Kindern gerade im Burggarten; von einem öffentlichen Fernsprecher rief sie ihren Mann an und dieser schaffte die Familie dann mit dem Taxi nach Hause, denn Straßenbahnen und Busse hatten an diesem Tag den Betrieb eingestellt. Das Leben dieser Familie verlief auf zwei Ebenen, die man sich deutlich voneinander getrennt denken muss. Die eine war die dem Alltag vorbehaltene. Da herrschte oft Knappheit, nach außen hin wurde das, so gut es ging, verborgen gehalten. Wenn die stillfriedschen Verhältnisse überhaupt »bürgerlich« genannt werden konnten, dann ganz ohne die Voranstellung »gut«. Dass Alfons oft alle Mühe hatte, mit den Seinen auf der Alltagsebene nicht ins Rutschen zu kommen, zeigte sich am oftmaligen Wohnungswechsel der Familie, fünfmal immerhin in fünfzehn Jahren. Entweder war die Wohnung zu klein, sodass man es dort nicht lange aushielt, oder die Miete war so hoch, dass man sie sich auf die Dauer nicht leisten konnte. Zwischendurch hatten sie einmal in der Nussdorfer Villa bei Schwester und Schwager Unterschlupf gefunden, doch das war von vornherein nur ein Provisorium gewesen. Dauernde Bleibe fand man erst

1936 in einem ehemaligen Winzerhaus. Die Miete war erschwinglich und was an Komfort zu wünschen übrig blieb, wog das halbwegs romantische Ambiente auf. In Wien-Döbling, Saarplatz 10, befand sich der ebenerdige Vorstadtbau, an dessen Eingang für fast vier Jahrzehnte der Name Stillfried befestigt blieb.

Die andere Ebene im Leben der Stillfrieds gehörte den besonderen Stunden. Abende waren das, aber oft genug auch ganze Wochenenden, an welchen man den Alltag und seine Sorgen hinter sich lassen konnte. Im vertrauten Kreis Gleichgesinnter, in dem Alfons eine zentrale Rolle spielte, pflegte und hegte man, was einem auch der Erste Weltkrieg nicht hatte nehmen können: die eigene Gesinnung und den damit verbundenen Lebensstil. Die Herren waren großteils ehemalige Kriegskameraden und allesamt noch immer überzeugte Monarchisten. Noch immer. War es denn schon so lange her, dass die Monarchie, die in Europa als Staatsform seit Menschengedenken den Takt und den Ton angegeben hatte (und weiterhin in einer Reihe von Ländern ein konstitutionelles Dasein behauptete), in Österreich im Gefolge eines verlorenen Krieges hinweggefegt worden war? In der Tat lag das erst wenige Jahre zurück. Die Damen und Herren blieben unter sich in dieser etwas gestrigen Idylle, die lärmende Gegenwart hatte da keinen Zutritt. Zu dem Kreis gehörten die Brüder Pick, vor allem Friedl, Generaldirektor der Baufirma Porr und Alfons bester Freund, ferner Josef Böck-Greissau, erfolgreicher Unternehmer und später, nach dem Zweiten Weltkrieg, eine Weile Handelsminister. Dieser bewohnte mit Frau und Kindern eine Villa in der Vorderbrühl, wo die Familie Stillfried viele unbeschwerte Wochenenden verbrachte. Dann war da das Ehepaar Freund, auch er einer der jüdischen Offiziere, mit denen Alfons an der italienischen Front Freundschaft geschlossen hatte; jetzt leitete er das Rechtsbüro der Creditanstalt-Bankverein. Und nicht zu vergessen das Ehepaar Klose; mit ihm hatte Alfons auch beruflich zusammengearbeitet. Neben dem privaten Rahmen gab es noch den »Österreichischen Club«, wo sich Geselligkeit mit Gesellschaftlichem mischte. Alice und Alfons waren dort Mitglieder, so wie die meisten aus ihrem Freundeskreis. Auch Grete und Erni Anna verkehrten dort, die beide bald bei den Stillfrieds aus- und eingehen, ja zur Familie gehören sollten. Im »Österreichischen Club« trafen sich patriotisch gesinnte Österreicher, man hörte Vorträge und spielte Bridge, aber auch Bälle wurden dort veranstaltet. So wie Grete und Erni Anna war auch Friedl Pick, als Junggeselle selbst ohne nennenswerte private Verpflichtungen, adoptiertes Mitglied der Familie Stillfried und besonderer Liebling von Georg, Bernhard und Maria. Von den Großeltern lebten damals nur noch die Frauen: Alfons Mutter Helene und Alys Mutter Anna. Natürlich gehörte auch Alfons Schwester zum engsten

Familienkreis, doch Alice war damals viel auf Reisen. Oft und auch für längere Zeit hielt sie sich in der Schweiz bei Jung am Zürichsee auf, doch auch ins bayerische Elmau fuhr sie das eine oder andere Mal, zu Johannes Müller, dem evangelischen Theologen und Gründer der »Freistätten persönlichen Lebens«, der bei kirchenfrei-christlicher Grundhaltung eine weltoffene Pflege der Persönlichkeit vertrat. Während seine Schwester also viel unterwegs war, machte sich Alfons nicht viel aus Reisen, nur ins Ungarische zog es ihn immer wieder, in die Heimat seiner Mutter, wo zwei ihrer Brüder lebten, nach Szombathely, zu deutsch Stein am Anger, welches ihm, der fließend Ungarisch sprach, ein zweites Zuhause war; manchmal begleiteten ihn die Kinder dorthin oder eines von ihnen, mitunter auch die ganze Familie.

Die Erste Republik

Jetzt, nachdem der Rahmen des Privatmannes Alfons Stillfried abgesteckt ist, lässt sich eine andere Frage nicht mehr zurückdrängen: Was waren die zwei Jahrzehnte zwischen den beiden Weltkriegen, welche die österreichische Geschichtsschreibung unter »Erste Republik« zusammenfasst, für Alfons, den politischen Menschen? Er zählte sich zu den Monarchisten und mit seiner Treue zum Hause Habsburg verband sich ein prononcierter Österreichpatriotismus, ein schon damals unerschütterlicher Glaube an die österreichische Nation. Alfons war ein aufmerksamer Beobachter des damaligen politischen Geschehens. Auch ihn wird es empört haben, dass der von »seinem Österreich« übrig gebliebene Rest ein gedemütigter und geprügelter Staat war, den man pfänden, erpressen, schikanieren, bevormunden, in die Enge treiben und (bestenfalls!) von oben herab begönnern konnte. Doch mit Blick auf den demokratischen Weg dieser Republik oder besser, auf ihre demokratischen Gehversuche und die vielen Anläufe demokratisch legitimierter Politiker, wenigstens die eine oder andere konkrete Frage zu lösen, blieb er distanziert. War es objektiv genug, einzelne Erfolge anzuerkennen, selbst dann, wenn es – wie im »roten Wien« – Sozialdemokraten waren, die sie auf ihre Fahnen schreiben konnten?

Die tiefe politische Spaltung des Landes in zwei einander voll Misstrauen gegenüberstehende Lager verkörperten in der militärischen oder paramilitärischen Dimension zwei Wehrverbände, die ihrerseits auf gegenseitiges Misstrauen dressiert waren und dazu mit den Waffen klirrten: hüben die christlich, konservativ und traditionalistisch ausgerichteten Heimwehren, drüben der Republikanische Schutzbund der Sozialdemokraten. Dass Alfons mit Ersteren sympathisierte, muss nicht betont werden, doch er selbst hat bei den Heimwehren als Mitglied ein eher unwesentliches Gastspiel gegeben: beim Kraftfahrerkorps des Wiener Heimatschutzes, zu dem er mit seinem Steyr Cabriolet einmal eingerückt war. Aus dieser Perspektive erlebte er den Februar 1934. Schulter an Schulter mit dem österreichischen Bundesheer kämpfte der Heimatschutz gegen die aufständischen Arbeiter. Mit seinem Auto kam Alfons zwei Mal in heftigeres Gewehrfeuer, mehr aber war nicht. Bei den organisatorischen Aufgaben, die er im Kraftfahrerkorps übernommen hatte, stand ihm Grete Anna als Sekretärin zur Seite. Von diesen paramilitärischen Aktivitäten war er mit Rüdiger von Starhemberg persönlich bekannt. Alfons schätzte den Bundesführer der Heimwehren durchaus, auch dessen unbekümmerte Rhetorik. Und er hätte noch größere Stücke auf Starhemberg gehalten, wäre der nicht dafür bekannt gewesen, »dass er alles liegen und stehen lässt, wenn ihm ein Liebesabenteuer winkt oder der Jäger ihm einen Hirschen meldet«. Als dann 1933 die Demokratie am Ende war und der Ständestaat an ihre Stelle trat, stellte dieser für ihn kaum mehr als das geringste Übel dar. Doch als solchem wusste er dem von Dr. Engelbert Dollfuß ausgerufenen autoritären Regime, welches übrigens das Führen von Adelstiteln wieder erlaubte, durchaus positive Züge abzugewinnen. Dessen Anlehnung an das faschistische Italien schien ihm Aufschwung in geordneten Verhältnissen zu versprechen. Der Duce hatte damals in Europa viele Bewunderer. Vom Grundsätzlichen her noch wichtiger war es Alfons, dass der »Austrofaschismus« (angesichts des Unsagbaren, das dann später geschah und begrifflich dem Faschismus zugeordnet wurde, möchte man hier auf die Anführungszeichen keinesfalls verzichten), dass also der sogenannte Austrofaschismus in Bezug auf ein allfälliges Wiedererstehen der Habsburgermonarchie nichts präjudizierte beziehungsweise einem solchen als späterer Möglichkeit kein Hindernis in den Weg zu stellen beabsichtigte. So mag Alfons Stillfried im Ständestaat eine Art Vorzimmer zur Monarchie erblickt haben, ein Provisorium, in welchem sich einstweilen leben ließ. Freilich, die Provinzialität und geistige, geradezu dörfliche Enge, die Österreich damals charakterisierten, müssen einem Mann von seiner Wachheit und Sensibilität auf die Nerven gegangen sein; wahrscheinlich aber hielt er dafür, dass solches angesichts eines anderen, größeren und immer deutlicher hervortretenden Problems, der Bedrohung vonseiten Hitlerdeutschlands, ein vergleichsweise winziges Übel darstellte. Diese Bedrohung konnte auch nach der erfolgreichen Niederschlagung des Naziputsches vom Juli 1934, bei dem Bundeskanzler Dollfuß von SS-Männern ermordet worden war, keineswegs als gebannt angesehen werden. Das Auslöschen Österreichs als Staat und die Eingliederung seines Territoriums in das deutsche Reichsgebiet waren die auch offiziell kaum verhüllten Ziele, welche das NS-Regime in Berlin mit allen ihm verfügbaren Mitteln verfolgte, auch mit jenen der Erpressung, der Sabotage und des Terrors.

In keiner Phase der Ersten Republik hat Alfons sich um ein Mandat oder politisches Amt beworben beziehungsweise eine Parteifunktion bekleidet. Da war der Betrieb, der nichts einbrachte, wenn man sich nicht ständig um neue Aufträge kümmerte. Auch glaubte er, der Sache als freier Publizist besser dienen zu können. Schon im Krieg hatte er ja damit angefangen, sich über Fragen von allgemeinem Interesse Gedanken zu machen und diese dann zu Papier zu bringen; in der Folge hinderte ihn nichts mehr, mit seinen Ideen auch an die Öffentlichkeit zu treten. Und damit sind wir wieder bei Alfons Stillfrieds Österreichpatriotismus. Was diesen betrifft, so wurde das Land ja von Patrioten regiert, die zwar bekanntlich keine Demokraten waren, die aber von der Anschlussidee, in welcher Variante auch immer, nichts hielten, weil sie an Österreich glaubten und an dessen Eigenstaatlichkeit festhalten wollten. Was Alfons aber zu massivem Widerspruch herausforderte, war, dass diese Patrioten in all ihrem Österreichertum glaubten, partout auch die »besseren Deutschen« sein zu müssen. Die Zeitschrift »Der christliche Ständestaat« publizierte Alfons Stillfrieds Artikel »Österreich – ein nationaler Begriff!« am 22. März 1936 und noch heute verdient es dieser Beitrag, zitiert zu werden:

Unsere Kultur, unsere staatliche Selbständigkeit, unser Österreichertum und damit auch die Kultur ganz Europas ist in allergrößter Gefahr. Diejenigen irren, welche glauben, dass der Juli 1934 und unser gegenwärtiges Regime den Nationalsozialismus überwunden hätten. Der Juli 1934 war nur die glückliche Abwehr einer versuchten Überrumpelung; seither leben wir im Stellungskrieg und die nächste Offensive kann jederzeit über uns hereinbrechen. Meiner Meinung nach ist diese Gefahr immer noch im Steigen begriffen, die Steigerung hält gleichen Schritt mit der deutschen Aufrüstung. Können wir aber dieser Gefahr mit Waffengewalt begegnen? Oder können wir uns auf die Hilfe von Freunden verlassen? Beide Fragen sind mit absoluter Bestimmtheit zu verneinen …

Um aber das drohende Gespenst des Anschlusses für immer zu bannen, gibt es nur zwei Wege. Der erste besteht in der Rückkehr unserer angestammten Dynastie und der Machtergreifung durch unseren legitimen Kaiser und Herrn. Je eher die Voraussetzungen dafür vorhanden sein werden, desto besser für uns und für die Befriedung ganz Europas. Aber die Schaffung dieser Voraussetzungen liegt leider nicht allein in unserer Hand … Daher müssen wir einen zweiten Weg beschreiten, der mit Sicherheit in den ersten mündet …, er liegt in unserer eigenen Brust und heißt österreichisches Nationalbewusstsein!

Hören wir endlich einmal auf, uns immer Deutsche zu nennen. Wem und weshalb sagen wir das eigentlich immer wieder? Wer zweifelt daran, dass wir deutsch sprechen? Haben uns etwa die Tschechen oder Jugoslawen als zu ihnen gehörig in Genf reklamiert? ...

Nur Unverstand und Gedankenlosigkeit kann aus der Sprache allein die gleiche Nationalität ableiten ...

Eine eigene, vom übrigen Deutschland gesonderte nationale Entwicklung, welche eben die österreichische Nationalität begründet ...

Denn solange wir uns selbst – leider auch bei offiziellen Anlässen – als Deutsche bezeichnen und trotzdem eine staatliche Verbundenheit mit Deutschland ablehnen, sind wir nichts anderes als Separatisten ...

Es kommt auf uns an, ob wir selbstbewusste Österreicher oder gleichgeschaltete Alpenpreußen sein wollen. Nur unser eigenes österreichisch-nationales Selbstbewusstsein und unsere eigene Kraft – nie aber irgendwelche Garantiepakte – können unsere unabhängige Stellung in der Welt, die Achtung dieser Welt und damit die Erhaltung der katholischen Kultur Europas garantieren.

Mit diesen Überzeugungen war und blieb Alfons damals in der Minderheit. Zum Freundeskreis, in dem man sich genau so artikulierte wie er, gehörten Alfred Missong[2] und Ernst Karl Winter, beide ständige Autoren der Schrift »Die österreichische Aktion« und Mitbegründer der sogenannten »Idee- und Tatgemeinschaft«. Deren Ziel war es, »Wege für Österreichs Erneuerung, für die Wiederbelebung des österreichischen Selbstbewusstseins, für die Wiederaufrichtung des österreichischen Menschen« zu weisen. Der Sozialphilosoph Ernst Karl Winter, im Ständestaat Vizebürgermeister von Wien, gehörte zu den unabhängigen Geistern, die auch in den eigenen Reihen ein offenes und kritisches Wort nicht scheuen. Nach dem deutschen Einmarsch in Österreich rettete er sich mit seiner Frau und einer ansehnlichen Kinderschar in die USA.

Alfons Aufsatz wird auch auf späte Leser seine Wirkung kaum verfehlen; unter den in sachlichem Ton vorgetragenen Argumenten spüren wir doch den schnelleren Gang seines Pulses. Da gibt es Vorfahren, die schon im 18. Jahrhundert treu zu Österreich standen, als die schlesische Heimat verloren ging. In drei Kriegen hatte der Preußenkönig Maria Theresia Schlesien streitig gemacht und schließlich endgültig entrissen. Während dieser sich alles in allem über zwei Jahrzehnte hinziehenden Auseinandersetzung war Zwietracht auch in das Haus

---

2 Alfred Missong (senior), katholischer Publizist und früher Befürworter eines österreichischen Nationalbegriffs.

Stillfried eingezogen – und zwar in der klassischen Form des Bruderzwistes. Unter fünf Brüdern hatten zwei ein Faible für Friedrich II. entdeckt, einer ganz besonders: Michael. Sein Schwärmen für den König und seine abfälligen Reden über den Wiener Hof gingen Stephan, dem Ältesten, stark auf die Nerven; nach einem kurzen Wortwechsel verabreichte er Michael eine Ohrfeige. Kurz darauf war dieser aus dem Schloss verschwunden; es endete damit, dass Michael als Standartenjunker in ein preußisches Dragonerregiment trat. Stephan, der österreichischen Sache ergeben und mittlerweile zum Kürassieroberst befördert, war von der Kaiserin mit einer besonderen Mission betraut worden. Nachdem er sich dieser zur vollsten Zufriedenheit seiner Gebieterin entledigt hatte, fingen ihn unterwegs die Preußen ab; sie setzten ihn auf der Festung Neisse in Haft, wo er, dem keine Intervention beim König mehr Hilfe bringen konnte, schließlich verstarb. Michael, der es längst darauf abgesehen hatte, wurde vom neuen Herrn Schlesiens mit Neurode belehnt. Sein Bruder Emanuel, nach Stephans Tod nun der Älteste, hielt wie dieser zu Österreich; es wäre für ihn nicht in Betracht gekommen, das ihm zustehende Erbe als Lehen aus den Händen des Preußenkönigs zu empfangen. Emanuel Freiherr von Stillfried heiratete Antonia Gräfin von Zierotin, auch sie aus böhmischem Uradel, und begründete mit ihr die österreichische Linie der Stillfrieds! Ihr allein gehört unsere Aufmerksamkeit; was die preußische Abspaltung betrifft, die dann aus zwei Linien bestand, so ist der Chronistenpflicht mit deren bloßer Erwähnung Genüge geleistet. Zusammenfassend bleibt festzustellen, dass es also eine Ohrfeige war, von der die Dinge ihren Ausgang nahmen. Kein Zweifel, auch Alfons Stillfried wäre in einer vergleichbaren Situation die Hand ausgekommen! Jene, in der er sich tatsächlich befand, ließ ihn indessen zur Feder greifen und das Ergebnis war jener bündige Aufsatz, der dann im »Christlichen Ständestaat« erschien. Übrigens: Der Stammvater der österreichischen Stillfriedlinie wurde später, einem Ruf Maria Theresias folgend, Direktor des Wiener Theresianums, der von ihr gegründeten Erziehungsanstalt für Söhne des österreichischen Adels. Wie schon sein älterer Bruder Stephan besaß auch Emanuel das besondere Vertrauen der Herrscherin; sie stellte der von ihrem Paladin geleiteten Baumschule für künftige Träger hoher Ämter ihr Schlösschen »Favorita« zur Verfügung.

Lebt man als Österreicher in Recanati oder sonst wo in dieser Region, liegt die eigene Heimat weit hinter dem Horizont. Trotz Massentourismus, der auch die Marken in seinem Griff hält, haben die Menschen hier wenig Ahnung von unserem Land. Nur in Norditalien ist das anders, dort weiß noch fast jeder, zwischen Tedeschi und Austriaci, Deutschen und Österreichern, zu unterscheiden. Weiter südlich verschwimmt dieser Unterschied oft genug, zerstreute Gedankenlosigkeit macht sich breit: Die Deutschen sprechen Deutsch. Wer Deutsch spricht, ist ein Deutscher. Und damit sind wir noch einmal bei dem bewussten Thema. Vergessen wir nicht, was heute nur aus Uninformiertheit geglaubt wird, war einmal auch in Österreich die feste Überzeugung vieler Menschen. Dies schon unter Kaiser Franz Joseph, im deutschen Sprachraum nämlich und erst recht in der Ersten Republik, die, wäre es nach dem erklärten Willen ihrer Gründer gegangen, definitiv »Republik Deutschösterreich« geheißen hätte. Das Recht der Selbstverständlichkeit genießt Österreichs nationale Identität erst in unseren Tagen. Wir wollen Alfons und seinen Gesinnungsfreunden die ganze Ehre geben, vergessen dabei aber nicht, dass man damals weder ein Dummkopf noch ein Verräter sein musste, um Österreichs Vereinigung mit Deutschland zu wollen. Auch war nach dem verlorenen Weltkrieg die Verwirrung groß. Vieles ist heute kaum mehr nachzuvollziehen, zum Beispiel die Sympathien österreichischer Kreise für Italiens Faschismus, obschon dieser den Menschen in Südtirol den Gebrauch ihrer Muttersprache mit größter Brutalität auszutreiben versuchte. Sicher aber ist, dass damals jede Überzeugung ein Stück Logik auf ihrer Seite zu haben schien. Dass der deutsche Weg ein Irrtum war, dieses Bewusstsein verdankt das Gros der Österreicher vor allem dem Gang der Geschichte, der den »Anschluss« für eine mit sieben Jahren bemessene Frist zuließ. Nach dem Intermezzo unter Hitlerdeutschland ist Deutschtümelei in Österreich nur noch das Anliegen einer Sekte.

Von den Freunden, mit denen Alfons in besonders engem Meinungsaustausch stand, haben wir schon Ernst Karl Winter und Alfred Missong genannt. Auch mit einigen Mitgliedern der Bundesregierung befand er sich auf freundschaftlichem Fuß, so mit Dr. Karl Buresch, dem zeitweiligen Bundeskanzler und späteren Finanzminister, oder mit Dr. Hans Pernter, dem Unterrichtsminister im letzten Kabinett Schuschnigg. Besonderen Gewinn brachten ihm die Stunden, die er mit einem gelegentlichen Schachpartner verbrachte. Eine Bekanntschaft war das noch aus der Zeit, in welcher er bei seiner Mutter in der Gentzgasse 9 gewohnt hatte. Von keinem Geringeren als Egon Friedell ist hier die Rede, dessen kulturhistorische Werke zu Alfons stets griffbereiter Lektüre gehörten. Friedell bewohnte jahrzehntelang das stadteinwärts gelegene Nachbarhaus, von dessen drittem Stock er am 16. März 1938 in den Tod sprang, um sich der Verhaftung durch die SA zu entziehen. Am Haus Gentzgasse 7 erinnert eine Tafel an ihn.

Die zwanzig Jahre der Ersten Republik waren eine Zeit, die vielen Österreichern lang geworden ist, denn für allzu viele von ihnen war sie eine allzu schwere Zeit: erst das Elend unmittelbar nach dem Krieg, dann die Wirtschaftskrise mit ihren verhängnisvollen Rückwirkungen in den Dreißigerjahren. Ein Viertel der arbeitsfähigen Bevölkerung ohne Arbeit; rechnet man zu den Arbeitslosen noch die Familienangehörigen, mehr als eine Million Menschen in bitterster Not! Die endlose Schlange der Bettler! Doch heute, im Rückblick, will es uns scheinen, als seien diese zwanzig Jahre wie ein Reisigfeuer weggeflackert, Zweig um Zweig. Als Alfons in dem schon zitierten Aufsatz seinen Landsleuten die Leviten las und sie dazu aufforderte, endlich damit aufzuhören, sich als Deutsche zu definieren, schrieb man bereits das Jahr 1936. Dann kam 1937, das letzte volle Jahr österreichischer Eigenstaatlichkeit, in welchem den Juden als Staatsbürgern ebenso wie als Flüchtlingen aus Nazideutschland offiziell noch alle Rechte verbürgt blieben, die sich in der zivilisierten Welt und in einem Rechtsstaat, denn das war Österreich in vieler Hinsicht auch damals, von selbst verstehen. Als der letzte Zweig, das Jahr 1938, Feuer zu fangen begann, war Alfons dahin gekommen, den schon lange befürchteten Griff Hitlers nach Österreich für unabwendbar zu halten.

Schlange und Kaninchen

Am 12. Februar 1938 besuchte der österreichische Bundeskanzler, Dr. Kurt Schuschnigg, den deutschen Reichskanzler, Adolf Hitler, auf dessen Landsitz in Berchtesgaden. Es war das historische Treffen, bei welchem – Perspektive A – ein Regierungschef, der Gastgeber, den anderen Regierungschef, den Gast, anschnauzte und diesem das Rauchen verbat – Perspektive B – ein Regierungschef, der Gast, sich von dem anderen Regierungschef, dem Gastgeber, anschnauzen und das Rauchen verbieten ließ.

Gleich nachdem Schuschnigg aus Berchtesgaden zurückgekehrt war, bat Alfons Stillfried seine jüdischen Freunde – es waren fünf, alles ehemalige Kriegskameraden – zu sich nach Hause zu einem Abendimbiss. Behaglichkeit verlangt ihr Recht, doch dem Hausherrn ist nicht danach, er kommt zur Sache und nennt den besonderen Grund für diese Einladung: die seiner Überzeugung nach in wenigen Wochen bevorstehende Machtübernahme Hitlers in Österreich. Im Nebenzimmer befand sich Bernhard, der damals, im Februar 1938, noch keine dreizehn Jahre alt war. Er hörte seinen Vater, wie dieser in die alten Kriegskameraden drang, Österreich zu verlassen und sich im Ausland in Sicherheit zu bringen; Verwandte oder Bekannte, die ihnen dabei behilflich sein könnten, hätten sie ohnehin. Würden sie im Land bleiben, müssten sie das Schlimmste gewärtigen. Wie das Beispiel der vielen in den letzten Jahren aus Deutschland nach Österreich geflüchteten Juden deutlich genug zeige, würden seine Freunde unter den ersten sein, die man verfolgen und enteignen werde.

Die Herren lösten sich nur halb aus der behaglichen Stimmung, in welcher der Abend begonnen hatte. Was ihr Freund geäußert habe, sei denn doch zu pessimistisch; immerhin gebe es ja noch die Franzosen und Engländer, die Österreich nicht im Stich lassen würden. Selbst Friedl Pick, sein bester Freund, hielt Alfons' Lagebeurteilung für etwas übertrieben; zwar räumte er ein, dass es schwierig werden könne, doch halte er es für unvorstellbar, dass man sich an ehemaligen Offizieren der österreichisch-ungarischen Armee vergreifen würde, noch dazu an hochdekorierten. Sollte Hitler tatsächlich in Österreich die Macht übernehmen, so würde das Gekochte schon nicht so heiß gegessen werden. Schließlich hätten Juden in Deutschland zwar Schikanen und teilweise auch Enteignungen hinzunehmen, doch von wirklicher Verfolgung könne kaum die Rede sein. Wie oft in der europäischen Geschichte mögen sich Szenen dieser Art wiederholt haben? Wie viele Male schon werden gebildete, arglos in die Welt blickende Menschen noch am Vorabend der Katastrophe ein besonnenes Gespräch geführt und unter Berufung auf menschliche Vernunft und Redlichkeit einander mit wohlgesetzten Worten davon überzeugt haben, dass diese Katastrophe, genau besehen, unmöglich sei und daher nicht eintreten werde. Wie oft?

Heute haben sich schon in den ersten Vormittagstunden zahlreiche Nationalsozialisten in der Nähe der Oper versammelt und veranstalteten die üblichen Sprechchöre. Aber auch zahlreiche Mitglieder der Vaterländischen Front hatten sich massiert und antworteten mit Heilrufen auf Schuschnigg ...
Neues Wiener Abendblatt, 11. März 1938

Genau einen Monat nach Berchtesgaden, am 12. März 1938, marschierte die deutsche Wehrmacht in Österreich ein. Am Vortag, dem 11. März, es war am Abend, hatte Schuschnigg abgedankt: »Wir weichen der Gewalt, Gott schütze Österreich.«

Wenn Alfons und seine Frau Alice im Frühjahr 1938, in den Wochen vor und nach dem »Anschluss«, an ihre beiden Söhne dachten, geschah dies in einer Mischung aus Stolz und Sorge. Der eine wie der andere hatte die streitbare Liebe zu Österreich vom Vater übernommen. Beide fühlten den Drang, sich darin hervorzutun, und die katholische Jugendgruppe, der sie angehörten, schien ihnen für solche Aktivitäten den passenden Rahmen zu bieten. Als Demonstranten oder als Gegendemonstranten, die auch ein Handgemenge nicht scheuten, waren sie bei jeder Gelegenheit auf den Beinen; noch bis in den 11. März hinein schrien sie sich für Österreich und seine Unabhängigkeit die

Kehlen heiser. Aber auch danach, als das Land nur noch »Ostmark« genannt werden durfte, beteiligten sie sich an Aktionen, die nun erst recht als riskant gelten mussten. Doch mehr darüber an anderer Stelle.

Deutsche Funktionäre in Wien. Schon bevor Deutsche Truppen auf Anfordern der ehemaligen österreichischen Bundesregierung die Grenze überschritten, war der Reichsführer SS und Chef der deutschen Polizei, Heinrich Himmler, persönlich Samstag morgens 5 Uhr in Wien eingetroffen. In seiner Begleitung befanden sich der Chef der Sicherheitspolizei, SS-Gruppenführer Heydrich, und SS-Gruppenführer Wolff. Der Reichsführer SS und seine Mitarbeiter waren somit die ersten Vertreter der nationalsozialistischen Reichsgewalt auf österreichischem Boden ...
Neues Wiener Tagblatt, Mittagsausgabe, 15. März 1938

Die braune Machtübernahme, bei der wir jetzt noch verweilen, erwies sich als von langer Hand vorbereitet, auf jeder Ebene und bis ins letzte Detail. Sie holten Alfons, dessen politische Haltung weithin bekannt war, schon in den ersten Tagen. Nach einem längeren Verhör, welches mit der Auflage endete, dass er sich in Hinkunft jeden Monat bei der Polizei zu melden habe, wurde er freigelassen. Die Ölfirma, von ihm und seinem jüdischen Freund als Kompagnons geführt, fiel der Enteignung anheim. Es ging alles Schlag auf Schlag. Schon war der erste Transport politischer Häftlinge in das Konzentrationslager Dachau abgegangen und Alfons' Cousin, der Gendarmeriemajor Emanuel Stillfried, gehörte dazu. Dieser hatte gerade noch das Anhaltelager Wöllersdorf geleitet, wohin der Ständestaat, autoritär, wie er war, oder austrofaschistisch, wie er sein konnte, die Aktivisten unter seinen Gegnern wegzusperren beliebte: in der Hauptsache Sozis und Nazis, wie die gebräuchlichen Kurznamen lauteten, die Demokraten also, die damals bekanntlich keine Patrioten waren, ebenso wie die geschworenen Feinde der Demokratie, die auch der Eigenstaatlichkeit Österreichs feindlich gegenüberstanden. Major Stillfried hatte als Kommandant von Wöllersdorf sehr streng auf Ordnung und Disziplin gehalten: auf die Minute genaue Tageseinteilung, Entzug der Besuchserlaubnis bei Verstößen gegen die Vorschriften, geometrisch genaues Bettenbauen, Spindkontrolle u. s. w., kurzum: wie beim Militär. Nun war er in Schutzhaft genommen, wie man das euphemistisch nannte, und zwischen Dachau und Wöllersdorf Vergleiche anzustellen, war eine der wenigen Möglichkeiten seines Lagerlebens, die ihm seine Bewacher nicht nehmen konnten. Der politische Häftling Emanuel Stillfried wusste noch nicht, wie bald er Gelegenheit bekommen würde, das Ergebnis seiner vergleichenden Betrachtungen Heinrich Himmler persönlich kundzutun. Als dieser noch im selben Jahr Dachau besuchte, ließ er sich unter den in Reih und Glied angetretenen Häftlingen neben anderen auch den früheren Kommandanten von Wöllersdorf vorstellen. »Na, Stillfried, jetzt seid ihr an der Reihe, ein KZ mal von innen kennenzulernen!« »Ja, Reichsführer, aber gegen das hier war unseres noch das reinste Erholungslager.« Emanuel Stillfried hat seine freimütige Antwort überlebt.

Die Entjudung der Ostmark. Vom Presseamt des Gauleiters Bürkel wird bekanntgegeben: Im Zuge der Arisierung in der Ostmark ist die Übernahme von und die Beteiligung an Geschäften und Betrieben möglich. Interessierte aus dem Altreich sind aufgefordert, sich an die Dienststelle des Gauleiters Bürkel, Wien, Parlamentsgebäude, zu wenden.

Tages-Post, Sonntagsblatt, Linz, 23. Juli 1938

Für die Familie am Saarplatz Nummer 10 im 19. Wiener Gemeindebezirk, welchem der aus dörflicher Vergangenheit stammende Name Döbling geblieben ist, begann eine besonders schlimme Zeit. Da Alfons als »politisch unzuverlässig« galt, hatte man ihm, der seiner selbstständigen Erwerbsquelle ja schon beraubt war, durch ein Berufsverbot auch die Annahme einer Anstellung unmöglich gemacht. Wenn diese fünf Menschen nicht ins Bodenlose fielen, so war das der Hilfe und finanziellen Unterstützung zu danken, mit der einige Freunde, allen voran Guido Maculan und Josef Böck-Greissau, und Verwandte zur Hand waren; zu Letzteren gehörten die Schweizer Spediteursfamilie Schenker, aus der Alys Mutter Anna stammte, und der brave Schwager in Wien. Trotzdem blieb nicht aus, dass so mancher Wertgegenstand aus dem Familienbesitz sich in Lebensmittel verwandelte. Auch, wenn man den Blick weit über den Tellerrand hob, war der Ausblick trübe und zunächst ganz ohne Hoffnung, vor allem seit Chamberlain und Daladier geglaubt hatten, den Frieden dadurch zu sichern, dass man die Tschechoslowakei zwang, das Sudetenland an Deutschland abzutreten. Das war am 29. September 1938 mit dem Münchner Abkommen besiegelt worden und schon am 11. Oktober meldete der »Völkische Beobachter« »die vorgesehene Besetzung sudetendeutscher Gebiete als planmäßig beendet«. Alfons empfand zutiefst das Beklemmende der Situation, aber in all dem Grau jenes Herbstes schien es plötzlich, als sei die bleierne Wolkendecke einen Spalt breit aufgerissen: Rettung für ihn und die Seinen nach Monaten ärgster Bedrängnis. Nicht nur Alfons Schwester Alice hat das damals eine ganz besondere Fügung des Schicksals genannt: Ein bayerischer Vetter, Oberst Rudolf Graf Marogna-Redwitz, dessen Mutter eine Stillfried der österreichischen Linie und

Alfons entfernte Tante war, erschien in Wien. Man hatte diesen Offizier, der ganz das Vertrauen des Chefs der deutschen Abwehr, Admiral Wilhelm Canaris, besaß, zum Leiter der Abwehr für Südosteuropa ernannt und sein neuer Dienstort war somit Wien. Die Büros der Abwehr befanden sich im ehemaligen k. u. k. Kriegsministerium am Stubenring und als Residenz war Oberst Marogna ein villenartiges Haus in der Böcklinstraße zugewiesen worden, von dessen geräumiger Terrasse man in den Prater blickte. Sofort setzte er sich mit seinem österreichischen Cousin in Verbindung und so erfuhr er von der schlimmen Lage, in der sich dieser befand. Der Oberst aus alter bayerischer Familie wusste Abhilfe zu schaffen. Schon am 12. Januar 1939 begann Alfons als Zivilangestellter der Deutschen Wehrmacht in der sogenannten Auslandsbriefprüfstelle (ABP), die der Wehrmacht unterstand und ihren Sitz in der Taborstraße hatte. In dieser Zensurstelle für alle Briefe, die aus dem Ausland einlangten oder dorthin gesandt wurden, oblag jeder Abteilung die »Betreuung« einer oder mehrerer Fremdsprachen. Alfons, der des Tschechischen ebenso wie des Ungarischen mächtig war, konnte sich hier nützlich machen. Die Zensur war so organisiert, dass die forschend über die Briefe gebeugten Prüferinnen und Prüfer, wann immer sie glaubten, eine verdächtige Stelle gefunden zu haben, gehalten waren, das Schriftstück dem jeweiligen Aufsichtsoffizier vorzulegen, der, wenn er zu der gleichen Beurteilung gelangt war, die Weiterleitung an die Gestapo veranlasste. Chef der Auslandsbriefprüfstelle war ein Oberstleutnant Groß, überzeugter Nazi aus dem »Altreich«, wie man damals jemandes Herkunft umschrieb, wenn man das von der Propaganda ausdrücklich verpönte Wort »Piefke« vermeiden wollte; als Vertrauensmann der Gestapo hatte man ihn auf diesen Posten gehievt. Eben das hatte dem Neuen sein Vetter gesteckt, vorsorglich gleich ganz am Anfang. Die Wende, die sich zu Beginn des Jahres 1939 in Alfons Leben vollzog, war entscheidend gleich in dreifacher Hinsicht: Erstens war er nun dem Zugriff der Gestapo entzogen, denn unter dem Schirm der Deutschen Wehrmacht konnten einem die Büttel nichts anhaben, wenigstens damals noch nicht. Zweitens war auch die materielle Not vorbei, da Alfons endlich wieder in Lohn und Brot stand. Vom dritten entscheidenden Gesichtspunkt aber wird noch die Rede sein.

Nach dem Abschluss des Münchner Abkommens hatte Churchill im britischen Unterhaus gesagt: »Wir hatten zu wählen zwischen dem Krieg und der Schande. Wir haben die Schande gewählt und werden den Krieg bekommen.« Schon nach den Ereignissen, die im März 1939 folgten, schien es ganz so, als würde er recht behalten: Hitlers Truppen waren auch in Prag einmarschiert. Da gibt es eine Fotografie, die um die Welt gegangen ist. Sie zeigt einen Kübelwagen der Deutschen Wehrmacht, auf seinen Vordersitzen zwei behelmte Soldaten, von denen der eine verlegen grinst, und am Straßenrand ein Spalier weinender Menschen. Das Land wird dem Reich einverleibt und bekommt den Namen »Protektorat Böhmen und Mähren«. Auch diesen Gewaltakt nahm der Westen noch hin, doch es sollte das letzte Mal gewesen sein.

Der Weltbrand

Als dann am 1. September 1939 der deutsche Überfall auf Polen geschah, erklärten Frankreich und England zwei Tage später Nazideutschland den Krieg. Für Alfons, der schon befürchtet hatte, der Westen würde auch diesmal nur zuschauen, war es ein großer Tag. Für ihn stand jetzt fest, dass Hitler den militärisch soeben begonnenen Krieg politisch bereits verloren hatte. Das mutwillig vom Zaun gebrochene Kräftemessen würde mit noch so vielen Sturzkampfbombern, Panzern, Kanonen und U-Booten nicht zu gewinnen sein. Von dieser Beurteilung, die damals bald nur ganz wenige teilten, wich er nicht mehr ab, auch nicht, als Frankreich kapituliert hatte. Zwar erfüllte ihn der Gedanke an die Schrecken und die vielen Opfer schon im voraus mit Bangigkeit, doch in zwei bis drei Jahren längstens, meinte er, würde der Spuk vorüber sein. Nur hierin, in der Dauer des Feuersturms, hat er sich verschätzt.

Die britische Regierung hat an die Deutsche Reichsregierung die Forderung gerichtet, die auf polnisches Gebiet gedrungenen deutschen Truppen wieder in ihre Ausgangsstellungen zurückzuziehen. In einer befristeten Note hat die britische Regierung mitgeteilt, wenn sie nicht innerhalb der von ihr namhaft gemachten Zeit im Besitz einer befriedigenden deutschen Antwort sein würde, dann müsste sie sich als im Kriegszustand mit Deutschland befindlich betrachten. Die deutsche Regierung hat diese Note mit einem ausführlichen Memorandum beantwortet, in dem sie es ablehnt, von der britischen Regierung ultimative Forderungen entgegenzunehmen ...
Steirische Alpenpost, 8. September 1939

Als mit dem Kriegseintritt der beiden Demokratien schlagartig klar wurde, dass ein neuer Weltkrieg begann, ging von Schleswig-Holstein bis Kärnten und vom Rheinland bis Ostpreußen lähmendes Erschrecken durch Städte und Dörfer. Die Menschen erinnerten sich noch zu genau an den Albtraum des Ersten Weltkriegs und patriotischer Taumel blieb diesmal aus. Doch seit das tapfere Polen, dem seine westeuropäischen Garantiemächte ungeachtet ihrer eindeutigen Parteinahme militärisch nicht hatten helfen können, in nur vier Wochen überrannt worden war, begann sich in einer von Fanfaren und Sondermeldungen erfüllten Atmosphäre die Stimmung zu drehen, eine lange Reihe von Blitzsiegen hatte gerade erst begonnen. Auch wer Alfons in diesen Tagen erblickte, etwa als Passant auf der Straße oder als Gast eines der Wiener Cafés, hätte glauben können, die ruhige Zuversicht, die dieser Mann ausstrahlte, gelte dem Sieg der deutschen Waffen. Zuversicht, jawohl, doch in die andere Richtung: dass Europa in absehbarer Zeit von Hitler und dem ganzen braunen Albdruck befreit sein würde – und sein geliebtes Österreich wieder ein freier und unabhängiger Staat. Wir werden bald Gelegenheit haben, der Bedingungslosigkeit seiner Hingabe an dieses Ziel inne zu werden.

Deutschlands Kriegsflagge über Paris. Das Oberkommando der Wehrmacht gibt bekannt: Der zweite Abschnitt des gewaltigen Feldzuges im Westen ist siegreich beendet. Unsere siegreichen Truppen marschieren seit heute Vormittag in Paris ein.
Völkischer Beobachter, 15. Juni 1940

Auf einem Hügelkamm erbaut, ist Recanati die Stadt der vielen Aussichtspunkte, dies beiderseits der in Krümmungen verlaufenden Hauptstraße: viel Panorama nach Osten wie nach Westen, zum Meer und zu den Bergen hin; vom Spätherbst bis in den Frühsommer sind diese zumeist schneebedeckt. Nur die höchste Erhebung des Apennin, den Gran Sasso d' Italia, sieht man in Recanati nicht von überall; dazu liegt dieser Gebirgsstock, der mit seinem Corno Grande in die Höhe von 2.914 Metern ragt, zu weit südlich und das ist schon in den Abruzzen. Um dieser Aussicht willen sucht man hier am besten den Colle dell' Infinito auf, den Hügel des Unendlichen, der die Stadt im Südosten begrenzt und seinen Namen von Giacomo Leopardi hat. »Lieb war mir stets hier der verlassne Hügel«, so beginnen die Verse, mit denen der Dichter sich ins Unendliche grübelt. Vom Colle dell' Infinito also kann man den Gran Sasso d'Italia sehen, aber nur bei kristallklarer Sicht. Das ist der Berg, auf dem im Sommer 1943 Mussolini gefangen gehalten wurde: in einem eiligst zum Gefängnis umfunktionierten Berghotel, bewacht von einer Unmenge Karabinieri. Mehr noch als zum Gefangenen des italienischen Königs und Marschall Badoglios war der gestrauchelte Diktator zum Gefangenen seiner eigenen Rhetorik geworden; mit eben dieser hatte er gehofft, an der Seite Hitlers den Krieg zu gewinnen. Dessen Macht reichte freilich nur noch dahin, den Freund durch ein SS-Kommando aus seinem unwegsamen Hotelgefängnis befreien und fortan eine Marionettenrolle spielen zu lassen. Nationaler Überlegenheitswahn und arroganter Herrschaftsanspruch, beide Condottieri benebelten mit diesem Gebräu ihre Völker, beide hielten sich auf dem Weg zur Macht ihre Prügelgarden, später stand ihnen zu Zwecken des Terrors der gesamte Polizeiapparat zur Verfügung. Und beide wollten beim Gegner und bei jedem, den sie dazu erklärten, Menschenwürde nicht gelten lassen. Beide Diktatoren waren geschworene Landräuber und einer wie der andere baute darauf, dass nach seinem endgültigen Sieg die Geschichtsschreibung über die von ihm zu verantwortenden Untaten mit der lapidaren Feststellung hinweggehen würde, es sei ihm in seinem heroischen Kampf um die Neuordnung der Welt nichts anderes übrig geblieben, als sich mitunter auch härterer Maßnahmen zu bedienen. Victoria verificat. Gewiss, die Faschisten haben keine Vernichtungslager betrieben und die Rassengesetze, mit welchen auch ihr Staat seine jüdischen Bürger an den Rand der Gesellschaft drängte, waren auf massiven Druck Nazideutschlands eingeführt und von den italienischen Stellen großteils nur halbherzig vollzogen worden. Und über bildende Künstler ein Malverbot zu verhängen und dessen Einhaltung bis in die letzten Kriegstage noch polizeilich überprüfen zu lassen, wäre den Schwarzhemden wohl nicht einmal im Traum eingefallen. Aber war der italienische Faschismus deswegen »harmloser« als sein deutsches Pendant? Hat Mussolini in Äthiopien etwa kein Gas eingesetzt? Was war es denn, das diesen in den Tagen der sich schon abzeichnenden Niederlage noch einigermaßen bei Laune hielt, wenn nicht die Hoffnung auf die deutsche »Wunderwaffe«? Natürlich wäre das die Atomwaffe gewesen und sie hätte nach Hitlers Plänen im größten Maßstab Tod und Verderben über die Völker der Alliierten gebracht. Nein, nicht harmloser war der Faschismus, aber weniger gründlich! Gründlichkeit bis zum Wahnwitz zu pervertieren, blieb der Naziherrschaft vorbehalten; das ist das Singuläre an ihr, das erst macht ihre Unverwechselbarkeit aus.

Sagt nicht das Gebiss des Haifisches, die Kralle des Adlers, der Rachen des Krokodils schon aus, was sie wollen und wozu sie hergekommen?
                              Arthur Schopenhauer

Vom Morden muss jetzt die Rede sein, vom Morden als Mittel der Politik. Und von Tätern muss jetzt die Rede sein, von solchen, für die Töten nicht letztes und äußerstes, sondern beliebiges Mittel zum Zweck war. Hitler und seine Unterführer haben den politischen Mord nicht erfunden, aber sie haben ihn verinnerlicht: als stets auf der Lauer liegende Mordbereitschaft. Schon in den ersten Anfängen war dazu der Keim gelegt. Als die Nationalsozialistische Deutsche Arbeiterpartei 1933 in Deutschland an die Macht kam, waren aus

Totschlägern längst Mörder geworden. Täter, die sich als Männer der Tat gerierten. Hitlers spektakuläre Erfolge, die mit dem Frieden in Europa jahrelang durchaus in Einklang zu stehen schienen, täuschten viele Menschen darüber hinweg, dass hinter Mauern und Stacheldraht das Morden nie aufhörte. Schalten und walten, ohne den Gegner auch ausschalten zu können, ohne die als erregend empfundene Möglichkeit, Missliebige beiseite zu schaffen, würde als schal empfunden haben, wer in Partei, Staat oder SS etwas zu sagen hatte. Was sonst symbolisierte der Totenkopf auf den Uniformmützen, wenn nicht bedingungslose Gefolgschaft, bedingungslos bis hin zu jedem befohlenen Mord? Das besagten doch die Worte: »Unsere Ehre heißt Treue« – Leitspruch von Heinrich Himmlers SS! Die Mordentschlossenheit, die diese Jahre atmeten, hatte nachgerade den ganzen braunen Machtapparat erfasst.

Jetzt ist vom Jagen die Rede, von der Jagd auf Menschen, von Menschenjägern und Fallenstellern, die ihr trübes Weidwerk so vollkommen beherrschten, dass die Gejagten oft nicht bemerkten, dass sie gejagt wurden; erst wenn sie schon in die Falle gegangen waren, wussten sie, dass man es auf sie abgesehen hatte. Von der Gestapo also ist die Rede. Allein die Nennung des Wortes, das die Bezeichnung »Geheime Staatspolizei« abkürzte, versetzte die Menschen in Angst und Schrecken. Diesem mit allen erdenklichen Vollmachten ausgestatteten Polizeikörper oblag neben der Ermittlung politischer Tatbestände, die in Nazideutschland als strafbar galten, die Verfolgung sämtlicher Personen, die das Regime als seine Feinde betrachtete: Juden, Freimaurer, Marxisten, »Reaktionäre«, auffällig gewordene Christen und natürlich auch österreichische Patrioten ebenso wie Zigeuner und Homosexuelle. War die Gestapo in den während des Zweiten Weltkriegs besetzten Gebieten zu Recht ebenso gehasst wie gefürchtet, so galt sie innerhalb der Reichsgrenzen, wo sie ohne Sprachbarriere, aber auch mit der eifrigen Unterstützung eines ganzen Heeres von Denunzianten arbeiten konnte, bei Gegnern und Missliebigen als beinahe unausbleibliches Verhängnis. Und wer sich in »Großdeutschland« noch immer als Österreicher fühlte, als sein Land den Namen verloren hatte, ja nicht einmal mehr als »Ostmark« eine geografische Einheit bildete, der konnte, wenn er vor 1938 als Patriot und Anschlussgegner irgendwie hervorgetreten war, seiner aktenmäßigen Erfassung durch die Gestapo ziemlich sicher sein. Wer mit den Büttteln selbst noch nicht Bekanntschaft gemacht hatte, konnte sich deswegen noch keineswegs sicher fühlen. Auch von österreichischen Sozialdemokraten, als aktive Gegner des Ständestaates unter Dollfuß und Schuschnigg gerichtlich oder polizeilich verfolgt, besaß die Gestapo umfangreiches Aktenmaterial; nach dem Einmarsch deutscher Truppen in Österreich war es ihr in die Hände gefallen. Die Menschen aus diesem Kreis, sofern sie nicht schon mit ihren ehemaligen »Klassenfeinden« die Baracke eines Anhaltelagers teilten, hatten ebenfalls allen Grund, sich gefährdet zu fühlen. So war gerade der Teil des Reichs, der zwischen dem Bodensee und dem Neusiedler See lag, der versperrten Höhle des Polyphems vergleichbar. Nur dass dieser Zyklop nicht eines, sondern Abertausende Augen besaß.

Viele Widerständler glaubten fest daran, dass sie nur innerhalb des Untergrunds ihre Ehre bewahren konnten.[3]

Radomír Luža

Es ist Zeit, vom Widerstand zu reden. Wann immer sich am Vorabend des Zweiten Weltkriegs und im Verlauf desselben die europäische Landkarte zugunsten Nazideutschlands änderte, hatten diese Veränderungen zunächst einmal ganz das Aussehen vollendeter Tatsachen, an denen also ohne den Willen Berlins nicht mehr zu rütteln war. Österreich, der Tschechoslowakei und Polen war das schon widerfahren und weitere Länder sollten bald folgen: Dänemark, Norwegen, Holland, Belgien, Frankreich, Jugoslawien und Griechenland. Lauter vollendete Tatsachen! Aber immer dann, wenn der siegreiche Aggressor glaubte, seine Waffen hätten das letzte Wort gesprochen, und der Regierung des besetzten Landes nichts anderes übrig geblieben war, als sich der Gewalt zu beugen, schlug die Geburtsstunde des Widerstandes. Maulwurfartiges Dagegenhalten, Kampf aus dem Untergrund war angesagt. Zunächst aber galt es, sich dafür in Bereitschaft zu setzen, die Besatzer aus dem Souterrain zu beobachten, zu belauschen und zu belauern, während das fremde Militär mit vorläufig ungestörtem Besitzanspruch das Bild der Städte, das Treiben auf den Plätzen, in den Straßen und Parks, in den Cafés und Vergnügungslokalen beherrschte. Wer sich mit Hitlers fait accompli nicht abfinden konnte und daher mit dem Gedanken spielte, den Kampf »unterirdisch« aufzunehmen oder fortzusetzen, musste zuallererst mit sich selbst ins Reine kommen: War es die Stimme der Vernunft, die ihm abriet, oder mischte sich vielleicht Angst in diese Stimme? Oder war es Feigheit, die sich mit verstellter Stimme als Vernunft ausgab? Andererseits: Konnte man sich auf die Stimme des eigenen Herzens verlassen? Wo lag die Grenze zwischen Mut und Leichtsinn? Wann fassten die Worte »Jetzt erst recht!« das Ergebnis einer gereiften Entscheidung zusammen und wann

---

3 Radomír Luža, Der Widerstand in Österreich 1938–1945«, Österreichischer Bundesverlag, Wien 1985.

waren sie nicht mehr als dummes Auftrumpfen? Mancher wird, Zug und Gegenzug genau überlegend, mit sich selbst Schach gespielt haben und manch anderer, dem sich solche Zweifel zu einem Gordischen Knoten verschlangen, wird dem historischen Vorbild gefolgt sein. Ja, Tollheit war mit im Spiel, musste mitspielen, denn wem Tollheit nicht irgendwann einmal mit leichter Hand über den Scheitel strich, den konnte Vernunft am Ende noch dazu überreden, bei ihr unterzuschlüpfen. Wie dem auch sei, wer in den Widerstand ging, musste mit der Gestapo rechnen. Wer sie gegen sich hatte, bedurfte einer Intelligenz, die auf »geschickte Täuschung« trainiert war; darüber hinaus brauchte er Menschenkenntnis, die ihn Misstrauen gelehrt hatte, und viel Mut, womöglich auch Dreistigkeit.

Der österreichische Widerstand

Nur selten konnten die Widerständler offen einen Sieg feiern.

Radomír Luža

Wir sind wieder in Wien, wo Alfons Stillfried gerade seinen Dienst in der Auslandsbriefprüfstelle angetreten hat. Schon bei seiner Einweisung war ihm klar geworden, wie man diese Einrichtung in ihrer Wirkung beeinträchtigen und so in ihrer Gefährlichkeit entschärfen konnte, wie es vielleicht möglich wäre, den eigentlichen Zweck der ABP nach und nach in sein Gegenteil zu verkehren. Von Sabotage ist die Rede, einer der wichtigsten Aktivitäten in jedem Widerstand. Alfons Stillfried gehörte zu ihm seit der ersten Gelegenheit, die sich geboten hatte. Eben das ist der dritte Gesichtspunkt der Wende, die sich zum Jahresanfang 1939 in Alfons Leben vollzog. Schon in den ersten Tagen beginnt er damit, Briefe, die verdächtig erscheinen und den Absender oder den Adressaten oder einen Dritten belasten würden, verschwinden zu lassen, wo immer dies angeht. Doch es bleibt nicht dabei, Alfons findet auch Wege, die gefährdeten Personen zu warnen. Und eines gab das andere: Vorsichtig ging er daran, einzelne Mitarbeiter, nachdem er sie lange genug beobachtet und auf die Probe gestellt hatte, ins Vertrauen zu ziehen, für die Sache zu gewinnen. Genau genommen war er schon dabei, das aufzubauen, was man eine »Zelle« nennt, zuerst in der Abteilung, der man ihn zugeteilt hatte, später dann auch in der ganzen ABP. So vervollkommnete er nach und nach sein System. Wie viele Menschen im Lauf der Zeit auf diese Weise vor der Gestapo gerettet werden konnten, darüber besitzen wir keine Zahl; dass sie gut und gern dreistellig war, ist mehr als wahrscheinlich. Was die großen Risken betrifft, die Alfons auf sich nahm, so war er von Anfang an bemüht, diese unter Kontrolle zu halten. Hier ein Satz aus seinen Erinnerungen: »Obwohl die meisten Angestellten, besonders ältere Frauen mit Sprachkenntnissen, antinationalistisch eingestellt waren, musste man sehr vorsichtig vorgehen, da es immer wieder fanatische Nazis darunter gab.« Vorsicht war umso mehr geboten, als Oberstleutnant Groß aus dem »Altreich« Alfons vom ersten Tag an hasste. Er wusste natürlich, dass sein Briefzensor für Tschechisch und Ungarisch mit dem obersten Chef, dem Grafen Marogna-Redwitz, verwandt war und eben dieser Umstand erfüllte den »Piefke« mit Eifersucht und Argwohn. Oberst Marogna-Redwitz hatte mit Alfons gleich anfangs vereinbart, dass sie einander keinesfalls anrufen würden, weder im Büro noch zu Hause; mit der Möglichkeit, abgehört zu werden, musste man immer rechnen. Überhaupt, so waren sie übereingekommen, wollten sie den persönlichen Kontakt auf ein Minimum beschränken; wenn unbedingt erforderlich, würden sie das Gespräch während einer Autofahrt führen. Wehrmacht und Gestapo haben einander nie über den Weg getraut. Im Übrigen wusste der Vetter am Stubenring natürlich, womit der Vetter in der Taborstraße zugange war, wenigstens in groben Zügen.

In seiner Isolation und seiner Verwundbarkeit wirkte dieser Untergrund wie ein Unternehmen, das nicht frei war von Wahnsinn.
                                                                                           Radomír Luža

Das Naziregime innerhalb seiner eigenen Staatsgrenzen bekämpfen, was bedeutete das in letzter Konsequenz? Versuchen wir, dieser Frage auf den Grund zu gehen. Wir haben bereits eine Vorstellung von dem Wagnis, das einging, wer Widerstand »daheim im Reich« leistete, sozusagen unter den Fenstern des Reichssicherheitshauptamtes in der Berliner Prinz Albrecht-Straße oder im Dunstkreis des Gestapohauptquartiers im Wiener Hotel Metropol. Aber wie musste man vorgehen, welcher Methoden hatte man sich zu bedienen? Antworten wir mit einem Paradoxon: Nur als »Agent im eigenen Feindesland« hatte man eine Chance, nur wenn man sich verhielt wie ein Agent, denn dieser agierte verdeckt und getarnt. Unter den Augen der Gestapo war kein Raum für Partisanenkampf; einen Gleiskörper oder einen Strommasten zu sprengen, mitunter das Feuer zu eröffnen oder zu erwidern, solches gehörte »daheim im Reich« nicht zum Vokabular des Widerstandes, auch des österreichischen nicht, sieht man von den allerletzten Kriegsmonaten ab. Die Erfolge, die der Widerstand errang, waren in der Hauptsache Erfolge unter der Oberfläche, sie drangen nicht an die Öffentlichkeit. Nur seine Misserfolge sollte man bald den Litfaßsäulen ablesen können; auf blutroten Plakaten wurde die vollzogene Hinrichtung der vom Volksgerichtshof zu Tode Verurteilten kundgemacht. Herausragend der Anteil der Frauen und Männer der Arbeiterbewegung an diesem Martyrium. Nur um ein Haar entging ihm Österreichs große Architektin Margarete Schütte-Lihotzky; sie hatte noch Glück und kam mit einer Verurteilung zu fünfzehn Jahren Zuchthaus davon.[4] Doch Misserfolge des Widerstandes nahmen allzu oft einen tödlichen Ausgang. Dass Alfons sich in der Rolle des Agenten sehr rasch zurechtfand – und zwar nicht nur in technischer Hinsicht, sondern auch psychisch –, ist nicht überraschend. Er wusste genau, wo er stand und was er wollte, da focht ihn kein Zweifel an. Österreich aus nazideutscher Vereinnahmung zu lösen und ganz Europa von Hitler zu befreien, hießen die Ziele, für die es zu kämpfen galt. Wenn es sein musste, als Angestellter der Deutschen Wehrmacht! Seit Alfons in der Auslandsbriefprüfstelle saß, war wohl kein Tag vergangen, an dem sein Wirken nicht den Tatbestand eines von der Nazijustiz mit der Todesstrafe geahndeten Verbrechens erfüllt hätte, und sein Konto wuchs von Woche zu Woche. Was sonst war das als ein Leben in ständiger Lebensgefahr, trotz aller Vorsicht, die er walten ließ! Es konnte ihm ein fataler Fehler unterlaufen, er konnte in eine von der Gestapo gestellte Falle geraten, was auch immer. Und auch für die Seinen wäre ja dann das Schlimmste zu befürchten gewesen. Doch Alfons war nicht nur mit sich im Reinen, auch mit Frau und Kindern war er es; alle vier wussten, was er tat, ungefähr wenigstens, und sie ließen ihn merken, dass sie hinter ihm standen.

Im Gegensatz dazu beschlossen einzelne Menschen, dass es ihnen nicht möglich war, mit diesem System Kompromisse zu schließen.

Radomír Luža

Im ehemaligen Winzerhaus am Saarplatz eine Wohnung genommen zu haben, war eine glückliche Wahl gewesen. Das zeigte sich auch jetzt im Krieg, denn in dem ebenerdigen Gebäude wussten sich die Stillfrieds von neugierigen Nachbarn ziemlich unbehelligt, was auch das vom Naziregime streng geahndete Abhören ausländischer Rundfunkstationen begünstigte. Sorgen, die mit jedem Kriegsjahr größer wurden, bereitete der deutschen Propaganda die BBC, die nicht lange nach Kriegsausbruch damit begonnen hatte, auf Kurzwelle Nachrichten in deutscher Sprache zu senden, zehn Minuten zu jeder vollen Stunde.

---

4 Nach dem ersten Drittel ihrer Haftzeit wurde Schütte-Lihotzky, die der KPÖ ein langes Leben lang verbunden bleiben sollte, wie alle politischen Gefangenen des Naziregimes 1945 befreit.

Sie zu empfangen, war mit dem sogenannten »Volksempfänger« nicht möglich, denn seine Technik war mit Vorbedacht auf den ausschließlichen Empfang des sich wellenmäßig im Heimvorteil befindlichen Großdeutschen Rundfunks abgestimmt. Ein solcher mit dem Hakenkreuz verzierter Zelluloidkasten befand sich im Hause Stillfried nicht einmal zu Tarnungszwecken; Schnüfflern wäre das ohnehin unglaubwürdig erschienen. Dem Zweck, BBC oder, wie man auch dazu sagte, »Radio London« zu hören, diente ein anspruchsvolleres Gerät, das man 1936 angeschafft hatte. Es stand im Elternschlafzimmer und wann immer es sich einrichten ließ, versammelte man sich dort. Natürlich war auch das Propaganda, was sonst? Doch Propaganda mit klug berechnetem Wahrheitsgehalt; viele orientierten sich daran und je länger der Krieg dauerte, umso eher konnten sie es. Nach dem Willen der nationalsozialistischen Machthaber waren die Menschen gegen solche Beeinflussung abzuschirmen, dies durch gesetzliches Verbot des »Schwarzhörens«, dessen Übertretung für gewöhnlich mit Zuchthaus, in als besonders schwerwiegend betrachteten Fällen sogar mit dem Tode bestraft wurde. Außerdem wurden eigens eingerichtete Störsender betrieben, die den Empfang von BBC, wenn schon nicht unmöglich machen, so doch empfindlich behindern sollten. Dementsprechend stark war auch das Rauschen, das die Nachrichten auf Kurzwelle begleitete. Oft genug waren die Stillfrieds darauf angewiesen, sich aus Bruchstücken einen Reim zu machen; seine Kombinationsgabe trainierte man dabei.

Wir wissen nicht, wie viel belastendes oder verdächtiges Material, das laut Vorschrift unverzüglich an die Gestapo weiterzugeben gewesen wäre, Alfons in der ABP bereits unterdrückt hatte, als er damit begann, verschiedene Wehrmachtsformulare und Dienststempel auf die Seite zu bringen. Ihm ging es um mehr, als von seinem Schreibtisch aus rettend in Einzelschicksale einzugreifen, so wichtig ihm das auch war. Was er schon sehr bald ins Auge gefasst hatte, war organisierter Widerstand, den es von langer Hand vorzubereiten galt. Dazu konnte der Besitz von Stampiglien und amtlichen Vordrucken der Deutschen Wehrmacht dienen, mit welchen sich Dienstreisegenehmigungen, Marschbefehle, Urlaubsbewilligungen und noch anderes fälschen ließen. Natürlich war es zu gefährlich, derartiges bei sich zu Hause aufzubewahren, da die Gestapo gerne mit Hausdurchsuchungen überraschte. So wurde die verfängliche Sammlung bei einer Freundin von Alfons Mutter untergebracht; die alte Dame, der man weiß Gott was erzählt hatte, wusste nichts über den tatsächlichen Inhalt des in ihrer Wohnung abgestellten Koffers. Alfons, der mit 1. November 1941 im Rang eines Majors in die Deutsche Wehrmacht übernommen und in der ABP zum Abteilungsleiter bestellt worden war, hatte in der Zwischenzeit genügend Gleichgesinnte um sich gesammelt, um über eine regelrechte »Zelle« zu verfügen, deren Mitglieder wichtige Aufgaben übernehmen konnten. Unter den Frauen, die dazu gehörten, war Erni Anna wohl seine engste Mitarbeiterin. Ihre Schwester Grete, die wegen ihres früheren Engagements für den Ständestaat bei den Nazis als kompromittiert galt, zog es nach dem »Anschluss« bald vor, sich selbst aus der Schusslinie zu nehmen; sie übersiedelte nach Bad Gastein, wo sie dann noch viele Jahre ein winziges Reisebüro betrieb. Erni, die schon wegen ihres jugendlichen Alters politisch nicht wirklich belastet war, blieb in Wien, wo sie sich noch enger an das Ehepaar Stillfried anschloss. Die gelernte Modistin hatte schon vor Jahren einen Hutsalon eröffnet, der sich im Kärntner Durchgang befand, wie man das Gasserl nennt, das die Kärntner Straße mit der Seilergasse verbindet; heute kennt man diesen Durchgang vor allem deshalb, weil sich in ihm die berühmte von Adolf Loos gestaltete »American Bar« befindet. Wer das im Hochparterre gelegene Atelier betrat, musste, jedenfalls seit dem Frühjahr 1938, nicht unbedingt an Hüten interessiert sein. Erni Annas Hutsalon entwickelte sich zu einer kleinen Drehscheibe des österreichischen Widerstands. Angefangen hatte es damit, dass man geflüchteten Juden dabei half, wenigstens einen Teil ihres Vermögens an der Gestapo vorbei ins Ausland zu schaffen. Das Deutsche Reich war auf Devisen erpicht, also packten Erni oder eine besonders vertrauenswürdige Mitarbeiterin den großen Musterkoffer voll und fuhren damit, behangen mit Schmuck, in die Schweiz oder nach Holland; zurück nach Wien kam man dann ohne Schmuck. Bald hatte man im Kärntner Durchgang ein System installiert, das es erlaubte, getarnte Anrufe an die richtigen Adressaten weiterzugeben, Stützpunkte für Untergetauchte zu vermitteln oder einzelne Widerstandskämpfer, die zunächst nur auf eigene Faust und mehr aus dem Stehgreif agiert hatten, miteinander in Kontakt zu bringen. Ein Porträt von Erni Anna zeigt ein ebenso hübsches wie sensibles Gesicht; ganz bestimmt war sie nicht der Typ Frau, der sich von stiefelknallender Forschheit beeindrucken ließ. Auf die junge Frau war immer Verlass. Wiederholt diente ihre Wohnung in der Döblinger Hauptstraße Personen als Unterkunft, denen die Gestapo auf den Fersen war oder die sich mit falschen Papieren auf der Durchreise befanden. In solchen Fällen zog sie vorübergehend zu den Stillfrieds an den Saarplatz. Das Ehepaar und sie verband längst enge Freundschaft. In Alfons Hinterlassenschaft findet sich ein Essay aus seiner Feder, der unter der Überschrift »Ein kleiner Hutsalon« an Erni Annas »liebenswürdiges Wesen, ihre taktvolle Geschicklichkeit und ihre Klugheit« erinnert. Erst im März 1945 wurde die Widerstandszelle im Kärntner Durchgang von der Gestapo zerschlagen, doch Erni blieb wie durch ein Wunder verschont.

Seit dem 22. Juni, morgens 3 Uhr und 5 Minuten, befindet sich die Deutsche Wehrmacht zur Vereitelung der verräterischen Pläne Moskaus im planmäßigen und erfolgreichen Angriff, wie das Oberkommando der Wehrmacht am Montag bekanntgab. Auf einer Tausende von Kilometern langen Front ist ein Kampf entbrannt, wie ihn selbst dieser an hervorragenden Waffentaten überreiche Krieg noch nicht sah ...
Völkischer Beobachter, 24. Juni 1941

Als das Kriegsglück noch auf der Seite der deutschen Waffen zu stehen schien, war es Alfons bereits darum zu tun, den Widerstand auf die Zeit nach der Wende vorzubereiten, auf jene Phase also, in der die Chancen des Kampfes gegen das Hitlerregime zunehmen würden. Dazu gehörte das Anknüpfen weit reichender Außenbeziehungen, vor allem nach Berlin. Von seinem bayerischen Vetter wusste er, dass es auch in der Reichshauptstadt Kreise gab, gerade im Offizierscorps, die Hitler samt seinen Spießgesellen skeptisch bis ablehnend gegenüber standen und die Entwicklung mit wachsender Besorgnis beobachteten. Hier galt es, mit den richtigen Leuten Verbindung aufzunehmen und Rudolf Marogna-Redwitz war dem Cousin dabei behilflich. Da war Oberst Erwin von Lahousen-Vivremont, einer der führenden Köpfe der deutschen Abwehr, den Alfons noch von früher kannte. Lahousen war Österreicher und als solcher hatte er in der Abwehr des Österreichischen Bundesheeres eine wichtige Stellung bekleidet, bis Canaris, der ein Gespür für die richtigen Leute hatte, ihn im Gefolge des »Anschlusses« bald nach Berlin holte. Auch für Alfons erwies sich der österreichische Oberst, der später in der Deutschen Wehrmacht noch zum Generalmajor aufstieg, als der richtige Mann; mit seiner Hilfe sollte noch so mancher Österreicher in der Deutschen Wehrmacht vor dem Schlimmsten bewahrt werden, sei es, dass man ihn rechtzeitig warnte oder rasch seine Versetzung an einen anderen Platz verfügte. Alfons gelang es, sich noch eine andere direkte Verbindung in die oberste Etage der deutschen Abwehr zu erschließen: zu Oberst Hans Oster, dem späteren Generalmajor, der als führendes Mitglied des deutschen Widerstandes in die Geschichte eingehen sollte. So wie Admiral Wilhelm Canaris, dessen wichtigster Mitarbeiter er war, und am selben Tag wie dieser, dem 9. April 1945, wurde er im Konzentrationslager Flossenbürg ermordet. Hans Oster und Alfons Stillfried sind drei Mal zusammengekommen, jedes Mal zu einem längeren Gespräch; ein Mal fand dieses auf einem ausgedehnten Spaziergang statt, vermutlich im Wienerwald, und zwei Mal auf einer Autofahrt von Wien nach Wiener Neustadt. Offensichtlich ist es dabei nicht ausschließlich um die drängendsten Fragen des Widerstandes gegangen, auch Grundsätzliches und Persönliches dürfte zur Sprache gekommen sein. Alfons über Oster: »Ich schätzte seine Integrität und seine Moral hoch ein und fand bei ihm auch Verständnis für ein eigenständiges Österreich in der Zukunft, obwohl er meine Ansicht nicht ganz teilen konnte.«

Georg bei den Gebirgsjägern

Es ist Zeit, von Georg zu erzählen, Alfons und Alys älterem Sohn, dem bald Achtzehnjährigen. Der Krieg befand sich noch in einer frühen Phase, da war schon die Vorladung zu seiner Musterung eingetroffen. In Erwartung dieses amtlichen Schriftstücks hatte man in der Familie schon die Frage ventiliert, ob und auf welche Weise Georg die Einberufung zur Deutschen Wehrmacht erspart werden könnte. Von Alfons stammte der Vorschlag, sein Ältester sollte sich mit Freunden in den Bergen des Montafon bei einer Kletterpartie über die Schweizer Grenze »verirren«. Gegend und Gelände seien Georg schon von früheren Wanderungen vertraut und außerdem habe er ja über seine Großmutter mütterlicherseits in der Familie Schenker Verwandte in der Schweiz, die weiterhelfen würden. Tatsächlich hatte der junge Stillfried schon davon geträumt, gegen Hitlers Deutschland zu kämpfen; dabei war eine Zeit lang die Idee im Vordergrund gestanden, über die Schweiz zur »Österreichischen Legion« zu stoßen, die auf französischem Boden zusammengestellt wurde. Noch bevor dieser Traum an der Niederlage Frankreichs scheiterte, hatte Georg bereits eingesehen, in welch unmittelbare Gefahr er die Eltern bringen würde, sollte es ihm gelingen, sich der nazideutschen Kriegsmaschine zu entziehen. Dem, was damals unter »Sippenhaftung« zu verstehen war, wären sie umso hoffnungsloser ausgeliefert, als sich die Büttel sogleich daran erinnert hätten, dass der Vater als politisch belastet galt. Da Georg dieses Risiko von vornherein unannehmbar schien, beschloss er zu bleiben. Gleich nach dem Abschluss des Technologischen Gewerbemuseums, so die schon damals etwas verzopft anmutende Bezeichnung für die heutige Höhere Technische Lehranstalt, holten sie ihn zum Arbeitsdienst und bald darauf zu den Gebirgsjägern. Als gemeiner Soldat erlebte er den Russlandfeldzug. Hier nur zwei von den zahlreichen Briefen, die er seinem Vater schrieb. Den einen, datiert mit 25. Juli 1942, schickte er noch aus Tirol, wo seine Gebirgsjägereinheit schon auf dem Sprung war, an die Ostfront abzugehen. Von Büchern ist darin die Rede, die der Vater ihm geschickt hatte. Dieser tat das regelmäßig, seit Georg eingerückt war, und der Sohn las sie auch: Weltanschauliches, Philosophisches, Historisches, auch Klassisches aus der Weltliteratur, keine Unterhaltungslektüre. In dem sich über etwa zweieinhalb Jahre hinziehenden brieflichen Gedankenaustausch zwischen Vater und Sohn scheinen Fragen des christlichen Glaubens eine besondere Rolle gespielt zu haben. Und etwas Zweites lässt der noch in der Heimat aufgegebene Brief deutlich erkennen: Georg, der den Vater bewunderte, ja als Vorbild betrachtete, war trotzdem fast ängstlich darauf bedacht, seine geistige Eigenständigkeit zu wahren: »... Du wirst verstehen können, dass ich, obwohl ich vollauf Deine Weltanschauung billige, sie doch nicht in allem und jedem auf mich münzen und zu meiner eigenen machen kann ... Trotzdem ich, wie aus den obigen Zeilen hervorgeht, nicht mit allem restlos einverstanden bin, hoffe ich doch, dass mich derartige Briefe von Dir wesentlich vorwärts bringen ... Mir kommen Deine und meine Zeilen folgendermaßen vor: Eine schwierige Rechnung; ich bin am Anfang, Du am Schluss. Und nun soll ich all das bedingungslos glauben, was bei Dir herauskommt, doch ich will selber nachrechnen. Das wird Jahrzehnte in Anspruch nehmen ...« Der andere Brief kam aus dem Kaukasus und trug die Datierung »Ende September 42«. Bei seiner Abfassung war Georg nicht in Eile gewesen, zumal ihm der Krieg, der sich gerade einmal von seiner »gemütlichen« Seite zeigen wollte, eine mehrtägige Ruhepause gegönnt hatte. Neben einer kurzen Schilderung seines augenblicklichen Wohlbefindens (»Die Tage, die ich jetzt verlebe, gleichen einem kleinen Schlaraffenlande.«) und einer Bemerkung über den neuesten Stand seiner Lektüre (»Heute Vormittag las ich Oscar Wildes ›Dorian Gray‹ zu Ende, ein Buch, das mich ... restlos fesselte ...«), waren es im wesentlichen drei Gedanken, die der gerade erst Zwanzigjährige dem Vater mitzuteilen hatte: Er glaube fest, dass er aus dem Krieg zurückkommen werde. »Ich fühle, dass mein Leben noch nicht angefangen hat und dass mich noch etwas erwartet, ... nicht das Alltägliche, sondern etwas ganz Bestimmtes.« Doch selbst der Tod würde für ihn »gar nicht das bedeuten, was er für 95 % aller Menschen ist und bleibt. Der Tod kann nie das Ende eines Menschen sein.« Ferner ließ er seinen Vater wissen, dass er bereit sei, sein Schicksal anzunehmen, wohin ihn dieses auch stellen werde, und das gelte auch für seinen gegenwärtigen Platz. »Ich betrachte diese Frontzeit nicht als verlorene Zeit, sondern glaube, dass sie notwendig ist und mir viel geben kann.« Er wolle jetzt noch sehr an sich arbeiten, um ganz von dieser Einstellung durchdrungen zu werden. Der dritte Gedanke, den Georg seinem Vater anvertraute, schien ihm selbst noch unfertig, bestand eigentlich mehr in einem Suchen, einem Sich-Vortasten. »Die Unterschiede zwischen den Menschen« hieß das Phänomen, das dem Gebirgsjäger Stillfried auf dem Russlandfeldzug besonders in die Augen gesprungen war und ihn nun mit Bestürzung erfüllte. Wahrscheinlich drängte es ihn dazu, dem Vater Beispiele aus dem eigenen Kriegserleben zu nennen, doch gab es da die Briefzensur, die einen zur Weglassung, zum Abstrahieren zwang. Er sei »fast verleitet, an ganz verschiedene Wesen zu glauben«, gestand mit Blick auf die Menschen der Sohn, eben ohne erläutern zu dürfen, warum. Alfons wird Georg auch zwischen den Zeilen verstanden haben und als dieser in seinem Brief etwas weiter unten hinzusetzte, er könne sich »gar nicht vorstellen, dass in einem anderen Leben (er meinte: im Jenseits) Menschen so verschiedener Art irgendwelche Beziehungen haben können«, war Major Stillfried klar, dass sein Sohn auf dem Vormarsch Schlimmes erlebt oder wenigstens beobachtet haben musste. Wie Georg selbst schrieb, brachten ihn diese Zweifel »mit der christlichen Lehre sehr in Konflikt, die ja eigentlich die Gleichheit aller Menschen predigt«. Doch er scheint gefühlt zu haben, dass er mit seinen Grübeleien noch keinen festen Boden erreicht hatte: »Ich habe gerade noch etwas darüber schreiben wollen, doch fällt mir nicht mehr das Richtige ein, und ich fürchte, dass das Ganze sonst noch verworrener wird.« Mit diesem Satz schloss er seine Betrachtungen über die seelische Beschaffenheit der Menschen.

Es traf ihn am 25. Oktobeer 1942 im Kaukasus. Schwer verwundet schaffte man ihn in das Lazarett von Armavir; die Feldpostbriefe, die er von dort nach Hause schrieb, zeigen uns einen, der in plötzlicher Todesnähe vor der Zeit gereift war: »Alles sehe ich als von Gott gewollt an und nehme es als Buße auf mich ... Ich sehe nur einen Sinn im Leben: das Evangelium ... Wir sind alle dem Herrn der Welt so entfremdet und fern, weil wir uns stets um unser erbärmliches Ich sorgen. Gott ist fern und verborgen, und wir müssten verzweifeln, wenn er sich nicht in seiner allerbarmenden Liebe zu uns niedergebeugt und unser Bruder geworden wäre ...« Auch im Lazarett hatte er darauf zu achten, dass ihm kein Satz unterlief, der seine wahre politische Einstellung offenbart und so seine Eltern gefährdet hätte. Und doch gibt es in einem seiner Briefe den Satz, der im Grunde alles sagt: »Meine Weltanschauung ist die frohe Botschaft.« An einem windigen Wiener Novembermorgen stand Anni Marogna-Redwitz, die Frau des Vetters, vor der Tür; unangemeldet war sie noch nie am Saarplatz erschienen: Georg war tot, seine Verwundung hatte sich als tödlich erwiesen; er erlag ihr nach mehrwöchigem Krankenlager am 22. November 1942 in Armavir. Aus Oberst Marognas Kondolenzbrief an die Eltern, in dem dieser eingangs kurz schildert, wie er durch Funkspruch von Georgs Ableben und seiner Beisetzung auf dem Ehrenfriedhof von Armavir verständigt worden sei: »Was Ihr durchmacht und weiter durchmachen werdet, ist mir nicht fremd ... In tiefster Verbundenheit drücke ich Euch die Hand, und wenn wir wieder zusammenkommen, wollen wir von unseren Wegbereitern in die Ewigkeit sprechen, denn mehr und mehr wird klar, dass schon ihr Leben eine Wegbereitung war, an der wir uns aufrichten können.«

In die Trauer um Georg mischte sich bald die Sorge um Bernhard, den jüngeren Bruder. Zwei besondere Gefahren waren es, die Alice und Alfons auf ihren Zweitgeborenen, mittlerweile Siebzehnjährigen, wie ein Verhängnis zukommen sahen: die Einberufung zur Waffen-SS und der drohende Marschbefehl an die russische Front. Mit welcher List es gelang, der militärischen Laufbahn des jungen Mannes eine ganz andere Richtung zu geben, die diesem – bei allem, was er sonst zu bestehen hatte – das Schlimmste ersparte, wird erst im zweiten Teil des Buches zur Sprache kommen, wenn wir Bernhards Erinnerungen, die dann den Hauptstrom der Erzählung bilden, mit jenen des Vaters zusammenfließen lassen können.

Menschen im Widerstand

Alfons Erinnerungsnotizen umfassen in der Reinschrift dreizehn Seiten. Drei und eine halbe betreffen die Zeit zwischen 1939 und 1945, handeln also im Wesentlichen vom österreichischen Widerstand. Insgesamt begegnet man darin einem Dutzend Namen, nimmt man die stillfriedschen Kampfgefährten im engeren Sinn. Im Verhältnis zur tatsächlichen Zahl der Österreicher, die an maßgeblicher Stelle den Widerstand gegen Hitler trugen, sind es auffallend wenige Namen.

Mit Fritz Molden verband Alfons Stillfried ein besonderer Draht. Schon im »Freikorps« der Katholischen Jugend hatte Fritz sich mit der illegalen Hitlerjugend und anderen Jungnazigruppen geprügelt, um sich dann nach dem »Anschluss« noch deutlicher zu profilieren, was ihn prompt in Schwierigkeiten brachte. Wie so mancher, der beim Naziregime schlecht angeschrieben war, hatte 1942 auch er sich freiwillig zum Militär gemeldet, um mit der Gestapo nicht noch mehr Ärger zu bekommen. Nach ersten einschlägigen Erfahrungen in einem Strafbataillon, das seinen Einsatz in ukrainischem Sumpfgebiet hatte, und einem anschließenden Zwischenspiel in Frankreich, das ihm viel zu schnell vergangen war, lautete Moldens neuer Marschbefehl wieder auf »Fronttruppenteil Ost«. Major Stillfried ließ seine Beziehungen nach Berlin spielen – und zwar zu Erwin Lahousen, dem österreichischen Landsmann. *Corriger la fortune*! Das solchermaßen ins Lot gebrachte Glück änderte die Marschrichtung: Fritz Molden wurde nach Italien abkommandiert; man schrieb das Jahr 1943. Alfons kannte Fritz ebenso wie dessen Bruder Otto von früher. Beide waren mit seinen

Söhnen Georg und Bernhard befreundet; die vier jungen Männer kannten einander von der Neulandschule ebenso wie von der katholischen Jugendbewegung, so beurteilten sie ihre Umgebung auch halbwegs mit den gleichen Augen. Wie die Stillfrieds war auch die Familie Molden gleich nach dem Einmarsch deutscher Truppen in Österreich von den neuen Machthabern hart angefasst worden. Der Vater, Dr. Ernst Molden, der als Publizist hohes Ansehen genossen hatte, verlor schon in den ersten Tagen seine Position als stellvertretender Chefredakteur der »Neuen Freien Presse«; der Mutter, der Dichterin Paula von Preradović, gingen ab nun nicht mehr die Gründe aus, sich um Mann und Söhne Sorgen zu machen. Major Stillfried wusste also, mit wem er es zu tun hatte, als er Fritz Molden nach und nach ins Vertrauen zog; dieser war dazu bestimmt, der Sache des österreichischen Widerstands in Italien zu dienen, wo ein breites Betätigungsfeld auf ihn wartete. Von da an reißt der Kontakt nicht mehr ab: zwischen dem Strategen des Widerstands in der Majorsuniform der Deutschen Wehrmacht, dem Mittfünfziger, und dem gerade erst Achtzehnjährigen, der für die ihm zugedachten Aufgaben die denkbar besten Voraussetzungen erbringt. Fritz Moldens Lausbubengesicht taucht überall auf: in Rovereto, am Gardasee, in Treviso, Orvieto, im Raum von Monte Cassino, in Rom, im Arnotal, in Florenz und in Bologna, vor allem aber in Mailand. Wohin er auch kommandiert wird, überall hält er die Augen offen, geht er auf die Menschen zu, mit viel Instinkt für die richtigen Kontakte. Fritz, den man inzwischen zum Gefreiten befördert hat, trifft Kameraden, die ihm sein väterlicher Freund in Wien genannt hat. Dieser schickt ihm auch Boten, die sich mit seinem Losungswort zu erkennen geben und neue Aufträge überbringen. Unternehmend, wie er ist, entgeht Fritz auf die Dauer aber nicht der Aufmerksamkeit der Geheimen Feldpolizei, doch er wird im letzten Moment gewarnt. Er desertiert unter abenteuerlichen Umständen. Mit einem Täuschungsmanöver, das einem Thriller entnommen sein könnte, gelingt es ihm, seine Verfolger glauben zu machen, der Gefreite Friedrich Molden sei ums Leben gekommen. Unterdessen war dieser bei Mailänder Freunden untergetaucht, unter falschem Namen, dem ersten in einer ansehnlichen Reihe, die noch folgen sollte. Es dauerte nicht lange und ein Kurier des Majors spürte ihn auf; die Aufträge, die er diesmal mitbrachte, waren in groben Zügen schon bei Moldens letztem Aufenthalt in Wien besprochen worden. Vor allem sollte sich dieser in die Schweiz begeben, um mit den Geheimdiensten der Alliierten Verbindung aufzunehmen. Durch Einrichtung eines regelrechten Kurierdienstes sollten insbesondere dem US-Geheimdienst Informationen über deutsche Truppenbewegungen und Rüstungsschwerpunkte zugespielt werden. Das bedeutete, dass Molden sich bis auf Weiteres – in Abständen, die von der

Sachlage abhingen – nach Wien verfügen musste, ungeachtet des für ihn damit verbundenen Risikos. Die für solche Kurierreisen notwendigen Ausweise und Marschbefehle zu beschaffen, war für Alfons Stillfried kein ernsthaftes Problem, hatte er ein sehr beachtliches Sortiment an Formularen und Stempeln der Deutschen Wehrmacht doch schon längst in seinen Besitz gebracht. Eben diesem Umstand verdankte der österreichische Untergrund viel von seiner Mobilität; mit gefälschten Papieren und in dazu passenden Uniformen erreichten Beauftragte des Widerstands oder politisch Verfolgte in Zugsgarnituren der Deutschen Reichsbahn wohlbehalten ihr jeweiliges Reiseziel. In Fritz Moldens Fall ging es darum, dass er als Vertrauensmann des österreichischen Widerstands in der Schweiz Fuß fasste. Beim ersten Mal sind es italienische Partisanen, die ihn auf einem Schleichpfad zur und über die Grenze bringen; später wird er seinen Weg in die Schweiz auch im Schlaf finden können. Seiner Aufgaben, die Anbahnung, Vertiefung und Institutionalisierung wichtiger Kontakte, entledigte er sich mit größter Bravour. Der noch immer nicht Zwanzigjährige konferierte, verhandelte und parlierte. Zu seinen Gesprächspartnern gehörten Allen Dulles, der persönliche Beauftragte Franklin Roosevelts für die Belange des Geheimdienstes, General Mark Clark, der Befehlshaber der US-Truppen in Italien, und General Charles Cabell, Kommandierender der 15. US-Luftflotte, um nur drei Namen zu nennen. Auch wenn die hohen Herren Augenblicke lang ein Schmunzeln unterdrückt haben mögen, kein Zweifel: Sie haben den sympathischen jungen Mann durchaus ernst genommen. Der Erzähler widersteht nicht der Versuchung, Fritz Molden den Beinamen *Hermes* zu geben, erinnert dieser beflügelte Kurier des österreichischen Widerstands doch an den verschmitzten Götterboten der griechischen Sagenwelt.

Geiselhaft des Gewissens

Ich schwöre bei Gott diesen heiligen Eid, dass ich dem Führer des Deutschen Reiches und Volkes, Adolf Hitler, dem Oberbefehlshaber der Wehrmacht, unbedingten Gehorsam leisten und als tapferer Soldat bereit sein will, jederzeit für diesen Eid mein Leben einzusetzen.

Fahneneid der Deutschen Wehrmacht

Wer sich ganz in die Bedingungen des österreichischen Widerstands versetzen will, kommt an einem Phänomen nicht vorbei: am Fahneneid und seiner suggestiven Wirkung. In der Deutschen Wehrmacht war er auf den »Führer«

zu leisten. Und Gott wurde als Zeuge angerufen! Kein Rekrut kam daran vorbei. Während in den anderen von Nazideutschland besetzten Ländern die Jugend unschwer den Weg zu ihrer Widerstandsbewegung fand, wurden alle wehrpflichtigen jungen Österreicher Jahrgang für Jahrgang von der Wehrmacht verschluckt. Auf sämtliche Waffengattungen und ihre vielen Einheiten aufgeteilt, bildeten die »Ostmärker« unter den Kameraden aus dem »Altreich« überall kleine Minderheiten. Wurde ihnen schon durch diese Verstreuung auf das ganze Reichsgebiet der Kontakt mit dem österreichischen Widerstand, wenn schon nicht unmöglich gemacht, so doch sehr erschwert, kam noch das psychologische Moment der Fahneneid-Magie hinzu. Dass ein erzwungenes Gelöbnis, also ein solches, das zur eigenen Überzeugung in eklatantem Widerspruch steht, nicht bindend sein kann, darüber wussten nur wenige genau Bescheid. Man hatte vielleicht davon reden gehört, selbst aber nicht weiter darüber nachgedacht; das galt wohl für die meisten jungen Leute. Der Schwur und seine nahezu heilige Aura. Und erst recht die trommelumwirbelte Feierlichkeit, mit der die Vereidigung der Rekruten in Szene gesetzt wurde, verfehlte keineswegs ihre Wirkung. Die Nationalsozialisten haben den Fahneneid nicht erfunden. Schon seit Langem war es ein in feierlicher Form abgegebenes Versprechen, das die Schwelle zwischen dem einzelnen und seinem bedingungslosen Aufgehen in einer Gemeinschaft markierte, aber unter totalitärer Herrschaft, die alles durchdrang und auch das Gewissen verstaatlichen wollte, wurde es zu einem Instrument moralischer Erpressung: gehorchen, und sei es gegen die eigene Überzeugung, oder zum Verräter werden. Ein Drittes gab es da nicht. Der erzwungene Schwur als höhere Gewalt, die den Einzelnen seiner Verantwortung enthob und eigene Vorbehalte gegen das Regime, sofern vorhanden, für die Dauer des Krieges außer Kraft setzte. Was immer es war, man tat eben seine Pflicht. Aber der sinistere Zauber des auf Adolf Hitler geleisteten Fahneneids verflog auch mit dem Kriegsende nicht ganz, selbst im Aschermittwoch der totalen Niederlage Nazideutschlands zerstreute er sich nicht in alle Winde. Auch als der ganze Wahnsinn und die in seinem Namen begangenen Verbrechen offenbar geworden waren, löste sich die große Zahl nicht vollständig aus dem Bann dieses Fahnenzaubers; auch im Rückblick meinten viele, nur ihre Pflicht getan zu haben. Dass eine ganze Jugend missbraucht und betrogen worden war, wie viele wollten sich das dann auch eingestehen? Der Widerstand, der österreichische wie der deutsche, blieb auf eine hauchdünne Minderheit beschränkt. Neben der allgegenwärtigen Gefahr für Kopf und Kragen war es gewiss auch der falsche Mythos des erzwungenen Treueschwurs, der viele davon abhielt, sich dem Widerstand anzuschließen. Im Grunde genommen wurde das Verständnis für diese Tapferen beim Gros der Bevölkerung so schon im Keim erstickt. Nicht genug damit, auch nach dem Krieg, als die Frauen und Männer der Résistance im übrigen Europa gefeiert wurden, ja eine ganze Weile tonangebend waren, blieben ihre deutschen und österreichischen Kameraden weiterhin isoliert. Das wird uns noch zu beschäftigen haben.

Zurück zu Alfons Stillfried. Für ihn war das Recht auf Widerstand unveräußerlich, seine Aufzeichnungen bezeugen es, darunter auch ein von ihm im vorletzten Kriegsjahr verfasstes Gedicht. Hier nur die erste Strophe:

> Da steht ihr mit geballten Mörderfäusten,
> Das Zeichen Kains im sturen Angesicht,
> Und fasst es nicht! Und selbst die Allerdreisten
> Erzittern vor dem nahenden Gericht
> Millionenfachen Tod und Grau'n und Leiden
> Habt ihr gehäuft in frevelvollster Art.
> Der Abschaum selbst der Menschheit wird euch meiden,
> Wie alles, was um's Hakenkreuz sich schart.

Die letzte Strophe dieses mit »Katharsis 1944« überschriebenen Gedichts enthält eine klare Absage an jedweden Rachegedanken und schließt mit den Worten: »Wir halten Herz und unsre Hände rein.« So wie Alfons dachte und empfand, dachten und empfanden auch die Gefährten, mit denen er sich im Widerstand zusammengefunden hatte, Frauen und Männer mit klaren Ideen, die aus diesen auch die Konsequenzen zogen. Nur aus zu Ende gedachten Gedanken kann man irgendwelche Konsequenzen ziehen. Doch mehr Menschen, als man glauben sollte, sagen »einerseits« und »andererseits«, ohne das eine gegen das andere abzuwägen; sie hören einfach auf mit dem Denken und lassen beides in einem neutralen Nebeneinander auf sich beruhen: »Die Nationalsozialisten scheuen vor keiner Gewalttat zurück, aber sie schaffen Ordnung«, so dachten viele in den 1930er-Jahren – und dachten nicht weiter. Das Einerseits und das Andererseits blieben unentschieden. »Durch Hitler ist viel Leid über die Menschen gekommen, aber die Arbeitslosigkeit hat er abgeschafft.« In dieser ganz seltsamen Verträglichkeit kann man beides auch heute noch zu hören bekommen. »Ja, die Juden mussten den gelben Stern tragen, in der Straßenbahn und auf den Parkbänken durften sie nicht Platz nehmen, auch wurde geschrien, sie sollten verrecken; das ist nicht zu leugnen, aber was man dann nach dem Krieg erfuhr, wer hätte das gedacht!« Daraus, was man ab 1933 in deutschen Städten und dann 1938 auch bei uns, vor allem in Wien, beobachten konnte, wenn man seine Augen nicht verschloss, also aus all der Unmenschlichkeit gedanklich nicht schon damals klare Folgerungen gezogen zu haben, fällt unter den Begriff der »Kollektivscham«, die Theodor Heuss, der erste deutsche Bundespräsident nach dem Krieg, seinen Landsleuten anempfohlen hat.

Rudolf Marogna-Redwitz[5], ein deutscher Offizier gegen Hitler

Von einem der anderen Art ist jetzt die Rede, von einem, der in jungen Jahren Musiker hatte werden wollen, der die Liebe zur Musik auch später nie verlor, der Geige spielte und, solange es ihm sein schwerer Dienst erlaubte, an Hauskonzerten mitwirkte. Einer, der Mozart verehrte, ein Graf, doch auch er ohne den Dünkel: Rudolf Marogna-Redwitz, Alfons Stillfrieds bayrischer Cousin. Bis zum Februar des vorletzten Kriegsjahres hatte er von Wien aus die Abwehr für Südosteuropa geleitet. Mit so viel Erfolg, dass seine hieb- und stichfesten Berichte über feindliche Bewegungen im Südosten die offizielle Propaganda widerlegten und eben deshalb im Führerhauptquartier längst unerwünscht waren. Marogna hatte Hitler schon immer misstraut, für Deutschland das Schlimmste befürchtet. Stauffenberg, der in der Berliner Bendlerstraße bei der Planung des Attentats und seiner Folgemaßnahmen an (fast) alles gedacht hatte, war zu Recht davon überzeugt gewesen, dass Rudolf Marogna »sein Mann in Wien« sei. In einer Zelle des Gefängnisses Berlin-Plötzensee wartet dieser nun auf seine Hinrichtung, es ist der 12. Oktober 1944. Eine halbe Stunde bleibt ihm, die letzten Briefe zu schreiben: einen an Frau und Tochter, den anderen an die Geschwister. Abschied ohne Groll und mit dem ganzen Trost, den Glaube spenden kann: *Jetzt gehe ich und vereinige mich mit den Buben ... Und nun ein Kreuz auf die Stirn, seid tapfer, verliert den Mut und das Vertrauen nicht. Gott segne Euch, bis wir uns wiedersehen. Meinen Dank für alles ...*

Von Anni, seiner Frau, und seiner Tochter Elisabeth, die ihm, seit beide Söhne, erst Hubert und dann Rudolf, im Krieg geblieben waren, sein Ein- und Alles bedeuteten, besaß er kein Lebenszeichen. Wahrscheinlich wurde zwischen ihm und den Seinen jede Verständigung unterdrückt.

---

[5] Elisabeth von Loeben, Graf Marogna-Redwitz. Opfergang einer bayerischen Familie, tuduv, München 1984.

Rudolf Freiherr von Redwitz, er war gerade erst einundzwanzig, trat 1907 in das 1. Schwerreiter-Regiment ein, das seinen Standort in München hatte. Auf seinem Weg, der siebenunddreißig Jahre später in Berlins Hinrichtungsstätte Plötzensee enden sollte, war das die erste Weichenstellung gewesen. 1912 heiratete er Anni, eine Gräfin Arco-Zinneberg, die ihm drei Kinder schenkte: Elisabeth, Rudolf und Hubert. Noch als Anni und er verlobt waren, starb sein älterer Bruder in Rom; diesen hatte der italienische Graf Marogna adoptiert, damit sein Name weitergeführt werde. Das kam nun auf ihn, den jüngeren Bruder; er und die Seinen wurden als Grafen Marogna-Redwitz eingetragen. Im Ersten Weltkrieg war sein Platz gleich an der Front, zunächst im Westen, dann in Russland, wo er 1916 in einem Gefecht bei Toboly schwer verwundet wurde. Ein Kopfschuss, bei dem er das linke Auge verlor. Danach verschlug es den wieder Genesenen zum Nachrichtendienst, wohl eher zufällig, aber definitiv. Da war sein Lebenswagen zum zweiten Mal über eine Weiche gefahren. Auch nach dem Krieg fand er als Nachrichtenoffizier bald wieder Verwendung, einstweilen beim »Deutschen Überseedienst«, wie der Tarnname lautete. Doch damals waren die Pflichten noch nicht so fordernd, er hatte Zeit für seine Familie. Hinzu kam, als Spätfolge seiner Kriegsverletzung, dass er sich 1927 einer schweren Kopfoperation unterziehen musste, die den Erholungsbedürftigen für längere Zeit dorthin verbannte, wo er sich ohnehin am wohlsten fühlte, an den Chiemsee, in das alte Bauernhaus und seinen großen Obstgarten. Wilhelm Canaris war zum Chef der Abwehr ernannt worden, wie der Nachrichtendienst nun hieß; das war 1935. Obwohl er mit allen Wassern seines Metiers gewaschen war, bewahrt die Nachwelt diesem deutschen Admiral das Andenken eines Gentlemans, der auch im Zwielicht von Spionage und Gegenspionage ein Mindestmaß an Fairness gewahrt wissen wollte. Mit Blick auf seinen »Führer« schwankte er zwischen Bewunderung (für dessen Außenpolitik) und Abscheu, die sich während des Krieges immer mehr steigerte. Ein Zerrissener zwischen karrieristischem Ehrgeiz und dem eigenen Gewissen, das sich nie ganz zum Schweigen bringen ließ. Spät, aber doch geriet er in einen erbitterten Gegensatz zur SS, deren Strategen, allen voran das Duo Himmler und Heydrich, dafür bekannt waren, dass sie bei der Erreichung ihrer Ziele kein Mittel für zu schlecht hielten. Bald nach seiner Bestellung zum Chef der Abwehr war Canaris im Münchner Apparat auf Marogna-Redwitz gestoßen. Dieser erwarb rasch sein volles Vertrauen, nicht nur das, sie wurden Freunde. Und Canaris betraute ihn 1938 mit der Leitung der Abwehr für Südosteuropa, der bayerische Oberst mit dem Professorengesicht wurde sein Mann in Wien. Zum dritten Mal glauben wir den leichten Schlag beim Überfahren einer Weiche zu spüren.

Als der Siegeszug der deutschen Waffen sich verlangsamte und schließlich ins Stocken geriet, war das nicht etwa die Stunde der Abwehr, wofür es immerhin gute Gründe gegeben hätte, sondern das Gegenteil davon: Canaris und seine Leute verloren ihren Kredit bei Hitler und seinen Paladinen im Oberkommando der Wehrmacht. Wer gewissenhaft und tatsachengetreu berichtete, was sich jenseits des Frontverlaufs anbahnte oder zusammenbraute, störte den obersten Kriegsherrn in seiner Verblendung. Dringende Warnungen, auch vom Admiral persönlich vorgetragene, wurden als »Phantastereien der Abwehr« beiseite geschoben. Wilhelm Canaris hatte Augenblicke gekannt, in denen es ihm möglich schien, seine Gegenspieler in der SS an die Kandare zu nehmen, früher oder später. Jetzt klammerte er sich nur noch an die Hoffnung, wenigstens das Allerschlimmste verhüten zu können. Aber sein Stern sank schnell und Oberst Rudolf Marogna-Redwitz ging es nicht anders als dem Chef in Berlin. Canaris wurde beurlaubt, das war im Februar 1944, und fast gleichzeitig auch sein Mann in Wien. Die SS hatte über die Abwehr gesiegt, Himmler übernahm deren Leitung. Auf das Abstellgleis geschoben, hielten sich beide, der Admiral ebenso wie der Oberst, für eine aktivere Rolle im Widerstand bereit. Schon seine Stellung als hoher Offizier der Abwehr hatte Rudolf Marogna-Redwitz in all den Jahren dazu genützt, Verfolgte des Naziregimes zu retten, darunter viele Juden. Oft genug war er, für Augenblicke seine Deckung verlassend, dabei, selbst in Gefahr geraten. Der Einfluss, den Marogna von Wien aus auf den Balkan nehmen konnte, erlaubte es ihm in diesen Jahren mehr als ein Mal, Aktionen zu verhindern, die Sicherheitsdienst oder Gestapo in der Region geplant hatten, unter Heydrichs Auspizien. Nur zu erpicht war dieser auf eine Gelegenheit gewesen, den bayrischen Abwehr-Oberst in die Hand zu bekommen. Doch SS-Obergruppenführer Reinhart Heydrich, der Architekt der »Endlösung der Judenfrage«, lebte nicht mehr; als stellvertretender Reichsprotektor Böhmens und Mährens war er in Prag Anfang Juni 1942 Verletzungen erlegen, die er auf der Fahrt zu seinem Amtssitz auf dem Hradschin durch einem Bombenanschlag tschechischer Widerstandskämpfer erlitten hatte. Die Zahl der Feinde Marognas war seither indessen nicht kleiner geworden. Nun auf dem Abstellgleis, hätte er die Möglichkeit gehabt, sich ein für alle Mal in seinen Obstgarten am Chiemsee zurückzuziehen, und der Gedanke hat ihn wirklich beschäftigt. Doch als ihn Oberst Claus Graf Schenk von Stauffenberg für das Oberkommando der Wehrmacht anforderte, zögerte er nicht und wusste, worauf er sich einließ. Er war dazu ausersehen, dafür zu sorgen, dass die am Tag X ausgegebenen Weisungen in Wien genauestens ausgeführt würden. Inzwischen hatte er die Zentrale in Berlin über die Lage im Wehrkreis auf dem Laufenden zu halten. Auch war es seine Aufgabe, in Wien den Boden für eine Ablösung des Naziregimes vorzubereiten und nach Personen Ausschau zu halten, die für Schlüsselstellungen im Bedarfsfall geeignet schienen. Wie war der Stratege des 20. Juli auf Marogna aufmerksam geworden, hatte ihn Canaris empfohlen? Gut möglich. Der langjährige Vertraute des Admirals, der nun Stauffenbergs Mann in Wien geworden war, hatte auf seinem Weg soeben die letzte entscheidende Weiche hinter sich gelassen.

Der 20. Juli 1944 in Wien. Zu Mittag kommt die Meldung: »Der Führer ist tot.« Der Codename »Walküre« tickt über den Fernschreiber. Oberst Marogna, der durch ein Telegramm aus Berlin als politischer Beauftragter für den Wehrkreis Wien eingesetzt ist, verliert keine Zeit. Er lädt die Spitzen der Partei, der SS und der Gestapo in das Wehrkreiskommando XVII am Stubenring zu einer dringenden Besprechung. Als alle versammelt sind, macht er nicht viele Worte. Hitler sei tot und die Wehrmacht habe die Regierungsgeschäfte übernommen. Die Nazicrème muss ihre Waffen abgeben, sie ist verhaftet. Während draußen Militär auf Marognas Veranlassung damit beginnt, staatliche Gebäude zu besetzen, wird zur Gewissheit, was zunächst noch wie ein Gerücht geklungen hatte: Hitler lebt und der Umsturzversuch ist gescheitert. Der Spieß dreht sich um, die braune Prominenz wird enthaftet, bekommt ihre Waffen zurück. Einer, dem jeder Rückweg abgeschnitten bleibt, ist Oberst Marogna.

Rudolf Graf Marogna-Redwitz ist einer der Helden des 20. Juli, des versuchten Umsturzes, an dessen Misslingen er selbst freilich keinen Anteil hatte. Die Gewalt, die Marogna erdulden musste, seit ihn die Gestapo am Tag nach dem gescheiterten Attentat in seiner Wiener Wohnung verhaftet hatte, nachdem er am Morgen noch in Uniform beim Empfang des Sakraments in der Jesuitenkirche gesehen worden war, konnte im Einzelnen erst im Lauf der Zeit rekonstruiert werden. Trotz Folter hat er, nach Mitwissern gefragt, keinen einzigen Namen genannt, was so manchem das Leben rettete, unter anderen Hauptmann Karl Szokoll, der, später zum Major befördert, im österreichischen Widerstand noch eine wichtige Rolle spielen sollte.

Marognas Prozess vor dem Volksgerichtshof soll am 18. August 1944 stattgefunden haben. Das Protokoll der Verhandlung scheint mit anderen Akten bei der Belagerung von Berlin vernichtet worden zu sein. Nur Fotografien wurden aufgefunden, auf ihnen sehen wir ihn mit einem großen Pflaster über seinem linken, dem verlorenen Auge; zwei Polizisten flankieren ihn. Marogna war in dem Prozess einer von mehreren Angeklagten. Im Frühjahr 1947 wurde seiner Witwe ein Bild zugeschickt, das im »Berliner Telegraf« erschienen war und neben ihrem Mann unter anderen auch Carl Friedrich Goerdeler, den früheren

Oberbürgermeister von Leipzig, und den sozialistischen Politiker und ehemaligen Reichstagsabgeordneten Julius Leber vor den NS-Richtern zeigte. Auch diese beiden wurden als führende Persönlichkeiten des deutschen Widerstandes in Plötzensee hingerichtet, Leber im Oktober 1944 und somit möglicherweise zusammen mit Marogna. In seinem Fall war – wie immer, wenn es sich um einen Offizier handelte – der Ausschluss aus der Wehrmacht vorangegangen, über den ein sogenanntes Ehrengericht unter dem Vorsitz eines Generalfeldmarschalls zu entscheiden hatte. Erst nach dieser Farce hatte Dr. Roland Freisler, der berüchtigte Präsident des Volksgerichtshofes, freie Bahn. Man war es bei diesem obersten Justizmörder Nazideutschlands gewohnt, dass er Angeklagten ins Wort fuhr, sie nicht zu Ende reden ließ, sondern rabiat dazwischenbrüllte. Aus dem Bericht der deutschen Wochenschau über den ersten, von der Propaganda besonders groß aufgezogenen Prozess gegen die Männer des 20. Juli, er begann schon am 7. August und dauerte ganze zwei Tage, sind solche Szenen erhalten geblieben. Doch die hier ausgewählte stammt aus einem der Folgeprozesse, in welchem neben anderen Verschwörern Ulrich Wilhelm Schwerin von Schwanenfeld sich vor dem Volksgerichtshof zu verantworten hatte: Freisler wollte wissen, was der Graf dem Nationalsozialismus zur Last lege. Kaum hatte dieser die Worte gesprochen: »Ich denke an die vielen Morde«, und dann, nach einem dazwischen gebrüllten »Morde???«, noch hinzugefügt: »Die im In- und Ausland«, war alles Weitere in sich überschlagender Beschimpfung untergegangen. Das Urteil war bald gefällt: Tod durch den Strang.

Von der Hinrichtung der am 8. August 1944 vom Volksgerichtshof verurteilten Verschwörer des 20. Juli hatte es auf ausdrücklichen Wunsch Hitlers Filmaufnahmen gegeben und wir besitzen den Bericht eines der Kameramänner: »Das Gebäude, das durch frühere Luftangriffe stark beschädigt sein musste, war wieder notdürftig hergerichtet. Der Raum war etwa vier Meter breit und acht Meter lang. Ein schwarzer Vorhang teilte diesen Raum in zwei Hälften. Der Raum bekam nur durch zwei kleine Fenster etwas Tageslicht. Unmittelbar vor diesen beiden Fenstern befanden sich an der Decke acht Haken, woran die Verurteilten aufgehängt werden sollten ... Als erster Delinquent wurde ... von zwei Henkern durch den schwarzen Vorhang in den Raum hineingeführt ... Der Angeklagte ging mit erhobenem Haupte, zwar von den Henkern eines schnelleren Schrittes genötigt, zum Ende des Raumes. Dort angekommen, musste er eine Kehrtwendung machen und dann legte man ihm die Hanfschlinge um den Hals, worauf der Angeklagte von den Henkern hochgehoben und die obere Schlaufe des Hanfstrickes in den Haken an der Decke eingehangen und der Delinquent nun mit großer Wucht fallengelassen wurde, so dass ihm die Schlinge sofort sehr stark den Hals zuschnürte. Meines Erachtens trat der Tod sehr bald ein ... Nachdem das erste Urteil vollstreckt war, wurde ein schmaler, schwarzer Vorhang vor den Erhängten gezogen, so dass der nächstfolgende Todeskandidat den ersten nicht gewahr wurde ... Nach jeweiliger Vollstreckung des Urteils wurde jedes Mal so ein schmaler, schwarzer Vorhang vor den Erhängten vorgezogen ... Die Urteilsvollstreckung ging in sehr rascher Folge vor sich, und die Verurteilten gingen alle ohne ein Wort der Klage, aufrecht und männlich, ihren letzten Gang ...« Auch der Mann, den die Henker am 12. Oktober 1944 holten, hatte diesen Gang zu gehen. Rudolf Marogna-Redwitz ging ihn als Christ. Der österreichische Widerstand hat ihm viel zu verdanken.

Österreichs Widerstand im Aufwind

Zurück in den Juli 1944. Am 23. dieses Monats, drei Tage nach dem Scheitern der Operation »Walküre«, erschien die Gestapo in der Auslandsbriefprüfstelle. Sie verhaftete Major Stillfried und brachte ihn ins Hotel Metropol. Drei Wochen verhörten sie ihn dort, doch dabei erwies sich zu guter Letzt, dass er mit dem 20. Juli nichts zu tun gehabt hatte. In »Walküre« war er von Rudolf Marogna weder einbezogen noch eingeweiht worden, wusste dieser doch seinen Cousin vollauf mit Österreichischem beschäftigt, und Mitwisserschaft allein bedeutete damals schon Lebensgefahr. Auch Verfehlungen in seiner Dienststelle konnten sie Alfons nicht nachweisen. Trotzdem endete es mit seinem Ausschluss aus der Wehrmacht, wegen »staatsfeindlicher Umtriebe«. Doch er konnte nach Hause gehen. Die Diagnose, er sei krebskrank und habe nicht mehr lang zu leben, hatte ihm dazu verholfen; wenn so ein Stück Papier die Unterschrift eines hohen Militärarztes trug, glaubte ihm die Gestapo. In puncto Sippenhaftung war Alfons auf Schlimmeres gefasst gewesen. Wie es weiterging, verdient, mit einem Satz aus seinen Aufzeichnungen gesagt zu werden: »Ich widmete mich also von unserem Häuschen am Saarplatz noch mehr, als ich es bisher konnte, der Widerstandsbewegung.« Der Widerstand trat damals in seine entscheidende Phase. Einer, den Alfons in seinen Notizen mehrfach erwähnt, war Dr. Sidonius Hans Becker, zentrale Gestalt im Kampf gegen die deutschen Besatzer; im Ersten Weltkrieg Träger vieler Auszeichnungen, hatte dieser später als Propagandaleiter der Vaterländischen Front eine wichtige Rolle gespielt. Ende 1940 aus dem Konzentrationslager Mauthausen entlassen, war er sofort in den Widerstand gegangen. Becker und Stillfried wurden in ihren

Kreisen vielfach als Duo gesehen. Auch Heinrich Otto Spitz wird in Alfons Aufzeichnungen an mehreren Stellen genannt; Transportunternehmer von Beruf und in Schuschniggs Zeiten Bundeswirtschaftsrat, hatte er sich, obwohl bei der Gestapo »aktenkundig«, ungesäumt der Widerstandsbewegung zur Verfügung gestellt. Ähnlich wie Stillfrieds Haus am Saarplatz war auch das Haus der Familie Spitz in der Heiligenstädterstraße bevorzugter Treffpunkt des Widerstands. Darüber hinaus bot das geräumige Gebäude auch Verfemten und Verfolgten Unterschlupf. Seit dem Frühjahr 1944 hielt die Familie eine jüdische Frau verborgen; sie blieb, obwohl die Gestapo mehrmals das Haus durchsuchte, bis zum Kriegsende unentdeckt. Heinrich Otto Spitz, dessen Söhne ebenfalls beim Widerstand waren, starb am 10. April 1945 im Kugelhagel der SS. Dann war da Hans Jörg Unterrainer, Medizinstudent in Graz, der mit seiner Auflehnung gegen Hitler im Tiroler »Freikorps« begonnen hatte. Im Hochsommer 1938 war er zusammen mit Fritz Molden und anderen Burschen ihres Alters an einer ziemlich kühnen Innsbrucker Flugblattaktion beteiligt gewesen, mit der Hitlers Verrat an Südtirol angeprangert wurde. Unterrainer gehörte nun in Wien zum engeren Kreis. Eine besondere Stellung nahm Dr. Ernst Lemberger ein; dieser Sozialdemokrat war 1939 nach Frankreich emigriert, wo er später, unter dem Namen Jean Lambert, der Résistance angehörte. Im Herbst 1944 hatte ihn die Alliierte Kommission in London ersucht, als Verbindungsmann zum österreichischen Widerstand nach Wien zurückzukehren. Da war er nun und sollte bald Wichtiges vollbringen: Seine Vermittlung gewann dem Widerstand, insbesondere der Gruppierung um Becker und Stillfried, das Vertrauen und die Mitarbeit des sozialistischen Lagers.

Was österreichische Patrioten während der nazideutschen Annexion ihres Landes wie ein unsichtbares Band miteinander verband und ihnen half, einander ganz ohne äußeres Abzeichen zu erkennen, dafür fand Alfons Stillfried später eine eigene Bezeichnung. »Ein geheimes geistiges Fluidum«, nannte er das. Auch diesem Thema hat er nach dem Krieg einen kleinen Essay gewidmet: »... Vielleicht war es Zufall, ich weiß es nicht, aber die Handwerker und Professionisten, die gelegentlich zu Reparaturen zu mir kamen, waren durchwegs anti-nationalsozialistisch gesinnt. Einige leicht hingeworfene Worte, und der Kontakt war in kürzester Zeit hergestellt. Meist ging das auf dem Umweg über die Kinder, hatte doch fast jeder seine Buben an der Front und bangte um sie. ›Meine zwa Buam san a eingruckt‹, sagte mir der Hafnermeister, als er hörte, dass ich zwei Söhne habe.« Auch den nun ganz ungeschminkten Klartext, in dem die Unterhaltung fortgesetzt wurde, hat Alfons aus der Erinnerung sehr anschaulich zu schildern gewusst. Schließlich verabschiedete sich Hafnermeister Blaske: »Mir halten z'samm, Herr Major, und wann's amal so weit is, dass mi brauchen können, so bin i da.«

Nach entmutigenden Anfängen, die endlich überwunden schienen, befand sich der österreichische Widerstand nun halbwegs im Aufwind. Begonnen hatte es mit den Rückschlägen der Deutschen Wehrmacht an der Ostfront und in Nordafrika, doch von großer psychologischer Wirkung war auch die Moskauer Deklaration. Darin hatten die Regierungen Großbritanniens, der Sowjetunion und der Vereinigten Staaten von Amerika die Befreiung Österreichs, des ersten Opfers von Hitlers Angriffspolitik, zu ihrem gemeinsamen Ziel erklärt. Nach ihrem Willen sollte Österreich als freier und unabhängiger Staat wiederhergestellt werden; die Besetzung des Landes durch Deutschland war für sie null und nichtig. Indessen fühlten sich die drei Mächte auch bemüßigt, Österreich daran zu erinnern, »dass es für die Teilnahme am Kriege an der Seite Hitler-Deutschlands eine Verantwortung trägt, der es nicht entrinnen kann.« Wie dem auch sei! Die Erklärung schloss mit einem deutlichen Wink: Die Behandlung, die Österreich nach dem Krieg von den Siegern erwarten könne, werde von seinem eigenen Beitrag zu seiner Befreiung abhängen. Die von den Außenministern der drei Mächte am 30. Oktober 1943 in Moskau beschlossene Deklaration wurde zwei Tage darauf veröffentlicht; sie hat ihren eigentlichen Adressaten, den österreichischen Widerstand, sehr schnell erreicht, wenn nicht anders, so über »Radio London«. Die Botschaft wurde verstanden, in Wien wie in Linz, Salzburg, Graz, Klagenfurt und Innsbruck: als Bestätigung, dass man sich auf dem richtigen Weg befand, und als Ermutigung weiterzumachen. Nicht länger der Mut der Verzweiflung, der Mut der Hoffnung war nun an seine Stelle getreten.

O5

Als die Bewegung sich stark genug glaubte, begann sie, nach einem Symbol zu suchen, welches das gemeinsame Ziel, die Wiedergeburt Österreichs, versinnbildlichen sollte. Man hatte es bald gefunden: O5, den Anfangsbuchstaben des Namens »Österreich«; sein Umlaut wurde durch die Zahl 5 angedeutet, die im Alphabet den Buchstaben »e« angibt. Also: O5 ist gleich OE ist gleich Ö ist gleich Österreich. Der Medizinstudent Hans Jörg Unterrainer, der damals mit Becker und Stillfried viel zusammenarbeitete, soll der »Erfinder« gewesen sein. Österreichs halb verschlüsselter Anfangsbuchstabe hat seine Signalwirkung nicht verfehlt! Das galt mit Blick auf die Öffentlichkeit ebenso wie innerhalb der Widerstandsbewegung. So war das O5 schon bald in den Straßen und auf den Plätzen zu finden, auf den Mauern der Häuser und Hausruinen, zuerst in Wien, wo das Zeichen noch heute auf der Außenmauer des Stephansdoms rechts vom Riesentor sichtbar ist, dann auch in anderen Städten der »Ostmark«. Auch Flugzettel gab es mit dem Österreichsymbol und der Wind half nach, sie unter die Leute zu bringen. Die Menschen wurden aufmerksam, was freilich auch die Gestapo tat, die ein eigenes Referat einrichtete, um sich des neuen Phänomens entsprechend annehmen zu können. Innerhalb von Wochen war der österreichische Widerstand mit dem Zeichen O5 bekannt geworden. Und eben das wirkte sich auch innerhalb der Bewegung aus, begünstigte und beschleunigte die Bildung einer Gesamtorganisation.

Den vielen Gruppen, die sich neuerdings gern mit O5 identifizieren ließen, fehlte im Herbst 1944 noch immer die zentrale Koordination. Nach vielen Zusammenkünften, abwechselnd fanden diese das eine Mal bei Heinrich Otto Spitz in der Heiligenstädterstraße und das andere Mal bei Alfons Stillfried am Saarplatz statt, war es endlich so weit. Im Dezember wurde es aus der Taufe gehoben, das »Provisorische Österreichische Nationalkomitee«, in seiner Abkürzung »POEN« genannt. Dieses Gremium, in dem zunächst die Liberalen, die Konservativen, die Christlich-Sozialen und die Monarchisten vertreten waren, sollte die politische Leitung des österreichischen Widerstands übernehmen, als »Kopf« jenes »Körpers«, dessen Konsolidierung im Zeichen O5 schnelle Fortschritte machte. Wer waren die Mitglieder des POEN? Da sind zunächst Dr. Hans Becker, Alfons Stillfried und Heinrich Otto Spitz. Als Vierter ist Dr. Ernst Molden zu nennen, Vater Fritz und Otto Moldens, er vertrat darin das liberale Element. Als nächster Professor Alfred Verdroß, der bekannte Völkerrechtler, und Friedrich Maurig, der Direktor der Schoellerbank, und schließlich die Sozialdemokraten Dr. Adolf Schärf, späterer österreichischer Bundespräsident, und Bertha Lemberger, Mutter Dr. Ernst Lembergers und Funktionärin der ersten Stunde; sie und Schärf sind dem POEN erst Ende Februar 1945 beigetreten. Das ist Alfons Stillfrieds Fassung der Mitgliederliste des »Provisorischen Österreichischen Nationalkomitees« und in eben dieser Fassung weist die Liste Lücken auf, aber ihr Verfasser hat ihr auch die Buchstaben »u. a.« vorangestellt; es war ihm also nicht so sehr um die Vollständigkeit seiner Aufzählung zu tun. Immerhin treffen wir in Alfons lückenhafter POEN-Liste auf zwei Namen, die in der einschlägigen Literatur nirgends als Mitglieder dieses Gremiums geführt werden: auf Hans Jörg Unterrainer und auf Oberleutnant Wolfgang Igler, Verbindungsmann zwischen dem Duo Becker-Stillfried und dem Leiter des österreichischen Widerstands in der Deutschen Wehrmacht, Major Karl Szokoll. Gut möglich, dass Alfons in seinen Erinnerungen den einen oder anderen Namen durcheinandergebracht hat.

Wichtig ist, sich zu vergegenwärtigen, dass das »Provisorische Österreichische Nationalkomitee« von seinen Mitgliedern als die künftige provisorische österreichische Regierung betrachtet wurde. Jahrelang hatten sie die Sache Österreichs vertreten und für die Befreiung des Landes ihr Leben gewagt. Wer sollte sich berufener fühlen als sie, die Zukunft Österreichs mitzugestalten? Auch Alfons war mit seinen Gedanken dorthin vorausgeeilt, als der längst entschiedene Krieg sich trotz allem noch grausam hinzog. Worauf er hoffte und was er leidenschaftlich forderte, waren ein und dasselbe: »Gerechtigkeit für Österreich«. Unter diesem Titel verfasste er im Februar 1945 einen Appell, so nannte er ihn, einen Appell an die Sieger. So sehr deren Moskauer Deklaration des Jahres 1943 auch Alfons begrüßt hatte, jedenfalls aus dem strategischen Blickwinkel des Widerstands, eben als Signal der Ermutigung und moralischen Rückendeckung, so ließen ihn bestimmte Formulierungen darin noch immer nicht ruhen und auf diese bezog er sich nun.

Auf dieser grundfalschen Voraussetzung fußt die Auffassung, dass Österreich grundsätzlich anders zu behandeln sei als andere besetzte Länder. Geradezu grotesk aber mutet diese Forderung nach dem Beitrag Österreichs zu seiner Befreiung an, wenn man sich in Erinnerung ruft, dass Österreich als erstes unter allen Ländern schon im Jahr 1934 den Kampf gegen den Nationalsozialismus geführt hat, während die ganze Welt lächelnd und mit verschränkten Armen (als ob sie die Sache gar nichts anginge) diesem Kampf des David gegen Goliath zusah. In anderen besetzten Ländern, die Hitler nicht oder nicht formell dem Deutschen Reich einverleibt hatte, begnügte er sich mit der Aufstellung von freiwilligen SS-Verbänden – und sie kamen in Scharen aus Holland, Norwegen, Belgien und aus ... Frankreich. Wer könnte ernstlich glauben, die Holländer hätten nicht ebenso wie die Österreicher in der Deutschen Wehrmacht gekämpft, wenn sie dazu gezwungen worden wären.

Dass Österreich, das erste von Hitler besetzte Land, von den Siegern anders, schlechter behandelt werden könnte als jene, die seiner Aggression etwas später zum Opfer fielen, das war Alfons Sorge und allein der Gedanke empörte ihn schon im Voraus. Auch konnte er es sich nicht versagen, die Alliierten an das Münchner Abkommen zu erinnern, dieses Dokument hasenfüßiger Naivität, allerdings auf Kosten der Tschechoslowakei; und der britische Premier Chamberlain hatte gemeint, dass es der Welt eine lange Periode des Friedens beschere, während, so Alfons, »bei uns schon der Laie wusste, dass es bald Krieg geben werde«.

Doch was Alfons mitten im letzten und besonders gefährlichen Aufbäumen des Naziregimes noch zu Papier zu bringen den Sinn und die Besonnenheit besaß, war mehr als nur ein Appell an die Sieger, es war eine Grundsatzerklärung, ein Manifest für das neue Österreich:

Österreich hat seit rund 300 Jahren eine vom Deutschen Reich gesonderte Entwicklung durchgemacht. Es ist kein Zufall, dass der Beginn dieser Entwicklung mit der Entstehung der österreichischen Armee unter Wallenstein zusammenhängt, denn die viel verkannte und viel gelästerte österreichische Armee war immer das Völker verbindende Element im alten Österreich. Je weiter die österreichische Macht nach dem Osten vordrang und ihn damit langsam in den europäischen Kulturkreis einbezog, umso loser wurde der Zusammenhang mit dem Deutschen Reich, bis er schließlich durch die Ereignisse der Jahre 1804 bzw. 1806 und vollends 1866 zu bestehen aufhörte …

Wir sind eine eigene Nation, wie es die Holländer, Norweger und andere Völker … sind, und lehnen es ab, gewissermaßen als eine sympathischere, weil ungefährlichere Spielart von Deutschen betrachtet zu werden …

Der Österreicher hat nicht nur ein Vaterland, das er liebt und auch Ursach' hat, es zu lieben, er will auch sein eigenes nationales Leben führen, ohne damit das gemeinsam erworbene echte Kulturgut früherer Zeiten aufgeben zu müssen …

Wenn wir hier von Nationalismus sprechen, so meinen wir natürlich nicht Nationalismus in des Wortes übler Bedeutung: wir lehnen alles ab, was irgendwie an Chauvinismus anklingt, der im Übrigen dem Österreicher gar nicht liegt …

Und so wollen wir reinen Herzens und voll gläubiger Zuversicht darangehen, durch unsere Arbeit in der Internationale der Kunst und Wissenschaft, in der internationalen Friedensbewegung, in der Internationale des Geistes unseren Dank abzustatten versuchen.

Den 25. Februar 1945 erlebte der österreichische Widerstand als besonders ereignisreichen Tag. Fritz Molden befand sich wieder einmal in Wien, als Oberfeldwebel Steindler bewegte er sich durch die zerbombte Stadt. Diesmal, es war seine vierte Kurierreise, hatte ihn Dr. Ernst Lemberger aus der Schweiz hierher begleitet, als Schütze Nowotny; Uniform und Papiere hatte ihm Molden verschafft. Nun waren beide für den Nachmittag mit den gerade erreichbaren POEN-Mitgliedern verabredet, um für ihre bevorstehende Rückkehr ins Ausland neue Aufträge entgegenzunehmen. Diese Besprechung fand im Biedermeierhaus der Familie Spitz statt, das nicht weniger idyllisch wirkte als das Winzerhaus der Stillfrieds, in welchem sich die beiden Kuriere am Abend des gleichen Tages einfanden. Dort trafen sie dann auf jenen Kreis, den man sich als den gewohnten vorstellen darf. Von den Namen, die in Alfons Notizen stehen, wurde auf diesen Seiten indessen ein wichtiger noch nicht genannt: Major Karl Biedermann, Kommandierender der Heeresstreife Groß-Wien, der eng mit Major Szokoll zusammenarbeitete und schon seit Jahren ein führender Kopf des österreichischen Widerstands innerhalb der Deutschen Wehrmacht war. Gerade er sollte die Befreiung Wiens nicht mehr erleben. Wenige Wochen davor an das deutsche Festungskommando verraten, fiel er in die Hände der SS. Auch Major Biedermann gehörte zu der Runde, die sich am 25. Februar abends im Haus Stillfried zusammenfand. Fritz Molden, der nicht aufgehört hatte, im Westen gute Arbeit zu leisten, konnte seinen Kameraden berichten, dass aufseiten der Alliierten die letzten Vorbehalte ausgeräumt waren und dass die offizielle Anerkennung des POEN somit unmittelbar bevorstand. Doch auch was das Komitee den beiden Kurieren mit auf den Rückweg zu geben hatte, besaß Substanz: das gesamte Aktionskonzept und der Organisationsplan der O5 samt der Liste seiner Gruppen, auch der Einheiten innerhalb der Wehrmacht; außerdem eine Aufstellung militärischer Ziele in Österreich für das Luftwaffenkommando der Alliierten, angefertigt von militärischen Experten der O5 und schließlich Pläne von Fallschirmabsprungzonen und Auffangstellen für den Abwurf von Waffen und Munition. Den Unterlagen für das alliierte Luftwaffenkommando war das schriftliche Ersuchen beigefügt, die Angriffe auf die österreichischen Städte einzustellen und insbesondere die Wiener Innenstadt zu schonen.

Während die Runde in diese Angelegenheiten vertieft war, wurde das Haus von Soldaten der Heeresstreife bewacht, eine von Biedermann angeordnete Vorsichtsmaßnahme, deren Angemessenheit sich bald herausstellen sollte. Über das, was rund um das Winzerhaus in jener Nacht vorfiel, gibt es voneinander abweichende Berichte von zwei Augenzeugen, beide selbst Teilnehmer an dem nächtlichen Treffen, Alfons Stillfried und Fritz Molden. Den 1976 in Buchform erschienenen Memoiren des Letzteren[6] verdanken wir eine ausführliche Schilderung des Hergangs, während Ersterer uns über den Vorfall ganze sechs mit der Maschine geschriebene Zeilen hinterlassen hat. Zu sagen, die beiden Fassungen stimmten überein, wäre wegen ihres allzu unterschiedlichen Umfangs kaum zutreffend, doch wichtig scheint, dass sie einander nicht widersprechen. Somit können wir Moldens ausführlicherer Version folgen, die von einer »folgenschweren Schießerei am Saarplatz« spricht, ausgelöst durch

---

6 Fritz Molden, Fepolinski & Waschlapski auf dem berstenden Stern, Verlag Molden, Wien 1976.

einen Hinweis an die Gestapo, »dass am Saarplatz etwas im Gange sei«. War der Informant jemand, der etwas von Biedermanns Bewachungsanordnung aufgeschnappt hatte? Molden vermutete es. Obschon der Auftrag, am Saarplatz einmal nachzusehen, den zunächst die reguläre Polizei bekommen hatte, ergebnislos geblieben war, scheint die Gestapo dem ihr gemeldeten »falschen Alarm« keinen Glauben geschenkt und nun einen zweiten Einsatz veranlasst zu haben, diesmal aber mit eigenen Leuten. Jedenfalls war bald ein Einsatzfahrzeug zur Stelle, das Suchscheinwerfer aufblendete. Das von Biedermanns Leuten daraufhin eröffnete Feuer, mit dem sie die Scheinwerfer zerschossen, wurde erwidert, wobei es Verletzte gegeben haben soll. Immerhin zog sich das Gestapokommando zurück. Als ein Soldat der Heeresstreife im Haus Stillfried erschien, um Major Biedermann über das Vorgefallene Meldung zu machen, wurde die Sitzung augenblicklich aufgelöst; die durch die Schüsse bereits alarmierten Teilnehmer flüchteten über die anliegenden Gärten, um sich dann in kleinen Gruppen zu zerstreuen.

Was der Sicherheitsapparat der Nazis knapp vor dem Zusammenbruch des Regimes noch leistete, war enorm.

Radomír Luža

Seit sie sich in großer Hast zerstreut hatten, waren nur wenige Stunden vergangen. Um fünf Uhr früh war die Gestapo vor der Haustür, sie brachte Alfons gleich ins Hotel Metropol. Doch auch den anderen POEN-Mitgliedern blieb sie hart auf den Fersen. Schon am 2. März begann man sie zu verhaften; Becker, Spitz, Ernst Molden und seine Frau Paula von Preradović und noch andere wurden festgenommen. Das POEN war damit ausgeschaltet! Doch zurück zu Alfons Stillfried. Wie sich schon bei seinem ersten Verhör herausstellte, hielt die Gestapo ihn für einen der Führer der Widerstandsbewegung – und das ja nicht zu Unrecht. Auch sagte man ihm auf den Kopf zu, wer in der Nacht vom 25. auf den 26. Februar in seiner Wohnung gewesen sei. Nur mit jener Person, hinter der sich Fritz Molden verbarg, konnten sie nichts anfangen. Schon machten sie Anstalten, Alfons zu foltern. Seinen Ausbruch »Von mir werdet ihr nichts erfahren«, hatten die Geheimen mit Gelächter quittiert: »Wir erfahren alles, was wir wollen!« Als sie ihm bereits die Hände auf dem Rücken gefesselt hatten, kam einem von ihnen eine andere Idee; er meinte, dass man es mit Rücksicht auf Alfons' graue Haare zunächst einmal auf andere Weise versuchen wolle. Der das gesagt hatte, entfernte sich für die Dauer einer Stunde; als er das Verhörzimmer wieder betrat, sagte er in ganz sachlichem Ton: »Also der

Fritz Molden war es«. Alfons in seinen Erinnerungsnotizen: »Wer statt meiner gefoltert wurde, habe ich nie erfahren, aber auf diese wunderbare Fügung hin entging ich meiner Marter«. Doch auch der österreichische Widerstand hatte Glück im Unglück: Fritz Molden, sein geflügelter Bote, und auch Ernst Lemberger waren entkommen. Als Oberfeldwebel Steindler und Schütze Nowotny befanden sie sich auf der Rückreise in den Westen, auch diesmal unter den abenteuerlichsten Begleitumständen. Endlich am Ziel, genügte jeder von ihnen seiner Pflicht als Kurier, doch da sie viel mehr waren als nur gewissenhafte Boten, war *corriger la fortune* für sie ein kategorischer Imperativ. Beide ließen es sich angelegen sein, dass die Dinge auch die in Wien gewünschte Richtung nahmen. So hat Fritz Molden sich nicht damit begnügt, den Brief mit dem Ersuchen um Schonung der von Bomben ohnehin schon arg mitgenommenen österreichischen Städte beim Adressaten einfach abzugeben – nein, es gelang ihm, diesem Anliegen Nachdruck zu verleihen. Eloquent und beharrlich überredete er in der italienischen Stadt Caserta, wo die 15. US-Luftflotte stationiert war, deren Kommandierenden, General Charles P. Cabell, Luftangriffe auf zivile Ziele in Österreich einzustellen und nur noch militärische Einrichtungen zu bombardieren. »Nach einer eher hitzigen Debatte«, so Molden, gab General Cabell am 14. März 1945 dazu den Befehl.

Um den psychischen Druck auf Alfons Stillfried zu erhöhen, verhaftete die Gestapo einige Tage später auch Aly, seine tapfere Frau. Nach alldem, was sie an seiner Seite durchzustehen gehabt hatte, die Zeit drückender materieller Not und dann die Jahre politischer Bedrängnis, nun auch noch die quälenden Verhöre! Ihr Mann wurde nun täglich ins Gestapohauptquartier gebracht. Der Weg im vergitterten Kastenwagen vom Gefängnis an der Elisabethpromenade, im Wiener Volksmund »die Liesl« genannt, zum Hotel Metropol am Morzinplatz und zurück hat sich Alfons für immer eingeprägt. Damals hatte er sich mit dem Gedanken abgefunden, dass er die nächsten Wochen, wahrscheinlich die letzten dieses grauenvollen Kriegs, nicht überleben werde. Wie die meisten seiner Mitgefangenen musste er, so wie die Dinge lagen, damit rechnen, demnächst kurzerhand liquidiert zu werden. Wenn, was immer häufiger geschah, Fliegeralarm die Verhöre unterbrach, beeilte man sich, die Gefangenen zu fesseln. So ließ man sie in einem der oberen Stockwerke des Gebäudes, während die Bomben fielen und die Gestapomänner im sicheren Luftschutzkeller auf die Entwarnung warteten.

Seit die Gestapo auch ihre Mutter geholt hatte, war Maria Stillfried zunächst ganz allein am Saarplatz zurückgeblieben. Gerade erst siebzehn geworden, ließ sie sich von der Angst um ihre Lieben nicht lähmen. Bernhard, den sie als

Fähnrich der Kriegsmarine in Schleswig Holstein wusste, schrieb sie einen Feldpostbrief; in verschlüsselten Worten teilte sie ihm mit, wo Vater und Mutter sich befanden. Tapfer hielt sie daheim die Stellung; die Eltern sollten sich auf ihre Jüngste verlassen können. Doch Maria musste nicht lange allein ausharren, sie bekam Verstärkung. Erni Anna, der gute Geist, ließ sich wie schon so manches Mal häuslich am Saarplatz nieder. Gemeinsam, oder auch abwechselnd, pilgerten die Freundinnen zur Elisabethpromenade, um im Gefängnis ein Verpflegungspäckchen abzugeben. Sie taten es immer wieder, obschon sie keinerlei Anhaltspunkt besaßen, ob solche Gaben Mutter oder Vater auch nur ein einziges Mal erreicht hatten.

Eines Tages fuhr an der Elisabethpromenade kein Gefängnisauto mehr in den Hof, um Alfons an den Morzinplatz zu bringen. Das Hotel Metropol war beim letzten Bombenangriff völlig zerstört worden. Und eines anderen Tages, es war schon im April, wurde er aus seiner Zelle geholt, in der man ihn mehr als einen Monat lang mit etwa zwanzig anderen Häftlingen zusammengepfercht hatte. Man brachte ihn treppauf in eine winzige Zelle, die mehr einem Dachkammerl glich und tatsächlich lag sie direkt unter dem Gefängnisdach. Alfons befürchtete das Schlimmste, doch es trat nicht ein. Die Erklärung kam erst nach dem Krieg: Der Direktor des Gefängnisses an der Elisabethpromenade hatte zusammen mit Alfons in Prag die Schulbank gedrückt. Knapp, bevor die Russen Wien zu erobern begannen, war diesem Beamten von der SS eine Liste jener Personen zugestellt worden, die rasch noch im Gefängnishof erschossen werden sollten. Auf dieser Liste erkannte der Direktor den ehemaligen Mitschüler und um ihn zu retten, ließ er ihn in der Dachbodenkammer verstecken. Das SS-Erschießungskommando traf ein und nahm im Hof Aufstellung. Als der Name Stillfried vorgelesen wurde, meldete der Direktor, dass der Häftling schon mit einem der letzten Transporte nach Mauthausen abgegangen sei, was damals ohnehin nur Todgeweihten widerfuhr. Der SS-Offizier gab sich zufrieden. Das war Alfons wunderbare Rettung. Noch im Alter bedauerte er, keine Möglichkeit gehabt zu haben, seinem Retter zu danken; dieser war in den allerletzten Kriegswirren umgekommen. Als die SS sich endlich ganz aus Wien zurückgezogen hatte, zuletzt nur noch fluchtartig, gab es an der Elisabethpromenade unter den Wachebeamten niemanden mehr, der die Häftlinge länger festhalten wollte. Alle werden freigelassen. Die russischen Truppen sind dabei, die Stadt zu besetzen. Vereinzelt noch Volkssturm und Hitlerjugend, letztes Aufgebot verbrecherischen Wahnsinns, letztes sinnloses Sterben.

Alfons

Die Befreiung Wiens

Die Feinde meiner Feinde sind meine Freunde, ein Jahrtausende altes Kalkül militärischer Bündnispolitik, Kalkül mit hohem Risiko, wie immer, wenn Gift mit Gegengift bekämpft wird. Doch für das von der Landkarte getilgte Österreich, das seine Identität nur noch im Untergrund wahrte, gab es da nichts zu kalkulieren oder abzuwägen. Die Feinde seiner Feinde waren seine Freunde, andere hatte es nicht, oder sie befanden sich außer Reichweite. Und also zählten die österreichischen Patrioten auch jene Streitmacht zu ihren Freunden, von der sie schon längere Zeit angenommen hatten, dass sie Wien als Erste erreichen würde: die Rote Armee, im Volksmund »der Iwan« oder einfach »die Russen«. Einen von ihnen fanden Alfons und Alice in ihrer Badewanne, als sie wieder einmal mit schwappenden Kannen und Kübeln vom öffentlichen Hydranten zurückkamen. Wie vieles andere stockte auch die Wasserversorgung in diesen Tagen und so diente im Badezimmer die Wanne als Reservoir. Nun war es ein Russe, der darin Abkühlung suchte. Eine der standardisierten Schmunzelgeschichten aus der Zeit der russischen Besatzung. Doch es blieb nicht bei einer solchen. Zu dritt hatten sie ganz in der Nähe einen Krankenbesuch gemacht, Alfons und Alice in Begleitung ihrer Jüngsten. Auf dem Rückweg versperrten ihnen sieben Rotarmisten die Straße. Angelegten Maschinenpistolen den Widerstandskämpferausweis entgegengehalten. Noch während der letzten Kampfhandlungen war damit begonnen worden, die Kameraden mit diesem eiligst hergestellten Dokument auszustatten; zweisprachig, also auch in kyrillischer Schrift, wies es seinen Inhaber als österreichischen Freiheitskämpfer aus. Doch auf die Sieben machte das nicht den mindesten Eindruck, sie waren besoffen. Nach einer unergiebigen Taschenvisitation durften die Eltern passieren, nein sie mussten. Maria durfte nicht. Alice und Alfons wollen nicht von der Tochter weichen. Mit MPs im Anschlag zwingt man sie dazu. Widerstrebend ziehen sie sich zurück. Sie sehen, wie der Anführer der Horde einen Arm um die Schultern des Mädchens legt. Marias Erlebnis endete dann doch nicht im Gräuel. Ihr unablässiges Schreien scheint dem Anführer auf die Nerven gegangen zu sein, könnte ihn erweicht haben. Wer weiß, vielleicht hat sie ihn auch gerührt. Er gab sie frei und schickte sie ihren Eltern nach. Auch das kam damals vor. Vorsichtshalber wurde Maria diese Nacht bei Nachbarn untergebracht; die Russen hatten den Dreien nachgeblickt und dabei bemerkt, in welchem Haus sie wohnten. Ja, Österreich war befreit, das Hakenkreuz lag im Staub, doch östlich der Enns, dem Fluss, den Österreicher noch Jahre nach dem Krieg nur auf eigene Gefahr überquerten, ließ das große Aufatmen noch lang auf sich warten;

wie Mehltau lag die Willkür der sowjetischen Besatzungsmacht auf dem Leben der Menschen. Doch zunächst wollen wir uns vergegenwärtigen, wie es nach dem 26. Februar 1945, dem Tag, an dem ihn die Gestapo zum letzten Mal verhaftet hatte, mit dem Widerstandskampf ohne Alfons weitergegangen und zu einem Ende gekommen war.

Major Karl Biedermann, Kommandant der Heeresstreife Groß-Wien und enger Freund Alfons Stillfrieds, und Karl Szokoll, auch er nun im Rang eines Majors, beide waren sie auf Wiener Boden an der Vorbereitung der Operation »Walküre« beteiligt gewesen und Szokoll hatte in dieser Phase mit Oberst Rudolf Marogna-Redwitz auch persönlich zusammengearbeitet. Doch das blieb nach dem 20. Juli unentdeckt und der Gestapo misslang es, den »katholischen Grafen«, so hatte man ihn im Führerhauptquartier apostrophiert, zum Reden zu bringen. Biedermann und Szokoll waren seither nicht untätig gewesen. Ende 1944 reifte in ihnen der Entschluss, in Wien den Aufstand zu wagen. Eine österreichische Volkserhebung sollte es werden, deren Rückgrat das Militär bilden würde. Was man am Fall »Walküre« lernen konnte, hatten sie gelernt: Das den Stubenring beherrschende Gebäude des ehemaligen k. u. k. Kriegsministeriums, in dem das Wehrkreiskommando XVII untergebracht war, und der Rundfunksender am Bisamberg sollten besetzt, ausgewählte Gruppen an Schlüsselpositionen der Stadt postiert werden, vor allem um die Sprengung der Brücken zu verhindern; eine Feldhaubitzenbatterie würde das Wehrmachtskommando unter Beschuss nehmen, ein Spezialkommando der Wehrmacht, bestehend aus ehemaligen österreichischen Polizisten, die noch Alfons Stillfried im Untergrund organisatorisch betreut hatte, sollte das Polizeipräsidium besetzten. Selbstverständlich war auch die Gefangensetzung der braunen Prominenz vorgesehen. Gegen Ende März hatten die Anführer des militärischen Widerstandes die letzten Einzelheiten festgelegt. Eine Gruppe von Offizieren hätte den Festungskommandanten von Wien, General der Infanterie Rudolf von Bünau, zu zwingen gehabt, einen Kampfeinstellungsbefehl zu unterschreiben; eine über den besetzten Rundfunksender verlesene Proklamation sollte folgen. Und auch an die Einbeziehung der Bevölkerung war gedacht. Sozialistische und kommunistische Widerständler hielten sich bereit, in Wiens Außenbezirken die Menschen aufzurütteln; der erhoffte Aufruhr sollte dann bis in die innere Stadt vordringen. Kurz und gut, eine spektakuläre Aktion war geplant, etwas Bravouröses. Aber Bravour nicht um ihrer selbst willen, sondern aus politischem Kalkül. Da war die Moskauer Deklaration, der man eigentlich schon Genüge geleistet hatte; nur ein Bravourstück glaubten die Wiener Widerständler, ihr vielleicht noch schuldig zu sein. Putsch und Aufstand, soviel war Biedermann wie Szokoll klar, konnten nur mit aktiver Unterstützung durch die Rote Armee gelingen und daher musste der Plan mit dem Oberkommando der 3. Ukrainischen Front abgestimmt werden. So schlägt sich Oberfeldwebel Ferdinand Käs, ausgestattet mit gefälschten Kurierpapieren, in der Nacht vom 2. auf den 3. April durch die Hauptkampflinie im Semmeringgebiet, von deutschen wie von sowjetischen Einheiten unter Beschuss genommen. Er schafft es und es gelingt ihm auch, sich als Parlamentär des österreichischen Widerstands erkennen zu geben. Man bringt ihn zum Hauptquartier der 3. Ukrainischen Front nach Hochwolkersdorf. Die Sowjets erfahren von Käs, was die Deutschen an Verteidigung noch aufzubieten haben, und werden in den österreichischen Plan eingeweiht; am Tag darauf stimmen sie diesem zu. Anschließend einigt man sich auf wichtige Details, die ein reibungsloses Ineinandergreifen des Angriffs der Roten Armee mit dem Aufstand der Österreicher sicherstellen sollen. Den Beginn der Offensive werden die Sowjets mit über Wien abgeworfenen roten Leuchtkugeln signalisieren und mit dem Abschuss grüner Leuchtkugeln antworten dann die Österreicher. Als Losungswort vereinbart man »Moskau«; an weißen Armbinden, die rechts zu tragen sind, werden die Sowjets die Widerstandskämpfer erkennen. Am 5. April ist Oberfeldwebel Käs wieder in Wien und berichtet. Die letzten Instruktionen werden ausgegeben. Schon am 6. April ist es so weit. Kurz nach ein Uhr geben die Sowjets das vereinbarte Angriffssignal und auch auf österreichischer Seite kommt die Aktion in Gang. Der Tag scheint gut zu beginnen. Doch wenig später wird bekannt, dass Major Karl Biedermann, die Nummer eins des militärischen Widerstands auf Wiener Boden, verhaftet wurde. Szokoll, auf dessen Schultern nun die ganze Verantwortung liegt, gibt die notwendigen Befehle, um die Situation wieder unter Kontrolle zu bringen. Doch inzwischen ist es der Gestapo gelungen, Biedermann das Losungswort des Aufstands und die Namen seiner Anführer abzupressen. Damit bricht alles in sich zusammen. Die SS hält noch einmal furchtbare Ernte, auch Waffen und Munition fallen ihr in die Hände. Putsch und Aufstand sind gescheitert und damit Biedermanns und Szokolls ehrgeiziger Plan, das Wiener Bravourstück. Immerhin war es gelungen, mit der Roten Armee Verbindung aufzunehmen, und im Randbereich kann der Widerstand noch Punkte sammeln: Abermals schlägt sich ein Bote durch die Linien, um das Oberkommando der 3. Ukrainischen Front vom Scheitern zu unterrichten, das dadurch gewarnt ist. Die Widerständler führen die Sowjets statt vom Osten über die ungeschützte Westflanke nach Wien herein, was den Kampf um die Stadt auf eine Woche verkürzt und sie helfen der Roten Armee, Panzersperren und Artilleriestellungen zu umgehen; ein letztes Mal dringt eine Gruppe, nun von

Major Szokoll geführt, durch die Hauptkampflinie, um den Befreiern den vom deutschen Festungskommando ausgearbeiteten Verteidigungsplan für die Wiener Innenstadt zu entdecken und eine Einheit der O5 erstürmt das Wiener Polizeipräsidium. Als alles vorbei ist, danken die Sowjets den Widerstandskämpfern, die aber gleichzeitig aufgefordert werden, alle Waffen abzuliefern.

Major Karl Biedermann hat die Befreiung Wiens nicht mehr erlebt. Nach unbeschreiblichen Folterungen wurde er, zusammen mit zwei anderen aufständischen Offizieren, Hauptmann Alfred Huth und Oberleutnant Rudolf Raschke, am 8. April 1945 gehenkt: in Floridsdorf, am Spitz, in Wiens Topografie ein Name, der noch heute an Nazijustiz und österreichisches Martyrium erinnert.

Die Befreiung Tirols

Neben Wien war Tirol ein Zentrum des Widerstands gewesen. Hier hatte sich der Untergrund in den Bergen verschanzt; seiner Untergründigkeit ungeachtet, war er es also, der von oben nach unten blickte, aus schwer zugänglichen Höhenverstecken hinunter ins Tal. Wer desertierte, brachte seine Waffen mit ins Gebirge und die Bauern versorgten die jungen Männer mit allem, was sonst nötig war. Aber auch an patriotischer Moral war reichlich Vorrat, hatte doch gerade in Tirol Widerstand gegen Fremdherrschaft eine lange und selbstbewusste Tradition. Und unvergessen war in diesem Land »Hitlers Verrat an Südtirol«, ein geflügeltes Wort, gegen das die Nazipropaganda wenig aufzubieten hatte. Indessen entwickelte sich auch der Tiroler Widerstand nicht zum Partisanenkampf, er beschränkte sich überwiegend auf Einzelaktionen; erst in den letzten Kriegswochen änderte sich das. Die zentrale Figur des österreichischen Widerstands in Tirol war Dr. Karl Gruber. Schon in Berlin, von wo aus er die ersten konspirativen Verbindungen zum westlichen Ausland geknüpft hatte, waren seine Kontakte zum Untergrund seiner Geburtsstadt Innsbruck nie abgerissen. Im Gegenteil, als er Mitte März 1945 wieder einmal nach Tirol kam, wurde ihm klar, dass er das Vertrauen der Kameraden dort längst gewonnen hatte. Seine besonnene Art und die Fähigkeit, Wesentliches auf einen einfachen Nenner zu bringen (»Bis es soweit ist, reden wir nicht von Politik. Zuerst müssen die Nazis verschwinden.«) waren in dem noch sehr aufgesplitterten Tiroler Untergrund nicht ohne Wirkung geblieben; ihm traute man zu, dass er es schaffen würde, die Kräfte zu bündeln und so zu einem durchschlagenden Erfolg zu führen. Die Tiroler Widerstandskämpfer wählten ihn zu ihrem Anführer. So wie die Kameraden in Wien wollte auch Gruber die spektakuläre Aktion, das Bravourstück: den Volksaufstand in Tirol – und zwar im einzig richtigen Augenblick, also gleichzeitig mit dem Einmarsch der alliierten Truppen. Auch hier nicht Bravour um ihrer selbst willen, sondern klares politisches Kalkül. Wie hätte Karl Gruber nicht an die Moskauer Deklaration denken sollen, er, der spätere Außenminister von Österreichs Zweiter Republik! Fritz Moldens beflügelte Ubiquität ist auch aus dem Tiroler Freiheitskampf nicht wegzudenken. Dorthin verlagert er nun seine Aktivitäten, nachdem die Gestapo den Wiener Kreis um Alfons Stillfried zerschlagen hat. Auch in Tirol ist die Aufrechterhaltung der Verbindung zum amerikanischen Geheimdienst seine besondere Aufgabe und wieder entledigt er sich ihrer mit Erfolg. In dieser Phase haben wir ihn uns in Kampfgemeinschaft mit seinem älteren Bruder Otto Molden zu denken. Die Dinge gerieten in Bewegung. Am 20. April, Hitlers Geburtstag, war Innsbruck mit Plakaten der O5 beklebt und auf dem Polizeipräsidium hatte jemand die rot-weiß-rote Fahne gehisst. Doch noch einmal gelang es der Gestapo, den Untergrund schwer zu treffen; viele Widerständler fielen ihr in die Hand, wodurch wichtige Kontakte und die Funkverbindung zum amerikanischen Hauptquartier im italienischen Caserta unterbrochen wurden. Das Netz musste erst neu geknüpft werden. Realist, der er war, nahm Gruber Abschied von der Idee eines flächendeckenden Tiroler Volksaufstands; stattdessen beschlossen er und die militärischen Führer die Konzentration aller verfügbaren Kräfte auf Innsbruck. Am 2. Mai führen sie den ersten großen Schlag: Alle vier Hauptkasernen der Stadt werden ohne wesentliche Gegenwehr genommen, Grubers Leute erbeuten große Mengen an Waffen. Gleich darauf begibt sich ein aus zwanzig Mann bestehendes Sonderkommando zum Hauptquartier der Deutschen Wehrmacht, das sich auf der Hungerburg oberhalb der Stadt befindet; dort überwältigt es die Wachen und überrascht General von Böhaimb und seinen Stab beim Mittagessen. Alle werden entwaffnet; ohne einen Schuss abgegeben zu haben, kehrt das Sonderkommando mit dem gefangenen General in die Stadt zurück. Schlag auf Schlag geht es weiter. In einem Polizeiwagen fahren drei Männer im Polizeipräsidium vor, wo sie den Polizeipräsidenten zum Rücktritt auffordern, und dieser gehorcht widerstandslos. Unterdessen wird der Rundfunksender besetzt und dann geht es, wieder im Polizeiwagen, zum Landhaus, wo Dr. Karl Gruber die provisorische Stellung des Landeshauptmanns übernimmt.

Die Österreicher hatten den Krieg in Tirol selbst beendet und die deutschen Kanonen zum Schweigen gebracht.

Radomír Luža

Am Abend des 2. Mai erreichten die ersten amerikanischen Truppen die Stadt Innsbruck. Ihren Einmarsch verglichen Beobachter aus der U.S. Army mit der Befreiung von Paris. Blumen wurden gestreut, Mädchen kletterten auf die Jeeps oder ließen sich auf die Panzer helfen, um die Soldaten zu küssen. Und das Beispiel des erfolgreichen Aufstands in Innsbruck machte Schule im Land. Bevor die ersten amerikanischen Einheiten in die Städte einrückten, hatten Widerstandskämpfer verstreute Gruppen deutscher Soldaten entwaffnet und Brücken vor der Sprengung bewahrt. Der Umbruch geschah im Wesentlichen ohne Blutvergießen, ohne große Zerstörungen. Die lokalen Vertreter des Widerstands übernahmen die Verwaltung der befreiten Ortschaften. Soviel zum Widerstandskampf in Tirol, wo es zu einer Ballung der Kräfte gekommen war, die den Vergleich mit Wien nicht zu scheuen braucht. Und die anderen Bundesländer? Da hier nicht die Geschichte des österreichischen Widerstands erzählt wird, was Vorrecht der Geschichtswissenschaft bleibt, sondern von Alfons Stillfrieds Weg durch diese angespannte Zeit und von seiner führenden Rolle in ihr, braucht nicht mehr viel hinzugefügt zu werden. Auch in Oberösterreich, Salzburg, Steiermark, Kärnten und Vorarlberg hatte es ihn gegeben, den Widerstand aus dem Untergrund und seine Helden, nur waren die Ereignisse in Wien und Tirol zu größerer Dichte gelangt. Indessen übernahmen auch in den übrigen Bundesländern die Widerständler Hand in Hand mit dem Vorrücken der alliierten Truppen die Kontrolle über die Städte und Dörfer. Nicht selten kam es dazu, dass Amtsträger des Naziregimes freiwillig die Macht an Männer des Widerstands abgaben. In Kärnten war es der Gauleiter höchstpersönlich, der sich von österreichischen Patrioten zur Kapitulation überreden ließ, wenn auch erst nach langem Hin und Her. Schließlich aber siegte die Vernunft, Gauleiter Friedrich Rainer erklärte Klagenfurt und Villach zu offenen Städten.

So hatte sich der Kampf ohne ihn, den von der Gestapo zwei Monate vor Kriegsende aus dem Spiel Genommenen, fortgesetzt und vollendet. Alfons Stillfried erfuhr das alles Stück für Stück, das meiste schon bald nach der Befreiung.

Der Wiederaufbau

Nach der Rolle, die er im Widerstand gespielt hatte, konnte Alfons glauben, dass man ihn nicht übersehen würde, sobald es darum ging, die Ärmel aufzukrempeln. Für ihn bestand kein Zweifel, dass Männer wie er, die unter Einsatz ihres Lebens für Österreichs Freiheit gekämpft hatten, dazu berufen waren, maßgeblich am Wiederaufbau des Landes mitzuarbeiten. Wer konnte sich darauf besser vorbereitet fühlen als er, für den noch tief im Kriegsgeschehen die »Zeit danach« schon klare Konturen gewonnen hatte? Freilich, von Alfons und seinen Kameraden im Untergrund kaum wahrgenommen, gab es noch eine andere Gruppe, die nun Anspruch auf die Führung erhob. Von jener Generation österreichischer Politiker ist die Rede, die früher dem autoritären Ständestaat gedient oder ihn als Sozialdemokraten und Kommunisten bekämpft hatten; als »Schutzhäftlingen« der SS war diesen Menschen im Konzentrationslager bald klar geworden, wo ihr wahrer Feind stand, und so hatte sich die Überzeugung durchgesetzt, dass in einem neu erstandenen Österreich das Miteinander und die Zusammenarbeit wichtiger sein würden als die Austragung ideologischer Gegensätze. Hinter elektrisch geladenen Zäunen war diese Hoffnung aufgesprossen, wie hätte man im österreichischen Untergrund viel davon merken können? Auch umgekehrt wussten die in Konzentrationslagern festgehaltenen Partei- und Gewerkschaftsführer, gleich welcher Couleur, zu wenig über den Widerstand draußen und seine Verdienste; so hatten sie sich über die Rolle, die den Freiheitskämpfern im neuen Österreich gebührte, kaum Gedanken gemacht. War es nicht so, dass die beiden Gruppen, die in all den Jahren, sei es im Untergrund oder hinter Stacheldrahtverhauen, ihrem Vaterland treu geblieben waren, einander in der Stunde der Befreiung verkannt haben? Anderes stellte die Ausnahme dar. Wie dem auch sei, Alfons wäre nicht überrascht gewesen, würden sie ihn eingeladen haben, sich in den Dienst des neuen Staates zu stellen. Tatsache ist, dass ein solcher Ruf an ihn nicht erging, als das Land die ersten Versuche machte, die Zügel wieder in die Hand zu bekommen. Das war die Zeit der provisorischen Staatsregierung, in welcher – und dann nie wieder – die Widerstandskämpfer mit einem Unterstaatssekretär vertreten waren, der sich freilich als Mann der Österreichischen Volkspartei deklarierte. Zwar spricht einiges dafür, dass Alfons Stillfried von der Volkspartei, die das christlich-konservative ebenso wie das christlich-soziale Erbe angetreten hatte, mit offenen Armen aufgenommen worden wäre, hätte er dort seine Beitrittserklärung abgegeben, aber dagegen sträubte er sich. Zu beiderseitigem Nachteil. Denn Alfons sollte parteipolitische Abstinenz bald auf einen Weg führen, der den Kampf gegen Windmühlen immer mehr zu seinem Tagesgeschäft werden ließ. Und die Österreichische Volkspartei? Bei aller Würdigung ihrer Männer der ersten Stunde: Etwas mehr Urbanität, wie sie ein Stillfried verkörperte, hätte dem in der politischen Karikatur überwiegend bäuerisch interpretierten Gesamtbild dieser Partei nicht geschadet.

Der Wiederaufbau

Es gilt nun, das geistige Handgepäck näher in Augenschein zu nehmen, mit dem Alfons 1945 seinen politischen Einstand beging. Sie alle, die damals ihr zweites Debüt geben wollten, hatten ja nachzulernen gehabt, die gestandenen Patrioten im Fach Demokratie und die gestandenen Demokraten im Fach Patriotismus. Alfons hatte, wenn auch fernab von jedem Enthusiasmus, mit der Republik schließlich seinen Frieden gemacht und in puncto Demokratie durfte er sich womöglich sogar zu den Fortgeschrittenen zählen. Nur eine blinde Stelle gab es da: sein Verhältnis zu den politischen Parteien, sie hatten in seinem Denken keinen rechten Platz. So lange war es ohne sie gegangen und seit sie existierten, im modernen Begriff erst ab dem 18. und 19. Jahrhundert, gab es die ewigen Streitereien. Verzerrten diese Parteien nicht das Verhältnis zwischen dem Staat und seinen Bürgern und erschwerten sie nicht auch denjenigen die Arbeit, die dem Staat dienen wollten, ihm allein und niemandem in seinem Vorfeld? In Österreich war der Staat, wann auch immer Träger des Namens Stillfried in seinen Diensten standen, bis ins 20. Jahrhundert von Monarchen verkörpert worden. Stets hatten sie sich auf die direkteste Weise miteinander verbunden gefühlt, der Herrscher und seine adelige Entourage. Alfons selbst hatte ja noch zwei Kaisern gedient, als Offizier im Ersten Weltkrieg, und viele seiner Vorfahren waren im Dienst der Habsburger gestanden. Aber nicht nur im Dienst dieser Dynastie, im 15. Jahrhundert hatte ein Stillfried wegen seiner Tapferkeit und seines diplomatischen Geschicks die besondere Gunst des Böhmenkönigs Georg von Podiebrad errungen; in der Folge wurde sein Haus mit dem schlesischen Neurode belehnt. Und ein Ahn von Podiebrads Gefolgsmann, wegen seiner Beteiligung an einem gescheiterten Adelsaufstand gegen Kaiser Albrecht hatte er aus Österreich fliehen müssen, kämpfte unter Přemysl Ottokar II., Böhmens »eisernem und goldenem König«, gegen Rudolf von Habsburg; das war in der Schlacht bei »Dürnkrut, Jedenspeigen und Stillfried«, um die Lokalität der Kämpfe einmal ganz genau zu bezeichnen. Man schrieb das Jahr 1278. Die Rede ist von dem Schatten, über den Alfons weder springen konnte noch wollte: Verinnerlichte Familientradition und eigene Lebenserfahrung bildeten den Hintergrund, vor dem er die politischen Parteien für ein Übel hielt. Allerdings nicht für ein notwendiges Übel und erst darin lag sein grundlegender Irrtum. Alfons Stillfried hielt sie, genau genommen, für überflüssig; er verkannte die Bedeutung, die solchen Zusammenschlüssen im modernen Flächenstaat zukommt. Mittlerweile haben wir die Schwelle des dritten Jahrtausends überschritten und noch immer wurde nichts erfunden, wodurch das Parteiensystem ersetzt werden könnte. Wohlgemerkt, in einer Demokratie! Alfons wollte der Begriff »Partei«, wenn überhaupt, noch am besten gefallen, wenn er in den Wortverbindungen »parteifrei«, »parteilos« oder »überparteilich« vorkam. War der österreichische Widerstand in all den Jahren nicht über den Parteien gestanden, oder hatte man nach der Parteizugehörigkeit gefragt, als es galt, Hitlers Joch abzuschütteln? Es fiel Alfons schwer, sich damit abzufinden, dass nicht auch Österreichs Wiederaufbau als überparteiliches Vorhaben ins Werk gesetzt werden sollte, sondern mit den Parteien, ja unter ihren Fittichen. Im Grunde hat er das nie akzeptiert. Er selbst jedenfalls war entschlossen, draußen zu bleiben. Auch seiner schon früh zutage getretenen Neigung zum Exzentrischen hielt er damit die Treue. Unterstützt von seinen Freunden gründete er den Verein »Österreichische Liga demokratischer Freiheitskämpfer«. Wäre es allein nach seinem Willen gegangen, hätte sich diese Liga parteifrei konstituiert, politisch keimfrei, was auch immer man darunter zu verstehen gehabt hätte. Alfons in seinen Lebenserinnerungen: »Um aber allen gerecht zu werden, hielt ich die Mitglieder in vier Gruppen: Österreichische Volkspartei, Sozialisten, Kommunisten und Parteilose.« Also wenn schon nicht parteifrei, dann doch immerhin überparteilich! Und zu ihrem Präsidenten hatten die Freiheitskämpfer Alfons gewählt, der nun Treuhänder der gemeinsamen Sache war: als Redner und Vortragender, als Publizist und Autor geschliffener Artikel, als Handlungsbevollmächtigter seiner Widerstandskameraden im Verkehr mit Regierungsmitgliedern und Ämtern.

Der Tribun

In Österreich mussten Widerstandskämpfer bis zum Jahr 1977 warten, bis ihnen die Regierung Kreisky die langverdiente Anerkennung in Form eigens geschaffener Orden angedeihen ließ. In der Zwischenzeit wurden zahllose Ehrungen, Titel und Orden bedeutungslosen Bürokraten, eifrigen Geschäftsleuten sowie zweit- und drittrangigen im Licht der Öffentlichkeit stehenden Personen verliehen, die nie auch nur einen Finger zur Befreiung ihrer Heimat gerührt hatten.

Radomír Luža

Alfons als Redner und Vortragender. Zwei öffentliche Auftritte, wohl seine größten, müssen erwähnt werden. Da ist einmal der Vortrag, den er am 17. Juni 1946 im großen Saal des Wiener Musikvereins hielt. Als er an diesem Abend zum Thema »Die österreichische Widerstandsbewegung und ihr Rückhalt im Volk« das Wort ergriff, fanden sich die Widerstandskämpfer bereits in die Rolle der zu kurz Gekommenen und Abgehalfterten gedrängt, fühlten sie sich beiseitegeschoben. Schon im Einleitungssatz zeigte sich das; darin war von »irrigen Meinungen und Falschmeldungen« die Rede, die es richtigzustellen gelte, um »der Wahrheit endlich zum Durchbruch zu verhelfen«. Und gleich weiter: »Wir sind uns darüber vollkommen im klaren, die Freiheitskämpfer sind unbequem, unbeliebt und unerwünscht, und zwar bei allen; bei den Parteien, bei der Regierung, bei der Bürokratie ...« Alfons, der als Präsident der Liga sprach, warf die Frage auf, warum der Freiheitskampf gegen Hitler in Österreich bisher keine Anerkennung gefunden habe. »Alle anderen Völker sind stolz auf ihren Anteil am Befreiungswerk, nur bei uns wurde dieser Anteil nicht nur nicht hervorgehoben, sondern anfänglich überhaupt unterdrückt, gerade so, als ob wir gar keinen Anteil hätten ...« Die Regierung habe es verabsäumt, die Leistungen des Widerstands gegenüber den Alliierten in die Waagschale zu werfen, und eben dadurch sei Österreich in seiner Stellung als befreites Land zu kurz gekommen. Auch mit dem »Rot-Weiß-Rot-Buch«, das eben diesen Status im Sinne der Moskauer Deklaration dokumentieren sollte, habe sich die Regierung zu lange Zeit gelassen, noch immer liege das Buch nicht vor. Ja, und was wollten sie nun, die Frauen und Männer des österreichischen Widerstands? »Wir wollen die Anerkennung unserer Leistungen, wir wollen, dass der Beitrag, den wir zur Befreiung Österreichs beigesteuert haben, sowohl in Österreich selbst, als auch in der Weltöffentlichkeit anerkannt werde. Aber nicht etwa deshalb, weil wir das Verlangen hätten, als Helden geehrt zu werden, weil wir lüstern wären nach Dekorationen und sonstigen Belohnungen ...« Was sonst also erwarteten die Widerständler? Sie, die den Freiheitskampf geführt hatten, wollten auch »am Neubau unseres Vaterlandes« teilnehmen, sie wollten »nicht abseits stehen und ausgeschaltet werden, sondern in wirklich ehrlicher Form mitarbeiten, niemand zum Trutz, allen zu Nutz, für Frieden, Freiheit und Fortschritt!« Mit diesen Worten hatte Alfons seinen Vortrag geschlossen, wir aber wollen im Text noch einmal zurückgehen – und zwar zu der Stelle, an der er versuchte, ein kaum zu fassendes Etwas in den Griff zu bekommen, ein Gemisch aus Vorurteil, Uninformiertheit und, oft genug, aus uneingestandener Beschämung, etwas, das, wenn überhaupt, nur hinter vorgehaltener Hand ausgesprochen wurde: dass der österreichische Widerstand eine *Quantité négligeable* gewesen und geblieben sei, die es, alles in allem, nie geschafft habe, die Grenze der Belanglosigkeit zu überschreiten. Alfons griff auf das klassische Altertum zurück, auf den Kampf der Griechen gegen die übermächtigen Perser. Das war der Satz, mit dem er es auf den Punkt zu bringen versuchte: »Der Kampf der Griechen mit Schwert und Speer mag romantischer gewesen sein, schwieriger, aufreibender, nervenzerrüttender war der unterirdische Kampf gegen die Gestapo.« Auch müsse jedem einleuchten, so fuhr er fort, dass »größere Aktionen, besonders mit der Waffe in der Hand, erst in der letzten Zeit vor der Befreiung möglich« gewesen seien. Schon diese Zitate vermitteln eine deutliche Vorstellung von der Schräglage, in welche die Widerstandskämpfer geraten waren, wohlgemerkt: im Wesentlichen ohne ihr Zutun. Und das bereits im Frühsommer des ersten Nachkriegsjahres.

Seinen zweiten großen Auftritt hatte Alfons am 28. Oktober 1946 an der Universität Wien im Rahmen einer vom Österreich Institut veranstalteten Diskussionsreihe. »Demokratie und Freiheit« lautete das Thema. Seit seinem Vortrag im großen Musikvereinssaal waren kaum mehr als vier Monate vergangen und doch hatte sich Alfons Stillfrieds Abstand zur Regierung und zu den Parteien, der schon im Sommer erkennbar gewesen war, in der Zwischenzeit noch deutlich vergrößert. In seinem Diskussionsbeitrag an der Universität ging es einmal nicht um die Taubheit von Regierung und Parteien den Widerständlern gegenüber, nicht um die Anmahnung der legitimen Ansprüche dieses Personenkreises, sondern, dem Generalthema folgend, um Österreichs Verhältnis zur Demokratie. Alfons Kritik war in vielem begründet, gewiss, und doch nicht frei von Polemik. Vor allem waren es die Parteien, mit denen er hart ins Gericht ging. Wie, so fragte er, sei es denn bei ihrer Konstituierung zugegangen? »Es geschah doch lediglich so, dass sich eine Anzahl von Männern – etwa ein Dutzend jeder Parteizugehörigkeit – zusammengesetzt und erklärt haben: wir sind die ÖVP, wir sind die SPÖ und wir sind die KPÖ. Nicht ein einziger von diesen Männern konnte sich auf ein Mandat des Volkes berufen …« Die dann zu den Urnen Gerufenen hätten keine andere Wahl gehabt, »als sich von den drei Übeln das ihrer Meinung kleinste auszusuchen«. Und auch nach den Wahlen sei es dabei geblieben, »dass außer den Prominenten innerhalb jeder Partei niemand etwas zu reden hat«. Österreichs Regierungsform sei in Wahrheit eine Oligarchie, eine Herrschaft weniger eben, und diese stehe zur Demokratie genauso im Gegensatz wie die Herrschaft eines Einzelnen, also die Diktatur. Er, Stillfried, müsse somit feststellen, »dass wir nicht nur keine Demokratie haben, sondern dass wir uns im Gegensatz zu einer solchen befinden«. Mit dieser Feststellung ging er denn doch zu weit in seinem heiligen Eifer. Zwar war damals bald das Wort von der »Demokratur« aufgekommen, gemünzt auf manchen Opportunismus in der österreichischen Nachkriegspolitik, ganz besonders in der Frage der ehemaligen Nationalsozialisten. Waren diese als politisch Belastete zur Parlamentswahl vom November 1945, der ersten in dem befreiten Land, noch nicht zugelassen gewesen, begann bald danach das große Werben um ihre Stimmen. Dass mehr als einer halben Million Menschen der Vollbesitz ihrer staatsbürgerlichen Rechte auf Dauer nicht vorenthalten werden konnte, verstand im Land jeder, der es mit der Demokratie ernst nahm. Doch was nun anhob, war ein regelrechter Wettkampf der beiden großen Parteien. Jede von ihnen buhlte, von Monat zu Monat unverhohlener, um die Sympathien der Ehemaligen, denn jede von ihnen, Volkspartei wie Sozialisten, wollte mit deren Stimmen bei der nächsten Wahl zur stärksten Partei werden. Diesem Ziel, es konnte nicht anders kommen, wurden die Widerstandskämpfer geopfert. Um die vielen nicht zu irritieren, die sich, als das nur Vorteile zu bringen schien, zur Hitlerpartei gemeldet hatten, ging man dazu über, die wenigen zu verleugnen, die gegen Hitler aufgestanden waren, als das unter Todesandrohung stand. Ja, es dauerte nicht lange und man erwartete von den Freiheitskämpfern auch noch Verständnis für diese Haltung! Mehr als einmal widerfuhr es Alfons, dass ein führender Politiker ihn mit dem Gestus der Vertraulichkeit beiseitenahm, um ihm zu erklären, warum er mit seiner Liga zurückstecken müsse. Na, mit Rücksicht auf die Ehemaligen natürlich. So, wie die Dinge tatsächlich liefen, bot das offizielle Österreich das traurige Schauspiel eines Eiertanzes zwischen zwei Zielorientierungen, die einander in Wirklichkeit Gewalt antaten: Auf der einen Seite wollte man den außenpolitischen Vorteil wahren, indem man die Siegermächte mit Blick auf die Moskauer Deklaration zufriedenstellte, aber auch dadurch, dass man einen Paravent hatte, hinter den man sich zurückziehen konnte, sollte es irgendeiner Seite einfallen, gegen Österreich Entschädigungsansprüche geltend zu machen. Da brauchte man ihn, »unseren tapferen Widerstand gegen Nazideutschland«! Andererseits aber wollte man jenen innenpolitischen Vorteil nicht aus der Hand geben, den sich die Österreichische Volkspartei ebenso wie die Sozialistische Partei Österreichs davon versprach, dass man die ehemaligen Nationalsozialisten bei Wählerlaune hielt. Und dazu konnte alles Mögliche dienen, aber sicher nicht der österreichische Widerstand! Eben deshalb ließ man ihn innenpolitisch unter dem Scheffel verschwinden. Trotzdem erfüllte das Land – bei allem, was Alfons Stillfried, noch zu wünschen übrig blieb – schon in den späten Vierziger- und frühen Fünfzigerjahren ganz wesentliche Kriterien der Demokratie, nicht zuletzt das allen Bürgern garantierte Recht der freien Meinungsäußerung, von dem ja auch Alfons ausgiebigen Gebrauch machte. Zu den Erscheinungen, die er besonders geißelte, gehörte die schon sprichwörtlich gewordene Parteibuchwirtschaft, die dazu geführt habe, »dass man heute in Österreich nichts erreichen kann, wenn man nicht die Unterstützung einer Partei genießt«. Und dass »sogar die Jugend parteipolitisch organisiert« wurde, musste jemandem wie ihm, der die Parteien radikal ablehnte, als »geradezu frevelhaft« erscheinen. Hatte all das schon wie eine Kampfansage geklungen, so folgte diese nun auch in aller Form: »... Ich spreche hier als Vertreter von Angehörigen der Widerstandsbewegung und kann die Versicherung geben, dass diese Freiheitskämpfer, welche jahrelang nicht im Rahmen einer Partei, sondern aus ihrer eigenen inneren Überzeugung heraus unter täglichem, ja stündlichem Einsatz ihres Lebens gegen die Nazi-Diktatur gearbeitet haben, innerhalb der demokratischen Möglichkeiten alles daran setzen und ihr Bestes geben werden, um eine solche Wiedergeburt von kleinen Tyrannen zu verhindern und Österreich einer wahren Demokratie zuzuführen.« An dieser Stelle geben wir uns dem Staunen über die Tatsache hin, dass Österreichs Zweite Republik soeben ihren ersten außerparlamentarischen Oppositionsführer bekommen hat. Und das schon im Herbst des ersten Nachkriegsjahres.

Der Publizist

Zu den Zeitungen und Zeitschriften des zu neuem Leben erwachten Landes gehörte auch »Austria Rediviva«[7], das von Alfons Stillfried gegründete und von ihm redigierte Heftformat: geringe Auflage und eher sporadisches Erscheinen, in seiner Kritik aber scharf wie ein Skalpell und von hohem Anspruch an seine Leser. Schon 1945 begann das Heftchen zu erscheinen, das Karl Kraus mit seiner »Fackel« als entferntes Vorbild nicht verleugnete; auch im Jahr darauf ist es noch mit einigen Nummern nachweisbar. Die darin abgedruckten Artikel hat fast ausnahmslos Alfons verfasst und jedes Mal, wenn er zur Feder griff, rollte sich das von ihm beschriebene Papier bald zu einer Lanze, die er brach, für oder gegen etwas. Sieben große Anliegen, deren er sich in besonderer Weise glaubte, annehmen zu müssen.

Die allerletzte Seite des Zweiten Weltkriegs war noch nicht aufgeschlagen, da hatte Alfons im Ausblick auf die Zeit danach schon seine erste Lanze gebrochen: mit dem im Februar 1945 zu Papier gebrachten Appell an die Siegermächte; »Gerechtigkeit für Österreich« war der Titel gewesen. Sein Inhalt blieb in einer leicht gestrafften Fassung erhalten, abgedruckt in »Austria Rediviva« vom März 1946. Gerechtigkeit also für Österreich. Aber darüber hinaus: Gerechtigkeit immer und überall, als Grundlage von allem und jedem! Beinahe wie unter Hypnose scheint Alfons sie nie aus den Augen verloren zu haben: Ge-

---

7 Freie Übersetzung des lateinischen Titels: *Wiedererstandenes oder neu ins Leben gerufenes Österreich.*

rechtigkeit für Österreichs Jugend, Gerechtigkeit für die Frauen und Männer des Widerstandes, Gerechtigkeit bei der Beurteilung von Österreichs Vorreiterrolle im Widerstand gegen Nazideutschland, Gerechtigkeit bei der Einschätzung der Leistungen des österreichischen Widerstands während der deutschen Annexion, Gerechtigkeit in der öffentlichen Verwaltung (mit einem Wort: weg mit der Parteibuchwirtschaft) und Gerechtigkeit sogar für ehemalige Nationalsozialisten.

Jawohl, auch für die Ehemaligen! Noch während des Krieges hatte Alfons sich ausdrücklich von jedem Rachegedanken distanziert und seine Kameraden waren ihm darin gefolgt. Und jetzt diente »Austria Rediviva« als Sprachrohr auch dafür. Weshalb, so fragte Alfons die Leser, hätte der einfache Bürger und kleine Mann nicht zur NSDAP gehen dürfen, war diese doch damals mit dem Staat identisch. Und Österreich, dessen Annexion durch Hitlerdeutschland von allen Staaten – auch von jenen, die anderslautende Garantien abgegeben hatten – anerkannt worden war, hatte somit staatsrechtlich zu bestehen aufgehört. Könne man denn vom kleinen Mann mehr Moral verlangen als von den Regierungen? Zu allen Zeiten habe sich der einfache Bürger in die bestehende politische Ordnung zu fügen gehabt und »der Druck war mitunter so stark, dass viele sich ihm nicht entziehen konnten, ohne ihre Existenz aufs Spiel zu setzen. Heldentum ist halt nicht jedermanns Sache und der Mangel an Heldentum nicht strafbar«. Gerechtigkeit und Augenmaß also auch bei jenen Maßnahmen, die der sogenannten Entnazifizierung im Lande zuzuordnen waren. Gerechte Bestrafung all derjenigen, die wirklich Schuld auf sich geladen hatten, Großmut aber mit den Kleinmütigen.

Sieben politische Hauptthemen also, die Alfons Stillfried sich angelegen sein ließ. Bleibt noch zu sagen, dass er vor allem, aber nicht nur in »Austria Rediviva« publizierte; auch andere Blätter, nicht zuletzt die Tageszeitung »Die Presse«, veröffentlichten dann und wann einen seiner Artikel. Später, als »Austria Rediviva« ihr Erscheinen eingestellt hatte, gestaltete er, auch hier in redaktionellem Alleingang, das Periodikum »Der Aufruf«. Wie es im Untertitel hieß, ein »unabhängiges Wochenblatt für wirtschaftliche und politische Zusammenarbeit«. Zusammenarbeiten sollten, so Alfons, alle relevanten Gruppen im neu erstandenen Österreich und nicht gegeneinander, wie das in seinen Augen die politischen Parteien vorlebten. Indessen sollte sich auch »Der Aufruf« als kurzlebige journalistische Unternehmung erweisen.

An dieser Stelle scheint es unerlässlich, uns mit einigen Charakterzügen Nachkriegsösterreichs etwas näher vertraut zu machen. Ganz zu Anfang hatten sich noch drei Parteien Macht und Einfluss geteilt, aber bald waren es nur noch zwei gewesen: die Österreichische Volkspartei (ÖVP) und die Sozialistische Partei Österreichs (SPÖ). Die Kommunisten (KPÖ), die als Lakaien der sowjetischen Besatzungsmacht bei der Bevölkerung fast durchwegs auf Ablehnung stießen, hatten sich als Zwergpartei nicht lange in der Regierung gehalten, ungeachtet jeder nur möglichen Protektion seitens der Roten Armee! Indessen waren ÖVP und SPÖ in der Großen Koalition zusammengerückt, in schwieriger Zeit, die dem Land auf Bewährung gestundet schien, wohl das einzig Richtige. Doch die Nachkriegsära mit ihren vier Besatzungszonen, der sowjetischen, amerikanischen, britischen und französischen, war nach zehn langen Jahren in die Vergangenheit abgekippt; das war 1955, als der endlich zustande gekommene Staatsvertrag dem Land seine volle Freiheit zurückgab. Freilich, die Freiheit hatte ihren Preis gehabt: die Neutralität, von der Sowjetunion damals als *conditio sine qua non* eingefordert. Doch diesen Preis hat Österreich gerne bezahlt und gut gefahren ist es damit! Doch noch etwas mehr als ein weiteres Jahrzehnt sollte die Große Koalition dem Land erhalten bleiben, ohne Unterbrechung also insgesamt gut und gern zwanzig Jahre. Während dieses Zeitraums war es übrigens stets die Volkspartei, die den Bundeskanzler stellte, konnte sie sich bei den Parlamentswahlen doch stets um eine Nasenlänge vor den Sozialisten positionieren. Zweimal war das allerdings nur durch das damalige Wahlrecht bedingt, das die SPÖ gegenüber der ÖVP benachteiligte. Bei aller Anerkennung der historischen Verdienste des großkoalitionären Regierungsbündnisses um das Land, seinen Aufschwung und um die Wiedererringung seiner vollen staatlichen Souveränität, zwei Jahrzehnte an der Macht waren zu viel; noch bevor diese Ära zur Neige ging, hatten Erstarrung, Leerlauf und kleinlicher Zwist endgültig ein Klima geschaffen, in dem längst fällige Reformen keine Chance mehr besaßen.

Alfons Stillfried war im Recht, wann immer er gegen die Parteibuchwirtschaft seine Stimme erhob; sie und der mit ihr verzahnte Parteienproporz verliehen der Großen Koalition auch abstoßende Züge. Das richtige Parteibuch musste man besitzen und »richtig« war ein Parteibuch dann, wenn es seinen Besitzer als Mitglied jener Partei auswies, in deren Verfügungsgewalt sich das Benötigte oder Erstrebte tatsächlich befand. War einer Kaufmann oder trieb ein Gewerbe, dann war er gut beraten, wandte er sich mit seinem Anliegen an die Österreichische Volkspartei. Wollte jemand zur Eisenbahn oder bewarb sich um einen Posten in der verstaatlichten Industrie, hatte er allen Grund, bei der Sozialistischen Partei anzuklopfen. Man sprach damals von den »zwei Reichshälften«, der schwarzen und der roten, in die das Land aufgeteilt war. Und jede der beiden Parteien hatte ihre angestammten Hochburgen: die Sozialisten vor allem den mächtigen Gewerkschaftsbund und die Arbeiterkammern, die Volkspartei die gewichtige Wirtschaftskammerorganisation und den gesamten Kammer- und Genossenschaftsbereich des landwirtschaftlichen Sektors. Und schon liegt klar zutage, was kritische Stimmen mit der Wortschöpfung »Demokratur« damals meinten. Österreichs demokratischen Alltag hatten die Kritiker im Auge, das politische Tagesgeschäft; immer gehört dieses den Praktikern und Pragmatikern, den Technikern der Macht.

Und damit sind wir bei jenem Phänomen, das in Österreich jahrzehntelang als unantastbar galt, dem sogenannten Proporz. Für die staatliche Verwaltung, ja für den gesamten öffentlichen Sektor war er verbindlich, bildete die höchste Stufe von Gerechtigkeit, die sich Anhänger der Parteibuchwirtschaft überhaupt vorstellen konnten; er garantierte, dass die Besetzung aller leitenden Posten vom kleinen Bereichsleiter bis hin zum großen Boss proportional geschah, das heißt: entsprechend dem Stärkeverhältnis der beiden Koalitionsparteien. Da diese von Wahl zu Wahl annähernd gleich groß blieben, bedeutete das Proporzprinzip, dass die Gesamtzahl der zu besetzenden Posten in annähernd zwei Hälften zerfiel, in die schwarze und in die rote. Das führte zu einer merkwürdigen Symmetrie, nach welcher jede Ernennung oder Bestellung eines Mitglieds der Volkspartei in einer vergleichbaren Personalmaßnahme zugunsten eines eingeschriebenen Sozialisten ihre Entsprechung zu finden hatte. Fast überall im öffentlichen Sektor galt dieses Strickmuster: eins glatt, eins verkehrt und so immerfort. Um fair zu sein: Können, Wissen und fachliche Eignung waren durchaus nicht unerwünscht bei der Postenbesetzung; entscheidend aber blieb immer das Parteibuch. Wie sehr dieses besonders in der ersten Nachkriegszeit alles andere in den Schatten stellte, dafür bekam Alfons Anschauungsmaterial auch in der eigenen Familie. Sein Cousin Emanuel Stillfried hatte fünf Jahre im Konzentrationslager überstanden; im befreiten Österreich war er sogleich zur Gendarmerie zurückgekehrt, in der er bis zu seiner Verhaftung durch die Gestapo gedient hatte. Mit ausdrücklicher Zustimmung der Sowjets, denen Stillfrieds lange KZ-Haft besondere politische Zuverlässigkeit verbürgte, war er zum Zentralkommandanten der Gendarmerie ernannt worden. Das fiel in die Zeit der provisorischen Staatsregierung, in welcher die Kommunisten vier Ministerien besetzten, darunter zwei so wichtige wie die für Inneres und Unterricht. Dieses noch ganz unter sowjetischer Patronanz stehende Regierungsprovisorium währte bis zur Parlamentswahl im November 1945. Doch auch später, als sie infolge ihrer minimalen Resonanz bei den Wählern nicht mehr in der Regierung saßen, versuchten die Kommunisten mit allen Mitteln und zum Teil auch erfolgreich, Schlüsselpositionen bei Polizei und Gendarmerie mit ihren Vertrauensleuten zu besetzen. Da sie bei diesem Beginnen die tatkräftige Unterstützung der sowjetischen Besatzungsmacht genossen, brauchte man gerade in den höchsten Rängen der österreichischen Exekutive neben Stehvermögen auch Geschicklichkeit, wollte man kommunistischer Infiltration entgegenwirken. Emanuel Stillfried besaß beides. Doch die Zweite Republik, das sollte sich bald herausstellen, wusste mit dem Gendarmerieoffizier, der nun im Rang eines Generals stand, nichts anzufangen, denn der besaß kein Parteibuch und dachte, seinem Cousin Alfons darin ganz ähnlich, auch nicht daran, eines anzunehmen. Das entsprach der Tradition, in der seine Generation aufgewachsen war. Ein Staatsdiener, ob nun Offizier oder Beamter, ging zu keiner politischen Partei. Mit dieser aus der Mode gekommenen Dienstauffassung wurde der General schließlich zu einem störenden Fremdkörper. Als im Jahr 1949 die Sozialisten eine Führungsposition im öffentlichen Dienst für einen der ihren reklamierten und solchen Anspruch mit dem Hinweis auf den von Emanuel Stillfried besetzten Dienstposten zu untermauern suchten, gehöre der General, wie sie dachten, als »Bürgerlicher« doch zur Volkspartei, weigerte sich diese, dem vom Koalitionspartner vorgeschlagenen Kompensationsgeschäft zuzustimmen. Der Zentralkommandant der Gendarmerie sei nicht ihr Mitglied und zähle daher im Proporz auch nicht mit. Da mochte Emanuel Stillfried von seinem persönlichen Hintergrund noch so sehr im konservativen Lager verankert sein! Die Volkspartei ließ den General fallen. Dies administrativ zu lösen fiel in die Zuständigkeit der Sozialisten, stellten doch sie damals den Innenminister. Und den beamteten rot-schwarzen Parteihengsten war jedes Mittel recht, um den Parteifreien loszuwerden, man griff zur Verleumdung. Da hatte es im Personalstand des Innenministeriums einen Chauffeur gegeben, der fallweise auch für Dienstfahrten des Zentralkommandanten der Gendarmerie eingesetzt wurde. Dann entdeckte man aber, dass der Mann sich seine Anstellung erschlichen hatte; entgegen anderslautender Beteuerung war er Mitglied der NSDAP gewesen. Grund genug, ihn sofort zu entlassen, denn gerade in der ersten Nachkriegszeit spaßte man nicht mit solchen Dingen und General Stillfried verfügte auch die Entlassung. Nun, im Jahr 1949 erinnerten sich einige Ministerialbürokraten dieses Falles; sie gruben ihn wieder aus und sorgten für eine ihren Intentionen entsprechende »Ergänzung« der Aktenlage. Dem gefeuerten Fahrer wurde seine Wiedereinstellung in Aussicht gestellt, allerdings müsse er seinem Gedächtnis die »Erinnerung« hinzufügen, dass ihm Stillfried auf verschiedenen Dienstfahrten homosexuelle Avancen gemacht habe. Um es kurz zu machen, der Zentralkommandant der Gendarmerie wurde vom Dienst suspendiert und bei den Fahrern des Innenministeriums gab es einen Neuzugang. Emanuel Stillfried wird noch die Genugtuung seiner vollen Rehabilitierung erleben.

Vielen galten die Widerstandskämpfer als überflüssige Außenseiter, als unbequeme Mahner, die die Österreicher an ihre eigene Zaghaftigkeit erinnerten. Die Gleichgültigkeit, das Misstrauen, die Verständnislosigkeit, die eisige Art und Weise sowie die Interesselosigkeit, mit denen ihnen viele Politiker und hohe Beamte begegneten, verursachten unter den Mitgliedern des Widerstandes Empörung und Frustration.
Radomír Luža

Der Verhandlungspartner

Als Präsident der »Österreichischen Liga demokratischer Freiheitskämpfer« habe er eine gewisse Rolle gespielt und mit den Ministern auf gleicher Ebene verkehrt, erinnerte sich Alfons später in seinen Aufzeichnungen. Anfänglich war es wohl so, und auch wenn ihn ein Regierungsmitglied dann dem Sektionschef seines besonderen Vertrauens ans Herz legte, blieb die Courtoisie durchaus gewahrt. Zog der hohe Beamte, der, wenn auch nur in allgemeinen Wendungen, viel Verständnis gezeigt hatte, den in der Materie angeblich am besten bewanderten Ministerialrat bei, mochte auch das in der Sache selbst noch viel versprechend erscheinen. Doch es wird kaum lange gedauert haben, bis Alfons Stillfried sich an seine Jugend erinnert fühlte, genauer: an seine Erfahrungen mit jenen aalglatten Staatsdienern im Eisenbahnministerium und in der Staatsbahndirektion, beide damals noch k. u. k. Mehr als drei Jahrzehnte waren seither vergangen und wieder sah er sich zuvorkommenden Masken gegenüber; sie wechselten einander ab, doch ein ganz bestimmter Tonfall und auch die Wortwahl änderten sich kaum. Altösterreichs bürokratische Hochkultur, aus der die Kunst des sanften Abblockens, des einschläfernden Verhinderns und des Abwimmelns nicht wegzudenken war, hatte sich über die deutsche Annexion und den Zweiten Weltkrieg in das neue Österreich gerettet. Die Augenbrauen emporgezogen, schienen sie an Stillfrieds Lippen zu hängen, die im Parteiproporz nach oben getauchten Herren Sektionschefs und Ministerialräte, und auch mit zustimmendem Nicken sparten sie nicht. Ihr tiefes Problemverständnis bekundeten sie mit einfühlsamen Zwischenfragen, ja selbst an ganz spontanen Zeichen menschlicher Sympathie für die Sache der Widerstandskämpfer ließen sie es nicht fehlen. Doch wann immer Alfons jeweiligem Gegenüber eine Bemerkung entschlüpft war, die auch nur im Entferntesten als amtlich hätte verstanden werden können, beeilte sich der Bürokrat, deren rein privaten und also völlig unverbindlichen Charakter zu betonen. Schneller, als man glauben möchte, hatten es die Beamten spitz bekommen, dass ihr Minister mit den Freiheitskämpfern, genau genommen, nichts anzufangen wusste. Die paar Regierungsmitglieder, mit denen Alfons anfangs persönlichen Kontakt gehabt hatte, wurden von ihrer Umgebung sehr bald systematisch abgeschirmt und auch die Sektionschefs hatten sich zurückgenommen. Jetzt war es ganz der Turnus der Ministerialräte und die ließen Herrn von Stillfried definitiv ins Leere laufen. Die Rücksicht auf die ehemaligen Nazis, um die man zunächst noch händeringend und mit gesenkter Stimme gebeten hatte, setzte man bei Alfons nun als selbstverständlich voraus. Fast war man im Ton schon auf die Ebene des normalen Parteienverkehrs herabgestiegen. Alfons, der die Komödie sehr bald durchschaut hatte, machte seinem ohnmächtigen Zorn in mehreren Artikeln Luft, doch selbstverständlich blieb auch das ohne Wirkung. Ehe sie sich dessen so recht versahen, war den Widerstandskämpfern die Rolle von Querulanten übergestülpt worden.

Im Spätherbst 1946 geschah das Unglaubliche: der Verein Österreichische »Liga demokratischer Freiheitskämpfer« wurde durch behördliche Verfügung aufgelöst. Sein Präsident erfuhr das, noch bevor er den Bescheid mit der Unterschrift des Innenministers[8] in der Hand hielt, von einem Freund, der selbst Mitglied der »Liga« und damals Sektionschef im Innenministerium war. Was war geschehen? Durch Erhebungen der Bundespolizeidirektion Wien, so die Begründung des Auflösungsbescheids, sei festgestellt worden, »dass sich allein unter den Mitgliedern des Zentralverbandes in Wien über 500 ehemalige Nationalsozialisten befinden«, und eben das zeige, »dass sich der Verein im schroffsten Gegensatz zu den Intentionen seiner Statuten entwickelt hat«. So die Begründung des Innenministeriums. Was steckte dahinter? Die für Belange der politischen Sicherheit zuständige Staatspolizei leitete damals ein geeichter Kommunist. Unter seiner persönlichen Regie hatten Beamte die »Österreichische Liga demokratischer Freiheitskämpfer« unter die Lupe genommen und was sie dabei festgestellt haben wollten, waren eben die im Auflösungsbescheid genannten »über 500 ehemaligen Nationalsozialisten«. Diese und andere Falschmeldungen über die »Liga« übernahm nur allzu gern der sowjetische Geheimdienst, der sie prompt nach Moskau weitergab. Die Berichte, die der Leiter der Geheimdienstabteilung des sowjetischen Teils der Alliierten Kommission für Österreich[9] um

---

8 Der Sozialdemokrat Oskar Helmer, Innenminister von Ende 1945 bis 1959.
9 Die diesbezüglichen Dokumente wurden erst 1993 von Mitarbeitern des Ludwig Boltzmann Instituts für Kriegsfolgen-Forschung in Moskauer Archiven entdeckt.

diese Zeit seiner Zentrale vorlegte, sprechen eine deutliche Sprache: Die Sowjets, die gegen den österreichischen Widerstand im Krieg nichts einzuwenden gehabt hatten, standen der vereinsmäßigen Erfassung seiner Kämpfer nach Kriegsende mit ziemlich pauschalem Misstrauen gegenüber. Vor allem aber die »Österreichische Liga demokratischer Freiheitskämpfer«, unter den Vereinen ehemaliger Widerständler der wichtigste, und ihr Präsident, in den Geheimdienstberichten nicht ohne Absicht stets unter Hinzufügung seines Adelstitels genannt, galten ihnen als ein Hort der Reaktion. Den Sowjets war es nicht entgangen, dass im österreichischen Untergrund auch Persönlichkeiten aus dem Lager des ehemaligen Ständestaates eine führende Rolle gespielt hatten, und solche ehemaligen »Austrofaschisten«, als welche man sie, zumal in der innenpolitischen Kontroverse, gerne apostrophierte, ortete man nun gerade in der »Liga« des Barons Stillfried. Und die Worte »Faschismus«, »Faschist« und »faschistisch« ersetzten im kommunistischen Sprachgebrauch die Worte »Nationalsozialismus«, »Nationalsozialist« und »nationalsozialistisch«. Noch post mortem wurde der NSDAP das Epitheton »sozialistisch« von Moskau aberkannt und dieses allerhöchste parteiamtliche Verdikt war weltweit verbindliche Sprachregelung für alle Kommunisten. Der Faschismus war es also, den man mit dem Sieg über Hitlerdeutschland niedergeworfen hatte, an Differenzierungen lag den Sowjets nicht viel. »Austro« hin und »Austro« her, Faschismus blieb Faschismus. Wer dachte noch daran, dass das ständestaatlich regierte Österreich – bei all seinen demokratischen Defiziten – vier ganze Jahre Hitler die Stirn geboten hatte, so lange, bis es schließlich von der ganzen Welt im Stich gelassen wurde? Und jetzt fand sich all das, was der sowjetische Geheimdienst nach Moskau gemeldet hatte oder was die von einem Moskau hörigen Mann geleitete Staatspolizei bei einer Überprüfung der »Österreichischen Liga demokratischer Freiheitskämpfer« aufgedeckt zu haben behauptete, polemisch aufgemischt und mit zusätzlichen Verdrehungen versetzt, in der »Österreichischen Zeitung«, dem »Organ der Sowjetarmee für die Bevölkerung Österreichs«, wie der Untertitel lautete. So war in der Ausgabe vom 23. November 1946 ein Artikel erschienen, der den bezeichnenden Titel trug: »Nazis mimen ›Freiheitskämpfer‹« Dass es sich hier um eine Unwahrheit handelte, braucht nicht gesagt zu werden. Gesagt werden muss hingegen, dass die »Liga« in dieser Sache auch rückblickend von Naivität nicht freigesprochen werden kann. Obwohl der Andrang ehemaliger Nationalsozialisten, die sich den Status eines Widerstandskämpfers erschwindeln wollten, für die Liga keineswegs überraschend kam (ihre Statuten übertrugen die genaue Durchleuchtung aller Aufnahmewerber einem eigenen Überprüfungsausschuss), geriet sie beim Umgang mit dem Problem einigermaßen ins Schleudern. Wie sollte dieser Ausschuss mit Aufnahmewerbern verfahren, die zwar, vielleicht nur in einem ersten Strohfeuer der Nazipartei beigetreten waren, sich dann aber revidiert und aus ihrem Gesinnungswandel auch die Konsequenzen gezogen hatten? Nun, in etwa dreißig Fällen glaubte man, die Betreffenden als ordentliche Mitglieder aufnehmen zu können. Wahrscheinlich aber wäre diesem Personenkreis, so knapp nach dem Ende der braunen Schreckensherrschaft, der Status außerordentlicher Mitglieder angemessener gewesen. Und die Statuten der »Liga« sahen die außerordentliche Mitgliedschaft, als eine etwas unverbindlichere Form der Zugehörigkeit, ausdrücklich vor. Nicht genug damit, nahm die »Liga« noch weitere sechzig Belastete auf, diese allerdings nur als außerordentliche Mitglieder. Kein Zweifel, Alfons Stillfrieds Verein gelang es nicht, den Andrang ehemaliger Nazis richtig zu administrieren, und so lief er der kommunistisch ausgerichteten Staatspolizei geradezu ins Fadenkreuz. Mit gekonnter Manipulation gelang es dieser, eine Ungeschicklichkeit der Liga zu weiß Gott was aufzubauschen und so den Tatbestand erst zu konstruieren, der zu ihrer Auflösung führte. Die Auflösung war endgültig! Vergeblich versuchte Alfons in seiner an das Innenministerium gerichteten Rechtfertigungsschrift, die Größenverhältnisse tatsachengetreu zurechtzurücken: neunzig ehemalige Nationalsozialisten, die aber vor dem Überprüfungsausschuss »tätige Reue« glaubhaft gemacht hatten, unter insgesamt zweitausendachthundert Mitgliedern im Zentralverband! Vergeblich verwies er auf seinen und seiner Kameraden selbstlosen Einsatz, auf das unzweifelhaft patriotische Verhalten des Vereins. Alfons scheint die Vergeblichkeit seiner Rechtfertigung selbst gespürt zu haben. Da gibt es einen Satz in seiner Verteidigungsschrift, der schon nach einem Abgesang klingt: »Das alles soll mit einem Federstrich zerstört werden, auf eine bloße Denunziation oder Verleumdung hin, ohne dass den verantwortlichen Funktionären die Möglichkeit geboten wurde, zu dieser Verleumdung Stellung zu nehmen.« Genau so war es und dabei blieb es.

Im Gestrüpp der Zeitgeschichte

Der österreichische Staat hat sich erst 1977 dazu aufgerafft, seine Widerstandskämpfer offiziell zu ehren, das österreichische Volk hat sie bis heute kaum zur Kenntnis genommen. Das von der Regierung im Sommer 1946 vorgelegte »Rot-Weiß-Rot-Buch«, das die Leistungen des Widerstandes dokumentieren sollte, ist, heute gelesen, ein Dokument schäbiger Halbherzigkeit. Da wurden die Namen der Widerstandskämpfer, soweit es sich nicht um Hingerichtete oder auf andere Weise ums Leben Gekommene handelte, nur in Abkürzung (!) genannt. Hier nur zwei Beispiele: Nicht Alfons Stillfried hat Briefe vernichtet, »welche den bestehenden Vorschriften nach an die Gestapo weiterzugeben gewesen wären, wodurch zahlreiche Menschen vor Haft und Tod bewahrt wurden«, sondern »Alfons St., Wien XIX. …platz 10«. Nicht Fritz Molden hat das und das für die Befreiung Österreichs gewagt, sondern der »Deserteur Fritz M.« Freiheitskämpfer wie Bastarde behandelt.

Wie konnte eine Bewegung, die an Verfolgten, Gefangenen, Gefolterten, Hingerichteten und Ermordeten einen so hohen Zoll zu entrichten hatte[10], mehr als ein halbes Jahrhundert lang so wenig Halt im Geschichtsbewusstsein des eigenen Volkes finden? Sucht man nach Antworten, tut man zunächst gut, sich daran zu erinnern, dass sich den Frauen und Männern des Widerstands, anders als in vielen Hauptstädten Europas, in Wien kaum die Gelegenheit bot, ihren Sieg zu feiern. Waren es doch die Sowjets, die als Eroberer in der Donaumetropole saßen; sie fühlten sich als die alleinigen Sieger und ihre Neigung, die österreichischen Widerständler auch nur am Rande mittriumphieren zu lassen, dürfte von vornherein sehr gering gewesen sein. Noch mehr aber fällt die Tatsache ins Gewicht, dass die Rote Armee es den Wienerinnen und Wienern nahezu unmöglich gemacht hat, die Befreiung ihrer Stadt auch als solche zu erleben. Befreiung, die im sowjetischen Machtbereich, zumal in den ersten Tagen und Wochen, doch ihrem Gegenteil zum Verwechseln ähnlich sah. Lang ersehnter Umbruch, doch wie jeder, der diesen Namen verdient, von unerbittlicher Dramatik und mit Gräueln in seinem Gefolge. Musste nicht ein Schatten davon auch auf diejenigen fallen, die, wenn auch durchwegs patriotisch motiviert, Anteil an diesem Umbruch für sich beanspruchten? Noch andere Gründe traten hinzu, die Alfons und seine Kameraden ins Leere laufen ließen. Die zahllosen Familien, die Kriegstote zu beklagen hatten oder noch immer um den in Gefangenschaft geratenen oder gar vermissten Mann, Vater, Sohn oder Bruder bangten. Neben ihrer Sorge um den, der da in Wehrmachtsuniform aus dem Fotorahmen lachte, hatte nicht viel anderes Platz. Österreichischer Widerstandskampf, was war das eigentlich und hätte sich der nicht womöglich auch gegen jemanden aus der eigenen Familie richten können? Nicht zu vergessen die vielen, die sich in der Diktatur geduckt hatten, die Ängstlichen und Vorsichtigen eben; sie wären nach dem Krieg durch eine starke gesellschaftliche

---

10 Laut seinem Jahrbuch 2013 schätzt das Dokumentationsarchiv des österreichischen Widerstandes die Zahl der dem Widerstand angehörenden Österreicher und Österreicherinnen auf etwa 100.000 und jene der Todesopfer auf rund 9.500 Menschen.

Präsenz der Widerstandskämpfer in ihrem Selbstwertgefühl beeinträchtigt worden. Indem sie die Bedeutung des Freiheitskampfes leugneten oder bagatellisierten, konnten sie sich ihre Art von Seelenfrieden verschaffen. Und dann war da noch die ewige Rücksichtnahme auf die Ehemaligen gewesen!

Bald siebzig Jahre nach Ende des Zweiten Weltkriegs erinnert sich aus eigenem Erleben nur noch eine Handvoll ehemaliger Widerständler an die Zeiten ihrer Brüskierung; auch die Zahl der Vielen, die jener Gruppe aus den verschiedensten Gründen damals die kalte Schulter zeigten, ist stark zusammengeschrumpft. Und Österreichs Widerstand selbst? Immerhin ist er aus tagespolitischer Verstrickung befreit, aus der Vorläufigkeit einer verworrenen zeitgeschichtlichen Übergangsphase hoffentlich in die Reinschrift eines Kapitels österreichischer Geschichte entlassen.

Kampf gegen Windmühlen

Muss Alfons Stillfried die ersten Nachkriegsjahre nicht wie einen schweren Traum erlebt haben, einen Traum, in welchem er gegen Windmühlen kämpfte? Hatte er, solange der Feind im Land war, viel zu bewegen vermocht, wollte ihm später so gut wie nichts mehr gelingen. Doch nicht für das ganze Ausmaß seines Scheiterns kann man das politische Umfeld und die Widrigkeit der Umstände verantwortlich machen, einiges hatte er sich da selbst zuzuschreiben. Zeit seines Lebens hatte dieser Mann aufrichtige Freunde um sich und da soll es niemanden gegeben haben, der ihn davor warnte, sich selbst ins politische Out zu katapultieren? Wahrscheinlich hätte so mancher ehemalige Kamerad aus dem Ersten Weltkrieg Alfons ohnehin lieber als Minister gesehen, oder wenigstens als Parlamentsabgeordneten. In einer der vorderen Bänke, versteht sich! Wahrscheinlich wären auch die Widerstandskämpfer froh gewesen, einen so berufenen Vertreter ihrer Sache dort zu wissen, wo die politischen Entscheidungen fielen. Er selbst wäre wohl ein glücklicherer Mensch geworden auf dem Platz, der ihm eigentlich zustand. Das nicht nur in Anerkennung seiner Verdienste im Widerstand, sondern auch aus einem kaum weniger wichtigen Grund. Begann doch die allgemein-politische Entwicklung gleich mit dem Jahr 1945 Alfons Stillfried in einem Kardinalpunkt recht zu geben. Von Österreich als eigener Nation ist die Rede. Hatte er für diesen Gedanken nicht schon Lanzen gebrochen, als selbst österreichische Patrioten sich noch in Deutschtümeleien gefielen? Statt nun Ernte zu halten, fand er sich in endlose Querelen verstrickt, die auch sein Privat- und Familienleben überschatteten. Als einer der wichtigsten Drahtzieher im Widerstand gegen Hitler war Alfons im Nachkriegsösterreich zur tragischen Figur mutiert, zu einem »Ritter von der traurigen Gestalt«. Im letzten Stadium eines immer verbisseneren Opponierens gründete Alfons die »Partei der Parteilosen«, sein allerletztes Pferd im Stall. Und das skurrilste!

Alfons redivivus

Langsames Auftauchen aus einem schweren, über weite Strecken quälenden Traum. Irgendwann, so gegen Ende der 1940er-Jahre, war es so weit. In seinen Erinnerungsnotizen beschrieb Alfons selbst dieses Erwachen mit einem eher nüchternen Satz: »Schließlich gab ich dann meine politischen Ambitionen auf und widmete mich ganz der Schriftstellerei und meiner eigenen Entwicklung«. Nur noch als Wähler wird er teilhaben an der Politik seines Landes, bei Wahlen zum Nationalrat, zum Wiener Gemeinderat oder des Bundespräsidenten, und natürlich wird Alfons Stillfried vor dem Schloss Belvedere in der Menge stehen, wenn dort am 15. Mai 1955 der österreichische Staatsvertrag unterzeichnet werden wird.

Alfons letztes großes Abenteuer wird hinter seiner Stirne stattfinden. Und noch einmal wird er ganz hoch hinaus wollen! Jedenfalls gilt das für das Werk, an dem er sieben Jahre arbeiten wird; er gibt ihm den Titel »Vom Mythos zur Gegenwart«. Ein hochgestecktes Ziel, das er in einem Höhenflug erreichen will. Auch wenn er es nie ausspricht, ein Buch soll es werden, mit dem Alfons Stillfried – und das ist ganz wörtlich zu nehmen – dem christlichen Abendland ein Geschenk machen will.

Sein nunmehr ganz nach innen gerichtetes Leben, in welche äußeren Umstände war es gebettet? Der Raum in dem Haus am Saarplatz, der Alfons zum Arbeiten diente, war gleichzeitig das sogenannte Herrenzimmer. Der Schreibtisch stand an der Wand und wenn Alfons von seiner Schreibmaschine die Augen hob, blickte er auf ein durchkomponiertes Arrangement gerahmter Bilder kleinen und mittleren Formats, welches in der Hauptsache die Mitglieder seiner verzweigten und tief in die Zeit zurückreichenden Verwandtschaft vor ihm versammelte. Im Zentrum, ebenfalls gerahmt, die Tafel mit den Namen und Abbildungen der männlichen Vorfahren, von Urgroßvater Emanuel, dem Direktor der von Maria Theresia gegründeten Akademie, lückenlos zurück bis zu Heinrich, dem Älteren (1519–1615), Patriarch von Neurode. Flankiert wurde diese Ahnentafel von Alfons Großeltern: links Großvater August, der Feldmarschallleutnant, rechts Großmutter Anna, geborene Gräfin Clam-Martinitz, über welche man mit einem jener beiden kaiserlichen Räte verwandt war, die dem historischen Prager Fenstersturz durch ihre sanfte Landung die humorige Note gegeben hatten. Darüber, in der obersten Reihe der Bilder die Mitte bildend, das Porträt eines französischen Edelmanns, des Thomas de Mahy Marquis von Favras, der in der Französischen Revolution treu zu seinem König gestanden war und das mit seinem Leben bezahlt hatte; Caroline, seine Tochter, von den Stürmen der Revolution mit ihrer Mutter nach Prag getragen, ehelichte Rüdiger Stillfried, den Sohn des Emanuel, welcher mit seiner Frau Antonia, einer geborenen Gräfin von Zierotin, die österreichische Linie der Stillfrieds begründete. Die Folge des Bruderzwistes auf Schloss Neurode war das gewesen, jener Familienspaltung im Schatten des Preußenkönigs Friedrich II. Darunter noch das Bild von Alfons Vater Raimund, dessen abenteuerliche Lebensgeschichte als Soldat, Weltenbummler, Unternehmer, Fotograf und Maler zu erzählen dem letzten Teil dieser Trilogie vorbehalten bleibt. Und dann noch die Abbildungen zweier Habsburger: Kaiser Franz Joseph I., an der Wand vielleicht nicht ganz zufällig neben Großvater August, dem Feldmarschallleutnant, ist dieser seinem Monarchen doch bedingungslos in allem gefolgt, auch in der Ablehnung des Zündnadelgewehrs, mit welchem, wie sich dann herausstellen sollte, die Preußen doch schneller schossen. Ja, und Kaiser Joseph II., den Alfons besonders verehrte. Aber seine Bewunderung gehörte auch einem großen Zeitgenossen, Winston Churchills Fotografie stand auf dem Schreibtisch.

Wenn Alfons seinen Arbeitsstuhl zurückschob, waren es keine zwei Schritte zu einer Biedermeier-Sitzgarnitur, wohin er immer übersiedelte, wenn er das Schreiben gegen das Lesen vertauschen wollte. Dann setzte er sich in einen der Fauteuils an den runden Tisch, auf welchem die gerade in Gebrauch befindlichen Bücher bereitlagen. Seine Bibliothek füllte mehr als die Wände nur eines Zimmers; sie umfasste neben den Klassikern der Weltliteratur eine reiche Auswahl an historischen, kulturhistorischen, philosophischen, theologischen, soziologischen und naturwissenschaftlichen Werken. War er mit dem Lesen beschäftigt, lag stets ein Bleistift in Reichweite. Er hatte die Gewohnheit, in dem Buch, das er gerade las, Sätze oder ganze Passagen zu unterstreichen oder seitlich zu markieren, wenn ihm etwas besonders bemerkenswert erschien; auch mit Randbemerkungen sparte er nicht. Ein längerer rechteckiger Tisch, von bequemen Sesseln umstanden, vervollständigte die Einrichtung; an ihm hatten Alfons und seine jüdischen Freunde jenen Abend im Februar 1938 verbracht, als er sie zu überreden suchte, sich im Ausland in Sicherheit zu bringen, da die Machtübernahme Hitlers in Österreich nun unmittelbar bevorstehe.

Der Familie galt dieser Raum als Heiligtum und das »Allerheiligste« war der Schreibtisch; ihm nahte sich nur der Hausherr. Das war schon vor dem Krieg so gewesen und daran hatte sich auch jetzt nichts geändert.

Alfons Stillfried war kein Pedant, doch seine Akkuratesse war sprichwörtlich. Das begann schon mit der Morgentoilette, bei der er es nie unter einer Stunde tat. Wenn er dann die Küche betritt, ist es acht Uhr. Er bereitet sich den Tee, ein täglich mehrmals zelebrierter Kult und frühstückt allein. Nur Kambo, der Hund, leistet ihm Gesellschaft. Noch am Frühstückstisch raucht er die erste Zigarette. *Memphis* heißt die bevorzugte Marke und fünf Stück davon bilden seine Tagesration. Tee, Tabak und Alkohol, drei Genussmittel, die durchaus zu seinem Leben gehören, doch die Art, in der er ihnen zuspricht, hat etwas Zeremonielles. Beim Morgenspaziergang besorgt Alfons auch die spärlichen Einkäufe. Ist das erledigt, beginnt der eigentliche Arbeitstag, der erst unterbrochen wird, wenn man ihn zum Essen holt. Dass sie am Mittagstisch zu dritt sind, das Ehepaar und Maria, gehört in diesen Jahren zur Normalität, denn Bernhard, der Völkerkunde studiert, ist als Stipendiat viel im Ausland. Die zweite Zigarette und ein kleiner Obstler beschließen die Mahlzeit. Für die nächsten zwei Stunden ist aus dem Haus jedes laute Geräusch verbannt, denn das Familienoberhaupt hält seine Siesta. Es folgt ein kurzer Spaziergang mit Kambo; den Hund auszuführen, gehört zu Alfons Tagesobliegenheiten. Den Fünfuhrtee nimmt er zumeist allein, denn Aly ist für gewöhnlich noch nicht von ihren Besuchen zurück. Die danach wieder aufgenommene Arbeit wird später nur noch von einem improvisierten Imbiss unterbrochen; dann geht es, im Wechsel zwischen Schreibtisch und Lesefauteuil, weiter bis in die Nacht.

Bei aller Regelmäßigkeit kannte der Tagesablauf auch seine kleinen Abwechslungen. Da war die eher seltene Schachpartie, zu welcher Alfons seine Partner, pensionierte Herren aus der näheren Umgebung, hin und wieder in ihrer Wohnung besuchte. Kaffeehäuser waren nicht ganz sein Fall. »Die Presse« war die Tageszeitung, die er halbwegs regelmäßig las. Für Musik zeigte er keine besondere Vorliebe, doch gelegentlich ging das Ehepaar ins Theater. Dann hatte Aly von ihrer Freundin, der Kammerschauspielerin Maria Mayer, Freikarten bekommen. Die Stillfrieds waren schon vor dem Krieg mit Frau Mayer befreundet gewesen und hatten sie später, während der Nazizeit, besonders schätzen gelernt. Die Burgschauspielerin hatte damals jede Gelegenheit wahrgenommen, Verfolgten zu helfen oder ihnen wenigstens Mut zu machen. Niemals kam ihr »Heil Hitler« über die Lippen. Wenn dieser idiotische Gruß nicht anders zu vermeiden war, markierte sie einen Ohnmachtsanfall; so geschehen bei einem Festakt, an welchem Goebbels mitwirkte. Verlockende Rollen beim Film lehnte sie aus der Sorge ab, in einem Tendenzstück mitspielen zu müssen. Die Verbindung zu ihren in die Schweiz emigrierten Freunden ließ Maria Mayer nie abbrechen; durch geschickte Formulierungen verstand sie es, die Zensur zu täuschen. Einige Angehörige des österreichischen Widerstands kannte sie persönlich und wann immer es sich einrichten ließ, brachte sie diese Menschen zusammen. So wie der tapferen Erni Anna widmete Alfons nach 1945 auch dieser Künstlerin einen kleinen Essay; »Zierde unseres Burgtheaters« hat er sie darin genannt. Doch zurück zum Tagesablauf am Saarplatz Nr. 10. Am Sonntag wanderte Aly zumeist allein zur nahe gelegenen Karmeliterkirche, denn Bernhard und Maria hatten längst ihre bevorzugten Pfarren, in denen sie auch aktiv mitarbeiteten, und Alfons blieb dem sonntäglichen Gottesdienst fern. Er hatte seine eigenen Vorstellungen von Religiosität; er diskutierte gern und lang mit »vernünftigen Priestern«, wie er sie bei sich nannte, die ihm seine in der katholischen Jugendbewegung verankerten Kinder immer wieder zuzuführen wussten; mit einigen von ihnen freundete er sich auch an. Ganz ausgezeichnet verstand er sich mit Arnold Dolezal, Pfarrer der St. Nepomuk-Kirche in der Wiener Praterstraße, bei dem sich die Jugend besonders gut aufgehoben fühlte. Von diesem Priester, viele Jahre Bernhards väterlicher Freund, Vertrauter und geistlicher Ratgeber, wird später noch die Rede sein. Das Wochenende, und auch daran hatte sich mit den Jahren nichts geändert, unterschied sich kaum von den anderen Tagen. Waren die Kinder schon ab ihrem zehnten oder elften Lebensjahr mit Gleichaltrigen vereinsmäßig viel unterwegs gewesen, wozu vor allem die Samstagnachmittage und Sonntage Gelegenheit boten, hielten sie an dieser Art von Eigenleben grundsätzlich auch als Jungerwachsene fest. Und Alfons dachte nicht daran, an Wochenenden zu pausieren; ohne nennenswerte Programmänderungen verbrachte er auch sie schreibend und lesend in seiner Klause. Aly, seine Frau, verbrachte die Nachmittage ohnehin gern bei ihren Freundinnen; die Welt kannte den Fernseher noch nicht, man sprach miteinander und die Strickkunst war noch en vogue. Im Übrigen musste es nicht Sonntag sein, wenn Verwandte oder Freunde an den Saarplatz zu Besuch kamen, ein bis zweimal im Monat kamen sie jedenfalls: Alice, Alfons anthroposophische Schwester, Alys Schwester Leonie, in der Familie nur Lonny genannt und ihr Bruder Leo, der von Beruf Finanzbeamter war; die Großherzigkeit dieser beiden war sprichwörtlich, es gab keine Zeit, in der sie den Stillfrieds nicht mit Geld und Lebensmitteln geholfen hätten. Die alten Freunde aus der Vorkriegszeit vervollständigten die Runde, vor allem Guido von Maculan, Generaldirektor der Gösser Brauerei, und der Unternehmer Josef Böck-Greissau, der Anfang der 1950er-Jahre kurze Zeit Handelsminister gewesen war, beide manchmal in Begleitung ihrer Frauen. Die enge Freundschaft zwischen Alfons und Friedl Pick hatte die Trennung durch Nazizeit und Krieg überdauert. Aus seinem Schweizer Exil nach Wien zurückgekehrt, war der alte Junggeselle dann doch in den Stand der Ehe getreten. Anfangs sah man einander noch, doch die Kontakte wurden bald seltener. Entfremdung trat ein, schließlich blieben Friedls Besuche aus. Seine um vieles jüngere Frau scheint auf den besten Freund eifersüchtig gewesen zu sein. Selten fehlte in dem Kreis die Jugend, denn selbstverständlich luden Maria und Bernhard, wenn dieser gerade wieder einmal in Wien war, ihre besten Freunde dazu. Bewirtet wurden die Gäste im Heurigenstil, schließlich wohnte man in einem ehemaligen Winzerhaus und bei schöner Jahreszeit und mildem Wetter saß man in dem kleinen Garten. Wer nicht mehr dabei sein konnte, war Alfons alter Regimentskamerad Dr. Friedrich Freund. In der Zwischenkriegszeit hatte dieser das Rechtsbüro der Creditanstalt-Bankverein geleitet, als Jude war er aber gleich nach dem Einmarsch der Deutschen in den Freitod gegangen. Um seiner zweiten Frau, einer »Arierin«, Repressalien zu ersparen und um, wenn irgend möglich, seine Kinder aus erster Ehe zu retten, eine Hoffnung, die in einem nationalsozialistischen Vernichtungslager zuschanden wurde. Das Ehepaar Klose gehörte ebenfalls nicht mehr zu dem Freundeskreis; er, mit dem Alfons seinerzeit auch geschäftlich zusammengearbeitet hatte, war gegen Kriegsende gestorben.

Die finanziellen Verhältnisse der Familie blieben weiterhin angespannt. Hatte man sich die ersten zehn Nachkriegsjahre und vielleicht noch etwas länger mit einer kleinen Elternrente nach dem in Russland gefallenen Sohn durchgefrettet, kam in den 1950er-Jahren eine Sonderpension hinzu, mit der Berufsoffiziere des Ersten Weltkriegs in bescheidenen Grenzen dafür entschädigt wurden, dass die ihnen seinerzeit ausbezahlte Abfertigung durch die Nachkriegsinflation sogleich hinweggeschmolzen war; auch zusammengezählt war das nicht viel und sonst gab es keine Einkünfte, wenn man von gelegentlichen Zuwendungen aus der nächsten Verwandtschaft absieht. Die Lage besserte sich erst, als Bernhard verdiente und seine Eltern unterstützte. Jedenfalls kann niemand behaupten, dass sich das Ehepaar aufs sparsame Wirtschaften besonders verstanden hätte. War gerade Geld da, wurde es ausgegeben, gab es wieder Ebbe, wurstelte man sich durch. Und blieb gelassen. Sie ebenso wie er. Aly, die den Haushalt organisierte und somit die Hauptlast trug, fand, praktisch begabt, wie sie war, stets einen Ausweg. »Krisenmanagerin«, so haben sie ihre Enkelinnen später genannt. Alfons, der mit kühnen Entwürfen schwanger ging, half trotzdem mit, wo er konnte; manchmal, wenn er einen seiner Artikel gelandet hatte, ging ein Honorar ein und das eine oder andere Mal gab es eine kleine Erbschaft. Beide hatten sich längst mit der Beengtheit abgefunden, obwohl jeder von ihnen an einem sorglosen und komfortablen Leben durchaus Geschmack gefunden hätte, an einem Leben, das Aly wie Alfons mehr als aus eigener Erfahrung vom Hörensagen kannten. Bei jedem von ihnen war es vor allem die Mutter gewesen, die manchmal schwärmerisch davon erzählt hatte. Oft genug lebten sie in dem ehemaligen Winzerhaus von der Hand in den Mund, aber sie taten es mit Grazie.

Aly teilte nicht die geistigen Interessen ihres Mannes, nicht seine Neigung zum Begrifflichen, zum Abstrakten, und Alfons wiederum teilte nicht, was seine Frau bewegte und motivierte: ihr waches Interesse an allem, was das Lebenskarussell in Gang hält, ihre Neigung zum Konkreten. Etwas miteinander zu teilen, das blieb wohl auf Freud und Leid beschränkt, und das war ja nicht wenig. Jeder gönnte dem anderen das Seine, sie ihm die ambitionierte Zurückgezogenheit und er ihr den geselligen Anschluss. Saß er an der Schreibmaschine oder über seinen Büchern, fand sie Ablenkung und Anregung bei den zahlreichen Freundinnen. Häufig waren es ältere Damen, die meisten Aly um etliche Jahre voraus, die so wie sie in Döbling oder in der nächsten Nachbarschaft dieses Bezirks wohnten und froh waren über die Gesellschaft der Jüngeren. Doch auch mit Müttern noch schulpflichtiger Kinder stand sie auf freundschaftlichem Fuß und gerade in der Gesellschaft dieser Frauen ging der Gesprächsstoff nie aus. Aly rauchte übrigens, nur um etliche Zigaretten mehr als ihr Mann; sie allerdings besorgte sich den losen Tabak, den sie mittels einer eigenen Vorrichtung in Zigarettenpapier stopfte oder auch einmal flink mit der Hand einrollte. Letzteres nannte man »wuzeln« in Wien. Das Rauchen war schon ihre größte Schwäche.

Und Alfons, dessen Stärken kennenzulernen wir schon vielfach Gelegenheit hatten, was waren seine Schwächen? Von Alfons Jähzorn haben wir Zeugnis. Als das Haus am Saarplatz noch jugendliches Toben erfüllte, war ihm das eine oder andere Mal die Hand ausgerutscht. Doch »Watschen bekamen nur wir Buben«, erinnerte sich später Sohn Bernhard; Maria blieb von Brachialem verschont. Noch reizbarer war er im Straßenverkehr. Welcher Automobilist kommt schon ohne Kraftausdrücke aus und Alfons umso weniger, je mehr er in Rage kam. Dann konnte er auch ganz aus der Rolle fallen und einmal passierte das dem galanten Mann, als eine Dame am Steuer ihn zu einer Notbremsung zwang. Als der Verkehr kurz darauf stockt, kommt das Fahrzeug der Dame neben jenem von Alfons zu stehen; sie beugt sich zu ihm, dessen Fenster noch heruntergekurbelt ist. Was er gesagt habe, möchte sie wissen. Mit Blick auf Damen im Straßenverkehr war daraufhin aus Alfons Sprachschatz ein für alle Mal jeder kräftigere Farbton gewichen. Nur der Vollständigkeit halber seien noch Alfons besondere Gaumenfreuden erwähnt. Er schwärmte für Gänseleber, Aal und Krebse: drei Dinge, die im Hause Stillfried nicht allzu oft auf den Tisch kamen.

Die Gedankenkathedrale

Das wird der Titel sein: »Vom Mythos zur Gegenwart«! Den ganzen weiten Weg muss ich nachzeichnen. Damit sie verstehen, wie alles gekommen ist, kommen musste. Auf dem Weg der Irrungen bis an den Rand des Abgrunds. Mit meinem Buch den Lauf der Welt verändern! Was nehme ich mir da vor, werde ich das schaffen, ich Alfons Stillfried? Was für eine Aufgabe! Gerade ihre Größe fasziniert mich. Mein Leben ganz in ihren Dienst stellen. Den Rest meines Lebens. Noch viele Jahre können das sein. Einige habe ich mit meinen politischen Ambitionen vertan. Möglich, dass ich wieder scheitere. Aber wenn er mir gelingt, der ganz große Wurf? Nicht auszudenken! Bin ich ein Phantast, ein anmaßender Spinner? Ein Visionär? Aber für Visionen braucht man sich nicht zu schämen, nicht als Christ. Kristallklar steht es vor mir. Kann es nicht in mir verschließen. Bin verpflichtet, es weiterzugeben. Ja, heilige Pflicht! Wenn Vision, dann keine von den utopischen. Keine von der Art. Was ich sehe, liegt in greifbarer Nähe, kann wahr werden in unserer Zeit: die Rückkehr zu einer theozentrischen Weltanschauung. Zurück zu einer Welt, in der menschlicher Geist wieder mit dem Geist Gottes kommuniziert. Das anthropozentrische Weltbild, wir sehen ja, wohin wir damit gekommen sind. Der Mensch im Mittelpunkt des Weltgeschehens, Irrweg seit der Aufklärung. Das Profane wieder dem Sakralen unterordnen! Religion und Wissenschaft keine Gegensätze mehr. Glaube und Wissen wieder vereint. Die Welt muss zum Evangelium zurückfinden. Krieg wird dann geächtet sein. Georg, mein Ältester, hat jede Art von Gewalt leidenschaftlich verneint. Ihm werde ich das Buch widmen.

Schon im Widerstand gegen Hitler hatte man dem Gestapoterror besser die Stirn geboten, wenn sich einem der Sinn verrückt hatte: hin zu eigensinnigwiderständiger Geisteshaltung, zu fast schmerzhafter Konzentration auf ein einziges Ziel. Wir sehen Alfons auf das größte Gedankenwagnis seines Lebens zugehen, spirituell und intellektuell, auf etwas ganz und gar Tollkühnes. Baumeister einer Gedankenkathedrale will er werden und der ganzen Christenheit soll sie neuen Halt geben, ja womöglich der ganzen Welt.

Metanoeite hat Petrus, nachdem der Heilige Geist auf die Apostel herabgekommen war, in einer Predigt den Menschen zugerufen: Ihr müsst umdenken! *Zweitausend Jahre später sind wir wieder so weit, abermals an einer Zeitenwende. Radikales Umdenken tut not. Heilige, Theologen, Dichter, Philosophen, Psychologen und Vertreter der exakten Wissenschaft (ja, gerade auch sie!) werde ich zu einem Chor versammeln, dem niemand widerstehen kann. Auch der schlimmste Positivist, der größte Skeptiker nicht. In zwei Gruppen sind die Menschen einzuteilen, in groben Zügen wenigstens, und nicht im streng philosophischen, aber im landläufigen Sinn: Materialisten und Idealisten. Die einen sind mit einer Welt zufrieden, wie sie sich den Sinnen darbietet. Für mehr ist bei ihnen kein Platz. Das soll schon alles sein, fragen die anderen. Für sie sind Gott, Tugend und Unsterblichkeit die erhabensten Begriffe, die ungleich mehr wiegen als Geld, Gesundheit und langes Leben, die Trias in der Welt der Sinnlichkeit. Augustinus, seine Unruhe zu Gott! Hat die Wissenschaft nicht im Lauf der letzten Jahrzehnte entdeckt, dass es Materie im vulgären Sinn gar nicht gibt, dass das eigentlich Seiende in der Materie in einem unsagbaren Übersinnlichen besteht? Hermann Lotze! Dass es noch eine andere Welt gibt, auf die wir auch durch die Arbeit der Wissenschaft mit immer zwingenderer Deutlichkeit hingewiesen werden? Max Planck! Nicht mehr der Dualismus Geist – Materie, sondern Einheit von Geist und Materie. Der Weg zurück zu Gott!*

Vertikale Neugliederung unserer Welt, nicht weniger wird da gewollt! Eine Gedankenkathedrale, der Zitate einer Vielzahl von Heiligen und Kirchenlehrern Glanz und kristalline Klarheit verleihen sollen. Aber auch große Dichter, Philosophen und andere Gelehrte werden ihren Platz finden im Gewände und auf den Fialen der Sakralarchitektur. Der Figurenschmuck aus des Dombaumeisters Belesenheit: Paulus, Origines, Augustinus, Johannes Chrysostomus, Anselm von Canterbury, Bernhard von Clairvaux, Franz von Assisi, Thomas von Aquin, Duns Scotus und Thomas Morus. Und die Dichter: Goethe und Schiller, beide immer wieder zitiert, Novalis, Dostojewskij, Morgenstern, Hugo Ball, Friedell und Ricarda Huch. Ganz wichtig die Philosophen: Parmenides, Platon, Marc Aurel, Pascal, Leibniz, Kant, Herder, Franz von Baader, Hegel, Schelling, ja immer wieder Schelling, Schopenhauer, Fichte, Pierre Joseph Proudhon, Hermann Lotze, auch er immer wieder, Herbert Spencer, Nietzsche, Wladimir Solowjew, Rudolf Steiner, Rabindranath Tagore, Hans Driesch, Nicolai Alexandrowitsch Berdjajew, Max Scheler, Edgar Dacqué, Ortega y Gasset, Aloys Wenzl, Christopher Dawson und Ferdinand Ebner. Und nicht zu vergessen die Erforscher der menschlichen Seele: Sigmund Freud, Carl Gustav Jung, immer wieder Jung, sowie dessen bekannte österreichische Interpretin Alice Morawitz-Cadio, geborene von Stillfried, und Viktor Frankl. Schließlich, als Alfons Speerspitze, die Vertreter der exakten Wissenschaft wie der Biologe Raul Francé und die Physiker Max Planck, Werner Heisenberg, Pascal, Jordan und

Erwin Schrödinger. Was ist mit Voltaire, Feuerbach und Marx? Diesen Dom werden sie als Wasser speiende Dämonen zieren!

Der traumhafte Zustand unmittelbarer Gottverbundenheit der ersten Menschen. Und der Sündenfall nicht buchstäblich ein einmaliges Ereignis, vielleicht ein Übergang, ein Hinüberwechseln aus dem Traumhaften ins Voluntaristische, ins Intellektuelle? Gott wollte nicht die willenlose Seligkeit seiner Geschöpfe. Vor die Wahl wollte er sie stellen. »Als der Erschaffende von seinem Angesichte den Menschen in die Sterblichkeit verwies und eine späte Wiederkehr zum Lichte auf schwerem Sinnenpfad ihn finden ließ.« Friedrich Schiller! Nach Gottverbundenheit verlangen und so die Materie überwinden. Und die Evolutionstheorie, wurde sie nicht durch neuere Forschungen widerlegt oder schwer erschüttert? Auch in seinem Urzustand unterschied sich der Mensch wesentlich und grundsätzlich vom Tier. Damals glaubten die Menschen nicht nur an Gott, sie empfanden ihn ganz unmittelbar. Die Götter Homers waren allgegenwärtig, nichts geschah ohne ihren Willen, und sie griffen persönlich ein. Es gab schlechterdings keine profane Tätigkeit. Dann kam der Tag, an dem sich die Menschen mit dem Glauben an den Mythos und seine Rituale nicht mehr begnügten. Das war der Geburtstag der Philosophie, der Eintritt in die rationalistisch-mentale Bewusstseinslage. Und trotzdem immer wieder das gefühlsmäßige Erleben des göttlichen Geheimnisses. Verdichtung zu innerer Schau und innerer Gewissheit. Christliche Mystik, indische Theosophie, chinesische Lehre vom Tao. Die Anthroposophie Rudolf Steiners, Alice verdank ich, was ich darüber weiß.

Die Verbindung zwischen den Geschwistern war in diesen Jahren noch enger geworden. Wenn er sie in ihrem Haus im Kahlenberger Dorf besuchte, wohin sie Ende der 1940er-Jahre, bald nach dem Tod ihres Mannes, übersiedelt war, blieb er meistens mehrere Stunden. Schon immer hatte sie ihm gerne Einblick gewährt in ihre Gedankenwelt, in der Rudolf Steiner und C. G. Jung die beiden Fixsterne waren. Und jetzt brauchte Alfons das Gespräch mit seiner Schwester nötiger denn je. Von ihr kamen Auskunft und Anregung; sie borgte ihm Bücher, deren Autoren sie besonders schätzte und auf die sie sich in ihren eigenen Schriften oft bezog. So mancher Fialenfigur auf seinem Gedankendom haben sie dann den Namen gegeben. Es besteht kaum ein Zweifel, dass er zu Alice von seinem Buch gesprochen hat. Aber in welch schwindelerregende Höhe er damit zielte, wird Alfons wohl selbst seiner Schwester verschwiegen haben.

Der Aufstieg der christlichen Heilsbotschaft zur Staatsreligion des römischen Weltreichs, eines der größten Wunder der Weltgeschichte. Und der unwiderlegliche Beweis, dass die Idee stärker ist als die größte und bestorganisierte Gewalt. Der Einbruch der Barbaren als Teil der göttlichen Planung. Sterben, um wiedergeboren zu werden. Unsere heutige Gesellschaft und das sterbende Römerreich, gewisse Ähnlichkeiten nicht zu verkennen. Eine Renaissance des Christentums tut not! Immer wieder wurde die Menschheit von grässlichen Fieberträumen geschüttelt, ob Hexen- oder Rassenwahn, Religionskriege oder Totalitarismus. Das kam nie von außen, im Menschen selbst lag das. Der Teufel, oder wie immer man sonst diese verneinende Kraft nennen will, ist eine geistige Realität. Das Kennzeichen des modernen Menschen ist die Entwurzelung. Das »Los von der Kirche« im 16. Jahrhundert, mit innerer Notwendigkeit führte es zum »Los von Christus« im 18. Jahrhundert, und von da zum »Los von Gott« im 19. Jahrhundert. Die großen Geistesströmungen, fast ausschließlich entsprangen sie religiösem Denken. Wo das nicht der Fall war, wie beim Humanismus, wurden sie alsbald von religiösem Denken ergriffen. Dann die Aufklärung! Sie zerriss die Bindung des Menschen an seinen göttlichen Ursprung. Das Profane begann zu dominieren. Des Sakralen bedienten sich die Machthaber bald nur noch zur Festigung ihrer Macht. Die Große Revolution, die sogenannte. Diese Blutsäufer! Sie im Verein mit der Philosophie der Aufklärung untergruben den christlichen Glauben. Der Feudalismus hatte zwar das Volk in eine herrschende Oberschicht und eine dienende Unterschicht gespalten, aber im gegenseitigen Schutz- und Treueverhältnis fand diese Ordnung ihren Sinn und ihre Berechtigung. Das Leben unter dem Herrn war um vieles sorgloser. Dieser versah vielfach Funktionen, wie sie heute etwa dem Sekretär einer landwirtschaftlichen Genossenschaft zufallen, er nahm ihnen Sorgen ab, denen sie, sich selbst überlassen, oft nicht gewachsen waren. Unterdrückung, die nicht als solche empfunden wurde.

Feudalismus als Idylle! Eine Rückkehr zu solchem Atavismus schwebte Alfons jedenfalls nicht vor. Trotzdem, allzu dick aufgetragene Feudalromantik! In noch einer Hinsicht kann man Alfons Stillfried nicht folgen: in seinem Abscheu gegen die Französische Revolution. So wie der Feudalismus seine Schurken hatte und seine Halunken, viele Jahrhunderte währte ihr selbstherrliches Regiment, so waren auch in der Revolution, die dieser Bedrückung ein Ende setzte, Schurken und Halunken zur Stelle; ihnen bot sich nicht nur Gelegenheit zu schamloser Bereicherung, sondern auch zu einem Blutrausch, der fünf Jahre andauerte und den nur die Abgefeimtesten unter ihnen heil überstanden. Wie Fouché und Barras. Doch es gab die Idealisten, deren Sinnen und Trachten nur auf Frankreich gerichtet war. Maximilien Robespierre wollte in diesem Land »den Egoismus durch Sittlichkeit« und »ein liebenswürdiges, frivoles und verkommenes Volk durch ein großzügiges, machtvolles und glückliches Volk ersetzen.« Der Unbestechliche, wie sie ihn nannten, und der Jüngling Saint-Just, seine rechte Hand, glaubten noch, man könne Lug, Trug, Eigensucht, Bestechung und Bestechlichkeit, sprich alles Schmutzige am Geschäft der Politik mit Blut hinwegwaschen, der Tugend mit Blut zum Sieg verhelfen. Ihr Glaube war ein furchtbarer Irrtum, aber wahrscheinlich bildeten sie und ihre gläubigen Mitstreiter den letzten Fall in der Geschichte der Revolutionen, in dem Irrtum noch geltend gemacht werden kann. Wie hat Friedrich Sieburg gesagt? »Unter einem anderen Stern geboren, wäre Robespierre ein Heiliger geworden.«[11]

Das Bürgertum verfügte nicht über die Kräfte, ein solides Fundament zu bauen. Der Unternehmer wurde nicht der Beschützer, der Schirmherr des Arbeiters, sondern sein Nutznießer, ja vielfach sein Ausbeuter. Der Bourgeois! Der Liberalismus und sein Laissez faire! Das Proletariat, der Kommunismus! Dem Westen fehlt die sittliche Idee, Antikommunismus genügt nicht. Und doch brauchen wir nicht zu verzagen. Die sittliche Idee ist vorhanden, sie muss nur hervorgeholt werden. Freilich, in der breiten Masse ist das christliche Bewusstsein zerstört. Das Malheur mit den Berufspolitikern, mit den Parteien! Nirgendwo ein fester Halt. Wir werden unweigerlich in den Abgrund stürzen, wenn wir auf diesem Weg fortfahren. Aber ist es möglich, dieser Entwicklung Einhalt zu gebieten? Nur durch eine tiefgreifende Umwandlung, die den menschlichen Geist noch einmal in lebendige Verbindung bringt mit dem Geiste Gottes. Die herrschende Klasse hat christliche Ordnung mit der Wahrung ihres Besitzstandes verwechselt. Die Tragik, dass die kirchliche Hierarchie sich an die Seite der Mächtigen stellte. Wäre die Kirche nur Schutzherrin der Armen und Entrechteten geblieben! Stattdessen verbündete sie sich mit dem Kapitalismus oder erweckte zumindest diesen Anschein. Die Simplizissimus- Figur des ausgefressenen Pfaffen hat der Kirche mehr geschadet als so manche Häresie. Die Enzyklika Rerum novarum. Aber da hatte die religionsfeindliche Entwicklung längst ihren Lauf genommen. Wir müssen zurück zur theozentrischen Ordnung! Wissenschaft und Religion bilden keine Gegensätze, sondern benötigen einander zu gegenseitiger Ergänzung. Das sagt Max Planck, der Begründer der Quantentheorie!!! Vereinigung von Wissenschaft und Glauben. Dauernde Befriedung kann nur durch Gewaltlosigkeit erreicht werden, eine Wahrheit, die wegen ihrer Offensichtlichkeit nicht angenommen wird. Sittliche Erneuerung in wahrhaft christlichem Geiste, das ist es, was wir brauchen! Wie sagt meine Schwester? Freiheit ist nicht tun können, was man will, sondern tun wollen, was man muss. Wandlung vom Egoismus zur Liebe und zur sozialen Gerechtigkeit.

---

11 Friedrich Sieburg, Robespierre, Deutsche Verlags-Anstalt Stuttgart 1987.

So denkt kein in der Wolle gefärbter Reaktionär! Viel Weltkluges, Diesseitig-Zeitgemäßes und Fortschrittliches finden wir im Strebewerk und in der Gewölbekonstruktion der Gedankenkathedrale. Sehr ausgeprägt sein Sinn für das Soziale! Dass er für die historischen Verdienste der Sozialdemokraten keinen Blick hatte, steht auf einem anderen Blatt. Seine Gedanken mitdenken, aber so wie er ihnen nachhing, bevor er sie niederschrieb. Den Dom entstehen zu sehen, mag für den Anblick des fertigen Bauwerks entschädigen.

Vielleicht ist die Entwicklung des Menschen noch nicht abgeschlossen. Vielleicht kommt eine höhere Menschenform, die uns als Seitenzweig hinterlässt. Edgar Dacque! Die Gefahr, dass die Menschen immer tiefer in der Materie versinken. Selbstmörderischer Untergang oder zurück zum Evangelium! Versuchen wir es doch endlich einmal ernstlich mit dem Christentum! Es gibt nichts in unserem Leben, womit das Christentum nichts zu tun hätte. Loslösung der Arbeiterschaft aus ihrer proletarischen Gebundenheit und ihre Rückführung in die Kirche. Das Laienapostolat! Und wie hat Röpke gesagt? Dass wir dahin kommen müssten, dass ein Reicher sich geniert, wenn er wirtschaftliche Meinungen vertritt, die seinen Sonderinteressen parallel laufen. Den Besitzenden dazu verhalten, dass er seinen Besitz als Lehen Gottes betrachtet. Meister Eckhart! Wir haben uns als cooperatores Dei zu verstehen. Gott selbst gibt uns die Chance, an seinem Werk teilzuhaben. Der Mensch darf dem Heilswillen Gottes seine Mitwirkung nicht versagen. Die Menschen müssen Gott helfen. Novalis! Durch das, was wir tun und was wir sind, stellt sich entweder der Einklang mit dem Weltgesetz her oder aber eine Dissonanz, diese mit unzweifelhaftem Ausgang. Raoul H. Francé! Fühlen wir uns nur als Menschen und nicht als Teil des Alls, geraten wir nur zu bald in ein Labyrinth. Wir haben uns den Ausweg selbst abgeschnitten, und nun versuchen wir es mit den künstlichsten Methoden, aus denen immer neue Schwierigkeiten erwachsen. Ruht der Mensch nicht mehr im All, droht er bei jedem Schritt das Gleichgewicht zu verlieren. Rabindranath Tagore! Aber wie den Erkenntnissen großer Geister in unserem Leben näher kommen? Wie das alles in die Praxis umsetzen? Einer Anzahl von Menschen bedarf es, und seien es anfänglich noch so wenige, die sich ganz in den Dienst dieser Aufgabe stellen. Das heißt Verzicht auf weltlichen Ehrgeiz und persönliche Vorteile, das bedeutet ein kontemplatives und dennoch der Arbeit des Alltags und der Nächstenliebe zugewandtes Leben. Die Absage an jede Art von Gewalt und konsequenterweise auch an die politischen Parteien. Eine Revolte des Geistes gegen die Gewalt ist auszurufen, aber Geist kann sich nur geistiger Mittel bedienen. Männer vom Typ der französischen Arbeiterpriester werden gebraucht. Was den Gründern der Bettelorden vorgeschwebt hatte, wäre den heutigen Verhältnissen anzupassen.

Gedanken zu einem kristallenen Dom zusammenfügen; gleich Lichtstrahlen sollten sie sich im Brennpunkt vereinen, um den Funken zu zünden. Die heilige Flamme mochten dann andere in die Welt tragen, Jüngere und Unverbrauchte. Doch in seiner »Dombauhütte« sann er immer wieder auch über praktische Anweisungen nach, wie der große Plan umzusetzen, wie und von wem die Revolte des Geistes zu führen sei und welche Strategien man anzuwenden habe. Diese Handlungsanweisungen waren nichts beiseite Gesprochenes, sie würden auch in seinem Buch zu finden sein. Und das war nur folgerichtig, stand für ihn doch von Anfang an außer Zweifel, dass seine Vision es in sich hatte, Wirklichkeit zu werden, und das mit Gottes Hilfe schon in naher Zeit, vielleicht schon um die Jahrtausendwende. Eine Reihe von Autoren hatte ihn davon überzeugt, vor anderen Hermann Lotze und Max Planck. Erst im Verein mit dem Beweis ihrer tatsächlichen Erreichbarkeit konnte die theozentrische Vision ein Ganzes bilden.

Die Wiedererlangung früherer Bewusstseinsstufen, wenn auch auf einer höheren Ebene. Der Schlüssel dazu liegt beim lebendigen Glauben an Christus und seine Botschaft. Wozu dann also meine weit ausholenden Gedankengänge und angestrengten Beweisführungen? Wozu mein Chor der vielen Heiligen, christlichen Lehrer, Dichter, Philosophen und Denker anderer Disziplinen? Bedarf es ihres Zeugnisses? Wozu meine langatmige Suada? Ich halte dagegen, dass meine Schrift sich in allererster Linie an die sogenannten Realisten wenden soll, an Christian Morgensterns »wirklich praktische Leute«. Denn die »Unpraktischen«, die das Evangelium lesen, brauchen mich nicht, brauchen keinen Alfons Stillfried. Ich muss auf jenen Typus zielen, der sich nur von wissenschaftlich abgesicherter Beweisführung beeindrucken lässt. Der etwa zuerst davon überzeugt werden muss, dass die Urmenschen in der Tat friedlich zusammenlebten, um einzusehen, dass der Krieg nicht notwendig in der menschlichen Natur liegt. Um einzusehen, dass eben diese menschliche Natur den Keim in sich trägt, sich zum Geistigen hin zu entwickeln. Für die »wirklich praktischen Leute« besitzt die exakte Wissenschaft ungleich mehr Autorität als das Evangelium. Hier und jetzt geht es darum, eben diese Leute mit der Nase darauf zu stoßen, dass die Ergebnisse der exakten Wissenschaft das materialistische Weltbild zerstört haben. Dass der Materialismus zum alten Eisen gehört. Die Rationalisten mit ihren eigenen Waffen schlagen! Das heißt, sie auf einem Umweg zu der Erkenntnis zu führen, dass die irdische Ordnung ein Abbild der himmlischen Ordnung sein muss. Das Buch, das ich schreiben will, wird dieser Umweg sein. Es muss mir gelingen, den sich unentwegt nur auf das Zählbare, Berechenbare und Messbare berufenden Positivisten klar zu machen, dass die Botschaft Christi, abgesehen davon, dass sie den Weg zur

Erlangung der ewigen Seligkeit weist, auch der Schlüssel ist zur richtigen Gestaltung unseres irdischen Daseins.

Dass die Botschaft Christi auch der Schlüssel sei zur richtigen Gestaltung unseres irdischen Daseins, das ist der rote Faden, der sich durch das ganze Buch ziehen wird. Gut sieben Jahre wird er ihn jeden Tag wieder aufnehmen und weiter entwickeln; erst im Schlusswort wird er ihn verknoten. Aber die »wirklich praktischen Leute«, werden sie diesen roten Faden erkennen und ergreifen wollen?

Geistig-sittliches Heroentum ist heute gefordert. Mussolinis vivere pericolosamente war ein barbarischer Rückfall. Von Hitler ganz zu schweigen! Berufsrevolutionäre, Journalisten und Berufspolitiker, auch heute eine Pestbeule. Die Kräfte der Göttlichmenschlichen Natur reichen aus, um die notwendigen Heilskräfte zu produzieren und von der Bedrängnis zu einer höheren Entwicklung zu gelangen. Rathenau! Der Industrieritter soll die Devise libertas oboedientiae des mittelalterlichen Rittertums wieder aufnehmen. Mitbestimmung, Mitverantwortung und Mitbeteiligung für den Arbeitnehmer. Nicht weil wir in einer so erleuchteten, sondern weil wir in einer so gottverlassenen Zeit leben, geschehen keine Wunder mehr. Egon Friedell! Je primitiver ein Mensch ist, desto weniger Rätselhaftes gibt es für ihn. Ihm ist alles, wie es ist, selbstverständlich. In diesem Sinn hat Schopenhauer sich geäußert. Sie haben sich daran gewöhnt, alles Nichtige für prominent zu halten, und gehen an dem Wichtigen ahnungslos vorüber. Spät hat die Wissenschaft den Mythos entdeckt. Auf den Gebieten der Physik und der Biologie wurde die Forschungsarbeit über die Grenzen der Naturwissenschaft in die Metaphysik bzw. Metabiologie vorgetrieben. Und diese Wissenschaftszweige werden, ist erst die materialistische Weltanschauung besiegt, die Wege weisen, auf welchen die Menschheit wieder zu den echten Werten einer christlichen Humanitas und Universitas finden wird. Beglückender Durchblick in eine künftige bessere Welt! Credo ut intelligam. Jawohl, denn eben das Credo hat die Macht in sich, den Menschen zu verwandeln, seine Vernunft die höchste Stufe erreichen zu lassen. Die ewigen Wahrheiten nicht mechanisch überliefert, sondern in jeder Epoche neu aus der menschlichen Seele geboren. Carl Gustaf Jung! Aber die Menschen wollen gar nicht nachdenken, sie haben selbständiges Denken verloren, sie äffen das ihnen zunächst Liegende und sich greifbar Aufdrängende sinnlos nach. Seit langem befinden wir uns auf einem Irrweg. Nur radikale Umkehr kann uns noch helfen. Doch nicht einer Abkehr vom irdischen Leben will ich das Wort reden, sondern im Gegenteil der Durchdringung und Verschmelzung des irdischen Lebens mit dem in uns verdunkelt noch vorhandenen Gefühl der Rückverbundenheit. Und eben dieses sagt uns, dass un-

ser irdisches Handeln weder Selbstzweck ist noch Endwerte beinhaltet. Christentum ist nicht finsteres Zelotentum, es lehrt uns Lebensfreude, Bejahung unseres irdischen Daseins. Doch ohne Jenseitsbezogenheit ist irdisches Glück nicht erreichbar.

»Aber die Menschen wollen nicht nachdenken …« Wann haben sie das je getan, in der hier verwendeten Mehrzahl nämlich? Die Nachdenklichen, die einen Gedanken zu Ende denken, zu allen Zeiten bildeten sie die Ausnahme. Alfons wusste, wovon er sprach. Doch jetzt blickte er hoffnungsvoll auf die »wirklich Praktischen«, die immerhin ihrer eigenen Vernunft folgen würden.

An einem Scheideweg steht die Menschheit, entweder wird sie sich ihrer wahren Bestimmung bewusst werden, oder sie geht einer Katastrophe unvorstellbaren Ausmaßes entgegen. Und falsch ist die Meinung, der einzelne sei nicht imstande, diese Entwicklung aufzuhalten. Im Gegenteil, die Überwindung der tödlichen Krise kann nur vom einzelnen ausgehen. Und immer wieder credo ut intelligam! Aufgabe der Kirche, nein: aller Kirchen wird es sein, auf die Ergebnisse der exakten Naturwissenschaft, soweit diese der Widerlegung des materialistischen Weltbilds dienen, aufmerksam zu machen, sie zu propagieren. An die Jugend müssen wir uns wenden! Der älteren Generation, die oft selbstgerecht auf die heutige Jugend herabschaut, ist ihre eigene Scheinheiligkeit und Verlogenheit in Erinnerung zu rufen, die sich so gern hinter Konvention und »schönen« Fassaden verbarg. Denken wir nur an den Baustil in der Zeit zwischen den sogenannten Gründerjahren und dem Ersten Weltkrieg. Wie immer war er verlässlicher Ausdruck des Zeitgefühls, sofern von einem Stil überhaupt die Rede sein kann. Hat es je Erbärmlicheres gegeben als diese Stuckornamente? Zwei Erscheinungen unserer Gegenwart berechtigen uns zu höchsten Erwartungen: Das nicht zu übersehende Anwachsen echter Religiosität, die weitab liegt vom Brauchtumschristentum der Zeit um 1900, und die schon mehrfach erwähnte Abkehr der exakten Wissenschaft vom Materialismus. Immer mehr neigt die Wissenschaft dazu, das Psychische und über ihm das Geistige als die letzte Realität anzusehen, während die materielle Welt sich als nichts anderes erweist als eine bloß formale Verfassung des geistigen Prinzips. Das zeitliche Zusammenfallen dieser beiden Tatsachen lässt den Tag nicht mehr allzu fern erscheinen, da die Menschheit, wie Schiller es sagt, aus einem »Paradies der Unwissenheit und Knechtschaft« zu einem »Paradies der Erkenntnis und Freiheit« aufsteigt. Meine Schrift muss ein flammender Ruf werden. Vor allem an die Jugend wird er sich zu richten haben, der Ruf, sich hinaufzuarbeiten zum Paradies der Erkenntnis und Freiheit, mit aller Kraft dahin zu streben, sich furchtlos für die Wiederherstellung der theozentrischen Weltordnung einzusetzen.

Mehr als sieben Jahre brauchte er, um seinen Gedanken endgültige Gestalt zu geben. Ende 1948 oder Anfang 1949 hatte er zu schreiben begonnen und irgendwann Ende 1955 oder Anfang 1956 lag die dritte und letzte Fassung vor. Das Buch »Vom Mythos zur Gegenwart« wurde nie gedruckt, es fand keinen Verleger. Alfons hatte sich einige Namen notiert, die ihm am ehesten in Betracht zu kommen schienen. Einem nach dem anderen schickte er sein Manuskript, 318 eng beschriebene Schreibmaschinenseiten und jedes Mal bekam er es mit einer höflichen Absage zurück. Die Korrespondenz mit den Verlagen ist nicht erhalten geblieben, aber es fällt nicht schwer, sich den Tenor der Antworten vorzustellen: zu umfangreich, zu komplex, zu hohe Ansprüche an den Leser. Vermutlich wird ihnen die ganze Konzeption zu verwegen gewesen sein, oder sie hielten sie eben doch für utopisch.

Was ist Scheitern? Ist gescheitert, wer für sein Buch keinen Verleger gefunden hat? Noch in seinen späten Erinnerungsnotizen ist viel vom Scheitern die Rede und die »Gedankenkathedrale«, dieses Buchgroßprojekt, war der Fehlschlag seines Lebens, mehr noch als sein politisches Engagement im Nachkriegsösterreich.

Noch einmal zurück zu gotischer Metaphorik! In ihrer Sprache bleibt zu melden, dass Alfons großes Scheitern trotz allem kein Absturz war. Nicht stürzte er von einem Baugerüst und blieb mit zerschmetterten Gliedern liegen. Nein, die Heiligen seiner Gedankenkathedrale kamen ihm zu Hilfe, behüteten auch sein Scheitern, sorgten dafür, dass es in Ehren geschah. So erschien, wenn auch erst im Jahr 1965, sein Buch »Einsichten und Ausblicke« – und zwar in einem Wiener Verlag, der sehr auf Qualität zu setzen schien;[12] vor Alfons Publikation hatte er drei Bücher von Konrad Lorenz verlegt. Vielleicht war er schon mit seinem Manuskript »Vom Mythos zur Gegenwart« an diesen Verlag herangetreten und das möglicherweise mit dem Ergebnis, dass ihm eine radikal gestraffte Fassung empfohlen wurde. Hat man ihm auch nahegelegt, von seiner prophetischen Eindringlichkeit, vom geistig-spirituellen Anspruch etwas zurückzunehmen? Wie dem auch sei, da war sie nun, die »gekürzte Volksausgabe«, ein Kleinformat von siebenundachtzig Seiten, das in einer Reihe von Zeitungen und Zeitschriften durchwegs positiv und zum Teil auch sehr ausführlich rezensiert wurde. Das Zürcher Blatt »Die Tat« nannte das Büchlein ein »Kleinod«. Der Österreichische Rundfunk besprach es in seiner Kultursendung und bescheinigte dem Autor »ungewöhnliche Belesenheit und philosophische Bildung«. Fünf Essays sind in »Einsichten und Ausblicke« zusammengefasst:

---

[12] Alfons Stillfried, Einsichten und Ausblicke, Dr. Borotha-Schoeler, 1965.

»Ursprung und Sinn der technischen Zivilisation« – »Gegensatz und Ergänzung« – »West-östlicher Diwan« – »Das neue Weltbild« – »Die Menschen müssen Gott helfen«. Allein diese Überschriften zeigen schon, dass der rote Faden derselbe geblieben war, unverändert auch die tragenden Gedanken. Nur die von Orgelmusik durchbrauste Kathedrale war es nicht mehr. Die Orgel durch ein Harmonium ersetzt, aber immerhin!

Weil nicht auseinandergerissen werden soll, was zusammengehört, das große und das kleine Buch, haben wir diesen weiten Sprung bis in das Jahr 1965 getan. Erst mit dem »Kleinod« ist diese Geschichte in der Geschichte ganz erzählt.

Familiäre Einkerbungen

Wir sind zurück im Jahr 1949 und die Chronologie ist wieder im Lot. Nicht nur wurde um diese Zeit der Grundstein zur »Kathedrale« gelegt, dieses Jahr trug, als es schon auf sein Ende zuging, auch familiäre Einkerbungen davon. Am 18. Oktober heirateten Bernhard und Irene. Sie und Alfons verstanden einander sofort, ja, es dauerte nicht lange und er beglückwünschte sich ganz ausdrücklich zu dieser Schwiegertochter. Mit ihr konnte man reden! Man hatte sehr ähnliche Interessen, oder vielleicht ist hier die Einzahl angebrachter. Gott und die Welt waren ihre beiden Generalthemen, in allen Abwandlungen und unter allen Gesichtspunkten, dem katholischen, christlichen, religionswissenschaftlich-theologischen, historischen und natürlich dem philosophischen. So wie Bernhard hatte es auch Ira schon in der Jugend dazu gedrängt, als katholische Christin Farbe zu bekennen und sich im Kreis Gleichaltriger zu engagieren. Nur anders als Bernhard, den sein Glaube mehr zu konkretem Handeln drängte, war sie mehr für das Kontemplative, den Gedankenaustausch, die angeregte Diskussion. Zum Unterschied von ihm, dem Praktischen und Zupackenden, von seinem Vater in Anspielung darauf gern »Büffel« genannt, fand sie sich mühelos zurecht in der Welt des Schwiegervaters, war ganz Ohr, wenn er seine Gedanken entwickelte, warf das Richtige ein, hinterfragte, wusste ihrerseits Antwort auf so manche seiner Fragen, trug viel Eigenes bei zu den Gesprächen. Auch in der Geringschätzung für das Detail waren die beiden sehr ähnlich, rasch witterten sie Banales dahinter – und rümpften ihre Nasen. Das ließ die Schwiegertochter zeitweise zu Alfons wichtigster Gesprächspartnerin werden. Nach Alice, der Schwester, versteht sich. Vier Enkel wird Ira ihm schenken, zwischen 1951 und 1963: drei Mädchen, nämlich Maria, Gabrielle, Christina, und schließlich noch einen Buben; er wird nach Bernhards im Zweiten Weltkrieg gebliebenem Bruder auf den Namen Georg getauft werden.

Die zweite familiäre Einkerbung des Jahres 1949 war ein Todesfall, es starb Alfons' Mutter. Der Krieg hatte auch bei Helene seine Spuren hinterlassen. Die Bombardements, das Sirenengeheul, das Hasten in den Luftschutzkeller, all das hatte ihr, die bereits hoch in den Achtzigern stand, sehr zugesetzt. Der Maler Mehhoffer, ihr langjähriger Untermieter und alter Freund ihres Mannes, lebte längst nicht mehr; Ostern 1938, bald nach Hitlers Einmarsch, war er mit über neunzig entschlafen. Nur Therese, die Hausgehilfin, hatte noch bei ihr ausgeharrt. Ein Mal in der Woche sah Alfons nach der Mutter und Alice, seine Schwester, schaute alle drei Tage vorbei. Schon in der ersten Nachkriegszeit verschlechterte sich der Zustand der alten Dame und ihre Tochter nahm sie zu sich. Aus irgendwelchen Gründen scheint das nicht geklappt zu haben; Helene übersiedelte an den Saarplatz zu Sohn und Schwiegertochter. Doch als sie dann ihre Engsten und Liebsten nicht mehr erkannte und – verwirrt, wie sie war – kaum noch davor bewahrt werden konnte, sich selbst in Gefahr zu bringen, gab man Helene nach Lainz, wo sie schon nach wenigen Tagen in Bewusstlosigkeit fiel und am 7. Dezember 1949 verstarb.

Das Buch zwischendurch

Zwischen den beiden Büchern, dem großen und dem kleinen, vollendete Alfons eines von ganz anderer Art. Die Vorarbeiten dazu hatte er schon in den 1930er-Jahren aufgenommen und da er sie nie ganz ruhen ließ, selbst im Krieg nicht, waren sie irgendwann einmal zu Ende gebracht. Von Ahnenforschung ist die Rede, die für Alfons, den geborenen Freiherrn von Stillfried und Rathenitz, viel mehr bedeutete als bloße Liebhaberei. Zu gebieterisch das Material, das sich ihm da aufdrängte, und zu suggestiv die Ahnenbilder an der Wand hinter dem Schreibtisch! Auch der Text selbst wuchs zwischendurch, mal um eine, mal um drei Seiten, und schließlich war das Buch so nebenbei fast fertig geworden. Er widmete es seinem Sohn Bernhard und gab ihm den Titel »Die Stillfriede«, dem er den Untertitel »Drei Jahrhunderte aus dem Lebensroman einer österreichischen Familie« beifügte. Ein Verlag[13] war bald gefunden und das Buch erschien 1956. Für den Erzähler dieser in drei Bücher gegliederten Geschichte ist der »Lebensroman« jedenfalls ein kostbares Gefäß; aus ihm

---

13 Europäischer Verlag.

schöpft er alles, was weiter zurückliegt als das 19. Jahrhundert. Brunnenschale des Plusquamperfekts. Von den 196 Seiten der »Stillfriede« sind sie geborgt, die Gestalten aus Alfons Ahnenreihe.

DER PATRIARCH

Hinter Alfons Schreibtisch hingen sie gerahmt an der Wand, die Stillfrieds, und auf der verglasten Tafel der männlichen Vorfahren, die das Zentrum der Ahnenporträts bildete, war es der schon mehrfach genannte Heinrich der Ältere, Patriarch von Neurode, über den wir jetzt mehr wissen wollen. In jungen Jahren hatte ihn seine Mutter an den Hof des Markgrafen von Brandenburg gebracht und da sich ebendort in dieser Zeit alle zu Luther bekannten, geschah das auch mit Heinrich. In seine heimische Grafschaft Glatz zurückgekehrt, tat er dann freilich nicht, was damals allgemeine Übung zu werden begann. Seinen katholischen Untertanen den neuen Glauben aufzuzwingen oder ihnen auch »nur« die Kirche wegzunehmen hätte er als Unrecht empfunden. Und obwohl sie noch über eine zweite Kirche verfügten, ließ er in Schlossnähe eine dritte erbauen, die lutherische. Ob er in Zeiten auch religiöser Herrenwillkür mit so viel Pietät ein gegenläufiges Exempel statuieren wollte oder ob ihm die zweite Kirche nicht schön, nicht würdig genug erschien für die neue Konfession, mag dahingestellt bleiben. Tatsache ist, dass Heinrich ein rechtschaffener Mann war, wozu in keinem Widerspruch stand, dass er seinen eigenen Vorteil zu wahren wusste. Wenn es nottat, scheint er sich auch aufs Taktieren und Finassieren verstanden zu haben. Er erreichte das Alter von sechsundneunzig Jahren und überlebte zwei Ehefrauen: Elisabeth von Pannwitz und Christina von Tschischwitz. Drei Jahre vor seinem Tod gelang es ihm noch, mit einem schwierigen Erbvertrag, der ihm ganz besonders am Herzen lag, ins Reine zu kommen, sprich das Hauptlehen Neurode und Umgebung seinem Lieblingssohn Bernhard zuzuwenden, dies unter Umgehung der männlichen Nachkommen seines inzwischen verstorbenen ältesten Sohnes Hans. Solches bedurfte freilich, um rechtens zu sein, einer Bestätigung des Kaisers und eben darin lag das Schwierige oder Kostspielige. Bei Rudolf II. hatte sich Heinrich erst gar nicht darum bemüht, war er doch darüber unterrichtet, dass der kranke Kaiser sich ganz in der Hand eigensüchtiger Kreaturen befand, die in die eigene Tasche wirtschafteten, und das wäre zu teuer gekommen. Erst als Rudolf zu Prag gestorben war und der neue Kaiser Matthias hieß, sah der Geduldige seine Chance gekommen. Von Edelleuten aus der Verwandtschaft, von bewaffneten Lakaien und

Trossknechten begleitet, machte sich der noch immer Rüstige auf den Weg. Eine Kavalkade von insgesamt sechsundzwanzig Reitern war das, die am neunten Tag gegen fünf Uhr Nachmittag in Prag einritt. Das erregte kein geringes Aufsehen, denn in der Stadt herrschten Nervosität und Argwohn; längst hatten die Gegensätze zwischen den katholischen Kaiserlichen und den reformierten Ständischen sich ins Politische verzerrt.

Ein Knecht war dem Reiterzug vorausgeschickt worden, um Quartier zu machen. Die ersten Tage gingen für Heinrich mit vorsichtigem Sondieren hin. Auch wenn er in der Stadt hochmögende Verwandte hatte, galt es zunächst herauszufinden, auf welcher Seite sie standen und wie weit sie sich exponierten. Gehörte jemand zu den Reformierten und war gar ein Scharfmacher, tat man besser daran, ihn zu meiden. So einer konnte mehr schaden als nützen. Heinrich war ja selbst lutherisch, doch im Gegensatz zu den Radikalen unter den Reformierten stand er zum Kaiser, seinem obersten Lehnsherrn. Und ohne dessen Bestätigung wollte er nicht nach Neurode zurückreiten. Nach anfänglichem Zögern entschloss er sich, Statthalter Martinitz um Unterstützung anzugehen; der galt zwar als bedingungsloser Anhänger der katholischen Partei, hatte aber großen Einfluss und vor allem besaß er das Vertrauen des Kaisers. Der kaiserliche Rat und Statthalter war äußerst zuvorkommend gegen den Alten und beide wären wohl kaum besonders erstaunt gewesen, hätte ihnen damals jemand vorhergesagt, dass sich die Linien ihrer Familien irgendwann einmal miteinander verknüpfen würden. In ihren Kreisen war das nichts Außergewöhnliches. Martinitz hatte die Angelegenheit innerhalb weniger Tage geregelt. Heinrich war zwar nicht zum Kaiser vorgedrungen; wegen der neuerlich drohenden Türkengefahr wurde dieser in Wien gebraucht. Apropos Türken, die Ausschreibung einer Türkenanleihe stand bevor und da könnten die Glatzer ihre Anhänglichkeit an das Erzhaus beweisen, meinte Martinitz. Insbesondere erwarte Seine Kaiserliche Majestät von Heinrich, dass er sich für die ihm erwiesene Gnade dankbar erweisen werde. Der Patriarch von Neurode hatte auf diesen Wink schon gewartet; als stellvertretender Landeshauptmann der Grafschaft Glatz verbürgte er sich denn auch für die Glatzer Stände, dass sie die Türkenanleihe mit 70.000 Talern zeichnen würden, und wirklich, diese Braven zählten pünktlich 60.000 Taler hin. Den auf ihn selbst entfallenden Teil von 10.000 Talern brachte er durch den Verkauf von Ländereien auf und es war gar nicht wenig, wovon er sich dabei trennen musste. Doch nun hatte er sein Schaf im Trockenen, das Haus war bestellt. Heinrich konnte ans Sterben denken. *Tempore illustris ac generosi Domini Henrici (senioris dictu) de Stillfried*, so begannen die Chronisten der Grafschaft ihre Berichte über Ereignisse dieser

Zeit und den Eintragungen in den Stadt- und Pfarrbüchern findet man dieselben Worte vorangestellt. Das Leben »zur Zeit des vornehmen und großzügigen Herrn Heinrich (der Ältere genannt) von Stillfried« scheinen die Menschen in guter Erinnerung behalten zu haben. Obwohl der Name Stillfried auch in Schlesien viel weiter zurückreicht, war doch das Geschlecht schon im 15. Jahrhundert von König Podjebrad mit Neurode belehnt worden, gilt Heinrich der Ältere als der Stammvater der böhmisch-schlesischen Linie, denn bis zu ihm lässt sie sich lückenlos und vollständig zurückverfolgen.

Der Hiob von Neurode

Und Bernhard, der Lieblingssohn? In der Reihe der Erbherren nach dem Vater die Nummer zwei, wird er auf der Deszendenztafel als Bernhard I. (1567–1637) geführt. Auf der verglasten Ahnengalerie befand sich sein Bild eigenartigerweise nicht unmittelbar neben dem des Vaters; ein anderer Gesichtspunkt scheint hier die Chronologie verdrängt zu haben. Neben Schloss und Stadt Neurode samt umliegenden Ländereien war von Heinrich auch Luthers Religion auf Bernhard gekommen und dieses Erbe brachte ihn, den wie sein Vater kaiserlich Gesinnten, in größte Bedrängnis. Schon bald zwischen die Fronten geraten, setzte er aufs Beschwichtigen, verlegte er sich aufs Lavieren; trotzdem wäre er fast zerrieben worden. Je nachdem, welche Partei in der Grafschaft Glatz gerade die Oberhand hatte, wurden katholische oder protestantische Geistliche verjagt, Katholiken oder Reformierte drangsaliert. Auch in Neurode wechselten die Besatzungen und zuletzt trieben es die Reformierten besonders schlimm; ihre Söldner plünderten das Städtchen und steckten es anschließend in Brand. Bernhard, dem Wortführer der Mäßigung, misstrauten die Rebellen; sie setzten ihn auf der Festung Glatz gefangen. Erst gegen ein Lösegeld von 12.000 Talern ließen sie ihn laufen. Inzwischen war die Schlacht am Weißen Berg als Sieg der Kaiserlichen in die Geschichte eingegangen und das Strafgericht, das danach auf die Reformierten niederging, erreichte auch die Grafschaft Glatz. Wie überall in den für den Kaiser zurückeroberten Gebieten wurden auch hier Untersuchungsausschüsse eingesetzt, vor welchen sich all diejenigen verantworten mussten, die der Teilnahme an der Rebellion verdächtig waren. Dies traf auch auf Bernhard zu, denn ein Reformierter war er eben doch, und für Nuancierungen hatte man damals nur wenig Sinn. Noch etwas anderes belastete ihn in den Augen der Obrigkeit. Der Vorfall lag schon einige Jahre zurück; er muss sich um die Zeit zugetragen haben, als eine Armee der Reformierten unter dem

Grafen Thurn bis vor Wien gerückt war, um den neuen Kaiser Ferdinand II. gefangen zu nehmen, was sie übrigens nur um ein Haar verfehlte. Damals hatte der besonnene Mann eine große Unvorsichtigkeit begangen, wahrscheinlich die einzige seines Lebens. Er hatte dem Landschreiber, um ihm einen Ritt von Glatz nach Neurode zu ersparen, sein Petschaft überlassen, was der Schuft dazu missbrauchte, einige Briefe hochverräterischen Inhalts zu siegeln. Wahrscheinlich wollten ihn die Reformierten mit dieser Machenschaft an ihre Seite fesseln. Nun lagen die Briefe bei den Gerichtsakten. Die Prozesse nahmen mehrere Jahre in Anspruch. Doch des Damoklesschwerts ungeachtet, das über der Bürgerschaft von Neurode, ganz besonders aber über seiner Erbherrschaft hing, kehrte Ordnung zurück, erholte sich die Grafschaft. Zum Wiederaufbau der abgebrannten Häuser und des städtischen Rathauses stellte Bernhard seinen Untertanen kostenlos alles notwendige Holz zur Verfügung. Vorsichtig, wie er geworden war, hatte er zuvor die Zustimmung der Behörde eingeholt, standen doch seine Güter wegen des schwebenden Verfahrens unter Sequester. Vorsicht war zu seiner zweiten Natur geworden! Als die gerichtliche Untersuchung sich immer mehr hinauszog, suchte er bei Erzherzog Karl, dem Bruder des Kaisers, der mit der Grafschaft belehnt worden war, um Erneuerung seines Lehens an. Vorsichtshalber, denn eigentlich hatte er den Prozess abwarten wollen, doch war er schließlich zu der Meinung gelangt, dass die Unterlassung eines termingerechten Ansuchens ihm als Zeichen schlechten Gewissens ausgelegt werden könnte. Wegen des schwebenden Verfahrens wurde die Erneuerung nur interimistisch, also mit Vorbehalt, genehmigt, was immerhin als günstiges Vorzeichen gelten konnte. Im November 1625 fand endlich Bernhards Verhandlung statt. Als einen würdevoll in sein Schicksal ergebenen Edelmann denken wir ihn uns vor seinen Richtern, jeder Zoll ein in der Wolle gefärbter Kaiserlicher, dem aber übel mitgespielt worden war. Zurückhaltend wird er sich gerechtfertigt haben, vorsichtig abwägend auch in der Wahl seiner Worte, doch glaubwürdig um einen eigenen Beitrag zur Wahrheitsfindung bemüht. Das wird auf die Kommission seine Wirkung nicht ganz verfehlt haben. Doch da war die Sache mit den hochverräterischen Briefen, die sein Siegel trugen. Dass es sich dabei bloß um eine üble Machenschaft gehandelt habe, wollten ihm die Richter nicht glauben; sie verurteilten ihn zum Verlust der Hälfte seiner Güter. Der Kaiser bestätigte das Urteil, doch ermahnte er in der Urkunde auch zu künftiger Treue, Untertänigkeit und Gehorsam; diese Ermahnung ließ auf spätere Strafmilderung hoffen.

Wie der Großteil des Adels kehrten auch Bernhard und seine Frau Margarethe zum Glauben ihrer Vorväter zurück und die beiden taten das so rechtzeitig, dass sie für diesen Schritt noch den Charakter der Freiwilligkeit beanspruchen konnten. Als die Rekatholisierung dann mit immer stärkerem Druck von oben betrieben wurde, war das Ehepaar bemüht, den eigenen Untertanen Repressalien zu ersparen. Margarethe verlegte sich auf gutes Zureden, so manchen Halsstarrigen in Neurode bekehrte sie zum alten Glauben. Bernhard erfuhr bald den Beweis kaiserlicher Gnade, der eingezogene Teil seiner Güter wurde ihm zurückgegeben. Sonst aber blieb ihm das Unglück dicht auf den Fersen. Ein Neffe brach sich, keine vier Wochen nach seiner Hochzeit, bei einem Sturz vom Pferd das Genick. Die Kosten der prunkvollen Hochzeit war der junge Mann schuldig geblieben; Bernhard bezahlte sie, um die Reputation des Hauses zu wahren. Zwei andere Neffen waren in der Schlacht am Weißen Berg gefallen, auf der Seite der Reformierten natürlich; der eine, Hans Heinrich, hatte drei Töchter hinterlassen, für die nun Bernhard sorgen musste. Vom anderen auf dem Schlachtfeld gebliebenen Neffen, er hieß Tobias, war er der Vormund des Söhnchens, und auch der Witwe stand er bei. Die beiden Töchter Bernhards waren ins heiratsfähige Alter gekommen. Der Bräutigam der einen kam auf einer Stiege des Neuroder Schlosses so unglücklich zu Fall, dass er Stunden später verschied. Die Braut starb zwei Monate darauf an gebrochenem Herzen. Die andere Tochter heiratete, doch das Glück war nicht von langer Dauer; sie fiel der Pest zum Opfer, von der die Grafschaft 1633 heimgesucht wurde. Und zwei seiner drei Söhne raubte ihm dann noch der Krieg; der eine fiel in Ungarn, der andere wurde auf dem westlichen Kriegsschauplatz so schwer verwundet, dass er daran starb. Und als wäre das Maß nicht schon übervoll gewesen, musste Bernhard auch noch die Schikanen einiger protestantischer Herren ertragen, deren Güter konfisziert worden waren und die es ihm nicht gönnten, dass er selbst so glimpflich aus der Sache herausgekommen war. Wenigstens misslang diesen Neidern der Plan, Bernhard, seinen jüngsten Sohn, den einzigen, der ihm noch geblieben war, auf einer Reise abzufangen; bei Gelingen des Komplotts wäre dieser den Schweden ausgeliefert worden und die hätten dem Vater ein hohes Lösegeld abgepresst. Während Sohn Bernhard, um sich vor den Malkontenten in Sicherheit zu bringen, der Grafschaft für eine Weile fernblieb, erlitt seine junge Frau eine Frühgeburt; Mutter und Kind starben daran.

Armer Bernhard! Irgendwann hatte der Volksmund begonnen, ihn den »Hiob von Neurode« zu nennen. Und in der Tat, das Schicksal hat ihn arg gebeutelt, seine ganze Schneid hat es ihm abgekauft. Nur Milch der frommen Denkungsart trank er fortan und alles, was er sah und hörte, unterwarf er einer Art Selbstzensur, die strikt euphemistisch war. Und dazu noch ein Apropos: Wallenstein, dessen Soldaten dafür bekannt waren, dass sie zwischen Freundes-

und Feindesland kaum einen Unterschied machten, hatte einige Regimenter nach Schlesien verlegt. Es dauerte nicht lange und Wallensteinsche Kürassiere fielen in Neurode ein; nachdem sie seine Bürger geplündert hatten, verschafften sie sich Zugang zum Schloss, wo sie mit vorgehaltenen Pistolen auf den Erbherrn eindrangen. Sie vermuteten verborgene Schätze im Gemäuer und wollten Bernhard zur Herausgabe zwingen. Als sie den Greis schon zu Boden geworfen hatten und dieser sein letztes Stündlein gekommen glaubte, preschte ein Reiter in den Schlosshof, wo der Alte auf dem Steinpflaster lag. Ohne vom Pferd zu steigen, befahl der martialische Fremde den Kerlen in barschem Tonfall, augenblicklich von ihrem Opfer zu lassen und sich zu trollen, widrigenfalls sie noch an Ort und Stelle gehenkt würden. Obwohl der Kavalier allem Anschein nach ohne Eskorte war, die seine Drohung hätte wahr machen können, entfernten sich die Schurkenkürassiere in größter Hast. Ohne jedes weitere Wort wendete der offenbar Befehlsgewohnte sein Pferd und entschwand ebenso unvermittelt, wie er aufgetaucht war. Nur eine sehr hochgestellte Person, die Kommandogewalt besaß, konnte solchen Gehorsam erzwingen. Kaum der Generalissimus selbst, dessen Stern sich damals freilich schon neigte, wohl aber einer seiner Unterführer, etwas anderes kam nicht in Betracht. Doch Bernhard, der sich schon längst nur noch zu denken gestattete, was er Gott und Kaiser gefällig glaubte, war – spätestens, nachdem die Kunde von Wallensteins tiefem Fall und gewaltsamem Tod auch zu ihm gedrungen war – fest davon überzeugt, sein Retter könne nur ein Engel gewesen sein!

Noch einmal Emanuel, Alfons Stillfrieds Cousin

Es muss 1960 gewesen sein, als ich meinen Vater nach seinem Herzinfarkt im Wiener Elisabethspital besuchte. Er teilte das Zimmer mit einem anderen Herrn, der sich ihm auf sehr launige Art vorgestellt hatte: »Emanuel Stillfried mein Name, ich war fünf Jahre Gast des Führers – in Dachau.«[14] Die beiden Bettennachbarn kamen blendend miteinander aus. Auch mir war dieser aufgeräumte Herr sofort sympathisch; seine gute Laune und sein Humor hatten etwas Ansteckendes an sich. Einmal, ich saß noch nicht lange auf meinem

---

14 Emanuel Stillfried wurde aufgrund einer Intervention des im Zweiten Weltkrieg hoch angesehenen Generals Waldemar von Stillfried bei Hitler 1943 aus dem KZ entlassen. Der General gehörte dem preußischen Zweig der Familie an. Der Entlassene blieb unter Gestapoaufsicht, zwei Mal wöchentlich hatte er sich beim zuständigen Kommissariat zu melden.

Besuchersessel, setzte der Spitalsgeistliche einen Fuß ins Zimmer. Mehr hatte ihm nicht gefehlt: »Hochwürden, wir sind verheiratete Männer, was sollen wir ihnen schon beichten? Wollen sie hören, dass wir uns nach anderen Frauen sehnen?!« Mit solchem Zuruf, von dem auch auf dem Korridor noch jedes Wort zu hören gewesen sein muss, hatte Emanuel Stillfried Hochwürden empfangen und gleich wieder vertrieben. Nein, diesen Gentleman hat niemand gebrochen, selbst im KZ nicht, so sehr sie dort auch um ihn bemüht gewesen waren. Einmal, als er gerade die Latrine putzte, stieß man ihn in die Jauchengrube; eine halbe Stunde lang musste er sich darin schwimmend über »Wasser« halten, erst dann durften ihm Mitgefangene heraushelfen. Und auch später, als engstirnige Parteibuchhengste der Nachkriegskarriere des Gendarmeriegenerals auf die infamste Art ein Ende bereiteten, hat die ihm zugefügte Kränkung keinen verbitterten alten Mann aus ihm gemacht.

Ministerialbürokratie auf Touren gebracht, ein Wiedergutmachungsfall und seine ganz unbürokratische Abwicklung! Franz Olah, sozialistischer Gewerkschafter der ersten Stunde, charismatischer Arbeiterführer und praktizierender Katholik, Herr der Straßen von Wien bei der erfolgreichen Abwehr kommunistischer Rollkommandos im Oktober 1950, Stratege und Organisator militärischer Widerstandsvorkehrungen für den auch in den Folgejahren noch für möglich gehaltenen Fall kommunistischer Machtergreifung im sowjetisch besetzten Ostösterreich, Präsident des mächtigen Gewerkschaftsbundes und als solcher Mitbegründer des österreichischen Wirtschaftsaufschwungs, war 1963 Innenminister geworden. Olahs Ungeduld, die neue Aufgabe in den Griff zu bekommen, und sein berüchtigter Tatendrang scheinen so manchen Spitzenbeamten schon in den ersten Tagen verschreckt zu haben. Und das erst recht, als sich herausstellte, dass der neue Minister entschlossen war, fähige Mitarbeiter ohne Ansehen ihrer Parteizugehörigkeit zu befördern. Würde es dieser Abenteurer wirklich wagen, sich am »heiligen Proporz« zu vergreifen?! Seit Olah im Amt war, wehte ein anderer Wind in der Herrengasse; da flogen schon auch mal hohe Flügeltüren geräuschvoll ins Schloss, dass weißer Lack splitterte. Der erste Personalakt, den der neue Minister ausheben und sich auf den Schreibtisch legen ließ, war der Emanuel Stillfrieds. Der Gendarmeriegeneral und er kannten einander von früher. Beide hatten sie zu der Personengruppe gehört, die von den Nationalsozialisten für den ersten Gefangenentransport in das Konzentrationslager Dachau zusammengestellt worden war, und beide hatten sie die Eisenbahnfahrt dorthin im selben Waggon zurückgelegt: der Offizier Emanuel Stillfried, eben noch Diener des Ständestaates und Kommandant des Anhaltelagers Wöllersdorf, und der Arbeiter Franz Olah, als sozialdemokratischer Aktivist eben noch vom autoritären Regime verfolgt und immer wieder eingesperrt. Der Innenminister hatte sie nicht vergessen, die Szene in Dachau, kurz nach der Ankunft: Unter den Neuankömmlingen aus Österreich war er in Stillfrieds Nähe gestanden, als dieser nicht zögerte, Himmler auf den Unterschied zwischen Wöllersdorf und einem nazideutschen Konzentrationslager aufmerksam zu machen. Franz Olah und Emanuel Stillfried haben diese Hölle mit heilen Sinnen überstanden, Demokrat ist der Gendarm erst dort geworden.

Wie viel Niedertracht hat in einem Aktenvermerk, wie viel auf einem Referatsbogen Platz? Der Fall war klar! Mit erfundenen Anschuldigungen hatten sie den General aus seinem Amt gedrängt. Völlig überrascht empfing dieser noch am selben Tag den Anruf des Ministers. Olah am Apparat! Er möge gleich bei der Disziplinarkommission die Wiederaufnahme seines Verfahrens beantragen. »Dem Antrag wurde stattgegeben und Stillfried schließlich rehabilitiert. Dieses Urteil brachte ich im Ministerrat zur Kenntnis, zusammen mit einem Antrag auf Wiedereinstellung und Nachzahlung der Bezüge. Gorbach[15] war erstaunt: ›Aber das ist doch eigentlich unser Mann!‹ – ›Ja‹, sagte ich, ›nicht nur euer Mann, sondern auch eure Schande!‹ Leider war Stillfried damals schon sehr krank und reichte um seine Pensionierung ein.« So Olah in seinen später erschienenen Erinnerungen.[16]

Zwei Generalissimi

Wahrscheinlich geht es nur mir so und das schon seit Langem, dass ich an den einen nicht denken kann, ohne dass mir sofort auch der andere einfällt. Denke ich an Olah, fällt mir Wallenstein ein und umgekehrt: Gehen meine Gedanken zum Feldherrn, sind sie gleich auch beim Arbeiterführer. Dieser untrennbar mit der Geschichte des klein gewordenen Österreich verbunden, jener ebenso untrennbar mit der Europas im 17. Jahrhundert. Ist es da zulässig, die beiden zueinander in Beziehung zu setzen? Ich sage ja, allem Historiker-Kopfschütteln zum Trotz! Gewiss, ganz andere Geografie (wenn auch dieselbe Hauptstadt!), ganz andere Geschichtsepoche, gewiss. Doch Hauptsache, wenn die Relativität keinen Kopfstand macht: durchaus vergleichbar die Machtfülle, über die sie geboten, als und solange sie sich auf ihrem Zenit befanden. Und beide, Wallenstein

---

15 Dr. Alfons Gorbach war im fraglichen Zeitraum österreichischer Bundeskanzler; zur Suspendierung Stillfrieds war es lange vor seiner Amtszeit gekommen.
16 Franz Olah »Die Erinnerungen«, Amalthea Wien, 1995.

wie Olah, haben nach eigenem Kopf geschaltet. Beide pflegten nicht lange zu fragen, weder der eine den Kaiser noch der andere seine Partei. Wallenstein allerdings befragte die Sterne, im Übrigen aber fackelte auch er nicht lange. Beide fühlten sich nicht zu gering für Höheres und Höchstes – und lagen damit nicht so verkehrt. Wallenstein unterhielt seine eigenen Pulvermühlen und Waffenarsenale. Olah mit seinem »Verein«[17] etwa nicht? Der eine wie der andere besaß großen Rückhalt bei der Truppe und die Unterführer schworen auf ihren Chef, in beiden Fällen mit ähnlichem Ausgang. Beide Generalissimi kannten ihre Pappenheimer oder glaubten sie zu kennen. Der eine wie der andere verstand sich aufs Fluchen, lief es in seiner Umgebung nicht ganz so, wie es sollte. Auch das hatten sie gemeinsam, dass sie ihrer Zeit um einige Nasenlängen voraus waren; in Ansehung der Methoden, derer sie sich bedienten, kann man sie durchaus als *modern* bezeichnen. Beide Kavaliere galten nicht wenigen Zeitgenossen als undurchsichtig, so manchem waren sie unheimlich, störten seine Beschaulichkeit. Der eine wie der andere stieg hoch und stürzte tief und beiden bereiteten Verschwörer ein gewaltsames Ende. Tauschten wir die Zeitalter gegeneinander – wohlgemerkt: nicht die Personen der Handlung –, hätte Albrecht von Wallenstein seine Entmachtung wohl überlebt, Franz Olah die seine ganz sicher nicht.

In seinem Leben die Wichtigsten

Ich habe noch einmal in Alices Schriften geblättert, um mir Gewissheit zu verschaffen über ihren geistigen Einfluss auf den Bruder. Schon beim Querlesen ist es mir zugeflogen, das zum Beweis Gesuchte, die Passagen, Sätze und vor allem die Namen der von ihr immer wieder zitierten Wissenschaftler. Hier nur eine Probe aufs Exempel: »Auch in der modernen Biologie gibt es Forscher, die ihre Beobachtungen und Erfahrungen nur im Zusammenhang mit dem Irrationalen erklären können, wie Francé, der verstorbene Präsident des biologischen Institutes in München. Er sagt: ›Die Wissenschaft der Kommenden wird die Trennung zwischen Natur- und Geisteswissenschaft auslöschen.‹ Solche und ähnliche moderne Auffassungen findet man bei den Physikern Planck, Heisenberg, Jordan, Schrödinger u. a. und sie zeugen davon, dass sich eine ganz neue

---

[17] Der »Österreichische Wander-, Sport und Geselligkeitsverein«, an dessen Gestaltung Olah maßgeblichen Anteil hatte, war eine getarnte paramilitärische Organisation, die mit Wissen und stiller Duldung wichtiger österreichischer und westlicher Entscheidungsträger zu dem Zweck gegründet worden war, einem damals immerhin für möglich gehaltenen Putsch der KPÖ entgegenzutreten.

Verständigung anbahnt zwischen rationaler Wissenschaft und Metaphysik, dass zwischen bisher ganz getrennten Regionen menschlichen Strebens eine Brücke geschlagen wird, auf der das Geistige der rationalen Erfahrung zugänglich wird.« Kein Zweifel, hier finden wir einen entscheidenden Grundgedanken zu Alfons großem Entwurf, vielleicht den Grundstein zu seiner »Kathedrale« – und gleich fünf wichtige »Fialenfiguren«! Die schon von frühester Kindheit an besonders innige Beziehung zwischen den Geschwistern war in geistigen Zonen nicht weit von einem Mentor-Schüler-Verhältnis entfernt. Alice passte nicht in Alfons Frauenbild und das brauchte sie auch nicht; in ihr anerkannte er die »Ausnahmefrau«. Als Regel galt für ihn wie damals für die gesamte Männerwelt, dass die Frau, wenn sie nicht einen »typischen Frauenberuf« ausübte, ins Haus und in die Familie gehöre, der Mutterberuf ihre wahre Bestimmung sei.

Alice war nicht nur eine außergewöhnliche Frau, sie und Alfons waren auch ein außergewöhnliches Geschwisterpaar. Umso betäubender der Schlag, den ihm im November 1964 Alices plötzlicher Tod versetzte. Beim Überqueren der Heiligenstädter Straße war sie von einem Pkw niedergestoßen und so schwer verletzt worden, dass sie wenige Stunden später verstarb; noch am Unfallort hatte ein Priester der Neunundsiebzigjährigen kirchlichen Beistand geleistet. Zum Zeitpunkt des Unfalls lag Alfons im Krankenhaus, unmittelbar vor einer Prostataoperation, und er war noch nicht über den Berg, als das Begräbnis stattfand. Die Todesanzeige und auch einen Nachruf hatte er im Spitalsbett aufgesetzt, doch es blieb ihm versagt, Alice auf ihrem letzten Weg zu begleiten. In den folgenden Monaten war er immer wieder damit beschäftigt, Briefe zu beantworten. Die über alle Welt verteilten Kollegen und Freunde der Verstorbenen wollten Näheres darüber wissen, wie es passiert sei und womit sie sich zuletzt beschäftigt habe; einige erbaten ein Foto oder eines ihrer Manuskripte. Im Frühsommer 1965 bat Alfons zu einer Gedächtnisstunde für die Schwester. Es war ein Samstagnachmittag, der traditionelle Wochentag ihrer früheren Zusammenkünfte bei Alice, an dem sie sich nun am Saarplatz versammelten; die Frauen überwogen deutlich. Der Hausherr begrüßt, verliest auszugsweise den einen oder anderen Kondolenzbrief aus dem Ausland und zuletzt den in den »Blättern für Anthroposophie« veröffentlichten Nachruf. Dann ermuntert er den kleinen Kreis, etwas über Alice erzählen: etwas für die Verstorbene besonders Kennzeichnendes, eine wichtige Lebensmaxime, die sie hinterlassen habe, oder ein in ihrer Gesellschaft erlebter, unvergesslich gebliebener Augenblick. Es ist von dieser Gedenkstunde eine Art Croquis erhalten geblieben.

Das zweite Frauenbildnis: die andere Alice, seine Aly. Sie hat ihm drei Kinder geboren und aufgezogen. Wie die allermeisten Mütter ihrer Zeit war sie mit einem Mann verheiratet, der sich als Vater mit der Rolle der letzten Entscheidungsinstanz begnügte, sonst aber eher ein wohlwollender Zaungast blieb. Auch um alles Übrige im Haushalt hat sie sich gekümmert, freilich ohne sich darin zu verbeißen. Aly war keine Perfektionistin und freudig nahm sie jede Gelegenheit wahr, dem Alltagskram den Rücken zu kehren. Gern ging sie aus mit ihrem Mann und gern zeigte der sich mit seiner aparten Frau in Gesellschaft. Auch die zahlreichen Freundinnen brachten Abwechslung in ihr Hausfrauenleben, das im Übrigen aber wenig Spielraum ließ. Eine Aushilfskraft konnte man sich nicht leisten. Und überhaupt die Geldknappheit, im Hause Stillfried wohnte sie zur Untermiete! Aber Aly war einfallsreich, wenn es darum ging, auch bei Ebbe etwas auf den Tisch zu zaubern. Engpässe welcher Art auch immer forderten ihre Kreativität heraus, fast immer fand sie einen Ausweg. Sie ist ihrem Alfons durchs Leben gefolgt, mit ihm durch dick und dünn gegangen. Handeln, Anpacken, das waren ihre starken Seiten. Die Offizierstochter hat nie geklagt oder gejammert, sich auch von äußerster Not nicht ins Bockshorn jagen lassen, war nie kleinmütig, ist ihrem Mann auch in bedrohlichen Zeiten nicht mit ängstlichen oder opportunistischen Appellen (»Denk an deine Familie, denk an die Kinder!«) in den Ohren gelegen und hat selbst in der Gestapohaft den Mut nicht verloren, auch nicht die Hoffnung. Nicht einmal der schlimmste Verlust, der eine Mutter treffen kann, der Tod des eigenen Kindes, hat sie in ihrem Glauben wanken lassen. Die Ansichtskarte mit Albrecht Dürers »Anbetung der Heiligen Dreifaltigkeit« trägt auf der Rückseite Alys kraftvolle Schriftzüge: »Das Tor zwischen Diesseits und Jenseits hat sich geöffnet. Es gibt für mich kein Sterben mehr, sondern nur ein Geborenwerden, eine ewige Weihnacht! Zu uns ist unser Georg gekommen, von uns ist unser Georg gegangen. Wir gehen ihm nach! Ewig Deine Aly.« Hat sie diese Karte, mit der sie ihrem Mann Trost zusprechen wollte, Weihnachten 1942 unter den Christbaum gestellt? In den letzten Novembertagen, drei Wochen vor dem Fest, war die Nachricht vom Tod des Sohnes am Saarplatz eingetroffen. Zu sagen bleibt nur noch dies: Bei allem, was sie in ihrem Leben durchzumachen hatte, nichts und niemand hat ihr ihre innere Heiterkeit geraubt, ihr schönes, etwas nachsichtiges Lächeln.

Alice Stillfried starb am 3. Januar 1967 im achtundsechzigsten Lebensjahr. Am ersten Weihnachtsfeiertag war sie mit Alfons bei der inzwischen verheirateten Tochter Maria zum Abendessen gewesen. Am Tag darauf fühlte sie sich nicht wohl und bald kam Fieber hinzu. Wie gewöhnlich war die ärztliche Versorgung um die Feiertage eher dürftig, der Hausarzt ließ sich urlaubsbedingt vertreten. Alys Zustand besserte sich etwas, doch kaum war das Fieber in die

Zone der erhöhten Temperatur gesunken, ging sie schon wieder aus, besuchte Freundinnen. Und das bei klirrender Kälte! Sie erlitt einen Rückfall, der Arzt konstatierte Lungenentzündung. An jenem 3. Januar machte ihr Iras Großmutter einen Krankenbesuch. Alfons begleitete die alte Dame dann zur Straßenbahn. Als er wieder an Alys Bett trat, war sie auf ihre leise Art aus dieser Welt gegangen. Zwei auf denselben Vornamen getaufte Frauen, wie sie gegensätzlicher kaum gedacht werden können, die wichtigsten Menschen in Alfons Leben. Und beide Male Trennung ohne Abschied. Als man seine Aly begrub, stand er im achtzigsten Jahr und das Resümee des eigenen Lebens beschäftigte ihn schon seit Langem.

Ursprung des Hauses Stillfried

Ahnenforschung, bis in die fernsten Anfänge der Familienchronik hatte sie ihn schon geführt, bis in die nur matt erleuchteten Zonen der Sage. Dabei war Alfons auch tief in die Geschichte des tschechischen Volkes eingedrungen, von der jene des Herrschergeschlechts der Přemysliden nicht zu trennen ist. Seit Mitte der 1960er-Jahre wartete das Material eigentlich nur noch darauf, geordnet und redaktionell bearbeitet zu werden. Bernhard ermunterte den Vater mit Nachdruck zu dieser Arbeit, er überredete den anfänglich Zögernden, das Ergebnis auch davon in Buchform zu veröffentlichen. Alfons hatte wieder ein Eisen im Feuer, sein soundsovieltes und wohl sein letztes. Das hundertvier Seiten starke Bändchen mit zitronengelbem Einband erschien 1971, wieder bei dem schon bewährten Wiener Verlag.[18] Es trägt den Titel »Die Przemysliden und der Ursprung des Hauses Stillfried« und weist auch eine Widmung auf: »Meinem jüngsten Enkel Georg Stillfried zugeeignet.«

Heidnisch war der Ursprung und herzoglich. »Stoymir« ist der Name, den wir uns merken müssen: ein Herzog, der die christliche Taufe empfing und eben deshalb das Vertrauen seiner Gefolgschaft verlor. Ein Faksimile seines Bildes ziert den Umschlag des Bändchens; das Original befand sich zweihundert Jahre lang bis zum Zweiten Weltkrieg in schlesischem Familienbesitz. Stoymir wurde aus Böhmen vertrieben und flüchtete nach Bayern, wo er gegen Ende des 9. Jahrhunderts in deutsche Reichsdienste trat, als Burggraf *in partibus Avarorum et Slavorum*, wahrscheinlich auf Veranlassung Kaiser Arnulfs. Bald

---

[18] Alfons Stillfried, Die Przemysliden und der Ursprung des Hauses Stillfried, Dr. G. Borotha-Schoeler, 1971.

hatten ihm die Bayern auch einen neuen Namen verpasst, aus Stoymir war Stillfried geworden: *Stoymirus, quem Bavari immutato nomine Stilfridum appellabant*, heißt es in der Regensburger Chronik über das Jahr 896 und eben diese Hinzufügung wird im 16. Jahrhundert wortgleich vom Olmützer Bischof Dubravius wiederholt, diesmal in der »Historia Bohemiae«. Wollte man Slawen und Awaren daran hindern, in die Ostmark einzudringen, musste man sie spätestens an der March abwehren, jenem Grenzfluss, an dem sich die Burg befand. Auf einem Hügel war sie errichtet, von dem aus, seiner geringen Höhe ungeachtet, man einen weiten Ausblick in die slowakische Landschaft hatte; das prädestinierte den Platz zur Grenzfeste. Dort, wo die Burg gestanden war, vermutlich auf den Trümmern eines römischen Kastells, erhebt sich heute eine Kirche; dem heiligen Georg geweiht, ist sie das Wahrzeichen des Dorfes Stillfried. Der Name ist geblieben, hat mehr als ein Jahrtausend überdauert.

Der herzogliche Flüchtling aus Böhmen ist als Burggraf zu hohen Kriegsehren gelangt. Die Taufe, die ihn der alten Heimat entfremdet hatte, und die Verantwortung für den Schutz der Grenze gegen heidnische Angreifer, die man ihm in seiner neuen Heimat übertrug, das passte zusammen und motivierte, machte einen »neuen Besen« aus ihm. Der kehrte, nein, fegte gut, die andrängenden Reiterscharen bekamen das bald zu spüren. Die Rechnung des Kaisers war aufgegangen. Etwas anderes muss an dieser Stelle erwähnt werden, auch wenn es in der Geschichte Böhmens keine Spuren hinterließ: In seiner heidnischen Vergangenheit hat Stoymir kurze Zeit die Krone Böhmens getragen und der Verzicht auf sie mag schon mit seiner Annäherung an das Christentum zu tun gehabt haben. Die Krone Böhmens! Fast sechshundert Jahre haben die Přemysliden das Land regiert, in ununterbrochener Folge bis zum Jahr 1306, in dem König Wenzel III. in Olmütz ermordet wurde und mit ihm der Mannesstamm des Hauses erlosch. Gab es einen Gedanken, der Alfons in seinen Bann geschlagen und bei seinen Studien und Recherchen vielleicht besonders vorangetrieben hat, sagen wir: einen »Königsgedanken«? Wenn ja, war es wohl die Idee, dass Stoymir ein Přemyslide gewesen sein könnte. Und manches weist in der Tat darauf hin! Trotzdem ließen ihn seine Zweifel nie ganz los. Über das Votum, dass die Zugehörigkeit Stoymirs zum Geschlecht der Přemysliden »sehr wahrscheinlich« sei, ist er in seinem Buch nicht hinausgegangen. Unter Alfons Vorfahren scheint diese Abstammung indessen als genealogisch gesicherte Tatsache gegolten zu haben, denn auf Schloss Neurode hingen lebensgroße Bilder von Přemysl und Libussa, den in die Sage entrückten Stammeltern der Přemysliden, und ein drittes, ebenfalls in Lebensgröße, zeigte Stoymir, den Herzog und späteren Burggrafen an der March. In der zweiten Hälfte des 17. Jahrhunderts hatte sie ein italienischer Künstler gemalt – und zwar im Auftrag von Bernhard II., dem jüngsten Sohn Bernhards I., vulgo »Hiob von Neurode«. Dem Sohn, der als einziges von allen Hiobskindern überlebte, hat das Glück deutlich mehr gelacht als dem Vater. Im Volksmund »der Reiche« genannt, ist er Bauherr so mancher Kirche gewesen. Auf Veranlassung des Prager Erzbischofs Kardinal Harrach, einem Schwager Wallensteins, erhob Kaiser Leopold I. den Kirchenbauer mitsamt seiner ehelichen Nachkommenschaft in den alten Herrenstand des Königreiches Böhmen, das heißt, er bestätigte ihm die uraltadelige Abkunft, was neben anderen Vorrechten mit der sogenannten »Rotwachsfreiheit« verbunden war, während der Ritterstand nur das schwarze Siegel verwenden durfte. Auch ihn, der wieder in rotes Wachs siegelte, finden wir auf der Ahnentafel hinter Alfons Schreibtisch; zwischen zwei uns schon vertrauten Neuroder Gestalten, Patriarch und Hiob, blickt Bernhard II. energisch ins Leere.

Auch wenn die Genealogie in unserer Erzählung nur für die perspektivische Tiefe sorgt, gibt es ein im Anhang zu Alfons Stillfrieds letztem Buch vollständig wiedergegebenes Dokument, das unsere besondere Aufmerksamkeit verdient: eine Urkunde aus dem Jahr 1292, die sich ein halbes Jahrtausend, also bis 1792, im Besitz der Familie befand und seither im Großpriorats-Archiv des Malteser Ordens zu Prag aufbewahrt wird. Darin besiegelte ein Leupoldus von Stillfried als Comthur des Johanniterordens zu Meuwerperge[19], über Vermittlung seines Freundes Leupold von Chuenring, die Beilegung eines Rechtsstreits mit dem Abt des Klosters Melk, bei welchem es um das Schloss Loch in Laa an der Thaya gegangen war. Mit dieser Urkunde konnten Träger des Namens Stillfried den seit Kaiser Karl V. zur Verleihung der Grafenwürde verlangten Nachweis erbringen, dass ein Vorfahre einen Kreuzzug mitgemacht oder zumindest eine Wallfahrt zum Heiligen Grabe unternommen habe. Ein Kommandeur des Johanniterordens, wie sollte der Jerusalem nicht gesehen haben! Und wie sollte jemand in dieser Position nicht Träger eines Namens gewesen sein, dessen Ursprung sich damals schon einige Jahrhunderte zurückverfolgen ließ! Emanuel, der Begründer der österreichischen Linie der Stillfrieds, dachte nie daran, sich auf die Urkunde des Jahres 1292 zu berufen, um die Grafenwürde zu erlangen. Für ihn verhielten sich die Dinge so, dass eine Familie, die schon »oben« war, nicht mehr aufzusteigen brauchte. Die Erhebung Bernhards II. in den alten Herrenstand Böhmens, deren bloß bestätigenden Charakter zu betonen Emanuel nie müde wurde, bedeutete die Gleichstellung der Stillfrieds mit den alten

---

19 Mailberg, das wie auch die im Folgenden angeführten Orte im heutigen Niederösterreich liegt.

böhmischen Geschlechtern, etwa der Martinitz, Kinsky, Waldstein, Czernin, Sternberg oder Slavata. Eben diese Position war dem eigenen Haus verloren gegangen, als seine Mitglieder nach dem Scheitern der Adelsrevolte gegen Kaiser Albrecht I. aus Österreich hatten fliehen müssen. Und wie hätten sie als Flüchtlinge einen Herrensitz ihr Eigen nennen sollen! Erst seit der Belehnung mit Neurode und den umliegenden Gütern erfüllten die Stillfrieds wieder die Voraussetzungen und seit Bernhard II. hatten sie das mit kaiserlichem Siegel auch schwarz auf weiß in der Hand. Emanuel genügte das und keinesfalls wollte er zu den frischgebackenen Grafen gehören, von denen es ihm damals schon allzu viele gab. Auch seine verehrte Herrin konnte er da nicht ganz freisprechen, denn die inzwischen verstorbene Kaiserin hatte sich in dem edlen Bestreben, Verdienste um das Reich exemplarisch zu belohnen, oft in der Wahl der Mittel vergriffen und, wo Orden am Platz gewesen wären, gleich Adelsbriefe ausgestellt. Was also sollte ihm dieser Titel! Doch einer war auf ihn aus, wollte sich zu gerne Graf nennen können: Emanuels Neffe Josef, Sohn seines mit ihm verfeindeten Bruders Michael, der im Ringen um Schlesien für den Preußenkönig Partei ergriffen hatte und damit zum Herrn von Neurode geworden war. Nach dessen Tod bemühte sich Josef um Aussöhnung mit dem Onkel, im eigenen, aber auch in seines verstorbenen Vaters Namen. Wenn schon Spaltung oder Gabelung in österreichisch und preußisch, dann doch ohne Feindschaft zwischen den Linien! Emanuel ergriff gern die Hand des Neffen und es kam zu einem sehr freundschaftlichen Briefwechsel zwischen den beiden. Nur Josefs Vorschlag, der Onkel möge um die Erhebung in den Grafenstand ansuchen – und zwar für beide Linien, sei doch recht eigentlich er als Haupt der Familie und Senior des Hauses anzusprechen, lehnte Emanuel ab. Wir kennen seinen Standpunkt und geduldig setzte er ihn dem Neffen in einer langen Epistel auseinander. Josef verstand den Onkel und gab ihm grundsätzlich recht, aber … Ja, es gab da Prestigegründe, die für den Jüngeren doch noch mehr Gewicht besaßen, wie er dem Älteren gestand. Kurzum, Josef kam selbst um das Reichsgrafendiplom ein und es dauerte keine zwei Jahre, bis Kaiser Franz II. es ihm erteilte. Wie gar nicht anders zu erwarten, war es die Urkunde aus dem Jahr 1292 gewesen, die den Ausschlag gegeben hatte:

Wir Franz II., von Gottes Gnaden erwählter Römischer Kaiser…Wenn Uns von Unserem und des Reiches lieben getreuen Johann Joseph von Stielfried, alleruntertänigst vorgetragen worden, dass er aus einem uraltadelichen Geschlechte abstamme, aus welchem zufolge einer glaubwürdigen Urkunde vom Jahre 1292, Leupold von Stielfried, Johanniter-Ordenskommandeur in Meuwerperge gewesen, … So haben Wir demnach mit wohlbedachtem Muth, gutem Rath und rechtem Wissen, ihm, Johann Joseph von Stielfried, die Kaiserliche Gnade getahn, und ihn samt seinen ehelichen Leibeserben und deren Nachkommen beiderley Geschlechts, absteigenden Stammes, für und für, in den Stand, Ehre, Würde Unserer und des heiligen Römischen Reiches, Grafen und Gräfinnen gnädigst erhoben …

Die korrekte Schreibung von Namen scheint nie die Stärke von Hofkanzleien gewesen zu sein. Wie dem auch sei, was über beschriebenes, schwarz oder rot gesiegeltes Pergament zu sagen war, ist fast zur Gänze gesagt.

Nur noch von drei Urkunden seien immerhin Jahreszahl und Inhalt genannt: 1277 wird die von Cunradus, genannt von Stillfried, mit Zustimmung seines Sohnes Trauslieb verfügte Schenkung der Mühle von Stillfried mit Zubehör an die Johanniter zu Mailberg erwähnt; 1207 ein Hirzo de Stilfrit bei einer Schenkung Herzog Leopolds VI. des Glorreichen an die Pfarre Niederkreuzstetten als Zeuge genannt; 1178 findet man die Grenzfeste an der March als »perg Stillivridi« und die dort residierenden Grenzgrafen als »de perge Stillivridi« bezeichnet. Wo, in noch früherer Zeit, die Urkunden aufhören, sind Geschichte und Legende oft genug nicht mehr auseinanderzuhalten. In solchem Halbdunkel verlieren sich die Spuren der alten Geschlechter. An die Stelle der Urkunde treten das Volkslied, die Mär, die Heldensage, die Fantasie. Auch Vorfahren Alfons Stillfrieds winken aus diesen Nebeln zu uns herüber. Neben Fürst Stylfryd oder Stoymir, dem Vater, Brunsvik, der Sohn. Um sie rankt sich die *Brunsviksage*, in der es an einer Stelle heißt: »Und es war 2 Jahre und 3 Monate nach seines Vaters Tode, gedachte Brunsvik der herrlichen Taten desselben, was er nämlich dem Lande Böhmen Gutes getan und errungen während seiner Lebenszeit. Und er sprach zu seiner Herrin[20]: Ich tue Euch zu wissen, dass ich gedenke, einen Zug zu tun und Ehren zu erwerben meinem Volke …« Wenn man in Prag, von der Kleinseite kommend, den Fuß auf die Karlsbrücke setzt, findet man gleich anfangs, rechts unterhalb der Brücke, auf der Insel Kampa fußend, die Brunsviksäule, unter welcher Brunsviks Schwert liegen soll. Demjenigen, der das Schwert wieder zutage fördert, verheißt die Sage nicht weniger als die Krone Böhmens.

Lassen wir Alfons selbst noch einmal zu Wort kommen, zitieren wir ihn aus der Schlussbemerkung zu seinem Přemysliden-Buch: »Die Geschichte des stillfriedschen Hauses, dieses immerwährende Auf und Ab, ist ein Spiegelbild der Wirren der zentraleuropäischen Geschichte. Ursprünglich unter den Babenber-

---

20 Seine Gattin Neomenia, Tochter des Königs von Neapel.

gern gehörte das Geschlecht der Stillfrieds noch zum Hochadel, sank aber nach der Flucht aus Österreich nach Schlesien (um 1295) zu völlig bedeutungslosen Landfremden herab, um langsam durch Anschluss an König Georg von Podiebrad wieder aufzusteigen, bis es durch die Belehnung mit Neurode 1472 in den alten Herrenstand Böhmens und damit wieder zum Hochadel aufrückt. Durch den Verlust von Neurode, als Folgeerscheinung des 7-jährigen Krieges zwischen Österreich und Preußen, fiel es wieder in den niederen Adel zurück.«

Tatsächlich hat das Haus Stillfried auch nach dem Zeitalter von Neurode nicht zum niederen Adel gehört. Doch was sagen hier schon Präpositionen wie »hoch« oder »nieder«?

Die Summe eines Lebens

Das Leben pflegt nicht in Schönschrift zu schreiben. Es schmiert und verschreibt sich zu oft, streicht durch, klammert ein, bessert nach und verwirft. Nie schreibt es ins Reine. Wie hat Leopardi gesagt? »Ein vollkommener Mensch ist nie groß. Ein großer Mensch niemals vollkommen.« Und Alfons Stillfrieds Lebenslauf ist alles andere als ein Zeugnis kalligrafischer Ebenmäßigkeit. Die vielen Neuanfänge in seinem Leben! Schon der Gymnasiast hatte, nachdem er auf verschlungenen Wegen in eine schulische Sackgasse geraten war, ein zweites Mal von vorn anfangen müssen, um dann aber die im ganzen Land gefürchtete Externistenmatura zu schaffen – und das mit einigem Glanz. Im späteren Leben änderte sich das nicht mehr, die Neuanfänge fügten sich zu einem beinahe frenetischen Reigen. Den ersten eher halbherzigen Schritten einer Beamtenlaufbahn bei den Staatsbahnen folgte ein neuer Anfang als Berufsoffizier, eine Karriere, die Alfons bald genug im Geschützdonner des Ersten Weltkriegs durchlaufen sollte bis zu dessen bitterem Ende, für ihn der Untergang einer Welt, der große Riss. Nach der Katastrophe ein totaler Neuanfang: als rückwärtsgewandter Pessimist in einer gerade erst ausgerufenen Republik, als Arbeitsuchender, endlich als Angestellter, später dann als Kleinunternehmer. Politischer Pessimismus war vorsichtiger Skepsis gewichen, der Ständestaat als das noch immer geringste Übel, als letzte Hoffnung gegen nazideutsche Vereinnahmung des kleinen Landes. Der zweite große Riss: Einmarsch deutscher Truppen in Österreich, Naziherrschaft, Gestapoterror, Berufsverbot für Alfons Stillfried. Der bayerische Cousin als rettender Engel! Die Anstellung bei der Auslandsbriefprüfstelle in der Wiener Taborstraße, unter allen Neuanfängen der gefährlichste. Beförderung zum Abteilungsleiter in der ABP und Übernahme in die Deutsche Wehrmacht im Rang eines Majors. Beide Cousins, der bayerische ebenso wie der österreichische: Offiziere gegen Hitler. Und 1945 der dritte große, der befreiende Riss! Österreichischer Neubeginn, der Wiederaufbau, Alfons als Publizist und politischer Debütant, sein Scheitern. Der letzte große Neuanfang, der als Privatgelehrter und Autor. Alfons' Greisenalter, die letzten Jahre als Witwer und sein Tod ist aufgehoben für das zweite Buch. Bernhard steht dann im Zentrum und seine Geschichte wird den Hauptstrom bilden. Mit ihm soll sich vereinigen, was in dieselbe Richtung fließt, auch der allerletzte Abschnitt im Leben seines Vaters.

– BERNHARD –

»Lebensgang des Bernhard Raimund Alexius Wolfgang Maria Freiherrn von Stillfried und Rathenitz, geboren zu WIEN am 17. NOV. 1925.« So steht es, in Leder gepresst, auf dem Einband des Buches, das ich in der Hand halte. Der Vater, den wir längst als den Chronisten seines Hauses kennen, hat es angelegt und alles darin verzeichnet, was ihm in Bernhards Leben bemerkenswert oder denkwürdig erschien; immerhin, bis 1947 erstrecken sich die Eintragungen. Selbstverständlich war schon für Georg, den älteren Bruder, eine solche Lebensbuchhaltung eröffnet worden und ebenso selbstverständlich sah Alfons dazu keinen Anlass, als er sich schließlich noch Vater einer Tochter wusste. Nicht, dass ihre Ankunft ihm keine Freude gemacht hätte, ganz im Gegenteil! Doch biografischen Aufwand der hier beschriebenen Art trieb man üblicherweise nicht mit Mädchen, nur mit »Stammhaltern« trieb man ihn. Damals.

Es ist ein Horoskop, das im Buch von Bernhards Lebensgang, gleich an der ersten Seite befestigt, die Eintragungen eröffnet. Alice, die Schwester des Vaters, hat es erstellt, wer sonst, man musste sie darum erst gar nicht bitten. Ich blicke auf den solchen Konstellationen dienenden Vordruck, ein kreisförmiges Schema, welches mit Bleistift hineingeschriebene Zahlen und Zeichen bedecken; mit Buntstiften in Blau und Rot gezogene Linien schneiden durch das Rund. Darunter Tabellen, die Winkelgrade und eine Vielzahl astrologischer Symbole enthalten. Nicht weniger rätselhaft, und die Diagnose auf der nächsten Seite: »Die Sonne steht im Skorpion im 2. Haus in Quadrat mit dem Neptun im Löwen ... Der Mond hat ein genaues Halbquadrat mit Jupiter ... Die Venus ist der Herr des Horoskops und steht an der Spitze des 4. Hauses im Steinbock ... Der Saturn steht im Skorpion im 2. Haus in Sextil mit Jupiter und in Trigon zu Uranus ... Das Zeichen der Waage ist aufsteigend ...« Endlich der deutende Text, fast dreieinhalb Seiten lang und nun auch für den astrologischen Laien verständlich: »Im Großen Ganzen ein vorwiegend günstiges Horoskop ...«, doch halt, wir wollen nicht weiterlesen in dieser kosmischen Partitur, noch nicht. Zuvor muss Bernhards Lebensmelodie sich entfalten, an

Deutlichkeit gewinnen. Dann wird es vielleicht Momente geben, in denen wir vergleichend Nachschau halten wollen.

Die Kindheit

An einem Dienstag kam Bernhard zur Welt, im Rudolfinerhaus, der bekannten Klinik im 19. Wiener Gemeindebezirk. Die Stillfrieds wohnten damals in der Billrothstraße, sodass Alfons nur zweimal umzufallen brauchte, um bei Mutter und Kind zu sein. Doch schon am Tag nach der Geburt, sie war leicht vonstattengegangen, konnte er die beiden nachmittags heimholen. Bernhards Gewicht und Größe bilden die erste Eintragung im Lebensbuch: 2,95 Kilogramm, 50 Zentimeter. Aber wir überspringen nun die akribischen Angaben der väterlichen Buchführung über das Wachstum des Sohnes, seine ersten Zähne, den ersten Schnupfen und den ersten Schultag, über die Kinderkrankheiten und dergleichen mehr. Wobei wir noch verweilen wollen, sind die Fotos, die Alfons dann und wann eingeklebt hat: die junge Mutter, auf ihrem Schoß das Söhnlein; dieses dann noch mehrmals, liegend, sitzend, krabbelnd, und eine blonde Haarlocke liegt noch immer zwischen den Buchseiten. Eintragung des Vaters vom Dezember 1927: »Bäri ist der Liebling von allen, weil er so drollig und zutraulich ist.« Ganz besonders zwei Fotos veranschaulichen das auf bezwingende Weise. Das eine Bild zeigt den kleinen Bernhard in einem Paletot, sein Blick ist heiter und sehr angeregt; er steht vor einem Hocker, auf dem Dominosteine ausgebreitet sind. Sein rechtes Händchen greift nach einem der Steine, mit dem linken hält er einen großen Luftballon an der Schnur. Auf dem anderen Bild sieht man ihn in Krachlederner und Walkjanker, sehr unternehmungslustig schaut er in die Welt. Die nächste Fotografie, die einige Seiten weiter ins Auge springt, zeigt diesen neben seinem Bruder Georg stehend. Beide Buben tragen die Uniform der Heimwehrjugend, »Jung Vaterland« war ihr Name und beide haben die Rechte salutierend an die Mütze gelegt, die ein Hahnenschwanz schmückt, sprichwörtlich gewordene Distinktion jenes paramilitärischen Verbandes, der sich »Heimwehr« oder »Heimatschutz« nannte. Ein erster Schatten des Lebensernstes liegt auf diesem Bild; obwohl das salutierende Brüderpaar vor der Kamera nur posiert hatte, »per Hetz« oder »der Gaudee wegen«, wie man in Wien zu sagen pflegt, klebt das Foto nicht zufällig unter einer Eintragung vom Mai 1934, die von der »niedergeworfenen roten Revolution im Februar 34« spricht und Alfons Beteiligung an den Operationen des Heimatschutzes erwähnt. Es ist übrigens das Jahr, in dem Bernhard den

Die Kindheit

Sommer zum ersten Mal nicht zu Hause, sondern zusammen mit Maria, seiner um zwei Jahre jüngeren Schwester, in der Obhut der Neulandschule, einer katholischen Privatschule verbringt.

Doch bevor von Schule und Ferien die Rede sein wird, wollen wir uns ein Bild davon machen, wie das Zuhause der drei Geschwister beschaffen war, was sie in den eigenen vier Wänden trieben, wie sie miteinander umgingen und auch, wie sie sich im erweiterten Familienkreis zurechtfanden. Um gleich damit zu beginnen: Georg, Bernhard und Maria hatten bald herausgefunden, wer von diesen Erwachsenen wirklich auf sie einging und wer, aller Bemühtheit zum Trotz, kein Gespür für Kinder hatte. Die Großmütter standen nicht wer weiß wie hoch im Kurs, väterlicher- wie mütterlicherseits. Alfons Mutter Helene sah ihre Enkel ganz gern bei sich in der Gentzgasse, wenn sie den Sohn oder die Schwiegertochter begleiteten, doch nach einigen freundlichen Erkundigungen von der Art »Wie geht's in der Schule, freut ihr euch schon auf die Ferien?« lenkte sie das Gespräch sogleich in die Erwachsenensphäre zurück. Alys Mutter Anna wohnte in Wien-Mariahilf, in der Schottenfeldgasse, und die Besuche bei dieser Großmutter empfanden die Kinder als noch weniger ergiebig. Zwar hieß sie bei ihnen immer nur »Tante Mutti«, doch ungeachtet dieser kindlichmutwilligen Namensgebung galt die gebürtige Schweizerin, eine Tochter aus der Transportunternehmer-Familie Schenker, allgemein als sehr etepetete. Und das war sie auch, ihrer oft bewiesenen Hilfsbereitschaft zum Trotz. Die Großväter lebten längst nicht mehr, keines der Enkelkinder hatte auch nur einen von ihnen erlebt. Und dann die Schwester des Vaters, Tante Alice! Sie und der Stillfriedsche Nachwuchs wussten nicht viel miteinander anzufangen. Nicht, dass Alice an den Kindern ihres geliebten Bruders keinen Anteil genommen hätte! Jedem von ihnen hatte sie gleich nach der Geburt ein Horoskop erstellt, aber auch finanziell war der Familie vom Ehepaar Morawitz das eine oder andere Mal unter die Arme gegriffen worden. Bernhard und seine Geschwister sahen die Dinge indessen aus ihrem eigenen Blickwinkel. Nie gab es Interessantes mit dieser Tante und auch zum Naschen brachte sie nichts mit, wenn sie zu Besuch kam; sie schwebte eben nur in höheren Regionen. Da waren Schwester und Bruder der Mutter doch aus anderem Holz! Schneite einer von ihnen zur Tür herein, fast nie kamen sie gemeinsam, gab es schon bei der Begrüßung ein großes Hallo. Jeder der beiden brachte stets etwas mit, die Tante vor allem zum Spielen, und der Onkel, selbst ein Gourmand, mit großer Gewissheit Fressalien. So wie zu diesen beiden und aus sehr ähnlichen Gründen flogen die Herzen der Kinder zu Friedl Pick, dem besten Freund ihres Vaters. In seiner ausgedehnten Junggesellenzeit hatte dieser Wahlonkel fast zur Familie gehört.

Bernhard liebte Vanillekipferl über alles und seine Mutter buk die besten. Wenn Weihnachten war, bekam er mehr davon als gewöhnlich; dann pflegte es eine ganze Schuhschachtel zu sein, mit Seidenpapier ausgekleidet und bis zum Rand mit den begehrten Kipferln gefüllt. Einmal verzehrte er den Schachtelinhalt auf einen Sitz noch am Heiligen Abend. Auf Alys vorwurfsvollen Blick meinte dieser nur: »Ich hab's mir nicht zum Aufheben gewünscht.« Doch wenn Bernhard sich etwas sehr wünschte, nahm er die Sache gern auch selbst in die Hand. War der Winter streng, bot sich das Schneeschaufeln an; er und Georg verdingten sich bei der Wiener Stadtverwaltung, die einen fixen Stundenlohn zahlte. So konnten die beiden endlich die Boxhandschuhe kaufen, die vor allem Georg sich in den Kopf gesetzt hatte. Bei den Boxkämpfen, die die Brüder dann veranstalteten, fungierte die kleine Schwester als Schiedsrichterin; nebst einer Trillerpfeife gehörten ein Kübel Wasser samt Schwamm zu ihrer Ausrüstung, zwecks erster Hilfeleistung, wenn Blut floss. Bernhard war überhaupt ein großer Sportler, vor allem liebte er Handball, Leichtathletik und Fußball. Oft spielte er mit Arbeiterbuben aus der näheren Umgebung; wer auf die Frage »Magst mitspielen?« ja sagte, hatte mit dieser Antwort alles Trennende übersprungen, er gehörte einfach dazu. Zum Thema »Sportbegeisterung« findet sich in Bernhards Lebensbuch ein schönes Apropos des Vaters: »Maria erkundigt sich bei Bernhard nach einem an der Wand hängenden Gemälde, wer denn das gemacht habe. Er antwortet: »Ein Künstler.« Maria fragt, was das sei, ein Künstler. Bernhard nach einigem Nachdenken: »Ein Künstler ist einer, der halt sehr gut eintrainiert ist – im Malen.« Jahre später, als er schon die Oberstufe besuchte, begannen die Mädchen, sich nach ihm umzudrehen. Einigen von Marias Mitschülerinnen gefiel es, wenn sie mit ihr in der Pause beisammenstanden, das Gespräch auf Bernhard zu lenken. Kurzum, Maria oder Mariedl oder Maritschi, wie man sie in der Familie auch nannte, wusste es immer aus erster Hand, wenn wieder eine für den Bruder schwärmte. Der aber wehrte nur mürrisch ab, wenn sie ihm das hinterbrachte: »Lass mich damit in Ruh!«

DIE NEULANDSCHULE

»Neuland« war der Name der 1921 gegründeten katholischen Bewegung, in deren Weltbild sich Christentum und gesellschaftlicher Fortschritt nicht nur miteinander vertrugen, sondern notwendigerweise zusammengehörten. »Erneuerung in Christus« lautete das Reformideal, dem der aus engagierten Laien geformte Bund folgen wollte, und zu den Bereichen, auf die er in diesem Sinn

Einfluss nahm, gehörte auch die liturgische Entwicklung in Österreich. Schon in den 1920er-Jahren wurde die heilige Messe bei den Neuländern auf Deutsch gelesen und der Priester las sie dem Volk zugewandt. Auf Pius Parsch, den Klosterneuburger Augustinerchorherrn, ging das zurück. »Neuland«, das war auch der Boden, auf dem Bereitschaft zu selbstlosem Einsatz gedieh. Eine Handvoll Idealistinnen, junge Lehrerinnen, gründeten 1926 einen Kindergarten in Wien, der in einer Baracke des aufgelassenen Grinzinger Kriegslazaretts untergebracht war. Die Kinder kamen aus Elendsquartieren der näheren Umgebung, binnen weniger Tage waren es schon zwölf und die Zahl wuchs ständig weiter. Das Werk der Neuländerinnen, wie sie sich nannten, fand »ganz oben« Beachtung und bald auch Unterstützung; Anna Ehm, ihre Leiterin, wurde von Bundeskanzler Seipel, der selbst Priester war, empfangen und Kardinal Piffl ließ es sich nicht nehmen, den Kindergarten einzuweihen. Es dauerte nur ein Jahr und die Vorschule hatte sich zur Volksschule erweitert. Das war die eigentliche Geburt der Neulandschule, die von da an, getragen von der Begeisterung einer immer größer werdenden Gruppe junger Frauen und Männer, mit dem Heranwachsen ihrer Schüler Schritt hielt, bis sie schließlich alles umfasste: Vor-, Volks- und Hauptschule sowie das Realgymnasium. In der Zwischenkriegszeit waren die Schüler etwa zur Hälfte »Interne«, das heißt, sie wohnten auch in der Anstalt; ein kleinerer Teil war, so wie die Stillfried-Kinder, »halbintern«, also den Tag über dort betreut, und dann gab es noch die »Externen«, die nur am vormittäglichen Schulunterricht teilnahmen. Paula von Preradović, Mutter der beiden Neulandschüler und späteren Widerstandskämpfer Otto und Fritz Molden, hat der Schule ihrer Söhne seinerzeit einen hymnischen Aufsatz gewidmet; er trug den Titel »Ein Jugendreich. Die Neuland-Schulsiedlung in Wien-Grinzing«. Hier nur ein kurzes Zitat: »Wer die Geschichte der Neulandschulgründung verfolgt, den erschüttern vor allem drei Dinge: die unerhörte, märchenhafte Verwirklichung der Träume einiger armer junger Volksschullehrerinnen; die durch keine trockenen Theorien, durch keine festgelegten Pläne vorgezeichnete pflanzenhaft lebendige Entwicklung ihres Werkes; und letztlich das freudige, unbegrenzte, heroische Gottvertrauen, dem sie sich und ihr Tun überließen.« Ihre architektonische Verwirklichung fanden die Träume einiger junger Volksschullehrerinnen in dem Schulbau, den Clemens Holzmeister, der berühmte Architekt, geplant hat. Noch einmal aus dem Lobgesang der Paula von Preradović, Dichterin auch der österreichischen Bundeshymne: »Hier war ein weiter Rahmen, hier war ein prächtiger, moderner Bau mit allen Einrichtungen des Komforts und der Hygiene, hier war vor allem ein völlig verändertes Schülermaterial. Hatte man in der Barackenschule mit armen, vernachlässigten Kindern begonnen, die es nötigenfalls zu kämmen, zu reinigen, aus der eigenen Armut heraus nach Möglichkeit auch zu kleiden und zu speisen galt, so strömte nun eine wohlgenährte, nett gekleidete Kinderschar herbei, deren Eltern den verschiedensten Gesellschaftsschichten angehörten. Die Schicht der Barackenkinder fehlte nun fast völlig, da die Baracken verschwunden waren und ein wohlhabendes Cottage sich an ihrer Stelle zu erheben begann.« Es gibt sie noch heute, diese katholische Privatschule mit Öffentlichkeitsrecht, noch immer beherbergt sie der Holzmeister-Bau in Wien-Grinzing, Alfred Wegener-Gasse 10–12.

Die Sommerferien

Maria und auch Bernhard befanden sich noch im Volksschulalter, als ihre Eltern sie für die Ferien erstmals Erziehern der Neulandschule anvertrauten. Ardagger hieß der kleine niederösterreichische Ort nahe der Donau, in dem die beiden Kinder, in einer bunt zusammengewürfelten Gruppe etwa gleichaltriger Neulandschüler, den Sommer 1934 verbrachten. Am 25. Juli war Bundeskanzler Dr. Engelbert Dollfuß ermordet worden, von nationalsozialistischen Putschisten, und die Nachricht davon drang auch zu den Kindern nach Ardagger. Bernhard hat die Feuer nie vergessen, die ringsum auf den Bergen brannten, als Signale der Solidarität mit dem Ermordeten und der Trauer um ihn, aber auch der Entrüstung. Georg, der damals schon die zweite Klasse Gymnasium besuchte, war von Anfang Juli bis Ende August im Mittelschülerheim des Bundes am Wolfgangsee untergebracht, wo er sich schon im Vorjahr sehr wohlgefühlt hatte. Der Ortsname Ardagger kommt in Bernhards Lebensbuch übrigens auch 1935 noch vor, da aber neben einem anderen niederösterreichischen Ferienplatz, dem »alten vernachlässigten Schönbornschen Schloss Wayerburg bei Hollabrunn«. Die damaligen Besitzer des Schlosses hatten selbst Kinder in der Neulandschule und so war es für sie nahe gelegen, einen Teil der noch intakten Räume für eine Ferienaktion zur Verfügung zu stellen. Das tat damals so mancher, der daheim über die entsprechenden Kapazitäten verfügte. Darunter oft Eltern aus bäuerlichem Milieu, die dem Sohn oder der Tochter eine Ausbildung in der Hauptstadt ermöglichen wollten; nicht selten zeigten sich solche Eltern der Anstalt ihrer Kinder dadurch erkenntlich, dass im Sommer eine Schülergruppe mit Begleitperson bei ihnen Aufnahme fand. So arrangierte man sich im krisengeschüttelten Österreich der Zwanziger- und Dreißigerjahre des 20. Jahrhunderts, wenn man seinen Kindern trotz aller Beengtheit schöne

Ferien bieten wollte, und auch die Stillfrieds machten regelmäßig von dieser Möglichkeit Gebrauch. »Schöne Ferien« bedeutete erlebnisreiche Ferien, denn die Mädchen und Buben hingen nicht gelangweilt herum; die Bewegung in der Natur und ein bisschen Mitanpacken in der Landwirtschaft brachten Abwechslung in ihren Tagesablauf, forderte ihre Kräfte und ihren Ehrgeiz heraus. Den Sommer 1936 leitete ein wichtiges Ereignis ein, Georg und Bernhard wurden gefirmt. Steireranzüge trugen sie zur Feier des Tages, freilich mit kurzen Hosen. Kardinal Innitzer selbst war es, der in der Kapelle der Neulandschule das Hochamt zelebrierte, und von ihm empfingen die beiden den Backenstreich. Georgs Firmpate war Josef Böck-Greissau, der spätere Handelsminister, Bernhards der Industrielle Guido von Maculan. Jeder der beiden Buben bekam ein funkelnagelneues Fahrrad. Von Maculan war übrigens auch Präsident des Österreichischen Touring-Clubs; als solcher hatte er bei der Eröffnung der Großglockner-Hochalpenstraße Anfang August 1935 zur Festprominenz gehört, unter seinen Fittichen auch Georg und Bernhard. Die Osterferien 1936 verbrachten alle drei Kinder mit der Mutter – und zwar im bayerischen Aschau, unweit vom Chiemsee. Die Schwester von Alys Mutter, also auch eine schweizerische Schenker-Tochter, war dort verheiratet gewesen und ihr Witwer, ein pensionierter Beamter, der in seiner Aschauer Villa saß und noch immer für Kaiser Wilhelm II. schwärmte, hatte den österreichischen Verwandten seiner verstorbenen Frau ein günstiges Quartier vermittelt, bei einem Nebenerwerbsbauern, der auch das Tischlergewerbe ausübte. Es waren die ganz seltenen Tage, an denen die Stillfrieds über einen pekuniären Überschuss verfügten. Irgendein alter Rechtstitel, ein stillfriedscher, noch aus dem Schlesischen abgeleiteter, einer mit dem man längst nicht mehr gerechnet hatte, war – wie, weiß heute niemand mehr zu sagen – auf einmal wirksam geworden und etwas davon fiel auch für die österreichische Linie ab, drei- oder viertausend Deutsche Mark. Nur dass dieser im Deutschen Reich fällig gewordene Geldsegen, bevor er nach Österreich weiterfließen konnte, der sogenannten Tausend-Mark-Sperre[1] unterlag, einer von Hitler verfügten Boykottmaßnahme gegen das um seine Unabhängigkeit ringende Land. So blieb nichts anderes übrig, als das Geld in Deutschland auszugeben und Urlaub eben in Bayern zu machen. Den Reichsmarkbetrag dort »verprasst« zu haben, wurde in der Familie zu einem geflügelten Wort, das man nicht ohne schmunzelnde Genugtuung aussprach. Und schließlich war

---

1 Die von Nazideutschland 1933 als Repressalie gegen Österreich eingeführte Tausend-Mark-Sperre wurde durch das zwischen Hitler und Schuschnigg abgeschlossene Juli-Abkommen 1936 rückgängig gemacht.

1936 das Jahr, in dem die Stillfrieds nach allzu häufigem Wohnungswechsel im ehemaligen Winzerhaus am Döblinger Saarplatz eine dauerhafte Bleibe fanden. Die Unterbringung der beiden Buben entbehrte übrigens nicht einer gewissen Romantik. In einem Anbau, den man nur vom Garten aus betreten konnte, hatte jeder von ihnen sein Kabinett; dazwischen führte eine Stiege auf den Dachboden. Im »Junkertrakt«, so hatte Alfons das neue Quartier seiner Söhne getauft, befand sich auch die Waschküche. Die Sommerferien 1937, die letzten ganz und gar österreichischen für längere Zeit, vereinten die beiden Junker in St. Wolfgang; auch Bernhard besuchte ja inzwischen die Mittelschule und im Herbst sollte er in die dritte Klasse aufrücken. Also war das kostengünstige Mittelschülerheim des Bundes am Wolfgangsee nun für Erholung und Ertüchtigung beider Stillfriedsöhne zuständig. Ja, auch die Körperertüchtigung stand dort auf dem Programm, vor allem eine besondere Art von Rudersport. Der Heimleiter war Offizier bei der k. u. k. Kriegsmarine gewesen und die Boote, zwanzig standen insgesamt zur Verfügung, waren nicht etwa von der sportlich-schnittigen Art, sondern ehemalige Rettungsbote von solidester Konstruktion; sie trugen die Namen der Passagier-, Handels- oder Kriegsschiffe, in deren Aufhängungen sie einst geschaukelt hatten, Namen aus Österreichs stolzer Seefahrtsvergangenheit. Das Boot, auf dem Bernhard sich in die Ruder legte, hieß »Viribus Unitis«. Wie gesagt, ein ehemaliger Marineur führte das Heim und so herrschten dort Zucht und Ordnung, was die Ferienfreuden der Buben jedoch in keiner Weise beeinträchtigte. Einmal kam hoher Besuch und alle Heiminsassen, etwa drei- bis vierhundert Mittelschüler, hatten in Reih und Glied anzutreten. Es war Bundeskanzler Dr. Kurt Schuschnigg, dem nach einem Bad in Österreichs Jugend zumute war; er hielt eine Ansprache, die zündend und mitreißend sein sollte. Doch dieser Kanzler, ein wahrer Feuergeist war er nicht!

Der christliche Ständestaat! In seinem Windschatten lebten Stillfrieds, die Eltern ebenso wie die Kinder. Die Repressalien, die dieses Regime für seine Gegner bereithielt, betrafen sie nicht. Menschen wie Alfons und die Seinen gehörten zu den vom System Wohlgelittenen; weder uniformierte noch andere Schnüffler interessierten sich für sie, »ihre Papiere waren in Ordnung«. Wohin das Regime seine Bürger zu drängen entschlossen war und wovon es sie fernhalten wollte, das taten oder unterließen die Stillfrieds aus eigenem Antrieb. Wie hätte ihnen da politische Gängelung besonders ins Auge stechen sollen? In den katholischen Schulen gab es Übereifrige, die den Jugendlichen nachspionierten, ob sie auch ja den Sonntagsgottesdienst besucht hatten. Doch Bernhard und seine Geschwister brauchten sich von derlei nicht angefochten zu fühlen, das Christentum, das sie praktizierten, blieb nicht auf den Sonntag beschränkt.

Und ihrem Vater, ist ihm denn die zum politischen Prinzip erhobene Dorfidylle nie zu viel geworden? Wahrscheinlich erging es ihm so wie vielen anderen Intellektuellen in Österreich, denen angesichts der existenziellen Bedrohung, welcher das Land vonseiten Nazideutschlands ausgesetzt war, die provinzielle Enge des Ständestaates noch das geringste Kopfzerbrechen bereitete.

Das Erste Regiment

Katholische Jugendaktivitäten umsummten die Neulandschule wie einen Bienenkorb und die »Katholische Jungenschaft« gab dort den Ton an. Auch Bernhard und Georg gehörten dazu. Ganz allgemein war dieser Verband, dem deutsch-völkischen Zungenschlag seiner Namensgebung folgend, gebietsmäßig in »Gaue« unterteilt. Der Gau, in dem die beiden eine Zeit lang organisiert waren, hieß »Sankt Georg«, doch einige sagten lieber »Sankt Jörg«. So um die Mitte der 1930er-Jahre gab es in der Neulandschule Zuzug aus Deutschland, das Brüderpaar Erhart. In einer norddeutschen Stadt war der Vater Operndirektor gewesen, doch nationalsozialistischer Rassenwahn hatte ihn aus seiner Position gejagt; indessen besaß der Musiker bereits ein Angebot aus Übersee. Vorerst befand sich die Familie in Österreich und damit in Sicherheit. In Wien-Landstraße hatte man Wohnung genommen und in der benachbarten Kundmanngasse besuchten die Buben das Gymnasium. Dort lernten sie den Studenten Fritz Hansen-Löve[2] kennen, Sohn eines dänischen Offiziers, der seinerzeit aus freien Stücken zur k. u. k. Armee gegangen war, und einer österreichischen Krankenschwester. Im Lazarett wurden viele Ehen gestiftet. Fritz hatte eine Jugendgruppe gegründet und ihr den Namen »Das Erste Regiment« gegeben. Die Brüder Erhart gingen dazu und auch, als sie nach des Vaters Abreise mit ihrer Mutter nach Kaasgraben übersiedelt und in der Neulandschule angemeldet worden waren, hielten sie treu zu Hansen-Löve. Besonders Hermann, der ältere von beiden, begann unter den neuen Mitschülern für das »Erste Regiment« zu werben und die Brüder Stillfried gehörten zu den Ersten, die er ihrem Gau abspenstig und zu Regimentskameraden machte. Bald an die fünfzehn gab es davon unter den Neulandschülern, auch Fritz Molden gehörte dazu,

---

2 Fritz Hansen-Löve war ein österreichischer Widerstandskämpfer, der nach dem Zweiten Weltkrieg als Publizist und Essayist wirkte; Mitbegründer der Kulturzeitschriften »Wort und Wahrheit«, »Forum« und »Wiener Journal«; als ORF-Journalist schuf und gestaltete er die legendäre Fernsehreihe »Der Fenstergucker«.

und Spannungen zwischen den Sankt Jörglern und den Abtrünnigen blieben auf die Dauer nicht aus. Eine Besonderheit des »Ersten Regiments« bestand in seinem Liederschatz. Es bevorzugte Lieder anderer Länder, solche aus ganz Europa, vor allem aber aus seinem slawischen Osten: russische, ukrainische oder bulgarische etwa. Gern, oft und laut sangen die Burschen diese Lieder und Hermann, musikalisch begabt, wie er war, machte den Chorleiter. Sehr bewusst hatte Friedrich Hansen-Löve in seiner Gruppe den fremdländischen Gesang begünstigt, als Kontrapunkt zu der gerade damals überhandnehmenden Deutschtümelei, als durchaus gewollte Provokation. Doch ohne Hermann hätte man das nicht in die Tat umsetzen können. Unvergesslich blieb Bernhard die »größere Perscherei«, so seine Worte, die damals bei Schloss Wildeck im Wienerwald ausgefochten wurde. Manches dunkelblau angelaufene Auge, etliche blutige Nasen, die eine oder andere geschwollene Lippe. Auf einem von allen Gauen beschickten Zeltlager war es zu einer Auseinandersetzung zwischen Deutschnationalen und österreichisch Gesinnten gekommen. Ganz in ihrer Hand hatten Letztere nur einen der Gaue, »Graues Corps« war sein Name, und zu diesem gehörte auch das »Erste Regiment«. Am Morgen nach der Schlacht brach die österreichische Partei die Zelte ab, das »Graue Corps« also und mit ihm das »Erste Regiment«. In geordnetem Abmarsch entfernten sie sich, Fritz Hansen-Löves Leute unter Absingen eines Kosakenliedes. Erst am Vorabend des deutschen Einmarschs, als Fritz bei einer Sitzung im Zentralbüro der »Katholischen Jungenschaft« auf dem Wiener Judenplatz ein Zusammengehen mit Sozialisten und Kommunisten forderte, gemeinsam mit ihnen müsse man auf die Straße, stellte sich heraus, dass die Vereinsleitung der »Katholischen Jungenschaft«, ohne zu fragen, auch die Österreichtreuen bei der illegalen Hitlerjugend angemeldet hatte. Fritz verbat sich diese Vereinnahmung, erklärte sie für nichtig und kündigte an, dass das »Erste Regiment« Schulter an Schulter mit allen Gegnern Nazideutschlands und also auch mit den österreichischen Kommunisten gegen den »Anschluss« demonstrieren werde. Der Bruch war endgültig.

Es ist der Moment, sich jenes Herrenabends am Saarplatz zu erinnern, zu dem Alfons Mitte Februar 1938 seine jüdischen Freunde gebeten hatte. Bernhard, noch keine dreizehn Jahre alt, war im Nebenzimmer Ohrenzeuge der Argumente seines Vaters geworden, die dessen ehemalige Kriegskameraden davon überzeugen sollten, sich unverzüglich vor der braunen Flut ins Ausland zu retten. Kurz zuvor war Bundeskanzler Dr. Kurt Schuschnigg unverrichteter Dinge und gedemütigt aus Berchtesgaden zurückgekehrt. Letztes Aufbegehren des Eingeschüchterten: Er hält Reden, appelliert an das Volk. So am 24. Februar in Wien vor der ständestaatlichen Bundesversammlung: »Die Regierung erachtet es als ihre erste und selbstverständliche Pflicht, mit allen ihren Kräften die unversehrte Freiheit und Unabhängigkeit des österreichischen Vaterlandes zu erhalten.« Und der Kanzler schließt mit den Worten: »Rot-weiß-rot bis in den Tod!« Am 9. März spricht Schuschnigg in Innsbruck; dort verkündet er die Abhaltung einer Volksbefragung, die schon für den 13. März anberaumt ist. Die Österreicher sollen über ihre Unabhängigkeit selbst entscheiden. Diesmal schließt er, in Anspielung auf den Tiroler Freiheitskampf von 1809, mit dem Ruf »Mander, 's ischt Zeit!« Beide Reden wurden vom Rundfunk übertragen und beiden haben alle Mitglieder der Familie Stillfried gelauscht, entweder zu Hause vor dem Radio sitzend oder in öffentlichen Ansammlungen vor den Lautsprechern, die auf dem Heldenplatz oder auf der Ringstraße angebracht waren. Natürlich wurde das »Erste Regiment« mitgerissen von der angeheizten Stimmung dieser Märztage des Jahres 1938, doch lassen wir Bernhard selbst erzählen: »Wir waren jeden Tag auf der Straße, um für ein Ja für Österreich und gegen den Anschluss an Deutschland zu demonstrieren. Noch am 11. März, dem letzten Tag des freien Österreich, demonstrierten wir auf der einen Seite der Kärntner Straße zusammen mit anderen Patrioten, zu denen auch Kommunisten gehörten, und schrien uns für Österreich heiser; auf der anderen Straßenseite die Nazis mit ihren Sprechchören ›Ein Volk, ein Reich, ein Führer‹ und dazwischen berittene Polizei, um Straßenschlachten zu verhindern und die feindlichen Lager auseinanderzuhalten. Am Abend des 11. März war alles aus; nach der Abschiedsrede Schuschniggs ›Wir weichen der Gewalt‹ – Gott schütze Österreich‹ weinte ich die halbe Nacht. Meine Heimat Österreich gab es nicht mehr, von Deutschland ausgelöscht!« Alfons Stillfried ergriff die Gemütserregung seines Sohnes sehr, er notierte in dessen Lebensbuch: »Während er noch am 11. März mit ›Österreich‹-Rufen und ›Rot-weiß-rot bis in den Tod‹ durch die Straßen bis in die Nacht hinein marschierte, wird gleich darauf alles, was ihm bisher als hoch und heilig galt, in den Schmutz gezogen. In der Nacht des Umbruchs murmelt er noch im Schlaf mehrere Male: ›Rot-weiß-rot bis in den Tod‹.«

Ein Umbruch war es in der Tat und im gewalttätigsten Sinn dieses Wortes. Zu den vielen Dingen, die es bald nicht mehr gab, gehörte auch die private Neulandschule. Obwohl die Bewegung, von der sie getragen wurde, ursprünglich dem deutschen Volkstumsgedanken, wenn auch mit erklärtermaßen christlichem Zugang, nahe gestanden war, hatte diese als erster katholischer Verein öffentlich erklärt, dass die Mitgliedschaft bei Neuland mit dem Nationalsozialismus unvereinbar sei. Nun war man, gleich nach dem »Anschluss«, folgerichtig zur Selbstauflösung des Vereins geschritten, der Nazianfälligkeit eines Teils der Neulandschüler ganz ungeachtet. Bis zur Neugründung der Schule im befreiten Österreich sollten ganze zehn Jahre vergehen. Zweier Schul- und Regimentskameraden der Stillfried-Buben sei aber an dieser Stelle noch einmal Erwähnung getan, der Gebrüder Erhart. Sie blieben an der Seite ihrer »arischen« Mutter auch unter den neuen Machthabern unbehelligt, zumal sich der jüdische Vater bereits in weiter Ferne befand. Herr Erhart hatte inzwischen die Leitung des Opernhauses von Buenos Aires angetreten und dorthin ließ er die Seinen später auch nachkommen, so Anfang 1939 muss das gewesen sein. Bis dahin aber trafen die Erhart-Söhne weiterhin mit den Stillfrieds und anderen Burschen des »Ersten Regiments« geheim in Privatwohnungen zusammen, um neue Pläne zu schmieden, und täglich betraten sie Clemens Holzmeisters Schul- und Internatsbau in Wien-Grinzing, nur dass es nicht mehr die Neulandschule war, sondern die Staatliche Oberschule, deren Lehrkörper nun unter der Leitung eines strammen Parteigenossen stand. Dieser Josef Hofer, von den Schülern schlicht »Peppi« genannt, hatte sich bereits bei der illegalen Hitlerjugend verdient gemacht, weshalb auf dem Revers seines Jacketts neben dem Parteiabzeichen auch das Goldene HJ-Abzeichen blinkte.

Dem schlimmen Frühjahr folgten ein Sommer und ein Herbst, die nicht weniger schlimm waren, vor allem für die Juden. Über sie brach innerhalb weniger Monate, fast wie in einem Zeitraffer, all das herein, was im »Altreich«, um den Grad widerwärtigster Vollendung zu erreichen, mehrere Jahre Zeit gehabt hatte: Verhöhnung, Anpöbelung, Entrechtung, Freiheitsberaubung, Plünderung, Mord, Totschlag und tagtägliche Demütigung derjenigen, die, vorderhand wenigstens, mit dem Leben davon gekommen waren. Auch die Menschen, die das neue Regime aus politischen Gründen zu seinen Feinden zählte, hatten einen schweren Stand. Alfons Stillfried gehörte dazu. Trotzdem ging das Leben irgendwie weiter und Alfons Stillfried zerbrach sich den Kopf, wie er seinen Kindern dabei behilflich sein könnte, den Sommer 1938 einigermaßen sinnvoll zu gestalten. Georg, mit dem es im Gymnasium schon die längste Zeit nicht recht geklappt hatte, trat gleich im Juli als Praktikant in die Werkzeugmaschinenfabrik Krause ein; die Stillfrieds waren mit Krauses seit Längerem befreundet. Dieses Praktikum sollte der Vorbereitung auf die Aufnahmsprüfung für die Höhere Technische Lehranstalt dienen. Tatsächlich, das sei vorweggenommen, bestand Georg die Prüfung dann im Herbst. Seinen Ältesten hatte Alfons also fürs Erste versorgt und Maria, die Jüngste, blieb diesen Sommer bei den Eltern. Bernhard aber wollte endlich auch einmal dabei sein, wenn das »Erste Regiment« eine seiner abenteuerlichen Auslandsfahrten unternahm. Bei den Neulandschülern, die zu Friedrich Hansen-Löves Mannen gestoßen waren, gab Hermann Erhart den Ton an. Unter seiner Leitung hatten sie im Vorjahr Bulgarien durchstreift und von dort so manchen wilden Soldatengesang mit nach Hause gebracht, der nun ihren Liederschatz bereicherte. Diesmal aber sollte es nach Albanien gehen! Zunächst galt es, den Behördenweg dorthin zu ebnen. Wer der Zwangsbeglückung in einem HJ-Sommerlager durch eine Reise ins Ausland entgehen wollte, brauchte ein Ausreisevisum und das bekam er nur, wenn er beweisen konnte, dass es im Ausland jemanden gab, der ihn eingeladen hatte. Alfons besorgte so ein Einladungsschreiben für die ganze Gruppe – und zwar von Verwandten, die in Fiume lebten. An einem der ersten Julitage brachen sie auf, acht Mann. Hermann Erhart war wieder dabei und Bernhard zum ersten Mal; mit seinen knapp zwölf Jahren war er der Jüngste in der Gruppe, die sich übrigens »Korporalschaft« nannte. Da man sich, wo immer es ging, per Autostopp fortbewegen wollte, blieb der Haufen unterwegs im Regelfall durch vier dividiert; zu zweit wurde man eher von jemandem mitgenommen. Am ersten Etappenziel, ein Kloster in Laibach war das, kamen alle acht wieder zusammen. Vorzugsweise suchten sie ihr Nachtlager in Klöstern, aber auch in Kasernen nahm man sie freundlich auf und wenn sich nichts anderes bot, nächtigten sie im Schlafsack auf freiem Feld. In Split hatte Bernhard den ersten Schwips seines Lebens. Die Kameraden gaben ihm Wein zu trinken und redeten ihm ein, es sei Fruchtsaft, was ja nicht ganz gelogen war. Berni, wie sie ihn im Regiment auch nannten, kam an diesem Abend ordentlich in Fahrt und die Runde hatte ihren Spaß mit ihm. Die Reise nach Dubrovnik legten sie alle zusammen in einem »blütenweißen Küstendampfer« zurück. Noch der Fahrtenbericht, den einige von ihnen nach der Rückkehr verfassten, schwärmt davon in den höchsten Tönen. Nicht nur von Heiterem oder irgendwie Abenteuerlichem, wie etwa von der trotz listigen Feilschens missglückten Anschaffung eines Esels, ist da die Rede, sondern auch von Strapazen, die sie auf öden Märschen durchmachen mussten: »Staubweiße, gewundene Straßen, fast schattenlos. Und die Hitze ist unerträglich roh, unerbittlich ... Versunken in irgendwelche Gedanken, trotten wir die grelle Straße entlang, die sich irgendwo flimmernd im Gebirge verläuft ... Große Grillen lärmen ohne Unterlass, fast unerträglich laut.« Später, als sie schon in Albanien sind, erzählt der Bericht von einer Busfahrt durch Malariagebiet: »Ringsum klappert alles. Nur der Motor heult. Das Hemd des kleinen Soldaten, der schüchtern am Boden hockt, ist ein einziger Schweißfleck. Unsere nackten Knien kleben schmerzhaft und fest aneinander, so gepresst sitzen wir ... Und immer wieder Halt, und immer wieder noch werden Leute in den ächzenden Wagen gepfercht ... Auch das Dach des Autos ist voll gedrängt mit Menschen, Tieren und Gepäck ... Der Gestank von Schweiß und Urin wird immer durchdringender ... Es schlägt Mittag, die Gespensterstunde des Südens.« Doch zwischen den Strapazen da und dort Momente der Hochstimmung: »Wir Jungen fühlen uns unbändig frei und stolz.« Aber es gibt auf dieser Fahrt auch wirkliche Stimmungstiefpunkte. Vor allem wenn sie, etwa weil ein Kamerad sich den Fuß verletzt hat und vorübergehend marschunfähig ist, eine unfreiwillige Rast einlegen müssen, zwei oder drei Tage lang. Dann sinkt die Moral: »Krankheiten, kleine Übel und Verfall machen sich bemerkbar ... Befehle werden widerwillig und schlapp ausgeführt ... In dieser bedrückenden Zeit fühlen es alle, wenn auch undeutlich, dass sich die Korporalschaft in zwei Gruppen gespalten hat.« Das war in Hercegnovi an der Bucht von Kotor gewesen, doch auch in Albanien, dem eigentlichen Bestimmungsland der Fahrt, gibt es ein Tief während zweier Tage in einem Franziskanerkloster: »Diese gleichgültigen Ruhetage in Skutari sind Zerfall. Die Horde löst sich in einzelne eigensinnige Individuen auf.« Dazwischen aber erhebende Erlebnisse, etwa die Gastfreundschaft eines Bergbauern. Alles, was er geben kann, setzt er ihnen vor: Maisbrot und einen Krug Wasser. Die Burschen empfinden es als Festmahl. Oder die jugoslawischen Gendarmen, denen sie auf einer Passstraße begegneten: »Sie teilen ihr Frühstück mit uns. In der einfachen roh gezimmerten Wachstube hocken sie, schwarzbraune Riesen in sauberen kleidsamen Uniformen, und lachen. Beim Lachen zeigen sie blendendweiße Zähne, und in den dunklen Augen sprüht ein lustiges Feuer. Wir brauchen keine Worte, um uns zu verständigen. Wir verstehen uns auch so, Jungen und Soldaten.« Dann endlich Tirana: »Balkanstadt: Urbild aller Städte! Hütten zwischen vergoldeten Palästen ... Elegante Herren, etwa Offiziere, und geschminkte Damen wandeln über Abgründe der Armut. Doch viele der abgerissenen Zigeunermädchen, die ihnen ehrfürchtig aus dem Weg treten, sind viel schöner als sie ... Von tausend Minaretten ruft der Muezzin.« Die Albanienfahrt nähert sich ihrem Ende. Nur Durazzo, den Hafen, müssen sie noch erreichen; von dort bringt sie ein Handelsschiff nach Rijeka und da endet der Fahrtenbericht, denn nun zerfällt die »Korporalschaft«. Mehr als 2.500 Kilometer haben sie auf ihrer Fahrt gemeinschaftlich zurückgelegt, per Autostopp, auf dem Schiff, mit dem Motorboot, in klapprigen Bussen. Und über weite Strecken sind sie marschiert. In Rijeka gingen sie auseinander, einzeln oder zu zweit schlugen sie sich dann nach Hause durch, der erst zwölfjährige Bernhard mit Hermann Erhart; dieser hatte Alfons Stillfried in die Hand versprechen müssen, den Sohn gesund zurückzubringen.

Die Seeschlacht bei Lepanto

Eine Weile hat sich der Herbst noch als Spätsommer getarnt, jetzt gibt er sich keine Mühe mehr. Man schreibt den 7. Oktober 2007, der auf einen Sonntag fällt. Meine Frau und ich nehmen den Vormittagsaperitif in unserer Lieblingsbar an der Piazza Leopardi. Als sie uns den Weißwein einschenkt, macht Graziella eine halbe Bemerkung über den *giorno della festa*.

Meint sie einfach den Sonntag oder ein besonderes Fest? Ja, etwas Besonderes; ein großer Sieg werde heute gefeiert, mehr aber kann die Barfrau nicht sagen. Doch auf dem Heimweg treffen wir Don Ubaldo, den Stadtpfarrer von Recanati, und er gibt uns bereitwillig Auskunft.

Die Seeschlacht von Lepanto werde da gefeiert, der Sieg der Christenheit über die Türken, geschehen am 7. Oktober 1571. Papst Gregor XIII. habe dieses Fest eingeführt, zunächst für die Kirchen, in denen sich ein Rosenkranzaltar befand, zumal man den glorreichen Sieg sehr wesentlich der Macht des Rosenkranzgebetes zuschrieb; später sei das Fest dann auf die ganze Kirche ausgedehnt worden. Also Lepanto! Seeschlacht, mit der sich aus dem Geschichtsunterricht noch ein anderer Name verbindet, der des siegreichen Admirals: Don Juan d'Austria.

7. Oktober, das Datum hält uns noch fest. Jetzt ist es die Jahreszahl 1938, die wir dahinter setzen. Zu dieser Wiederkehr der Seeschlacht von Lepanto, übrigens der 367., hatte die katholische Kirche Wiens ihre Diözesanjugend aus allen Pfarren zu einem Abendgottesdienst in den Stephansdom eingeladen. Ein mit Vorbedacht ausgewähltes Datum und eines mit bewusst knapp kalkuliertem Risiko. Nach der schweren Blöße, die sich der Kardinal und seine Bischöfe mit der emphatischen Begrüßung der Annexion Österreichs (»Heil Hitler«) gegeben hatten, schien nun ein korrigierender Akzent das Gebot der Stunde. Ein kraftvolles Zeichen wollte man geben mit diesem Rosenkranzfest: dem eigenen Anhang, den Gläubigen also, vor allem der Jugend, dass man sich nicht versteckte, aber auch dem nationalsozialistischen Feind, über den man sich keine Illusionen mehr machte. Obwohl die Ankündigung kirchlicher Veranstaltungen, sei es durch Anschlag am Brett, in Zeitungseinschaltungen oder von der Kanzel, unter dem Naziregime verboten war, ging die Nachricht von der für den 7. Oktober angesetzten Feier wie ein Lauffeuer durch Wien. Als der Tag da war, kamen sie zu Tausenden. Lassen wir Bernhard selbst weitererzählen:

Eng gedrängt standen sie dann im Dom, und man spürte das Verlangen dieser jungen Menschen, sich mit ihrer bedrängten Kirche zu solidarisieren, aber auch die Hoffnung auf ein klärendes Wort war ihren Gesichtern abzulesen; sie wollten, dass ihnen in dieser schlimmen und verworrenen Zeit eine klare Richtung gewiesen werde. Mein Bruder und ich hatten zusammen mit einigen Freunden in einer Ecke beim Choraufgang gerade noch einen Stehplatz ergattert, als schon eines der bekannten Kirchenlieder angestimmt wurde; weitere folgten und alles sang mit. Kardinal Innitzer zelebrierte die Messe, der Jugendseelsorger hielt die Predigt. Als das Rosenkranzfest dann an seinem Ende angelangt zu sein schien, bestieg der Kardinal die Kanzel; das war nicht vorgesehen gewesen, wir fühlten es genau. Das Vertrauen und die Begeisterung so vieler junger Menschen hatten ihn sichtlich ergriffen. Er begann mit den Worten »Unser Führer ist Christus, unser König«. Wir empfanden die Wahrheit dieses Satzes – und verstanden die Anspielung. U n s e r Führer war Hitler wirklich nicht! Freudige Zustimmung erfüllte den Dom. Nach der Stegreifansprache des Kardinals, während welcher wir an seinen Lippen gehangen waren, sangen wir »Großer Gott, wir loben Dich« und »Auf zum Schwure«. Groß war das Gedränge beim Verlassen der Kirche, denn alle wollten ihrem Erzbischof auf dem kurzen Weg in sein Palais das Geleit geben. Niemand von uns wollte schon nach Hause gehen, noch zu erfüllt waren wir von dem gerade Erlebten. Wir verweilten von dem Erzbischöflichen Palais, und unsere Lieder wechselten sich mit Sprechchören ab: »Wir wollen unsern Bischof sehn« oder »Wir danken unserm Bischof«. In unsere aufrichtige Verehrung für Innitzer mischte sich ironische Anspielung auf das Nazigebrüll. Die von uns skandierten Sätze klangen ganz ähnlich wie dieses, nur das Wort »Führer« war durch das Wort »Bischof« ersetzt. Ja, wir wollten unseren Bischof sehen, und der zeigte sich dann auch am Fenster und winkte uns zu, sodass erneuter Jubel ausbrach. Einige Dutzend Hitlerjungen tauchten auf und versuchten zu stänkern, doch sie wurden abgedrängt; die kecksten unter ihnen bezogen auch Prügel. Das Regime war auf diese Massenkundgebung nicht vorbereitet gewesen, auch zufällige Passanten hatten ihren Augen nicht getraut. Dass so etwas unter Hitler noch möglich war! Erst spätabends traten mein Bruder Georg und ich an diesem 7. Oktober den Heimweg an.[3]

Schon einen Tag später schritt das Naziregime zur Vergeltung. Es ließ Jugend auf Jugend antworten; wo noch am Vorabend die Diözesanjugend ihrem Bischof zugejubelt und gleichzeitig die braunen Parolen persifliert hatte, beherrschten jetzt abkommandierte HJ-Horden den Stephansplatz. Sie stürmten das erzbischöfliche Palais, schlugen alles kurz und klein, drangen in die Privatgemächer Innitzers, der im letzten Moment in Sicherheit gebracht werden konnte. Die aus den Fenstern geworfenen Möbel, Gerätschaften und Kleidungsstücke bil-

---

3 Bernhard Stillfried: Unser Führer war Christus. Wiener Zeitung, 4. Oktober 2008.

deten bald einen Scheiterhaufen, den sie mit einem Bild des Kardinals krönten und in Brand steckten. Dann zogen sie johlend zum Curhaus gegenüber; ihre Anführer waren unterrichtet, dass dort der Jugendseelsorger seine Räume hatte. Auch hier verschafften sie sich gewaltsam Zutritt; sie wurden eines der Kuraten habhaft und warfen ihn aus dem Fenster; den Schwerverletzten ließen sie unten liegen. Wie immer reagierten die Nationalsozialisten mit brutalster Härte. Kurz nach dem »spontanen Akt« der HJ trat die Gestapo in Aktion, sie nahm eine größere Zahl katholischer Jugendführer fest, einige von ihnen kamen ins KZ. Auch die Gauleitung der NSDAP wollte nicht zurückstehen, in einer Massenkundgebung auf dem Heldenplatz stellte sie braunen Antiklerikalismus zur Schau: Unter dem Beifallsgebrüll von etwa zweihunderttausend Teilnehmern wurde Wiens Erzbischof als »Verräter an Volk und Führer« beschimpft.

Vaters bayerischer Cousin

Über dem trüben Horizont der Familie Stillfried erschien in diesem Herbst ein rettender Engel, der, obwohl er die Uniform eines Obersten der Deutschen Wehrmacht trug, nichts von einem Preußen an sich hatte. Rudolf Marogna-Redwitz hieß er und war ein bayrischer Graf, um ein Eck mit dem Vater verwandt, Cousin zweiten Grades. Aus Berlin hatten sie ihn nach Wien geschickt und nun saß er im ehemaligen Kriegsministerium am Stubenring und war ein ziemlich mächtiger Mann, Oberst und Leiter der deutschen Abwehr für Südosteuropa. Bernhard wusste es vom Vater und er spürte, dass das Auftauchen dieses Verwandten für sie alle von einiger Bedeutung war. Die verhaltene Freude, die sich auf den Gesichtern der Eltern zeigte, teilte sich auch den Kindern mit. Nach schlimmen Monaten war in das Haus am Saarplatz die Hoffnung zurückgekehrt, irgendetwas begann sich zum Besseren zu wenden. Als dann der Winter herankam, blieb aus, wovor sich Aly in diesem Jahr insgeheim schon manchmal gefürchtet hatte: traurige Weihnachten in niedergedrückter Stimmung. Doch das war noch vor Rudolf Marognas Ankunft gewesen. Nun, da es wieder aufwärtszugehen versprach, wurde es auch im Schicksalsjahr 1938 ein frohes Fest. Schon bald nach den Feiertagen verließ der Vater eines Morgens das Haus, um zur Arbeit zu gehen. »Auslandsbriefprüfstelle der Wehrmacht« hieß das Büro, in dem ihm der bayrische Cousin einen Posten verschafft hatte. Das von der Gestapo über Alfons Stillfried verhängte Berufsverbot war aufgehoben. Welche Arbeit den Vater in der Taborstraße erwartete, wussten weder Bernhard noch Georg so genau und Maria mit ihren elf Jahren erst recht nicht, doch offenbar hing alles mit seinen Sprachkenntnissen zusammen, immerhin konnte er Ungarisch und auch Tschechisch. Und der Onkel aus Bayern war sein oberster Chef; Georg und Bernhard kannten ihn schon persönlich, denn der Vater hatte sie einmal mitgenommen, als er den Cousin am Stubenring besuchte.

Im Sommer des Jahres 1939, dem für lange Zeit letzten im Frieden, fand sich noch einmal eine Gruppe junger Leute zusammen, die sich, allem politischen Zwang zum Trotz, noch immer als Kameraden des »Ersten Regiments« verstanden. Nun sollte es nach Ungarn gehen und diesmal waren beide Stillfried-Söhne mit von der Partie. Nochmals kümmerte sich ihr Vater um die behördlich geforderte Einladung aus dem Ausland für alle Burschen; außerdem stattete er sie mit nützlichen Adressen aus, denn Ungarn war ja Alfons zweite Heimat, in der er Verwandte und Freunde besaß. Diese Ungarnfahrt verlief, was Strapazen und Entbehrungen betraf, recht harmlos und dies ganz besonders im Vergleich zur Albanienfahrt des Vorjahres. Hinzu kam noch die sprichwörtliche Gastfreundschaft der Menschen dieses mit allem Nahrhaften gesegneten Landes. Im Übrigen aber griffen die jungen Leute auf genau die gleichen Techniken zurück, derer sie sich schon früher mit einigem Erfolg bedient hatten: getrennter Anmarsch, paarweise und möglichst per Autostopp, Vereinigung der Mannschaft an jedem Etappenziel und so weiter. Neben privaten Unterkünften, die Alfons Stillfried an verschiedenen Orten vermittelt hatte, nächtigten die Kameraden auch auf dieser Fahrt mitunter in Klöstern und Kasernen, manchmal auch unter freiem Himmel.

Krieg!

Am 1. September 1939 überfiel Deutschland Polen. Bernhards Vater hatte einige Augenblicke lang gefürchtet, dass Briten und Franzosen auch diesmal klein beigeben würden, so wie in den Fällen Österreichs und der Tschechoslowakei. Doch als die beiden Westmächte nun Ernst machten und sich als mit Nazideutschland im Kriegszustand befindlich erklärten, da legte Alfons Stillfried ein Verhalten an den Tag, das sich seinem jüngeren Sohn für immer einprägen sollte. Während innerhalb der Grenzen des Deutschen Reichs die allermeisten Menschen, die ja das Grauen des Ersten Weltkriegs noch nicht vergessen hatten, zutiefst erschraken, als sie verstanden, dass soeben der Zweite Weltkrieg ausgebrochen war, atmete Bernhards Vater erleichtert auf. Für ihn bedeutete der Kriegseintritt Großbritanniens und Frankreichs, dass die Sache für Hitler schon verloren war. Er schickte seinen Jüngeren um die beiden letzten Flaschen

Champagner in den Keller. Nach dem Abendessen richtete er einige Worte an seine Familie und an ein paar eilig dazu geladene Freunde. Die nächste Zeit werde schrecklich werden, sagte er, aber nach ein paar Jahren sei alles vorbei und das österreichische Vaterland werde in Freiheit wiedererstehen. Auf Hitlers Niederlage erhob er sein Glas.

So wie sein älterer Bruder Georg hatte auch Bernhard in der Schule manchmal mit Schwierigkeiten zu kämpfen, nur dass der jüngere es doch immer noch schaffte, in die nächste Klasse aufzusteigen. Jetzt aber, im Schuljahr 1939/1940, das praktisch mit dem ersten Kriegsjahr zusammenfiel, stand er plötzlich in Latein auf schwachen Füßen. Doch da gab es »Onkel Mingo«, der sich, seit ihn die Nazis als Juden aus dem Amt gejagt hatten, zu Hause langweilte. Von Dr. Ewald Mayer, einem Freund des Vaters aus der nächsten Nachbarschaft, ist die Rede, der bis zum März 1938 Ministerialrat in der damals dem Bundeskanzleramt unterstellten Generaldirektion für die öffentliche Sicherheit gewesen war. Mit seiner »arischen« Frau, die Bernhard und seine Geschwister Tante Hexi nannten, lebte er sehr zurückgezogen, zunächst noch in der großen schönen Wohnung auf der Grinzingerstraße, in der wunderbarerweise auch ein Billardtisch stand. Onkel Mingo, der von der eigenen Schulzeit noch erstaunlich viel behalten hatte, erklärte sich mit Vergnügen bereit, Bernhard Lateinunterricht zu erteilen, das natürlich für Gotteslohn. Privatlehrer und Schüler nahmen die Sache nicht tierisch ernst, jedes Mal nach dem Unterricht gönnten sie sich eine Partie Billard. Zu eben diesem Zweck schaute auch Alfons ab und zu bei dem Freund vorbei. Im Übrigen hatte ja auch er, aber das lag schon lange zurück, zusammen mit seinem Nachhilfelehrer am Billardtisch Erholung gesucht. Onkel Mingos Nachhilfe schlug gut an, Bernhards Lateinnoten besserten sich zusehends. Dr. Ewald Mayer überstand die Nazizeit einigermaßen unbehelligt, zwar vertrieb man das kinderlose Ehepaar im zweiten Kriegsjahr aus seiner geräumigen Döblinger Wohnung, doch ein alter Freund, für den das durchaus nicht ungefährlich war, nahm die beiden als Untermieter bei sich auf. Diese neue Bleibe verließ sie bis zum Kriegsende nur noch, um Besorgungen zu machen; er hat seinen Fuß erst wieder auf die Straße gesetzt, als er den Judenstern nicht mehr tragen musste und der Albtraum vorbei war.

DAS DONKOSAKEN-KONZERT

Ende September 1940 stand im Wiener Konzerthaus ein Abend mit dem Chor der Donkosaken auf dem Programm. Anfang der 1920er-Jahre aus ehemaligen Angehörigen der kaiserlich-russischen Armee im Pariser Exil gegründet, erfreute sich dieses weltberühmte Emigranten-Ensemble mit seinen klangvollen Bässen und hellen Tenören ein Jahr nach Kriegsbeginn auch in Nazideutschland noch großer Beliebtheit. Noch in der Schuschniggzeit hatte der musikbegeisterte Hermann Erhart seine Freunde einmal zu den Donkosaken verschleppt und schon die damalige Begegnung mit russischem und ukrainischem Gesang war nicht ohne Auswirkungen auf ihren Liederschatz geblieben. Das Konzert, zu dem der Chor damals in die Donaumetropole gekommen war, wurde wie für viele andere junge Wiener auch für Bernhard zu einem Schlüsselerlebnis: »Mehrere Gruppen katholisch gesinnter Jugendlicher, darunter auch mein Bruder Georg und ich, hatten verabredet, sich bei diesem Konzert demonstrativ zu treffen, um gewissermaßen unsere antideutsche Einstellung zu zeigen.«[4] Ein paar Hundert junge Leute, überwiegend Burschen, fast alle in kurzer blauer Schnürlsamthose, die ihnen, weil sie allgemein getragen wurde, auch das Naziregime nicht verbieten konnte, aber ohne Abzeichen, denn die waren natürlich verboten. Die meisten kannten einander, fröhliches Begrüßungshallo. Mit jedem Lied, das die Donkosaken vortrugen, wuchs die Begeisterung. Am Schluss bildete sich im Handumdrehen ein Sprechchor, der nach einer Zugabe verlangte. Die Burschen wollten noch das eine oder andere Lied hören, das viele von ihnen selbst oft gesungen hatten; sie riefen ein paar Titel zur Bühne hinauf. Die Kosaken gingen darauf ein, Lied für Lied stimmten sie an und die Jugend sang mit! Die Begeisterung hatte ihren Höhepunkt erreicht. Doch die Gestapo war vorgewarnt, sie witterte eine gezielte Provokation und lag gar nicht so falsch damit. Als das Publikum aus dem Konzerthaus strömte, warteten tatsächlich schon die Ledermantelträger. Wer jung war, wurde abgeführt – und zwar zunächst in die benachbarte Polizeikaserne in der Marokkanergasse. Mit Gefangenenwagen, die dort schon in genügender Zahl bereitstanden, verfrachtete man einige Hundert in das Polizeigefängnis an der Elisabethpromenade, seit jeher kurz »Liesl« genannt, wo sie einige Tage festgehalten wurden. »Täglich wurden wir mit dem ›Grünen Heinrich‹ abgeholt, um im Hotel Metropol, dem Hauptquartier der Gestapo, verhört zu werden. Die Gestapo vermutete, einer illegalen katholischen Jugendbewegung auf die Spur gekommen zu sein, und wollte natürlich alles in Erfahrung bringen und vor allem die Rädelsführer ausfindig machen.«[5] Georg und Bernhard ließ man nach vier Tagen laufen; vor allem den jüngeren Bruder, der noch nicht ganz

---

4 Dr. Bernhard Stillfried, Erinnerungsnotizen 1938–1945, lange Version.
5 Ebd.

vierzehn war, hielt man für einen »verführten Buben«. Auch der Direktor seiner Schule übernahm diese Sprachregelung; eindringlich ermahnte er ihn, sich in Hinkunft mit »solchen Volksfeinden« nicht mehr einzulassen. Von denjenigen, die nach dem Donkosaken-Konzert verhaftet worden waren, blieben an die Dreißig längere Zeit in Haft; die Älteren waren das, die das zwanzigste Lebensjahr überschritten hatten. Einige befanden sich darunter, über deren Schicksal man nichts mehr erfuhr.

Die Gestapo hatte auch den älteren der beiden Stillfried-Brüder nicht länger festgehalten, trotzdem machte sich die Familie in dem langsam zur Neige gehenden Jahr 1940 große Sorgen um Georg. Seit er im August achtzehn geworden war, verging kein Tag mehr, an dem ihnen der eine Gedanke nicht in den Sinn kam: Georg als deutscher Soldat in Hitlers Krieg! Doch die Weihnachtsferien verscheuchten zunächst die trübe Stimmung. Er und Bernhard verbrachten diese Zeit in Dörfl an der Rax, wo Freunde der Stillfrieds ein Ferienhaus besaßen. Von Liesl Steindl-Rast und ihren drei Söhnen Franz Kuno, Hans und Max ist die Rede, ehemalige Neulandschüler auch sie. Schnee war reichlich gefallen, sodass die fünf Burschen ausgedehnte Skitouren unternehmen konnten. Doch Anfang 1941 brachte die Post Georgs Einberufung zum Reichsarbeitsdienst; von Anfang Februar bis Ende Juli hatte er ihn zu leisten, abkommandiert ins oberbayerische Kempten. Wie seine Altersgenossen in vergleichbarer Situation riss ihn das aus dem Schuljahr, abgesehen davon, dass jeder, der damals zum Arbeitsdienst antrat, schon dem Vorboten von etwas ganz anderem ins Auge blickte. Und tatsächlich, am 3. Oktober 1941 rückte Georg zur Wehrmacht ein, in die Meidlinger Kaserne zur Nachrichtenersatzabteilung. Von seinem Tod im Kaukasus trennte ihn damals nicht viel mehr als ein Jahr.

Georg zum Gedenken

Bernhard, Otto Molden und andere, darunter ein früherer Erzieher Georgs in der Neulandschule, hatten sich zusammengetan und ein Heft gestaltet, für den Freundeskreis bestimmt, zum Andenken an den Jüngling mit dem Namen des Drachentöters. An einem Dezembertag des Jahres 1942 hatten sie sich in der Wiener Universitätskirche versammelt, um von Georg Abschied zu nehmen. Besonders zahlreich vertreten die Kameraden von der Neulandschule und die Freunde vom »Ersten Regiment«. Ein mit den Stillfrieds befreundeter Jesuitenpater hatte die Seelenmesse gelesen und die Predigt gehalten. Die Gottesgewissheit, die auf allen Gesichtern lag, nahm dem Abschied viel von seiner Bitterkeit, gab ihm etwas geradezu Festliches.

Der Zusammenhalt dieser Jugend hatte sich kaum gelockert. Und als Ort der Begegnung war ihnen manche Pfarrerwohnung geblieben, dort konnten sie sich noch treffen. Für die Gruppe um Bernhard war es die Pfarre zu Sankt Nepomuk. Die Kirche dieses Heiligen steht in der Praterstraße und ihr Pfarrer war damals Arnold Dolezal. Nicht nur Burschen, auch Mädchen scharten sich um diesen Seelsorger, Bernhards Schwester Maria gehörte dazu. Sie sangen ihre Lieder, sie beteten gemeinsam, lasen Stellen aus der Bibel und versuchten sich an ihrer Auslegung. Auch Probleme des täglichen Lebens, aktuelle Fragen standen immer wieder zur Diskussion. Zum Beispiel das Thema »Fahneneid«. Allein die Frage, ob dieser auf Hitler abgelegte Eid einen gläubigen Christen, einen praktizierenden Katholiken, der sich noch dazu als Österreicher fühle, binden könne, war mehr als »heikel«. In der Pfarre zu Sankt Nepomuk wurde sie trotzdem diskutiert. Und nicht für jeden lagen die Dinge so klar wie für Bernhard Stillfried, der sich keinen Augenblick zu besinnen brauchte, um diese Gewissensfrage mit Nein zu beantworten. Freilich, für manchen in der Runde war und blieb der Eid ein unabdingbares, ja heiliges Versprechen, Wenn und Aber hatten da keinen Platz. Und für einige gab es da noch den »Reichsgedanken«, sie unterschieden zwischen dem historisch gewachsenen Reichsbegriff und dem Nationalsozialismus, nur jener verdiene, im Jahrtausendzeitmaß gedacht zu werden. Als Hitler fünf nach zwölf von der Weltbühne abtrat, hat das, was er hinterließ, auch den Reichsgedanken unter sich begraben. Die Gemüter im Pfarrhaus erhitzten sich und schließlich waren alle Augen auf Pfarrer Dolezal gerichtet. Kein Zweifel, dass dieser Bernhards Meinung teilte, doch er musste sich bedeckt halten, denn die Antwort »Der Eid auf Hitler bindet euch nicht«, hätte leicht zu einem Sprengsatz werden können. So wiegelte er ab, zeigte für beide Standpunkte Verständnis. Da es sich um eine Gewissensfrage handle, bleibe für jeden Einzelnen das eigene Gewissen die letzte Instanz. Mehr sagte er nicht, aber schon das würde ausgereicht haben, ihn vors Volksgericht zu bringen.

Vaters Büffel

Ein wenig weitergeblättert in Bernhard Lebensbuch. Zwei Fotos, die ihn als noch nicht ganz Sechzehnjährigen im Winzerhausgarten zeigen: hoch aufgeschossen, schlank und doch sehr kräftig, sein Blick in die Kamera verrät leichte Ungeduld. Wenige Wochen nach diesen mit »Frühjahr 1941« datierten Aufnahmen wurde Bernhard zu einem vierzehntägigen Reichslehrgang nach Steinau an der Oder abkommandiert; dort bildete man Leiter von Kinderlandverschickungslagern aus. Lager auf dem Lande waren das, in die man Kinder aus stärker bombardierten oder bombengefährdeten Städten brachte. Veranstaltungen dieser Art waren nicht an Ferien gebunden, sondern fanden auch während des Schuljahrs statt; dann war auch für ordnungsgemäßen Unterricht gesorgt. Aus Steinau zurück, gönnte Bernhard sich drei Ferienwochen bei der Familie von Professor Hans Thirring, dem Physiker und Naturphilosophen. Mit Frau und zwei Söhnen, die in die Neulandschule gingen, pflegte dieser Wissenschaftler die freie Zeit in Kitzbühel zu verbringen, wo er ein Bauernhaus gepachtet hatte. Die Ehepaare Thirring und Stillfried waren befreundet und das war auch zwischen den vier Burschen der Fall, die in den Alpen herrliche Wanderungen unternahmen. Die »Bombenkinder«, denen Bernhard dann im Herbst zugeteilt wurde, waren aus Kiel und verbrachten ihre Zeit in der Wachau, wo sie zusammen mit ihrem norddeutschen Lehrer und Bernhard, dem »Lagermannschaftsführer«, in einem Servitenkloster untergebracht waren. In der Landwirtschaft, die zum Kloster gehörte, waren jugoslawische Kriegsgefangene eingesetzt; mit einigen von ihnen hatte sich Bernhard bald angefreundet und auch Fußball spielte er mit ihnen. Das erfüllte den Tatbestand des »Fraternisierens« und trug ihm eine Rüge des braunen Parteigenossen ein, der im requirierten Kloster die Aufsicht führte. Den Gerügten focht das wenig an. Im Lauf des Schuljahrs 1940/41 hatte Bernhard enorm zu wachsen begonnen und Ende 1941 überragte er seinen Vater um einen halben Kopf. Auch beim Lernen war ihm, wie man so sagt, der Knopf aufgegangen; obwohl kein Streber, konnte man ihn nun einen guten Schüler nennen. So um diese Zeit hatte Alfons damit angefangen, seinen Jüngeren »Büffel« zu nennen und der Spitzname blieb am Filius haften, weil er ins Schwarze traf. Nicht nur Bernhards Konstitution war der eines Jungbüffels ähnlich, auch in seinem Wesen hatte der Vater nach und nach viel Büffelhaftes entdeckt: seine direkte Art, auf die Dinge zuzugehen, oft auch zuzurennen, die Geradlinigkeit im Umgang mit Menschen, sein Blick für das Wesentliche und die von ihm nur schlecht verborgene Ungeduld, kam einer nicht gleich zur Sache, seine Geistesgegenwart in der Welt des Konkreten, die Scheu vor dem Abstrakten, seine ausgeprägte Neigung zum Eindeutigen, hopp oder tropp, und – wie könnte es nach den aufgezählten Wesensmerkmalen anders sein! – das für Vaters Geschmack ein wenig zu Prosaische im Charakter des Sohnes.

Dezember des Jahres 1942. Bald nach der Seelenmesse für Georg traf sich der Vater mit seinem bayerischen Vetter im Prater. Es war eines der ganz seltenen Male, dass sie zusammenkamen, denn längst hatten die beiden vereinbart, ihr verwandtschaftliches Verhältnis vor der Gestapo zu verbergen. Alfons nahm seinen Büffel mit zu der Verabredung, denn über dessen Fall wollte er mit Rudolf Marogna-Redwitz sprechen. Im nächsten Jahr würde Bernhard sein achtzehntes Lebensjahr vollenden und das bedeutete den Einberufungsbefehl, womöglich sogar zur Waffen-SS, verbunden mit der Aussicht, so wie der gefallene Bruder an die russische Front geschickt zu werden. Um dem zu entgehen, riet der Oberst, Bernhard solle sich freiwillig zur Kriegsmarine melden – und zwar als Offiziersanwärter für den aktiven Dienst. Da der Bedarf an Marineoffizieren jedoch begrenzt sei, werde sich der junge Mann einer Eignungsprüfung unterziehen müssen. Der Rat wurde befolgt und im Frühjahr 1943 verfügte sich Bernhard nach Stralsund, wo er, als einer unter etwa fünfzig oder sechzig Bewerbern, einige Tage lang gewogen, gemessen, befragt, geprüft, gedrillt und geschliffen wurde. Er bestand die Prüfung. Wieder in Wien, blieben ihm noch zwei Monate bis zum Abschluss der siebenten Klasse; er nahm diese Hürde mit einiger Bravour. Hitler pressierte es sehr, seine Kriegsmaschine mit Nachwuchs zu versorgen, und eben deshalb befand sich längst ein Reichsgesetz in Kraft, welches den positiven Abschluss der siebten Klasse Mittelschule mit bestandener Reifeprüfung gleichsetzte. Auch Bernhard wurde der »Reifevermerk« ins Zeugnis gestempelt. In der Chronologie der Pflichten war jetzt der Reichsarbeitsdienst (RAD) an der Reihe und Bernhard brachte das halbe Jahr in der Nähe von Sankt Pölten hinter sich. Pottenbrunn hieß der Ort, in dem sich das Barackenlager seiner RAD-Einheit befand; dieser war die Aufgabe gestellt, Luftschutzgräben auszuheben, in welchen die Menschen aus der Umgebung Schutz vor Tiefffliegern finden sollten. Wenn sonntags die Eltern und Maria zu Besuch kamen, traf er sie für gewöhnlich im Pottenbrunner Schloss, welches dem mit den Stillfrieds befreundeten Ehepaar Trauttmansdorff gehörte. Sie wurden kurz vor Kriegsende von der SS ermordet, weil sie Deserteure im Schloss versteckt gehalten hatten.

Bei der deutschen Kriegsmarine

Im Oktober 1943 wurde Bernhard zur Kriegsmarine einberufen. Nach einer fünfmonatigen Rekrutenzeit in Stralsund, an die ihm, abgesehen von viel eintönigem Drill, keine besondere Erinnerung blieb, kam er im Februar 1944 als Kadett zum Fronteinsatz: auf einem Zerstörer, der gerade in La Rochelle lag. Zu seinem Glück hatte man ihn gleich zu Beginn seiner Rekrutenzeit zum U-

Booteinsatz für untauglich befunden, denn damals kehrte angesichts der vielfachen Überlegenheit der alliierten Seestreitkräfte kaum noch ein deutsches U-Boot von seiner Feindfahrt zurück. Die in La Rochelle und in anderen französischen Häfen stationierten Kriegsschiffe hatten vor allem die britische und amerikanische Luftwaffe zu fürchten; der Zerstörer Z 24, auf dem Bernhard Dienst tat, lag im Hafen mit zwei Dritteln seiner Länge unter dem schützenden Stahlbeton eines U-Bootbunkers; nur der Bug ragte heraus, war aber unter Tarn-Netzen versteckt. Wenn das Schiff auslief, was etwa einmal im Monat und dann nur zu Übungs- und Ausbildungszwecken geschah, entfernte es sich nie zu weit von der Küste, um alliierte Aufklärungsflugzeuge nicht herauszufordern. Unmittelbar vor einem solchen Ausflug erhielt Z 24 den Befehl, den Stützpunkt La Rochelle zu verlassen und in Küstennähe nach Bordeaux zu fahren; der dortige Stützpunkt war weiter weg von den südenglischen Luftbasen der Alliierten und daher auch sicherer. Im Ernstfall oder bei Übungen hatte jeder an Bord seine klar umrissene Aufgabe. Bernhards Platz war an der Heckkanone; sie zu bedienen erforderte die Präzisionsarbeit vieler Hände und kräftiger Arme. Der Z 24 ersetzte seiner Mannschaft die Kaserne, blieb ihr ständiger Aufenthalt, auch wenn er im Hafen lag. Und immer wurden die Kadetten auf Trab gehalten, ganz besonders mit Reinigungsarbeiten: Schrubben, Bürsten, Wischen, Reiben, Anstreichen, Polieren.

Am 6. Juni 1944 begann die alliierte Invasion in der Normandie. Mit einigen anderen deutschen Zerstörern und Torpedobooten, die in verschiedenen französischen Häfen stationiert waren, wurde auch Z 24 von der Girondemündung in den Ärmelkanal befohlen. Zuvor aber sollten sich die Schiffe bei Brest sammeln und einen Verband bilden, der die Aufgabe zu übernehmen haben würde, Torpedos nach Cherbourg zu schaffen. Daran war dort großer Bedarf. Mit Torpedos, von Schnellbooten abgeschossen, wollte die deutsche Seekriegsführung der Invasionsflotte beikommen; über eine wirksamere Waffe verfügte sie zu dieser Stunde nicht mehr. Hatte also das halbe Dutzend nach Brest beorderter Schiffe keinen Gefechts-, sondern bloß einen Transportauftrag? Gewiss, aber von dort mit den Torpedos zum Einsatzort der Schnellboote zu gelangen bedeutete nichts anderes, als die von den gegnerischen Schiffen gebildete Sperre durchbrechen zu müssen. Den Weg nach Cherbourg versperrte eine alliierte Flottenübermacht! Bernhards Zerstörer hatte gerade eine seiner eher seltenen Ausfahrten gemacht und befand sich im Hafen von Bordeaux, als der ominöse Transportbefehl eintraf. Auf halbem Weg nach Brest wurde Z 24 von Fliegern der US Air Force unter Bordwaffenbeschuss genommen. »Wie auf einem Präsentierteller fühlte man sich auf Deck bei Angriffen aus der Luft«, hat sich Bernhard später erinnert. Entsprechend waren die Verluste, an die dreißig Matrosen und Kadetten wurden getötet. Ihre Kameraden begruben sie auf dem Friedhof von Brest. Als der deutsche Kampfverband vollständig war und jedes der fünf oder sechs Kriegsschiffe seine Torpedofracht an Bord genommen hatte, begann das Eigentliche. Drei oder viermal versuchten sie durchzukommen, sich nachts durch den aus britischen und amerikanischen Kriegsschiffen gebildeten Sperrgürtel zu schwindeln. Unbemerkt blieb man, wenn einen das gegnerische Radar nicht geortet hatte. Nun besaßen die deutschen Kriegsschiffe Geräte, die ihnen anzeigten, wenn sie geortet worden waren. Und so musste nach den ersten Versuchen gleich wieder der Rückzug angetreten werden. Erst beim dritten oder vierten Mal zeigte sich auf den deutschen Geräten keinerlei Ortung mehr und die Fahrt wurde fortgesetzt. Doch auf der Höhe von Saint-Malo war die Nacht plötzlich taghell und kaum hatten die Leuchtraketen ihr Werk getan, hagelte es Einschläge und Treffer. Dazwischen türmten sich Wasserfontänen. Und der Gegner selbst blieb völlig unsichtbar! Seine Schiffe lagen hinter dem Horizont, was deren radargesteuerte Artillerie nicht hinderte, unter dem deutschen Verband ein Inferno anzurichten. Z 24 wurde getroffen, verlor dabei die Hälfte seiner dreihundert Mann zählenden Besatzung und blieb schwer beschädigt sich selbst überlassen. Zwei oder drei Schiffe wurden mit Mann und Maus versenkt, der Rest erlitt Verluste, die sich mit denen des Z 24 vergleichen konnten. Die Deutschen waren einer alliierten Kriegslist aufgesessen, die darin bestanden hatte, die Ortungsgeräte schließlich nicht mehr einzuschalten und den Gegner dadurch in Sicherheit zu wiegen.

Doch Bernhard wurde gerettet. Wie das zuging, daran bewahrte er selbst nur sehr lückenhafte Erinnerungen. Sicher ist, dass er im Wasser landete und an einem der kleinen Rettungsflöße Halt fand; dieses und seine Schwimmweste dürften ihn vor dem Ertrinken bewahrt haben. Schließlich fischte ihn eines der havarierten deutschen Schiffe auf und bevor er an Land ging, hatte es ihn wieder auf seinem Z 24 verschlagen. Mit Lastwagen kehrten die Überlebenden nach Brest zurück, wegen der Tiefflieger bei Nacht. Auch die zwei oder drei gefechtsunfähig geschossenen Kriegsschiffe strebten mit stark herabgesetzter Manövrierfähigkeit wieder in diesen Hafen. Noch einen ganzen Monat war Z 24 den überlebenden Kadetten Wohn- und Werkstatt; anstelle des üblichen Drills ging es jetzt nur noch um die dringendsten Reparaturarbeiten. Es muss so um den zehnten Juli 1944 gewesen sein, dass der nach wie vor nicht gefechtsbereite Z 24 mit reduzierter Besatzung wieder in den Hafen von Bordeaux zurückkehrte, der wegen seiner besonders geschützten Lage übrigens bis zum letzten Kriegstag in deutscher Hand blieb. Dort erreichte die paar übrig gebliebenen Kadetten –

nur fünf von zwanzig! – der Marschbefehl nach Schleswig, wo sie sich in der Marineoffiziersschule zu melden haben würden. Ein Marschbefehl war das, der keine Angaben darüber enthielt, auf welcher Route das befohlene Ziel zu erreichen sei. Und das Durcheinander steigerte sich, je weiter die Alliierten auf Paris vorrückten. Es war ein bunter Haufen, in den sich auch Versprengte anderer Waffengattungen mischten, der sich zunächst in südlicher Richtung auf die Pyrenäen zubewegte, um sich dort erst nach Nordosten zu wenden. Der Weg über Paris, der unter anderen Umständen das Naheliegendste gewesen wäre, war als zu riskant verworfen worden. Sie reisten in Viehwaggons, stiegen dazwischen auf Lastautos um und immer wieder musste die Fahrt unterbrochen werden, weil Kämpfer der Maquis eine Brücke oder Bahngeleise gesprengt hatten. Keine Spur von Planung, das Ganze glich einer Hals über Kopf unternommenen Evakuierung. Bernhard, der es noch immer bedauerte, nicht von den Alliierten aus dem Wasser gefischt worden zu sein, spielte nun mit dem Gedanken zu desertieren und mit der französischen Résistance Verbindung aufzunehmen. Bei dem herrschenden Chaos wäre sein Verschwinden nicht als Desertion gedeutet worden, zu viele waren durch die Umstände von ihrer Einheit getrennt. Die Gelegenheit schien günstig und trotzdem war das Risiko hoch. Zwar sprach er leidlich Französisch, doch unter ungünstigen Umständen konnte ihm die Résistance gefährlicher werden als die »Kettenhunde« der Feldgendarmerie und da er in Frankreich über keinerlei Kontakte verfügte, blieb die Idee unausgeführt. Als nach mehrtägiger Fahrt die französisch-deutsche Grenze erreicht war, wählte Bernhard seine weitere Reiseroute über Wien, was zwar reichlich eigenmächtig war, wofür sich im Fall des Falles aber auch Ausreden finden ließen. Von Tirol kommend, traf er am 20. Juli in seiner Heimatstadt ein. Obwohl es Vormittag war, traf er seinen Vater zu Hause an. Von seinem bayerischen Cousin war dem eine Warnung zugekommen, sich von seinem Büro in der Auslandsbriefprüfstelle »krankheitshalber« fernzuhalten. Lassen wir Bernhard selbst den Grund nennen: »In den Nachmittagsstunden bemerkte man auf den Straßen und vor den öffentlichen Gebäuden verstärkte Militärpräsenz. Gerüchte begannen zu kursieren, dass Hitler einem Attentat zum Opfer gefallen sei. Die erste Nachricht, dass alles gescheitert und der beabsichtigte Putsch vereitelt worden sei, hörten wir auf der BBC-Kurzwelle.«[6] Schon am nächsten Tag musste Bernhard wieder in den Zug steigen. Das Wiedersehen mit Eltern und Schwester war kurz gewesen, aber immerhin hatte er die Seinen bei guter Gesundheit angetroffen, ebenso wie sie den Sohn und Bruder.

---

6 Dr. Bernhard Stillfrieds Erinnerungsnotizen 1938–1945.

Ungefähr 1500 Kadetten kamen gegen Ende Juli 1944 in der Stadt Schleswig zusammen, um in der dortigen Marineschule zu Fähnrichen ausgebildet zu werden, zu Offiziersanwärtern also. Nach ihren Zukunftsplänen zerfielen diese jungen Männer in zwei Gruppen. Die eine bestand aus rund 1000 Kadetten, die nicht für immer bei der Kriegsmarine bleiben wollten, die für die Zeit nach dem Krieg andere Vorstellungen von ihrem Leben hegten; das waren die Reserveoffiziersanwärter. Zur anderen Gruppe gehörten die Anwärter auf das Offizierspatent im aktiven Dienst. Zu ihnen gehörte auch Bernhard, denn das war der entscheidende Punkt in Oberst Marognas Plan gewesen: nicht schon die freiwillige Meldung zur Kriegsmarine, vielmehr seine freiwillige Verpflichtung, in dieser Waffengattung ein Berufsleben lang als Offizier zu dienen, hatte Bernhard vor der Einberufung zur Waffen-SS und vor dem Einsatz an der Ostfront bewahrt. Neben der Ausbildung in Theorie und Praxis blieb Bernhard viel Zeit zu sportlicher Betätigung. Vor allem das Laufen hatte es ihm angetan; durchtrainiert, wie er war, schaffte er auch im 10.000-Meter-Lauf gute Zeiten. In der Marineschule lief auch im zweiten Halbjahr 1944 alles wie normal, der von Tag zu Tag katastrophaler werdenden deutschen Kriegslage zum Trotz, und doch muss dieser Schleswiger Normalität etwas Fiktives, seltsam Unwirkliches angehaftet haben, wurde die dort versammelte Jugend doch auf den Einsatz in einem Bereich der deutschen Kriegsführung vorbereitet, dessen Strukturen sich bereits in Auflösung befanden und schon bald nur noch auf dem Papier existieren würden. Im Dezember 1944 wurde Bernhard zusammen mit dem Großteil der Kameraden zum Fähnrich befördert. In seinem Lebensbuch hat sein Vater ein Foto in Ansichtskartengröße befestigt; es zeigt den Sohn in der Uniform der deutschen Kriegsmarine und »fesch« ist da nur ein blasser Ausdruck. Auf die Beförderungszeremonie im Hof der Marineschule war indessen ein dunkler Schatten gefallen. Gerüchte wollten wissen, dass die frischgebackenen Fähnriche der Waffen-SS einverleibt und an die immer näher rückende Ostfront abkommandiert werden sollten. Und tatsächlich, im Januar 1945 wurden die Reserveoffiziersanwärter in SS-Uniformen gesteckt und der Roten Armee entgegengeschickt. Aber auch die Offiziersanwärter wie Bernhard begannen sich zu fragen, wie lange es noch dauern würde, bis sie selbst an der Reihe wären, um als Kanonenfutter an die Oder zu gehen.

An die Oder – oder was!

Mitte Februar erhielt Bernhard Feldpost aus Wien. Maria teilte ihm mit, dass die Eltern sich dort aufhielten, wo er und Georg nach dem Donkosakenkonzert gewesen seien. Und also waren Vater und Mutter von der Gestapo verhaftet worden. Die näheren Umstände hatte die Schwester wegen der Zensur nicht hinzuzufügen gewagt, doch Bernhard befürchtete das Schlimmste. In den ersten Märztagen war auch für den Rest der Fähnriche der Traum von der Marine ausgeträumt. Man nahm sich erst gar nicht mehr die Zeit, sie in eine andere Kluft zu stecken; in ihren Marineuniformen setzte man sie in Richtung Berlin in Marsch. Wegen der Bombenangriffe marschierten sie viel bei Nacht und tagsüber setzten ihnen auch die Tiefflieger zu. Als die wieder einmal angriffen und alles in Deckung ging, entstand ein größeres Durcheinander, die Kolonne verlor den Zusammenhalt, verstreute sich im Gelände. Das war die Gelegenheit, die Bernhard und zwei seiner Kameraden nützten, um sich querfeldein aus dem Staub zu machen. Nachtmarsch zu dritt, doch jetzt in die andere Richtung, zur Elbe hin. Sie waren schon in Flussnähe, als sie bei einem vereinzelt stehenden Bauernhof anklopften. Und sie hatten Glück! Die Bäuerin, die mit ihrer Tochter alleine den Hof führte, gab ihnen Zivilkleidung; im Schrank hing noch genug davon, der Mann war in Russland vermisst. Ihre Uniformen verbrannten sie in einem riesigen Ofen. Das Versteck, das die Bäuerin den drei Burschen zuwies, war ein Strohschober. Zwei Monate blieben sie darin, von den beiden Frauen mit dem Notwendigsten versorgt, was zumeist nachts geschah. Einige Male bekam das Anwesen Besuch von der Feldgendarmerie, doch die »Kettenhunde« wurden zum Glück nicht fündig. Und eines Frühjahrstages standen die Briten am Westufer der Elbe, nur einige Hundert Meter vom Strohschober der drei jungen Männer entfernt. Die Angst, von der Feldgendarmerie entdeckt und als Deserteure hingerichtet zu werden, hatte damit ein Ende. Nicht weniger erleichtert waren Mutter und Tochter, denn auch ihr Leben war auf dem Spiel gestanden. Bernhards Kameraden waren beide aus dem Rheinland, sie hatten keinen so langen Heimweg vor sich; sie durchschwammen schon in der nächsten Nacht die Elbe und befanden sich damit in der britischen Besatzungszone. Für Bernhard war die Sache nicht ganz so einfach, denn er wollte nach Wien. Seit Marias verschlüsselter Mitteilung von der Verhaftung der Eltern – und die lag schon mehr als ein Vierteljahr zurück –, war er ohne jede Nachricht. Lebten Mutter und Vater noch, hatten sie und die Schwester die Bombenangriffe und den Endkampf überstanden? Dass in Wien die Russen saßen, war ihm bekannt. Jetzt erwies es sich, dass Vaters Büffel nicht umsonst in Albanien gewesen war. Seither wusste er nämlich, dass das Albanische mit keiner Sprache der umliegenden Völker verwandt ist, also auch mit keiner slawischen. Gerade das schien Bernhard wichtig, rechnete er sich doch aus, dass vor allem Angehörige slawischer Nationen ständig seinen

Weg kreuzen würden. Der Völkerknäuel, der durch Hitlers »Beschäftigungspolitik« entstanden war, begann sich gerade erst zu entwirren. Also beschloss er, sich als Albaner auszugeben, genauer: als albanischen Landarbeiter, dessen Vater als Partisan unter Tito gekämpft habe. Die Tarnung war klug gewählt. Bevor Bernhard seinen tapferen Gastgeberinnen Lebewohl sagte, besuchte er noch den Dorfbürgermeister. Von ihm erfuhr er, das Nazideutschland soeben kapituliert hatte. Achter Mai 1945! Der Mann stellte ihm eine Bescheinigung aus, die auf einen erfundenen Namen lautete und den Inhaber als Landarbeiter auswies, der in Deutschland zwangsverpflichtet gewesen sei und nunmehr in seine albanische Heimat zurückzukehren beabsichtige. Andere Dokumente führte Bernhard nicht bei sich, denn sein Soldbuch und alles andere, was auf seine wahre Identität hinweisen konnte, hatte er vernichtet. Dass es gefährlich werden könnte, das Jagdrevier des russischen Bären zu durchqueren, kam ihm kaum in den Sinn. »Vor den Sowjets hatte ich eigentlich keine Angst, denn für mich galten sie auch als Befreier Österreichs von einer schrecklichen Terrorherrschaft. So dachte ich mir in gewisser Ahnungslosigkeit, dass mir mit dieser Überzeugung nicht viel passieren könnte.«[7]

Nichts wie nach Hause!

Auf einem gestohlenen Fahrrad erreicht Bernhard am 11. Mai 1945 Berlin. Die Stadt, die zwölf lange Jahre das Zentrum der nationalsozialistischen Schreckensherrschaft gewesen war, in der die Gestapo noch vor Kurzem ihr Hauptquartier gehabt hatte und die Mordjustiz ihren Volksgerichtshof, gleicht einer Kraterlandschaft. Den Menschen, die sich zwischen den Ruinen bewegen, ist die Angst der letzten Wochen noch ins Gesicht geschrieben. Viele plagen sich mit irgendeiner Last, die sie ziehen, schieben oder schleppen. Bernhard fragt sich zum Schlesischen Bahnhof durch, der zerbombt ist, wie fast alles in Berlin, und Tag für Tag von Tausenden »Fremdarbeitern« belagert wird. So hatte die Bezeichnung für die aus ihren Ländern deportierten Menschen gelautet, die in der deutschen Wirtschaft und vor allem in der Rüstungsindustrie zur Zwangsarbeit angehalten worden waren. Sie wollen nun in ihre Heimat zurück. Am und um den Schlesischen Bahnhof drängte sich alles, was in einem der osteuropäischen Länder zu Hause war. Die Rote Armee hatte schon damit begonnen, Güterzüge zusammenzustellen, die demontierte Maschinen aus deutschen Fabriken

---

[7] Dr. Bernhard Stillfrieds Erinnerungsnotizen 1938–1945.

und anderes Beutegut in die Sowjetunion befördern sollten, und sie erlaubte den aus dem Osten verschleppten Menschen, auf diesen Garnituren mitzufahren. Bernhard stellte sich in eine der Warteschlangen und landete schließlich auf einem offenen Güterwagen. Sie waren etwa fünfzig Arbeiter, die da dicht gedrängt zwischen Maschinen und Kisten saßen oder lagen. Sie verständigten sich in einem Kauderwelsch aus vielen Sprachen oder aber in gebrochenem Deutsch, das sich meistens als Lingua Franca behauptete. Eigentlich hatte er in Frankfurt an der Oder aussteigen wollen, um in südlicher Richtung weiterzufahren, doch der Zug blieb erst in Posen stehen. Zusammen mit den anderen wurde Bernhard am Frachtbahnhof heruntergejagt; in der Gesellschaft zweier Deutschpolen aus Oberschlesien, denen er sich unterwegs angeschlossen hatte, lagerte er auf dem Fußboden der Bahnhofshalle zwischen Tausenden ehemaligen »Ostarbeiter«, wie die Fremdarbeiter aus Osteuropa in Deutschland auch genannt worden waren. Während die Drei noch auf einen nach Süden fahrenden Zug warteten, der sie vielleicht mitnehmen würde, tauchte plötzlich eine russische Militärstreife auf, die direkt auf sie zusteuerte. Barsch wurden sie aufgefordert, in die Kommandantur mitzukommen. Die beiden Deutschpolen, die zu ihren Familien nach Kattowitz wollten, wurden in russischer Sprache verhört, ein polnischer Dolmetsch übersetzte. Für den russischen Offizier war die Sache bald klar. Weder Polen noch Fremdarbeiter seien die beiden, sondern Deutsche, also deutsche Soldaten und somit sowjetische Kriegsgefangene. Ab mit ihnen! Bernhard, dessen Hoffnung schon auf null gesunken war, zog als einzigen Ausweis den Wisch des Bürgermeisters aus der Tasche und erzählte die Geschichte von seiner Verschleppung nach Deutschland, aber auch vom albanischen Vater bei den Titopartisanen; auf Deutsch erzählte er das alles, wenn auch radebrechend. Niemand war zur Stelle, der auch nur ein Wort albanisch sprach. Der Pole von vorhin übersetzte wieder. Zu Bernhards größter Erleichterung gab ihm der Offizier den Zettel zurück – und zwar mit der Aufforderung, einfach zu verschwinden. Dawai! Am nächsten Morgen war Bernhard schon sehr früh auf dem Bahnsteig, von welchem die Züge nach Süden abfuhren. Auch hier drängten sich die Heimkehrer aus deutscher Zwangsarbeit und natürlich standen sie in Gruppen beisammen, die ihrer nationalen Zugehörigkeit entsprachen. Man erkannte sie auch an ihren Fähnchen und selbst gebastelten Abzeichen. Bernhard hatte bereits begriffen, dass er nicht allein bleiben durfte. Er beschloss, sich einer Gruppe von Rumänen anzuschließen; vier einfache, bäuerlich aussehende Männer mit ehrlichen Gesichtern waren das und von ihnen erfuhr er, wieder in gebrochenem Deutsch, dass die polnische Bahnverwaltung ihnen eine Fahrkarte für vier Personen ausgestellt hatte, ohne ihre

Ausweise zu verlangen. Offensichtlich pressierte es den Polen, all die Fremden aus dem Land zu bekommen. Den neuen albanischen Gefährten in ihrer Mitte, gingen die vier Rumänen zu dem Büro, das zu ihnen so nett gewesen war, und ließen, auf Bernhard deutend (»Ist Kollega von uns!«) den Fahrschein auf fünf Personen umschreiben. In einem Güterwaggon, an die siebzig Menschen kauerten dicht gedrängt auf dem Boden, gelangten sie ohne Zwischenfall bis an die tschechische Grenze. Die Kontrolle übernahmen ein russischer Soldat und ein tschechischer Polizist. Während der Tscheche viele Männer und Frauen herausholte, nahm der Russe es nicht so genau; das Quintett zeigte ihm den polnischen Fahrschein und hatte die Grenzformalitäten damit schon hinter sich. Bernhard war seinem Zuhause damit wieder ein Stück näher gekommen.

Am Bahnhof in Mährisch-Ostrau, von wo es weitergehen sollte, herrschten bereits halbwegs geordnete Verhältnisse, sogar Personenzüge verkehrten wieder. Bernhard sah sich um, doch lassen wir ihn selbst die nächsten Augenblicke schildern: »Ich erfuhr von der unmittelbar bevorstehenden Abfahrt eines solchen Zuges nach Lundenburg, schnappte meine vier Rumänen, und wir sprangen auf den schon abfahrenden Zug nach Süden.«[8] Das ist ein Schlüsselsatz, durch Bernhards ganzes Leben wird er seine Spur ziehen! Immer wieder wird sich dieser Mann für andere Menschen verantwortlich fühlen, sie sich »schnappen«, um sie zu ihrem Besten oder zu dem, was er dafür hält, rasch dahin zu ziehen oder dorthin zu schieben; und ein Leben lang wird ihm seine unglaubliche Geistesgegenwart dabei zustattenkommen. Neben Heimkehrern aus Deutschlands Fabriken, Tiefbaustellen und Gutshöfen füllten auch ganz reguläre tschechische Reisende den Zug nach Lundenburg. Bernhard hatte getrennt von seinen Rumänen einen Sitzplatz gefunden; Tschechen teilten mit ihm das Abteil, freundliche Zivilisten, mit denen er eine Unterhaltung begann. Wieder erzählte er die Geschichte von seiner albanischen Herkunft, von seiner Verschleppung und seinem Heimweh. Die Mitreisenden teilten ihren Proviant mit dem jungen Mann, der, wie seinem Bericht zu entnehmen gewesen war, schon seit drei Tagen nichts gegessen hatte. Als der Schaffner kam und der von seinen rumänischen Kumpeln getrennte Bernhard keinen Fahrschein vorweisen konnte, fiel gleich das Wort »Polizei«, welcher der Schwarzfahrer am nächsten Bahnhof übergeben werden sollte. Doch die Tschechen mischten sich ein und nahmen den jungen Albaner in Schutz, ja sie lösten sogar eine Fahrkarte für ihn. In Lundenburg (Breclav) trennte sich Bernhard von seinen Rumänen. Sie hatten ihm weiter geholfen und er ihnen, es war ein kurzer, herzlicher Ab-

---

8 Dr. Bernhard Stillfrieds Erinnerungsnotizen 1938–1945.

schied. Im Wartesaal des Bahnhofs drang nun ungebrochenes, aber sehr kehliges Deutsch an sein Ohr. Südtiroler waren es, vor allem Frauen und Kinder, Opfer der nazideutschen Siedlungspolitik. Im Gefolge des Hitler-Mussolini-Abkommens waren viele Südtiroler Familien nach Böhmen und Mähren verpflanzt worden, die nun zurückwollten. Da sich an der Brennergrenze nichts geändert hatte, wurden Südtiroler von den tschechoslowakischen Behörden nicht als Deutsche oder Österreicher, sondern als Italiener behandelt. Mit Sack und Pack ließ man sie ausreisen. Bernhard saß zwischen einigen älteren Südtirolern im Halbschlaf an die Wand gelehnt, als gegen Mitternacht Polizei den Wartesaal betrat. Er bemerkte, wie der eine Polizist, der in seiner Richtung langsam näher kam, von jeder erwachsenen Person den Ausweis verlangte. All diese Südtiroler schienen aus demselben Durchgangslager zu kommen und mit den gleichen Papieren entlassen worden zu sein, denn die Aufmerksamkeit des Beamten begann nachzulassen. Bernhard sah, dass dieser, als er schon ziemlich nahe bei ihm war, den gleichen Ausweis nicht noch einmal sehen wollte; er gab sich schon damit zufrieden, wenn die oder der von ihm forschend Angeblickte »Italia« oder »Italiano« murmelte. Der albanische Jüngling stellte sich schlafend, spürte einen fragenden Stoß gegen seinen Fuß und antwortete »Italiano«. Wenn das auch nicht der Wahrheit entsprach, so war es doch nicht ganz falsch, denn immerhin hatte Albanien bis vor kurzem unfreiwillig, aber doch, zu Italien gehört. Doch auch diese Hürde sollte noch nicht die letzte gewesen sein.

Am folgenden Tag wurde einer größeren Zahl ehemaliger Fremdarbeiter, aber auch den Südtirolern erlaubt, auf einen offenen Güterzug aufzusteigen, der Steinkohle geladen hatte und nach Pressburg fahren sollte. Neben Bernhard hatte sich eine Bäuerin mit acht Kindern niedergelassen. Von ihrem Mann hatte die Frau schon Monate lang nichts gehört; wie viele andere Südtiroler Männer war er zur Deutschen Wehrmacht eingezogen und an die Front geschickt worden. Die acht Kinder reichten vom Säuglingsalter bis zum siebzehnten Lebensjahr, die kleinste Orgelpfeife lag in einen Waschkorb gebettet. Bernhard imponierte die tapfere Bäuerin und mit ihren Kindern hatte er sich schon angefreundet. Der Zug ratterte nun die March entlang, einem Flüsschen, das mit dem Namen Stillfried schicksalhaft verbunden ist. Mitunter kamen sie seinem Ufer so nahe, dass Bernhards Augen auf der anderen Seite Heimatboden streiften. Als sie wieder einmal länger stehen blieben, sichtete er eine Eisenbahnbrücke, die noch deutliche Spuren von Zerstörung zeigte, aber bereits notdürftig instand gesetzt worden war. Von einem slowakischen Streckenwärter erfuhr er, dass hier sowjetische Güterzüge über die March fuhren, die Getreide nach Wien brachten; jeder dieser Züge halte aber vor der Brücke für eine Weile an, bevor er sich wieder in Bewegung setze. So wie er seine vier Rumänen geschnappt hatte, schnappte er jetzt seine neun Südtiroler, aber diesmal nicht um aufzuspringen, ganz im Gegenteil; er holte sie vom Waggon herunter, um zusammen mit ihnen den nächsten Getreidezug nach Wien abzupassen. Bernhard rechnete sich aus, dass die Grenzkontrolle auf freier Strecke wesentlich harmloser sein würde als am Bahnhof in Pressburg. Zwar hätten seine Südtiroler auch dort nichts zu befürchten gehabt, besaßen sie doch Ausreisepapiere, an denen selbst der penibelste Grenzpolizist nichts auszusetzen haben konnte, das Baby mit eingeschlossen. Doch unser Büffel, auf den das keineswegs zutraf, hatte einen eigenen Plan. Es dauerte ein paar Stunden und die Zeit wurde ihnen lang, bis tatsächlich ein Güterzug anhielt. Mehr als drei Dutzend Waggons. Der Zugbegleiter, ein freundlicher russischer Soldat, ließ die Gesellschaft aufsteigen, und so gut es ging, machte die sich's auf dem Getreide bequem. Doch nun galt es, durch die tschechoslowakische Grenzkontrolle zu kommen! Der Säugling verschwand in einem Versteck aus Polstern und Wäsche, das zweitjüngste Kind wurde zum jüngsten und Bernhard, noch keine zwanzig und in kurzer Hose, übernahm in der Reihe der Orgelpfeifen die Rolle des ältesten Sohnes. Die Zahl der Kinder stimmte mit den Ausreisepapieren überein, das Baby gab keinen Quietscher von sich. Die Mutter zupfte an einem ihrer anderen Kinder herum, während der Grenzer in den Papieren blätterte. Nickend gab er sie schließlich zurück und die letzte Hürde auf dem Weg nach Wien war genommen. Als der Zug in Stadlau hielt, fasste Bernhard einen seiner raschen Entschlüsse: acht Hände gedrückt und das Baby getätschelt, vom Wagen gesprungen und auf dem Bahnsteig noch Getreidekörner vom Jackett gestreift. Er wusste einen Bruder seines Wahlonkels und Firmpaten Guido von Maculan in Stadlau, der dort eine Spiritusfabrik betrieb – und zum Glück anwesend war, als Bernhard aufkreuzte. Diesem war übrigens auf der letzten Reiseetappe ein Güterzug aufgefallen, dessen Ziel in entgegengesetzter Richtung lag; ein paar Minuten waren seine Viehwaggons neben dem Getreidezug zum Stehen gekommen und das hatte genügt, um zu verstehen, welche Fracht der Gegenzug führte. Es waren deutsche Kriegsgefangene auf ihrem Weg nach Osten und viele Österreicher mochten darunter gewesen sein. Gesichter hatten sich an die Luken gepresst und Rufe waren zu hören gewesen. Der Spiritusfabrikant warnte Bernhard vor einem ähnlichen Schicksal; er selbst müsse auf der Hut sein, denn die Russen seien nicht wählerisch, wenn es gelte, entlaufene Gefangene zu ersetzen, und immer wieder gelinge jemandem die Flucht. Dann aber würden sie jeden Beliebigen festnehmen, der ihnen gerade in die Arme laufe. Auf diese Weise sinke das Transportsoll an Kriegsgefangenen nie unter die festgesetzte Grenze. Bernhard tue gut daran, bis zum Abend bei ihm zu bleiben und die Fabrik erst zusammen mit den Arbeitern zu verlassen; zwischen ihnen würde er beim Überqueren der Reichsbrücke, an der Russen einen Kontrollposten unterhielten, kaum auffallen. So kam es, dass Bernhard an diesem 16. Mai 1945 erst kurz nach achtzehn Uhr in die Straßenbahn stieg, um die Seinen zu erreichen; es war die Linie 8, die damals noch rund um den Gürtel fuhr. Mutter, Vater, Schwester: Tag für Tag waren diese drei Menschen sein erster und sein letzter Gedanke gewesen. In nicht einmal einer halben Stunde würde er Gewissheit haben. An der Haltestelle Währinger Straße geschieht das Wunderbare, seine Mutter steigt zu! Freudiges Erschrecken, Taumeln, verhaltener Jubel, wortlos fallen sie einander in die Arme. Aly benützte die Linie 8 damals häufig, da die Schwiegermutter in der Gentzgasse wohnte und ihre Hilfe brauchte. Noch bevor sie zusammen aussteigen, weiß Bernhard, dass auch Vater und Schwester wohlauf sind. Am Saarplatz Nummer 10 gingen sie an diesem Tag sehr spät zu Bett, sie hatten einander viel zu erzählen gehabt und waren trotzdem damit noch längst nicht fertig geworden.

Ein Husarenstück war Bernhards Heimkehr gewesen! Acht Tage unterwegs in dem von der Roten Armee besetzten Teil Europas, von der Elbe bis an die Donau, und das auf Umwegen. Durch die Trümmerstadt Berlin geradelt, als die Tinte auf der deutschen Kapitulation noch nicht trocken war. Im Gelände überfüllter Bahnhöfe auf den richtigen Zug gelauert, im richtigen Moment blitzschnell das Richtige getan, in Posen, in Mährisch-Ostrau, in Lundenburg, dann an der Eisenbahnbrücke über die March. Und die ganze Zeit unter falscher, klug gewählter Flagge gereist: als verschleppter albanischer Jüngling, zum Schluss als Südtiroler Bauernsohn, ältester von acht Kindern. Neben anderen Begabungen hatte Vaters Büffel ein verblüffendes Maß an Geistesgegenwart bewiesen. Ein junger Mann, aber schon mit beiden Beinen im Leben. Und Fortune, das Glück des Tüchtigen, hatte er reichlich gehabt! Ein Leben lang wird es an seiner Seite bleiben. Ein Leben, zu welchem das Abenteuer seiner Heimkehr aus dem Krieg so etwas wie eine Generalprobe gewesen war.

FORTUNE

Mit beiden Beinen im Leben zu stehen, was heißt das anderes, als ganz der Gegenwart zu gehören! Und die Vergangenheit, wie hielt es Bernhard mit ihr? Er behandelte sie wie einen dicken alten Wälzer, der stand zwar in seiner Reichweite, zur Hand aber nahm er ihn selten. Und die Zukunft? Soweit sie ihn betraf, hatte es eine ganz besondere Bewandtnis mit ihr: kaum plante er sie, klopfte sie auch schon an und wurde Gegenwart. Mit Fortschreiten dieser Erzählung wird es uns mitunter vorkommen, als habe es der Zukunft geradezu Spaß gemacht, sich von Bernhard planen zu lassen. Schon im Juni 1945 immatrikulierte er an der Universität Wien. Um den Hochschulbetrieb nach dem Umbruch wieder in normale Bahnen zu lenken, war die Inskriptionsfrist verlängert worden, was unserem Heimkehrer zugutekam; er entschied sich für Jus, freilich nur, um den Rat seines Vaters zu beherzigen. Vor allem aber nützte er die universitären Strukturen, um Sport zu betreiben. Seit frühester Jugend hatte sich Bernhard dem Sport verschrieben und unter dem Naziregime ebenso wie bei der deutschen Kriegsmarine war diese seine Leidenschaft wohlgelitten gewesen. Nun frönte er ihr im »Wien des Dritten Mannes«. Es blieb nicht aus, dass man ihn einlud, an studentischen Wettkämpfen teilzunehmen. Einer fand in Budapest statt. So wie in Wien beherrschten auch in der ungarischen Metropole Rotarmisten das Straßenbild. Immerhin, das Land, für das der Student Stillfried als Läufer antrat, durfte sich wieder Österreich nennen! Er selbst gewann keinen Preis, zweimal aber wurde er Dritter. Am Rande des Wettkampfs gab es ein Wiedersehen mit den ungarischen Verwandten, von denen die Jüngeren ihn auch auf dem Sportplatz besuchten; die Familie Jankovich war das, aus der Helene stammte, Bernhards Großmutter väterlicherseits. In den letzten Kriegsjahren war zwischen den Familien jeder Kontakt abgebrochen, doch nun verdankte man es dem Völker verbindenden Sport, dass man wieder voneinander Nachricht hatte. Von den Tanten mit Lebensmitteln schwer bepackt, trat der Neffe die Heimreise an. Noch ein zweites Mal fuhr Bernhard nach Budapest, das war schon im Herbst, und wieder kam er mit prallem Rucksack nach Hause, zum hellsten Entzücken der Seinen, denn im Gegensatz zur ungarischen Verwandtschaft litten die Stillfrieds in Wien noch großen Mangel. In der Universität hatte Bernhard inzwischen eine französische Bekanntschaft gemacht: Monsieur Susini, der in seiner Heimat als Professor der Germanistik gewirkt hatte, nun aber das Centre Culturel Francais in Wien leitete. Professor Susini wusste den Namen Stillfried politisch sehr bald richtig einzuordnen, sprich: er hatte von Alfons führender Rolle im Widerstand gehört und auch die patriotische Einstellung der ganzen Familie war ihm nicht unbekannt geblieben. Es lag in der Natur der Situation, dass man aufseiten der Befreier und Besatzer damals nach Persönlichkeiten Ausschau hielt, die weder Parteigänger noch Mitläufer des Nationalsozialismus gewesen waren, sondern sich womöglich als Gegner dieses Regimes einen Namen gemacht hatten. Er vermittelte Bernhard und, als der ihn darum bat, auch Fritz Hansen-Löve eine Einladung zu einem internationalen Studententreffen in den französischen Alpen; eine Woche lang im Dezember 1945 sollte es stattfinden. Als es so weit war, fuhren die beiden nach Innsbruck, wo ihnen die französische Besatzungsbehörde die Bahnkarten für die Weiterreise ausfolgte. Im vierfach besetzten Österreich gehörten Tirol und Vorarlberg zur französischen Zone. Das Studententreffen, zu dem Bernhard und Fritz sich einfanden, zählte Vertreter aus vielen Ländern, auch aus Übersee waren etliche angereist. Eine jener Begegnungen war das, die in den ersten Nachkriegsjahren vielerorts veranstaltet wurden, um die Jugend Europas und der westlichen Welt zusammenzuführen. Übersteigerter Nationalismus war mit Hitlers Schreckensherrschaft ins Bodenlose gestürzt und der Begriff des Internationalen hatte neuen Glanz gewonnen. Die Aufbruchstimmung, die damals vor allem die jungen Menschen erfasst hatte, hielt eine ganze Weile an, bevor sie schließlich verflachte und Internationalismus zur Routine wurde. Auf der Rückreise machten Bernhard und Fritz für einige Tage in der Schweiz Station. Das von beiden Weltkriegen verschont gebliebene Land brachte in der zweiten Hälfte der 1940er-Jahre ein hohes Maß an menschenfreundlicher Privatinitiative auf die Beine, die gerade auch dem schwer heimgesuchten Österreich und hier vor allem seiner Jugend zugutekam. Die beiden Freunde waren Gäste einer Zürcher Familie, die sie reichlich beschenkte. So kehrte Bernhard auch von dieser Reise mit übervollen Händen in den Schoß der Familie zurück. In seinem Lebensbuch, in das der Vater damals noch Eintragungen machte, wird gleich dreimal der vom Sohn nach Hause gebrachten Gottesgaben schwärmerisch Erwähnung getan.

Paris

Zum ersten Mal seit Ausbruch des Zweiten Weltkriegs vergab Frankreich wieder Stipendien an ausländische Studenten und unter den ersten fünf Österreichern, die dieser Chance teilhaftig wurden, befand sich Bernhard; für Professor Susini war das ein klarer Fall gewesen. Der Stipendiat hatte im Nazidirektor der Oberschule einen guten Französischlehrer gehabt, der weit davon entfernt gewesen war, seinen Schülern etwas zu schenken, und jetzt kam ihm das zugute. Es war Spätwinter oder Vorfrühling 1946, als Bernhard in Paris eintraf. Er bezog sein Zimmer in einem kleinen Hotel, das man ihm empfohlen hatte und das sich in der Nähe der Sorbonne befand. An ihr inskribierte er Politikwissenschaften. Die Franzosen ließen ihren ausländischen Stipendiaten damals viel Freiheit; sie wurden nicht in einem Heim, sondern einzeln untergebracht und für ihre Lebenshaltung erhielten sie einen Pauschalbetrag, von dem sie sich auch selbst verköstigen mussten. Baguette, Käse und Obst bildeten Bernhards Hauptnahrungsmittel, nur ab und zu gönnte er sich den Besuch eines der kleinen chinesischen Restaurants. »L'Autrichien«, wie er von seinen französischen Kommilitonen genannt wurde, hatte sich bald seinen eigenen Bekanntenkreis geschaffen. Man lud ihn gerne ein, nicht zuletzt, um von ihm Deutsch zu lernen, und er wiederum verbesserte im geselligen Umgang sein Französisch. Daneben besuchte er auch einen Sprachkurs in der »Alliance Française«. Die interessanteste Pariser Bekanntschaft, die »l'Autrichien« unter seinen eigenen Landsleuten machte, war Karl Hartl. Als in der Wolle gefärbter Sozialdemokrat, der den autoritären Ständestaat aus der Illegalität bekämpft hatte, war er im März 1938 mit seiner jüdischen Frau nach Paris geflüchtet und nach der Kapitulation Frankreichs schließlich bei der Résistance gelandet. In der Funktion eines Kriegsgefangenen-Kommissärs bereiste er nun ganz Frankreich, um in den deutschen Kriegsgefangenenlagern die Österreicher zu identifizieren und deren Entlassung in die Heimat zu betreiben. Viel mehr als der Rang eines französischen Offiziers und Konsuls bei der österreichischen Botschaft in Paris war es der Name, den er sich in der Résistance gemacht hatte, der diesem Urwiener bei den französischen Behörden Tür und Tor öffnete. Er und der Sohn eines führenden österreichischen Widerstandskämpfers, wie hätten sie nicht zueinander Vertrauen fassen sollen! Tatsächlich sind sie dicke Freunde geworden, deren Wege sich auch im späteren Leben oft gekreuzt haben. Der junge Mann durfte den Kriegsgefangenen-Kommissär mehrmals in eines der Lager begleiten. Ungefähr um diese Zeit stieß Bernhard auf die Jeunesse Étudiante Chrétienne (JEC). Es lag nun schon Jahre zurück, dass er daheim am katholischen Leben und Treiben teilgenommen hatte, so gut das unter den Nazis eben möglich gewesen war, und nun nahm diese international ausgerichtete studentische Organisation junger Christen sofort sein Interesse gefangen. Ihr zentraler Sitz war Paris, wo sie über ein repräsentatives und geräumiges Vereinshaus verfügte; Bernhard ging hin – und als er das Gebäude nach einem längeren Erkundungsgespräch wieder verließ, hatte er regelrecht Feuer gefangen. Der JEC war sein Tatendrang äußerst willkommen und es dauerte nicht lange, bis man ihn landesweit auf so gut wie jeder JEC-Tagung antreffen konnte. Auch nach Brüssel schickte man Bernhard mit einigen Aufträgen, was in der Folge noch mehrmals geschah; dementsprechend eng gestalteten sich seine persönlichen Verbindungen zum belgischen Schwesterverein. Nicht, dass er an der Sorbonne jetzt alle Vorlesungen schwänzte, in der Hauptsache aber widmete er sich der »Jeunesse Étudiante Chrétienne«. Ja, er trug sich bereits mit dem Gedanken, einmal nach Wien zurückgekehrt, auch dort eine JEC-Niederlassung zu gründen. Aber noch war es Europas Westen, wo er bis über beide Ohren in der Vereinsarbeit steckte. Ein christlicher Aktivist, der über der Fülle von Aktivitäten sein Christentum vergisst? Nicht so Bernhard, der auch Momente der Selbstbesinnung kannte. Da gab es bei Paris das wegen seiner gregorianischen Choräle in ganz Frankreich berühmte Benediktinerkloster Solesmes. Seine Musik war schon damals auf Schallplatten erhältlich, eine hatte Bernhard bei Freunden gehört, und seither zog es ihn nach Solesmes. Einmal blieb er vier Tage dort. Die Tonaufnahmen haben ihn später überallhin begleitet. Weihnachten 1946 verbrachte Bernhard dann in Wien, wieder war er voll bepackt heimgekehrt. Eintragung seines Vaters im Lebensbuch: »Weihnachten 46 ist er zu Hause und bringt aus Paris eine Unmenge guter Sachen zum Essen mit, die uns für längere Zeit aller Nahrungssorgen entheben.«

Im zweiten Jahr seines Frankreichstipendiums zog Bernhard um, von seinem Hotelzimmer in einen großen Campus am Stadtrand von Paris. Die Studenten wohnten dort, nach Nationen zusammengefasst, in eigenen Häusern und in der Mehrzahl wurden diese Unterkünfte auch von den Entsendestaaten finanziert; im Nachkriegsösterreich war an Derartiges freilich nicht zu denken. So wurde er in der »Maison de Cuba« untergebracht, zumal die kubanischen Studenten allein ihr Haus gar nicht füllten. Eineinhalb Jahre blieb Bernhard in Paris und als die Zeit um war, hatte er eine Reihe interessanter Vorlesungen gehört, neue Freundschaften geschlossen und sein Französisch auf Hochglanz gebracht. Sein »Erweckungserlebnis« aber war die »Jeunesse« gewesen.

Gottgefällige Geschäftigkeit

Wieder in der Heimat, ging Bernhard sofort daran, den schon in Frankreich gefassten Vorsatz in die Tat umzusetzen: die Gründung einer österreichischen Niederlassung der »Jeunesse Étudiante Chrétienne«. Nebenbei inskribierte er im Oktober 1947 wieder an der Wiener Universität, wobei er allerdings umsattelte; die Juristerei hatte ihm nicht behagt und so entschied er sich nun für das Geschichtsstudium. »Neue Jugend – Christliche Studenten«, so die österreichische Vereinsbezeichnung in sinngemäßer Übersetzung des französischen Namens, entstanden aber auch aus dem Zusammenschluss mit einer bereits bestehenden Wiener Gruppe, die sich ganz ähnliche Ziele gesetzt hatte. Diese besaß ein geräumiges Vereinslokal, Franziskanerplatz die Adresse, noch zentraler ging es fast nicht. Bernhards »Mitgift« wiederum bestand in einem pralllen Adressbuch: Leute, die sich schon um Fritz Hansen-Löve und später um Pfarrer Dolezal geschart hatten, ein Potenzial, das man jetzt aktivieren konnte. Und dann der große Bekanntenkreis, den er seinen Pariser JEC-Aktivitäten verdankte, darunter auch einflussreiche Freunde in Übersee. Österreichs damaliger Ruf in der westlichen Welt, klein, herzig und arm zu sein (ein Dreiklang, von welchem selbst der zweitgenannte Bestandteil nicht ganz frei erfunden war), öffnete dem Land viele Portemonnaies. Und Bernhard wusste das auch für seinen Verein zu nutzen. Ein kanadisches College schickte über tausend seiner Winteruniformen, im Nachkriegswien eine höchst willkommene Sendung. Das wurde auf dem Anschlagbrett der Uni kundgemacht, jeder, der warme Kleidung brauchte, konnte sich am Franziskanerplatz melden. Wohlgemerkt, nicht nur christliche, sondern alle Studierenden! Aus den USA kamen Lebensmittel und das in schöner Regelmäßigkeit, was den neuen Verein in die Lage versetzte, eine eigene Studentenmensa zu unterhalten. Selbst für die Lokalmiete und für einen Teil der Personalkosten kamen hier amerikanische Wohltäter auf. Bernhards Debüt als großer Organisator! Auch auf dem Veranstaltungssektor kamen ihm seine Pariser Erfahrungen zugute. Bevorzugter Tagungsort: Niederösterreichs Klöster. Kaum ein Abt oder Prior, der dem ernsten jungen Mann die Gastfreundschaft versagen wollte. Christliche Jugend an idyllischen Plätzen versammelt: Studentinnen und Studenten aus Österreich, Frankreich, Belgien und anderen europäischen Ländern, aber auch aus den USA, aus Kanada und Australien. Sie diskutierten, bildeten Arbeitskreise, beschlossen Resolutionen. Freudige Aufbruchstimmung riss alle mit. Was Bernhard indessen allmählich Sorge bereitete, war, dass im eigenen Verein ein auffallender Mangel an Kommilitoninnen herrschte. Um dem abzuhelfen, schwebte ihm eine junge Katholikin vor, die über Führungsqualitäten verfügte. Dank Pfarrer Dolezal glaubte man sie schließlich gefunden zu haben, wenngleich Ira Huzuliak, so der Name der jungen Frau, anfangs noch recht zurückhaltend war. Was die Zögernde dem Verein aber schließlich gewann, waren dessen Zugehörigkeit zur »Jeunesse Étudiante Chrétienne« mit Sitz in Paris. Wie vielen anderen katholischen Intellektuellen galt auch ihr diese Stadt im Nachkriegseuropa als geistiges Zentrum. Die Bücher von Georges Bernanos, Paul Claudel und Pierre Teilhard de Chardin hatte Ira verschlungen und natürlich war auch Antoine de Saint-Exupéry, Kultautor mehrerer Generationen, für ihr Frankreichbild prägend gewesen. Die Neue wusste in allen religiösen Fragen Bescheid, auch in der katholischen Liturgie war sie zu Hause. Und kaum ein großer Name in der katholischen Heimat, dessen Träger sie nicht auch persönlich kannte, etwa den Jesuitenpater Karl Rahner, den Dominikanerpater Diego Götz, die Monsignori Otto

Mauer und Erwin Hesse oder den deutschen Dichter und Historiker Reinhold Schneider, dessen Buch »Winter in Wien« sie stellenweise fast auswendig kannte. Ira war manchmal nach Einkehr und Besinnung zumute, dann ging sie zu den Zisterziensern nach Heiligenkreuz oder aber nach Mayerling, wo Karmeliterinnen das ehemalige Jagdschloss Kronprinz Rudolfs bewohnen und auch heute noch für das Seelenheil des Habsburgers und der armen Mary Vetsera beten. Was aber Ira Huzuliak nach Mayerling zog, war Verehrung für die heilige Theresia von Avila, die große Reformatorin des Karmeliterinnenordens, aber auch Freundschaft mit Mutter Magdalena, der damaligen Äbtissin dieses Klosters. Man holte sie gleich in den »Zentralkreis«! So etwas wie ein Vereinsvorstand war das, nur dass dieses Gremium jedem der Mitglieder offenstand. Bernhards Bestreben in Sachen Verein verlief horizontal, hatte Terraingewinn zum Ziel; Iras Trachten war eindeutig vertikal ausgerichtet, Verinnerlichung und Tiefgang wollte sie. Nicht, dass die junge Frau, die ja zur Behebung des Mangels an Kommilitoninnen angeheuert worden war, solche Erwartungen enttäuscht hätte; ganz im Gegenteil, doch noch entscheidender schlug sich Iras Einfluss in zwei Beschlüssen des »Zentralkreises« nieder. Erstens beschloss man, sich einen eigenen Seelsorger an die Seite stellen zu lassen, wobei man Bernhards Vorschlag folgte, die Diözese Wien offiziell darum zu ersuchen. Die Kirchenobrigkeit gab dem statt, die junge Gemeinde bekam ihren Hirten. Der zweite Beschluss betraf die Einrichtung eines eigenen Gottesdienstes, nur Studierenden sollte dieser zugänglich sein. Und Domprediger Otto Mauer sollte ihn zelebrieren. Ira machte es möglich! Der Monsignore muss große Stücke auf sie gehalten haben, denn ihr zuliebe vermittelte er dem Verein auch die Josephskapelle in der Wiener Hofburg, das feine Gottesgemach, zu dem kein Normalsterblicher Zutritt hatte. Während des Studienjahres jeden Donnerstag um sieben Uhr früh, so hatte man es in Abstimmung mit Mauers Terminkalender fixiert. An die Vierzig Studierende pflegten an dem Gottesdienst teilzunehmen, doch der Großteil fand sich schon eine halbe Stunde vorher in der Josephskapelle ein. Von Ira, der Chorleiterin, dazu vergattert, denn wer die Messe besuchte, gehörte auch automatisch zum Chor. Nach dem *Ite, missa est* traf sich der exklusive Cercle noch in einem Kaffeehaus der Habsburgergasse. Doch nicht zu Plauderei blieb man noch eine Stunde beisammen, Wichtigeres war jedes Mal zu besprechen.

1947 am Heiligen Abend, dem Fest, das man für gewöhnlich nur im Familienkreis feiert, hatten die Stillfrieds zwei junge Leute zu Besuch, Aly und Alfons hatten sie bislang nur vom Hörensagen gekannt, Freunde des Sohnes: Ira vom Christlichen Studentenverein und Bob, ein New Yorker Student, den

Bernhard in Paris kennengelernt hatte. Es bleibt nicht aus, dass Bob eines seiner Hauptthemen zur Sprache bringt, und als er dabei, von Bernhard dazu ermuntert, den großen JEC-Kongress erwähnt, der im Frühsommer 1948 in Michigan stattfinden soll, ist plötzlich klar, wer die »Christlichen Studenten Österreichs« in Michigan vertreten muss, Ira. Sie zögerte noch, doch nachdem Bob seinen amerikanischen Kommilitonen berichtet hatte, welch großartiges Mädchen Österreich entsenden würde, schraubten jene den Anreiz in die Höhe: anschließend an den dreiwöchigen Kongress würde Miss Huzuliak ein einjähriges Stipendium am College der Dominikanerinnen in River Forest bei Chicago antreten können. Nun sagte sie zu. Doch bevor es so weit war, absolvierte sie noch zwei JEC-Treffen, das eine in Belgien, das andere in Frankreich; in Paris lernte sie Bobs Freundin Nancy kennen, woraus eine Lebensfreundschaft werden sollte. Inzwischen war es Mai geworden und Ira ging auf große Fahrt.

Ira in Amerika

Als das Schiff im New Yorker Hafen anlegte, erwartete man Ira bereits. Liesl Steindl-Rast stand am Pier; nur wenige Monate zuvor hatte sie selbst diese Reise gemacht, mit ihren drei Buben war sie aus Österreich in die Vereinigten Staaten übersiedelt. Liesls Mutter hatte den Sprung über den großen Teich schon nach dem Ersten Weltkrieg gewagt und sich im Laufe der Jahre mit einer kleinen Fremdenpension in einem Hochhaus der New Yorker City, die vor allem Neuankömmlinge aus Europa beherbergte, eine tragfähige Existenz geschaffen; so war es ihr möglich gewesen, Tochter und Enkel bei sich aufzunehmen. Die Freundschaft zwischen den Steindl-Rasts und der Familie Stillfried reichte in die 1930er-Jahre zurück, als Franz Kuno und Bernhard in der Neulandschule dieselbe Schulbank drückten. Noch vor ihrer Übersiedlung in die USA hatte Liesl auch Ira kennengelernt und diese war in die Familienfreundschaft einbezogen worden. Ira hatte nicht vergessen, dass Liesls Söhne sehr schöne Stimmen besaßen – und zwar alle drei: Franz Kuno, Hans und auch Max. Schon auf der Überfahrt war ihr durch den Kopf gegangen, wie man den Kongress in Michigan musikalisch umrahmen könnte. Vierstimmig würden sie österreichische Volks- und Kirchenlieder zum Vortrag bringen. Die jungen Männer ebenso wie ihre Mutter waren gleich Feuer und Flamme, alle vier begleiteten Ira nach Michigan. Die Kongressgastgeber mussten nicht erst überredet werden. Das mit viel Improvisation auf die Beine gebrachte Musikprogramm, das den Kongress begleitete, war ein kolossaler Erfolg. Einige

Zeitungen berichteten in großer Aufmachung darüber und als Ira sich dann in River Forest bei den Dominikanerinnen einfand, war ihr die musikalische Fama bereits vorausgeeilt. Die österreichische Stipendiatin hatte in Michigan und Umgebung Furore gemacht, das war ihr Einstand gewesen. Sie inskribierte Philosophie. Was hat Friedrich Schleiermacher[9] in einer seiner Vorlesungen gesagt? »Philosophie und Religion können nicht ohne einander bestehen: Keiner kann Philosoph sein, ohne religiös zu sein.« Nun ja, aber Ira sprach er damit jedenfalls aus dem Herzen, und also konnte sie sich mit ihrem Philosophiestudium gut aufgehoben fühlen im Orden des Heiligen Dominikus.

Die Vereinskorrespondenz mit Ira lief über Bernhard, im »Zentralkreis« munkelte man schon, die beiden seien so gut wie verlobt. Bernhard sah in Ira die zu Hohem Berufene, die künftige Theologieprofessorin etwa oder, wer weiß, auch die Äbtissin eines wichtigen Klosters. Zwar wusste er, dass sie sich selbst nicht unbedingt als Ordensfrau sah, aber hatte sie sich nicht auch in Amerika zur Fastenzeit in ein Benediktinerinnenkloster zurückgezogen? Auf der Heimreise im Frühsommer 1949 legte Ira, nachdem sie in Le Havre vom Schiff gegangen war, einen fast zweimonatigen Zwischenaufenthalt in Frankreich ein. Berühmte Klöster standen auf ihrem Programm, vor allem ins Burgundische zog es sie; dort wandelte sie auf den Spuren Bernhards von Clairvaux, des Gründervaters der aus dem Benediktinerorden hervorgegangenen Zisterzienser. Sie besuchte das Kloster Vezelay, wo sich im Mittelalter die Pilger gesammelt hatten, die nach Santiago de Compostela wollten, und das Kloster Le Thoronet. Auch in Fontenay verweilte sie einige Tage; dieses Kloster war im Jahr 1147 von Papst Eugen III. im Beisein des heiligen Bernhard eingeweiht worden. Eine einzige Einkehr müssen diese Wochen in Frankreich gewesen sein! Es war schon Anfang August, als Ira am Pariser Gare de l'Est den Zug nach Wien bestieg.

Wer weiß, ob Bernhard über seinen Schatten gesprungen wäre, hätte Amerika nicht auch ihm ein Stipendium angeboten: für einen zweisemestrigen Studienaufenthalt am St. Thomas College in St. Paul, Bundesstaat Minnesota. Über die »Jeunesse« war diese Einladung zustande gekommen und schon im Herbst sollte er die Reise antreten. Ira war wieder zurück und Bernhard dachte an die schon in wenigen Monaten bevorstehende Trennung. Was, wenn er ganz drüben bliebe? Bei den Berufschancen, die sich in den Vereinigten Staaten boten! Es war hoch an der Zeit, sich Ira zu erklären.

---

9 Friedrich Schleiermacher, Theologe und Philosoph des deutschen Idealismus.

Bernhard

Ira Huzuliak

Die ganze Welt ist in ein Netz von Ursachen verstrickt und also auch unser Leben. Höchste Zeit, etwas über die Kausalkette zu erfahren, die Ira dorthin führte, wo sie mit Bernhard zusammentraf! Ihr Name leitet sich von den Huzulen ab, versetzt uns in die Ukraine, genauer: ins Ruthenische, den einstmals österreichischen Teil dieses riesigen Landes. Die Huzulen und die Wolhynier sind dort zu Hause, diese im Tiefland, jene in den Ostkarpaten. Iras Vater, ein gebürtiger Ruthene huzulischer Abkunft, war noch in der Monarchie zur Welt gekommen, hatte in Czernowitz das deutschsprachige Gymnasium besucht. Als Soldat der österreichisch-ungarischen Armee erlebte er das Ende des Ersten Weltkriegs in einem Wiener Lazarett. Auch Iras Mutter Antonia hatte ruthenische Eltern aus der Bukowina, war aber schon in Wien geboren und dort aufgewachsen. Der Krieg lag schon einige Jahre zurück, als Antonia Rudnicki, so ihr Mädchenname, und Simeon Huzuliak einander kennenlernten. Sie arbeitete damals als Hilfskrankenschwester und er hatte gerade sein noch vor dem Krieg begonnenes Jusstudium abgeschlossen. Sie heirateten im grauen Wien der 1920er-Jahre. Es war die Zeit der großen Arbeitslosigkeit, als sich das junge Ehepaar entschloss, ein verlockendes Angebot in der Sowjetunion anzunehmen; ein günstiger Arbeitsvertrag verhieß ein interessantes Betätigungsfeld und reichliche Bezahlung. Die Aufbruchsstimmung, die die kommunistischen Machthaber der UDSSR damals zu erzeugen wussten, faszinierte auch viele Menschen im Westen und die Not in Österreich tat ein Übriges. In Charkow wies man dem Ehepaar eine Wohnung zu und zunächst schien es gut zu beginnen. Am 2. Oktober 1926 kam Ira in dieser aufstrebenden Stadt zur Welt, aber da gerieten die Dinge schon ins Rutschen. Ihre österreichischen Reisepässe hatte man den Eheleuten abgenommen; die Behörden zogen es vor, sie als sowjetische Bürger zu behandeln. Anstelle der anfänglichen Aufbruchsstimmung verbreitete sich eine Mischung aus Unsicherheit, Misstrauen und Bespitzelung. Als Ira vier Jahre alt war, kam Anastasia Rudnicki, Antonias Mutter, aus Wien zu Besuch; sie blieb einige Wochen und machte sich ein Bild von der prekären Situation der kleinen Familie. Bald war es beschlossene Sache, dass sie Ira nach Wien mitnehmen sollte. Vielleicht würde es Tochter und Schwiegersohn gelingen, später nachzukommen. Die Großmutter trug Ira in ihren eigenen Pass als Tochter ein. Eigenhändige kalligrafische Anstrengung mit schwarzer Tusche. Frauen bekamen damals noch sehr jung ihre Kinder, so waren Großmütter unter vierzig gar keine Seltenheit und zur Not konnten sie auch als Mütter gelten. Die Eltern waren mit zum Bahnhof gekommen, sie schärften der kleinen Ira noch ein, zur Oma auf der ganzen Fahrt nur Mama zu sagen. Der Zug fuhr an. »In Wien sehen wir uns alle wieder!« Doch es blieb ein Abschied auf immer. Die gefälschte Eintragung im Pass zog Probleme nach sich: Das Kind fehlte im Einreisevermerk und tatsächlich gab es Schwierigkeiten an der Grenze. Einmal mehr erwies Angriff sich als die beste Verteidigung. Die resolute Frau entrüstete sich über die unerhörte Schlamperei. Was konnte sie dafür, dass der Grenzer bei der Einreise ihr Kind übersehen hatte! Das half schließlich, die beiden durften weiterfahren. So kam Ira nach Wien und in der Obhut ihrer Großeltern, Anastasia und Johann Rudnicki, wuchs sie auf. Mehr noch als in anderen Teilen der Sowjetunion wütete der stalinistische Terror in der Ukraine und das Ehepaar Huzuliak fiel ihm schließlich zum Opfer. Der Vater wurde irgendwelcher verräterischer Machenschaften angeklagt und in einem Schauprozess verurteilt, dann verschwand er in einem Gulag. Iras Mutter litt bitterste Entbehrung, nur notdürftig schlug sie sich mit Handarbeiten durch; die Hoffnung, eines Tages doch noch das Töchterchen und die Eltern wiederzusehen, scheint ihr lange Zeit Kraft gegeben zu haben. Ein Brief von ihrer Hand gelangte Ende 1939 nach Wien, eine Bekannte hatte ihn mitgenommen. Das war das letzte Lebenszeichen, in den Wirren des von Hitler nach Russland getragenen Kriegs verlor sich dann auch ihre Spur. Antonias Eltern wollten sich damit nicht abfinden. Ihr Vater, der das wehrfähige Alter längst hinter sich gelassen hatte, war zur Deutschen Wehrmacht eingezogen worden und der Grund lag auf der Hand: Johann Rudnicki beherrschte das Ukrainische. Als Wehrmachtsdolmetsch eingesetzt, hat er alle Möglichkeiten zur Nachforschung genützt, doch die Tochter blieb verschollen.

Ira und Bernhard heirateten noch im Herbst. Im Stift Heiligenkreuz fand die Trauung statt, am 18. Oktober 1949, Fest des Evangelisten Lukas. Pater Walter zelebrierte den Gottesdienst. Eingeladen waren einige Studenten aus der österreichischen »Jeunesse«, acht an der Zahl, nur aus dem engsten Freundeskreis. Maria, Bernhards Schwester, vertrat die Familie, denn die Eltern waren nicht eingeladen, weder zur Trauung noch am Abend davor zu dem selbst arrangierten Festbuffet, und dasselbe galt natürlich auch für Iras Großmutter und Onkel Hans, deren Sohn. Eine Feier von der besonderen Art, nichts sollte an herkömmliche Hochzeiten erinnern, zu deren oft kitschigem Unernst wollte man deutlichen Abstand halten. Doch die Ausgesperrten zeigten für so viel jugendliche Unbedingtheit Verständnis. Die »Hochzeitsreise« bestand darin, dass Ira Bernhard zum Schiff begleitete. In Paris machten sie zwei Tage Station, dort trafen sie sich noch mit Bob. Dann ging es weiter nach Le Havre, wo sie voneinander Abschied nahmen.

Bernhards Jahr in den USA

An einem der letzten Oktobertage ging Bernhard in New York an Land. Bob, er hatte dem Schiff das Flugzeug vorgezogen, erwartete ihn im Hafengebäude gleich hinter der Einreisekontrolle. Während der drei Tage, die sein Freund aus Österreich bei ihm wohnte, war noch Gelegenheit, diesen mit praktischen Details des American way of life vertraut zu machen; unbedingt gehörte der Greyhound zu den diesbezüglichen Tipps: der grau lackierte Langstreckenbus, mit dem man für relativ wenig Geld halbwegs bequem überall hinkommen konnte. Doch für Bernhard stand neben dem Sammeln nützlicher Informationen noch etwas anderes auf dem Programm, er wollte den Zwischenaufenthalt in New York dazu nützen, einen alten Freund der Familie zu besuchen. Ernst Karl Winter, der angesehene katholische Soziologe, der sich zwischen den beiden Weltkriegen auch politisch engagiert hatte; zwei Jahre war er Vizebürgermeister von Wien gewesen. Als prominenter Gegner des Nationalsozialismus war Winter gleich nach dem »Anschluss« in die Schweiz geflüchtet und von dort in die Vereinigten Staaten weitergereist. Schon 1937 hatte man ihn für irgendein kommunales Problem als Experten nach New York geholt und bei dieser Gelegenheit war ein Besuch für das Folgejahr vereinbart worden. So hatte Winter nicht nur keine Schwierigkeiten gehabt, sich jenseits des großen Teichs in Sicherheit zu bringen; es war ihm auch verhältnismäßig leicht gefallen, seine zahlreiche Familie in die USA nachkommen zu lassen. Zunächst aber hatte seine Frau von Vorarlberg aus das Husarenstück zustande gebracht, sich mit ihren Kindern an einem wenig beachteten »kleinen Grenzübergang«, den nur die lokale Bevölkerung benützte, »ratenweise« in die Schweiz zu schwindeln. Um nicht aufzufallen, war sie immer nur mit einem Kind über die Grenze gegangen. Sieben Kinder, also siebenmal an den Grenzern vorbei, doch alles war gut gegangen. Nun lag das schon viele Jahre zurück. Der alte Winter zeigte sich freudig überrascht über Bernhards Besuch und gerührt. In dieser Rührung schwangen auch Enttäuschung und Bitterkeit mit. Wissenschaftler von Rang, der er in Österreich gewesen war, hatte er damit gerechnet, gleich nach dem Krieg zurückgerufen zu werden. Tatsche ist, dass Ernst Karl Winter, sechs Jahre nach Bernhards Besuch, doch noch in seine Heimatstadt zurückgekehrt ist; das war im Staatsvertragsjahr 1955, indessen blieb es ihm versagt, als akademischer Lehrer in Österreich noch einmal Fuß zu fassen, sieht man von dem einen oder anderen Lehrauftrag ab. Ernst Florian, Winters ältesten Sohn, hatte Bernhard vor New York nur flüchtig gekannt; erst in Amerika wurden die beiden näher miteinander bekannt und auch Freunde fürs Leben. Den Krieg hatte

Ernst Florian auf der Seite der Vereinigten Staaten mitgemacht, zunächst im Pazifik, dann aber auf den europäischen Schauplätzen; er hatte zu der US-Einheit gehört, die als erste auf österreichisches Gebiet vorgerückt war, als erster Altösterreicher in amerikanischer Uniform hatte er Heimatboden betreten. Bei Bernhards Besuch in New York stand Ernst Florian Winter noch ganz am Beginn seiner akademischen Laufbahn; sie sollte ihn später nach Österreich zurückführen, wo er als Historiker und Politikwissenschaftler zu vielen Ehren gelangte, nicht zuletzt als Leiter der Diplomatischen Akademie in Wien. Damals aber war er jung verheiratet gewesen – und zwar mit Johanna von Trapp, einer Tochter der »singenden Familie« des österreichischen Barons Georg Ludwig von Trapp. Ihm, dem ehemaligen Unterseeboot-Kommandanten des Ersten Weltkriegs, hatte der Einmarsch Hitlers in Österreich die Freude an der Salzburger Heimat verleidet und so war der Familie eine Einladung amerikanischer Musikagenten die willkommene Gelegenheit gewesen, das Land zu wechseln. Dort besannen sich die Trapps ein für alle Mal auf ihre schönen Stimmen und auf ihren heimatlichen Liederschatz; das war ihr Startkapital gewesen. Und ehe sie sich dessen versahen, waren sie berühmt geworden. Doch dieser Ruhm und die damit verbundenen Annehmlichkeiten hatten ihren Preis: die »singende Familie« wurde nach bester amerikanischer Manier verkitscht. »The Sound of Music« heißt der Hollywoodfilm, der das trappsche Erscheinungsbild bleibend geprägt hat. Damals, als Bernhard Stillfried Amerikas Gastfreundschaft genoss, kannte man dort nur den Film »Der Dritte Mann«, der das zwielichtige Nachkriegswien verewigte, während »Sound of Music«, erst Ende der 1950er-Jahre gedreht, Premiere hatte. Jedenfalls vertrat die »singende Familie« das heitere, unkompromittierte Österreichbild. Tatsächlich war der Name »Trapp« damals wichtig für das kleine Land, vor allem in den USA, und Bernhard empfand das nicht ohne Dankbarkeit. Soviel zu Ernst Florian Winters Verbindung mit der Trapp-Tochter Johanna. Die beiden wurden sechsfache Eltern, auf ihrer wie auf seiner Seite hatte Kinderreichtum Tradition.

Ein Greyhound war es, mit dem Bernhard den sich noch weit über tausend Meilen hinziehenden Landweg zu seinem eigentlichen Ziel zurückzulegen hatte: Saint Paul im Bundesstaat Minnesota. In dieser Stadt befand sich das St. Thomas College, auf welches jenes US-Stipendium lautete, unter dessen Auspizien die Verbindung mit Ira sich erheblich gefestigt hatte. Saint Paul liegt am Mississippi – und zwar dort, wo der Fluss als breiter Strom weiter in südlicher Richtung fließt, um nach langer Reise in den Golf von Mexiko zu münden. In einem villenartigen Gebäude, das zum Campus rund um das College gehörte, bezog Bernhard Quartier. Sein Zimmer sollte zu einer Art Klause werden, denn der junge Mann war mit dem festen Vorsatz nach Saint Paul gekommen, hier nachzuholen, was er zugunsten anderer Aktivitäten bisher fast ganz vernachlässigt hatte, sein Studium: Geschichte, nach seiner Rückkehr aus Paris an der Universität Wien als Hauptfach inskribiert, und daneben Politikwissenschaften. Anders als in Paris und in Wien beschränkte er den geselligen Umgang hier er auf ein Minimum. Sein Leben teilte sich zwischen dem Vorlesungsbetrieb, der Bibliothek, der Kapelle des Colleges und dem Zimmer, das ihm zugeteilt war. Das Haus, das der Stipendiat aus Wien zusammen mit zwölf anderen Studenten bewohnte, besaß eine Teeküche; dort bereitete man sich das Frühstück oder den kleinen Imbiss, während das Mittagessen in der Mensa eingenommen wurde. Der zwischen Bernhard und Ira schon vor mehr als Jahresfrist zur Institution erhobene transatlantische Briefwechsel fand seine Fortsetzung, nur dass es jetzt Bernhard war, der aus Amerika berichtete – und das jede Woche, während Ira mindestens zwei seiner Briefe zusammenkommen ließ, bis sie antwortete. In der beschränkten Freizeit, die er sich zugestand, hielt Bernhard dem Greyhound die Treue; mit ihm unternahm er einige Ausflüge, unter anderem zum nächstgelegenen Nationalpark. Doch Weihnachten 1949 blieb er nicht allein, er verbrachte sie in New York mit Bob und dessen Familie.

Unterdessen war Bernhards Fortune nicht müßig geblieben, sie hatte es für richtig befunden, seinem Geschichtsstudium einen völkerkundlichen Einschlag zu geben. Da gab es Indianerreservate, die sich in Minnesota befanden und daher von Saint Paul leicht erreicht werden konnten. Auch die nördlicheren Reservate, die schon in Kanada lagen, interessierten Bernhard, so blieb es nicht aus, dass er für die Völkerkunde entflammte. Bald folgte ein mehrwöchiger Aufenthalt in Hawaii und irgendwann war es so weit, dass man Bernhard einlud, an einer von der US-Regierung ermöglichten Expedition nach Mikronesien teilzunehmen. Eine Art Fact Finding Mission unter UNESCO-Patronanz war das, an der Ethnologen, Zoologen, Botaniker und Vertreter weiterer Fachrichtungen teilnahmen. Vier Wochen war der Student aus Österreich in dieser westlichen Inselwelt des Stillen Ozeans, als hellwacher Beobachter, der vor allem den Ethnologen über die Schulter schaute. Was er in dieser Zeit mitbekam, sollte ihm später noch sehr zustattenkommen. Diese wissenschaftlichen Exkursionen bildeten die einzigen Unterbrechungen in Bernhards Studentenalltag, im Übrigen blieb der Büffel dabei, dem Büffeln und Strebern den Vorrang zu geben. Als das zweite Semester um war, wurden ihm zum ordnungsgemäßen Abschluss seines Studiums noch die Sommermonate eingeräumt und als drittes Semester angerechnet. So kam das St. Thomas College ausländischen Studenten entgegen, die mit Blick auf ihren Heimreisetermin schon unter Zeitdruck standen. Bernhard schaffte seinen Abschluss, den Bachelor of Arts – und zwar *cum laude*; das altväterlich-würdevoll gehaltene Diplom trägt als Datum »the eleventh day of August in the year of our Lord, 1950«. Auch auf seiner Heimreise machte der frischgebackene Bachelor in New York Zwischenstation und diesmal wohnte er in der Fremdenpension von Liesl Steindl-Rasts Mutter in einem der Hochhäuser der City. Die »Edam«, ein holländisches Frachtschiff, das auch Passagiere an Bord nahm, brachte Bernhard Anfang September nach Europa zurück und wieder hieß der Zielhafen Le Havre.

Studentenehe

Bevor zwischen Bernhard und Ira die Entscheidung herangereift war, hatte sie ein Jahr in der Fremde verbracht und nachdem zwischen den beiden die Würfel gefallen waren, hatte er sein Jahr in der Fremde gehabt. Nun aber galt es, die zwischen zwei langen Trennungen geschlossene Ehe aus ihrem papierenen Dasein zu lösen und das, was zur Lebensnormalität gehört, in seine Rechte zu setzen. Das in der klassischen Reihenfolge zu bewerkstelligen, die erstens den Abschluss der Berufsausbildung, zweitens das berufliche Unterkommen und drittens die Familiengründung vorsieht, wäre, so unkonventionell sich die Sache bei den beiden angelassen hatte, so etwas wie ein Stilbruch gewesen. Simultaneität war angesagt! Das der Tiefkühltruhe entstiegene Ehepaar bedurfte der Zimmertemperatur einer gemeinsamen Bleibe und es fand sie im ehemaligen Winzerhaus bei Bernhards Eltern am Saarplatz. Zum Schlafen zogen die neuen Mitbewohner sich allabendlich in den ehemaligen Junkertrakt zurück und tagsüber teilen die beiden Paare den Wohnbereich miteinander. Keine Seite hat das zu bereuen gehabt. Sowohl Aly als auch Alfons sprachen der Präposition Schwieger mit Blick auf Ira jede Bedeutung ab und umgekehrt verhielt es sich genauso. Inskription an der Uni und Ausschau nach einem geeigneten Job waren das, worauf sich der Sohn des Hauses jetzt stürzte. Was das Studium betraf, so war das Jahr in Amerika nicht ohne Auswirkungen geblieben, denn nun wählte Bernhard Völkerkunde als Hauptfach; Geschichte blieb, doch als Nebenfach. Um einen Job, den Einfall hatte er schon in Saint Paul gehabt, bewarb er sich beim Wiener US-Informationscenter, dessen Lokal sich damals Ecke Kärntner Straße/Philharmonikerstraße befand. Nicht übel das Curriculum Vitae, das der junge Mann dort vorlegen konnte. Da war zunächst seine Kooperation mit amerikanisch-katholischen Institutionen im Rahmen der Jeunesse Étudiante Chrétienne, aber noch mehr fiel ins Gewicht, dass er erst kürzlich als US-Stipendiat den Grad eins Bachelors erworben hatte. Dass er das Englische oder Amerikanische ausreichend beherrschte, verstand sich bei dieser Sachlage von selbst. Schon wenige Wochen nach seiner Vorsprache meldete sich die amerikanische Leiterin des Informationscenters. Er war aufgenommen, als Bibliothekar im Lesesaal. Das Center hatte benützerfreundliche, sprich recht ausgedehnte Öffnungszeiten, doch die Mitarbeiter besaßen, eine entsprechende Koordination untereinander immer vorausgesetzt, die Möglichkeit, ihre Diensteinteilung flexibel zu gestalten. So fiel es dem neuen Bibliothekar nicht schwer, die notwendige Zeit für sein Studium zu erübrigen. Im Unterschied zu vielen anderen Kollegen, die so wie er ihr Studium neben einem Broterwerb bewältigen mussten, bedurfte Bernhard der Nachtstunden dazu nicht. Ja sogar den einen oder anderen Zeitrest konnte er abzwacken, um sich, wenn auch nur am Rande, seinem früheren Steckenpferd zu widmen. Tatsächlich, die Wiener »Jeunesse« existierte noch immer, obschon sie ihre großen Zeiten hinter sich hatte. Doch der Rat und die Anregungen des ehemaligen Obmanns waren in diesem Kreis noch immer willkommen. Bernhard Stillfried als Konsulent, erst als Pensionist sollte er noch einmal in diese Rolle schlüpfen, dann aber im ganz großen Stil. Man verdiente nicht schlecht beim US-Informationscenter und was Jungstillfried auf dem Gehaltszettel hatte, floss zum überwiegenden Teil in den gemeinsamen Haushalt am Saarplatz; seine Eltern hat das von vielen Sorgen befreit. Und Maria, Bernhards Schwester? Sie wohnte seit dem Frühjahr 1949 nicht mehr am Saarplatz, zu Großmutter Helene in die Gentzgasse war sie gezogen, und das aus mehreren Gründen. Die alte Dame war schon sehr hinfällig geworden, sodass ihr am besten helfen konnte, wer mit ihr unter einem Dach wohnte. Maria hatte das übernommen, zumal es mit der Arbeit, der sie in einem PX-Store der Amerikaner nachging, durchaus vereinbar schien. Dieser exklusive Besatzungsladen befand sich in unmittelbarer Nähe der Gentzgasse, was ein weiterer Grund für Marias Übersiedlung gewesen war. Der dritte lag am geltenden Mietrecht, welches vorschrieb, dass man mit dem oder der Verstorbenen nicht nur verwandt sein, sondern auch im selben Haushalt gelebt haben musste, wenn man dessen oder deren Mietwohnung übernehmen wollte. Helenes Zustand verschlimmerte sich zusehends. Sie starb im Lainzer Spital am 7. Dezember 1949.

In Studentenehen wird Nachwuchs üblicherweise auf später verschoben, nicht so bei Ira und Bernhard. Kinder gehörten für die beiden dazu, ganz ohne Wenn und Aber. Am 23. Juni 1951 kam in der Wiener Semmelweisklinik Maria Sophia zur Welt; die Geburt war problemlos vonstattengegangen und auch dem stillfriedschen Alltag nahm die kleine Tochter nichts von seiner heiteren Gleichmäßigkeit. Der studierenden Mutter, eine Kombination aus Philosophie, Altphilologie und Völkerkunde hatte sie belegt, ging die frischgebackene Großmutter ebenso bereitwillig wie sachkundig zur Hand. Schon im Jahr darauf – und zwar am 23. Oktober, wurde Gabrielle Anna geboren, sie in der Gersthofer Frauenklinik, die es heute nicht mehr gibt. Bei beiden Geburten hatte Bernhard, um seine hochschwangere Frau heil in die Klinik zu schaffen, eine private Rettungsgesellschaft bemüht. Es war bei Gabrielles Geburt gewesen, dass der Büffel, wie das bei ihm öfter vorkam, sich von Ungeduld übermannen ließ. Als man bereits die Rettung verständigt hatte und nun auf den Wagen wartete, Iras Handkoffer schon an der Haustür, kamen Bernhard für einige Augenblicke lang Zweifel an der Zuverlässigkeit der Rettungsgesellschaft. Schon damals liebte er das, was die Angelsachsen den *double check* nennen, doch das war im vorliegenden Fall nicht gut möglich, zumal es damals noch keine Funknummern gab. Bernhard verfiel aufs Taxi; neben dem Telefon lag Vaters privates Adressbuch, in dem er aufgeregt zu blättern begann. Beim Buchstaben T glaubte er das Gesuchte gefunden zu haben, er drehte an der Wählscheibe und rasselte seine Bestellung herunter: »Ein Taxi zum Saarplatz Nummer 10, aber rasch!« Erst dann gelang es dem Angerufenen, den Irrtum aufzuklären, er wird es mit einigem Kopfschütteln getan haben. Bernhard hatte in der Hast die Telefonnummer eines Prinzen Thurn und Taxis gewählt. Da hielt aber auch schon der Rettungswagen vor dem Haus und alles nahm seinen erhofften Verlauf.

Im St. Thomas College also hatte Bernhards Studium den entscheidenden Anstoß empfangen. Seit seiner Teilnahme an der Expedition nach Mikronesien hielt er den roten Faden in der Hand, an dem entlang er auf sein Ziel zusteuern konnte. Die Ausbeute an einschlägigem Material, das er aus Amerika mitgebracht hatte, war äußerst ergiebig und diesen Fundus galt es umzusetzen. Im April 1953 war die Dissertation fertig, ihr Titel lautete »Die soziale Organisation in Mikronesien«. Am 19. Juni desselben Jahres wurde Bernhard Stillfried zum Doktor der Ethnologie promoviert. Die Frage, wie es nun weiter gehen sollte, ließ nicht allzu lang auf sich warten. Die Anstellung beim US-Informationscenter war gewiss ein guter Job, aber weder definitiv noch zukunftsträchtig. Da meldete sich aus London Fritz Glaser. Jahrelang, auch noch im Krieg, war er am Saarplatz aus- und eingegangen, eine Art Adoptivsohn der Familie Stillfried. Unvergessen das raffinierte Manöver, mit welchem Alfons den jungen Mann vom Militär losgeeist und nach Wien zurückgeholt hatte: mit einer von einem Stillfriedschen Vertrauensmann unterschriebenen eidesstattlichen Erklärung, dass Fritz Glaser Halbjude sei (was zwar zutraf, dem Regime aber verborgen geblieben war), die man der Ende 1943 nach Norwegen verlegten Einheit zuspielte. Gebirgsjäger Glaser wurde von seinem Hauptmann mit sichtlichem Bedauern eröffnet, dass er wehrunwürdig sei; er kehrte nach Wien zurück und überdauerte den Kriegsrest in einer Fabrik. Nun, Fritz, der vor dem »Anschluss« das Reinhardt Seminar besucht hatte, war bald nach dem Krieg als Sprecher bei Rot-Weiß-Rot untergekommen; so nannte sich damals die von den westlichen Besatzungsmächten protegierte Rundfunkanstalt. In dieser Stellung war es ihm bald gelungen, Verbindungen zur BBC anzuknüpfen, und das entwickelte sich so günstig, dass man Fritz Glaser schließlich mit einem Fünfjahresvertrag nach London holte. Unnötig zu sagen, dass sein brieflicher Kontakt zur Familie Stillfried nie abgerissen war. In der deutschsprachigen Sektion der BBC, wo er arbeitete, war ihm zu Ohren gekommen, dass man den dortigen Mitarbeiterstab, dem neben Glaser noch einige altbewährte Emigranten angehörten, um einen jungen Österreicher ergänzen wollte. Zu diesem Zweck war beabsichtigt, einen Headhunter nach Wien zu schicken. Fritz verlor keine Zeit, Bernhard telefonisch von diesem Vorhaben zu unterrichten. »Trau dich, gut möglich, dass sie dich nehmen! Auf jeden Fall wird man dich anrufen.« Fritz versäumte nicht, den BBC-Mann, der sich nach Österreich begeben sollte, auf den Freund aufmerksam zu machen. Als dieser Herr die Maschine nach Wien bestieg, trug er eine Liste bei sich, auf der neben einigen anderen auch Bernhards Name und Telefonnummer standen.

Bei der BBC in London

Im Café Sacher waren sie verabredet gewesen, Bernhard und der BBC-Mann aus London. »Sie werden von uns hören«, hatte der Brite am Ende eines etwa eineinhalbstündigen, im Plauderton geführten Gesprächs gemeint. Und in der Tat, die Entscheidung war bald gefallen, die BBC wollte es mit dem jungen Mann versuchen. Das bedeutete ein halbes Jahr Probezeit an der Themse als Programmassistent. Noch im August trat Bernhard die Reise an, Ira und die beiden Mädchen blieben in Wien bei den Eltern zurück. Vorläufig, bis die Probezeit bestanden war. An der Victoria Station wartete Fritz Glaser und auf dem Rücksitz seines Motorrollers kutschierte er den Neuankömmling in sein Quartier. Ein Zimmer zur Untermiete bei einem Pensionistenehepaar in Dulwich, einem Londoner Vorort, in dem sich auch Fritz' Wohnung befand. Das bedeutete, dass sie ab nun gemeinsam ins Büro fahren würden, bei trockenem Wetter per Motorroller, bei Regen mit der Southern Electric bis Charing Cross.

Es begann die Zeit einer engen Freundschaft, die es in dieser Form bislang noch nicht gegeben hatte, war doch der Altersunterschied vor Jahren zu sehr ins Gewicht gefallen. Alfons und Aly, aber auch Georg, ihrem Ältesten, vor allem ihnen hatte Fritz' Zuneigung und Anhänglichkeit gegolten; Bernhard und Maria waren damals noch zu jung gewesen. In London aber nahm nun der Ältere den Jüngeren bei der Hand und half diesem, sich in der neuen Umgebung zurechtzufinden. Der Dienst bei der BBC begann morgens gegen zehn und dauerte bis achtzehn, längstens bis neunzehn Uhr. So wie Fritz war Bernhard der deutschsprachigen Sektion zugeteilt, die auch eine österreichische Abteilung besaß; dieser gehörte, die Sekretärinnen inbegriffen, ein halbes Dutzend Österreicher an, hauptsächlich Emigranten aus der Zeit knapp vor oder bald nach Hitlers Einmarsch. Glaser und Stillfried waren erst nach dem Krieg dazugestoßen. Das BBC-Auslandszentrum war im Bush House untergebracht, Adresse Aldwych, nur fünf Gehminuten von Charing Cross entfernt. Natürlich gab es im Bush House eine Kantine, doch die beiden Freunde zogen es vor, die Pause im sich gegenüber befindlichen Club vor dem Schachbrett zu verbringen. Was aber waren die Aufgaben, deren Erfüllung man sich von dem österreichischen Programmassistenten erwartete? Sie bildeten ein breites Spektrum, das von der Wissenschaft bis zum Sport reichte und dazwischen praktisch alles umfasste, wovon man annahm, dass es für die Hörer in Österreich beziehungsweise im deutschsprachigen Ausland von Interesse sein könnte. Promovierter Ethnologe, als der er sich ausweisen konnte, verfasste Bernhard Hörberichte auf diesem Gebiet, etwa über die Eskimos oder über die Osterinsel. Zu seinem Metier gehörten aber auch Reportagen und Dokumentationen. Wer wusste in unseren Breiten schon über Schottland wirklich Bescheid? Die BBC schickte Bernhard für eine ganze Woche dorthin und der kam mit einem Feature über Land und Leute zurück. Im Regelfall war es nicht der Programmassistent, der die Texte sprach; dafür verwendete man eigene Sprecher oder gar Schauspieler. Bernhard fungierte in der Hauptsache als *skript*writer und wo akustische oder musikalische Untermalung angebracht schien, traf auch er diese Auswahl. Nur wo es um Sport oder um sonstige Großereignisse ging, gehörte ihm auch das Mikrofon. Mit besonderer Begeisterung stürzte er sich auf Sportveranstaltungen wie Leichtathletik, Tennis oder gar Fußball!

Im Februar 1954 war die Probezeit abgelaufen und Bernhard bekam einen Fünfjahresvertrag. Das Monatsgehalt, das die BBC ihm zahlte, betrug 120 Pfund – und zwar netto, wobei allerdings auch die Steuerermäßigung zur Geltung kam, mit welcher das Londoner Finanzamt des Sohnes Unterhaltsleistung an die Eltern in der Heimat berücksichtigte. Immerhin, 120 Pfund waren damals ein recht ansehnlicher Betrag, der in Österreich 9000 Schilling entsprach. Und endlich war der Moment, die Familie nachkommen zu lassen! Doch zunächst nur Ira mit Gabrielle, der kleineren Tochter, denn vorläufig musste man noch mit der alten Untermietwohnung in Dulwich das Auslangen finden; mehr als Zimmer und Kabinett gab es da nicht. Maria war daher noch in Wien bei Iras Großmutter geblieben. Die folgenden Monate standen ganz im Zeichen der Improvisation. Die Wohnungssuche, die den Kalender mit Besichtigungsterminen füllte, zog sich ein wenig in die Länge und inzwischen arrangierte man sich. Fritz Glaser half, wo es nur ging. Bei der BBC lief indessen alles bestens, Bernhard konnte zufrieden sein und seine Auftraggeber waren es auch. Schon in seiner ersten Londoner Zeit machte das Ehepaar Stillfried die Bekanntschaft von Roland Hill, dem angesehenen Londoner Korrespondenten der »Frankfurter Allgemeinen Zeitung« und der österreichischen Tageszeitung »Die Presse«; in eben dieser Eigenschaft war er auf die Neulinge in der Österreicherkolonie rasch aufmerksam geworden, sodass die Gelegenheit zu einer Begegnung nicht lange auf sich warten ließ. Als überzeugter Katholik und Mitarbeiter der britisch-katholischen Wochenzeitschrift »The Tablet« verkehrte Hill im Newman Circle, der seinen Namen von John Henry Kardinal Newman hatte, der im 19. Jahrhundert ein großer Kirchenmann Großbritanniens und ein führender katholischer Denker gewesen war. Von Hill dort eingeführt, frequentierte bald auch Ira den Newman Circle; etwa zweimal im Monat besuchte sie seine Vortragsveranstaltungen. Hill und die Stillfrieds wurden enge Freunde, die einander durch die Jahrzehnte nicht mehr aus den Augen verlieren sollten. Noch viele Male wird das Ehepaar solche Lebensfreundschaften schließen! Apropos, Nancy war nach London gekommen. Als Bobs Freundin war sie in Iras Leben getreten, in der Zwischenzeit aber hatten die beiden geheiratet. Nancy, die der Montessori-Pädagogik anhing und sich mit diesbezüglichen Erfahrungen in Großbritannien vertraut machen wollte, weilte mit ihrem kleinen Sohn Robert in der Themsemetropole; Bob, Innenarchitekt von Beruf und auf Kirchen spezialisiert, hatte diesmal wegen eines Großauftrags in New York bleiben müssen. Gerne nahm Ira den Vorschlag der Freundin an, ihr bei der Wohnungssuche zu helfen. Zusammen fanden sie auch ein geeignetes Haus – und zwar in Blackheath, einem Londoner Vorort mit Dorfcharakter, mitten in der Greenwicher Parklandschaft. Mit der Southern Electric brauchte man zwanzig Minuten bis Charing Cross und von dort zum BBC-Auslandszentrum nur fünf Minuten zu Fuß. Als das Haus beziehbar war, zogen Nancy und ihr Söhnlein mit ein. Mittlerweile hatte sich auch die Familie Stillfried vervollständigt, Iras Großmutter war mit der dreijährigen Maria nachgekommen. Um sie und Gabrielle sorgte sich tagsüber eine englische Nanny. Doch bald übernahmen holländische Au-pair-Mädchen diese Rolle, denn noch aus der Pariser Zeit hatte Bernhard in Nimwegen einen Freund, der nun als Seelsorger katholische Jugendliche betreute; über seine Vermittlung kamen die Mädchen zu ihnen. Aber auch Aly und Anastasia, Iras immer noch alerte Großmutter, machten gerne die Reise nach Blackheath, wo sie, je nach Bedarf, Wochen oder auch Monate blieben. Ira, die mit den mündlichen Prüfungen und Seminararbeiten schon in Wien fertig geworden war, blieb nun Zeit, an ihrer Dissertation zu schreiben. Ähnlich wie bei Bernhard, der zunächst einmal dies und das studiert hatte, um sich erst in der Zielgeraden auf die Ethnologie zu konzentrieren, war auch sie mit der Zeit ganz aufs völkerkundliche Fach eingeschwenkt. Hier der Titel, den sie für die Dissertation wählte: »Studie zu kosmogonischen Vorstellungen und kultischen Elementen der algonkinischen und irokesischen Stämme im Bereich des nordöstlichen Waldgebietes Nordamerikas«. Immerhin, in den Begriffen »Kosmogonie« und »Kult« kam doch die katholische Intellektuelle durch. Iras Londoner »Universität« war das British Museum im Herzen der Stadt! In seinen Sammlungen war sie ein oft gesehener Gast, ganze Vormittage verbrachte sie dort. Was sie nicht davon abhielt, ihren sonstigen Neigungen nachzugehen. Ira besuchte Vorträge, ging ins Theater und verfasste auch manchen Aufsatz, mit dem sie auf Gesehenes, Gehörtes oder Gelesenes reagierte. Ira griff vorzugsweise dann zur Feder, wenn sie etwas besonders bewegt oder gar in Rage gebracht hatte, wie die in einem Londoner Theater uraufgeführten Satire von Nigel Dennis »The Making of Moo. Eine Geschichte der Religion in drei Akten«. Dieses Stück hatte sie in Rage gebracht und wie ein Erzengel zog sie dagegen zu Felde: »Es begnügt sich nicht damit, ein Angriff auf das Christentum allein zu sein, sondern darüber hinaus auf die Religion als solche. Es ist das erste Mal, dass eine derartiger Angriff ganz offen von einer englischen Bühne aus erfolgt…Jedenfalls stehen die Charaktere in diesem Stück von Nigel Dennis einer Neurose viel näher als irgendeiner Religion.« Mitunter wurden solche Besprechungen von der deutschsprachigen Sektion der BBC übernommen. Bernhard wiederum widmete sich Themen, wie »Schmelztiegel Westindien«, »Heilkundige bei einem westafrikanischen Volk« oder »Woher kamen die Polynesier?« Doch er publizierte auch aus eigenem wissenschaftlichem Antrieb und solche Beiträge erschienen dann in der »Zeitschrift für Ethnologie«, in »ORION – Zeitschrift für Natur und Technik«, in der Festschrift zum 25-jährigen Bestand von »Die Wiener Schule der Völkerkunde« oder in dem von Alexander Randa herausgegebenen »Handbuch der Weltgeschichte«. Zur Abrundung des Bildes auch hier nur drei Themenbeispiele: »Mutterrechtliche

Verwandtschaftszüge auf den Zentral-Karolinen und ihre Problematik«, »Die hohe Kunst der Seefahrt in Ozeanien«, »Die Gilbert-Inseln, ein Schlüssel in der Frage der Besiedlung Ozeaniens. Mit besonderer Berücksichtigung von Bestattung und Jenseits-Vorstellungen«.

Rutland Gate 28

Im Dezember 1954 warf ein Ereignis seinen Schatten voraus, das Österreichs Präsenz in Großbritannien verstärken, verbessern, intensiver gestalten sollte. Von der Eröffnung eines Kulturinstituts in London munkelte man in gut informierten Kreisen; im Unterrichtsministerium am Wiener Minoritenplatz waren die Vorbereitungen bereits angelaufen. Zunächst einmal musste ein geeignetes Gebäude gefunden werden. Der mit dem Institutsprojekt federführend befasste Beamte, Dr. Georg Hohenwart-Gerlachstein, kannte Bernhard persönlich; er schrieb ihm nach London und bat ihn, bei der Suche der Immobilie behilflich zu sein. Der künftige Direktor des neuen Instituts stand bereits fest: Universitätsdozent Dr. Heinz Ritschel, ein Fachmann für englische Phonetik. Als sein eigenes Vorauskommando sollte Dozent Ritschel schon jetzt nach London reisen, wo in der österreichischen Botschaft ein Zimmer mit Telefonanschluss für ihn bereitstand; von dort aus sollte er die Suche der Institutslokalität koordinieren. Bernhard Stillfried war sofort bereit, bei der Suche mitzumachen und hatte auch schon die Idee gehabt, seinen Freund Roland Hill einzuschalten, der sich in London auskannte wie ein Einheimischer. Ende Februar oder Anfang März 1955 war Roland fündig geworden. Adresse Knightsbridge, Rutland Gate 28, in Hyde Park-Nähe: ein leer stehendes Haus in ziemlich renovierungsbedürftigem Zustand, doch alles in allem günstiger als die drei oder vier Immobilien, die vorher in Augenschein genommen worden waren. Vor allem auch, wenn man in Betracht zog, dass die Lokalität in Knightsbridge zum Verkauf stand, während es sich bei den meisten Angeboten auf dem Londoner Immobilienmarkt nur um Pacht handelte. In österreichischer Währung betrug der Kaufpreis eine Million, die Renovierung war mit einer weiteren Million zu veranschlagen.

Blackheath, ein Kommen und Gehen

Das Frühjahr 1955 brachte Bernhards Freund Bob nach London. Der späteste Zeitpunkt war das, den er und Nancy für ihr Wiedersehen geplant hatten. Fast sieben Monate waren sie voneinander getrennt gewesen und noch länger hätte keiner von ihnen die Rückkehr zu einem geregelten Familienleben aufschieben wollen. Auch dass die Familie Zuwachs bekommen sollte, was jetzt unmittelbar bevorstand, hatte in der Zeitplanung eine Rolle gespielt. Und tatsächlich, keine Woche, nachdem Bob zu Frau und Sohn unter das Stillfriedsche Dach in Blackheath gezogen war, kündigten sich bei Nancy die Wehen an. Sie brachte ein Mädchen zur Welt. Es wurde auf den Namen Alexandra getauft und Ira stand ihm Patin. Sobald der Zustand der Kleinen es erlaubte, traten die Vier den Rückflug nach Amerika an.

Iras Großmutter hatte den ganzen Sommer in Blackheath verbracht und als sie im September 1955 die Heimreise antrat, brach mit ihr der weibliche Teil der Familie auf: ihre Enkelin, bei der sie nun schon seit einem halben Menschengedenken die Mutter vertrat, und beide Urenkelinnen. Ira beabsichtigte, ihr Studium im kommenden Jahr abzuschließen und so schien es geraten, die letzten Monate vor diesem Ziel in Universitätsnähe zu bleiben. Da man Maria und Gabrielle, beide noch im Vorschulalter, kaum dem Vater überlassen konnte, war beschlossen worden, sie nach Wien mitzunehmen. Das größere Mädchen wurde bei seiner Urgroßmutter im dritten Gemeindebezirk untergebracht, während das kleinere mit seiner Mutter zu den Großeltern an den Saarplatz zog. Es bestand Einvernehmen darüber, dass die Kinder einander im Turnus abwechseln würden. Neben verschiedenen Wiener Freunden sah Ira natürlich auch ihre Schwägerin. Sie hatte ein Jahr nach Ira und Bernhard geheiratet, ebenfalls in Heiligenkreuz und unter den Fittichen desselben Ordensgeistlichen, nämlich Pater Walters. Auch sie war nun die Frau eins ehemaligen Neulandschülers zum Mann gewählt: Paul Richter, von Beruf Agrarfachmann.

Roland Hill

Rolands Vater hieß Rudolf Hess und kam aus einer Hamburger Kaufmannsfamilie; mit dem gleichnamigen Hitlergefolgsmann war er nicht verwandt, war die Familie doch jüdisch. Hills Mutter, eine gebürtige Österreicherin, in Wien aufgewachsen und zur Opernsängerin ausgebildet, hatte als Künstlerin schon ihre ersten Erfolge gefeiert, aber auch sie war Jüdin. Auf der Suche nach freundlicheren Lebensbedingungen landete die kleine Familie schließlich in Wien, der Stadt, in der Roland seine wahre Heimat entdeckte! *Mutterland* war das Wort, das der Vierzehnjährige selbst am liebsten benützte. Die leicht dialektale Sprechweise der Mutter verinnerlichte er nun im Handumdrehen. Schon in seinem ersten Wiener Schuljahr trat der junge Mann, der in Hamburg nach Luthers Bekenntnis erzogen worden war, zum römisch-katholischen Glauben über. Auch den Pfadfindern war er beigetreten und in ihrem Kreis wurde dann der Religionsübertritt gefeiert, bei Gugelhupf mit Schlagobers. Roland ging auch zu den Ministranten. Und schon in dieser Wiener Zeit zog es ihn zum Journalismus; in seinen nachmaligen Memoiren »A Time out of Joint«, ein Shakespeares »Hamlet« entlehnter Titel, beschrieb der angesehene Journalist und Historiker, wie er schon als Gymnasiast für die Jugendbeilagen österreichischer Zeitungen Artikel verfasst hatte. Da es sich um Beilagen zu Sonntagsausgaben handelte, die am Samstag in Druck gehen mussten, hatte er seine Beiträge freitags abzuliefern; das bewerkstelligte er, indem er die Redaktionen mit seinem Fahrrad abklapperte. Vor allem in den Lokalredaktionen schätzte man diesen jüngsten unter den freien Mitarbeitern. Als der Chefredakteur der »Wiener Zeitung« als getreuer Schuschnigganhänger gleich nach dem deutschen Einmarsch in Österreich verhaftet und nach Dachau geschafft worden war, gehörte der junge Hess in dem nun politisch gleichgeschalteten Blatt noch zu den wenigen, die ihre Arbeit weiter tun durften. Lange kann er den Job nicht mehr ausgeübt haben, denn seine Eltern überlegten schon, wie man die »heim ins Reich« geholte »Ostmark« noch mit heiler Haut verlassen konnte. Schließlich entschied man sich für Italien, genauer: für Mailand, wenigstens als Zwischenstation.

Zunächst fuhr Rolands Vater allein in die oberitalienische Metropole, um sich mit den dortigen Lebensbedingungen vertraut zu machen und nach einer geeigneten Wohnung Ausschau zu halten. In der Zwischenzeit hatten es die neuen Machthaber im annektierten Österreich geschafft, die gesamte Verwaltung unter ihre Kontrolle zu bringen; auch die Ausreise unterlag nun einer genauen Reglementierung. Wer das Land verlassen wollte, musste allerlei Fragen beantworten, brauchte richtig gestempelte Ausreisepapiere. Und dazu musste man sich an die Gestapo wenden. Roland nahm den schweren Gang auf sich, doch als er vor der im ehemaligen Hotel Metropol untergebrachten Dienststelle angelangt war, bedurfte er seiner ganzen Willenskraft, um nicht wieder umzukehren. Er schaffte es an den beiden Wachtposten vorbei und irgendwie gelang es ihm, zu einem Gestapogewaltigen vorgelassen zu werden. Um Festigkeit in der Stimme bemüht, brachte er seinen Namen heraus: Roland Hess. »Hess? Da sind sie wohl mit dem Führer-Stellvertreter verwandt, was?!« Das Telefon auf dem Schreibtisch des Vielbeschäftigten läutet an diesem Vormittag fast ununterbrochen. »Wo waren wir stehen geblieben? Ach ja, Verwandter von Rudolf Hess. Sohn oder Neffe? Na, tut nichts zu Sache.« Etwas zerstreut blickt der SS-Offizier auf seinen Besucher. Der stottert noch etwas von der Mailänder Scala, an der seine Mutter, die Opernsängerin, ein Engagement habe; der Vater sei zwecks Wohnungssuche schon vorausgefahren. Der Ausreiseantrag wird Roland mit Unterschrift und Stempel über den Schreibtisch gereicht. »Grüßen sie den Duce, wenn Sie ihn sehn. Alles Gute für Mailand und Heil Hitler!« Italien, viele Menschen, gerade auch Juden, die vor dem Naziregime flüchten mussten, fanden Rettung in diesem Land. Obwohl es faschistisch regiert und bald auch mit Hitlerdeutschland verbündet war.

Für den jungen Hess blieb Mailand eine Episode, er schlug sich bis nach England durch. Seine Mutter hatte eine fast vergessene Fünfpfundnote ausgekramt und sie ihm zugesteckt; das bildete in den ersten Julitagen des Jahres 1939 sein Startkapital, zusammen mit dem Status »Refugee from Nazi Persecution«. Weder er noch seine Eltern ahnten damals, wie lange sie voneinander getrennt bleiben würden. Durch die sich überstürzenden Ereignisse wurden auch Mutter und Vater auseinandergerissen, doch beiden gelang es, irgendwie über die schlimme Zeit zu kommen. Sie fand unter leidlichen Bedingungen schließlich in Rom eine Bleibe, wo sie sich mit Gesangsstunden über Wasser hielt. Rolands Vater flüchtete in die Schweiz, allerdings ohne dass die dortigen Behörden ihm Grund zu Dankbarkeit gegeben hätten, nur durch Zufall entging er der Auslieferung an die Gestapo; Belgien hieß die nächste und letzte Station seiner Flucht. Doch zurück nach England, wo Roland schon bald nach seiner Ankunft hilfsbereiten Londonern begegnet war. Er begann, sich seine Zukunft in freundlichen Farben auszumalen, als der Zweite Weltkriegs ausbrach. Roland, der zu diesem Zeitpunkt noch keine neunzehn war, traf das Schicksal aller Emigranten mit im Feindesland ausgestellten Papieren, er wurde interniert. Die Briten schafften ihre *enemy aliens* zunächst auf die Insel Man in der Irischen See, später noch weiter weg, nämlich über den Atlantik. Auf der Überfahrt nach Kanada wurde der junge Mann zum Latrinenputzen eingeteilt, übrigens zusammen mit Prinz Friedrich von Preußen, einem Enkel des letzten deutschen Kaisers. Doch das Schiff verfügte über Toilettenanlagen, die rein zu halten keine besondere Mühe bereitete. Abgesehen davon zeigte sich der Kapitän darauf erpicht, mit dem Kaiserenkel zusammenzukommen, weshalb er den Prinzen und seinen Kameraden mit Drinks bedienen ließ. Nachdem die »feindlichen Ausländer« in Kanada hinreichend gesiebt worden waren, fand Roland sich in der Gruppe der Harmlosen und Vertrauenswürdigen wieder. Er meldete sich zur britischen Armee und bei seiner Aufnahme riet man ihm, seinen Nachnamen zu wechseln. Aus Hess wurde Hill. Die Überfahrt zurück nach England verlief ohne Zwischenfälle, der Navy-Begleitschutz hielt deutsche U-

Boote auf Respektabstand. Als Soldat der 15. Schottischen Division, Highland Light Infantry, nahm Hill dann teil an der Befreiung Europas. Auch Hamburg betrat er in der Uniform eines British Staff Sergeants. Auf dem Vormarsch war er in Belgien seinem Vater begegnet, einem vor der Zeit gealterten, völlig entkräfteten Mann, der bald danach starb. Seine Mutter sah Roland in Rom wieder, zu Weihnachten 1945 bei einem Liederabend. Im Publikum saß Kurt Schuschnigg, der sich nach siebenjähriger KZ-Haft erst seit dem Frühjahr in Freiheit befand. Erst in der Konzertpause konnten Mutter und Sohn einander um den Hals fallen. Bis Roland Hill und Bernhard Stillfried zusammentreffen würden, sollten freilich noch neun Jahre vergehen. Inzwischen hatte jener – als *elderly student*, wie er sich später in seinen Memoiren bezeichnete – die kriegsbedingt aufgeschobenen Geschichtsstudien zu Ende gebracht und sich in der neuen Heimat bereits viel Anerkennung erworben, als Journalist, als katholischer Publizist und als Schriftsteller. Sein Opus magnum schrieb er mit einer Biografie über Lord Acton, jenen deutsch-englischen, katholisch-liberalen Gelehrten, dessen Satz »Macht korrumpiert, absolute Macht korrumpiert absolut« mir unvergesslich ist.

London – Wien und zurück

Über die Weihnachtsfeiertage hatte Bernhard sein Londoner Strohwitwerdasein unterbrochen, um in Wien zu feiern, doch gleich nach dem Dreikönigsfest war er an die Themse zurückgekehrt. Bei der BBC wartete die Ausarbeitung zweier Features schon dringend auf ihn, eines über das britische Hochschulsystem, das andere über den British Council. Seine nächste Sendung galt dann schon dem Österreichischen Kulturinstitut, das im Februar 1956 feierlich eröffnet wurde. Österreichs Botschafter in London, Johannes (Fürst zu) Schwarzenberg, übergab das neu instand gesetzte Gebäude seiner Bestimmung. Obwohl dieser Spross eines alten kontinentaleuropäischen Geschlechts sich bei der Londoner Crème größter Beliebtheit erfreute, hatte er die ihm allseits entgegengebrachte Sympathie mehr noch als seinem Charme einem österreichischen Diplomaten der Vorkriegszeit zu verdanken. Man hatte in der britischen Hauptstadt Georg Albert (Freiherrn von und zu) Franckenstein noch nicht vergessen! Von einem österreichischen Botschafter in London ist hier die Rede, dem letzten, bevor deutsche Truppen in Wien einmarschierten. Nicht nur als loyaler Diener seines Staates sah der Diplomat in Hitlerdeutschland den Feind, auch aus tiefster persönlicher Überzeugung verabscheute er den Nationalsozialismus. Achtzehn

Jahre vertrat er sein Land an der Themse, bis zuletzt als Warner vor den wahren Absichten Berlins. Die britische Wertschätzung für diesen Ehrenmann war aufrichtig gewesen und das Verständnis für den von ihm mit so viel Verve vertretenen österreichischen Standpunkt durchaus nicht geheuchelt. Gesten der Hochachtung und Sympathie, mit denen man den Botschafter des kleinen Landes bedachte, sprachen eine deutliche Sprache. Der Aufforderung, einem von Berlin eingesetzten Verwalter die Schlüssel zum Botschaftsgebäude zu übergeben, leistete er keine Folge; er ließ sie durch das Gitter eines Londoner Kanaldeckels fallen. Die britische Regierung gewährte dem Ehepaar Franckenstein Asyl und unbefristete Gastfreundschaft. Noch 1938 wurde er von König Georg VI. geadelt. Sir George Franckenstein hieß er ab nun für die Briten. 1953 kamen der Exdiplomat und seine Frau bei einem Flugzeugunglück ums Leben.

Im Frühjahr 1956 hatte Ira an der Uni Wien zum letzten Mal Rede und Antwort zu stehen. Als Hochschwangere nahm sie ihr Doktordiplom entgegen, die Familie im Publikum: Bernhard, eigens aus London gekommen, die Großmutter, die Schwiegereltern und die Kinder, Maria und Gabrielle, beide mit staunenden Augen. Die Rückreise traten die Vier dann zusammen an, die Mädchen freuten sich schon auf Blackheath. Und dort kam am 28. Juni Christina zur Welt; eine Hebamme ersetzte diesmal die Klinik. Das Familienleben nahm den gewohnten Lauf und auch die Freunde meldeten sich wieder. Fritz Glaser und seine deutsche Frau Ursula, Roland Hill und viele andere. Nur einer kam nie nach Blackheath. Wann immer er dazu aufgefordert wurde, Alfons Stillfried winkte dankend ab. England lag ihm irgendwie nicht; ob auf Europas Landkarte oder jener Asiens, sein innerer Kompass zeigte immer nach Osten.

Fortune, Fortune

Dem Direktor des im Vorjahr eröffneten Londoner Kulturinstituts, Dr. Heinz Ritschel, hatte das Unterrichtsministerium für das erste Jahr eine Sekretärin mit besonders reicher Auslandserfahrung zur Verfügung gestellt. Mit Ablauf dieser Frist war jene Dame im Februar 1957 in die Zentrale zurückgekehrt. Um es kurz zu machen, Ira gehörte seit 1. März zum Mitarbeiterstab des Kulturinstituts. Zu Hause lief alles wie am Schnürchen, denn tagsüber kümmerte sich ein holländisches Au-pair-Mädchen um die Kinder und bei Bedarf kam verwandtschaftliche Unterstützung aus Wien. Maria, würde im Herbst in die Volksschule kommen. Zu Bernhards größeren Unternehmungen in diesem Jahr gehörte eine Reise nach Westafrika. In Nigeria war ein Bürgerkrieg entbrannt, ein Teil des Landes, die Provinz Biafra, forderte die Selbständigkeit; Aufständische und Regierungstruppen lieferten einander erbitterte Gefechte. Zehn Tage kurvte der BBC-Assistent mit einem Mietwagen herum, in der Hauptstadt Lagos, aber auch in der weiteren Umgebung. Die Zentralregierung, ein Militärkabinett, blieb schließlich Sieger. Mit zwei oder drei Features kehrte Bernhard nach London zurück. Seit einer Weile machte er sich über seine berufliche Zukunft Gedanken. Der Fünfjahresvertrag mit der BBC lief 1958 aus und einer Verlängerung um abermals fünf Jahre, die man ihm kaum abschlagen würde, konnte er wenig abgewinnen, waren die Aufstiegschancen eines Ausländers hier doch eher begrenzt. Auf einer Hochschule rechnete er sich Chancen aus, etwa an der Universität eines der englischsprachigen Überseeländer. Ab und zu brachte Bernhard ein Bewerbungsschreiben zur Post und da er in der westlichen Hemisphäre viele Freunde besaß, kontaktierte er auch diese. Bis zur Stunde hatte sich indessen noch nichts Konkretes ergeben. Da kam Ira eines Tages mit einer Neuigkeit nach Hause. Im Kulturinstitut hatte Direktor Ritschel sie auf eine Postenausschreibung des Unterrichtsministeriums aufmerksam gemacht, die auf seinem Schreibtisch gelandet war. »Das wäre doch etwas für Bernhard!« Am Minoritenplatz suchten sie eine Persönlichkeit, von der niemand wusste, ob es sie überhaupt gab: einen Kundschafter, doch ohne Arglist und Täuschung; einen Agenten, doch ohne verdeckte Ermittlung; einen Konquistador, doch ohne brutale Methoden. Für den Vorderen Orient suchte man dieses Wunderkind! Ein ganzes Jahr sollte es sich dort umtun, dann aber auch Antwort wissen auf jene Frage, die man sich im Ministerium schon seit Langem stellte: Besaß das kleine Österreich mit seinen beschränkten Möglichkeiten überhaupt Chancen, im Vorderen Orient kulturell Fuß zu fassen und in den wichtigsten Zentren auch auf Dauer präsent zu sein – und wenn ja, welche Strategie war zu verfolgen? Der für diese harte Nuss zuständige Spitzenbeamte hieß Dr. Alfred Weikert und leitete die Kultursektion des Unterrichtsministeriums. Als glühender Patriot wollte er den ausgeschriebenen Posten mit einem Gleichgesinnten besetzt wissen, mit einem »richtigen Österreicher«, so drückte er sich aus.

Bernhard bewarb sich! Wenn auch nach anfänglichem Zögern, denn eigentlich hatte er nie vorgehabt, in den Dienst eines heimischen Ministeriums zu treten, und abgesehen davon bezweifelte er seine Chancen. In den von der Österreichischen Volkspartei besetzten Ministerien – und dazu gehörte damals das Unterrichtsressort – wurden fast alle wichtigen Posten mit CV-Mitgliedern besetzt. CV war die Abkürzung für Cartellverband, Name einer besonders im

Nachkriegsösterreich politisch überaus einflussreichen Studentenverbindung mit prononciert christlich-konservativer Ausrichtung. Man kannte Bernhard Stillfried als praktizierenden Christen und was seinen weltanschaulich-politischen Standort betraf, so machte sich keiner Übertreibung schuldig, wer ihn einen waschechten Konservativen nannte. Das ja, aber keiner von den Organisierten, also glaubte er sich im Nachteil. Jedem Bewerbungsschreiben war ein Lebenslauf beizulegen und außerdem wurde es nicht ungern gesehen, wenn man Referenzen angab. Bernhard führte drei Namen an: Franz König, den Erzbischof von Wien und späteren Kardinal; Guido Maculan, den Generaldirektor der Gösser Brauerei, und Gustav Kapsreiter, einen Nationalratsabgeordneten der Österreichischen Volkspartei. Unaufgefordert fügte er den Unterlagen eineinhalb Seiten hinzu, auf welchen er darlegte, wie es Österreich mit seinen begrenzten Möglichkeiten gelingen könnte, im Vorderen Orient kulturell präsent zu sein. Optimierung der Mittel durch gezielten Einsatz und Bildung von Schwerpunkten, so etwa der Tenor. Das war noch kein wirkliches Konzept, aber ein erster Ansatz dazu. Die Bewerbungsfrist endete im September, Bernhard schickte seine Unterlagen noch im August nach Wien.

Als Monat um Monat verging, ohne dass Wien sich rührte, schienen seine ursprünglichen Bedenken bestätigt. Nicht einmal höflichkeitshalber hatte das Unterrichtsministerium den Empfang der Bewerbung bestätigt. Bernhard begann schon, die ganze Angelegenheit zu vergessen, als am 6. Januar 1958, dem Dreikönigsfest, der Bote mit einem Telegramm aus Wien in Blackheath an der Tür läutete. Der Depeschentext konnte lapidarer nicht sein: DIENSTANTRITT AM 2. FEBRUAR 1958. DRIMMEL. Heinrich Drimmel, führender Kopf unter Österreichs Konservativen, war damals Minister für Unterricht. Über fünf Monate hatte die Antwort aus Wien auf sich warten lassen, nun aber setzte man mit der größten Selbstverständlichkeit voraus, dass Bernhard sich innerhalb von drei Wochen zum Dienst melden würde. Wohlgemerkt, aus dem Ausland kommend, wo er noch wohnte und eine Anstellung hatte. Immerhin, er hatte es geschafft! Von den beiden in die engere Wahl genommenen Mitbewerbern, denen Bernhard vorgezogen worden war, hatte der eine, auch er ein Völkerkundler, seine Mitgliedschaft beim CV auszuspielen versucht. Gewiss, auch Bernhard genoss Protektion, doch die Förderung, die man ihm angedeihen ließ, hatte er sich verdient. Bevor Bernhard auf den Gedanken gekommen war, den Erzbischof als Referenz anzugeben, hatte man ihn in der Diözesanjugend als einen der Aktivsten kennengelernt. Auch mag der Umstand eine Rolle gespielt haben, dass für Sektionschef Weikert der Name Stillfried einen besonders guten Klang besaß, er bewunderte Bernhards Vater wegen seiner Rolle im österreichischen Widerstand. »Dienstantritt am 2. Februar 1958«, das bedeutete zunächst einmal eine vier- bis fünfmonatige Inlandsverwendung. In dieser Zeitspanne sollte Stillfried im Ministerium mit den Grundbegriffen der öffentlichen Verwaltung vertraut gemacht werden und sich gleichzeitig auf seine künftige Aufgabe vorbereiten. Anschließend würde man ihn in den Nahen Osten schicken.

WER NICHT WAGT ...

In den Vorderen Orient also, doch nur auf ein Jahr. In dieser Zeit sollte Bernhard die Region und ihre Hauptstädte bereisen. Anschließend, so war ihm aufgetragen, hatte er einen Bericht zu verfassen. Sollte er damit Wien überzeugen, würde er den Zuschlag bekommen und definitiv Österreichs Kulturmann in dieser Region werden. Das Risiko lag klar auf der Hand. Zunächst waren die privaten Angelegenheiten zu regeln. Rasch einigte er sich mit Ira darauf, dass sie mit den Kindern vorläufig in London bleiben würde, wenigstens so lange, bis seine Einschulung in Wien abgeschlossen war, aber wahrscheinlich noch länger, nämlich bis zur ministeriellen Entscheidung über Bernhards definitive Berufung. Ira hatte ihre Anstellung im Kulturinstitut, eine Sicherheit, auf die man nicht voreilig zu verzichten brauchte. Maria war glücklich in ihrer Primary School in Blackheath und auch Gabrielle würde ab kommendem Herbst dort ihr erstes Schuljahr erleben. Das Nächstliegende schien also ins Lot gebracht. Am 2. Februar 1958 meldete Bernhard sich in Wien zum Dienst. Seine Einschulung im Ministerium bestand im Wesentlichen darin, dass er die Runde durch die Abteilungen machte, die für ihn wichtigsten Beamten kennenlernte und auf die meisten seiner Fragen recht brauchbare Antworten bekam. Besonders nahm Kultursektionschef Weikert sich seiner an. Natürlich war Bernhard viel unterwegs und das nicht nur in Wien, denn neben dessen Universität standen auch die von Graz und Innsbruck auf seinem Besuchsprogramm. Er machte sich mit einer Reihe von Wissenschaftlern bekannt, die für seine künftige Arbeit wichtig sein konnten. Einige Experten mit Orient- oder Archäologiebezug kannte er bereits von früher, etwa Karl Kromer, den Frühgeschichtler, mit dem er die Neulandschule besucht hatte, und Richard Kreutel, der in der Zeit von Bernhards Völkerkundestudium schon Assistent am Orientalistischen Institut gewesen war, oder dessen bosnisch-moslemischen Kollegen Smail Balić, Leiter der Arabischen Handschriftensammlung in der Österreichischen Nationalbibliothek. Nicht zu vergessen: Erich Winter, ein alter Freund noch aus

Wiener Tagen der »Jeunesse Étudiante Chrétienne«. Erich war dann bald Assistent und Mitarbeiter von Professor Wilhelm Czermak geworden, dem Vorstand des Ägyptologischen Instituts der Universität Wien, dessen Vorlesungsreihe über die Religion des Alten Ägypten auf Studenten gleich mehrerer Fakultäten damals wie ein Magnet wirkte; auch die angehenden Ethnologen Ira und Bernhard hatte Czermak in seinen Bann geschlagen. Später war der große Gelehrte zum Rektor der Wiener Universität gewählt worden. Kromer, Kreutel, Balić und Winter, mit allen vier Wissenschaftlern traf Bernhard sich vor seinem Aufbruch in die Levante und jeder von ihnen sollte in Bernhards Laufbahn ebenso wie in seinem privaten Leben noch eine wichtige Rolle spielen. Auch mit Vertretern naturwissenschaftlicher Fächer nahm er Verbindung auf, nicht zuletzt mit österreichischen Medizinern, standen doch gerade sie im Vorderen Orient hoch im Kurs, im Iran ebenso wie in einigen arabischen Ländern. Selbst in der Bundeskammer der gewerblichen Wirtschaft sprach Bernhard vor, wo man ihm bereitwillig Auskunft gab, wer in welcher Hauptstadt seines künftigen Wirkungsbereichs gerade Österreichs Handelsdelegierter war und wo es Niederlassungen österreichischer Firmen gab. Mehr als zwei Dutzend solcher Namen und Adressen waren die Ausbeute. Bei der ersten Gelegenheit würde er sich dort vorstellen, nach Erfahrungen fragen, Informationen einholen und vielleicht auch den einen oder anderen Sponsor gewinnen. Networking sagt man heute dazu. Während seiner Einschulung wohnte er am Saarplatz, sehr zur Freude der Eltern, denen diese Zeit zu schnell verging. Denn schon im April gab das Unterrichtsministerium seinem Mann für die Levante das Starsignal. Noch schnell ein paar Tage Urlaub in London. Zurück in Wien, nimmt er Abschied, ein klein wenig umgibt ihn jetzt schon die Aura des »kommenden Mannes«. Er verabschiedet sich mit einem Empfang in Wiens Hotel Bristol. Anfang Mai 1958 versammeln sich da eines Spätvormittags an die hundert Personen: die Spitzenbürokratie des Unterrichtsministeriums, angeführt von Sektionschef Alfred Weikert, Bernhards eifrigem Mentor, dann Bernhards alte und neue Professorenbekanntschaften, ferner ein paar Damen und Herren aus der Bundeswirtschaftskammer, ergänzt durch das eine oder andere Gesicht aus den Chefetagen exportorientierter österreichischer Firmen, weiters eine Handvoll Journalisten und natürlich viele persönliche Freunde. Sie alle mit einem Glas in der Hand und Bernhard mittendrin. Nur wer an sich selbst glaubt, verabschiedet sich so.

Morgenland

Während Bernhard die letzten Reisevorbereitungen traf, berichteten einige Zeitungen über seine große Mission und sparten dabei auch mit Vorschusslorbeeren nicht. »Der Lawrence vom Minoritenplatz« war der schwärmerische Titel, den ein besonders fantasievoller Redakteur seinem Beitrag gab, dies in offenkundiger Anspielung auf Lawrence von Arabien, der den Aufstand arabischer Beduinenstämme gegen die Türken organisiert hatte. Wie alle Vergleiche hinkte auch dieser, nicht zuletzt deshalb, weil sich der österreichische Kultur-Lawrence ja auch um die Türkei bemühen sollte. Die Wochenzeitung »Die Furche« ließ Bernhard mit einem langen Aufsatz selbst zu Wort kommen und das gleich auf Seite eins. Noch heute liest es sich fast wie eine Proklamation, was er unter der Überschrift »Morgenland« den Lesern zu sagen hatte. Keine vorsichtigen Verklausulierungen, wie sie wohl manch einer, eingedenk seines nur befristeten Mandats, gebraucht haben würde. In einer Rückbesinnung auf Österreichs Geschichte, in deren Verlauf das Land, »selbst ein Teil und in Notzeiten eine Bastion des Westens, sein Antlitz und sein Interesse vor allem dem Osten zugewandt« habe, werden die Babenberger beschworen. Schon ihre »Herzöge Heinrich II., Leopold VI. und Friedrich II. holten sich ihre Gemahlinnen aus den byzantinischen Herrscherdynastien«. Auch die beiden Privilegien (*minus* und *maius*) wurden bemüht, hätten diese doch von dem Bestreben gezeugt, »sich aus den Zwistigkeiten des Deutschen Reiches möglichst herauszuhalten, um im Osten ungebundener zu sein«. An die Doppelhochzeit der Enkel Maximilians, Ferdinand und Maria, mit den Kindern König Wladislavs II. von Ungarn und Böhmen, Ludwig und Anna, erinnerte Bernhard. Und noch an verschiedenes Andere, nicht zuletzt an den Habsburgerkaiser Karl V., der die österreichischen Länder seinem Bruder Ferdinand überließ, »wodurch Österreich auf seine ursprüngliche Aufgabe im Osten zurückverwiesen wurde«. Natürlich kam auch nicht zu kurz, was unter den Habsburgern zur Erforschung des Morgenlands unternommen worden war, etwa die *Legationis Turciae Epistolae*, mit welchen Ghislain de Busbecq, der langjährige Gesandte Kaiser Ferdinands I., bei der Hohen Pforte »das Abendland erstmalig über die Zustände im türkischen Reiche näher unterrichtete …«. Nicht zu vergessen die von Maria Theresia gegründete Orientalische Akademie oder Josef Freiherr von Hammer-Purgstall, »der erste Orientalist großen Stils, dessen zahlreiche Übersetzungen aus dem Türkischen, Persischen und Arabischen Goethe zu seinem West-östlichen Divan anregten«. Nach solchen Reminiszenzen richtete der Autor dann den Blick auf Gegenwart und Zukunft: »Wenn Österreich, nach den Wirren, Katastrophen und politischen Umwälzungen der vergangenen Dezennien und im Besitz seiner wieder gewonnenen, kostbaren Freiheit heute wieder die Konsequenzen aus seiner geografischen und geschichtlichen Gegebenheit erkennend, sein Interesse den östlichen Ländern zuwendet, setzt es damit, allerdings unter anderen Voraussetzungen und Vorzeichen, seine ureigenste Tradition fort.« Alfons Stillfried, den Vater, wer hört ihn hier nicht heraus? Doch dann ist Bernhard wieder ganz er selbst: »Wo könnten die Auspizien für eine kulturpolitische und wirtschaftliche ›Bodenbereitung‹ günstiger sein als in dem Raum, wo sich zur Zeit eine ganz neue Welt formt?« Nämlich im Nahen und Mittleren Osten. Aber freilich, »Veranstaltungsprogramme wie in Rom, London oder Paris wären, schon wegen der großen Entfernungen, finanziell untragbar, ganz abgesehen davon, dass sie in dieser Form relativ wenig Widerhall im islamischen Raume fänden«. In Abgrenzung dazu warb Bernhard in seinem Aufsatz für eine »gut funktionierende Koordination von kulturellen und wirtschaftlichen Belangen«. Und hier noch das Resümee, mit dem der Autor zum Schluss kam: »Österreich genießt im Vorderen Orient durch seine Tradition und seine Leistungen in der Vergangenheit sowie durch seine gegenwärtige neutrale Mittlerstellung ein hohes Ansehen, das ihm trotz der finanziellen Schranken, die der Arbeit auferlegt sind, sehr gute Möglichkeiten für ein nachhaltiges kulturpolitisches Wirken und für freundschaftliche Beziehungen in diesem Raum eröffnet.« Kein Zweifel, Bernhard ging mit klaren Vorstellungen auf seine neue Aufgabe zu. Und mit Optimismus. Nach Ableistung seiner Probezeit wird Bernhard Stillfried ganze sechzehn Jahre in der Levante bleiben.

Beirut

Beirut, Bernhards erstes Etappenziel. Die Reise zunächst mit der Eisenbahn – und zwar bis Venedig und von dort dann per Schiff. Es ist noch früher Morgen, als er am 15. Mai 1958 an Land geht. Während der vier Tage an Bord hatte er in Reiseführern gelesen, seine Notizen geordnet und, eine seiner Lieblingsbeschäftigungen, Landkarten studiert. Das Schiff, »Ausonia« hieß es, hatte unterwegs in Bari und in Athen/Piräus kurze Aufenthalte gehabt; noch bevor es Beirut erreichte, waren an Bord Nachrichten vom Ausbruch eines Bürgerkriegs im Libanon empfangen worden. Panarabische Aufständische, unter denen einheimische Schiiten und palästinensische Flüchtlinge, die der Libanon nach dem Ersten arabisch-israelischen Krieg 1948/49 in Scharen aufgenommen hatte, das Gros und die treibende Kraft bildeten, standen im Kampf gegen die christlich-islamische Proporzregierung unter dem Staatspräsidenten Schamun. In der zu über neunzig Prozent arabischen Bevölkerung hielten Christen und Moslems einander ungefähr die Waage, wobei Erstere damals allerdings noch knapp überwogen. Beide Glaubensbekenntnisse zerfielen ihrerseits noch in die verschiedenen Richtungen und Traditionen und an dieser konfessionellen Vielfalt hat sich bis heute wenig geändert.

Dr. Kurt Farbowski, Österreichs Botschafter in Beirut, erwartete Bernhard am Kai. Angesichts der Möglichkeit von Kämpfen im Stadtzentrum nötigte der Diplomat den Ankömmling in einen der großen Hotelkästen, die direkt über der Steilküste aufragten; Farbowski selbst hatte dort in aller Eile ein Zimmer reserviert. Doch das Haus erwies sich als Luxushotel und Bernhard blieb nicht länger als eine Nacht. »La Residence« war der Name des Hotels, in das er am nächsten Morgen übersiedelte; wegen des Bürgerkriegs bewohnten es gerade etliche Journalisten, in der Hauptsache Auslandskorrespondenten aus Europa und den Vereinigten Staaten. Auch in Österreich berichteten die Zeitungen über die Unruhen, die sich indessen vor Ort weniger dramatisch ausnahmen, als es die Medien europäischer oder noch weiter entfernter Länder damals wahrhaben wollten. Altbekanntes Phänomen! Noch das Wien der 1960er-Jahre wird vielen Menschen in Amerika oder gar in Neuseeland als »Frontstadt am Eisernen Vorhang« gelten. Bernhard schien es jedenfalls geraten, vorsorglich seine Frau zu beruhigen, »Macht Euch keine Sorgen, mir geht es gut!« telegrafierte er nach London. Nicht ganz einen Monat brauchte Österreichs Kundschafter für Beirut, um zu erledigen, was er sich vorgenommen hatte; auch ein mehrtägiger Ausflug nach Damaskus gehörte dazu. Vor seiner Abreise aus Wien war über Veranlassung des Unterrichtsministeriums bei einer Zürcher Bank ein Gehalts- und Spesenkonto für Bernhard eröffnet worden und die Hauptstadt der »Schweiz des Nahen Ostens« schien ihm nun der richtige Bankplatz, dort ein Subkonto einzurichten. Als Stützpunkt diente Bernhard während seines Aufenthaltes die österreichische Botschaft. Vom Botschafter gleich zu Anfang in die libanesische Situation eingeführt, »gebrieft« sagt man heute dazu, ging Bernhard daran, seinen Kalender zu füllen. Wer in Regierung und Verwaltung oder in anderen Beiruter Institutionen mit Kultur zu tun hatte, mit dem kam er zusammen. Er besuchte die Universitäten der Stadt, machte sich mit einigen Professoren bekannt; auch auf dem Schul- und Ausbildungssektor ortete er interessante Partner. Zu dem einen oder anderen Treffen ging auch der Botschafter mit. Dass der österreichische Handelsdelegierte in Beirut zum Besuchsprogramm gehörte, verstand sich von selbst, und das gleiche galt für die österreichischen Firmenvertretungen, auch bei ihnen schaute er vorbei.

Erst recht stand British Council auf Bernhards Liste. Als *skriptwriter* von der BBC hatte er sich in London mit diesem in der ganzen Welt vertretenen Kultur- und Sprachinstitut vertraut gemacht. Schon wenige Tage nach Erhalt des ominösen Telegramms, das ihn von London fortgerufen hatte, war Bernhard in die Zentrale des British Council gegangen, um dort zu erzählen, dass man ihn in den Vorderen Orient schicken würde. Und seine britischen Freunde waren mit ihrem reichen Erfahrungsschatz nicht geizig gewesen, hatten den künftigen Kollegen mit allem versorgt, was ihm nützlich sein konnte. Unter anderem mit einer Liste sämtlicher Adressen des British Council in der Levante, eben auch jener im Libanon, wo man ihn nun mit offenen Armen empfing.

Der Libanon stand wie gesagt noch in dem Ruf, die »Schweiz des Nahen Ostens« zu sein, und tatsächlich herrschten in seiner Hauptstadt, als Österreichs designierter Kulturmann für die Levante sie zum ersten Mal betrat, einigermaßen geordnete Verhältnisse. Der Bürgerkrieg hatte ja gerade erst begonnen. Die Zeit, in der das Land Frankreichs Mandatsgebiet gewesen war, zeigte noch Spuren, durchaus auch im Baustil, vom Pariser Flair einiger Cafés ganz zu schweigen. Orientalische mischte sich da mit europäischer Urbanität, auffallend auch das friedvolle Nebeneinander von Moscheen und christlichen Kirchen. Indessen begann diese das Stadtbild prägende Koexistenz zweier Weltreligionen gerade damals, zur politischen Realität des Libanon in deutlichen Widerspruch zu geraten. Als österreichischer Botschafter in Beirut war Farbowski noch in einigen weiteren Staaten mit akkreditiert; neben Syrien und Jordanien gehörte auch Saudi-Arabien zu seinem Amtsbereich. Doch noch hatte der Diplomat keine Ahnung, wann er Gelegenheit bekommen würde, sein Beglaubigungsschreiben in Riad zu überreichen. Botschafter, die in Saudi-Arabien bloß mitakkreditiert waren, ließ man länger auf den offiziellen Augenblick warten als ihre im Lande selbst residierenden Kollegen. Erst als Bernhard das zweite Mal in Beirut weilte, war es so weit, da schrieb man aber bereits das Jahr 1959. Kurz und gut, der Botschafter und seine Frau befanden sich nun auf dem Sprung nach Riad und Bernhard war rasch zum Mitfliegen überredet, gehörte das riesige Land doch inzwischen auch zu seinem Zuständigkeitsbereich. Die drei nahmen, dem saudischen Protokoll folgend, die Maschine nach Dschidda, wo sie dann, wenn auch mit herrlicher Aussicht aufs Rote Meer und umgeben von jeder Art von Komfort, noch fast eine Woche warteten, bis die Verständigung kam, dass der Monarch nun bereit sei, den Botschafter und seine Begleitung zu empfangen. Eine königliche Maschine flog das Kleeblatt nach Riad, wo es in einem der Luxushotels untergebracht wurde. Am nächsten Tag, beim Betreten des Palasts, bat man Madame Farbowski in den königlichen Harem, wo sie den Mittelpunkt ausgesuchter Artigkeiten bildete. Unterdessen fand im Audienzsaal die Überreichungszeremonie statt. Außer den beiden Österreichern trugen alle Anwesenden die Beduinentracht: König Saud, von den Prinzen flankiert, und etliche Würdenträger, darunter Minister, sie aber allesamt Mitglieder der königlichen Familie. Kaffee wurde gereicht, arabischer Kaffee, der aus sehr kleinen Schalen getrunken wird, aber konzentrierter und stärker ist als etwa der türkische. Ein Diener, dem das Gefäß mit dem belebenden Trank um den Hals hing, ging herum und schenkte ein. Nach einer halben Stunde war alles vorbei. Eine oder zwei Nächte blieben die österreichischen Herrschaften als Gäste in Riad, dann brachte sie das Flugzeug, das sie von Dschidda geholt hatte, wieder dorthin zurück. Auf die Anschlussverbindung brauchten sie nicht lange zu warten.

Beiruts Vergangenheit besitzt Tiefe, schon unter den Phöniziern war es blühend und reich. Später von den Römern in Besitz genommen, hat es auch ihnen als Handelsplatz gedient. Berytus der Name, mit dem die Stadt in der Welt damals bekannt war. Antike Ausgrabungen mitten im heutigen Zentrum, die römischen Bäder kaum einen Steinwurf vom Präsidentenpalast entfernt. Das Sinnbild des Libanon ist die Zeder, sie ziert Flagge und Wappen des Landes. Der prächtige Baum hat auch Kreuzfahrern seinen Schatten gespendet. Viele Male wird Bernhard auf seinen Reisen Beirut berühren, hauptsächlich im Dienst, doch auch als Tourist. Dann freilich sehr oft in Iras Gesellschaft, teilte sie doch seine Leidenschaft für alte Kulturen. Beide werden sie nicht müde werden, zwischen Tempelanlagen, Palästen, Säulengängen, Statuen, Amphitheatern, Triumphbögen, Obelisken und Grabstätten herumzusteigen oder zwischen dem, was der Zahn der Zeit von all der Pracht übrig ließ. Warum die Zukunftsform? Weil wir der Chronologie ein Schnippchen schlagen. Wir heben sie aus, diese Langweilerin, und nennen wenigstens drei Kulturwunder beim Namen, die das Ehepaar erst im Lauf der Jahre erleben wird: Baalbek, die Stadt des Sonnengottes Baal, die in römischer Zeit Heliopolis hieß, Standort der größten Tempelanlage der antiken Welt, deren Kolossalbauten einen glauben machen könnten, sie seien von Riesen erschaffen; Byblos, die älteste unter Libanons Städten, die älteste der Welt unter den fortlaufend bewohnten, in der Bronzezeit der wichtigste Hafen der ganzen Levante, besonders im Zedernholzhandel mit Ägypten; Tyros, unter den Phöniziern die »Königin der Meere«, deren sagenhafter Reichtum die Begierde mächtiger Eroberer erregte, darunter jene von Nebukadnezar II. und Alexander dem Großen. Über das Land der Zeder und seinen Kulturschatz nur soviel. Den Wunsch, die stillfriedsche Spurensuche in ihrem ganzen Erlebnisreichtum nachzuempfinden, vermag eine Erzählung wie diese nicht erfüllen.

Teheran

Die Stadt am Fuß des Elbursgebirges, von dessen Gipfeln der Schnee auch im Sommer nicht weicht. Bernhard erreichte sie mit dem Flugzeug; zwischen dem Start in Beirut und der Landung in Teheran waren an die vier Stunden vergangen. Mit einer Irankarte und dem Baedeker hatte er sich die Zeit verkürzt, die Gedanken auf das Land gerichtet, über das er schon in seiner Schulzeit viel gehört hatte, freilich unter dem Namen Perserreich. Ein Name, der im Geschichtsunterricht für Übermacht gestanden war, aber auch für tragisches Scheitern an den ebenso kühnen wie listenreichen Griechen. Die Perserkönige Dareios und Xerxes! Auch das neue Persien regierte ein Monarch. Er hieß Mohammad Reza Schah Pahlavi und stand in dem Ruf, ein moderner Herrscher zu sein, einer der sich politisch an den Westen hielt. In der Ankunftshalle des Teheraner Flughafens steuerte ein Herr auf Bernhard zu: »Doktor Stillfried?« Österreichs Botschafter im Iran hatte auf den Richtigen getippt. Bevor Bernhard mit diesem in das wartende Auto stieg, warf er noch einen Blick auf die Gebirgskette im Norden. Tatsächlich, die Gipfel waren verschneit, obwohl dieser Juni 1958, in dessen Mitte man gerade hielt, in der Ebene das Thermometer schon sehr hoch klettern ließ. Das Cottage, auf das der Fahrer zusteuerte, lag indessen erhöht, nämlich auf den Hängen, mit denen das Elbursgebirge nach Süden hin abfällt. Die wohlhabenden Teheraner Familien wohnten da, aber auch ein Teil der Ausländerkolonie, darunter viele Diplomaten. Nicht weit davon, wenn auch ein wenig tiefer, befand sich die Villa, die dem österreichischen Botschafter als Amt wie als Residenz diente. Bernhards Bleibe war das nun und das Wort trifft es genau, denn fast drei Monate sollte er in Teheran bleiben. Botschafter Dr. Eugen Buresch, übrigens ein Sohn des kurzzeitigen österreichischen Bundeskanzlers der Ersten Republik, war geschieden; die Kinder hatten bei der amerikanischen Mutter in den Vereinigten Staaten ihr Zuhause gefunden, also lebte er in der Villa allein. Umso willkommener war ihm Bernhards Gesellschaft.

Teheran, die geometrische Stadt: Hochhausmodernität und Straßenzüge, die einander im rechten Winkel kreuzen. Schon in den 1950er-Jahren! Bernhard fand sich sofort zurecht. Im Zentrum stand nah beisammen, was sehenswert war: die Schah-Moschee, die Sepah-Salar-Moschee, der Golestan-Palast, das Parlament, die Museen. »Golestan« heißt »Rosengarten« und in dem danach benannten Prachtbau hatte der Schah seinen Amtssitz. Im ältesten Teil des in mehreren Abschnitten erbauten Palastes befand sich der Thronsaal, in ihm war lange Zeit der berühmte Pfauenthron aufgestellt, der zu Bernhards Zeit freilich bereits in einem schwer gesicherten Tresorraum aufbewahrt wurde. In zentraler Lage auch die Ministerien und Ämter, die Prestigebauten der großen Konzerne, dazwischen westlicher Geschäftsstraßenglanz. Von Österreichs Botschaft in der Pahlavi-Straße war alles leicht zu erreichen, auch zur Universität brauchte man nur wenige Gehminuten. Im südlichen, dem unteren Teil der Stadt kein städtebauliches Auftrumpfen mehr. Das andere Teheran hatte man da vor sich. Hier lebte das Volk, dessen Lebensmittelpunkt war der große Basar.

Die drei Monate in Teheran wurden Bernhard nicht zu lang. Dies umso weniger, als er die Zeit auch dazu nützte, andere Länder seines Zuständigkeitsbereichs zu besuchen, neben den Staaten am Persischen Golf, auch die Städte Amman und Bagdad. Das Besuchs- und Verabredungsprogramm ähnelte jenem am ersten Etappenziel. Doch im Iran hatte es Bernhard mit einem Land zu tun, das dreimal so groß ist wie Frankreich. Mehr noch als seine Ausdehnung fiel aber Persiens kulturelle Identität ins Gewicht, seine Distanz zum arabischen Kulturkreis. Im 7. Jahrhundert hatte der arabische Sturm zwar den ganzen Vorderen Orient erfasst, die Perser indessen schon stark abgebremst, nur noch mit seinen Ausläufern; zu sehr unterschieden sie sich in Herkunft, Kultur und Sprache von den anderen Völkern dieses Raums. Selbst im Glaubensbekenntnis grenzt sich der seit der frühen Neuzeit schiitisch dominierte Iran (wie übrigens auch der südliche Irak) in dieser Region von den anderen Ländern ab, in denen die Sunniten überwiegen. All das musste gerade dem gegenwärtig sein, der wie Bernhard Stillfried von der Idee beseelt war, die kulturellen Beziehungen zwischen Österreich und Persien wieder an das relativ hohe Niveau heranzuführen, auf dem sie sich im 19. Jahrhundert befunden hatten. So wie in Beirut konnte Bernhard auch in Teheran auf die diplomatische Vertretung seines Landes zählen, ja hier sogar ganz besonders. Ihr Leiter hatte schon beim ersten Briefing über Land und Leute Sensibilität für die kulturellen Aspekte gezeigt und auch in der Folge bewies er viel Verständnis für die Aufgaben des Sonderbeauftragten aus Wien. Dieser konnte bei seiner Arbeit die Dienste des Botschaftspersonals in Anspruch nehmen, sogar die Benützung seines Dienstwagens hatte ihm der Botschafter aufgedrängt. Besuche, Gespräche, Besichtigungen, was es auch war, wenn Eugen Buresch sich freimachen konnte, begleitete er Bernhard. Zwei Jahre zuvor hatte der österreichische Außenminister Leopold Figl Teheran besucht und bei dieser Gelegenheit waren die Gastgeber auch auf das Projekt einer technischen Fachschule zu sprechen gekommen, die im Süden der Stadt entstehen sollte. Als Folge seiner zunehmenden Industrialisierung litt der Iran unter einem krassen Mangel an Facharbeitern und von Österreich, mit dessen Medizinern man schon beste Erfahrungen gemacht hatte, erhoffte man Unterstützung nun auch auf diesem Gebiet. Mit dem Bau war man bereits halbwegs vorangekommen, doch insgesamt gab es zu viele Fragen, auf die in Teheran niemand eine rechte Antwort wusste. Und nun suchte die iranische Seite einen Partner, der das technische Know-how zur Verfügung stellen konnte. Figl nahm die Sache sehr freundlich auf und versprach, sich in Wien zu verwenden. Und das tat er dann auch, wobei er das Teheraner Schulprojekt freilich dem sogenannten Dienstweg anvertraut zu haben scheint, den als Schneckenpost zu bezeichnen noch der reinste Euphemismus ist. Nach langem Hin und Her hatte sich schließlich jedes der befassten Wiener Ministerien für nicht oder nur teilweise zuständig erklärt, kurzum die Sache war versandet. Österreichs Botschafter, der sie aber noch im Kopf als unerledigt mit sich herumtrug, erkannte in Bernhards Auftauchen die Chance zu einem neuen Anlauf. Er unterrichtete seinen Hausgast und gemeinsam gingen sie zum Leiter der zuständigen Teheraner Behörde. Das Gespräch brachte zutage, dass die Iraner sich einen österreichischen Experten wünschten, der ihnen zunächst sagte, was nötig war, um eine Fachschule auf die Beine zu stellen, in der jungen Menschen jenes technische Können beigebracht werden konnte, ohne das die Industrie des 20. Jahrhunderts nicht mehr auskam. Auch erwartete man sich von diesem Österreicher eine Aufstellung der in den verschiedenen Sparten benötigten Maschinen und Anlagen, ja womöglich konkrete Hilfe bei deren Beschaffung. Auch bezüglich der Raumaufteilung in der Schule selbst würde man seinen Rat zu schätzen wissen. Wie viele Werk- und Montagehallen wurden insgesamt gebraucht und welche Maße sollten ihnen zugrunde gelegt werden? Vielleicht konnte der österreichische Fachmann sogar beim Auftreiben des Lehrpersonals behilflich sein? Mit einem Wort, das ganze Projekt hing noch in der Luft. Völlig klar war indessen seine Finanzierung, für sie würde zur Gänze die iranische Seite aufkommen. Bernhard, der die Tragweite des Vorhabens gleich erfasste, machte sich erbötig, den Experten nach Teheran zu bringen, wenn diesem Reise und Aufenthalt vergütet würden, was augenblicklich akzeptiert wurde. Unter den vielen Bekanntschaften, die Wiens Mann für das Morgenland im Unterrichtsministerium gemacht hatte, befand sich Ministerialrat Dr. Nikolaus Eichlehner, der die Abteilung für technische und gewerbliche Schulen leitete. An ihn wandte sich Bernhard nun – und zwar nicht auf dem Dienstweg, sondern mit einem persönlichen Brief: »Hättest Du Zeit, Dir das einmal anzuschauen?« Ende Juni 1958 hatte das Schreiben seinen Empfänger erreicht und schon drei Wochen später war dieser zur Stelle. Da Buresch gerade in Österreich Ferien machte, zog Eichlehner zu Bernhard in die Botschaftsvilla; in deren Garten befand sich übrigens ein Swimmingpool und ohne vorher ins

Wasser gesprungen zu sein, begannen die beiden ihr Tagewerk nie. Für Fahrten zur Baustelle oder zu Besprechungen konnten sie über den Amtschauffeur verfügen. Der Leiter der Teheraner Behörde, mit dem der Botschafter und Bernhard zum ersten klärenden Gespräch zusammengekommen waren, hatte für die projektierte Schule bereits einen iranischen Direktor designiert und mit diesem wurde der österreichische Ministerialrat nun zusammengebracht. Fünf Wochen bildeten die beiden ein Gespann und Eichlehner ließ sich alles zeigen, stieg mit dem Iraner im Rohbau herum, schlug auch die hier notwendigen Änderungen vor. Bernhard ließ die zwei Herren meistens allein, war nur mit dabei, wenn er persönlich gebraucht wurde. Als der österreichische Fachmann am Beginn der letzten Augustwoche den Rückflug antrat, trug er eine lange Liste bei sich, die vor allem die maschinelle Ausstattung der Schule betraf. Er schied von Teheran, ohne etwas versprochen zu haben, außer dass er sich zu Hause genau umsehen und erst danach von sich hören lassen würde. Die Sache schien sich gut angelassen zu haben! Das spiegelte sich auch in einem Bericht, den Botschafter Buresch noch im selben Jahr dem österreichischen Außenministerium schickte. Die Tätigkeit Dr. Bernhard Stillfrieds habe sich, so schrieb er nach Wien, »für die Anbahnung und Vertiefung der kulturellen Beziehungen zwischen Österreich und dem Iran äußerst günstig ausgewirkt«, was neben der Aufgeschlossenheit des Gastlands »auf den sehr dynamischen, gleichzeitig aber einfühlungsfähigen Charakter des Genannten« zurückzuführen sei. Dieser habe »nicht nur bereits laufende Angelegenheiten aufgegriffen und zu einem positiven Ergebnis gebracht, sondern auch auf der Basis seiner umfassenden Kenntnis der österreichischen Möglichkeiten neue Projekte in Angriff genommen und diese teilweise schon zu einem Abschluss gebracht.«

Um es gleich vorwegzunehmen: Im Sommer 1959 kam Dr. Nikolaus Eichlehner wieder nach Teheran und das wiederholte sich noch zweimal, das letzte Mal 1961. In diesen Jahren hatte er mit iranischer Vollmacht und auf iranische Rechnung den gesamten Maschinenpark bis zur letzten Werkbank in Österreich zusammengestellt und seinen Transport organisiert; auch bei der Suche des österreichischen Lehrpersonals war er behilflich gewesen. Das mit so viel Sachkompetenz auf den Weg gebrachte Kooperationsprojekt zwischen Wien und Teheran wurde auch in Paragrafen gegossen, bei der Vertragsunterzeichnung in der persischen Hauptstadt waren Nikolaus Eichlehner, Bernhard Stillfried und Eugen Buresch zugegen, für alle drei Herren ein großer Moment! Die technische Fachschule wurde zu einem Erfolg, der auch die kühnsten Erwartungen übertraf. Waren anfänglich zweihundertfünfzig Schüler unterrichtet worden, zählte man in den 1970er-Jahren um die elfhundert. Die Reza Pahlawi-Fachschule, das Herzeigeprojekt trug nun den Namen des Monarchen, hat später etwa ein Viertel der Facharbeiter des Landes herangebildet. Allgemeine Mechanik, Automechanik, Stark- und Schwachstromtechnik, Schweißen, Installation, Stahlbau, Druckereitechnik und Tischlerei waren die Fächer, die dort unterrichtet wurden. Bis 1973 leitete ein Österreicher die Schule, dann konnte sie einem iranischen Direktor überantwortet werden. Es folgte die Angliederung eines Fachlehrerkollegs, in welchem neben dem Leiter bis 1978 fünfundzwanzig österreichische Lehrer tätig waren. Und auch hier, bei der Ausbildung des iranischen Lehrernachwuchses, zeigte Bernhard eine glückliche Hand. Er überzeugte seine Partner in Wien von der Zweckmäßigkeit eines Programms, in dessen Rahmen die Jahrgangsbesten zur weiteren Ausbildung nach Österreich geschickt wurden; daraus sind im Lauf der Jahre etwa einhundertfünfzig iranische Fachlehrer hervorgegangen. Während seiner ganzen Zeit im Orient verlor Bernhard die Teheraner Schule nie aus den Augen, er begleitete ihren Weg mit Rat und Hilfe, sie war ein Meisterstück österreichisch-iranischer Zusammenarbeit. Nur am Rande sei vermerkt, dass die Reza Pahlawi-Fachschule später einer analogen Schulgründung als Vorbild diente, nämlich in der zentraliranischen Stadt Isfahan; auch dieses Projekt wurde mit österreichischer Hilfe verwirklicht.

Und schon wieder diese lahme *Ente* namens Chronologie verscheucht! Jetzt freilich, um die Geschichte von der Reza Pahlawi-Schule schon in diesem Kapitel ganz erzählen zu können und nicht im chronologischen Watschelgang nur in Raten. Im Libanon war der Vogel der Archäologie zuliebe aufgeschreckt worden, doch für diese Leidenschaft Bernhard Stillfrieds und seiner Ira ist an späterer Stelle Platz reserviert. Denn das Land wird nicht bloß Ziel besonders vieler Reisen sein, seine Hauptstadt ist der Familie Stillfried zum ersten Treffpunkt nach mehrmonatiger Trennung bestimmt, dort wird sie zunächst einmal Wohnung nehmen – und zwar für fast ein Vierteljahr. Sobald das in dieser Erzählung ausführlicher zur Sprache kommt, werden in einem Zug auch die stillfriedschen Ausflüge zu Persiens historischen Fundstätten gestreift werden. Noch immer aber sind wir mit Bernhard in Teheran – und zwar bei seinem allerersten Mal, wenngleich schon beim Abschied. Die drei Monate in dieser Stadt hatten ihm vollkommen gereicht, Klarheit darüber zu gewinnen, dass Österreich, um im Nahen Osten als Kulturnation wieder präsent zu sein, auf jeden Fall in mehr als einer Kapitale der Region ein Institut zu errichten haben würde. Und davon eines in Teheran. Mit diesem Gedanken stieg Bernhard in die Kursmaschine nach Istanbul, seinem dritten Etappenziel.

Bernhard

Istanbul

Ende August oder Anfang September 1958 war's, als er seinen Fuß auf türkischen Boden setzte, dort, wo Europa zwischen zwei Meeren, dem Schwarzen und dem Marmarameer, sich zu einer Halbinsel verjüngt und mit Asien auf engste Tuchfühlung geht. Nur der Bosporus, auf der Weltkarte kaum mehr als ein hellblauer Strich, maßt sich an, die zwei Kontinente voneinander zu scheiden. Aber Istanbul spottet der Meerenge mit dem bunten Treiben seiner Fährschiffe schon seit Menschengedenken (auch Byzanz hielt es kaum anders) und erst recht, seit es die berühmte Hängebrücke gibt, die zu Bernhards Zeiten freilich noch nicht existierte. Seinen alten und geschichtsträchtigen Status als Kapitale verlor Istanbul erst 1923; seither ist Ankara, die Stadt im anatolischen Landesinnern, der türkische Regierungssitz. Schon deshalb war es diesmal kein Botschafter, der Bernhard am Flughafen erwartete. Pater Ernest Raidl von den Lazaristen holte ihn ab. Dieser Orden mit Mutterhaus in Graz unterhält in Istanbul das St. Georg-Kolleg, eine in den Achtzigerjahren des 19. Jahrhunderts gegründete Schule, und Pater Raidl war als Superior auch ihr Direktor. Die private Anstalt, in der neben dem Türkischen Deutsch die zweite Hauptsprache ist, führt vom Volksschulalter bis zum Gymnasialabschluss und steht Knaben wie Mädchen offen, die freilich in zwei voneinander getrennten Gebäuden untergebracht sind. Seit jeher kommen, wenn man von wenigen Ausnahmen absieht, die Schüler aus türkischen Familien, die den wohlhabenden Schichten angehören. Schon immer war der Schule ein Internat angeschlossen und nach wie vor besitzt das St. Georg-Kolleg einen guten Namen in der Türkei; nicht wenige seiner Abgänger bringen es »draußen im Leben« dann ziemlich weit. Wie das Eliteschulen so an sich haben. Einen weitläufigen Gebäudekomplex, der auch ein vom Orden geführtes Spital einschließt, hat man sich vorzustellen, mitten in der Altstadt, gleich beim Galataturm, der einst der Beobachtung eines bestimmten Abschnitts der Stadtmauern diente. Als katholische Privatschule, denn das ist sie ungeachtet ihrer islamischen Schülerschaft, verfügt das St. Georg-Kolleg über eine Kapelle; in ihr wohnen die Patres und Fratres ebenso wie die im Spital wirkenden Lazaristenschwestern und der Großteil der Lehrerschaft dem täglichen Gottesdienst bei. Und ebendort hörte auch Bernhard die Messe, denn er wohnte im Kolleg, und das sollte bei allen seinen späteren Istanbuler Aufenthalten so bleiben. Obwohl es erst drei Jahre später, bei Bernhards drittem Besuch geschah, sei es schon hier erwähnt: 1961 wurde der kleine, ungefähr zweihundert Gläubige fassende Kirchenraum von Anton Lehmden ausgemalt – und zwar mit Fresken, die, in Abwandlung frommer Motive, zwischen Engelsgestalten den heiligen Georg mit seinem Drachen zeigten. Der österreichische Künstler, der damals gerade dreißig geworden war, weilte als Stipendiat in Istanbul. Er und der um sechs Jahre ältere Bernhard wurden im St. Georg-Kolleg miteinander bekannt und die jungen Männer schlossen bald Freundschaft. Sehr wahrscheinlich, dass sie auch einmal gemeinsam zu einer Wanderung durch die Istanbuler Altstadt aufgebrochen sind. Der Erzähler stellt sie sich vor, wie sie auf der Galatabrücke das Goldene Horn überqueren, links abbiegen, in südöstlicher Richtung auf die Hagia Sophia zuhalten. Seit den Dreißigerjahren des 20. Jahrhunderts dient dieser gewaltige byzantinische Kuppelbau nicht mehr als Moschee, wozu er gleich nach der Eroberung Konstantinopels bestimmt worden war, sondern neben anderen Verwendungen auch als Museum. Die Freunde aber treten nicht ein, denke ich mir, verweilen nur einige Augenblicke bewundernd davor, dann wenden sie sich zur benachbarten Hagia Irene, der »Kirche des göttlichen Friedens«. Auch sie, ungeachtet ihres profanen, ebenfalls musealen Verwendungszwecks, ein unverkennbares Zeugnis der mehr als tausendjährigen christlichen Vergangenheit dieser Stadt. Die Gebete des anderen Glaubens haben ihren Raum nie erfüllt, Arsenal war sie nach Konstantinopels Eroberung, später Museum; wegen ihrer traumhaften Akustik wird die Aya Irini, wie sie bei den Türken heißt, seit den Siebzigerjahren des 20. Jahrhunderts auch für Konzertveranstaltungen genützt. Anton Lehmden hat auf seinen Streifzügen durch Istanbul immer wieder den Skizzenblock hervorgeholt, nicht selten auch sein Malzeug. Bernhard war geistesgegenwärtig genug, den Freund zu bitten, die Irenenkirche zu malen. Das Bild wollte er Ira schenken, seiner Irene eben – und zwar anlässlich ihres zehnten Hochzeitstags, der in diesem Herbst bevorstand; am 18. Oktober 1959 würden sie ihn in Kairo feiern. Das Bild hatte Bernhard termingerecht in Auftrag gegeben, überreichen konnte er das Geschenk, ein Aquarell, seiner Frau erst im darauf folgenden Jahr, also 1960, als Lehmden es nach Kairo mitgebracht hatte. Der Maler verbrachte als Stipendiat damals zwei Monate in der Nilmetropole, von wo er zahlreiche Ausflüge in die Umgebung und auch den Nil aufwärts unternahm, sodass seine Zeichen- und Malmappe zu einem veritablen Ägyptenzyklus anschwoll. Lehmdens Stützpunkt war das Österreichische Kulturinstitut, in dem er eines der beiden Gästezimmer bewohnte, doch auch im Hause Stillfried konnte man ihn häufig antreffen.

Der Drache des heiligen Georg hat uns davongetragen, gleich um zwei Jahre dem Gang der Handlung voraus. Jetzt kehren wir in das Jahr 1958 zurück. Bei den Lazaristen untergebracht zu sein, traf sich für Bernhard schon deshalb besonders gut, weil er so mit den Lehrern der Schule am besten Kontakt halten konnte; von ihnen erhoffte er Rat und auch Unterstützung bei seinem

Istanbuler Lokalaugenschein. Sie begleiteten den Gast, wenn der sie bei seinen Verabredungen dabei haben wollte, und, wenn nötig, sprangen sie auch als Dolmetscher ein. Bei so viel landeskundiger Assistenz war Bernhard schon nach einer Woche mit seinem Pensum fertig. Auch hatte ihm diese Zeit genügt, um zu verstehen, welchen weiteren Platz er seinem Ministerium für ein österreichisches Kulturinstitut vorschlagen musste: die Stadt am Bosporus. So wie die Perser waren auch die Osmanen mit den Arabern nicht unter einen Hut zu bringen. Der Bericht, den er nach Ablauf seines ersten Morgenlandjahres dem Ministerium in Wien vorzulegen haben würde, begann in Bernhards Kopf Gestalt anzunehmen. Dabei hatte Wiens Mann für die Levante von der Türkei gerade erst ihren europäischen Brückenkopf erlebt. Vor allem Ankara, wo ja der österreichische Botschafter saß, war noch ausständig. Und überhaupt das Landesinnere Anatoliens und die kleinasiatische Mittelmeerküste mit ihren berühmten Ausgrabungsstätten! Troja, Myra, Ephesos, Pergamon und noch andere Namen, die sich einstweilen nur auf dem Konto von Bernhards Vorfreude niederschlugen.

Kairo

So um Mitte September 1958 muss es gewesen sein, dass Bernhard die Stadt betrat, die er seinem Ministerium als weiteren Standort für ein Kulturinstitut empfehlen wollte. Dr. Friedolin Koch, Österreichs Handelsdelegierter am Nil, hatte ihn vom Flughafen abgeholt und die beiden sollten nicht nur rasch gute Freunde werden, sondern es auch bis ins hohe Alter noch bleiben. Wenn im Iran und in der Türkei ein solches Institut unverzichtbar schien, dann musste das auch für den arabischen Raum gelten. Und wo sonst sollte der letzte Punkt des Dreiecks fixiert werden, wenn nicht in der Hauptstadt Ägyptens? Land, in dem vom Nil alles Leben kommt, östlichstes Nordafrika, nordafrikanischer Orient, Brückenland zwischen zwei Kontinenten durch die Halbinsel Sinai; sie verbindet das afrikanische Ägypten mit der größten Halbinsel Asiens, der größten auch unseres Planeten, Arabien. Und in allen Ländern, die sich auf ihr ausdehnen, würde Österreichs Kultur also von Kairo aus zu vertreten sein: in Jordanien, im Libanon, in Syrien, im Irak, in Saudi-Arabien ebenso wie in den Staaten, die die riesige Halbinsel im Osten und Süden meerseitig umranden. Und also waren das die arabischen Metropolen, die Bernhard, sollten sie am Minoritenplatz endgültig Ja sagen, hin und wieder zu besuchen haben würde: Amman, Beirut, Damaskus, Bagdad, Riad, Kuwait, Bachrein und Sanaa im

Jemen. Eine lückenlose Erzählung, die seinen Wegen noch in jede Abzweigung folgte, würde kaum weniger Bände füllen als die Abenteuergeschichten, mit denen Karl May seine Leser in den Vorderen Orient versetzt hat.

Den Kara Ben Nemsi unserer Geschichte treibt es indessen in Kairo um. Wie etwas über diese Stadt sagen, wenn nicht mit dem Nil beginnen, mit diesem unglaublichen Strom also, dem längsten der Erde, erst gegen Ende seiner 6.671 Kilometer weiten Reise, auf der er sich mit zwei großen Seen vermählt, kleinere Wasserläufe beiderseits unter seine Fittiche genommen und sich über sechs Katarakte gestürzt hat, fließt er nun hoheitsvoll durch die Hauptstadt des Landes, das ihm sein Leben dankt. Er teilt Kairo dabei: in seinen Westen, der den Namen Gizeh trägt, in die von ihm umarmten Flussinseln Zamalek und Roda sowie in den Ostteil mit der von Minaretten überragten Altstadt und mit Heliopolis, der nördlich gelegenen Vorstadt, die sich ganz europäisch gibt. Bernhard fand sich überall zurecht, auch in der Millionenstadt Kairo. In der Botschaft, sie stand gerade unter der Leitung eines Geschäftsträgers, hatten man ihm ein Untermietzimmer bei einer Auslandsösterreicherin vermittelt, deren Wohnung sich in Zamalek, also auf einer der beiden Nilinseln befand. Johanna Stross hieß die ältere Dame, die in ihrem Wesen genau dem entsprach, was man in Wien unter einer »netten Gretel« versteht; als solche sollten sie später auch Ira und die Mädchen noch kennen und schätzen lernen. Als Bernhard bei Frau Stross eingezogen war, hatte er sogleich die Bekanntschaft eines Landsmanns gemacht, der dort schon seit Längerem wohnte und der Leiter des Kairoer Radioorchesters war. Franz Litschauer hieß der Herr und von ihm wird im Zusammenhang mit umfangreichen Konzertaktivitäten die Rede sein.

Anfang Oktober 1958 trennen Bernhard noch Monate von der Abgabefrist für seinen Bericht an das Unterrichtsministerium. Trotzdem gingen ihm schon halbe Formulierungen durch den Kopf. Drei war also die Zahl der Kulturinstitute, die Österreich brauchte, um im Vorderen Orient hinreichend präsent zu sein! Gewiss, im Vergleich zu Mächten wie die USA, Großbritannien und Frankreich, aber auch zu einem so wirtschaftsmächtigen Land wie die Bundesrepublik Deutschland nahm sich das sehr bescheiden aus. Denn in kaum einer Hauptstadt der Region ließen es sich diese vier Staaten nehmen, ihr Licht weithin sichtbar auf den Scheffel zu stellen. Natürlich konnte Österreich da nicht mithalten! Doch aus ebendieser Not galt's eine Tugend zu machen! »Partnerschaftsprinzip« hieß das Wort, das Bernhard besonders gern verwendete. Österreich, so seine persönliche Auslegung dieses Prinzips, habe zwar nichts oder wenig zu verschenken, doch Geschenke könnten, weil sie immer etwas Einseitiges an sich hätten, in zwischenstaatlichen Beziehungen sehr leicht auf Empfindlichkeiten stoßen, ja als Almosen empfunden werden. Fremde Leistungen würden nur dann geschätzt, wenn der Empfänger die Chance habe, mit einer eigenen Anstrengung zum Gelingen eines Projekts beizutragen, es durch sein Zutun erst zu vervollständigen. Gewiss, partnerschaftlich verstandene Kulturbeziehungen setzten einen klaren Kanon voraus und viel Flexibilität. Wie sind die konkreten Gegebenheiten im Gastland, was seine besonderen Bedürfnisse und in welcher Wechselbeziehung stehen diese beiden Faktoren zu den Interessen und Möglichkeiten des eigenen Landes? Das waren die Fragestellungen, von denen Bernhard Stillfried in seiner Kulturarbeit ausgehen würde, sollte Wien ihm den Zuschlag erteilen.

Kulturreferent für den Vorderen Orient

Anfang 1959 war man im Unterrichtsministerium gewillt, die »Causa Vorderer Orient« zum Abschluss zu bringen. Bernhard sollte seinen Bericht vorlegen und falls dieser den Erwartungen entspreche, womit man im Hause rechnete, würde er fix übernommen werden. »Man«, das hieß in allererster Linie Sektionschef Dr. Alfred Weikert! Denn der Kandidat besaß nicht nur Freunde am Minoritenplatz, natürlich gab es auch Neider, und der für das Budget zuständige Sektionschef war dem Minister mit finanziellen Bedenken in den Ohren gelegen, die Sache werde zu teuer kommen, das Ministerium könne sich so Hochfliegendes nicht leisten. Eine Weile hatte es zwischen den Sektionen so etwas wie ein Tauziehen gegeben, doch Weikert war Sieger geblieben. Er bestellte Bernhard für die ersten Januartage nach Wien, um seinen Bericht entgegenzunehmen. Der Sektionschef las das Papier und ließ es sich von ihm auch erläutern. Weikert zeigte sich angetan von dem Konzept und so fiel es ihm leicht, seinen Minister zu überzeugen. Auch Heinrich Drimmel dürfte rasch verstanden haben, dass der von Stillfried vorgelegte Bericht durchaus realistisch und machbar erscheinen ließ, was ein Jahr zuvor kaum mehr als eine Vision gewesen war. Kurzum, Bernhard bekam den Großauftrag! Neben seinem akademischen besaß er nun auch einen amtlichen Titel und einen auch etwas linkischen, wenn man die tatsächliche Aufgabenstellung bedenkt. Er war »Kulturreferent für den Vorderen Orient«. Die drei regionalen Zentren Teheran, Istanbul und Kairo waren genehmigt worden, genau wie von ihm vorgeschlagen, und wo er selbst seinen Sitz haben und Wohnung nehmen wollte, überließ man ganz ihm. In keiner der drei Städte war er, obwohl sich da alles noch in Schwebe befunden hatte, in Hinsicht auf eine Institutsgründung strikt

»rezeptiv« geblieben, mit welchem Wort in den höheren Etagen der österreichischen Beamtenschaft jene Haltung beschrieben wird, die sicherstellt, dass die Katze im Sack bleibt. So viel Vorsicht war Bernhards Sache nie gewesen, als Möglichkeit hatte er ein Institut gesprächsweise immerhin in den Raum gestellt. In der iranischen Kapitale hatte er Dr. Maria Wittek, die als Orientalistin das Persische, aber auch das Arabische perfekt beherrsche und trotzdem an der österreichischen Botschaft mit dem Dienstposten einer Sekretärin vorlieb nehmen musste, nicht abgeneigt gefunden, im Fall des Falles die Leitung des Teheraner Kulturinstituts zu übernehmen. Von Botschafter Buresch waren hier keine Schwierigkeiten zu erwarten, wusste man doch, dass dieser einem beruflichen Aufstieg der hoch qualifizierten jungen Frau nicht im Weg stehen würde. Was indessen die Idee einer österreichischen Kulturvertretung am Bosporus betraf, so hatte der frischgebackene Referent schon seit Langem einen ganz bestimmten Namen in petto. Dr. Richard Kreutel! Noch von Kairo aus und also vor seiner endgültigen Bestellung hatte Bernhard diesen Freund in Wien angerufen und ihn gefragt, ob er sich vorstellen könne, Direktor des Istanbuler Kulturinstituts zu werden, falls Österreich sich tatsächlich zu einem solchen Schritt entschließen sollte. Der Ethnologiestudent Stillfried hatte Kreutel als Assistenten am Institut für Orientalistik der Universität Wien, aber auch als Herausgeber der damals beim Styria Verlag erscheinenden Publikationsreihe »Osmanische Geschichtsschreiber« kennen und schätzen gelernt. In einem dieser bemerkenswerten Bücher – und zwar im Band 4 mit dem Titel *Der Gefangene der Giauren,* erzählt ein Türke namens Osman Aga seine abenteuerlichen Schicksale als Kriegsgefangener österreichischer Giauren, was nichts anderes als Ungläubige bedeutete. Ein Zeitdokument von seltener Authentizität, aber auch ein wirklicher Lesegenuss, diese Erlebnisse des Osman Aga im Österreich des ausgehenden 17. Jahrhunderts! Wie gesagt, von ihm selbst geschildert und von Richard Kreutel ins Deutsche übersetzt. Als Bernhard den gelehrten Freund aus Ägypten anrief, war dieser noch immer Assistent und Eingeweihte kannten den eigentlichen Grund ebenso wie die ganze Vorgeschichte. Kreutel, der während des Zweiten Weltkriegs wegen eines körperlichen Gebrechens vom Militärdienst freigestellt gewesen war, hatte diese sechs Jahre dazu genützt, das noch im Frieden begonnene Orientalistikstudium fortzusetzen und auch zum Abschluss zu bringen. Längst war er in seinem Fach eine Koryphäe und beherrschte die drei Hauptsprachen des Orients: Arabisch, Türkisch und Persisch. Doch als für den Assistenten Kreutel der Augenblick gekommen war, seine Habilitationsschrift dem Ordinarius zur Begutachtung vorzulegen, wollte dieser seinen Augen nicht trauen, als er in der Arbeit kritische Passagen entdeckte, die auf ihn selbst zielten. Unverblümt stellte er den Verfasser vor die Wahl, entweder er streiche die betreffenden Stellen oder die Begutachtung falle ins Wasser. Kreutel, der sich mit seiner Kritik wissenschaftlich im Recht wusste, weigerte sich. Der Michael Kohlhaas, wie einige Freunde ihn nannten, zog es vor, Assistent zu bleiben, wenigstens solange sich ihm nichts Besseres bot. Trotzdem, in seiner wissenschaftlichen Karriere befand er sich auf dem Abstellgleis und umso mehr freute er sich über die Avancen, die Bernhard ihm machte. Tatsächlich, niemand schien geeigneter für diese Leitungsposition, ja auch eine Gastprofessur an der Istanbuler Universität würde sich mit ihr verbinden lassen, etwa über die Geschichte der wechselvollen Beziehungen zwischen dem Habsburger- und dem Osmanischen Reich, nur eines der vielen Gebiete, auf denen der Gelehrte so gut wie alles wusste. Von sämtlichen personellen Lösungen, die Bernhard vorschwebten, schien ihm diese die Ideallösung zu sein. Das ließ ihn indessen auch Zwischen- oder Übergangslösungen nicht aus den Augen verlieren; so war er schon bei seinem ersten Besuch in Istanbul auf Dr. Ludwig Jorda, Deutschprofessor am St. Georg-Kolleg, aufmerksam geworden, dessen er sich vorsorglich als Halbtagskraft am dortigen Kulturinstitut versichert hatte. Noch bevor der Minoritenplatz endgültig grünes Licht gab, war dessen Abgesandter also auch bei der Anwerbung künftiger Mitarbeiter nicht untätig geblieben und der soeben bestellte Referent beeilte sich nun, seine »Reservisten« mobilzumachen. Für Kairo war noch niemand gefunden, doch diesbezüglich hatte er sich bereits an Grete Zandler gewandt, Weikerts tüchtige Sekretärin und Alter Ego. Sie war zu Bernhards BBC-Zeit in London an dem damals gerade erst eröffneten Österreichischen Kulturinstitut Dr. Heinz Ritschels erste Sekretärin gewesen und schon deshalb schien sie die richtige Person, bei der Lösung des Kairoer Personalproblems mitzuhelfen.

Wer jemals für eine Organisation, sei sie staatlich, halbstaatlich oder privat, ein Auslandsbüro geleitet hat, der weiß, wie eifersüchtig die Zentrale über ihre Personalhoheit wacht; sie begnügt sich nicht damit, die Leiter ihrer Auslandsvertretungen zu ernennen, sie bestimmt für gewöhnlich auch deren Mitarbeiter. Obwohl Bernhard auf diesem Gebiet damals noch keinerlei Erfahrung besaß, hatte er die Geistesgegenwart, sich für die Anstellung seines Personals freie Hand auszubedingen und, einmaliger Glücksfall, das österreichische Unterrichtsministerium (vielleicht nur, weil es hier selbst noch Neuland betrat) willigte ein und hat sich auch in der Folge an den Pakt gehalten. Beide sind gut gefahren damit, der Minoritenplatz und sein Kulturreferent, nunmehr definitiv zuständig für den arabischen Raum, die Türkei und den Iran, für den ganzen Vorderen Orient also, gestützt auf drei Kulturinstitute – und zwar als deren zentraler Leiter. Auch Bernhards größtem personellem Wunsch, nämlich seinen Freund Richard Kreutel nach Istanbul zu holen, war das Ministerium durchaus nicht abgeneigt. Doch als er Sektionschef Weikert genau diesen Vorschlag unterbreitete, war der Zug schon in die verkehrte Richtung abgefahren. Die Normalität stillen Einvernehmens, die lange Zeit das Verhältnis zwischen dem Professor und seinem Assistenten gekennzeichnet hatte, war gegenseitiger Feindseligkeit gewichen, deren Eskalation das schöne Istanbul-Projekt zunichtemachte. Eines der höchst seltenen Male, dass Bernhard jenes Manöver misslang, welches er selbst so gern mit dem Ausdruck »sich jemanden zu schnappen« umschrieb. Indessen sollte es ihm wenig später glücken, Richard Kreutel dabei behilflich zu sein, seine unerfreuliche Pattstellung am Wiener Institut für Orientalistik gegen eine Position einzutauschen, in der er für sein Land noch Ehre einlegen und als Wissenschaftler selbst noch große Genugtuung erfahren würde.

Seit Januar weilte Bernhard in Wien und er hatte vor, bis nach Ostern zu bleiben. Für die kurzen Ferien waren Ira und die beiden Älteren angesagt, Maria und Gabrielle, während die erst dreijährige Christina die Zeit mit dem Aupair-Mädchen Monica in dessen holländischer Heimatstadt Utrecht verbringen würde. Die Wochen, die bis zum Familienbesuch aus London blieben, vergingen Bernhard wie im Flug. Wieder einmal wohnte er bei den Eltern und seine Tage waren ausgefüllt mit Verabredungen, Besprechungen, Besuchen und kleinen Reisen in die eine oder andere Landeshauptstadt. Ein wenig erinnerte die Situation an die Zeit vor seiner ersten Abreise in die Levante. Auch da war sein Terminkalender randvoll gewesen, nur mit dem Unterschied, dass es jetzt nicht mehr ein Anwärter, eine Testperson war, die sich auf ihre Aufgabe vorbereitete, sondern der österreichische Kulturreferent für den Vorderen Orient. Zu manchem späteren Erfolg wurde im Wiener Frühjahr 1959 der Grundstock gelegt. Auch das Kairoer Personalproblem wurde angegangen, mit tatkräftiger Unterstützung von Frau Zandler, die sich ein paar stellensuchende Jungakademiker, die ihr für den Posten in Betracht zu kommen schienen, zu einem Interview ins Ministerium holte. Die Fragen ebenso wie der schriftliche Stegreiftest, bei welchem die Damen und Herren ihre Sicherheit im Englischen unter Beweis zu stellen hatten, waren mit Bernhard abgesprochen.

Zu Beginn der letzten Märzwoche, die im Jahr 1959 mit der Karwoche zusammenfiel, nahm Bernhard seine Lieben am Westbahnhof in Empfang. Ira und eines der beiden Mädchen zogen zu ihm in das elterliche Saarplatz-Haus, das andere Kind in die Rechte Bahngasse zur Urgroßmutter. Nach schon bewährter Tradition wechselten Maria und Gabrielle einander als Hausgäste ab, zwischen den beiden Adressen im Turnus. Am Ostersonntag, kaum hatten die Kinder im Saarplatz-Garten die Ostereier zusammengesucht, brach man nach Heiligenkreuz auf. Wiedersehen mit Pater Walter und Auferstehungsgottesdienst in der Stiftskirche. Ein oder zwei Tage nach Ostern gingen die Stillfrieds erneut auseinander. Während Bernhard nach Kairo zurückflog, trafen die weiblichen Mitglieder der Familie, aus Wien und Utrecht kommend, wieder in London zusammen. In Blackheath begann jetzt eine Art Countdown. Immerhin war ein Haushalt aufzulösen und ungefähr jeder zweite Tag brachte einen Abschied, ließ man doch an der Themse alte Freunde zurück, wie Heinz Ritschel, Roland Hill, Ursula und Fritz Glaser sowie den Germanisten Professor Peter Stern, um hier nur diese zu nennen. Der 29. April war der Tag null des Countdowns, die Maschine, in der die beiden Frauen und die drei Kinder Platz genommen hatten, hob ab, ließ London unter sich und nahm Kurs auf Mailand. Der Flughafen der oberitalienischen Metropole war der Platz, an dem sich die Wege trennten. Monica mit den drei Mädchen nahm den Bus in das nordwestlich gelegene Varese, wo ihre Mutter lebte und wo man einige Wochen bleiben wollte, so lange jedenfalls, bis sich in der Levante eine Bleibe für die ganze Familie Stillfried gefunden haben würde. Ira aber bestieg das nächste Flugzeug nach Rom und dort dann die Maschine nach Kairo. Es war der 30. April 1959, als sie zum ersten Mal ägyptischen Boden betrat. Ihr Mann, der das Warten in seiner Behausung nicht länger ausgehalten hatte, war schon eine Stunde vor der Zeit auf dem Flughafen gewesen.

In der Zielgeraden

Auch Bernhard hatte Wien kurz nach Ostern verlassen. Wieder in Kairo, hatte er unter der Post einen Umschlag von Frau Zandler gefunden. Die Testergebnisse, vier oder fünf an der Zahl. Nach kurzem Blättern war seine Wahl auf eine junge Anglistin gefallen, Dr. Ingeborg Satzinger, bald würde er sie nach Kairo kommen lassen. Jetzt aber war Ira da, die mit ihm bei Hansi Stross wohnte; Bernhard und Ira blieben nicht einmal eine Woche. Er musste nach Beirut, wo er den libanesischen Kulturminister treffen sollte, ein Termin, den ihm Botschafter Farbowski vermittelt hatte. Auch mit dem Rektor der St. Joseph-Universität und zwei anderen Beiruter Professoren war Bernhard verabredet und gleich danach stand Teheran auf dem Programm. Die technische Fachschule! Das Projekt machte Fortschritte, aber immer wieder tauchten Fragen auf, die nur vor Ort geklärt werden konnten. Zum ersten Mal begleitete ihn

Ira! In der libanesischen Hauptstadt angekommen, wurden sie von einer Einladung des Botschafters überrascht. Ein größerer Empfang, der Bernhard die Gelegenheit geben würde, mit einflussreichen Leuten bekannt zu werden. Da der Anlass ziemlich nobel zu werden versprach, blieb nichts anderes übrig, als in aller Eile einen Modesalon aufzusuchen. Missgestimmt verließ ihn das Ehepaar nach einer Dreiviertelstunde, doch immerhin mit einem Cocktailkleid, mit darauf abgestimmten langen seidenen Handschuhen und einem Hut, der das Ensemble vervollständigte. Garderobe von der Art, die Ira nur trug, wenn sie unbedingt musste. Im Übrigen verliefen die vier Tage, die sie in Beirut verbrachten, sehr angenehm und ergiebig. Der Mai war noch nicht an seiner Mitte angekommen, als die beiden eines frühen Morgens mit einem Taxi nach Damaskus aufbrachen, von wo es dann mit einer Maschine nach Teheran weiterging. Die ersten drei Tage wohnten sie in einer Pension, dann übersiedelten sie in das Haus eines Landsmannes, der kurz darauf mit Frau und Tochter einen dreimonatigen Heimaturlaub antrat. Professor Heimo Täuber war das, der in Teheran ein sinfonisches Orchester aufgebaut hatte, übrigens fast durchwegs mit Musikern, die aus osteuropäischen Ländern stammten. Als Dirigent dieses Orchesters lebte er schon seit Jahren in der iranischen Hauptstadt, doch auch in Österreich war er mit musikalischen Aufgaben betraut gewesen, in der ersten Nachkriegszeit mit der Leitung der Wiener Sängerknaben. Er und Bernhard hatten einander im Juni 1958 kennengelernt und rasch entdeckt, dass sie gemeinsame Freunde besaßen. Das gab auch dem Verhältnis zwischen den beiden sehr bald eine freundschaftliche Färbung. Natürlich kannte Täuber die iranische Musikszene genau, sodass von ihm für später manch wichtiger Rat kam.

Auch Eugen Buresch war in der Zwischenzeit nicht müßig geblieben und hatte für seinen Freund einige offizielle Kontakte angebahnt, die diesem nun ins Haus standen. Doch unter den vielen Eisen, die Bernhard im Feuer hatte, erwies sich Teherans technische Fachschule als das größte, auch diesmal bildete sie den Hauptgrund seiner Anwesenheit in der Stadt. Ihretwegen war auch Ministerialrat Dr. Nikolaus Eichlehner wieder in die iranische Kapitale gekommen, wo er übrigens den ganzen Sommer blieb; Buresch hatte ihn eingeladen, wieder in seiner Villa zu wohnen. Eine Entscheidung, die in diesen Wochen heranreifte, betraf die »Kommandozentrale«. Bernhard war eine Zeit lang unschlüssig gewesen, welche Stadt des Orients er zum Zentrum seines Referates und damit auch zum Familienwohnsitz bestimmen sollte. Doch in letzter Zeit neigte er, durchaus in Übereinstimmung mit Ira, immer mehr zu Kairo, nicht zuletzt wegen dessen stark europäisch geprägter Infrastruktur, die auch den Schulsektor mit einschloss. Jedenfalls deutlich mehr als Teheran hatte die ägyptische Hauptstadt im Hinblick auf die Ausbildung der drei Kinder zu bieten. Doch zunächst einmal konnte man Monica mit den Mädchen in den Iran nachkommen lassen, wo man immerhin bis zum Herbst eine bequeme Unterkunft hatte. An einem der ersten Junitage konnten Ira und Bernhard die Vier am Teheraner Flughafen umarmen. Wie Spielkarten hatte es Stillfrieds durcheinandergemischt oder gewirbelt, vor allem zuletzt, doch jetzt war man wieder beisammen und bewohnte nicht nur ein geräumiges Haus, sondern verfügte auch über einen Swimmingpool, jenen im Garten der Botschaftsvilla. Die Seite, von der Teheran sich den drei Kindern zeigte, scheint einem Ferienparadies nicht unähnlich gewesen zu sein. Fast gleichzeitig mit den Stillfrieds war Richard Kreutel nach Teheran gekommen und sie hatten ihn und seine Frau gleich zu sich genommen. Wie hatte es ihn nach Teheran verschlagen? Eugen Buresch war als Botschafter im Iran in Afghanistan mitakkreditiert, doch er zweifelte längst nicht mehr daran, dass er diesem Land, mit dem Österreich damals ausgezeichnete Wirtschaftsbeziehungen unterhielt, von Teheran aus nicht die Aufmerksamkeit widmen konnte, die es verdiente. So hatte das Außenministerium Buresch auf dessen Antrag im Frühjahr 1959 einen Geschäftsträger für Kabul genehmigt, doch mit der Ausschau nach jemandem Geeigneten war er zunächst nicht recht weitergekommen. Bis Bernhard einen Geistesblitz hatte. Der Mann, den er sich als Idealbesetzung für Istanbul gewünscht hatte, war die Idealbesetzung auch für Afghanistan! Der Botschafterfreund flog eigens nach Wien und es bedurfte keiner großen Überredungskünste, um den »ewigen Assistenten« für die Position eines österreichischen Geschäftsträgers in Kabul zu gewinnen. Auch am Ballhausplatz wusste man den seltenen Glücksfall zu schätzen, für Afghanistan jemanden an der Hand zu haben, der mit diesem Land kulturell wie sprachlich vertraut war. Nach ein paar Monaten diplomatisch-konsularischer Einschulung übersiedelte der trotz seiner Wiener Aschenbrödelkarriere international anerkannte Orientalist nach Kabul, wo er bald in hohem Ansehen stand, sogar den König zum Freund gewann und auch im diplomatischen Korps als Fachmann größte Wertschätzung genoss. Die österreichisch-afghanischen Beziehungen erlebten einen neuen Höhepunkt. Einmal hat Bernhard den Freund in Kabul besucht, gegen Mitte der 1960er-Jahre muss es gewesen sein. Geflogen war er mit der »Inshallah-Airline«, so der Spitzname, den die afghanische Luftfahrtgesellschaft bei ihren westlichen Benützern hatte, zumal die eher klapprigen Maschinen, in denen übrigens auch Schafe befördert wurden, dem Passagier einigen Fatalismus abverlangten. Zwischen Richard Kreutel und Bernhard Stillfried ist die Verbindung nie abgerissen, während seiner ganzen Kairoer Zeit hat dieser den Rat des Freundes gesucht und auch später noch haben die beiden es so einzurichten verstanden, dass ihre Wege sich kreuzten. Über zwei Jahrzehnte blieb Kreutel als Geschäftsträger in Afghanistan. Kurze Zeit, nachdem ihm die Frau gestorben war, starb auch er. An seinem Dienstort hat ihn der Herztod aus dem Leben gerissen.

Unmöglich, von Persien zu erzählen: von jenem, das Bernhard Stillfried als Amateurarchäologe erlebt hat – und nicht ein paar Worte über die historischen Stätten des Landes zu sagen! Erreichte man Teheran mit dem Auto, hatte man sein Kulturerlebnis schon unterwegs gehabt. Zu den Orten, die auf Bernhards Irankarte mit Rotstift unterstrichen waren, gehört Pasargadä, Name der ersten Königsresidenz des Perserreichs unter den Achämeniden, errichtet auf einem Hochplateau im Zagrosgebirge. Schon von Weitem erkennbar das Grabmal Kyros des Großen. Auf einem steinernen Sockel aus sechs Stufen erhebt sich der Kenotaph in der Form eines Steinhauses, insgesamt ein imposant-strenges, fast monolithisch wirkendes Bauwerk. Verlässt man diesen Platz und hält sich nach Süden, ist man bald dort, wohin Dareios der Große die Hauptstadt verlegte, in Persepolis. So der griechische Name, zu Deutsch »Stadt der Perser«. Der ursprüngliche Name ist nicht in Vergessenheit, aber längst außer Gebrauch geraten. 520 v. Chr. gegründet, wurde die Stadt einhundertneunzig Jahre später von Alexander dem Großen zerstört. Was Flammen und Verwitterung von Dareios' Gründung übrig gelassen haben, gibt noch ein beeindruckendes Bild vom einstigen Glanz. Obwohl sie aus vorislamischer Zeit herübergrüßt, gilt sie vielen Iranern heute als ein fast magischer Ort kultureller und ethnischer Identifikation. Ein paar Kilometer weiter in südwestlicher Richtung und schon sind es die Häuser von Schiraz, die auf einmal die Straße säumen. Bereits zu Bernhards Zeit eine Großstadt, unter den fünf größten des Landes. Wegen ihres verhältnismäßig milden Klimas ist sie berühmt für ihre Gartenkultur und ihren Blumenreichtum, vor allem an Rosen; den »Garten Persiens« nennt man sie, aber auch die »Stadt der Dichter«, denn Hafis und Saadi haben dort ihre Mausoleen. Doch nicht nur im südlichen Teil des Iran, von wo es zum Persischen Golf nicht mehr weit ist, sondern auch im hohen Norden des riesigen Landes, der an das Kaspische Meer grenzt, wies Bernhards Landkarte rot unterstrichene Plätze auf. Täbris etwa, die Hauptstadt von Ost-Aserbaidschan. Über den Ursprung streiten sich die Gelehrten, die meisten führen Täbris auf das Sassanidenreich zurück, einige aber behaupten – und das schmeichelt der Fantasie noch mehr –, eine Frau habe die Stadt gegründet, eine der Gattinnen des Kalifen Harun al-Raschid; in diesem Fall aber läge das Gründungsdatum erst im 8. Jahrhundert. Unter den Herrschern, die in Täbris residierten, gehörte Djehan Schah (1436–1468) wohl zu den bemerkenswerteren, er ließ die berühmte Blaue Moschee errichten. Bernhard hat sie mit Ira umrundet und von allen Seiten bestaunt. Doch sie betraten sie nicht, denn damals war das Gotteshaus wegen Einsturzgefahr gesperrt. Isfahan, geografisch bildet sie den Nabel des riesigen Landes und obwohl hoch gelegene Städte im Iran durchaus nichts Ungewöhnliches sind, ist ihre Höhe mit 1500 Metern über dem Meeresspiegel doch schon sehr luftig. Noch etwas weist Isfahan die Stellung eines »Nabels« zu: seine von keiner anderen persischen Stadt erreichte Zahl historischer Monumente! Schon unter den Parthern Provinzhauptstadt, zur Sassanidenzeit auch Münzprägestätte und Garnison, beginnt mit der Eroberung durch die Araber ihre islamische Geschichte. Der Seldschuken-Fürst Malik Schah machte sie erstmals zur Hauptstadt seines Reichs, doch Aufschwung und Blüte wechselten einander ab mit Niedergang und Verwüstung. Unter den Krummsäbeln der Krieger Timurs (Tamerlan) ließen viele Tausend Einwohner ihr Leben. Mohnblumenschleier erinnern allenthalben an das vergossene Blut. Erst Schah Abbas der Große gab um 1600 Isfahan den Glanz, den es heute noch hat. Den fünfhundert Meter langen und fünfzig Meter breiten Imam-Platz mit seinen doppelstöckigen Arkaden umstehen Denkmäler wahrhafter Prachtarchitektur: die Masdsched-e Emam-Moschee, die Scheich-Lotfollah-Moschee, die Schah-Moschee, der Ali Qapu-Palast und der sich am nördlichen Ende anschließende Basar. Bauten, die zu den größten Sehenswürdigkeiten des Orients gehören! Auch an Persiens Naturschönheiten führten die stillfriedschen Wege nicht achtlos vorbei. Das hier vielleicht wichtigste Beispiel: das Elbursgebirge. Die Straße, auf der man es überwindet, kennt hohe und höchste Pässe, die herrliche Ausblicke schenken, nicht zuletzt auf den Damavand; mit seinen 5.670 Metern ist er der höchste Berg des Iran. Bernhard hat ihn 1958 zusammen mit einer britischen Reisegruppe bestiegen.

Wann immer sich Bernhard und Ira die Gelegenheit dazu bot, überschritten die beiden Ethnologen die Grenzen des eigenen Fachs – und zwar hin zur Altertumskunde, um sich auf diesem Gebiet als Amateure zu tummeln. Nicht weiter erstaunlich, dass sie die Nähe einschlägiger Wissenschaftler suchten. Ein Apropos, welches uns gleich zu Bert Fragner führt, einem hochrangigen österreichischen Iranisten unserer Tage. Er war noch Student, als er und Bernhard einander 1962 zum ersten Mal begegneten, genauer: ein Stipendiat aus Wien an Teherans Universität. Das Deutschlehrbuch, welches Österreichs Kulturinstitut in der iranischen Hauptstadt für seine Sprachkurse verwendete, hatte dieser junge Mann verfasst. Wann immer Wiens Kulturreferent für die Levante in der Folge nach Teheran kam, war er mit Bert Fragner verabredet, sei es zum Mittagessen oder, wenn die Zeit es erlaubte, zu einem Ausflug in die Umgebung. Schon als angehender Iranologe stand er auf eigenen Beinen in seinem Fach und Bernhard machte davon dankbar Gebrauch. Auch als Fragner in Wien promoviert und anschließend in Deutschland die Universitätslaufbahn eingeschlagen hatte, verloren die beiden nie den Kontakt zueinander.

Jemand, der zwar nicht den wissenschaftlichen Zugang besaß, aber trotzdem als profunder Kenner des Iran gelten konnte, war Dr. Helmut Slaby. Er war Lehrer am Istanbuler St. Georg-Kolleg gewesen, bevor ihn Bernhard nach Teheran holte und mit der Leitung des dortigen Kulturinstituts betraute. In dem ehemaligen St. Georg-Lehrer sah Bernhard schon bald seinen wichtigsten Mitarbeiter, seine Nummer zwei im Referat und aus gegenseitiger Wertschätzung wurde lebenslange Freundschaft. So nebenbei muss Helmut Slaby das Material zusammengetragen haben, das ihm viel später, als er wieder in Wien lebte, dazu diente, ein regelrechtes Standardwerk über die Geschichte der österreichisch-iranischen Beziehungen zu verfassen. »Bindenschild und Sonnenlöwe«[10] war der Titel, mit dem das Buch 1982 erschien. Bernhard Stillfried und Bert Fragner lasen es mit großem Gewinn.

Den Spätsommer des Jahres 1959 verbrachten die Stillfrieds noch im Teheraner Haus Heimo Täubers, der schon Anfang Juni seinem Symphonieorchester und sich selbst einen längeren Urlaub verordnet hatte. Was indessen die künftige Bleibe betraf, so hatten die Eheleute sich bereits für die Hauptstadt Ägyptens entschieden. Anfang August flog Ira nach Kairo, eine Wohnung zu suchen. Die Wohnung, auf die ihre Wahl fiel, bestand aus den zwei obersten Etagen eines sechsstöckigen Hauses auf der Nilinsel Zamalek, die beiden Stockwerke waren durch eine interne Wendeltreppe miteinander verbunden; von einer großen Terrasse blickte man auf den Nilarm. Die Gesellschaftsräume befanden sich in der unteren, der private Wohnbereich war in der oberen Etage. Und, zusätzlicher Glücksfall, das ganze Appartement war möbliert. Aus Blackheath, dem letzten festen Wohnsitz, den Ira und Bernhard quasi noch als Studentenehepaar bezogen hatten, war mit der Spedition an eigenen Möbeln kaum Nennenswertes nach Kairo unterwegs. Nachdem sie das Wichtigste erledigt hatte, kehrte Ira Mitte August nach Teheran zurück. Noch vor dieser geglückten Wohnungssuche in Kairo hatte Bernhard sich sein erstes Auto angeschafft, einen Buick. Nur mit einem Amischlitten werde man in der Levante als Diplomat ernst genommen, hatte Eugen Buresch im Brustton der Überzeugung ge-

---

10 Helmut Slaby, Bindenschild und Sonnenlöwe, Akademische Druck- und Verlagsanstalt Graz 1982.

meint. Anfang September war für die Familie Stillfried endlich der Moment gekommen, sich nach Kairo in Bewegung zu setzen. Die Damen flogen Bernhard voraus, der etwa zehn Tage später im Auto folgte. Auf dieser Fahrt begleitete ihn sein Freund und Kollege vom Teheraner British Council, Charles Wilmot, der in Beirut dann die Kursmaschine nach London nahm, während der neue Buickbesitzer, der mit diesem Schlitten übrigens nie recht froh werden sollte, auf die Fähre nach Alexandria rollte. Mit seiner Autofahrt nach Kairo war auch die Feuerprobe bestanden. Schon bald konnte man ihn einen leidenschaftlichen Autofahrer nennen, dem in der Levante kaum eine Entfernung zu groß wurde. Mitte September 1959, der Zeitpunkt verdient festgehalten zu werden, waren die Stillfrieds endlich wieder vollzählig unter einem Dach versammelt: auf der Kairoer Nilinsel in der Shagaret El-Dorr Nr. 5.

Und Bernhards Büro? Bereits bei seinem allerersten Kairo-Besuch war Wiens Kundschafter fündig geworden. Auf einer Liste mit möglichen Kairoer Ansprechpartnern hatte sich neben anderen Namen auch der von Jorgo Joussef befunden, einem Ägypter, der in Graz Pharmazie studiert hatte und mit einer Grazerin verheiratet war. Mit Unterstützung der beiden war das Gesuchte bald gefunden. Das Angebot erfüllte alle Merkmale einer wirklichen Okkasion: direkt am Nil, in der Nachbarschaft der amerikanischen und britischen Botschaft, unmittelbar neben Shepherd's Hotel. Ein modernes achtstöckiges Haus und in dessen erster Etage alles, was man brauchte, nämlich sechs Räume für den eigentlichen Kulturinstitutsbetrieb und dazu noch zwei Gästezimmer. Von einer großen Terrasse blickte man auf den majestätischen Strom mit seinen Segelbooten und Ausflugsdampfern und, auch das nicht unwichtig, selbst zu Fuß war man gleich im Stadtzentrum. Ein klassischer Fall von Fortune, den günstige Mietbedingungen noch vervollständigten. Bernhard griff zu, er unterschrieb den Vertrag und das Ehepaar Joussef half ihm noch dabei, die Sache bis zu seiner offiziellen Ernennung unter dem Deckel zu halten. Gewagt und gewonnen! Die Adresse: Sharia Corniche el Nil Nr. 3.

Kulturinstitute sind Orte der Begegnung. Für Bernhards Kairoer Institut galt das in jeder nur denkbaren Hinsicht. Das Herzstück dieses Zentrums war die Bibliothek, nur einige Tausend Bände, aber klug ausgewählt und gewichtet. Besonders wer auf die österreichische Literatur neugierig war, kam hier auf seine Rechnung – und wurde dessen gewahr, wie ungemein wichtig für unser Schrifttum gerade der jüdische Beitrag ist. Ein Markenzeichen des Instituts war auch sein Kaffee. Abdu, das Faktotum, bereitete ihn zu; dieses ägyptische Original, nie anders angetan als mit Galabija und Fez, litt wie nicht wenige seiner Landsleute an einem Augenleiden. Abdu sah ziemlich schlecht. Seinem

Kaffee tat das keinen Abbruch, sehr wohl aber den Resultaten beim Umgang mit Staubtuch und Besen.

Orientalische Ära

Das Jahr 1959 markiert den Punkt, ab welchem Bernhard Stillfried aus jedem Abschnitt seines Lebens eine Ära machen wird und das bis ins hohe Alter. Gerade steht er an der Schwelle der sechzehn Jahre umgreifenden orientalischen Ära. Nicht auf die zeitliche Abfolge, auf die großen Themen kommt es mir dabei an. Sie werde ich verdichten, wie Perlen auf die Schnur meiner Erzählung ziehen. Und das hebt jetzt mit dem Kairoer Privatleben der Stillfrieds an.

Um mit dem Schulbesuch von Maria und Gabrielle zu beginnen! Für ihn hatte sich bald eine Lösung gefunden: das Gezira Preparatory, eine in englischer Sprache geführte Volksschule, auch sie auf Zamalek, nur zehn Gehminuten von der Wohnung entfernt. Eine wichtige Rolle im Leben der Familie sollte bald der Gezira Sporting Club einnehmen; in der Kolonialzeit von den Briten auf der Nilinsel gegründet, wurde er später von den Ägyptern übernommen und mit Eifer weitergeführt. Wer Schwimmen, Reiten, Golf und Tennis spielen oder Leichtathletik treiben wollte, für den gab es zur Mitgliedschaft im Club keine wirkliche Alternative. Stillfrieds, die diese Anlagen zu Fuß in fünf Minuten erreichten, versicherten sich eines Familienabonnements.

Bernhard und Ira, zwei ganz verschiedene Charaktere: *Vita activa* versus *Vita contemplativa*. Er platzte förmlich vor Tatendrang und seiner Belastbarkeit schienen keine Grenzen gesetzt. Bei der Arbeit hielt er es wie die Simultanspieler beim Schach. Und sie, die gebürtige Ruthenin, bediente sie etwa das Klischee von der »slawischen Lethargie«? Ira brauchte lange zu einem Entschluss und war er endlich gefasst, konnte es noch eine ganze Weile bis zu seiner Ausführung dauern. Doch sie stellte sich der praktischen Seite des Lebens! Freilich ohne viel Aufhebens davon zu machen, auf eine unspektakuläre Art, wie jemand, der eben noch Wichtigeres kennt. Sie plante und teilte ein, stellte das Menü zusammen, wenn Gäste zu Tisch erwartet wurden; dann hielt sie es vorher auch stundenlang in der Küche aus. Schon als Kind war sie der Großmutter im Haushalt zur Hand gegangen; sie besaß also Übung in diesen Dingen und das hatte sich auch in den Londoner Jahren bewährt. Mit leichter Hand lenkte sie das ägyptische Hauspersonal, Sympathie und Vertrauen beruhten auf Gegenseitigkeit. Auch Schönheitssinn und Geschmack waren ihr Teil in der Ehe mit Bernhard. »Arrangement« ist das Wort, das Ira Stillfrieds Art, mit dem Alltäglichen zurande zu kommen, vielleicht am besten bezeichnet. Sie arrangierte die Dinge und das in deutlicher Abgrenzung zum Organisieren, das ihrem Wesen fremd war. Soweit im familiären Zusammenleben Letzteres vonnöten war, kümmerte sich Bernhard darum. Er disponierte, besorgte, bestellte, reservierte. Und buchte, sei es das Ferienlogis, den Flug, die Fahrt mit der Bahn oder per Schiff. Er war es, der bei Reisen oder Ausflügen die Initiative ergriff und minutiös plante. Wer viel organisiert, greift viel zum Telefon. Ira hat gegen dieses Medium zeitlebens eine tiefe Abneigung bewahrt, ihre Beziehung zu ihm blieb überwiegend passiv. Das Phänomen, das hier zur Sprache kommt, liegt in der Natur jeder Partnerschaft: was der eine mit mehr Schwung hinter sich bringt als der andere, das überlässt ihm dieser und umgekehrt. Was Ira betrifft, so war jedem klar, wo ihre eigentlichen Interessen lagen. Christliche Spiritualität und humanistische Geistigkeit bildeten die beiden Eckpfeiler in ihrem Leben. So waren es neben den Fragen der Religion die Geisteswissenschaften, die sie schon als Jugendliche gefesselt hatten. Ira, die in bestimmten Situationen ungeduldig sein konnte, nahm sich Zeit, wenn es um die »großen Themen« ging; dann liebte sie das Gespräch, wurde mitteilsam und ging auch auf jede Frage ein. Die Kinder zogen daraus großen Gewinn, ihre Beschlagenheit in den geistigen Fächern blieb auch den Lehrern nicht verborgen. Das war dann schon in der Deutschen Evangelischen Oberschule, einer im 19. Jahrhundert gegründeten Anstalt, auch sie auf der Nilinsel gelegen, wieder nur zehn Gehminuten von der stillfriedschen Wohnung entfernt. Maria und Gabrielle werden dort Jahre später die Reifeprüfung ablegen. Übrigens hatte auch Bernhard seine »starken Fächer« – und zwar Geografie und Geschichte, doch er suchte nicht das besinnliche Gespräch, er liebte den Stegreiftest. Wo welcher Fluss entsprungen sei, wer der letzte Babenberger-Herzog gewesen sei und welchen Datums die Schlacht am Weißen Berge? Immerhin waren dabei zwei ihrer Vorfahren gefallen. Aus heiterem Himmel konnte er seine Fragen stellen und die Kinder mögen das manchmal als lästig empfunden haben, trotzdem hat ihnen das großen Nutzen gebracht. Während Ira, die zwar für ihr Leben gern wanderte, sich im Übrigen aber lieber an das berühmte »No sports!« Winston Churchills hielt, förderte der sportbegeisterte Vater diese Leidenschaft auch bei den Töchtern. Marias Vorliebe galt dem Tennis, während Gabrielle daneben auch Leichtathletik betrieb; doch die eigentliche Passion der Zweitgeborenen war das Reiten. Christina war damals noch zu klein für dergleichen, dafür schwamm sie schon wie eine Robbe und so nannte man sie im Familienkreis auch. Bei ihren älteren Schwestern war übrigens bereits aufgefallen, dass sie musikalisches Talent besaßen, ein von der Mutter geerbtes. Beide sangen im Schulchor und beide bekamen Klavierunterricht. Das Instrument stand im Salon und die kroatische Klavierlehrerin, die ins Haus kam, war gefürchtet, aber didaktisch durchaus erfolgreich. Noch etwas hatte seinen festen Platz im Salon: der Plattenspieler, vor allem Ira und die Mädchen liebten ihn heiß. Gastierten österreichische Musiker in Kairo, geschah es nicht selten, dass die beiden zum Notenblättern eingeteilt wurden. Ihre Begeisterung hielt sich in Grenzen. Was den sonntäglichen Gottesdienst betraf, so trennten sich in der Familie für gewöhnlich die Wege. Während die Eltern die Kirche der mit Rom unierten Melchiten bevorzugten, wo die Messe dem byzantinischen Ritus folgte und auf Arabisch gesungen wurde, gingen die Mädchen in die St. Joseph-Kirche auf Zamalek; der Gottesdienst wurde dort in französischer oder italienischer Sprache gehalten. Hin und wieder besuchte man auch gemeinsam die Kirche der Schwestern des Heiligen Borromäus in der Kairoer Altstadt, wo die Messe deutschsprachig war. Ein ungewöhnliches und in vieler Hinsicht auch privilegiertes Dasein, dieses Leben am Nil! Ein Leben, überreich an Erlebnissen, Begegnungen, Eindrücken und Anregungen und trotz allem gemessen dahinfließend, ganz ohne Katarakte. Auch Improvisationsvermögen gehörte übrigens dazu, denn mitunter verschwanden Artikel des täglichen Bedarfs (wie Toiletteseife oder Taschenlampenbatterien) oder auch Nahrungsmittel westlicher Geschmacksrichtung (etwa Butter oder Senf) vorübergehend ganz aus den Geschäften der Stadt. Einfallsreichtum und gegenseitige Hilfsbereitschaft bewährten sich dann in der Österreicherkolonie. Wer sich in solchen Momenten gerade in Beirut aufhielt, wo das Angebot an westlichen Waren stets am reichhaltigsten war, dem konnte es schon passieren, dass auch die Besorgung von Toilettenpapier zu seinen Aufträgen gehörte.

Wie in jedem hing auch im Hause Stillfried der Haussegen ab und zu schief. Der Kairoer Alltag bot dazu nicht so viel Anlass wie die Ferienreisen, wenn »die Eltern den ganzen Tag im Auto aufeinander hockten, dann gab's die Sommergewitter«, so Gabrieles Kindheitserinnerungen. Hatten sie einmal etwas heftiger miteinander »gekeppelt«, war es Ira, die zwei oder drei Tage unansprechbar bleiben konnte. Bernhard brachte es nicht einmal auf eine Stunde, bei ihm verzog sich das Gewitter sehr rasch und in der Sache war er es fast immer, der nachgab. Bernhard war ein überaus fürsorglicher Vater, der sich für seine Kinder viel Zeit nahm; keiner von den »strengen Vätern«, aber auch keiner, der alles durchgehen ließ. Nie kam ihm die Hand aus, eher der Mutter, das aber nur seltene Male. Dann war es ihr »passiert«, gehörte nicht zu ihrem Erziehungsprogramm. Und ein solches besaß Ira. Sie machte sich viele Gedanken über ihre Kinder, mehr als Bernhard, der es hier bei einigen einfachen, aber gediegenen Grundsätzen bewenden ließ. Zum Beispiel, dass auch Mädchen eine wirkliche Berufsausbildung brauchten, möglichst mit Hochschulabschluss, und nicht etwa nur die berühmten vier Semester Kunstgeschichte zur Verzierung. Womit Bernhard sich etwas schwer tat, war, zwei Leute beisammenstehen zu sehen, ohne sie gleich zu irgendetwas Nützlichem einzuteilen. Eine eigene Bewandtnis hatte es mit der Politik. Beim Studium der Zeitungen, er las täglich mehrere, geriet er manchmal in Rage und polterte los. Dann war er Einwänden oder Beschwichtigungsversuchen aus seiner Umgebung kaum zugänglich und eine abweichende Meinung, gar aus dem Munde einer seiner heranwachsenden Töchter, ließ er schlichtweg nicht gelten. Dieser patriarchalische Diskussionsstil verlangt nach einem Beispiel: die Spionageaffäre um Kim Philby, die 1963 durch die Weltpresse ging. Ein Mann aus den obersten Rängen des britischen Geheimdienstes war das gewesen, hochintelligent, brillant, privilegiert durch Geburt und Erziehung, Cambridge-Absolvent, im Kollegenkreis bewundert und beneidet, verehrt als Vorgesetzter. Noch bevor Philby 1940 seine steile Karriere beim britischen Geheimdienst begann, hatte er sich in den 1930er-Jahren zum Kommunismus bekehrt und nicht lange danach, wahrscheinlich während eines Aufenthaltes in Wien, vom sowjetischen Geheimdienst anwerben lassen. Nach der Niederlage Nazideutschlands stieg er zum erfolgreichsten britischen Doppelagenten der Sowjets auf, zu einer Schlüsselfigur in der Geheimdienstszene des Kalten Krieges. Zum ersten Mal geriet Philby in London 1951 unter Verdacht, als er zwei andere, weit weniger begabte britische Sowjetagenten, die vor ihrer Enttarnung standen, gewarnt und ihnen zur Flucht in die Sowjetunion verholfen hatte. Er selbst blieb kaltblütig noch zwölf Jahre auf seinem Posten, zuletzt offenbar mit Operationsschwerpunkt im Vorderen Orient. Erst 1963, als auch ihm der Boden unter den Füßen zu heiß geworden war, setzte er sich von Beirut aus über den Iran in die Sowjetunion ab. In Moskau empfing man Kim Philby mit offenen Armen und allen Ehren. Im Rang eines KGB-Generals lebte er als Wahlmoskowiter noch zweieinhalb Jahrzehnte und das unter recht komfortablen Umständen. Im Jahr 1988 verstorben, wurde er in Moskau beigesetzt, dies auf seinen ausdrücklichen Wunsch, denn für ihn war die Sowjetunion nichts anderes gewesen als »my own country since the 1930s«. Gegen die Welt der westlichen Demokratien hatte er also spioniert, ja gegen sein eigenes Land, und auf ihn fiel die Verantwortung für den Tod mehrerer westlicher Agenten. Philby hat in gänzlicher Übereinstimmung mit der eigenen Weltanschauung gehandelt. Wie sagte er einmal in Moskau zu einem britischen Journalisten? »To betray you must first belong, I never belonged.« Und er war als Spion niemals im Sold des KGB gestanden, hatte sich also nicht kaufen lassen. Trotzdem, für Bernhard war der Mann ein Verräter und er ließ seiner

Entrüstung freien Lauf. Gabrielle, damals gerade zwölf, konnte sich vom Klub her an einen Reiter erinnern, den dort jemand mit »Mister Philby« angesprochen hatte. War das der Mann gewesen? Wie dem auch sei, Gabrielle wagte leisen Widerspruch. Dass Philby, was auch immer ihm anzulasten war, nicht aus Geldgier, sondern aus Überzeugung gehandelt hatte, war bis zu ihr gedrungen. Dürfe man so jemanden ohne Weiteres als Verräter bezeichnen? Bernhard wischte den Einwand seiner Tochter vom Tisch, für dergleichen sei sie zu jung, sie kapiere das einfach noch nicht. Der Mann habe zwei Jahrzehnte lang seine Regierung hinters Licht geführt, unter dem Vorwand, ihr zu dienen, habe er seine Kollegen getäuscht, sein Land und die westlichen Ideale verraten und wer weiß wie viele Westagenten den Sowjets ans Messer geliefert. Ein Verräter sei er und damit basta! Noch die eine oder andere Diskussion zwischen Bernhard und seinen Kindern hat so oder so ähnlich geendet. Diskutieren ließ es sich besser mit der Mutter.

Aus dem Leben, zu welchem die Stillfrieds sich am Nil niedergelassen hatten, waren Besucher nicht wegzudenken! Blackheath mit seinem Kommen und Gehen war dagegen noch die reinste Einsiedelei gewesen. Unter den Freunden, die privat nach Kairo kamen, zählte Otto Schulmeister zu den häufigsten Besuchern. Mit Bernhard schon seit Jugendtagen verbunden, war er nun Chefredakteur der Tageszeitung »Die Presse« und ein großer Leitartikler. Kein größerer oder kleinerer Weltuntergang, den dieser Doyen konservativer Journalistik in delphisch-dunklen Wendungen in seiner Kolumne nicht schon vorausgesagt hätte! Er und Ira liebten das Streitgespräch, nächtelang verstrickten sie sich in theologisch-philosophische Probleme und sie konnte dabei auch sehr heftig werden. Doktor Schulmeister faszinierte das alte Ägypten und die Ausflüge, die er in der Gesellschaft seiner Gastgeber, manchmal aber auch auf eigene Faust unternahm, führten ihn immer weiter, schließlich bis nach Luxor. Wie die meisten Besucher des Landes hatte aber auch er mit Kairos berühmtem Ägyptischen Museum den Anfang gemacht und das älteste Stillfriedmädchen war seine Führerin gewesen. Maria begeisterte sich für das Alte Reich ganz besonders. Gleich zu Anfang war der Funke auf sie übergesprungen, denn die Mutter hatte mit den Töchtern zur Überbrückung der allerersten Zeit im Mena House Quartier genommen, einem nach dem ersten König der I. Dynastie benannten, unmittelbar am Fuß der Pyramiden von Gizeh erbauten Hotel. Das Museum nun ganz in der Art, wie man sie Ende des 19. Jahrhunderts errichtete, beherbergt in seinen Mauern die weltweit bedeutendste Sammlung altägyptischer Denkmäler. Was also hat Maria ihrem Wahlonkel gezeigt? Zweifellos das Meisterwerk des Alten Reiches, die Dioritstatue des Pharaos Chephren, des Herrschers mit Kinnbart und königlichem

Kopftuch, in seinem Nacken der Horusfalke, der ihm schützend die Flügel um den Hinterkopf legt; er sitzt auf einem löwengestaltigen Thron, der mit Lilie und Lotus verziert ist, den Wappenblumen Unter- und Oberägyptens, die des Königs Herrschaft über beide Landesteile versinnbildlichen. Wahrscheinlich hat sie Schulmeister, schon wegen des ins Auge springenden Kontrasts zu diesem Zeugnis gottköniglichen Machtanspruchs, zu den Darstellungen des ägyptischen Alltags geführt, ihm die quirlige Geschäftigkeit der kleinen Leute im Alten und Mittleren Reich gezeigt: die Müller, Bäcker, Bierbrauer, Fleischhauer, Töpfer, Diener und Lastenträger. Kleine Modellfiguren aus Holz, an Spielzeug erinnernd, wertvoll nicht zuletzt auch durch Wirklichkeitstreue. Nachbildungen ganzer Gruppen und Szenen wie das Holzmodell, das Fischer beim Netzfang darstellt, oder Schnitzwerke, die mit Arbeitern belebte Getreidespeicher und Schlachthöfe zeigen, von Frauen betriebene Spinnereien und Webereien, aber auch Schiffe samt Besatzung, marschierende Soldaten und anderes Menschengewimmel. Alles Grabbeigaben und zu einem magischen Zweck bestimmt. Die einst in Felsgräbern aufgestellten Modellfiguren sollten dem oder der zu Grabe gelegten Vornehmen auch im Jenseits dienen. Doch genug, überlassen wir die beiden Museumsbesucher sich selbst.

Ein Freund, der während der Kairoer Jahre nur zweimal zu Besuch kam, war Monsignore Otto Mauer, der bekannte Wiener Domprediger; Ira war schon als Studentin an seinen Lippen gehangen. In der Zwischenzeit – und zwar 1954, hatte dieser in vieler Hinsicht ungewöhnliche Priester die Galerie nächst St. Stephan gegründet. Ein entscheidendes Kapitel der österreichischen Gegenwartskunst war damit aufgeschlagen. Als Aussteller und Sammler der Werke von Künstlern wie Wolfgang Hollegha, Arnulf Rainer, Josef Mikl, Markus Prachensky, Maria Lassnig, Kiki Kogelnik und Oswald Oberhuber, um einige zu nennen, brachte er die Auseinandersetzung zwischen Avantgarde und Kirche in Gang. Vorurteile waren seine Sache nicht und so lud er auch kirchenferne Künstler ein. Immer wieder nahm er die jungen Malerinnen und Maler in Schutz, auch gegen Kritik aus der eigenen Kirche. Als sich einmal der Apostolische Nuntius über die »Obszönität« der in Maurers Galerie zur Schau gestellten Bilder entrüstete, gab der Kritisierte zurück: »Die wirklich Nackerten gibt's im Vatikan-Museum. Bei mir ist alles abstrakt!« Auch Pfarrer Arnold Dolezal folgte der Einladung seiner Freunde nach Kairo. Schulmeister und Mauer, die eng befreundet waren, aber auch Dolezal, hatten eines gemeinsam: Alle drei kamen aus der 1919 ins Leben gerufenen Neulandbewegung, die sich 1938 nach der braunen Machtergreifung in Österreich selbst aufgelöst hatte. Wie manch andere bekannte Persönlichkeit aus Österreichs Kirche und Politik wirkten auch der Journalist und die beiden Weltpriester in dem 1948 wieder gegründeten Bund Neuland aktiv mit. Doch es gab auch manchen Priester, dessen Lebenslauf sich nie mit der Neulandbewegung gekreuzt hatte, der mit den Stillfrieds befreundet und am Nil ihr Gast war. Zunächst ist da der Pfarrer von St. Barbara, der ukrainisch-katholischen Kirche in der Wiener Postgasse, Dr. Alexander Ostheim-Dzerowycz, dessen Kirche Anastasia Rudnicki immer wieder in Begleitung ihrer Enkelin Ira besucht hatte. Der andere Geistliche war der Jesuitenpater Gebhard Stillfried, ein entfernter Verwandter von Bernhard; kennengelernt hatten sie sich in Stralsund, als der Pater Seelsorger bei der Deutschen Wehrmacht gewesen war. Anfang der 1970er-Jahre hatte er die Stillfrieds zum ersten Mal in Kairo besucht.

In der mit den Jahren immer länger werdenden Besucherreihe sind erst vier Namen genannt, aber schon sie genügen, um uns vorzustellen, dass im Haus Stillfried das Gespräch noch gepflegt wurde, beim Nachtmahl und erst recht danach, wenn man bequem in der Runde saß. Ira in ihrem Element! Besonders wenn einer der schon Genannten anwesend war, erstreckten sich die Abende bis in die Nacht. Höhepunkte dürften für Ira die zwei Kairobesuche Otto Mauers gewesen sein, aber auch Pater Gebhard Stillfried gehörte zu Iras bevorzugten Gesprächspartnern. Die Themen wechselten zwischen Gott und der Welt und das in allen Facetten! Ging es wieder einmal um Religiosität, konnte dazu auch ein Rundgang durch die Altstadt angeregt haben. Die islamische Frömmigkeit, das fünfmal am Tag, freitags auch in der Öffentlichkeit verrichtete Gebet: gerade für die Priester unter den Stillfried-Freunden ein unvergessliches Erlebnis! Das islamische Gotteshaus, das das Ehepaar besonders gern mit seinen Gästen besuchte, war die Ibn-Tulun-Moschee. In den Siebzigerjahren des 9. Jahrhunderts von Ahmad ibn Tulun, dem Begründer der Tuluniden-Dynastie, erbaut, steht sie genau dort, wo nach mohammedanischer Legende Abraham den Widder geopfert haben soll. Anstelle Isaaks.

Oft bildete das Alte Ägypten den Mittelpunkt des Gesprächs, aber um welches Thema es auch ging, Ira vertrat ihre Meinung stets mit besonderem Nachdruck; die sonst so Besonnene, in der Diskussion liebte sie die Emphase. Immer vorausgesetzt, die Frage bewegte sie wirklich. Bei Gegenständen, die eher Bernhards Domäne waren, nahm Ira sich zurück, beschränkte sich im Wesentlichen darauf, schweigend der Unterhaltung zu folgen, wenn auch mitunter etwas zerstreut. Ihr Mann war im Sachwissen zu Hause und da verfügte er über einen reichen Fundus. Dass man nicht müde wurde, ihm zuzuhören, wenn er über die Levante sprach, brachte schon seine Arbeit mit sich. Überhaupt, wer konkrete Information brauchte, tat immer gut daran, sich an Bernhard Stillfried zu halten. Sie und er, auch als Gastgeber gut aufeinander abgestimmt. Ob Künstler, Gelehrte, Geistliche, Ingenieure oder auch Leute aus der Wirtschaft, jeder verließ das Haus in der Shagaret El-Dorr Nr. 5 mit dem Gefühl, einen lohnenden Abend verbracht zu haben.

Den Nil aufwärts

Man muss sich Gewalt antun, erzählt man von einem Leben am Nil und verschweigt die Wunderwerke, die seine Ufer säumen. Aber genau dazu verurteilt sich der Erzähler. Wer nachempfinden will, was die Stillfrieds in Ägypten erlebten, kommt an einem guten Kunstführer nicht vorbei. Nicht mehr als Lesezeichen in solchen Büchern sind die Namen, die ich jetzt nennen werde: Gizeh, das Kalksteinplateau, auf dem sich die Pyramiden dreier Könige erheben: Cheops, Chephren und Mykerinos. Memphis, an dem nur noch wenig zu bewundern ist, aber viel zu bedenken; einmal möchte man an diesem Platz gestanden sein, auf dem eine Hauptstadt zu Staub geworden ist. Sakkara, die Nekropole, in der sich alle Zeiten und Reiche des Alten Ägypten durchwandern lassen. Dahschur und seine fünf Pyramiden, zwei davon haben ein und denselben zum Hausherrn, König Snofru. Immer weiter Nil aufwärts: Tell el-Amarna, heute ein Beduinendorf, unter Echnaton, dem Theologen auf dem Pharaonenthron, nur für eine kurze Spanne Hauptstadt des Reiches. Karnak, der größte Tempelbezirk Ägyptens, in dem vom Mittleren Reich bis zur Spätzeit alle Pharaonen gebaut haben. Das Tal der Könige, wo Ira und Otto Schulmeister sich am Grab Tuthmosis III. verplauderten und den Anschluss an ihre Gruppe verloren; erst nach längerer Suche konnte Bernhard sie finden. Edfu und sein gewaltiger Horustempel, fast vollkommen erhalten gebliebenes Zeugnis der Ptolemäerzeit. Die Nilinsel Philae, zu welcher Bernhards Freund Erich Winter mehr als ein Dutzend Mal mit dem Boot übergesetzt war, um, ausgerüstet mit einer Spezialkamera und einer eigens konstruierten Leiter, den Isis- wie den Hathortempel am Originalstandort aufzunehmen und die Konosso-Felsen mit ihren Inschriften fotografisch dem Vergessen zu entreißen – wie vieles andere von der ursprünglichen Nillandschaft war die Insel dazu bestimmt, in den Fluten des Assuan-Stausees zu versinken, doch die Tempelanlagen selbst wurden zuvor abgetragen, um auf der Nachbarinsel Agilkia wieder zusammengebaut zu werden. Abu Simbel mit seinen in den Fels geschlagenen Tempeln, dem großen, im Auftrag von Ramses II. erbauten, und dem kleinen, der seiner Gemahlin Nefertari gewidmet war, seit den Sechzigerjahren stehen sie beide auf einer Stauseeinsel, die ein befahrbarer

Damm mit dem Ort Abu Simbel verbindet. Was Baumeister und Künstler vergangener Jahrtausende aufgestellt oder in den Fels getrieben haben, wurde gegen Ende des zweiten nachchristlichen Jahrtausends Ingenieuren und Technikern zur großen Herausforderung. Es galt, Wunder einer fernen Vergangenheit durch ein kaum geringeres Wunder moderner Technik vor dem Untergang zu bewahren. Altehrwürdiges wurde abgetragen oder in Blöcke zersägt, an einen sicheren Platz versetzt und dort wieder aufgestellt. Die Welt hatte sich zusammengetan zu einer Solidaritätsaktion von wahrhaft gigantischen Ausmaßen.

Noch immer ist es der Geist des Sakralen, der über Ägypten schwebt. Die Stillfrieds und ihre Freunde waren empfänglich dafür, sie fühlten sich angesprochen von der alten Religion, von ihrer erregenden Fremdheit ebenso wie von manchem, worin sie Verwandtschaft mit ihrem eigenen Glauben zu erkennen glaubten. Das Seelenverständnis Ägyptens, das sich vor allem mit den Begriffen *Ka* und *Ba* ausdrückt, beschäftigte die katholische Familie aus Österreich. *Ka*, das war der Name für die Kraft Gottes, die im Menschen das Leben bewirkt und zusammen mit dem Leib noch vor der Geburt entsteht. *Ba* stand für das Unvergängliche im Menschen, war dem am nächsten verwandt, was Christen mit »Seele« meinen. Einzelne Begriffe und manche Spruchweisheit aus Ägyptens heiligen Texten fand Eingang in den stillfriedschen Sprachgebrauch. »Der hat keinen *Ka*«, konnte man im Familienkreis über jemanden sagen hören, der sich im Leben nur treiben ließ. *Maat* wiederum war ein Wort, dessen Ira sich gerne bediente; es stand für Wahrheit und Gerechtigkeit, zentraler Begriff in der altägyptischen Ethik, der beide Bedeutungen in sich vereinigte. Beim Totengericht ist *Maat* das Gewicht unter dem rechten Waagbalken, an dem das Herz des Toten gewogen wird, verkörpert durch eine Göttin von zierlicher Gestalt, die sitzend und mit einer Straußenfeder als Kopfschmuck dargestellt wurde. Auch Otto Schulmeister nahm Anleihe bei der altägyptischen Begriffswelt; mitunter gefiel es ihm, Ira mit »Herrin des Westens« anzusprechen, dies offenbar in Anspielung darauf, dass das Jenseits für Ägypter in westlicher Richtung lag und also dem Transzendenten das westliche Nilufer vorbehalten war.

Auch Ägyptens Ästhetik, seiner Metaphysik des Schönen, sei hier Tribut gezollt. Wie kann sie dem unbemerkt bleiben, der Nil auf- oder abwärts die Totenstädte des Westufers durchstreift? Wie viel Frauenschönheit, die über Jahrtausende ganz unmittelbar auch uns Heutige anspricht! Sie grüßt den Besucher von kunstvoll bemalten Wänden, aus fein gemeißelten Reliefs lächelt sie ihm zu. Gräber, deren künstlerische Gestalter die Buntheit des Lebens nicht scheuen! Damen unter ihresgleichen, beim Klatsch oder beim Gastmahl, eine Königin beim Brettspiel, Musikantinnen und Tänzerinnen sonder Zahl, jede

Einzelne von vollkommener Anmut, die eine mehr ins Schöne, die andere mehr ins Hübsche. Und die Klageweiber? Kaum zu fassen, auch sie ein kollektiver Ausbund an Jugend und Liebreiz! Ja, selbst die auf einen Kalksplitter, ein sogenanntes Ostrakon, mit Tinte hingezeichnete Entwurfskizze zur Reliefdarstellung einer Prinzessin beim Mahl, um eine der Töchter Echnatons handelt es sich dabei, atmet eine verhaltene, leicht dekadente Erotik. Und wie viel Frauenelegranz! Haute Couture und Haute Coiffure, die Geschichte der Mode hat beides schon in ihrer Frühzeit gekannt. Dass Nofretete, Echnatons damenhafte Gemahlin, und Kleopatra, ungeachtet ihrer makedonisch-griechischen Abstammung Ägyptens letzte große Königin, bezaubernde Wesen waren, weiß fast jeder. Doch die kaum weniger bemerkenswerte Anmut der zahllosen ägyptischen Frauengestalten vor Nofretete ebenso wie zwischen dieser und Kleopatra, auch und erst recht dieses Phänomen verdient unsere staunende Bewunderung. Und die Männer Ägyptens? Wenn man von gottköniglich-kultischer oder sonst wie hierarchischer Überhöhung auf verschiedenen Darstellungen absieht, tritt die Ansehnlichkeit ägyptischer Männer deutlich hinter der des weiblichen Geschlechts zurück; in ihrer athletischen Dutzendmännlichkeit scheinen sie den Künstlern der Niloase oft erst im Dutzend ein lohnendes Sujet gewesen zu sein. Ausnahmen bestätigen wie immer die Regel. Doch von einem ist der Erzähler ganz und gar überzeugt: Hätte sich den Menschen im Alten Ägypten die Liebe in einer Gottheit verkörpert, mit Sicherheit wäre es eine Göttin gewesen.

Khalil und Gottes Weisheit

Von »Männern Gottes« nahm er kein Trinkgeld. Er, das war Khalil, der ägyptische Majordomus. Rückwirkend verleiht ihm seine noble Gesinnung Anspruch auf diese würdevolle Berufsbezeichnung. Als »Mädchen für alles« im Hause Stillfried reichte seine Zuständigkeit freilich viel weiter; neben anderem hatte er auch das Gästezimmer in Schuss zu halten und wenn dessen augenblicklicher Bewohner, was öfter vorkam, ein katholischer Priester war, dann verstand der gläubige Muslim seinen Dienst als Ehrensache. Respekt vor dem Glauben des Anderen beruhte in diesem Haus ganz auf Gegenseitigkeit. So wie es sich von selbst verstand, dass Khalil und später auch Fatma, die erst 1963, bei Stillfrieds letztem Familienzuwachs eingestellte Kinderfrau, zu Weihnachten Geschenke bekamen und dabeistanden, wenn am Baum die Kerzen entzündet wurden, genau so verhielt es sich umgekehrt: Bernhard, Ira und die Kinder wurden beschenkt, wenn es islamischer Festbrauch war, und sie wiederum revanchierten sich mit einem Lamm zum Ende des Ramadan oder zu anderen islamischen Feiertagen. Auch der Alltag kannte Augenblicke gemeinsamen Aufschauens zu Gott. Khalil zum Beispiel konnte, wenn er das Gemüse putzte und schnitt, plötzlich innehalten und, auf eine Fruchthälfte deutend, Ira die ebenmäßige Schönheit der Schnittstelle zeigen; nur Allah in seiner unendlichen Weisheit konnte das geschaffen haben. »Wenn wir ›Allah‹ sagen und ihr ›Gott‹, dann kann das wohl nur ein und derselbe sein.« In tiefem Einvernehmen arbeiteten die beiden dann weiter. Denken wir uns, es sei ein Mittagessen gewesen, das die beiden da vorbereiteten. Das gibt uns Gelegenheit, ein besonderes Kunststück zu erwähnen, mit dem der Hausherr nach Tisch manchmal seine Gäste zu unterhalten pflegte. Unter den Vögeln, die den ägyptischen Himmel bevölkern, zeichnen sich die Milane durch besondere Intelligenz und Geschicklichkeit aus. Bernhard, dem das bald aufgefallen war, hatte sich diesen Tieren binnen weniger Tage als Futterspender eingeprägt. Keinem der in der Nähe kreisenden Milane entging es, wenn er mit einem Fleischrest an die Brüstung der Terrasse trat; kaum war der Wurf getan, gab es auch schon den Piloten, der seinen Flug so zu berechnen verstand, dass er das fallende Stück noch in der Luft mit seinen Fängen erwischte. Viele Freunde des Hauses Stillfried wurden im Lauf der Jahre Zeugen und Bewunderer dieser Flugzirkusnummer. Der Vollständigkeit halber seien beim Thema Hauspersonal noch zwei Wäscherinnen erwähnt, die einmal in der Woche kamen, um auf dem Flachdach des Hauses ihre Arbeit zu verrichten. Ja, und ein Bügler, doch ihm werden wir später noch einmal begegnen, denn er war kein gewöhnlicher Bügler, er war auch ein Märchenerzähler.

Musik auf Reisen, die »Stillfried-Tour«

In Kairos Altstadt stand ein Opernhaus, das zu einem besonderen Anlass errichtet worden war, der Eröffnung des Suezkanals nämlich. Mit allem Pomp hatte diese am 17. November 1869 stattgefunden, aber die als Teil der Eröffnungsfeierlichkeiten geplante Uraufführung der Oper »Aida«, von Verdi im Auftrag des Khediven von Ägypten eigens zu diesem Zweck komponiert, verspätete sich bis zum 24. Dezember 1871. Ein hässliches Stück europäischer Politik, der Deutsch-Französische Krieg von 1870/71, hatte sich dazwischengedrängt. Nun aber dazu, wie Bernhard Österreich als Land der Musik in der Levante vertrat. Es war Lehars »Lustige Witwe«, wohlgemerkt: in arabischer Sprache, bei der Bernhard als musikalischer Geburtshelfer seine erste große Probe bestand. Eine Operette also, aber warum nicht, wenn Ägyptens Kulturminister sie sich wünschte! Okascha hieß er, kannte Europa und hatte längere Zeit in Paris gelebt. »Die lustige Witwe« war sein musikalisches Nonplusultra und es muss im Sommer 1960 gewesen sein, als er Bernhard darauf ansprach. Der verstand gleich, dass es ihm später so manche Tür öffnen würde, wenn er es jetzt schaffte, das einigermaßen skurrile Projekt in Gang zu bringen. Was vor Ort zu seiner Realisierung gänzlich fehlte, war das musikalische Fachpersonal. Bernhard trieb in Österreich zunächst einmal den Regisseur auf, Tony Niessner, und dieser holte dann weitere Landsleute an die Kairoer Oper: den Choreografen, den Ballettmeister und sogar den Dirigenten, einen jungen, selbst daheim kaum bekannten, aber sehr kooperativen Mann. Doch bis man sich mit Kairo über alles geeinigt hatte, war fast ein Jahr vergangen. Im Herbst 1961 war es endlich so weit, nach mehrwöchigen, zum Teil aufreibenden Proben. Die Premiere wurde zum Stadtereignis und die »Lustige Witwe« blieb, bei einer Aufführung pro Woche, noch eineinhalb oder zwei Monate auf dem Spielplan, so lange jedenfalls, bis das Opernhaus abbrannte. Am Tag danach hätte dort, im Zuge einer von Bernhard und seinen Leuten organisierten Tournee, der damals blutjunge Pianist Rudolf Buchbinder sein Konzert gehabt. Der Musiker und sein Publikum mussten mit einem eiligst angemieteten Saal vorlieb nehmen, was aber den Erfolg der Veranstaltung nicht schmälerte.

Als Bernhard noch bei Hansi Stross zur Untermiete gewohnt hatte, war Franz Litschauer sein Nachbar gewesen, er leitete das Kairoer Radioorchester. Für Bernhard wurde dieser mit Österreichs Musikszene bestens vertraute Mann zu einem wichtigen Ratgeber. Vor allem war von Litschauer zu erfahren, welche Solisten oder kleineren Ensembles in Österreich für eine Orient-Tournee in Betracht kamen. Die sehr gezielte Korrespondenz, mit der Bernhard nun begann, gewann ihm für seine Konzertreisen alles Gesuchte: Solisten, Duos, Trios, Quartette, Quintette und manchmal auch größere Gruppen. Es ist der Moment, den 2002 verstorbenen Kulturjournalisten und Musikkritiker Franz Endler zu Wort kommen zu lassen. Anfang der 1980er-Jahre, als Bernhard längst nicht mehr in Kairo war, schrieb Endler ein Büchlein mit dem Titel »Musik auf Reisen – Unterwegs mit Wiener Ensembles«, das ein eigenes Kapitel zu Bernhards Aktivitäten beinhaltete. »Die Stillfried-Tour« lautet seine Überschrift und hier nun ein Auszug: »Unzählige österreichische Musiker haben etwas hinter sich gebracht, das in ihrer und meiner Sprache einst die Stillfried-Tour hieß. So benannt nach einem … unbürokratischen Leiter eines österreichischen Kulturinstituts, der … in Kairo saß und Konzertreisen wie ein Manager arrangierte … Der Sinn dieser Konzertreisen war, so gut wie jedermann von ihnen profitieren zu lassen. Da waren einmal die jungen Musiker. Sie erhielten das Billet für eine aufregende Reise und überall Kost und Quartier in der Obhut eines erfahrenen Kulturinstitutleiters. Sie hatten überall auch Zeit und Chance, die Stadt, das Land zu sehen und also etwas Neues kennenzulernen. Und das waren nur erst die außerkünstlerischen Vorteile. Sie lernten nämlich vor allem, sich wie reisende Musiker zu fühlen und zu benehmen, sie hatten Empfänge mitzumachen und fremde Menschen kennenzulernen und mit Kritikern zu plaudern, und somit erhielten sie eine Art Lektion in dem, was sie später ganz besonders brauchen sollten. Dann aber hatten sie selbstverständlich ihre Konzerte und ein aufnahmebereites, ein neugieriges, ein dankbares Publikum, das … glücklich wurde, wenn es die eher unerfahrenen jungen Künstler hören konnte. Trotzdem aber mussten sie die Konzerte wie Erwachsene geben, sie übten Disziplin und Podiumsreife …« Wer aller, möchte man wissen, hat im Lauf der sechzehn Jahre diese »Stillfried-Tour« absolviert? Franz Endler im gleichnamigen Kapitel seines Bändchens: »Wahllos ein paar Namen? Die ganze Wiener Pianistenschule mit Demus, Badura-Skoda, Klien, Petermandl, Medjimorec, Buchbinder war da unterwegs. Das Haydn-Trio selbstverständlich auch. Die eine oder andere jetzt schon arrivierte Geigerin.« Musikernamen, die im stillfriedschen Gästebuch stehen, und mancher von ihnen gleich mehrfach. Doch nicht nur auf die von Franz Endler genannten Musiker stößt man in Bernhards Album, auch auf andere berühmte Namen, etwa auf den Pianisten Alfred Brendel, der an einem späten Kairoer Dezembertag mit einer Zeichnung, die Osiris darstellen soll, für »eine wunderschöne Reise« dankt. Sie alle fanden Worte der Bewunderung für die präzise Planung, die perfekte Organisation, aber auch für die sichere Hand, mit welcher der Chef und seine Mitarbeiter in Kairo, Istanbul und Teheran auf Unvorhergesehenes oder gar Widriges zu reagieren vermochten. Die einen dankten in Reimen, die anderen mit Skizzen; einer der Musiker hielt alle Tournee-Stationen symbolisch-zeichnerisch fest, dies in ihrer tatsächlichen Reihenfolge: Istanbul – Ankara – Izmir – Teheran – Shiraz – Abadan – Beirut – Damaskus – Kairo – Alexandrien. Das war die klassische Route, selten kürzer, manchmal mit Bagdad angereichert, hin und wieder auch mit einer Station in Saudi-Arabien oder einem der Golfstaaten. Es war Bernhards Prinzip, den jungen Künstlern möglichst viel zu bieten; sie sollten nicht nur den Konzertsaal und ihr Hotelzimmer, sondern auch einiges von den Kunstschätzen der besuchten Stadt zu sehen bekommen. Und wer von den Musikern sich die Zeit nehmen konnte, dem wurde zum Abschluss auch ein Sprung nach Oberägypten geboten. Genau darin bestand, neben der Organisation und Betreuung, der besondere Anreiz der »Stillfried-Tour«. Österreichs Referent für den Vorderen Orient verfügte über einen ausgezeichneten

Mitarbeiterstab. Dr. Ingeborg Satzinger, nach ihr dann Dr. Bruno Kunz, beide in der Kairoer Zentrale; am Istanbuler Institut Dr. Johann Kasper; Dr. Maria Wittek, Dr. Helmut Slaby und Karl Köhldorfer am Teheraner Institut. Damen und Herren, ohne die Bernhards organisatorisches Hochleistungsprogramm nicht denkbar gewesen wäre. Übrigens half auch eine Botschaft bei der Zusammenstellung von Tourneen mit, nämlich jene im Libanon; sie war der Ansprechpartner, wenn es um Konzerte in Beirut, Amman oder Damaskus ging. Ist schon alles über die »Stillfried-Tour« gesagt? Nicht ganz, ein wichtiges Detail fehlt noch: Bernhards berühmt-berüchtigter *double check*! Noch Jahrzehnte später erinnerten sich einige Wiener Philharmoniker daran, vom Direktor des Österreichischen Kulturinstituts in Kairo vor einer Abreise gefragt worden zu sein, ob jeder von ihnen auch den Reisepass bei sich habe. Mit einem im Chor geantworteten »Ja« sei Dr. Stillfried keineswegs zufrieden gewesen; dieser Zustand sei bei ihm erst eingetreten, als auch der Letzte aus der Gruppe seiner Aufforderung »Herzeigen!« Folge geleistet hatte. Besser als mit Bernhard und seinem Team konnte das Land der Musik im Orient nicht vertreten sein.

Die österreichischen Ausgrabungen

»Als Ende der Fünfzigerjahre unseres Jahrhunderts der Staatspräsident Ägyptens, Gamal Abdel Nasser, beschlossen hatte, bei Assuan den riesigen Staudamm über den Nil bauen zu lassen, der dann das ganze im Süden anschließende Land unter Wasser setzte, forderte er gleichzeitig alle Kulturnationen auf, die von der Überflutung bedrohten historischen Relikte zu retten.« Von einem Appell an die UNESCO ist da die Rede, trotzdem hat dieser Satz etwas Altägyptisches an sich. Geringfügige Änderungen und man könnte glauben, es mit der Übersetzung einer Hieroglypheninschrift auf einem Königsgrab zu tun zu haben. Pharao Nasser! Tatsächlich aber wird hier ein bekannter österreichischer Frühgeschichtler zitiert, der viele Jahre lang in Ägypten engagiert war: Professor Dr. Karl Kromer. Er hatte die Leitung der Prähistorischen Abteilung des Wiener Naturhistorischen Museums innegehabt, bis ihn sein Schulfreund Stillfried nach Ägypten holte. Dazu hatte sich Bernhard der Hilfe von Professor Gertrud Thausing versichert, die als Ägyptologin der Universität Wien im österreichischen UNESCO-Komitee den Vorsitz führte. Mit dem »pharaonisch« anmutenden Satz begann der Wissenschaftler, der später auf einen Lehrstuhl der Universität Innsbruck überwechseln und dort dann auch Dekan werden sollte, einen Bericht über die österreichischen Ausgrabungen in Nubien. Ja, auch Österreich, das bereits auf eine bemerkenswerte, ins 19. Jahrhundert zurückgehende archäologische Zusammenarbeit mit Ägypten zurückblicken konnte, hatte sich dazu verpflichtet, mit einem eigenen Beitrag an dem gigantischen, unter den Auspizien der UNESCO stehenden Unternehmen mitzuwirken. Zu diesem Zweck hatte man den Distrikt Sayala in Nubien bestimmt, der den Möglichkeiten des kleinen Landes angemessen schien, und Professor Karl Kromer sowie der Anthropologe Dozent Wilhelm Ehgartner waren von Professor Gertrud Thausing über Ersuchen Bernhard Stillfrieds mit der Leitung der dortigen Ausgrabungen beauftragt worden.

Worauf mussten Karl Kromer, seine Kollegen und Helfer gefasst sein, wenn sie sich nun an die Aufgabe machten, dieses Stück Weltkulturerbe dem Schicksal der Überflutung und Vernichtung zu entreißen? Der Distrikt Sayala, für den die ägyptische Antikenbehörde der Universität Innsbruck zusammen mit dem Naturhistorischen Museum in Wien 1962 die Grabungslizenz erteilte, liegt auf halbem Weg zwischen Assuan und Abu Simbel. Er war, zumindest damals, weder mit der Bahn noch mit Straßenfahrzeugen erreichbar; auch fehlte in diesem Wüstengebiet die Versorgung mit elektrischem Strom. Jedenfalls wurde dem österreichischen Team versichert, dass es zu Beginn der Grabungen samt Gepäck mit dem einmal in der Woche verkehrenden Postdampfer von Assuan nach Sayala gebracht werden würde. Bis dahin aber galt es, eine ganze Reihe logistischer Probleme zu lösen. Die technischen Geräte und wissenschaftlichen Apparaturen ebenso wie die wichtigsten Lebensmittel waren nach Sayala zu befördern. Was Letzteres betraf, so stellte auch ihre Beschaffung ein Problem dar, mussten die Vorräte doch eine lange Haltbarkeitsdauer aufweisen. Fünf Österreicher, der Beamte vom ägyptischen Antikendienst und über fünfzig Grabungsarbeiter waren zweieinhalb bis drei Monate zu verpflegen. Die von den verschiedenen Waren benötigten Mengen konnten zu etwa achtzig Prozent in Assuan und zu zwanzig in Kairo aufgetrieben werden. Mit dem Zeltmaterial und dem Gepäck der oberägyptischen Spezialarbeiter wog das Material schließlich an die fünf Tonnen. Hand in Hand mit den wichtigsten Vorbereitungen war eine Vielzahl bürokratischer Hürden zu überwinden. Zu allem und jedem bedurfte es einer amtlichen Bewilligung und alles und jedes musste eigens beantragt werden.

Der richtige Mann für diesen Problemberg? Hören wir Professor Kromer: »Ohne die ... Hilfe von Dr. Bernhard Stillfried wären diese organisatorischen Arbeiten nicht zu bewältigen gewesen ... Als promovierter Ethnologe hatte er auch das Verständnis für die speziell notwendige Ausrüstung einer archäologischen Grabung. Außerdem waren schon lange vor Beginn ... umfangreiche Amtswege beim ägyptischen Antikendienst in Kairo zu durchlaufen: Konzessionsansuchen, Zollbewilligungen für die Ein- und Ausfuhr der technischen Geräte, Bewilligung für die Grabungsteilnehmer ... und vieles mehr. All das wurde von Dr. Stillfried und seinen Mitarbeitern mit bewundernswürdiger Präzision geleistet ... Aber auch in anderer Hinsicht erhielten wir große Unterstützung: Nach Abschluss der einzelnen Grabungen wurden alle Fundstücke nach Kairo ins Ägyptische Museum gebracht und einer Kommission von ägyptischen Fachgelehrten vorgelegt. Diese bestimmten, welcher Teil der Funde zurückbehalten wurde und welcher nach Österreich gebracht werden durfte. Hier besonders zeigte sich die Beliebtheit, die Dr. Stillfried bei allen Vertretern der einzelnen Ministerien und Ämter genoss. Neben seinem großen Verhandlungsgeschick brachte die Zuneigung, die ihm und damit uns allen entgegengebracht wurde, ein ganz überraschendes Ergebnis: Bis auf wenige Belegstücke wurden fast alle Funde Österreich zugesprochen, es waren mehrere tausend Inventareinheiten, die nun einen wertvollen Bestand in österreichischen Museen bilden...Eines besonderen Einsatzes bedurfte es, die aufgefundenen Skelettreste nach Österreich ausführen zu dürfen, was bis dahin ungebräuchlich und daher von allen anderen nationalen Grabungsmissionen gar nicht gefordert worden war ... Dr. Stillfried war es aber letztlich ... gelungen, eine Ausfuhr menschlicher Überreste – ungeachtet ihres Alters – aus Ägypten zu ermöglichen. Dadurch gewann das ausgegrabene historische Material an unschätzbarem Wert ...« Noch einige Male wird Bernhard Stillfried in Professor Kromers Bericht erwähnt, wird ihm und seinen Mitarbeitern für die Hilfe gedankt, die das Zustandekommen der insgesamt fünf zwischen 1962 und 1966 durchgeführten österreichischen Grabungskampagnen in Ägyptisch-Nubien erst möglich gemacht habe.

Nubien war damals infolge der Umsiedlung der Bevölkerung menschenleer und öd und so konnte es schon einmal geschehen, dass dem österreichischen Grabungsteam die Lebensmittel ausgingen. Empfing Bernhard ein solches Signal, setzte er sich in seinen großen Wagen, fuhr in den damaligen Freihafen Gaza, bunkerte Lebensmittel bis unters Dach und legte damit die mehr als tausend Kilometer Nil aufwärts bis Assuan zurück, um bald danach mit voll beladenem Motorboot am Grabungsort zu erscheinen. Die Funde, die Karl Kromer und seinen Leuten gelangen, reichten von den Anfängen der altägyptischen Hochkultur (ca. 3000 v. Chr.) bis hin zu spätrömischer und frühchristlicher Zeit: Siedlungsreste, Geräte, Werkzeuge, Gefäße und Textilien. Zahlreiche prähistorische Gräberfelder legten die Österreicher frei und aus spätrömischer Zeit ein Vergnügungsviertel für Grenzsoldaten, das aus sechzehn Weinstuben bestand; zu ihnen gehörte jeweils auch ein anderes, viel kleineres Gebäude, dessen Inneneinrichtung, so der Professor, »anzeigte, dass es nicht Bacchus, sondern Venus zuzuordnen war«. Die größte Ausgrabung hatte eine christliche Anlage zutage gefördert, die zwei Kirchen und einen ausgedehnten Wirtschaftsteil umfasste; sie stammte aus dem 7. Jahrhundert, als Nubien unter dem byzantinischen Kaiser Justinian christianisiert worden war. Eine mühevolle Aufgabe hatte das österreichische Team mit der vollständigen Dokumentation der prähistorischen Felsgravierungen seines Distrikts auf sich genommen. Zu Beginn der Arbeiten war in Sayala nur ein einziges Felsbild bekannt gewesen, bei deren Fertigstellung hatten Kromer und seine Leute über fünftausend Einzelbilder fotografisch und durch Zeichnungen festgehalten. Neben Tierbildern mehr als vierhundert Schiffsbilder, zahlreiche Jagddarstellungen, manche Bilder von Kultprozessionen auf Booten und vieles andere. Die jüngsten Felsenritzungen, die frühestens zur Römerzeit angefertigt wurden, zeigen Kamelreiter. Das alles vermittelte einen umfassenden Einblick in dreitausend Jahre Leben am Nil, wobei Details auf den Zeichnungen die Bestimmung der einzelnen Zeitalter erlaubten. Die Grabungen in *Sayala* und ihre Ergebnisse, übrigens in den 1970er-Jahren publiziert, fanden in der Fachwelt große Beachtung. Die UNESCO bescheinigte Österreich die Zugehörigkeit zu jenen Nationen, die sich im Rahmen des großen kulturellen Rettungswerkes am Nil durch ganz besondere Gründlichkeit und Gewissenhaftigkeit hervorgetan hätten.

Mit Sayala hatte Österreich an seine Tradition archäologischer Präsenz am Nil wieder Anschluss gefunden. Wir aber wollen uns ab nun damit begnügen, die Glanzlichter der österreichischen Altertumsforschung bloß noch im Spiegel des stillfriedschen Gästebuchs wahrzunehmen. Bernhards alter Studienfreund Karl Kromer eröffnete den Reigen. Gerade von ihm wäre etwas Feingesponnenes oder Sprühendes zu erwarten gewesen, hat er selbst doch seinen Gastgeber vorwurfsvoll »derbsohlig« genannt, wenn dieser Ira und ihn wieder einmal mit einer nüchternen Bemerkung bei einem geistigen Höhenflug bremste. Wie gesagt, weder er noch die Nummer zwei im Salaya-Team, Dozent Wilhelm Ehgartner, haben sich im Gästebuch durch Originalität ausgezeichnet. Gertrud Thausing, Leiterin des Ägyptologischen Instituts der Universität Wien, revanchierte sich mit dunklen Zitaten in Hieroglyphenschrift sowie auch mit beigefügter Übersetzung: »Ich komme von der Lichtinsel, nachdem ich mein Inneres mit Magie gefüllt, gleich dem Phönix, der die Welt mit dem erfüllt, was er wusste ... Ich trat ein in Erschütterung, ich ging heraus in Frieden ...« Einige Seiten später der Ägyptologe Erich Winter, der die Nachfolge des in der Fachwelt unvergessenen Österreichers Hermann Junker antrat, als er die von diesem zwischen den beiden Weltkriegen in Angriff genommene Arbeit über den Tempel von Philae weiterführte: »Ich wage gar nicht mehr zu zählen, wie oft ich hier zu Gaste war. Doch gibt das Schicksal mir zu wählen, so war es nicht das letzte Mal.« Übrigens, Winter war es auch, der die Stillfrieds in das Alte Ägypten eingeführt, bei ihnen erst das rechte Verständnis für seine Kultur geweckt hat. Mit Erich Winter sind sie in den Pyramiden herum gestiegen, etwa in Sakkara, wo sie nach langem Kriechen schließlich doch noch in den Grabraum der Djoser-Pyramide gelangten, oder in Dahschur, dessen Knickpyramide mit ihrem verdoppelten Zentralraum sie stets mehr anzog als die Rote Pyramide. Erst dieser Freund hat den Stillfrieds die Bedeutung der Wandmalereien, die Botschaft der Hieroglyphen erklärt. Winter seinerseits begeisterte Bernhards generalstabsmäßige Planung solcher Ausflüge. »Er verfügte über hervorragende Beziehungen zur ägyptischen Altertumsverwaltung, wo immer wir hinkamen, wussten die örtlichen Inspektoren von unserem Kommen und haben uns bei unseren Besuchen denkbar bestens betreut«, erinnerte er sich viele Jahrzehnte später. Mehr noch hat sich auf den Seiten des Gästebuches niedergeschlagen, etwa die Grabungslizenz, die Österreich 1966 mit Bernhards Hilfe im östlichen Nildelta, in der Nähe des Dorfes Tell el Daba'a erwarb, die Freilegung des Anch-Hor-Grabes in Theben, die fotografische und zeichnerische Dokumentation der vor dem Assuan-Staudamm bewahrten Tempel auf der Nilinsel Philae und die Erforschung einer Arbeitersiedlung in Gizeh.

Jede der Kampagnen hat Bernhard nach Kräften unterstützt und kein österreichischer Grabungsbezirk, den er nicht mehrmals besucht hätte. Als promoviertem Ethnologen lagen ihm die Grabungen auch persönlich am Herzen, im Übrigen aber hatte er bald erkannt, dass Ägypten die kulturelle Bedeutung eines Staates nach dessen Leistungen auf dem Gebiet der Altertumsforschung beurteilte. Mit seinem Erfolg in Nubien hatte sich Österreich erneut eine gute Ausgangsposition geschaffen und das nicht nur für die Fortführung seiner archäologischen Unternehmungen, sondern auch mit Blick auf andere kulturelle Initiativen. Um die Position, die man beim Gastland besaß, noch zu festigen, ließ sich Bernhard für sein Kulturinstitut eine archäologische Abteilung einfallen und die vom Unterrichtsministerium hierzu genehmigte Planstelle besetzte er mit Dr. Manfred Bietak. Im Auftrag dieser Abteilung konnte der Alttestamentler Professor Walter Kornfeld, der in jüngeren Jahren vorübergehend Seelsorger der Wiener Gruppe Christlicher Studenten gewesen war, in Assuan Untersuchungen über aramäische Sarkophage durchführen, deren Ergebnisse dann in Wien veröffentlicht wurden. Bietak gelang es später, eine Kairoer Zweigstelle des Österreichischen Archäologischen Instituts zu eröffnen, welche mithilfe der Österreichischen Akademie der Wissenschaften wichtige Projekte finanzierte. Somit war es auf einmal möglich, Forschungsarbeit auch losgelöst vom Österreichischen Kulturinstitut zu leisten. Österreichs wichtigstes kulturelles Standbein im Land am Nil war die Altertumsforschung.

Was sonst noch unter der Sonne gedeiht

Was sonst noch unter der Sonne gedeiht, wenn es, wie wir das lateinische »colere« übersetzen, »gehegt und gepflegt« wird, das soll jetzt zur Sprache kommen, war doch bisher erst von Musik und ägyptischen Altertümern die Rede. Das lateinische Zeitwort, dem unsere Welt den vieldeutigen Begriff »Kultur« dankt, kennt laut einem der Lexika im Besitz des Erzählers noch eine andere Übersetzung – eine, die auf Bernhard Stillfried gemünzt scheint, fast für ihn erfunden sein könnte: »tätig verehren«. Was er in Ehren hielt, in dessen Dienst stellte er sich als Handelnder. Bernhards Ethik war eine Ethik der Tat. Lange habe ich nach dem Wort gesucht, das seine Rolle im Orient am besten beschreibt, und ich glaube, es endlich gefunden zu haben: »Impresario«! Im engeren Sinn meint diese Bezeichnung den Bühnen- und Konzertagenten und obschon Bernhard in mancher Hinsicht auch das war, muss er Impresario im weitesten Sinn dieses Wortes genannt werden, Impresario mit kultureller Generalvollmacht. Nicht nur die schönen Künste, die Kultur in ihrer ganzen Ausdehnung wollte er als sein Feld betrachten; da gab es kein Gebiet, das ihm als zu entlegen galt. Doch Impresario war Bernhard nicht nur im weitesten, sondern auch in einem doppelten Sinn, steht doch dieses Wort im Italienischen auch in Verwendung für den Unternehmer schlechthin, und diese dritte Bedeutung schließt Wagnis, einen Schuss Kühnheit, Bereitschaft zum Risiko mit ein.

Und nur, was eine Impresa, ein Unternehmen genannt zu werden verdient, soll dieser Erzählung Breite verleihen und nicht, was damals sonst noch zum Tagesgeschäft eines Kulturreferenten für die Levante gehörte. Eine Erzählung ist kein Bericht, jene darf wählerisch, nur dieser muss vollständig sein. Vollständigkeit! Natürlich haben Bernhard in Kairo und seine »Filialleiter« in Istanbul und Teheran Landsleute betreut, die mit einem Forschungsprojekt in der Region unterwegs waren, und österreichische Wissenschaftler als Gastprofessoren an die Universitäten des Vorderen Orients vermittelt. Dabei arbeiteten sie übrigens eng mit der Hammer Purgstall-Gesellschaft zusammen, die 1958 in Wien mit dem Ziel gegründet worden war, die Beziehungen zu den islamischen Ländern zu pflegen. Sektionschef Dr. Alfred Weikert hatte dabei die Fäden gezogen. Der Orient als österreichische Wiederentdeckung! Natürlich beschäftigten die arabischen, persischen und türkischen Studenten, die besonders im ersten Nachkriegsjahrzehnt in großer Zahl an Österreichs Universitäten drängten, Bernhard Stillfrieds Kulturreferat! Auch derjenigen, die nach vier, fünf oder sechs Jahren aus Wien, Graz, Leoben oder Innsbruck mit einem Studienabschluss in ihre Heimat zurückkehrten, nahmen er und seine Leute sich an; sie kontaktierten jeden von ihnen und gewannen dem örtlichen Österreicherverein auf diese Weise viele neue Mitglieder: Multiplikatoren eines positiven Österreichbildes. Und natürlich gehörte der Deutschunterricht zum Institutsangebot! Obwohl das manchmal fast einem Kampf auf verlorenem Posten gleichkam, zumal der österreichische Wirkungsradius gemessen an den Kapazitäten der deutschen Goethe-Institute, sehr gering war. Nicht zu vergessen die damals im Orient sehr aktive Auslandskulturorganisation der Deutschen Demokratischen Republik. Die für Österreich erfreuliche Ausnahme von der Regel bildete Istanbul, wo das kleine Land massiver auftreten konnte – und zwar dank der zahlreichen österreichischen Lehrer am St. Georg-Kolleg. Unter der Leitung eines von ihnen, Dr. Johann Kasper, wurden in Zusammenarbeit mit dem bekannten türkischen Privatinstitut Language & Culture Center eigene Deutschkurse veranstaltet, die sich eines ausgezeichneten Rufes erfreuten. Ihre Krönung erfuhr diese Initiative, als der türkische Rundfunk die österreichischen Sprachkurse in sein ständiges Programm aufnahm. Neben Istanbul hat sich auch Österreichs Institut in Teheran mit nachhaltigem Erfolg um den Deutschunterricht bemüht.

Natürlich hat der Impresario mit seinem Team im künstlerischen Bereich nicht nur Konzerte veranstaltet, obschon sie dort mit Abstand den ersten Platz einnahmen. Literaturveranstaltungen, handelte es sich nun um Lesungen oder um Vorträge, stießen zumeist an sprachliche Barrieren. Immerhin, in der Türkei, wo man im Deutschunterricht auf eine längere Tradition zurückblickte und die Germanistik als Universitätsfach eine relativ starke Stellung innehatte, tat sich auch auf dem Literatursektor einiges. Kunstausstellungen fanden nur schwer ein Publikum in der Levante, außer in Ägypten und im Libanon, ihren »westlichsten« Ländern. In Alexandrien, Kairo und Beirut gelang es Bernhards Organisation, auch junge österreichische Künstler vorzustellen. Nur soviel zu dem Teil der Aufgaben, die von allen Kulturinstituten dieser Welt erfüllt werden, und das auch mit den ungefähr gleichen Methoden.

Dass Bernhard viel mit dem Flugzeug unterwegs war, versteht sich bei der Ausdehnung seines Zuständigkeitsbereichs von selbst, aber auch mit dem Auto ging er auf längere Reisen. Hier sei vom ersten Besuch erzählt, den er Ankara mit seinem Buick abstattete. Türkische Hauptstadt erst seit 1923, Atatürk-Stadt unter der Sonne Anatoliens, von Bergen umstelltes Häusermeer. Ästhetik des

Modernen, nur hin und wieder trifft man sie hier! Nicht zuletzt in den Bauten von Clemens Holzmeister. An die zehn Projekte hat der Österreicher, der zu den von Kemal Atatürk bevorzugten Architekten zählte, zwischen den beiden Weltkriegen in Ankara verwirklicht, darunter die Oper und auch das Gebäude der österreichischen Botschaft. Genau dort war Bernhard mit einem alten Freund aus Pariser Tagen verabredet: mit Dr. Karl Hartl, nun Österreichs Botschafter in der Türkei. Spitzendiplomat also, aber keiner von den Stromlinienförmigen, einer mit Ecken und Kanten. Zu seinen Eigentümlichkeiten gehörte, dass er das Bürotagewerk stets mit einer Flasche Bier begann, was allein schon ausreichte, ihn bei Mitarbeitern und Kollegen in den Ruf eines Originals zu setzen. Auch was es zwischen den beiden Freunden zu besprechen gab, wurde beim Bier erledigt. Bei einigen Gläsern, um genau zu sein. Bernhard hörte besonders gern auf Hartls Rat, nicht nur, aber auch in allen kulturellen Belangen der Türkei. Sogar über Religion lohnte es sich, mit diesem alten Freigeist zu reden, der mit seinem Austritt aus der Kirche keineswegs aufgehört hatte, sich für metaphysische Fragen zu interessieren. Seine Idee war es übrigens gewesen, die ehemalige Sommerresidenz der österreichischen Botschaft bei der Hohen Pforte (in traumhafter Lage am Bosporus!) und den dazu gehörenden Park dem St. Georg-Kolleg als Internat und Austragungsort für sportliche Wettkämpfe zur Verfügung zu stellen; jetzt beherbergt die schöne Villa neben Österreichs Kulturinstitut auch das Generalkonsulat. Karl Hartl war seiner Sozialistischen Partei auch nach dem Krieg treu geblieben und so hatte er eines Tages die Gründungsversammlung des Bundes sozialistischer Akademiker (BSA) besucht. Erstaunt über die vielen Gesichter im Saal, die eindeutig ehemaligen Nationalsozialisten gehörten, schlenderte er nach vorn zum Präsidiumstisch, um sich zum Ohr des sozialistischen Parteivorsitzenden zu beugen: »Wofür SA steht, weiß ich, aber was soll hier das B?« Bernhard kannte die Geschichte von Hartl selbst und noch eine hatte ihm dieser erzählt, die mit der sogenannten *Causa Habsburg*, einem österreichischen Politikum des Jahres 1963, zusammenhing. Die Frage, ob die vom Sohn des letzten österreichischen Kaisers abgegebene Verzichtserklärung ausreichend und dessen Landesverweisung somit aufzuheben sei, erhitzte die Gemüter und drohte, die rot-schwarze Koalition zu sprengen. Mit juristischen Spitzfindigkeiten und parlamentarischer Schützenhilfe der Sozialisten, sie freilich sekundiert von der oppositionellen FPÖ, wurde Dr. Otto Habsburg vorenthalten, was ihm aufgrund seines Verzichts rechtens zustand. Die österreichischen Auslandsvertretungen waren durch einen Erlass angewiesen, dem Kaisersohn, sollte er vorstellig werden, das Einreisevisum zu verweigern. In seinem österreichischen Reisepass stand der Vermerk »Gültig für alle Länder der Welt mit Ausnahme Österreichs«. Allein die Volkspartei stellte sich auf den Rechtsstandpunkt und damit vor Otto Habsburg. Der Sozialist Hartl, damals Botschafter in Belgrad, ließ sich indessen nicht auf die Parteilinie vergattern: »Wenn er zu mir kommt, dann gebe ich ihm das Visum, denn ich habe auf die Verfassung geschworen.« Es dauerte eine ganze Weile, aber zu guter Letzt war es Karl Hartl, auf dessen Linie die österreichischen Sozialisten eingeschwenkt sind. Da aber war schon Bruno Kreisky ihr Vorsitzender.

Gibt es eine bessere Gelegenheit als Bernhards Aufenthalt in Ankara, der Chronologie einmal mehr ins Schienbein zu treten? Wohl kaum und auch hier mit einem kulturhistorischen Apropos. Dass das Ehepaar Stillfried die sechzehn Jahre seiner Levantezeit mehr als einmal dazu nützte, sich mit den Kunstschätzen Kleinasiens vertraut zu machen, versteht sich für uns längst von selbst. Doch auch hier, als Lesezeichen im Baedeker, die Namen der von Bernhard und Ira besuchten Plätze: Hattusa, Side, Myra, Ephesos, Pergamon, Troja, Nicäa, um nur die bedeutendsten zu nennen. Auf einer der Fahrten entlang der kleinasiatischen Mittelmeerküste begleiteten sie auch die Kinder.

Für Bernhard Stillfried war Religion nicht Privatsache, auch im Berufsleben bildete sie einen Gegenstand, den er sich selbst ins Pflichtenheft geschrieben hatte. Diener seines Staates zu sein, aber auch seiner Kirche zu dienen, nie sah er darin einen Widerspruch, sinnvolle Ergänzung war das für ihn. Naheliegend, dass er von Kairo aus bei der von Kardinal Franz König gegründeten Stiftung Pro Oriente mitarbeitete, die sich die Pflege der Beziehungen und des Dialogs zwischen der römisch-katholischen Kirche und den orthodoxen und orientalisch-orthodoxen Kirchen zum Ziel gesetzt hatte. Die Idee dazu war von katholischen Intellektuellen gekommen und zwei enge Freunde der Familie Stillfried, Monsignore Otto Mauer und Dr. Otto Schulmeister, hielten sich mehrere Male in Kairo auf, wo sie mit koptischen Bischöfen und Theologen, aber auch mit islamischen Schriftgelehrten zusammentrafen; sie alle hatten ihnen Bernhard und Ira vermittelt. Über Ersuchen von Pro Oriente stellte Bernhard auch Kontakte zu anderen Würdenträgern her, die im Libanon, in Syrien, Irak und Jordanien wirkten. Dahinter stand der Wunsch der Stiftung nach einem Ausbau der persönlichen Beziehungen und in ihren Kreisen hoffte man, diesem Ziel durch die Forcierung gegenseitiger Besuche näherzukommen. Bernhard besaß das besondere Talent, die richtigen Leute zusammenzubringen! Mit der Unterstützung seines Freundes Dr. Gordian Gudenus, damals Österreichs Botschafter in Kairo, gelang es ihm, Gespräche anzubahnen, die in Wien stattfanden und bei denen es vor allem um die Vorbereitung von Konsultationen zwischen der römisch- und der koptisch-katholischen Kirche ging, dies unter Einschluss der mit ihr verbundenen altorientalischen Kirchen. Die Delegation aus Kairo stand unter der Leitung des koptischen Bischofs Shenouda, der später zum Oberhaupt der koptischen Kirche Ägyptens gewählt wurde. Die erste dieser Konsultationen fand dann im September 1971 in Wien statt. Bei der ersten Wiener Konsultation stand die Aufarbeitung des alten Konflikts um das Konzil von Chalcedon auf der Tagesordnung. Dieses hatte im Jahr 451 zwanzig Tage lang in der kleinasiatischen Stadt getagt und das christologische Dogma formuliert: »Jesus Christus, der menschgewordene Logos Gottes, ist eine Person in zwei Naturen, die in dieser einen Person unvermischt, unverwandelt, ungetrennt und ungeschieden gegeben sind.« Damit hatte das Konzil sowohl dem Nestorianismus, der in Christus zwei Personen sah, als auch der Lehre des Eutyches, die von zwei in Christus zu einer einzigen Person vermischten Naturen sprach, eine Absage erteilt. In fünftägigen Beratungen, an denen auf der Seite der altorientalischen Kirchen hochrangige Theologen teilnahmen, gelang eine christologische Übereinkunft, die hier nur in ihrer Kernaussage zitiert werden soll: »Wir glauben, dass unser Gott und Erlöser, Jesus Christus, Gottes Fleisch gewordener Sohn ist; vollkommen in seiner Gottheit und vollkommen in seiner Menschheit. Seine Gottheit war von seiner Menschheit nicht einen Augenblick getrennt. Seine Menschheit ist eins mit seiner Gottheit, ohne Vermischung, ohne Vermengung, ohne Teilung, ohne Trennung.« Wenn auch weiter unten im Kommuniquétext das Fortbestehen von Unterschieden in der theologischen Interpretation des Christusmysteriums festgestellt wurde, klangen auch in diesen Formulierungen viel guter Wille und Zuversicht durch. Da war von »weiteren Anstrengungen« die Rede, die noch unternommen werden müssten, und von der Absicht, »in der Suche nach einer gemeinsamen Sprache nicht zu erlahmen«. In der Tat, die in Wien erzielte Annäherung blieb kein singuläres Ereignis und es gab auch unmittelbare Konsequenzen. Danach dauerte es nämlich nicht lange und Amba Shenouda wurde von Papst Paul VI. empfangen; das Ergebnis war eine weitere Festigung der Beziehungen zwischen der koptisch-orthodoxen und der römisch-katholischen Amtskirche. Shenoudas Weg nach Rom hatte über Wien geführt, er wäre ohne Pro Oriente und die Vermittlung durch Kardinal König nicht beschritten worden, diese Aussage hat der koptische Kirchenfürst selbst getroffen! Bernhard Stillfried war in der Folge noch mehrmals für die Stiftung unterwegs, er brachte Besuche in Syrien, Jordanien und im Libanon zustande; die Delegationen leitete zumeist der ehemalige Unterrichtsminister Dr. Theodor Piffl-Perčević, damals der Präsident von Pro Oriente.

Nicht nur am innerchristlichen Dialog war Bernhard gelegen, sondern auch an jenem mit dem Islam. Um diesen Dialog in Gang zu bringen beziehungsweise zu fördern, bediente er sich mehrmals des Leiters der arabischen Handschriftensammlung der Österreichischen Nationalbibliothek am Wiener Josefsplatz, seines alten Freundes Dr. Smail Balić, welcher der Einladung des Impresarios, Vorträge über das Thema »Islam in Österreich« zu halten – und zwar auf Arabisch, gerne Folge leistete; Kairo, Damaskus, Amman und Alexandrien waren die Städte, in denen der bosnisch-moslemische Wahlwiener vor einem zahlreichen Publikum sprach – und das mehr als einmal. Ein anderer Vortragender, den Bernhard im arabischen Raum mit Erfolg einsetzte, war der Orientalist Professor Arne Ambros, der das Arabische ebenfalls in Wort und Schrift beherrschte und mit besonderem Eifer über linguistische Probleme sprach, was bei seinen ägyptischen, syrischen oder jordanischen Zuhörern großen Anklang fand. Zum wiederholten Erstaunen desjenigen, der Ambros auf Vortragstournee schickte! Eine Schlüsselrolle im interreligiösen Dialog kam indessen dem österreichischen Islamwissenschaftler Dozent Dr. Ernst Bannert zu, auch er übrigens ein katholischer Geistlicher. Bannert hatte an der Universität Wien Arabistik gelehrt, wobei er an seinem Institut der Einzige gewesen war, der das Arabische in Wort und Schrift vollkommen beherrschte. Nach seiner Pensionierung hatte es ihn nach Ägypten gezogen, wo er seit den frühen 1960er-Jahren in Kairo lebte – und zwar als Hausgast der Dominikaner. Ihr Ordenshaus in der Nilmetropole, im 19. Jahrhundert von französischen Patres gegründet, war bekannt für seine reiche orientalistische Bibliothek. So kam es, dass viele Wissenschaftler aus den verschiedensten Ländern, unter ihnen immer wieder auch Weltpriester wie Bannert oder Mitglieder anderer Orden, die Gastfreundschaft der Kairoer Dominikaner genossen. Im Übrigen aber war es islamisch-orientalische Geistigkeit, deren Nähe er suchte, in deren Atmosphäre er sich fühlte wie ein Fisch im Wasser. Er trug eine Art Galabija und die meisten werden ihn wohl für einen Moslem gehalten haben. Auch Bernhard verdankte ihm viel von seiner Vertrautheit mit der islamischen Weltsicht. Natürlich zählte die Al-Azhar-Universität zu den Plätzen, an denen man Ernst Bannert häufig antreffen konnte, und so wusste er Bescheid, welcher Wind dort wehte. Eines Tages meinte er zu Bernhard, er habe schon seit Längerem den Eindruck, dass man in der Al-Azhar an einem Besuch Dr. Königs Interesse hätte. Er, Bannert, könne sich gut vorstellen, dass dessen Vortrag bei einem gelehrten islamischen Publikum seine Wirkung nicht verfehlen würde. Der Kardinal, an den er bereits mit einem Brief herangetreten sei, habe sich interessiert gezeigt. Ob Bernhard denn bei der Realisierung des Vorhabens mithelfen könne? Dieser sagte schon ja, bevor noch die Frage ganz ausgesprochen war, und half Bannert sofort beim Organisatorischen. Am 31. März 1965 sprach Kardinal König im großen Auditorium der Al-Azhar-Universität, dem anerkannten sunnitischen Zentrum des Islam, »Islam und Christentum – heute« war Titel und Thema seines Vortrags. Im Mittelpunkt stand der Monotheismus, das große Verbindende zwischen den beiden Religionen, aber auch die Schicksalsgemeinschaft von Islam und Christentum in der Auseinandersetzung mit dem Atheismus, vor allem auch dem kommunistischer Lesart. Es war die ausgestreckte, dem Islam entgegengehaltene Rechte, mit der König seinen Vortrag beendete: »So können Christentum und Islam nicht nur in einer neuen, von der Vergangenheit verschiedenen Weise einander begegnen, sondern auch erstmalig zur Gemeinsamkeit gelangen, die in dieser so wichtigen Stunde der Menschheitsgeschichte alle jene anstreben sollten, die im Bewusstsein der Hinordnung aller Dinge auf Gott geeint sind.« In der Al-Azhar ergriff man die Hand des österreichischen Kardinals, der begeisterte Beifall der islamischen Schriftgelehrten ließ keinen Zweifel daran. Bannerts Rat war sehr klug gewesen, sein und des Impresarios Großeinsatz hatte sich gelohnt. Soviel zum Thema Religion in Bernhards Tagewerk.

Hin und wieder, das blieb nicht aus, kam auch ein österreichisches Regierungsmitglied nach Kairo. Obwohl dann in erster Linie der Botschafter gefordert war, geschah es nicht selten, dass ein Teil der Betreuung auch auf Bernhard fiel. Ganz von selbst verstand sich das, als Unterrichtsminister Dr. Heinrich Drimmel Anfang der 1960er-Jahre die ägyptische Hauptstadt besuchte, denn gewissermaßen schaute der ja nach seinem Ziehsohn. Bis 1964 blieb Heinrich Drimmel Bernhards oberster Chef, dann wechselte er vom Minoritenplatz ins Rathaus, wo er seinem geliebten Wien bis 1969 als Vizebürgermeister diente. Danach lebte er noch lange genug, um ein paar blitzgescheite Bücher historischen Inhalts zu schreiben. Es muss bald nach Drimmels Besuch gewesen sein, dass Bernhard Bruno Kreisky aus der Nähe erlebte. Als Außenminister war er damals nach Kairo gekommen und Österreichs damaliger Botschafter in Ägypten benützte diese Gelegenheit dazu, ein zwar lokales, trotzdem aber einigermaßen heikles Problem zur Sprache zu bringen. Neben dem Botschaftsrat war auch Bernhard bei der Unterredung mit dem Minister zugegen. Worum ging es? Die Situation im Kairoer Österreicherverein, der – nicht zuletzt auch als Ergebnis der Jahre nationalsozialistischer Verfolgung – etliche Juden zu seinen Mitgliedern zählte, gab Anlass zur Sorge. Es war die Zeit, in der sich etwa zweihundert Ingenieure und Techniker, viele mit ihren Familien, am Nil ein Stelldichein gaben, um, mit guten Verträgen in der Tasche, ihr in der nazideutschen Flugzeug- und Raketenrüstung erworbenes Know-how in den Dienst des Nasser-Regimes zu stellen. Diejenigen von ihnen, die nach dem großdeutschen Zwischenspiel wieder österreichische Reisepässe besaßen, begannen in den Österreicherverein zu drängen, dies mit der unverhüllten Absicht, dort die Zügel in die Hand zu nehmen. Der verunsicherten Vereinsleitung drohten sie, dass man jeden Widerstrebenden bei der ägyptischen Regierung anschwärzen werde. Dr. Kreisky, der schon als Außenminister braunen Farbtönen gegenüber unter keiner wirklich gefährlichen Allergie litt, nahm die Sache offensichtlich auf die leichte Schulter. Bei dem anderntags vom österreichischen Botschafter gegebenen Empfang zeigte sich der Minister ganz von seiner sanguinischen Seite, er lobte den hohen Stand der ägyptisch-österreichischen Beziehungen und den Beitrag, den das in Kairo nunmehr so maßgeblich vertretene Ingenieurswissen seines Landes dazu leiste. Die Kriegsrüstungsspezialisten ließen schließlich doch ab von dem Versuch, den Kairoer Österreicherverein zu unterwandern, die alte gemütliche Vereinsmeierei trat wieder in ihre Rechte. Den Zenit seiner Laufbahn hatte der Sozialdemokrat mit der Position des Außenministers noch längst nicht erreicht. Wenn Dr. Kreisky in den 1970er-Jahren vom Politiker zum Staatsmann mutieren wird, wird das, wenn auch bloß indirekt, Bernhard Stillfrieds Laufbahn beeinflussen.

Wurde genug erzählt, um von Bernhard Stillfrieds Arbeit im Vorderen Orient einen ausreichenden Begriff zu geben? Der Erzähler bejaht diese Frage mit Entschiedenheit, hat ihn doch keinen Augenblick die Sorge verlassen, die vielen von unserem Impresario ausgerissenen Bäume könnten den Leser erschlagen. Nur noch ein Postskriptum beinahe amtlicher Natur: Im Jahr 1970 wurden die beiden Institute in Istanbul und Teheran, die bis dahin »nur« Bernhards Filialen gewesen waren, selbstständige Kulturinstitute, was freilich nichts an der guten Zusammenarbeit mit Kairo änderte. Mit Beginn des Jahres 1974 trat ein Gesetz in Kraft, das die Kulturinstitute aus der Oberhoheit des Unterrichtsministeriums löste und dem Außenministerium unterstellte. Bernhard wechselte vom Minoritenplatz zum Ballhausplatz, wo er aber blieb, was er immer schon gewesen war: ein Unternehmer in Sachen Kultur.

Slatin Paschas Verehrerin

Bernhard war – und das ist jetzt nachzutragen – in seiner Londoner BBC-Zeit Gordon Brook-Shepherd begegnet, von welchem er bereits zwei oder drei Bücher geradezu verschlungen hatte. Bei einem Empfang in der österreichischen Botschaft war der junge *skriptwriter* dem bekannten Schriftsteller und Journalisten vorgestellt worden und die beiden mussten nicht erst lange nach einem Gesprächsthema suchen. Brook-Shepherd hatte im Zweiten Weltkrieg beim

Nachrichtendienst der britischen Armee gedient und mit Widerstandsgruppen im besetzten Europa zusammengearbeitet. Als Oberstleutnant war er 1945 in die Alliierte Kommission für das vierfach besetzte Österreich nach Wien entsandt worden, wo das britische Hauptquartier sich im Schloss Schönbrunn niedergelassen hatte. Ihm, den die Geschichte der Habsburger schon seit Langem faszinierte, war als Büro der frühere Salon Zitas, Österreich-Ungarns letzter Kaiserin, zugewiesen worden. Der Genius loci scheint ihn inspiriert zu haben, sich ganz methodisch mit der österreichischen Geschichte zu beschäftigen. Hier als Ergebnis solcher Studien einige von Gordon Brook-Shepherds Büchern: »Die Österreichische Odyssee« (1958); »Engelbert Dollfuß« (1961); »Der Anschluss« (1963); »Die Opfer von Sarajewo« (1988); »Zita« (1993); »Österreich. Eine tausendjährige Geschichte« (1998). Allein die Titel geben zu erkennen, dass man es nicht nur mit einem historisch orientierten Autor zu tun hatte, sondern auch mit einem wirklichen Freund Österreichs. Was Wunder, dass es in der österreichischen Botschaft keinen Empfang gab und kaum ein Essen, zu dem Brook-Sheperd nicht eingeladen war. Auch als Bernhard seine Zelte am Nil aufgeschlagen hatte, verloren er und der Schriftsteller und Redakteur von Daily Telegraph nicht den Kontakt. Mehr als einmal hat dieser seinen Freund zurate gezogen, wenn es um Fragen ging, die Österreichs Geschichte betrafen, und der ging ihm immer gern zur Hand. So wusste der Impresario auch bald von der Absicht seines Freundes, ein Buch über den Österreicher Rudolf Carl Freiherr von Slatin zu schreiben, der im Vorderen Orient ebenso wie bei den damaligen Kolonialmächten unter dem Namen Slatin Pascha bekannt geworden war. Seine abenteuerliche Geschichte hier im Detail zu berichten, würde den Rahmen dieser Erzählung sprengen, nur soviel sei gesagt: Rudolf Slatin hatte mit siebzehn seine Ausbildung an Wiens Handelsakademie abgebrochen und war als Handlungsgehilfe nach Kairo gegangen, von wo es ihn bald in den Sudan verschlug. Seinen Streifzügen durch Ägyptens südlichem Nachbarland setzte 1877 die Einberufung zur k. u. k. Armee ein Ende; seinem Dienst als Leutnant im 19. Infanterieregiment folgte ein neuerlicher Einsatz im Sudan, diesmal als Offizier in ägyptischen Diensten. Nach einem Zwischenspiel als Finanzdirektor brachte er es rasch zum Provinzgouverneur von Dara, einer Region westlich von Darfur. Dort gelang es ihm, einen Aufstand zu zerschlagen, wofür er 1881 mit Beförderung zum Gouverneur der gesamten Provinz Darfur ausgezeichnet wurde. Noch im selben Jahr erhoben sich die Mahdisten gegen die ägyptische Regierung und am 23. Dezember 1883 geriet auch Slatin in die Gefangenschaft der Aufständischen. Erst zwölf Jahre später gelang es ihm, unter abenteuerlichsten Bedingungen zu fliehen und sich zu den anglo-ägyptischen

Truppen durchzuschlagen. »Fire and Sword in the Sudan« heißt das Buch, in dem Rudolf Slatin seine Erinnerungen an die ausgestandenen Gefahren festgehalten hat. Schon bald wurde es in mehrere Sprachen übersetzt, auch Bernhard Stillfried hat sich unter seinen Lesern befunden. Im März 1895 wurde Slatin in Kairo vom Khediven Ägyptens zum Pascha ernannt. Auch an der Rückeroberung des Sudan nahm der österreichische Abenteurer noch in vorderster Linie teil, Königin Viktoria erhob ihn bald darauf in den britischen Adelsstand. Die ersten vierzehn Jahre des 20. Jahrhunderts hat er im Sudan die hohe Stellung eines Generalinspektors bekleidet. Den Ersten Weltkrieg erlebte er als Leiter der Kriegsgefangenenhilfe des österreichischen Roten Kreuzes und erst danach schien sein Lebensschiff in ruhigere Gewässer zu steuern. Doch dann starb ihm die Frau, die er erst sieben Jahre zuvor in Wiens Votivkirche geheiratet hatte; sie ließ ihn mit einer Tochter zurück. Von materiellen Sorgen immerhin unbelastet, lebte er in seiner Meraner Villa noch etliche Jahre. 1932 erlag er einer Krebsoperation, am 6. Oktober 1932 erfolgte seine Beisetzung auf dem Ober Sankt Veiter Friedhof; sie soll einem Staatsbegräbnis geglichen haben.

So viel in Kurzfassung. Bernhard Stillfried hatte in Kairo die Bekanntschaft einer alten Dame gemacht, die seit ihrer Jugend Slatin Pascha glühend verehrte. Mehr noch, sie muss in sehr jungen Jahren in den österreichischen Kolonialhelden sehr verliebt gewesen sein. Verwöhnte Tochter eines reichen Geschäftsmanns, der in Ägypten sehr gewinnbringend bewirtschaftete Ländereien und sogar eine Privatbank sein Eigen nannte, war sie Rudolf Slatin einfach nach Wien nachgereist. Mit welchem Ergebnis auch immer, jedenfalls dürfte die Euphorie bei dem jungen Ding bald in Katzenjammer umgeschlagen sein und der Vater, übrigens Österreich-Ungarns Honorarkonsul in Kairo, hat sie dann wohlbehalten an den Nil zurückgebracht. Die Rede ist von Mary Khahil, der es beim Tee mit Ira und Bernhard gefallen hatte, ihre Jugendtorheit noch mit der einen oder anderen Anekdote auszuschmücken. Der alten Dame war vom Vermögen ihres Vaters noch genug geblieben, um sich selbst jedes Bedürfnis erfüllen zu können und daneben auch Wohltätigkeit zu üben. Ja, man konnte die gläubige Melchitin sogar eine Stifterin nennen, denn sie hatte ein altes, heruntergekommenes Kirchlein gekauft, instand setzen lassen und auch einen Priester angestellt. Es war jene Melchitenkirche, in der das Ehepaar Stillfried sonntags dem nach byzantinischem Ritus abgehaltenen Gottesdienst beizuwohnen pflegte. Obschon in St. Mary in Garden City, so der Name, arabisch gesungen wurde, hielt der Geistliche seine Predigt zweisprachig, auf Arabisch und auf Französisch. Xavier Eid, so sein Name, war selbst ein großer Wohltäter, dessen karitative Aktivitäten den Ärmsten der Armen galten, jenen Menschen nämlich, die sich von Kairos Abfällen ernährten.

Die hier notwendigen Mittel flossen ihm durch eifriges Spendensammeln zu und auf der Spenderliste, die er sich angelegt hatte, fand sich Bernhards Name noch im 21. Jahrhundert. Längst wieder in seiner Heimatstadt Wien lebend, erhielt er den letzten, wie immer französisch geschriebenen Dankbrief nach Weihnachten 2009, kurz vor dem Tod des wackeren Priesters. Der sonntägliche Messebesuch blieb für die Stillfrieds nicht die einzige Gelegenheit, mit St. Marys Patronin zusammenzukommen. Bernhard schrieb Gordon Brook-Shepherd: »Da ist jemand, der Dir über Slatin Pascha viel erzählen kann.« Der Besuch des austrophilen Briten ließ nicht lange auf sich warten. Mehrmals war er bei Madame Khalil zum Tee. Als Brook-Shepherd schließlich nach London zurückflog, besaß er das Material, das ihm zu seinem Buch noch gefehlt hatte; er gab ihm den Titel »Slatin Pascha – Ein abenteuerliches Leben«.

FERIEN VOM NIL

Dem ägyptischen Sommer wichen sie ins Salzkammergut aus, jedenfalls die ersten vier oder fünf Jahre. Zinkenbach hieß der kleine Ort nahe St. Gilgen, in welchem die Stillfrieds bei einem Bauern Saisongäste waren. Sommerfrischen ganz wie im Bilderbuch. Doch auch am Wolfgangsee blieb Bernhard die Unternehmungslust in Person; auf dem Ausflugsprogramm, zu dem er die Seinen vergatterte, zwei Ziele mit »Hall«: das salzburgische Hallein und das oberösterreichische Hallstatt. Zentren der Salzgewinnung, das eine wie das andere sprichwörtlich für die erste zentraleuropäische Hochkultur. Ausflüge also auf den Spuren der Kelten! Zwecks fachkundiger Führung organisierte Bernhard den Frühgeschichtler Karl Kromer; Freund Carlo hatte an diesen Plätzen seine ersten wissenschaftlichen Sporen verdient. Dass der Pater familias auch als Sommerfrischler dienstlich in Anspruch genommen war, trug der Rest der Familie mit Fassung, denn einmal richtig faulenzen, das konnte man nur, wenn einen der große Organisator nicht in seiner Reichweite hatte. Im August hielt sich Bernhard immer wieder in der Festspielstadt Salzburg auf, wo er am Rande des großen Festivals die Musiker traf, die er zu sich in den Vorderen Orient holen wollte. Im Café Bazar oder im Café Tomaselli verabredete man den Termin, das musikalische Programm und alle sonstigen Details der Tournee. Doch auch für einen Sprung nach Wien war der begeisterte Autofahrer durchaus zu haben, ließ sich eine wichtige Verabredung nicht auf später verschieben.

Die ersten zwei Septemberwochen waren die letzten vor der Rückreise an den Nil, man verbrachte sie in Wien und wohnte bei den Eltern. Eine Zeitspanne, die Bernhard regelmäßig dazu nützte, eine lange Erledigungsliste abzuarbeiten. Aly, die ihre Gewohnheit, die Nachmittage bei Freundinnen zu verbringen, den Enkelinnen zuliebe unterbrach, und Alfons, der für tiefschürfende Dialoge wieder einmal »seine Schnur« im Haus hatte.

Büffels Geburtstagsgeschenk an den Vater

1962 war das Jahr, in dem Alfons fünfundsiebzig wurde und sein Büffel ihm zu diesem runden Geburtstag eine Orientreise schenkte. Am 28. September brachen die beiden auf, von Wien nach Venedig per Flug, von dort dann mit der »San Giorgio«, so hieß das Schiff, nach Athen, wo sie viereinhalb Tage blieben. Schon auf der Akropolis erwies sich der Vater als äußerst beschlagen, hatte er sich doch schon seit Jahresbeginn ganz auf einschlägige Literatur konzentriert. Mehr noch als das bauliche oder künstlerische Detail waren es die historischen Zusammenhänge, die ihn fesselten und deren geistigen Nachvollzug er sich von dieser Reise erhoffte. Auch Istanbul, ihre nächste Station, erreichten sie auf dem Seeweg. Hier, am Sitz eines Österreichischen Kulturinstituts, machte dessen Direktor den Cicerone, nämlich Bernhards Mitarbeiter und Freund Dr. Ludwig Jorda. Am Bosporus also hatte Byzanz 1453 nach langem Siechtum die letzte Stunde geschlagen und aus Konstantinopel war – nach dem Schlachtruf der siegreichen Janitscharen: »Eis tän polis!« (Hinein in die Stadt!) – Istanbul geworden, bald die neue Hauptstadt des Osmanischen Großreichs. Hier war zu zwei Belagerungen Wiens der Entschluss gefasst worden. Erst im 18. Jahrhundert, nach den Siegen des Prinzen Eugen und dem von ihm erzwungenen Frieden von Passarowitz, steuerten die Beziehungen zwischen dem Habsburgerreich und dem Osmanischen Reich nach und nach in ein ruhigeres Fahrwasser und schon sehr früh wurde dieser Umstand von Maria Theresia und ihrem Kanzler Kaunitz dazu benützt, den orthodoxen Griechen und bald darauf auch den katholischen Armeniern aus ernster Bedrängnis zu helfen. Durch Verträge, wohlgemerkt. Mit der Zeit folgte so ziemlich alles, was es in der Levante an verstreuten christlichen Glaubensgemeinschaften gab und Österreich wuchs mehr und mehr hinein in die Rolle einer Schutzmacht der katholischen Christen in der Diaspora. Solange es dazu die Macht besaß und also bis zum Ersten Weltkrieg, ist Österreich seiner Mission treu geblieben. Mit dem allmählichen Schwinden der alten Feindschaft waren vertragliches Aushandeln und diplomatisch-konsularische Intervention zu den beiden Instrumenten geworden, mit welchen Wien von der türkischen Seite so manches Zugeständnis erreichte.

Neben solchen Initiativen unterstützte Österreich in Not geratene Christen des Ostens auch finanziell; für den syrischen Raum, zu dem damals der Libanon gehörte, waren die Unterstützungsgelder zunächst den Maroniten zugeflossen, später wurden die Mittel zwischen diesen, den katholischen Armeniern und den Griechen aufgeteilt. Auch liturgische Geräte und Buchspenden zu Kirchen- und Schulzwecken, von der Hofdruckerei in der betreffenden Sprache und, wo immer nötig, unter Bedacht auf den jeweils geltenden Ritus hergestellt, fanden den Weg in die Levante. Nicht zu vergessen die laufenden Subventionen für die orientalischen Kirchen, deren Empfänger Maroniten, griechische, armenische und syrische Katholiken ebenso wie die chaldäischen Christen waren.[11] Bernhard war die historische Rolle seines Landes als christliche Schutzmacht schon deshalb sehr gegenwärtig, weil er als Auslandsmitarbeiter von Pro Oriente immer wieder mit den verschiedenen Ostkirchen in Berührung kam. So wusste er von vielen persönlichen Begegnungen, dass die Erinnerung an Österreichs religiös motivierten Minderheitenschutz, auf den sich zu keiner Zeit ein kolonialistischer Schatten gelegt hatte, in diesen Kreisen noch immer lebendig war. Für den Sohn wie für den Vater, hierin stimmten sie einmal ganz überein, erschöpfte sich der Sinn dieser Reise nicht im Sightseeing, so interessant das auch war; beiden lag stets auch am historischen Lokalaugenschein. Und nie versäumten sie, sich die ganz spezifische Frage zu stellen, ob in der Geschichte der Beziehungen zwischen dem gerade besuchten und dem eigenen Land etwas Wesentliches und Erinnernswertes zu Buche geschlagen habe – und wenn ja, was genau. Von Istanbul flogen sie nach Beirut, aber nur, um die Anschlussmaschine nach Jerusalem zu nehmen. Nun waren sie in der Stadt, in deren Mauern alle drei großen monotheistischen Religionen Wohnrecht beanspruchen und Tür an Tür leben, so eng wie sonst nirgendwo auf der Welt. Bernhard begleitete den Vater zu den Heiligtümern aller drei Glaubensbekenntnisse und das christliche Viertel durchstreiften sie mehrmals: Löwentor, St. Anna-Kirche, Grabeskirche, Golgatha, Gefängnis Christi. Natürlich besuchten sie auch das österreichische Hospiz mit seiner bevorzugten Lage an der Via Dolorosa. Der Baugrund dazu war Kaiser Franz Joseph vom Sultan geschenkt worden und 1858 konnte das Gebäude, das noch immer zu den schönsten der Jerusalemer Altstadt zählt, seiner Bestimmung übergeben werden. Der Hauptaltar in der Kapelle ist aus Untersberger Marmor, Heinrich Ferstel hat ihn entworfen. Als Kaiser Franz Joseph, seines Titels als »König von Jerusalem« eingedenk, der Heiligen Stadt im Jahr 1869 einen feierlichen Besuch abstattete, wohnte er im

---

11 Arthur Breycha-Vauthier de Baillamont, Österreich in der Levante, Herold, Wien 1972.

österreichischen Hospiz und noch jetzt wird dort das sogenannte Kaiserzimmer gezeigt. Für den Monarchen, unter dessen vielen Völkern auch Muselmanen und Juden lebten, verstand es sich von selbst, dass er die Jerusalemer Omar-Moschee und die Große Synagoge besuchte. Die Stellung der Christen in Jerusalem war schon immer ein besonderes Anliegen der Habsburger-Kaiser gewesen und nicht anders als seine Vorgänger nahm auch Franz Joseph I. die Aufgaben als Schirmherr sehr ernst. In der Salvatorkirche erinnert eine große Tafel daran, dass er es war, der bei der Erneuerung dieses Gotteshauses die Hauptlast trug. Und in der Patriarchatskirche stiftete Franz Joseph den Hauptaltar, sein Bruder Maximilian die Luster. Aber auch die von Wien 1846 in Jerusalem gegründete Druckerei erhielt anlässlich des Kaiserbesuchs neue Maschinen aus Österreich und von der Hofdruckerei dazu die arabischen Lettern; selbst die Setzer wurden in Wien ausgebildet. Doch noch einmal zurück zum Hospiz. Als die beiden Stillfrieds an sein Tor traten, befand sich »das liebe österreichische Pilgerhaus«, so war es zu Zeiten von Pilgern gerne genannt worden – nach mehrmaligem, durch die beiden Weltkriege bedingtem Besitzwechsel – noch nicht wieder in österreichisch-kirchlicher Hand. Das sollte erst 1969 dem großen Geschick Dr. Arthur Breycha-Vauthiers in Verhandlungen mit dem jordanischen König gelingen. Der Österreicher mit dem böhmisch-luxemburgischen Adelsnamen stand, ungeachtet seiner wissenschaftlichen Ausbildung zum Orientalisten, zu Bernhards Zeit im diplomatischen Dienst, nämlich als Wiens Botschafter in Beirut. Kaum war Breycha-Vauthier dazu ernannt worden, hatte er übrigens auch schon das Bedürfnis verspürt, den Kollegen von der Kultur, der für den ganzen Orient zuständig war, persönlich kennenzulernen. Er schrieb Bernhard nach Kairo, teilte ihm den Tag und die voraussichtliche Uhrzeit des Zwischenaufenthalts seines Schiffes in Alexandrien mit, ferner, dass er und seine Frau sich sehr freuen würden, wenn das Ehepaar Stillfried an Bord kommen könnte, um gemeinsam mit ihnen das Abendessen einzunehmen. Als das Schiff spätabends vom Pier losmachte, um nun auf Beirut zuzuhalten, hatten die beiden Ehepaare bereits Freundschaft geschlossen.

Auch ein Ausflug nach Bethlehem hatte noch zu Bernhards Geburtstagsgeschenk an den Vater gehört, bevor die beiden in Beirut das Schiff nach Alexandrien nahmen. Am 12. Oktober 1962 war man glücklich in Kairo, wo Alfons noch zwei Wochen bei der Familie blieb. Aus seinen Erinnerungsnotizen wird deutlich, dass er die große Reise mit Bernhard als so etwas wie die Krönung seines Lebens betrachtete. Und Aly, seine Frau? Fast scheint sie uns abhandengekommen zu sein. Gewiss, sie war in der Zeit, als Bernhard bei der BBC arbeitete, mehrmals und auch für länger in London gewesen, im Gegensatz zu ihrem Mann, der sich dagegen immer gespreizt hatte. Aber Kairo, wollte oder brauchte man sie dort nicht? Um dem Gang der Erzählung wieder einmal vorauszueilen: Aly blieb nicht allzu viel Zeit, sich übergangen zu fühlen, denn zweimal sollte auch sie ganz teilhaben an dem Kairoer Leben ihrer Kinder und Enkel, Ausflüge zu den Pyramiden mit inbegriffen.

WIR HABEN EINEN BRUDER!

Die Sommerfrische des Jahres 1963 hob sich deutlich von den drei vorangegangen ab. Diesmal konnte Bernhard später als sonst Ira und den Mädchen nach Österreich folgen, letzte wichtige Verhandlungen, die technische Fachschule betreffend, hatten seine Anwesenheit in Teheran notwendig gemacht. So kam es, dass er sich mit dem Auto auf dem Weg nach Beirut befand, als in der Heimat seine Frau niederkam. Am 29. Juli 1963 ereignete sich das, doch erst am Tag darauf, als er von Beirut endlich telefonieren konnte, hatte er die Bestätigung, dass er ein viertes Mal Vater geworden war, und diesmal mit einem Sohn. Vier Tage nach dem freudigen Ereignis, bei dem Bernhards Mutter zugegen gewesen war, trat endlich auch der Vater ans Kindbett. In der Salzburger Klinik, wo die Entbindung stattgefunden hatte, war den Stationsschwestern übrigens schon bei der Einlieferung der Hochschwangeren etwas ein klein wenig gegen den Strich gegangen. Wo war der Ehemann?! Amüsiert erzählte Ira, wie schon wenige Stunden nach der Geburt sich auf den Gesichtern der Schwestern verhaltene Besorgnis abzuzeichnen begann. »Hat der Herr Gemahl schon angerufen?« Die zweite Hochsommerhälfte verbrachte die nun sechs Köpfe zählende Familie wieder in gewohnter Weise am Wolfgangsee. »Wir haben einen Bruder!« Unter lautem Skandieren dieser Freudenbotschaft waren Maria, Gabrielle und Christina eine Stunde lang durch das Dorf gelaufen. Im September traf man sich dann wieder in Wien und nicht weit vom Saarplatz, in der Döblinger Pfarrkirche, wurde das Söhnlein getauft. Auf den Namen Georg, nach dem im Krieg gefallenen Bruder seines Vaters. Schon im Frühjahr hatte Bernhard bei Pater Ernest Raidl, dem Direktor des St. Georg-Kollegs in Istanbul, angefragt, ob er nicht nach Wien kommen könne, um das Kind zu taufen. Dieser sagte sofort Ja, zumal er als Lazarist ohnehin im Grazer Mutterhaus des Ordens einiges zu erledigen hatte. Kurz zuvor war in Rom eine Entscheidung gefallen, die Pater Raidl noch immer auf der Seele lastete. Man hatte den heiligen Georg »degradiert«! In der katholischen Kirche waren Zweifel an der historischen Existenz einiger Heiliger, darunter an der des Drachentöters, nicht länger zu überhören gewesen, allzu sehr schienen einige Heiligenlegenden auf Fantasie gebaut. Nicht dass man die betreffenden Namen ganz aus dem Heiligenkalender gestrichen hätte, aber ein kirchenamtliches Fragezeichen stand nun dahinter. Allenthalben ließ sich ostkirchlich-orthodoxes Murren vernehmen, handelte es sich doch um die Zurückstufung eines beim Kirchenvolk besonders beliebten Heiligen. Aber auch dem Leiter des Istanbuler St. Georg-Kollegs wollte die Sache gar nicht gefallen. Umso freudiger begrüßte er die Bitte des Freundes, den Kleinen auf den Namen Georg zu taufen. Wenige Tage danach traten die Stillfrieds den Rückflug in die Levante an.

Den Wolfgangsee begann allmählich das Mittelmeer zu verdrängen. Der Küstensaum westlich von Alexandrien erfreute sich als Ferienziel allgemeiner Beliebtheit, bei ägyptischen nicht weniger als bei europäischen oder amerikanischen Familien. Agami heißt der Badeort, an dessen Strand Bernhard einen geräumigen Bungalow mietete, für die ganze Saison zum ersten Mal im Sommer 1966. Dieser Wechsel der Urlaubsgewohnheiten geschah nicht zuletzt mit Rücksicht auf den Jüngsten. Kurz vor dem berechneten Datum seiner Geburt war Fatma angestellt worden und schon bei der Ankunft auf dem Kairoer Flughafen, als sie des Kleinen zum ersten Mal ansichtig wurde, nahm sie ihn Ira mit der größten Selbstverständlichkeit aus dem Arm. Fatma und ihr Tuti, wie sie den Kleinen liebevoll nannte, sah man hinfort immer zusammen. Auf dem Kinderspielplatz des Gezirah-Clubs ließ man die beiden, wenn auch halb im Scherz, für Mutter und Sohn gelten; bei den Ägypterinnen, die sich dort mit ihrem Nachwuchs zeigten, hieß Fatma »Om Tuti«, was nichts anderes bedeutete als »Mutter des Tuti«. Adreia, wir wollen den wirklichen Vornamen der Kinderfrau nicht ganz beiseitelassen, durfte jederzeit und auch für länger ihren Neffen Magdi nach Agami mitbringen, einen Jüngling. Magdi Allam stammte aus bitterarmen Verhältnissen; die Mutter hatte sich in Saudi-Arabien bei einer sehr wohlhabenden Familie verdingt und der Bub war mit vier Jahren einem von italienischen Klosterschwestern geführten Kinder- und Jugendheim anvertraut worden, wo er viel Zuwendung erfuhr und neben ägyptischen auch italienische Kinder zu Gespielen hatte. Unter diesen Bedingungen achtzehn geworden, zog Magdi zu seiner Tante Adreia, der Schwester seiner Mutter, die sich des jungen Mannes annahm. Magdis leibliche Mutter konnte sich von ihren Saudis schwer losmachen, sie war angewiesen auf den Lohn, den man ihr zahlte. So kam sie nur einmal im Jahr zu Besuch, doch in deutlich kürzeren Abständen schickte sie Geld nach Hause. Magdi hatte an seine Zukunft keinen größeren Wunsch, als ganz in Italien zu leben. Zunächst aber beschaffte Bernhard dem jungen Mann einen Job in seinem Kulturinstitut; erst als ein

Stipendium, das Magdi vom italienischen Außenministerium bewilligt worden war, wegen des Widerstands der Mutter, einer strenggläubigen Moslemin, zu verfallen drohte, besuchte Bernhard den italienischen Kulturattaché. Alles Weitere fügte sich schließlich nach Magdis Träumen. Er blieb in Italien, wurde dort ein hoch geachteter Journalist, den seine Wahlheimat 2009 ins Europaparlament entsandte. In seiner Autobiografie mit dem Titel »Ich liebe Italien, aber lieben es die Italiener?« hat Magdi Cristiano Allam, so sein voller Name, dem väterlichen Freund Bernhard Stillfried und dessen Familie ein eigenes Kapitel gewidmet.

Amphitheater, nicht schon wieder!

Bleibt noch über die Ferien des Jahres 1968 zu erzählen, die im Zeichen einer ausgedehnten Familienreise standen – der ersten, an der auch Georg teilnehmen durfte. Fatma hatte der Gedanke, ihren Liebling in die Fremde ziehen zu lassen, mehr als eine schlaflose Nacht bereitet, dann aber war in ihr ein ungewöhnlicher Entschluss gereift, den sie auch rasch zur Ausführung brachte. Sie unternahm mit dem Fünfjährigen einen Ausflug in den Kairoer Stadtteil Shoubra, wo die Kirche der heiligen Theresia steht. Nicht jener spanischen von Avila, der großen Reformatorin des Karmeliterinnenordens, die schon 1622 heiliggesprochen und 1970 auch noch in den Rang einer Kirchenlehrerin erhoben worden war. Nein, die Kirche in Shoubra trägt den Namen der heiligen Theresia vom Kinde Jesu, der im französischen Lisieux geborenen und 1925 heiliggesprochenen, die auch die »kleine Theresia« genannt wird. Dieses katholische Gotteshaus betrat also die gläubige Moslemin mit dem Buben. Fatma war übrigens nicht die einzige ihres Glaubens, die der christlichen Heiligen mit dem diminutiven Beinamen den einen oder anderen hoffnungsvollen Seitenblick zuwarf. Gar nicht so wenige Mosleminnen pflegten vor deren Bild eine Kerze anzuzünden, wenn sie einen außergewöhnlichen Wunsch auf dem Herzen hatten und die Zuständigkeit eben dieser Heiligen, dessen Erfüllung herbeizuführen, auf der Hand zu liegen schien. Genau das tat Fatma jetzt für Georgs glückliche Heimkehr! Übrigens erregte sie damit keinerlei Aufsehen, denn moslemische Frauen unterschieden sich in der Kleidung kaum von den christlichen Ägypterinnen, die zu allen Stunden des Tages die Kirche betraten. Wenige Tage nach dem Inkrafttreten dieser von Fatma in aller Heimlichkeit abgeschlossenen Reiseversicherungspolice brach man also auf – und zwar mit zwei Autos, denn die Stillfrieds befanden sich in der Gesellschaft besonders lieber Freunde, die sie schon in Österreich gekannt hatten und mit denen sie oft beisammen waren. Von Gordian Gudenus und seiner Frau Anna ist hier die Rede, deren drei Kinder ihrerseits mit den Stillfriedmädchen dick befreundet waren. Dr. Gudenus, damals gerade noch österreichischer Botschafter in Ägypten, doch vom Ballhausplatz bereits dazu bestimmt, sein Land demnächst im Libanon zu vertreten, überließ dem Freund nur zu gerne die Führung des kleinen Konvois, denn Bernhards Orientierungssinn und seine Leidenschaft für Landkarten waren sprichwörtlich. Somit fuhr dieser mit seinem Auto voran, Ira neben sich, rückwärts Maria, Gabrielle und Georg. Auch im zweiten Wagen saßen Kinder auf den Rücksitzen, die beiden Söhne Philipp und Gordian. Übrigens war in beiden Fahrzeugen der Nachwuchs nicht vollständig anwesend, in jedem fehlte ein Mädchen, bei den Stillfrieds Christina und im Gudenus-Auto Annamaria. Beide hatten es vorgezogen, die Ferien zusammen in Italien zu verbringen – und zwar in Porto Ercole an der Tyrrhenischen Küste, wo die Familie Gudenus ein kleines Haus besaß; ein Kindermädchen kümmerte sich dort um die beiden nicht so reiselustigen Freundinnen. Der Konvoi hielt auf die nordafrikanische Mittelmeerküste zu, sechs Tage immer die Küstenstraße entlang in Richtung Westen. Zunächst folgte die Gruppe den Spuren des Zweiten Weltkriegs. Noch auf ägyptischem Boden hielt sie in El Alamein, dem historischen Ort, an dem die Alliierten unter General Montgomery am 4. November 1942 über die Achsenmächte jenen Sieg errangen, der das Blatt auf dem afrikanischen Kriegsschauplatz wendete, mit hohem Blutzoll auf beiden Seiten. Auch in Tobruk verweilte die Gruppe kurz, aber da hatte sie zuvor schon die libysche Grenze überschritten. Nach einem ersten vergeblichen Versuch war es dem deutschen Afrikakorps unter Generaloberst Rommel gelungen, die zur Festung ausgebaute Hafenstadt Tobruk zu erstürmen. Nach diesem vom 20. auf den 21. Juni 1942 errungenen Sieg ließ den daraufhin zum Feldmarschall ernannten Heerführer das Kriegsglück im Stich. Tobruk und El Alamein, an beiden Orten gingen Bernhards Gedanken zum Vater nach Wien; zusammen hatten sie als »Schwarzhörer« diese Namen aussprechen gehört. Nach solcher Rückbesinnung trat nun das klassische Altertum in sein Recht. Den »roten Faden«, dem die beiden Familien folgten, ohne je das Mittelmeer ganz aus dem Blick zu verlieren, denke ich mir mit Purpur gefärbt und aus griechischem, phönizischem, punischem und römischem Garn gezwirnt. Kyrene, Benghazi, Leptis Magna, Tripolis und Sabratha die Namen der aufgefädelten Perlen. Viel ließe sich zu jedem einzelnen dieser Plätze sagen, zu ihren Triumphbögen, Thermen, Amphitheatern, Marktplätzen und Tempeln. Das nächste Land, das nun auf der Reiseroute liegt: Tunesien. Nicht weniger als sieben Perlen vereint hier der rote Faden: Gabes, Sfax, Susa, Monastir, El Diem, Kairouan und Tunis. Und noch anderes Garn zwirnt sich jetzt in dem Faden, solches von arabischer und islamischer Spindel! Viel Moscheenherrlichkeit und arabische Festungsarchitektur, doch auch das Amphitheater-Erlebnis bleibt nicht aus. Von Tunis mit dem Fährschiff nach Sizilien übergesetzt; während die Familie Gudenus sich dort verabschiedet, um in ihrem Ferienhaus auf dem Festland Erholung zu suchen, steht für die Stillfrieds noch immer viel auf dem Programm: Palermo, Monreale, Segesta, Agrigento, Siracusa und Taormina, dann springen auch sie unter Bernhards Führung aufs Festland, aber nicht, um sich an irgendeinem der Strände zu aalen. Weiter geht's nach Neapel, von dort ein Abstecher nach Pompeji. Dann über Monte Cassino nach Rom. Als Bernhard in der Ewigen Stadt nach dem Petersdom, der Engelsburg und dem Forum Romanum den Kindern auch noch das Kolosseum zeigen will, entwindet sich seinem Jüngsten nur noch ein Stöhnen: »Ein Amphitheater, nicht schon wieder!« Von Rom auf einen Sprung zu den Freunden nach Porto Ercole, nur um Christina zu holen. Wieder vollzählig, reisen sie über Süd- und Osttirol ins Salzburger Land. »G« wie Großglockner, Österreichs höchster Berg! »G« wie Großglockner Hochalpenstraße, die Kärnten mit Salzburg verbindet. Wer es auf ihr mit seinem Auto über den Pass schaffte, durfte die Vignette mit dem »G« auf der Windschutzscheibe befestigen. Georgs erster Schnee! Übernachtung in Badgastein bei Bernhards Tanten, den Schwestern Grete und Erni Anna. Anfang der 1960er-Jahre hatten sie sich am Rande des Ortes ihr Häuschen gebaut. Schon am nächsten Morgen geht es nach Wien, nur ein paar Tage verbringen sie dort. Nach einem Zwischenurlaub im steirischen Mürzsteg treten sie schließlich die Rückfahrt an. Wieder über Italien, diesmal bis Brindisi, und von da mit dem Fährschiff nach Igoumenitsa. Delphi und Athen sind die letzten Stationen, doch schon am nächsten Tag geht es in Piräus aufs Schiff und jetzt ist Alexandrien das Ziel. Von dort noch eine halbe Autostunde bis nach Agami, dem Badeort. Fatma kann sich kaum fassen vor Glück, auf die Fürsprache der »kleinen Theresia« war also Verlass gewesen.

Nicht ohne Baedeker

Jordanien, Syrien und der Irak, mehr als eine bloße Erwähnung kann diese Erzählung den drei Ländern nicht widmen. Gewiss, gerade ihnen wird in Studienreiseführern noch mehr Raum zuteil als den Staaten an der afrikanischen Mittelmeerküste, ist doch gerade der Norden der arabischen Halbinsel kulturgeschichtlich ein besonders dicht beschriebenes Blatt. Natürlich haben Bernhard und Ira auch in dieser Zone die wichtigsten Ausgrabungen besucht, zu zweit oder auch in größerer Gesellschaft, aber fast immer in Verbindung mit dienstlichen Pflichten. Die Schätze Jordaniens, Syriens und des Irak aber müssen einem Studium der besten Reiseführer überlassen bleiben – und unserem inneren Auge. An ihm mögen die Völker vorüberziehen, die das Schicksal dieser Weltecke bestimmt haben: Akkader, Babylonier, Assyrer, Israeliten, Griechen, Nabatäer, Römer, Parther, Sassaniden, Araber, Byzantiner und Osmanen. Und auch in Hinsicht auf das, was deren Reiche im arabischen Norden zum Weltkulturerbe beigetragen haben, müssen wir uns hier mit Namen begnügen: Amman, Djerasch, Kerak, Petra und Aqaba in Jordanien; Damaskus, Maalula, Palmyra und Aleppo in Syrien; Bagdad, Ktesiphon, Babylon, Mossul und Ninive im Irak.

Der Jom-Kippur-Krieg

Nicht der Sechs-Tage-Krieg des Jahres 1967, in dem Israel die Kontrolle über die Sinaihalbinsel, den Gazastreifen, die Golanhöhen und das Westjordanland einschließlich Jerusalems gewonnen hatte, war für Bernhard Stillfried das einschneidendste Kriegsereignis seiner Kairoer Zeit gewesen. Sehr wohl aber für die Familie, ganz besonders für die Kinder! Das Sirenengeheul, die Verdunklung, auf den Straßen die Sandsäcke! Auch die unter den Ausländern um sich greifende Nervosität wirkte ansteckend. Die Deutsche Schule schloss vorübergehend ihre Pforten, viele Mitschüler der Stillfriedmädchen verließen mit ihren Eltern das Land. Trotz allem, noch viel unmittelbarer als diesen nahöstlichen Waffengang hat Bernhard sechs Jahre später den Jom-Kippur-Krieg erlebt. Am 6. Oktober 1973, dem höchsten jüdischen Feiertag, der ganz im Zeichen der Versöhnung steht und auf Hebräisch Jom Kippur heißt, hatten Ägypten und Syrien das benachbarte Israel angegriffen und bei diesem Überraschungsschlag mit ihren Truppen an beiden Fronten anfangs große territoriale Gewinne erzielt. Nach einigen Tagen aber gelang es Israel, die Syrer zurückzuschlagen und die Ägypter auf dem Sinai einzukesseln; die israelische Luftwaffe sorgte dafür, dass sich der Krieg auch hinter den feindlichen Fronten bemerkbar machte. So auch beiderseits des Nils, wo die Zivilbevölkerung sich zunehmend verunsichert fühlte. Wie immer in solchen Situationen begannen die ausländischen Botschaften und Konsulate auch diesmal mit der Evakuierung ihrer Staatsangehörigen. Bei den Österreichern stand sofort fest, dass niemand geeigneter war als Dr. Stillfried, eine solche Aufgabe zu übernehmen. Botschafter Dr. Heinrich Standenat, er vertrat damals sein Land schon zum zweiten Mal am Nil, sprach Bernhard darauf an, lebte dieser doch schon seit vierzehn Jahren in Ägypten. Kurz und gut, der Impresario übernahm die Leitung des schwierigen Unternehmens, das in der Hauptsache darin bestand, österreichische Touristen in die Heimat zu schaffen. Der schriftliche, tagebuchartig verfasste Bericht, den Bernhard nach Beendigung der Aktion dem Botschafter vorlegte, setzte mit dem vierten Tag nach Kriegsausbruch ein und begann so: »Am 10. Oktober 1973 Zusammenstellung eines Transportes für 54 Personen von Kairo nach Alexandrien. Abfahrt mit dem Autobus, in dem 34 Personen Platz genommen haben, um 14.30 Uhr. 5 Taxis mit weiteren 20 Personen insgesamt werden wegen Schwierigkeit mit der Reiseagentur bis zum späten Nachmittag aufgehalten.« Und mit jeder weiteren Zeile häuften sich die Probleme. Schon bei der Stadtausfahrt wird der Autobus von der Polizei auf Nebenstraßen umdirigiert; die nach Alexandrien führende Hauptstraße ist gesperrt, angeblich infolge israelischer Fliegerangriffe. Aber auch unterwegs von Dorf zu Dorf wiederholte Kontrollen durch ägyptisches Militär, bei der letzten wird der Buslenker gezwungen, seinen nordwestlichen Kurs auf Alexandrien aufzugeben und tief nach Osten auszuweichen. Schlechte Straßenverhältnisse machen dem Fahrzeug zu schaffen, in der Nähe eines Luftstützpunktes hat es mehrmals Tiefflieger über sich. Noch eine ganze Weile kommt der Bus nur auf Umwegen voran, doch schließlich kann er wieder direkt auf sein Ziel zuhalten; nach siebeneinhalbstündiger Fahrt und gezählten vierzehn Kontrollen durch Polizei und Militär hält er schließlich um 22 Uhr vor Alexandriens Windsor-Hotel. Noch vor Mitternacht trifft auch der Mietwagen-Konvoi ein, der zwar erst am Abend von Kairo losgekommen war, dann aber die mittlerweile wieder frei gegebene Hauptstraße hatte benützen können. Bernhards Eintragung vom 11. Oktober spricht von der Einschiffung der vierunddreißig Österreicher, die im Autobus mitgefahren waren; sie verlief reibungslos, weil er mithilfe des österreichischen Honorarkonsuls die Kabinenplätze gesichert hatte. Von Rudi Luzianovich ist die Rede, einem in Alexandrien ansässigen Kaufmann, der nicht nur all die Kniffe kannte, die das Leben in Ägypten lebenswert machten, sondern auch über gute persönliche Beziehungen zu den Behörden verfügte. Rudi war ein aus Dalmatien stammender Altösterreicher, schon dessen Vater, einen Geschäftsmann, hatte es nach dem Ersten Weltkrieg nach Alexandrien verschlagen, orientalische Hafenstadt, die schon in der k. u. k. Monarchie für ihre Österreicherkolonie bekannt gewesen war. Bernhards Bericht erwähnt »unbeschreibliche Szenen«, die sich im Schifffahrtsbüro abspielen, wo eine Menschenmenge sich in der Hoffnung getäuscht sieht, ebenfalls auf der »Syria«, dem ersten seit Kriegsbeginn wieder auslaufenden, bereits überbelegten Schiff, doch noch eine Passage zu ergattern. Schreiduelle und Handgemenge. Auch die im Taxikonvoi nach Alexandrien transportierten zwanzig Landsleute treffen auf Probleme. Schleppende Abwicklung der Ausreiseformalitäten, dann Kampf um die Kabinen, die, wie sich herausstellt, zum Teil mehrfach vergeben worden sind. Doch Bernhard und der Honorarkonsul lösen auch das, planmäßig verlässt das Schiff mit allen vierundfünfzig Österreichern an Bord um 17 Uhr den Hafen von Alexandrien.

»El Gazayer« hieß das Schiff, das den nächsten Schub transportieren sollte, und sein Auslaufen war für den 14. Oktober vorgesehen. Die vierzig Kabinenplätze, die Bernhard vorsorglich bestellt hat, werden vom Direktor des Schifffahrtsbüros noch einmal bestätigt, wenn auch unter der Bedingung, dass sich die österreichischen Passagiere, die zurzeit noch in Kairo warten, bereits am Tag vor der Abfahrt in Alexandrien einfinden und bis spätestens 12 Uhr Mittag beim Schifffahrtsbüro melden. Da sämtliche Telefonverbindungen in die Hauptstadt unterbrochen sind, kann die dortige Botschaft auf diesem Weg nicht eingeschaltet werden, aber auch mit dem Zug ist Kairo für Bernhard unerreichbar, angeblich soll eine Bahnbrücke durch einen Bombentreffer beschädigt sein. Die einzige Hoffnung, den Landsleuten die Einhaltung des von der Schifffahrtslinie zur Bedingung gemachten Termins zu ermöglichen, besteht darin, Kairo mit dem Auto zu erreichen – und zwar auf Umwegen über die Dörfer, was von den ägyptischen Behörden Ausländern aber ausdrücklich verboten ist. Am 12. Oktober um 6 Uhr früh macht sich Bernhard mit einem angeheuerten Mietwagen auf den Weg. Dutzende Male wird das Auto angehalten und kontrolliert, auch gibt es immer wieder Vorhaltungen. Fast immer lässt ein Offizier mit sich reden und oft erweist sich auch eine Stange Zigaretten als hilfreich. Um 11.30 Uhr betritt der Impresario die Botschaft, durch einen Sondereinsatz aller Mitarbeiter werden die über ganz Kairo zerstreuten österreichischen Touristen zusammengetrommelt und in einen angemieteten Autobus verfrachtet. Ohne polizeiliche Erlaubnis, die aus Zeitgründen nicht mehr eingeholt werden konnte, tritt der Bus mit dreiundzwanzig Passagieren die Reise an; einige von ihnen hatten im Garten der Botschaft kampiert. Mit dem Mietauto, dessen Lenker sich auf der abenteuerlichen Fahrt von Alexandrien nach Kairo als besonders landeskundig erwiesen hat, setzt sich Bernhard an die Spitze des Transports. Überraschenderweise ist die Hauptstraße nach Alexandrien nicht mehr gesperrt, die Reise verläuft ziemlich glatt; unterwegs freilich viel Zerstörung, Bombentrichter, Beschädigungen an der Straße sowie am parallel verlaufenden Bahnkörper und ein bis zur Unkenntlichkeit zerfetzter Autobus, dessen Insassen laut ägyptischen

Zeitungsmeldungen alle den Tod gefunden haben. Um 19.30 ist die Gruppe in Alexandrien, auch sie bezieht Quartier im Windsor-Hotel. Wie sich am Morgen des 13. Oktober herausstellt, sind die fix zugesagten Kabinen trotz Einhaltung des Termins nicht mehr zu haben; das Kairoer Verkaufsbüro der Schifffahrtslinie hat für die bereits vergebenen Kabinen noch einmal Karten ausgestellt, fetteste Schmiergelder scheinen im Spiel gewesen zu sein. Stundenlang verhandelt Bernhard, auch hier unterstützt von seinem Freund Rudi Luzianovich. Dann werden für die dreiundzwanzig Österreicher wenigstens Deckkarten ausgestellt. Gleich daneben panikartige Raufereien zwischen anderen Ausländern. Abends treffen mit der Eisenbahn, die nun wieder verkehrt, noch weitere acht Österreicher ein, darunter eine Mutter mit Säugling. In der Nacht strikte Verdunklungspflicht in Alexandrien, zwei längere Alarme, explodierende Flakgeschosse. Am 14. Oktober läuft, von Piräus kommend, die »El Gazayer« im Hafen ein, anders lautende Gerüchte erweisen sich zum Glück als ängstliche Fantastereien. Bernhards Schutzbefohlene sind schon zur Stelle, auch die acht Nachzügler. Wie der Impresario und sein wackerer Verbündeter es geschafft haben, für sie noch Deckkarten aufzutreiben, grenzt an ein Wunder. Doch abermals Probleme bei den Ausreiseformalitäten; ein junger Österreicher, der mit einem ägyptischen Polizeioffizier aneinandergeraten war, erleidet einen Nervenzusammenbruch, als er deshalb zurückgehalten wird. Wieder einmal sind es Bernhards Überredungskünste und die guten Verbindungen des Honorarkonsuls, die die Wogen glätten. An Bord der »El Gazayer« organisieren die beiden noch ein Notquartier für die Nacht, für Mutter und Baby ergattern sie sogar ein Kabinenbett. Ein halbstündiger Fliegeralarm verzögert das Auslaufen des Schiffs, doch um 17.15 Uhr ist es endlich so weit. Im Hafen bleibt der deutsche Frachter »Ulla« zurück, auf dessen Deck gerade Zelte für Frauen und Kinder aufgestellt werden. Auch auf zwei anderen Frachtschiffen, einem russischen und einem französischen, ist die Besatzung damit beschäftigt, eigene Staatsbürger zur Evakuierung an Bord zu nehmen. Bernhard aber hat seinen Sonderauftrag erfüllt, um 19 Uhr meldet er es telefonisch der Botschaft. Dann organisiert er ein Taxi und fährt nach Kairo zurück, aus gutem Grund in der Nacht, denn die Dunkelheit verspricht besseren Schutz vor Fliegerangriffen.

Der Vater, die letzten Jahre

Seit ihm seine Frau am dritten Januartag des Jahres 1967 an einer verschleppten Grippe weggestorben war, als hätte sie auf Zehenspitzen die Welt verlassen, teilte sich Alfons Stillfrieds Leben zwischen Österreich und Ägypten. Schon am Tag nach Alys Begräbnis hatte Bernhard »ihn sich geschnappt« und nach Kairo mitgenommen. Der alte Herr blieb den ganzen Winter, woraus in der Folge eine feste Einrichtung wurde. Ihm, der mittlerweile in den Achtzigern stand, ersparten diese Winterhalbjahre am Nil die Unbilden des heimatlichen Wetters, sie führten aber auch dazu, dass er enger mit der Familie des Sohnes zusammenrückte. Noch nie hatte Alfons so viel Gelegenheit gehabt, mit Ira beisammenzusitzen, und diese Gespräche mit seiner »lieben Schnur« blieben für ihn noch lange so etwas wie ein Lebenselixier. Bernhard wiederum nahm den Vater auf Exkursionen mit, die interessant, aber nicht zu anstrengend zu werden versprachen. Auch an seiner Rolle als Großvater gewann Alfons Geschmack und das bezog sich nun auf alle vier Enkel, also auch auf Christina, das jüngste Mädchen, das aber inzwischen dem Volksschulalter entwachsen war und auf Georg, den lang erwarteten Enkelsohn. Er bestaunte, mit welcher Selbstverständlichkeit der kleine Mann mit dem Hauspersonal Arabisch sprach, und einmal setzte er sich dazu, als der ägyptische Bügler bei eben dieser Arbeit dem Buben arabische Märchen erzählte; der Großvater verstand kein einziges Wort, doch das minderte für ihn den Reiz keineswegs. Ein noch größeres Vergnügen bereitete es dem alten Herrn, Georg im Gespräch mit Bernhards ägyptischen Freunden zu erleben. Die Gelegenheit dazu ergab sich jeweils, wenn Gäste zum Abendessen eingeladen waren und zuvor noch auf der Terrasse Erfrischungen gereicht wurden. Vor allem der ägyptische Fußball war dann zwischen den Herren und Georg das Thema und es war nicht zu übersehen, dass Stillfried junior über jedes Spiel und jede Mannschaft genau Bescheid wusste. Zum Entzücken der ägyptischen Gäste. Mit Maria und Gabrielle, die bereits die Oberstufe besuchten, ließ sich schon reden wie mit Erwachsenen, durchaus auch über strittige Themen. Der Großvater, den beide als Bücherwurm kannten, verachtete den Roman, es sei denn, er behandelte ein historisches Thema. Oder Goethe hatte ihn geschrieben! Bei den Autoren, die seine Enkelinnen ihm nannten, schüttelte er oft genug den Kopf. Egon Friedell war einer der Autoren, die Alfons den Mädchen ans Herz legte, oder auch Karl Kraus, mit dem ihn freilich eine Art Hassliebe verband. Zu scharfzüngig hatte ihm dieser mit der Habsburgermonarchie abgerechnet. Aber Literatur bildete ja nur eines der Themen, die in den ägyptischen Wintern zwischen dem Großvater und seinen beiden größeren Enkelinnen zur Sprache kamen, und worum es auch ging, jeder von ihnen hatte sich am Ende gut unterhalten.

Jedes Jahr mit der Fliederblüte kehrte Alfons nach Wien an den Saarplatz zurück. Als letzter Mieter bewohnte er nun das ehemalige Winzerhaus, welches bereits deutliche Abnützungserscheinungen zeigte, doch ihn störte das kaum. Und das selbstgenügsame Leben, das er hier führte, kam seinem Naturell durchaus entgegen. Überhaupt hatte auch das Sommerhalbjahr seine angenehmen Seiten. Das Schachspiel mit Partnern aus der Nachbarschaft zum Beispiel und die Spaziergänge in vertrauter Gegend. Oder auch, wenn ab und zu eine seiner fast erwachsenen Enkelinnen vorbeischaute; nach Ablegung der Matura an der deutschen Oberschule in Kairo waren ja beide nach Wien übersiedelt, um hier zu studieren, Maria Anglistik in Kombination mit Romanistik, Gabrielle Medizin; die eine wie die andere wohnte auf dem Rennweg im Studentinnenheim der Sacré Cœur-Schwestern, bis sie dann in die Landstraßer Hauptstraße übersiedelten. Eines freilich beeinträchtigte schon lange das Leben des alten Mannes und das waren seine urologischen Beschwerden; durch die Operation im November 1964 waren diese keineswegs behoben worden. Die Sache war längst chronisch, auch wenn es dazwischen Phasen gab, in welchen sich das Leiden fast vergessen ließ. Jedenfalls traf es sich gut, dass es eine pensionierte Krankenschwester war, die sich um den Witwer und seinen Haushalt kümmerte, Schwester Hilde. Noch entscheidender aber fiel ins Gewicht, dass eine medizinische Koryphäe mehrmals in der Woche nach Alfons sah: Prof. Dr. Anton Schimazek, ein Freund von Bernhard und großer Ägyptenfan, der mindestens einmal im Jahr bei den Stillfrieds zu Besuch weilte; bei solchen Gelegenheiten hospitierte der Professor, natürlich über Vermittlung des Impresarios, auch in verschiedenen Kairoer Spitälern, wo man ihm als Operateur den einen oder anderen interessanten Fall überließ. Wie seinen eigenen Vater behandelte der Professor den Vater des Freundes. Doch 1971 musste Alfons zum ersten Mal auf das Kairoer Winterhalbjahr verzichten, sein Gesundheitszustand erlaubte die Reise nicht mehr. Immerhin vergingen noch Jahre, bis er nur zu den Mahlzeiten das Bett verließ und mit dem Rollstuhl an die frische Luft gebracht werden musste. Neben Schwester Hilde besaß der alte Herr eine große Stütze in seiner Tochter Maria, die fast jeden zweiten Tag mehrere Stunden am Saarplatz zubrachte. Eines Sonntags, man schrieb den 23. Juni 1974, schob Bernhard, der gerade wieder nach Wien gekommen war, den Vater im Rollstuhl zum nächsten Wahllokal. Alfons zeigte sich in sehr aufgeräumter Verfassung, er neckte den Sohn mit der Drohung, nicht den konservativen Kandidaten, sondern den Favoriten der Sozialisten auf seinem Stimmzettel ankreuzen zu wollen. Österreich wählte an diesem Tag einen neuen Bundespräsidenten und noch am selben Abend stand der Gewählte fest: Dr. Rudolf Kirchschläger. Anschließend fuhr Bernhard nach Tirol, wo er in einem Nest des Paznauntals mit der Familie den Rest des Sommers verbringen wollte. Er war dort mit einem Freund aus Wiener Studententagen verabredet, den er später dann auch nach Ägypten geholt hatte: Professor Walter Kornfeld, dem Alttestamentler an der Theologischen Fakultät der Universität Wien, der während der beiden Hochsommermonate aushilfsweise in der Dorfkapelle die Messe las und dafür in dem kleinen Pfarrhaus wohnen durfte. Als die Stillfrieds am 25. Juli abends von einem Ausflug zurückkehrten, lief ihnen schon Kornfelds Haushälterin entgegen. Der Vater! Professor Schimazek hatte aus Wien angerufen, der Zustand des Patienten sei in ein kritisches Stadium getreten, er müsse der Familie raten, keine Zeit zu verlieren. Eine Autofahrt durch die Nacht und bei schwerstem Gewitter, Christina und Georg hinten im Wagen. Es tagte noch längst nicht, als sie am Saarplatz eintrafen, doch der Vater war nicht mehr bei Bewusstsein. Alle blieben sie um ihn und beteten, bis am Morgen Pfarrer Alexander Ostheim-Dzerowycz, der alte Freund, sich ihnen anschloss; er reichte das Sterbesakrament. Alfons Stillfried verschied noch am Vormittag des 26. Juli 1974. Der Sarg wurde, wie er es sich gewünscht hatte, in der Döblinger Pfarrkirche aufgestellt. Die Totenmesse las Pfarrer Arnold Dolezal, der auch die Einsegnung vornahm. Auf dem Döblinger Friedhof, wo Vater und Großvater lagen, folgte eine zahlreiche Trauergemeinde dem Sarg, neben den engsten Angehörigen auch die weitere Verwandtschaft, Freunde des Verstorbenen und der Familie, aber auch Kameraden aus den Tagen des Widerstands gegen Hitler; dieser Personenkreis überschnitt sich mit dem ehemaliger Neulandschüler- und Lehrer, denn so wie die Brüder Otto und Fritz Molden gab auch Otto Schulmeister Bernhards Vater das letzte Geleit. In der Tageszeitung »Die Presse« erschien ein Nachruf mit dem Titel »Ein Herr und Patriot«: »Das Leben von Alfons (Baron) Stillfried, der am … in seiner geliebten Wohnung am Saarplatz verstarb, ist ein Stück der österreichischen Biografie, und damit auch eines Menschen, der aus Glauben nicht aufgibt … Hauptmann im Ersten, Major im Zweiten Weltkrieg, der ihm auch einen Sohn nahm, geistig vielseitig interessiert, schriftstellerisch tätig, war Stillfried ein leidenschaftlicher Gegner des Nationalsozialismus. Er erkannte in ihm die Gewalt des Bösen. Wegen Mitarbeit bei 05 … von der Gestapo verhaftet, Haftgenosse des heutigen Außenministers Bielka, zusammen mit Ernst Molden, Lemberger, Becker und anderen angeklagt, zum Tode verurteilt, entging er 1945 nur wie durch ein Wunder der Hinrichtung … An Alfons Stillfried ließ sich das Maß des Österreichers nehmen: ein Christ, ein Zeitgenosse, ein Patriot …« Dieser Beitrag war mit »r« (wie Redaktion) gezeichnet, doch der Autor hatte sich Bernhard zu erkennen gegeben, als er diesem zum Tod des Vaters kondolierte: Dr. Wilfried Gredler, Österreichs damaligem Botschafter in Bonn. Der Diplomat blickte auf eine politische Vergangenheit zurück, die man nicht gerade alltäglich nennen konnte; von aktiver Mitarbeit im österreichischen Widerstand hatte ihn sein Weg nach dem Krieg zur Innenpolitik geführt, die er zehn Jahre lang als Nationalratsabgeordneter der Freiheitlichen Partei Österreichs und dann auch als ihr Klubobmann von der Oppositionsbank aus mitgestaltete. In den Jahren des Widerstands war ihm Alfons Stillfried ein Begriff gewesen – und, wie der Nachruf zeigt, wohl auch ein Vorbild.

Was zeigt die Uhr?

Von den österreichischen Regierungsmitgliedern, die Kairo in Bernhard Stillfrieds Zeit einen Besuch abstatteten, wurden zwei bereits genannt: Heinrich Drimmel, der Unterrichtsminister, und Bruno Kreisky, der Außenminister. Es ist der Moment, vom dritten offiziellen Besucher zu sprechen, von Rudolf Kirchschläger. Doch das ist kaum möglich, ohne die Rede zunächst noch einmal auf den Sozialdemokraten zu bringen, der die Schale des Außenministers inzwischen abgeworfen hatte, auf Kreisky, den österreichischen Bundeskanzler. Von 1970 bis 1983 regierte er das Land mit dem Flair eines Monarchen, wobei er vieles, was bis dahin nur so gemacht worden war, weil man es in Österreich immer schon so gemacht hatte, einfach über Bord gehen ließ. Mit der Sozialistischen Partei verfuhr er nicht anders; auch sie, in welcher der kollektive Führungsstil auf eine lange Tradition zurückblickte, verwandelte sich unter seinem Vorsitz in so etwas wie eine Monarchie. »Sonnenkönig« war bald ein geflügeltes Wort und in der Ironie schwang durchaus auch Bewunderung mit. Bruno Kreisky war Österreichs erster Regierungschef, der für die schreibende Zunft ein echtes Faible besaß; Journalisten ließ er nie vor der Türe warten, oft aber stundenlang seine eigenen Mitarbeiter. »Journalistenkanzler«, auch so nannten ihn viele. Er war es übrigens, der in der »Causa Habsburg« endgültig die Wogen glättete, und das mit Grandezza. Als dieser Bundeskanzler nach vielen gewonnenen Wahlen und dreizehn Regierungsjahren sein Amt einem Parteifreund vererbte, hatte die österreichische Politik inzwischen viel von ihrer Surmigkeit verloren. Sie kam, in übertragenem Sinn gesprochen, nicht mehr nur im Loden daher. Den konservativen, aber parteipolitisch ungebundenen Diplomaten Dr. Rudolf Kirchschläger hatte Österreichs erster roter Bundeskanzler aus dem Zylinder gezogen und in sein Kabinett geholt – und zwar als Außenminister. Das war die Funktion, in der Kirchschläger 1972 nach Ägypten kam, doch er und Bernhard kannten einander bereits, denn das nunmehrige Regierungsmitglied hatte seinerzeit beim Aufsetzen des iranisch-österreichischen Kooperationsvertrags für die Technische Fachschule in Teheran juristische Schützenhilfe geleistet; außerdem waren die beiden auch schon in Angelegenheiten von Pro Oriente zusammengetroffen. Gläubiger Katholik, der er war, wollte der Minister auch während seines Kairoaufenthaltes nicht auf den Gottesdienst verzichten und so besuchte er in diesen Tagen noch vor Beginn des offiziellen Programms zusammen mit Bernhard die Frühmesse in der Kirche der Melchiten, die am Nilufer hinter der Britischen Botschaft steht. Nicht weiter verwunderlich, dass die beiden Herren einander damals noch näher gekommen sind. Es muss im Februar oder März 1974 gewesen sein, dass der Impresario einen Anruf aus Wien erhielt und der Kabinettchef des Außenministers am Apparat war – und zwar mit einer Frage. Ob Bernhard sich vorstellen könne, die in Bälde vakant werdende Leitung des Österreichischen Kulturinstituts in London zu übernehmen? Der Minister halte jedenfalls ihn für den mit Abstand geeignetsten Mann, dies nicht zuletzt wegen dessen Londoner Zeit bei der BBC. Bernhard stand schon im fünfzehnten Jahr seines Orient-Mandats und es lag auf der Hand, dass er nicht bis zu seiner Pensionierung in Ägypten bleiben würde. Auch ihm war der Gedanke an London schon das eine oder andere Mal, wenn auch flüchtig, durch den Kopf gegangen, kurz und gut, er beantwortete die Frage des Präsidialchefs also mit einem klaren Ja. Kirchschlägers Tage als Außenminister waren damals schon gezählt, weil Bruno Kreisky, dem politische Insider auch den Namen »Zampano« gaben, diesen untadeligen, allseits vorzeigbaren Mann ein zweites Mal aus dem Zylinder gezogen hatte, nun als überparteilichen Kandidaten für das Amt des österreichischen Bundespräsidenten. Das erklärte auch die Dringlichkeit, mit welcher der Gerade-noch-Außenminister Bernhards Ernennung betrieb. Er wollte die Angelegenheit selbst noch unter Dach und Fach bringen. Bereits im Mai 1974, noch ehe der Wahlkampf in seine heiße Phase trat, unterschrieb Kirchschläger Bernhards Versetzungsdekret, das als Wirksamkeitsdatum den 31. Dezember 1974 trug. Vielleicht war es die letzte Unterschrift, bevor er seinen Schreibtisch am Ballhausplatz räumte.

Abschied vom Nil

In all den Jahren hatte Bernhard Stillfried sich an dem freuen können, was man »eine gute Presse« nennt. Die österreichischen Zeitungen waren mit Vorschusslorbeeren zur Hand gewesen, hatten dann den ausgezeichneten Start des Newcomers gewürdigt und später über die größeren Erfolge berichtet. Aber auch vor Ort in den meisten Ländern der Levante waren die Medien bald auf den österreichischen Impresario aufmerksam geworden, sodass an ihrem Echo ebenfalls nichts zu wünschen übrig blieb. Zahlreich sind die in arabischen Lettern gedruckten Meldungen und Aufsätze, die zusammen mit Englisch-, Französisch- und Deutschsprachigem eine dicke Mappe füllen. Bernhard wird diese lobenden Artikel kaum mehr als nur einmal überflogen haben. Der Artikel des Orient-Korrespondenten der Tageszeitung »Die Presse«, Heinz Gstrein, der am 29. Dezember 1974 erschien, trug den Titel »Abschied vom Nil«. Von Bernhard Stillfried und seinen sechzehn Jahren im Vorderen Orient war da die Rede, von einer stolzen Bilanz, deren Glanzlichter der Journalist noch einmal zusammenfasste. Auch die Wertschätzung, die das offizielle Ägypten dem scheidenden Kulturdiplomaten bezeigte, wird darin erwähnt. Kulturminister Jussef as-Sibai erschien zu Bernhards Verabschiedung und würdigte in einer Ansprache dessen Verdienste um den ägyptisch-österreichischen Kulturaustausch. Auch des Ministers Amtsvorgänger Okascha, der dem Impresario das Glanzstück mit der »Lustigen Witwe« nie vergaß, hatte es sich nicht nehmen lassen, zu dem Empfang zu kommen. Und selbstverständlich kam der Generaldirektor des ägyptischen Antikendienstes, mit dem Bernhard so viel zu tun gehabt hatte, und mit ihm die einheimische Fachwelt. Ganz allgemein wusste man am Nil, was man an diesem Mann durch die Jahre gehabt hatte, denn »zum großen Empfang, den Botschafter Otto Maschke zu seiner Verabschiedung gab, erschienen dreihundert führende Persönlichkeiten aus dem ägyptischen Kulturleben«. Am Schluss des Artikels ein Wink mit dem Zaunpfahl, der dem Ballhausplatz galt. Man möge dort endlich verstehen, »was sich auf kulturellem Feld für Österreich tun lässt, wenn man will und wenn Initiative mehr als Bürokratie geschätzt wird«. Als die Ober in Wiens Kaffeehäusern die Ausgabe mit Gstreins Artikel morgens in die Zeitungshalter hefteten, befanden sich die Stillfrieds bereits auf dem Sprung nach London. Auch die hohe Auszeichnung, die Ägyptens Präsident Anwar-es Sadat Bernhard verliehen hatte, erreichte diesen nicht mehr am Nil, sondern erst an der Themse, wo es dann der ägyptische Botschafter in Großbritannien war, der den Orden überreichte.

London, das zweite Mal

An einem der ersten Januartage des Jahres 1975 stiegen sie in London-Heathrow aus der Maschine, Bernhard, Ira und ihre beiden Jüngsten, Christina und Georg. Roland Hill, der alte Freund, holte sie ab. Er war es auch, der sie in einer Pension im Vorort Wimbledon unterbrachte; das Haus, das von Hills Schwägerin geführt wurde, sollte die Stillfrieds fast fünf Monate lang beherbergen. So lange dauerte es nämlich, bis die von Ira gefundene Wohnung bezogen werden konnte. Vor allem die Ankunft der Möbel aus Kairo hatte sich über Gebühr in die Länge gezogen. Im Übrigen war bei der Wohnungssuche auch diesmal Glück mit im Spiel gewesen. Das etwa Anfang des 19. Jahrhunderts erbaute Stadthaus, das in seinem Stil englischer kaum sein konnte, genügte mit drei Stockwerken und einer Mansarde allen Erfordernissen, einschließlich jenen stillfriedscher Gastfreundschaft. Ideal auch die Lage des Hauses, mit Blick auf die Themse und in der Nachbarschaft zahlreicher Gärten, die einmal zu einem großen Park gehört hatten; seine uralte Bäume dürften noch Jane Seymour, der dritten Gemahlin Heinrichs VIII., Schatten gespendet haben, denn in dem einstigen Park war ein Schlösschen gestanden, das der Königin eine Zeit lang als Wohnsitz diente. Jane Seymour starb kurz nach der Geburt eines Sohnes, des späteren Edward VI., aber immerhin blieb ihr das Schicksal zweier anderer Gemahlinnen des königlichen Blaubarts erspart. Konnte man schon den Pachtzins als günstig bezeichnen, so erst recht die vertraglich sich bis ins 21. Jahrhundert erstreckende Gültigkeit der Pacht (*Leasehold*), auf die sich das österreichische Außenministerium und der britische Vertragspartner, das Cadogan Estate, einigten. Cheyne Walk Nr. 22 lautete nun die Adresse der stillfriedschen Residenz. Elf Jahre sollte das so bleiben und damit war für denselben Zeitraum auch Bernhards täglicher Büroweg vorgezeichnet, jener zum zwanzig Gehminuten entfernten Rutland Gate, dem Londoner Sitz des Österreichischen Kulturinstituts in South Kensington; oft zweimal am Tag wird ihn sein Leiter zurücklegen und fast immer zu Fuß.

Schon als die Stillfrieds den Zeitpunkt ihrer Übersiedlung vom Nil an die Themse überlegt hatten, waren sie sich darüber im Klaren gewesen, dass Christina den Schultyp zu wechseln haben würde, zumal sich die Deutsche Schule Londons erst im Aufbau befand und noch keine Oberschulklassen führte. Somit war die Erlangung eines der Matura gleichwertigen Zeugnisses an einer britischen Schule ins Auge zu fassen; die sogenannten A-level-Prüfungen hatte man zu diesem Zweck zu bestehen. Doch mit der Suche nach einer geeigneten Schule verging ein Dreivierteljahr. Christina empfand diese schullose keineswegs als schreckliche Zeit – im Gegenteil, sie genoss sie in vollen Zügen. Aus dem Orient kommend, fühlte sie sich überwältigt von dieser westeuropäischen Metropole. Sie »erwanderte« sie sich, wenn auch nicht im wörtlichen Sinn, denn ohne öffentliche Verkehrsmittel, zumal ohne die Underground, waren verschiedene Ziele in dieser Weltstadt kaum zu erreichen. Wahrscheinlich, weil es schon in Kairo immer wieder erwähnt worden war, galt einer ihrer ersten Wege dem British Museum in Bloomsbury, doch nach und nach folgten die anderen großen Sammlungen, das Victoria & Albert Museum in South Kensington, die National Gallery am Trafalgar Square oder die Tate Gallery an der Themse. Und Fußmärsche gab es sehr wohl auch, etwa ins West End mit seinen Theatern, nach Belgravia mit den schönen weißen Häusern, zur St. Pauls Cathedral in der City, ins East End mit seinen Großmärkten oder zum großen Flohmarkt in Notting Hill. Gut stöbern ließ es sich auch anderswo in der Stadt, nach Büchern in Charing Cross, nach allem anderen in Covent Garden mit seinen vielen kleinen Geschäften oder in den großen Kaufhäusern des West Ends, wie Liberty oder Harrods. Und wer nicht wenigstens einmal durch den Piccadilly Circus, die Regent- oder die Oxford Street gestreift war, der konnte nicht behaupten, von Londons West End auch nur eine Ahnung zu haben. Als Christina die Hauptstadt des Königreichs erkundete, befand sich das Land auf der Suche nach einer neuen Identität. Das Empire war Vergangenheit, nicht ohne Grazie hatte es sich aus seiner weltbeherrschenden Rolle verabschiedet. Von den ehemaligen Kolonien drängten immer mehr Menschen auf die britische Insel, vor allem nach London. Auch in der einheimischen Bevölkerung war vieles in Bewegung geraten, wurden starre Gesellschaftsstrukturen immer lauter hinterfragt. Wohin man sah, das »gute Alte« befand sich überall auf dem Rückzug. Und die jüngste Stillfried-Tochter? Mit ihren neunzehn Jahren empfand sie das alles als »spannend«, ihr gefiel es im London der 1970er-Jahre.

Wahrscheinlich, dass der Gewinn, den Christina aus dieser Schul-Auszeit zog, selbst durch ein erstklassiges Aufgebot um sie bemühter Lehrer nicht zu überbieten gewesen wäre. Schließlich aber glaubten die Eltern, eine Lösung für das Maturaproblem ihrer Tochter gefunden zu haben. Ihnen war die More House School im Bezirk Knightsbridge empfohlen worden, eine katholische Privatschule, benannt nach Sir Thomas More, dem Lordkanzler Heinrichs VIII., der seinem König in der Lossagung von der Oberhoheit des Papstes nicht gefolgt war und dafür auf dem Schafott mit seinem Leben bezahlt hatte. Schon wieder der blutrünstige Tudorkönig, offenbar kommt man in London an ihm so leicht nicht vorbei. Mit Thomas More verhielt es sich übrigens nicht viel anders, jedenfalls im römisch-katholischen Ambiente der Stadt. So trug nicht nur Christinas neue Schule seinen Namen, auch die von der Familie regelmäßig besuchte Pfarrkirche, von Cheyne Walk nicht viel mehr als einen Steinwurf entfernt, hatte diesen großen Heiligen Englands zum Patron. Jedenfalls war die jüngste Stillfried-Tochter nun entschlossen, sich im More House den Schulabschluss zu holen, der sie zum Universitätsbesuch berechtigen würde. Als A-Level-Fächer wählte sie Deutsch, Französisch, Kunstgeschichte und Geschichte der Antike. Ihr Vater scheint indessen der österreichischen Schulbürokratie nicht ganz über den Weg getraut zu haben; um hier auf Nummer sicher zu gehen, riet er Christina, dem Schulabschluss gleich zwei britische Universitätssemester folgen zu lassen. So geschah es dann auch. Als sie die More House School glücklich hinter sich gebracht hatte, inskribierte sie am University College London Kunstgeschichte, ließ sich diese Studienrichtung mit ihrem Wunsch nach einer Ausbildung im Modefach doch durchaus in Einklang bringen. Nach den beiden College-Semestern wusste sie sich dann endlich in der Zielgeraden, sie trat in das Lucie Clayton Fashion Design College ein.

Und der um sieben Jahre jüngere Bruder? Georg hatte sich beim Umsteigen von der einen in die andere Deutsche Schule nichts in den Weg gestellt; im Londoner Vorort Richmond besuchte er nun die Klasse, die seinem Alter entsprach. Freilich, in Kairo war er unter den europäischen Schülern der Deutschen Schule der Einzige gewesen, der zusammen mit seinen ägyptischen Klassenkameraden noch zwei Stunden länger im Schulgebäude ausharrte, um auch dem ergänzenden Unterricht zu folgen, der dann auf Arabisch erteilt wurde. Die ersten Schritte in dieser Sprache hatte Georg schon in der Gesellschaft seiner frühesten Kairoer Spielkameraden gemacht, aber auch Fatma und Khalil waren ihm von Anfang an Gesprächspartner gewesen. Nicht zu vergessen der bügelnde Märchenerzähler in der Shagaret El Dorr Nr. 5! Dass Georgs muttersprachlich anmutende Geläufigkeit im Arabischen sich in England verlieren könnte, darum brauchte man sich vorderhand keine Sorgen zu machen, denn die Stillfrieds hatten Fatma nach London mitgenommen, genauer gesagt: nachkommen lassen. Als Bernhard mit Ira in Kairo die Details der bevorstehenden Übersiedlung besprach, konnte sich keiner von beiden vorstellen, dass die ägyptische Kinderfrau auch nur im Entferntesten daran dachte, ihr Land und ihre eigenen Kinder zu verlassen, um mit einer österreichischen Familie in die Fremde zu ziehen. Fatma aber hatte genau darauf in dem Augenblick zu hoffen begonnen, in dem ihr die große Veränderung angekündigt worden war. Doch niemand fragte sie und das kränkte die Gute mit jedem Tag mehr, der verstrich. Das entging wieder Khalil nicht, ihm gegenüber rückte sie dann mit der Sprache heraus. Was ein rechter Majordomus ist, lässt traurige Missverständnisse nicht auf sich beruhen. Kahlil erzählte es Ira und diese umarmte Fatma, mit Freuden werde man sie nach England mitnehmen! Auf Anhieb hatte das dann freilich nicht geklappt, denn der ägyptische Amtsschimmel (oder das Amtskamel) ließ sich so leicht nicht auf Trab bringen; es dauerte ein halbes Jahr, bis die Stillfrieds sie nach London nachkommen lassen konnten.

BBC, ein anderer Name für Fortune

BBC – eine Abkürzung, die in der Welt noch bekannter ist als der Name, für den sie steht, nämlich für British Broadcasting Corporation. Als Jugendlicher schon hatte Bernhard zu ihren Hörern gezählt, um genau zu sein: zu ihren Schwarzhörern. Im Zweiten Weltkrieg waren die Stillfrieds allabendlich eng um ihr Rundfunkgerät zusammengerückt, um angestrengt und in aller Heimlichkeit der Stimme von jenseits des Ärmelkanals zu lauschen. Angestrengt, weil die deutschen Störsender genau das taten, was ihr Name besagte und in aller Heimlichkeit, weil Schwarzhören in Nazideutschland ein gefundenes Fressen für Denunzianten war. Wem nachgewiesen werden konnte, dass er dem »Feindsender Radio London«, so die damalige Begriffsbestimmung, sein Ohr geliehen hatte, musste, je nach Schwere dieses »Verbrechens«, mit Gefängnis, Zuchthaus oder mit noch Schlimmerem rechnen. Was unser jugendlicher Schwarzhörer, freilich nicht ahnen konnte, war, dass er selbst einmal bei der BBC arbeiten und Sendungen für ein deutschsprachiges Publikum gestalten würde. Wir kennen den günstigen Ausgang der Sache, doch worauf es dem Erzähler hier ankommt, ist der Nachweis, dass die Buchstabendreiheit »BBC« nie aufgehört hat, Bernhard wie ein freundliches Gestirn zu begünstigen. Gemeint sind hier die einmaligen Gelegenheiten, die dieser Job mit sich brachte. Zum Beispiel, als Bernhard ein Feature über British Council zu gestalten hatte. Die persönlichen und vielfach freundschaftlichen Beziehungen, die sich daraus entwickelten, sind dem Impresario dann im Orient besonders zugutegekommen; in der ganzen Region keine Niederlassung des British Council, zu der er nicht Verbindung gehalten hätte. Und als dann im fünfzehnten Jahr seines Levante-Mandats der österreichische Außenminister Rudolf Kirchschläger Kairo besuchte, begann Bernhards Fortune unverwandt nach Nordwesten zu blicken: Großbritannien – England – London – Rutland Gate. Ja, das Österreichische Kulturinstitut! Wäre Bernhard denn zu dessen Leiter ernannt worden, wenn sein Curriculum nicht die fünf Londoner Journalistenjahre aufzuweisen gehabt hätte und, notabene, die dabei erworbene Vertrautheit mit einer Vielzahl britischer Institutionen? Eine Frage, die der Erzähler entschieden verneint! Das Wohlwollen des Ministers allein hätte für London nicht gereicht, gerade jemand wie Rudolf Kirchschläger tat nichts ohne handfeste Gründe. Also Fortune, das Glück des Tüchtigen, aber anstelle der sechs dicken schwarzen Punkte wollen wir uns auf dem Glückswürfel die drei Buchstaben denken: BBC.

Bernhard

Von einem, der Hitlers Reden auswendig wusste

Gemeint ist Martin Esslin, ein Absolvent des Wiener Reinhardt Seminars, den es, nach einem eher prekären Jahr in Belgien, im April 1939 nach England verschlagen hatte und hier passt dieser Ausdruck, denn die Trennung von Wien war nicht aus freiem Entschluss geschehen; wie allen anderen Juden im Lande hatten ihm die Nationalsozialisten, fast von einem Tag auf den anderen, das Leben in seiner Heimat zur Hölle gemacht. Mit dem Ausbruch des Zweiten Weltkriegs war Esslins eher dürftige Londoner Emigrantenexistenz in eine noch tristere Lage geraten, aus der sich zunächst kein Ausweg zeigte. Bis ihm Anfang 1941 eine Bekannte etwas erzählte, das ihn aufhorchen ließ: Die BBC hatte eine neue Abteilung eingerichtet, deren Aufgabe es war, deutsche Rundfunksendungen abzuhören und ins Englische zu übersetzen, um die britische Gegenpropaganda mit Material zu versorgen. Und man suchte noch Mitarbeiter. Esslin bewarb sich, bestand die Aufnahmsprüfung und erhielt im Februar die Einladung, sich in dem südlich von Birmingham gelegenen Städtchen Evesham zu melden. Das *Monitoring Service*, so das englische Wort für Abhördienst, war in einem geräumigen Landhaus mit dem idyllisch klingenden Namen Woodnorton untergebracht. Die mit primitiven Aufnahmegeräten ausgestatteten *monitors*, wie die mit dem Abhören beschäftigten Leute genannt wurden, saßen darin an einem langen Tisch, jeder von ihnen mit einem Kopfhörer, und machten sich ihre Notizen, um anschließend mit der Aufnahme in einer der zahlreichen Diktierkabinen zu verschwinden. Den Saal erfüllte von früh bis spät das Schreibmaschinengeklapper einer ganzen Kompanie britischer Sekretärinnen. Auch die österreichischen *monitors*, auf die Martin Esslin im Woodnorton stieß, bildeten bereits eine recht ansehnliche Gruppe. Der Erste, der sich des Neuankömmlings annahm, war Ernst Gombrich, der große Kunsthistoriker und Autor weltberühmter Bücher, später Sir Ernst Gombrich. Mit der Zeit hatte sich die noch vor Kriegsbeginn eingerichtete BBC-Abteilung, ihre Geburtsstunde war mit der von Hitler angezettelten Sudetenkrise zusammengefallen, zu einer Propagandamaschine weiterentwickelt, die drei Unterabteilungen besaß: *News*, *Talks* und *Features*. Esslin hatte sich in dem Team bald seine eigene Linie zurechtgelegt, er spezialisierte sich darauf, alte Hitlerreden, die auf Schallplatten im Woodnorton House vorrätig waren, abzuhören und nach Zitaten zu durchsuchen, die aus britischer Sicht propagandistisch verwertet zu werden verdienten. Ein regelrechtes Arsenal von Hitlerzitaten war das Ergebnis: Das Sudetenland »ist die letzte territoriale Forderung, die wir stellen ...« oder »Wir werden ihre Städte ausradieren...« oder »...dass wir Stalingrad berennen und es

– 282 –

auch nehmen werden, worauf sie sich verlassen können«. Martin Esslin, viele Jahre später: »Gott sei Dank habe ich das meiste wieder vergessen«. Doch zurück zu Ernst Gombrich. Sein Vater, ein Rechtsanwalt, war in seiner Jugend mit Hugo von Hofmannsthal befreundet gewesen. Seine Mutter, eine Pianistin, hatte bei Anton Bruckner studiert und für Arnold Schönberg gespielt; Gustav Mahlers Schwester war eine Zeit lang ihre Schülerin gewesen. Sigmund Freud, ein Freund der Familie Gombrich! Der kleine Ernst hatte noch Kaiser Franz Joseph in seiner Kutsche auf dem Weg nach Schönbrunn vorbeifahren gesehen und war als Siebenjähriger in der Menschenmenge gestanden, als der Trauerzug dem Sarg des toten Monarchen folgte. Was hat Gombrich zwanzig Jahre später, bald nach seiner Promotion an der Universität Wien und ganz knapp nach dem Erscheinen seines auch im 21. Jahrhundert noch immer gefragten Büchleins »Eine kurze Weltgeschichte für junge Leser«, was hat ihn, den späteren Verfasser von »The Story of Art«, der wahrscheinlich klügsten Kunstgeschichte, die wir besitzen, nach London geführt? In Österreichs Erster Republik war der Arbeitsmarkt ein trauriges Kapitel gewesen, wenn nicht das traurigste, und das erst recht für einen gelernten Kunstgeschichtler. Doch da wurde Ernst Gombrich eines Tages Fritz Saxl vorgestellt, dem Direktor des Warburg-Instituts in London. Zu Beginn des 20. Jahrhunderts von Aby Warburg in Hamburg gegründet, war dieses Institut mit seiner berühmten kulturwissenschaftlichen Bibliothek von den Nationalsozialisten, kaum hatten sie in Deutschland 1933 die Macht ergriffen, als »jüdische Einrichtung« unter Druck gesetzt worden. Das bewog die Institutsleitung zu dem Wagnis eines politisch äußerst heiklen Absetzmanövers, welches mit der Hilfe der amerikanischen Warburgfamilie und dank großzügiger privater Spenden von britischer Seite, aber auch durch geschickte diplomatische Intervention zu einem guten Ende gebracht werden konnte. Zwei Frachter waren nötig gewesen, um all die Bücherkisten und Regale von Hamburg nach London zu verschiffen. Das Londoner Warburg-Institut nahm Gombrich 1936 unter Vertrag. Doch während des Krieges arbeitete er als *monitor* bei der BBC. Während sein um zehn Jahre jüngerer Landsmann Esslin so lange mit Hitlers Reden beschäftigt gewesen war, dass er sie zum Schluss auswendig konnte, hatte es mit dem deutschen Diktator zuletzt auch für Gombrich eine besondere Bewandtnis gehabt. Am Abend des 1. Mai 1945 fielen ihm beim Abhören des deutschen Rundfunks Klänge auf, die zu jener Symphonie gehörten, von der er wusste, dass Anton Bruckner sie zum Tode Richard Wagners geschrieben hatte – Klänge, die eine ganz außergewöhnliche Meldung anzukündigen schienen, und richtig: Hitler tot! Im Verteidigungskampf um Berlin gefallen, an der Spitze seiner Truppen, wie man log. So haben wir uns unter dem Namen Ernst Gombrich auch den Mann vorzustellen, der Churchill telefonisch von Hitlers Tod benachrichtigt hat.

Die Spitze der Nadel

Wie viele Engel auf einer Nadelspitze Platz finden könnten, soll im Zeitalter der Scholastik irgendwann eine Streitfrage gewesen sein. Während ihm dazu nichts einfallen will, möchte der Erzähler indessen versuchen, die Frage zu beantworten, wie viel österreichisch-jüdische Intelligenz auf der im Zweiten Weltkrieg gegen Hitlerdeutschland gerichteten Spitze, dem BBC-Abhördienst, Platz und Verwendung gefunden hat. Zwei ihrer Vertreter wurden schon genannt, Martin Esslin und Ernst Gombrich. Doch mit ihnen ist erst der Anfang gemacht. Einige Namen aus dieser Gruppe standen auch noch für etwas, was Kombinationsvermögen auf eine ganz besondere Probe stellte. Gemeint ist die Entschlüsselung von Codes der Hitlerwehrmacht, die mit der Hilfe von Männern wie Ernst Gombrich und Georg Weidenfeld gelang. Letzterer hatte in Wien die Universität und die Konsularische Akademie besucht, bis seine jüdische Abkunft auch ihn 1938 zwang, nach England zu emigrieren. Martin Esslin erinnerte sich noch Jahrzehnte später dankbar daran, wie ihn Weidenfeld im Sommer 1940, als eine deutsche Landung auf der Insel in den Bereich des immerhin Möglichen gerückt schien, mit seinen kühnen Träumen von einem international renommierten Verlag, den er nach dem Krieg gründen wollte, von eigenen, weniger optimistischen Gedanken abzulenken verstand. Der später von Königin Elisabeth II. in den Adelsstand erhobene George Weidenfeld wurde Kabinettchef des ersten Präsidenten des 1948 gegründeten Staates Israel, Chaim Weizmann. Danach aber konnte Weidenfeld nichts mehr davon abhalten, seinen Traum vom Verlag zu verwirklichen, und das gelang ihm in ganz großem Maßstab. Die Zunft der Kunsthistoriker war unter den Österreichern im *Monitoring Service* neben Gombrich noch mit zwei weiteren Wissenschaftlern vertreten. Da gab es Ernst Buschbeck, der in den 1920er- Jahren mit der Neuorganisation der österreichischen Museen betraut gewesen war, bis die Nazis den verdienten Mann aus dem Amt jagten; nach seiner Rückkehr aus dem Londoner Exil leitete Professor Buschbeck dann noch sechs Jahre die Gemäldegalerie des Kunsthistorischen Museums in Wien. Die Nummer drei im Kleeblatt der Kunstgeschichtler besetzte Otto Demus, Vater des gefeierten Pianisten Jörg Demus. Im Ständestaat war er Landeskonservator in Kärnten und danach Staatskonservator am Wiener Bundesdenkmalamt gewesen; nach dem Krieg wieder in Österreich, wurde er 1963 zum Ordinarius für Kunstgeschichte an der Universität Wien ernannt. Das angeblich schwache Geschlecht vertrat in der Gruppe der *austrian monitors* die energische Ilse Barea, Ehefrau des bedeutenden spanischen Schriftstellers Arturo Barea, die als Ilse Kulcsar bei den österreichischen Jungsozialisten und später im Spanischen Bürgerkrieg eine wichtige Rolle gespielt hatte. Die Aufgabe, den deutschsprachigen Dienst der BBC vom Stapel zu lassen, war übrigens einem Österreicher zugefallen, nämlich Robert Ehrenzweig, früher Korrespondent der »Neuen Freien Presse«. In der ersten Septemberhälfte 1938 muss das gewesen sein, jedenfalls noch bevor sich Neville Chamberlain zu seiner unheilvollen Reise nach München entschloss. Damals hielt der britische Premier eine Rede, mit der er Hitler vor den Folgen seiner Forderungen an die Tschechoslowakei warnen wollte. Die Menschen in Deutschland und auch in Italien sollten erfahren, in welcher Kriegsgefahr Europa schwebte. So wurden plötzlich ausländische Journalisten gebraucht, die diese Rede übersetzen und auf der jeweiligen Wellenlänge in ihrer Sprache verlesen konnten. Ehrenzweig hat das auf Deutsch besorgt. Er war überhaupt der Star, hatte er doch jene BBC-Sendereihe mit dem deutschen Gefreiten erfunden, der jede Woche seinem lieben Eheweib einen Feldpostbrief schrieb, worin er über seine Wehrmachtserlebnisse berichtete. Natürlich war der Tenor dieser Briefe so angelegt, dass er die goebbelsche Propaganda ins Lächerliche zog. Dem Schreibfreudigen lieh übrigens der Wiener Schauspieler Fritz Schreker die Stimme, was phonetisch ein wenig kurios, aber durchaus nicht nachteilig gewirkt haben soll. Wie dem auch sei, die Briefe scheinen brillant gewesen zu sein, eine Auswahl davon erschien nach dem Krieg im Zürcher Europa Verlag. Natürlich gelang nicht alles so gut, manches ging auch nach hinten los, vor allem eine Propaganda-Serie, die »Vormarsch der Freiheit« hieß und die schlimme Realität des Krieges einigermaßen verkitscht haben soll. Sie verschwand sang- und klanglos aus dem Programm, nachdem gefangen genommene deutsche U-Boot-Besatzungen auf Befragung erzählt hatten, dass sie auf diese Sendungen, wegen ihrer unfreiwilligen Komik, geradezu versessen gewesen seien, einfach zum Totlachen. Als 1943 eine von der deutschsprachigen BBC-Abteilung abgetrennte österreichische Abteilung geschaffen wurde, war endgültig die Stunde von Johann Ferdinand Beer gekommen, dem Prototyp eines Urwieners, auch was seinen Dialekt betraf. Auf die Frage: »Na, Hansl, wie geht's dir denn?« hatte er stets die hintergründig-mehrdeutige Antwort parat: »refugee-gemäß eben«. Auch ein von den Nazis hinausgeworfener Deutschprofessor, das Döblinger Gymnasium war seine Schule gewesen, gehörte zu dem Team, und so war es auch in diesem Fall die Deutsche Wehrmacht, genauer: ihre Kriegsmarine, die die Zeche für nationalsozialistische

Personalpolitik bezahlen musste, denn der Lehrer Heinz Beran hatte sich im Woodnorton House zu einem »Codeknacker« entwickelt. Bei einer Weihnachtssendung des BBC-Auslandsdienstes war die Jugendgruppe einer Emigrantenorganisation eingesetzt worden, die ein »etwas schwerfälliger Jüngling mit großen, seelenvollen Augen« anführte: Erich Fried, nach einer Beschreibung von Martin Esslin. Später wirkte dann auch dieser junge Mann bei den BBC-Österreichern mit. In der *Feature*-Abteilung arbeitete Julius Gellner, der bis 1938 Regisseur am Deutschen Theater in Prag gewesen war, davor an den Münchner Kammerspielen. Er hatte auch seinen Prager Dramaturgen in die Abteilung mitgebracht, nämlich Heinrich Fischer, Freund und Nachlassverwalter von Karl Kraus. Als Dramaturg am Berliner Schiffbauerdamm-Theater, hatte Fischer an der Uraufführung von Brechts »Dreigroschenoper« mitgewirkt. In der Übersetzer-Abteilung schmachtete der Dramatiker Richard Duschinsky nach einer kreativeren Betätigung, doch als er dann endlich Features schreiben durfte, saß er oft stöhnend vor der Schreibmaschine, propagandistische Handwerksarbeit vertrug sich nur schwer mit seinem Berufsethos, eben dem des Dramatikers. Aus demselben Fach kam Edmund Wolf, auch er aus Wien, nur später dazu gestoßen, weil man ihn zunächst als »feindlichen Ausländer« in Kanada interniert hatte. Absolvent des Reinhardt Seminars, war er dann Dramaturg an Wiens Deutschem Volkstheater gewesen; nach dem Krieg gehörte er zu jenen Ausländern, die bei der BBC in führende Stellungen aufstiegen, später aber wechselte er zum Bayerischen Rundfunk, wo er sich als Star unter den Dokumentarfilmern einen Namen machte. Soviel zu den Österreichern, die während des Zweiten Weltkriegs zum Personenkreis der von der BBC fest angestellten *monitors* zählten. Ein zusammengewürfelter, aber elitärer Haufen, der in britischem Auftrag seine Intelligenz gegen Nazideutschland einsetzte. In dessen Umfeld traf man übrigens noch andere Österreicher, die sich ihren Lebensunterhalt freilich in einer Fabrik verdienen mussten, wie der Dichter Theodor Kramer, oder aber in der britischen Armee Dienst leisteten – und zwar auf deren niedrigster Stufe, bei den Pionieren. Auch Felix Braun gehörte zum äußeren Kreis der BBC-Österreicher und beide Dichter, er wie Kramer, wurden von ihren Landsleuten in der Feature-Abteilung hin und wieder eingeladen, einen kleinen Beitrag zu lesen. Elias Canetti und Arthur Koestler, der schon damals zu den Gefeierten gehörte, vervollständigten die Liste der freien Mitarbeiter.[12]

---

12 Martin Esslin, »Refugee-gemäß«: Österreicher in der BBC während des Krieges, Beitrag zur Festschrift »Viribus Unitis« für Bernhard Stillfried aus Anlass seines 70. Geburtstags, Peter Lang AG, Europäischer Verlag der Wissenschaften, Bern 1996.

Bernhard Stillfried war Martin Esslin, der bei der British Broadcasting Corporation nach dem Krieg regelrecht Karriere machte, schon in seiner ersten Londoner Zeit begegnet. Er und der stets gut informierte, äußerst hilfsbereite Seniorkollege hatten bald Freundschaft geschlossen. Auch Ernst Gombrich hatte er einige Male als Programmassistent von der BBC getroffen, in seinem zweiten Londoner Lebenskapitel wurden er und Gombrich Freunde. Beiderseits des Ärmelkanals hatten sie sich den gleichen politischen Prinzipien verpflichtet gefühlt. Und mit wem noch erlebte Bernhard, der weltanschaulich bei seinem Vater in die Schule gegangen war, das gegenseitige Gewahrwerden der von Anfang an gleichen Gesinnung? Hier also die Namen: mit Johann Ferdinand (Hansl) Beer und Fritz Schreker, mit Heinz Beran, Erich Fried und Julius Gellner, mit Elias Canetti und Felix Braun. Aber auch außerhalb dieses Personenkreises waren der junge österreichische BBC-Journalist und seine Frau in der britischen Hauptstadt mit Vertretern österreichisch-jüdischer Geistigkeit bekannt geworden. Vor allem Autoren sind da gemeint, die in der zweiten Hälfte des 20. Jahrhunderts aufhorchen ließen. Zunächst H. G. Adler! Er, der von seinen beiden Vornamen, Hans und Günther, nur noch die Initialen behalten hatte, weil er die Namensähnlichkeit mit dem SS-Sturmbannführer Hans Günther, dem Vertreter Adolf Eichmanns im »Protektorat Böhmen und Mähren«, nicht ertrug, war durch die Hölle nationalsozialistischer Konzentrationslager gegangen, von seinen Angehörigen der einzige Überlebende. Nach der Befreiung zunächst in der Betreuung jüdischer Waisen und später am Prager Jüdischen Museum engagiert, gelang es ihm 1947, aus der Tschechoslowakei nach England zu fliehen. In London machte er dann wahr, was er sich als KZ-Häftling geschworen hatte: falls er überleben sollte, ebendies nicht als Schuld, sondern als Auftrag aufzufassen. Mit seinen Büchern »Theresienstadt 1941–1945«, »Die verheimlichte Wahrheit«, »Auschwitz« und »Der verwaltete Mensch«, um nur einige Buchtitel zu nennen, wurde er zum weltweit anerkannten Historiker und Soziologen der Shoah. Auch in seinem zweiten Londoner Lebensabschnitt wird Bernhard mit H.G. Adler freundschaftlichen Kontakt halten, wird mit ihm Vorträge veranstalten und auch mit seinem Sohn Jeremy Adler, einem Germanisten, zusammenarbeiten. Josef Peter Stern, ein Autor von nicht geringerer Bedeutung! Auch er eine Bekanntschaft schon aus BBC-Tagen, später dann, als Ordinarius der Germanistik in Cambridge, enger Freund Bernhards und wichtiger Veranstaltungspartner des Österreichischen Kulturinstituts. Sein Buch »Hitler. Der Führer und das Volk«, das im englischen Original 1975 erschien, im Jahr von Bernhards Neustart an der Themse also; es gehört zum Scharfsinnigsten, das zu dem Thema gesagt wurde. Wie hatte die Frankfurter

Allgemeine Zeitung geschrieben, als das Buch in deutscher Sprache herausgekommen war: »... nicht nur die brillanteste angelsächsische Annäherung an ein psychologisches Rätsel, sondern ein Buch, wodurch das Millionengrauen auch annäherungsweise erklärt wird ...« Und nicht zu vergessen Hilde Spiel! Ihr Beiname »Grande Dame« gebührte ihr gleich in mehreren Sparten: als Schriftstellerin, Literaturhistorikerin, Essayistin, Kulturjournalistin ebenso wie als weltläufige Korrespondentin führender europäischer Zeitungen. An ihrem Pendlerdasein zwischen der britischen Insel, die von 1936 bis zum Kriegsende auch ihr Asyl gewesen war, und dem Kontinent noch lange festhaltend, wohnte sie gerade wieder einmal in London, als das junge Ehepaar Stillfried sich dort niedergelassen hatte. Mehrmals war es bei Hilde Spiel und ihrem damaligen Mann, Peter de Mendelssohn, zu Gast gewesen.

Nicht wenige Namen aus dem Geistesleben des 20. Jahrhunderts. Alle Österreicher, die in ihrer Jugend nie auf die Idee gekommen wären, sich für etwas anderes zu halten; ihre jüdische Abkunft war den meisten von ihnen als etwas beinahe Nebensächliches erschienen, als ein verblassendes Stück Familiengeschichte. Für Bernhard war der Begriff »Jude« oder »jüdisch« immer nur eine religiöse Zuordnung gewesen und unter den Freunden seiner Jugend hatte niemand dem mosaischen Glauben angehört. Die Brüder Erhart zum Beispiel, die mit ihren Eltern Mitte der 1930er-Jahre aus Norddeutschland nach Wien übersiedelt waren, hatten schon bald begonnen, sich im »Ersten Regiment« als österreichische Christen zu fühlen. Oder Roland Hill, den Bernhard freilich erst als Programmassistent bei der BBC kennengelernt hatte. Und die anderen Londoner Freunde, die doch großteils in Wien geboren und aufgewachsen waren? Bernhard hat in Ernst Gombrich, Peter Stern, Erich Fried und in den anderen Londoner Exilanten nie etwas anderes gesehen als Österreicher. Aus seinem Leben sind sie nicht wegzudenken, die österreichisch-jüdischen Freunde. Ähnliches gilt ja auch für den Vater. Erinnern wir uns an Alfons Stillfrieds jüdische Offizierskameraden aus dem Ersten Weltkrieg. Antisemiten hatte schon der Hauptmann der k. u. k. Armee aus ganzem Herzen gering geschätzt.

Gens electa, Herr Kollege!

Und nach Hitler? Es ist unfassbar, aber es gibt sie noch immer, die Antisemiten. Aus dem Erleben des Erzählers nur ein einziges Beispiel, wenn auch das auf ganz erbärmliche Weise skurrilste: ein Telefonat, in dessen Verlauf ein Dr. X mir zu verstehen geben wollte, dass Dr. Y nicht ganz über den Weg zu trauen sei. Er tat es mit den Worten: »Der Dr. Y ist ein Viertel.« Ich verstand ihn nicht: »Ein Viertel – was?« Darauf Dr. X: »Gens electa, Herr Kollege!«

In der Gentzgasse, am Haus Nummer 7 erinnert eine Tafel an Egon Friedell. Autor dreier großartiger kulturhistorischer Werke, Denker und Essayist, einer der Feinsten unter den Stilisten seiner Zeit und noch mehr: Dramatiker, Schauspieler, Kabarettist und, nicht zu vergessen, ein Mensch mit ganz unwiderstehlichem Humor. Am 16. März 1938 läutete es spätabends an seiner Wohnungstür, die Haushälterin Hermine öffnete zwei jungen SA-Männern. »Wohnt da der Jud Friedell?« – »Wenn Sie Herrn Doktor Friedell meinen, der wohnt hier.« Der Mann, der gerade noch zu den Gefeierten der Wiener Geisteswelt gezählt hatte, erscheint in der Tür seines Bibliothekszimmers. »Was geht hier vor?« Gerade ist der Ehemann der Haushälterin aus dem Kino nach Hause gekommen, er stellt sich den beiden Bütteln in den Weg. »Ein Moment der Verwirrung. Friedell machte kehrt und schloss die Tür hinter sich. Hermine ahnte Schreckliches. Sie eilte hinterher. Eines der Schlafzimmerfenster zur Gentzgasse war weit geöffnet, der Jalousiegurt sorgfältig aufgerollt. Sie spähte hinab: Im fahlen Licht erblickte sie Friedells Körper auf dem Trottoir.«[13] Mehr als einmal verweilte Bernhard für einige Augenblicke vor der Tafel, die an Egon Friedell erinnert, pflegte er doch, wenn er in Wien war, bisweilen seine Schwester im Nachbarhaus zu besuchen. Wer Bernhard Stillfrieds Lebensweg folgt, kommt an jenem Phänomen nicht vorbei, für das in Europa lange Zeit der Begriff Antisemitismus vorherrschend war. Mittlerweile müssen wir uns an den Oberbegriff halten, denn was heute in Europa an Boden gewinnt, ist ein ins Allgemeine zielendes Phänomen: Rassismus, der sich gegen jede Minderheit richtet, ist diese in den Augen der Mehrheit erst einmal »auffällig« geworden.

Bernhards Baumschule

Wir sind wieder ganz bei ihm, den wir – nicht zuletzt vermittels der Menschen, deren Nähe er in London gesucht hat – jetzt auch selbst noch besser zu kennen glauben, bei Bernhard Stillfried. Soll ich bei der Metapher bleiben, dass er auch auf den britischen Inseln »Bäume ausreißen« wird, wenn der planerische Geniestreich, der organisatorische Kraftakt, das Bravourstück gemeint ist? Denn genau so gut, ja mit noch mehr Berechtigung könnte ich von Bäumen

---

13 Wolfgang Lorenz, Egon Friedell. Momente im Leben eines Ungewöhnlichen, Edition Raetia, Bozen 1994.

sprechen, die Bernhard auf den britischen Inseln pflanzen und pflegen wird. Auch diesmal optiere ich für den Begriffsdreiklang Pflanzen, Pflegen, Hegen, dem ja unser Wort »Kultur« seinen Ursprung verdankt. Beginnen wir mit dem Ruf, der Bernhard in das seit 1974 für die Auslandskulturpolitik federführende Außenministerium vorausgeeilt war. Obwohl ich an Bernhards familiärem Necknamen »Büffel« sofort Geschmack gefunden habe, will ich mich hier ausnahmsweise eines Vergleichs aus der Rotwildfauna bedienen. Denn wer da am Rutland Gate gerade sein Amt angetreten hatte, muss in der Kultursektion des Außenministeriums als ein kapitaler Hirsch, als veritabler Sechzehnender gegolten haben. Sein Wort besaß Gewicht in dem Kreis, der sich aus den in der Kultursektion diensttuenden Beamten sowie den aus dem Ausland angereisten Kulturinstitutsleitern und Kulturattachés zusammensetzte. »Auslandskulturtagung«, so die Bezeichnung dieser in jedem Frühherbst stattfindenden Veranstaltung. Der noch vom scheidenden Außenminister Kirchschläger Ernannte wird dem Londoner Institut elf Jahre lang vorstehen. Noch als er diese Position innehatte, begann man in der Kultursektion, in ihm ihren späteren Leiter zu sehen. Übrigens, in Bernhards erstem Kulturinstitutsjahr an der Themse war noch sein Freund Karl Hartl der Sektionschef gewesen.

Nicht vom Ausreißen also, vom Pflanzen wird hier die Rede sein. Die österreichischen Lektoren, Bernhards erste Bäume auf britischem Boden! Junggermanisten, die man wegen ihrer bald ansteigenden Zahl eigentlich seine »Baumschule« nennen könnte. Als er das Londoner Kulturinstitut übernahm, war sein Land auf den britischen Inseln mit sage und schreibe zwei Lektoren vertreten; der eine wechselte zwischen Cambridge und Oxford und der andere wirkte ständig in London. An keiner der zahlreichen anderen Universitäten Englands, Schottlands, Wales' und Nordirlands oder der Republik Irland gab es eine aus Österreich entsandte Fachkraft, die dem oder den ansässigen Germanisten oder Fachleuten verwandter Fächer hätte zur Hand gehen können, wenn beispielsweise österreichische Autoren auf dem Vorlesungsprogramm standen. Wie unbefriedigend dieser Zustand war, zeigte schon der Vergleich mit den anderen deutschsprachigen Staaten; so bewegte sich die Präsenz der Bundesrepublik Deutschland auf den beiden Inseln Mitte der 1970er-Jahre in einer Größenordnung von achtzig Sprachlektoren; die Deutsche Demokratische Republik stellte ungefähr zehn, die Schweiz immerhin drei bis fünf. Warum die anderen so viele und wir so wenige? Mit genau dieser Frage flog Bernhard nach Wien. Aus dem alten Unterrichtsministerium, das ihn einst in die Levante geschickt hatte, waren in der Zwischenzeit zwei Ressorts geworden, eines für die Schulen und eines für die Hochschulen. Der Impresario kannte die meisten Beamten noch persönlich, auch die für das Lektorenwesen zuständigen Kollegen. Warum also? Resigniertes Achselzucken, »eh alles gemacht, was möglich war«! Und rein bürokratisch stimmte das auch. Formulare hatte man aufgelegt, Rundschreiben ausgesandt, Ankündigungen ans Schwarze Brett geheftet, den Eingang von Schriftstücken protokolliert und diese mit vorgedrucktem Begleitzettel dann an die nächste Dienststelle weitergeleitet und dergleichen mehr. Aber nie war jemand auf die Idee gekommen rückzufragen, einer Sache auch nachzugehen, sich selbst vom Erfolg einer Maßnahme zu überzeugen. Bernhards *Check*, in Wien ein Fremdwort, von seinem *double check* ganz zu schweigen. Kurzum, eine Prozedur war in Gang gehalten worden, die der Sache, um die es eigentlich ging, nach und nach ganz den Schwung genommen hatte. Der berüchtigte Dienstweg! Routine und Leerlauf als unzertrennliches Zwillingspaar. Statt sich auf eine lange Diskussion einzulassen, bat Bernhard sich nur aus, die Sache selbst in die Hand nehmen zu dürfen. Mit dieser Erlaubnis und einem Stoß Formulare kehrte der Impresario nach London zurück; nur dass er das Ministerium über den jeweiligen Stand der Dinge auf dem Laufenden halten würde, hatte man sich in Wien ausbedungen.

Zunächst galt es zu prüfen, ob die *German Departments* der Universitäten des Vereinigten Königreichs an österreichischen Lektoren überhaupt interessiert waren. »Sich mit einigen wichtigen britischen Germanisten zusammensetzen, ihnen erzählen, was Österreich anzubieten hat, und hören, was sie dazu sagen.« Das war Bernhards erster Gedanke und er zögerte nicht, ihn umzusetzen. Vier Professoren folgen seiner privaten Einladung an den Cheyne Walk Nr. 22. Zunächst jemand, der in der britischen Germanistenszene genau Bescheid weiß, nämlich Professor Peter Stern; er hatte seinem Freund aus Wien gleich drei weitere an Österreich besonders interessierte Kollegen genannt: C. V. Bock vom Londoner *Westfield College*, W. E. Yates von der *Exeter University*, W. E. Yuill vom Londoner *Bedford College*. Das also war das vierblättrige Kleeblatt, das sich an einem Januarabend des Jahres 1975 beim Ehepaar Stillfried zum Dinner einfand. Bernhard kommt rasch zur Sache. Seiner Regierung, aber auch ihm ganz persönlich sei sehr daran gelegen, die Zahl österreichischer Lektoren im Bereich der britischen Germanistik und Literaturwissenschaft ebenso wie im sonstigen universitären Deutschunterricht wesentlich zu erhöhen. Dann kam er gleich auf die Lektorenbeihilfe zu sprechen, die das Wiener Wissenschaftsministerium jedem entsandten Lektor zu zahlen bereit sei. Die vier Professoren fanden die Sache durchaus interessant, sie ermutigten Bernhard, die Probe aufs Exempel zu machen; noch im Lauf des Abends entwarfen sie gemeinsam ein Rundschreiben an alle Universitäten seines Zuständigkeitsbereiches. Als sich die Runde erst nach Mitternacht auflöste, war man einander auch menschlich näher gekommen. Schon auf das erste Rundschreiben meldeten sich über fünfzig Universitäten, die ihr Interesse bekundeten. Das war Bernhard Stillfrieds *single check* gewesen.

Jetzt zum *double check*, er bestand darin, dass Bernhard auf Reisen ging; er besuchte jede einzelne dieser Universitäten, um sich an Ort und Stelle ein Bild zu machen und die weitere Vorgangsweise mündlich festzulegen. Natürlich war er bereits im Bilde, wie es die Deutschen machten. Nun, die Bundesrepublik unterhielt einen Riesenapparat mit eigenen Dienststellen in jeder größeren britischen Stadt, der es ihr erlaubte, die Dinge von langer Hand vorzubereiten. Schon zwei Jahre zuvor hatten die *German Departments* ihr Bedarfsprofil bekannt zu geben, sprich sich detailliert zu äußern, auf welche Art von Lektor sie erpicht waren, etwa auf einen Fachmann für deutsche Literatur oder auf einen Experten für Sprachunterricht. In Deutschland wurde der Lektorposten dann profilgemäß ausgeschrieben und die innerhalb von zwei Jahren ausfindig gemachte Fachkraft termingerecht zu der betreffenden britischen Universität in Marsch gesetzt. Ein Prozedere, das dem Impresario zu starr war, aber auch zu langfristig angelegt, abgesehen davon, dass Österreich der Apparat zu Derartigem fehlte. Er vereinbarte mit seinen englischen, schottischen, walisischen und irischen Partnern, dass sie ihm ihre Wünsche bezüglich der fachlichen Ausrichtung der Lektorin oder des Lektors mitteilen würden (manche taten das bereits bei Bernhards erstem Besuch); dann werde es Sache seines Büros sein, jeder Universität nach Möglichkeit bis zu einem halben Dutzend Kandidaten vorzuschlagen. Nur einigermaßen flink mussten die Universitäten sein, denn wer zu lang überlegte, hatte leicht das Nachsehen. Die finanzielle Regelung, auf die Bernhard sich mit den einzelnen *German Departments* einigte, war im Grunde einfach: das Gehalt, das der Lektor bekam, konnte von Universität zu Universität sehr unterschiedlich sein. Zahlten die Briten relativ gut, fiel die Lektorenbeihilfe, die Österreich dazu zahlte, eher bescheiden aus und umgekehrt, konnte die britische Uni die österreichische Kraft nur mäßig besolden, glichen die Österreicher das mit einer höheren Lektorenbeihilfe ab.

Nicht nur im Vereinigten Königreich, auch und gerade im eigenen Land misstraute der Impresario dem sogenannten Dienstweg, bevorzugte er, wo immer es ging, den persönlichen Kontakt. Wieder flog er nach Österreich, diesmal, um sich in der heimischen Germanistik, Literatur- oder Theaterwissenschaft umzusehen, verschiedene Institute zu besuchen, mit den Professoren zu sprechen. So wie er sich in London schon sehr bald darüber Klarheit verschafft hatte, dass österreichische Lektoren durchaus gefragt waren, so brauchte er auch nicht lange, um sich davon zu überzeugen, dass die Universitäten von Wien, Graz, Salzburg, Innsbruck und seit Kurzem auch von Klagenfurt ohne Weiteres in der

Lage waren, dieser Nachfrage mit einem entsprechenden Angebot gerecht zu werden. Ja, viele österreichische Professoren, mit denen er sprach, zeigten sich erfreut über die Aussicht ihrer Abgänger, einen interessanten Auslandsjob zu bekommen, zumal es für junge Sprach- und Literaturwissenschaftler im Inland gar nicht so leicht war, ohne lange Wartelisten beruflich unterzukommen. Eine Lektorin oder ein Lektor, für Bernhard Stillfried waren sie nichts Abstraktes, sondern Persönlichkeiten, Begabungen. Nicht anders als im Fall der vielen jungen Musiker, die er durch die Levante gelotst hatte, war ihm auch das persönliche Wohl seiner Junggermanisten alles andere als gleichgültig. Jede und jeder von ihnen sollte es gut treffen an dem Platz, auf dem sie oder er durch seine Vermittlung landete. Nicht wenige dieser Fachkräfte sind auch nach Ablauf des dritten Jahres (danach konnte ihr Jahresvertrag im Regelfall nicht verlängert werden) auf der Insel geblieben, dann eben mit fixem Vertrag der betreffenden Universität. Für endgültiges Sesshaftwerden war Heirat wohl ein häufiger, aber nicht der einzige Grund. Doch auch in solchen Fällen brach die Verbindung zum Österreichischen Kulturinstitut in London nicht ab, man blieb Österreich erhalten: als Botschafter und Multiplikator seiner Kultur. Genau diese Idee verband Bernhard mit jedem auf sein Betreiben im Vereinigten Königreich und in der Republik Irland errichteten Lektorat und das nicht nur im universitären Lehrbetrieb, nein, auch außerhalb desselben sollten die österreichischen Junggermanisten aktiv sein: durch klubartige Initiativen mit eigenen kleineren oder größeren Veranstaltungen. Es war der Impresario, der damit anfing, den Lektoren solches zur Aufgabe zu machen, und die meisten waren mit Begeisterung dabei. Eine Art Assistentengarde baute er sich damit auf. Vor allem in den vielen kleinen Universitätsstädten wurden diese jungen Akademiker als Österreicher wahrgenommen, zogen Aufmerksamkeit auf sich und weckten Interesse für ihr Land. Bernhard hatte für den Einsatz von Auslandslektoren ein Modell geschaffen, das noch lange mit seinem Namen verbunden blieb. Auf wie viele Lektoren hat es Bernhard gebracht? Als er am Rutland Gate Einzug gehalten hatte, waren es wie gesagt zwei gewesen und 1985, also zehn Jahre später, betreute sein Institut sechsunddreißig österreichische Lektoren. Diese Zahl spricht für sich.

Ein ganzer Wald

Zu Bernhards Zeit waren die britischen Inseln, gemessen an ihrer Bevölkerung, in Europa gleich nach dem deutschsprachigen Raum das Gebiet mit der größten Dichte an germanistischen Instituten. Mehr als fünfzig, nahm man das

Vereinigte Königreich und die Republik Irland zusammen! Doch wie wenig sie voneinander wussten, wie dürftig der Kontakt! Bernhard hielt das denn doch für reichlich eigenbrötlerisch, bei allem Respekt für die Eifersucht, mit der die Inseluniversitäten über ihre Autonomie wachten. Immerhin, ihm war es bereits gelungen, vier Koryphäen der britischen Germanistik an einen Tisch zu bringen. Sein Freund Peter Stern, hier die Schlüsselfigur, war nicht nur Professor am Londoner University College und an der Universität Cambridge, er besaß auch am Institute of Germanic Studies großen Einfluss, an der einschlägigen Forschungseinrichtung der Universität London also, die zusammen mit ihrer großen Bibliothek ein eigenes Gebäude besetzte. Bernhard hatte ihren ersten Direktor in seiner BBC-Zeit kennengelernt, der jüngere Bruder von Friedl Pick, der jüdische Kriegskamerad und beste Freund des Vaters war das gewesen. Auch Robert Pick hatte sich rechtzeitig vor der Nazimeute nach England gerettet und, selbst wissenschaftlich engagiert, sich in London um die germanistische Forschung verdient gemacht. Und was dem Impresario schon eine Weile im Kopf herumging, das hatte mit dieser Art von Forschung zu tun, genauer: mit Fachveranstaltungen, die dem nämlichen Zweck dienten. Ihm schwebten Tagungen oder Symposien vor, die vor allem Wissenschaftlern zugänglich waren, aber möglichst aus allen Teilen des Landes. Und jede dieser Veranstaltungen – nur einige wenige pro Jahr, aber jeweils von zwei- bis dreitägiger Dauer – sollte einem ebenso interessanten wie wissenschaftlich ergiebigen Thema gewidmet sein, etwa einem wichtigen österreichischen Autor, einer Autorengruppe, einer literarischen Richtung oder auch dem österreichischen Theater, um nur wenige Beispiele zu nennen. Nicht zufällig wandte sich Bernhard mit dieser seiner Idee an Peter Stern. Der Freund war rasch überzeugt und sein Institut für die Sache gewonnen, was sich durch die Jahre als sehr hilfreich erweisen sollte.

Dass das Österreichische Kulturinstitut London unter Bernhards Leitung einen unglaublichen Aufschwung erlebte, wen kann das nach dem Lektoren-Exempel noch überraschen? Und tatsächlich, das Expandieren blieb nicht auf diesen Sektor beschränkt. Nicht dass man am Rutland Gate bis 1975 geschlafen hätte, keineswegs, aber die Arbeit war noch in den herkömmlichen Bahnen, im klassischen Stil der meisten europäischen Kulturinstitute verlaufen. Fast alle Veranstaltungen im eigenen Haus, das heißt: in einem Saal, der maximal achtzig Personen fasste, und auch alles Übrige klein, aber fein. Fachmänner und nicht Manager hatten unter Bernhards Londoner Vorgängern die Richtung bestimmt und ihre Erfolge waren höchst achtbar, aber ohne größere Breitenwirkung gewesen. Ein Impresario aber dachte und plante in anderen Dimensionen – und das auch, was die Wahl der Veranstaltungslokalität betraf.

Gleich das erste Symposion, das auf die britischen Germanisten zielte und also ein literarisches Thema zum Gegenstand hatte, nämlich den Schriftsteller und Dramatiker Ödön von Horváth, hätte den Institutsrahmen gesprengt, Bernhard aber war es gelungen, sich dafür des Londoner Auslandspresseklubs zu versichern. Ganz ohne Übertreibung darf diese Eröffnungsveranstaltung, sie fand am 9. Dezember 1976 statt, ein »Paukenschlag« genannt werden, denn mit ihr verband sich eine Produktion des National Theatre, bei der Maximilian Schell die Regie führte: Horvaths »Geschichten aus dem Wienerwald«. An dem Symposion selbst wirkten Professoren aus sechs britischen Universitäten als Vortragende mit, darunter Peter Branscombe, Professor in St. Andrews, der ältesten Universität seiner schottischen Heimat, und in Oxford. Doch auch ein alter Freund Bernhards stand auf der Rednerliste: Martin Esslin, Absolvent des Wiener Reinhardtseminars und Theaterfachmann bei der BBC. Drei Herren bestritten dann die Schlussdiskussion: der Direktor des National Theatre, der österreichische Regisseur Maximilian Schell und der Übersetzer des Stücks. Die Suche nach geeigneten Veranstaltungslokalen blieb weiterhin ein Sorgenkind, doch Bernhards Fortune fühlte sich auch dabei ihrer Sprichwörtlichkeit verpflichtet, sie bediente sich Professor W. E. Yuills. Der Gelehrte gab im Anschluss an seine Antrittsvorlesung als Ordinarius für Germanistik an der Universität London in der St. John's Lodge, einer Villa aus der Prinzregentenzeit, die damals Seminare des Bedford College beherbergte, ein Abendessen. Zu den Ehrengästen zählte auch der Direktor des Österreichischen Kulturinstituts, der auf diese Weise Gelegenheit bekam, sich von den Vorzügen des Gebäudes als Tagungsort zu überzeugen, wozu auch dessen zentrale Lage gehörte. Die Vorzüge, die es Yuill selbst angetan hatten, waren noch anderer Art; er schwärmte für »die leicht verfallene und fast dekadent anmutende Eleganz einer großbürgerlichen Villa in der zu dieser Jahreszeit wehmütig-romantischen Umgebung des englischen Parks. Für das lyrische Werk von Trakl, Hofmannsthal uns Ferdinand von Saar hätte man außerhalb von Wien und Salzburg schwerlich einen geeigneteren Platz gefunden.«[14] Dass der Impresario für dergleichen ein Auge besaß, muss wohl bezweifelt werden, ihm ging es um die Logistik. Jedenfalls war das Trakl-Symposion des Jahres 1978 die erste Veranstaltung, die in der St. John's Lodge stattfand, und natürlich nützte so mancher Teilnehmer die längeren Tagungspausen dazu, sich im »wehmütig-romantischen« Regent's Park

---

14 William E. Yuill, Dichter im totgesagten Park. Eine Reminiszenz, Beitrag zu »Viribus Unitis«, Festschrift für Bernhard Stillfried aus Anlass seines 70. Geburtstags, Peter Lang AG, Europäischer Verlag der Wissenschaften, Bern 1996.

die Füße zu vertreten. Neben britischen Trakl-Kennern trugen auch drei von Bernhard aus Österreich herbeigeschaffte Germanisten zum Gelingen dieses Symposions bei. Auch Hugo von Hofmannsthal und Ferdinand von Saar kamen an die Reihe, wurden von Bernhard im Verein mit seinen neuen Partnern in den Mittelpunkt von Regent's Park-Tagungen gestellt.

Doch der Name Bernhard Stillfried steht nicht nur für große organisatorische Durchschlagskraft, er steht auch für einen Arbeitsstil, der selbst in der größten Kraftanspannung nichts an menschlicher Wärme verlor. Die Atmosphäre heiterer Sachlichkeit, die um Bernhard entstand, wo immer er in Erscheinung trat, hat niemand besser erfasst als der englische Germanist Edward Timms, ein in Fachkreisen international hochgeschätzter Karl Kraus-Fachmann, der mit seinem Buch »Karl Kraus – Apokalyptic Satirist: Culture and Catastrophe in Habsburg Vienna« später auch einem breiteren englischsprachigen Leserpublikum bekannt wurde. Lassen wir ihm also das Wort: »Im Gegensatz zur nüchternen Routine des Cambridger German Department empfand man die vom Österreichischen Kulturinstitut in London veranstalteten Symposien als etwas gleich doppelt Lohnendes. Das Ereignis aus Anlass des fünfzigsten Todestags Hugo von Hofmannsthals, das im März 1979 am Bedford College im Regent's Park stattfand, markierte einen Wendepunkt. Mehrere Vortragende kannte ich persönlich, wie etwa Michael Hamburger, den Dichter und Übersetzer, und ein ganz besonderes Vergnügen war es, Eda Sagarra, der Germanistikprofessorin am Dubliner Trinity College, wieder zu begegnen. Aber wer war der groß gewachsene Mann, der sich da im Hintergrund tummelte und selbst die Scheuesten unter den Teilnehmern dazu ermutigte, sich wie zu Hause zu fühlen? Jemand, wahrscheinlich Peter Stern, sprach von ihm nicht anders als vom ›Baron‹ und das mochte einer gern glauben, denn der so Betitelte hatte etwas durchaus Seigneurales an sich. ›Geben Sie mir den Beleg Ihrer Reisekosten‹, sagte er zu mir und zog eine mit Banknoten prall gefüllte Brieftasche heraus. Er stellte sich als Dr. Bernhard Stillfried vor, Direktor des Österreichischen Kulturinstituts … Wir waren bald per du und Bernhard lud mich zum Abendessen ein, das in Gesellschaft von Ira, seiner charmanten Frau … Bernhard erweiterte den Österreich-Horizont der Kollegenschaft, dies durch die Veranstaltung einer Serie glanzvoller Symposien, so genannt wegen der zwanglosen Atmosphäre und der nahrhaften Erfrischungen, die in der Mittagspause gereicht wurden. 1984 setzte das Germanic Institute am Russell Square, wo Peter Stern gerade Direktor geworden war, einen Karl Kraus-Schwerpunkt. Das war die Zeit, als Margaret Thatchers Regierung die Gewerkschaften an die Kandare nahm und den Universitäten einschneidende Reformen auferlegte. Ihre beherrschende

Stellung festigte sich noch durch die massive Unterstützung vonseiten der hoch gesinnten ›Times‹ und der populistischen ›Sun‹, beide im Besitz eines australischen Medienmoguls namens Rupert Murdoch. Während dieser schwierigen Jahre hielt uns Bernhards übersprudelnde Zuversicht bei Stimmung und auch Ira munterte uns auf. ›Von unserer Zukunft aus gesehen‹, bemerkte sie bei einem Abendessen sehr weise, ›leben wir jetzt in der guten alten Zeit‹. Solche Einsichten halfen einem, den Sinn für die Proportion zu bewahren.«[15]

Mit dem Karl Kraus-Symposion am Londoner *Germanic Institute* haben wir Edward Timms in der Zeit weit vorgreifen lassen. Indessen war der Russell Square schon vorher zu wiederholten Malen Schauplatz germanistischer Ereignisse gewesen. Vor allem die Tagungen über Stefan Zweig, Robert Musil und Adalbert Stifter sind da zu nennen. Interessantes Detail am Rande, das Zweig-Symposion betreffend: Der Autor der »Welt von Gestern« und vieler anderer unvergesslicher Bücher, der sich im brasilianischen Exil 1942 das Leben genommen hatte, muss die besondere Zuneigung und Verehrung eines Großen unter den Kunsthistorikern besessen haben, nämlich die Ernst Gombrichs. Denn dieser, obwohl hier nicht eigentlich vom Fach, drängte sich Bernhard förmlich auf, als es um die Vorbereitung und Gestaltung der Stefan Zweig geltenden Londoner Tagung ging; überflüssig zu sagen, dass er als Veranstaltungspartner auch in diesem Fall höchst willkommen war. Aber vorher hatte es noch einen anderen Fall gegeben, ein wirkliches Großereignis: die Biedermeier-Ausstellung in Londons Victoria and Albert Museum. Einen besseren und kompetenteren Verbündeten als Gombrich hätte Bernhard sich für dieses Projekt gar nicht wünschen können! Schon bei der Vorbereitung, als es galt, das Wiener Museum für angewandte Kunst dazu zu bewegen, die benötigten Leihgaben herauszurücken, besaß sein Name Gewicht. Und natürlich war es Sir Ernst, der dann im Victoria and Albert den Eröffnungsvortrag hielt. Und auch auf dem Symposion im Bedford College, das die Biedermeier-Ausstellung literarisch umrahmte, ergriff der Kunsthistoriker das Wort. Wo in London die Nikolaus Lenau gewidmete Tagung stattgefunden hat, lässt sich nicht mehr mit Sicherheit sagen, doch kein Zweifel, gerade zum Dichter der »Schilflieder« hätte das Bedford College mitten im melancholischen Regent's Park wohl am besten gepasst! Um gleich an dieser Stelle einem Missverständnis vorzubeugen: Wenn ein Symposion in London stattfand, musste das nicht bedeuten, dass die

---

15 Eward Timms, Taking up the Torch: English Institutions, German Dialectics ans Multicultural Commitments, Sussex Academic Press, Brighton 2011 (Zitat aus dem Kapitel *German Developments and Austrian Alternatives*).

Universität London oder eines der anderen Universitätsinstitute der Themse-Hauptstadt als Mitveranstalter fungierte. In vielen Fällen war es eine andere englische Universität, etwa jene von Reading, Sheffield, Southampton, mit deren Ordinarius für Germanistik Bernhard sich auf ein bestimmtes Thema geeinigt hatte. London war der Veranstaltungsort der allermeisten in England organisierten Tagungen, doch die altehrwürdigen Universitäten von Oxford und Cambridge beherbergten das eine oder andere Stillfried-Symposion auch in ihren Mauern. In Cambridge beispielsweise fand das Ludwig Wittgenstein gewidmete Symposion statt, welches das Österreichische Kulturinstitut gemeinsam mit der Universität veranstaltete. Außerhalb Englands lagen die Dinge anders, nicht zuletzt aus geografischen Gründen. Sowohl die Schotten als auch die Iren legten größten Wert darauf, dass Themen wie »Modern Austrian Literature«, »Viennese Popular Theatre«, »Fin de siècle Vienna« oder »Max Reinhardt« (auch) in ihrer eigenen Universität abgehandelt wurden. Es waren fast zwei Dutzend Universitätsstädte, die Bernhards heißer Atem erreichte: Cambridge, Cardiff, Durham, East Anglia, Exeter, Hull, Lancaster, Leeds, Liverpool, London, Manchester, Oxford, Reading, Sheffield, Southampton und Sussex; St. Andrews, Edinburgh, Glasgow und Stirling; Swansea, Dublin und Galway.

Die Autoren, die Bernhards Einladung nach Britannien folgten: Ilse Aichinger, H. C. Artmann, Wolfgang Bauer, Erich Fried, Gertrud Fussenegger, Kurt Klinger und Manes Sperber. Ihr literarisches Schaffen hat eine große Zahl englischer, walisischer, schottischer und irischer Studentinnen und Studenten erreicht. Und auch Melpomene und Thalia, die beiden für das Schauspiel zuständigen Musen, kamen auf den Inseln zu ihrem Recht, mit Ödön von Horvaths »Geschichten aus dem Wienerwald«, aber auch mit Stücken von Johann Nestroy. Bernhard heuerte das Wiener Pawlatschen-Theater an und schickte die paar jungen Schauspieler mit drei Possen auf Englandtournee: »Der böse Geist Lumpazivagabundus oder Das liederliche Kleeblatt«, »Zu ebener Erde und erster Stock oder Die Launen des Glücks« und »Der Talisman«. Das Publikum war hingerissen, an jeder Universität der gleiche ausgelassene Beifall. Dreimal sind die Pawlatschen-Leute in Bernhards Auftrag durch Britannien getingelt.

Neue Massstäbe

So wie im Vorderen Orient hat Bernhard auch im Nordwesten Europas neue Maßstäbe gesetzt, hier, hauptsächlich im Spektrum deutscher Sprach- und Literaturwissenschaft. Viele der von Bernhard gezündeten Funken sprangen auch über. Ganz besonders auf zwei Germanisten, auf Edward Timms, Dozent in Cambridge, dann Professor für deutsche Literaturwissenschaft an der Universität Sussex, und seinen Freund Ritchie Robertson, Dozent an der Cambridge University und später Professor der Universität Oxford. 1985, in Bernhards vorletztem Londoner Jahr, begannen die beiden im Herbst mit dem Aufbau einer »Austrian Study Group«. Das Projekt entwickelte sich gut, Bernhard unterstützte es, wo er konnte – und das auch später, als er der Themse bereits goodbye gesagt hatte. Zunächst veranstaltete man Vorträge und Diskussionen, bald aber auch Tagungen, nicht unähnlich denen des Österreichischen Kulturinstituts. Als die Erfolge der Studiengruppe anfingen, sogar die Erwartungen ihrer Gründer zu übertreffen, entschlossen sich die beiden, von Freunden und Kollegen dazu ermutigt, eine eigene Zeitschrift herauszugeben. Man gab ihr den Namen »Austrian Studies« und jedes zu jährlich einmaligem Erscheinen bestimmte Heft sollte einem bestimmten Thema gewidmet sein. Die Ausgabe Nr. 1, mit dem Titel »Wien um 1900«, erschien im Juni 1990, weitere Themen reichten von »Österreichs katholischer Kultur« über »Politische Kultur im roten Wien« bis »Österreich und die Alpen: Landschaft, Kultur und nationale Identität«. Später haben Timms und Robertsons jüngere Kollegen die Redaktion übernommen und das Weiterbestehen von »Austrian Studies« gesichert.

Wer sich so ernsthaft mit der deutschsprachigen Literatur des 20. Jahrhunderts beschäftigt, der stößt, wenn er nicht mit Blindheit geschlagen ist, zwangsläufig auf die Tragödie des deutsch-jüdischen Verhältnisses. Und damit war die Idee eines »Centre of German-Jewish Studies« geboren. Sie aber an einer britischen Universität verwirklichen? Warum nicht, hatte die Insel doch im Verhältnis zu ihren geografischen Daten mehr Flüchtlinge aus Nazideutschland bei sich aufgenommen als jedes andere Land! Nun gingen Edward Timms und Ritchie Robertson gemeinsam daran, das (nur auf den ersten Blick erstaunliche) Projekt zu verwirklichen – und zwar an Timms Universität, also in Sussex. Einige Kollegen sicherten spontan ihre Unterstützung zu und von fast allen Seiten kam ein ermutigendes Echo zurück. Auch Mitbürger jüdischer Abstammung und Zeitzeugen der Verfolgung bekundeten Zustimmung und Interesse, manche von ihnen auch Bereitschaft zur Mitarbeit. Mit Vorträgen, Diskussionen und Publikationen näherte sich das Zentrum einer Vielzahl von Themen. Hier nur die Wichtigsten: »Die Rolle der Juden als Katalysatoren der europäischen Zivilisation – Antisemitismus und der Neid als eine seiner Wurzeln – Die Juden in Deutschland wie in Österreich als Opfer ihres Erfolgs – Das christlich-jüdische Verhältnis – Die schöne, aber nur kurzfristige Illusion einer deutsch-jüdischen ›Symbiose‹ – Die deutschen und österreichischen Juden im

Ersten Weltkrieg – Die deutschsprachigen Sendungen von der BBC im Zweiten Weltkrieg und die Rolle der Flüchtlinge aus Nazideutschland – Der Warschauer Aufstand.« Das »Centre of German-Jewish Studies« lud Überlebende des Holocausts zu Gast. Jeremy Adler sprach über das Theresienstadt-Archiv seines Vaters H. G. Adler, die Rabbinerin Julia Neuberger über die Rolle der Frau im Judaismus, Edward Timms über die Deutung der Ahasver-Legende, Ritchie Robertson über den Begriff des jüdischen Selbsthasses. Auch Thomas Keneallys Buch »Schindlers Arche«, das Steven Spielberg zu dem Film »Schindlers Liste« inspiriert hat, wurde in der Gruppe gelesen und diskutiert. Doch Timms Zentrum hatte sich seine Aufgabe nicht ausschließlich unter dem historischen Gesichtspunkt gestellt, es beschäftigte sich auch mit Phänomenen der Gegenwart. Das deutsch-jüdische Dilemma besaß viele Gesichter, nicht zuletzt jenes, das sich am Schicksal der älteren Menschen zeigte, die den Nazischergen nach England entkommen waren: Der Vater einer Mitstreiterin Professor Timms hatte es nach geglückter Flucht dann in London zu einem führenden Immunologen gebracht, aber nie war es ihm gelungen, den Verlust seiner deutschen Wurzeln zu verschmerzen. Nur einer von ungezählten Fällen! Ganz zu schweigen – oder eben nicht zu schweigen – von der Leugnung des Holocausts, deren Verfechter – anders als in Deutschland und Österreich, wo das Gesetz sie bestraft – in England eine permissive Gesetzgebung schamlos auszunützen begannen. Auf viele der Fragen, die um das so traumatisierte deutsch-jüdische (österreichisch-jüdische) Verhältnis kreisen, hat das 1994 gegründete Studienzentrum Antworten gesucht und auch im 21. Jahrhundert betrachtet es seine Arbeit keineswegs als abgeschlossen. Zu so vielem, das weiter wirkt bis in unsere Tage, hat Bernhard Stillfried den ersten Anstoß gegeben – und das bei Weitem nicht nur ideell, sondern auch auf die für ihn so typische, ganz wunderbar konkrete Art. Kaum war Bernhard in Edward Timms Plan eingeweiht worden, in London einen Kongress über Theodor Herzl und die Ursprünge des Zionismus zu veranstalten, hatte er sich diesen Freund gleich zu einer gemeinsamen Reise nach Eisenstadt »geschnappt«, um ihm das dortige Jüdische Museum zu zeigen und ihn mit so führenden österreichischen Judaisten wie Jakov Allerhand und Kurt Schubert persönlich bekannt zu machen.

Und Österreichs Musik auf den britischen Inseln? Auch hier hat Bernhard Stillfried neue Maßstäbe gesetzt. Gewiss, anders als in der Levante befand er sich nun in einem Land, in dem die Pflege der Musik eine lange Tradition besitzt; selbst kleinere Städte haben ihren Konzertsaal und Musikvereinigungen, die sich nach einem österreichischen Komponisten nennen, sind durchaus keine Seltenheit. Die Mozart-, Haydn- oder Schubert-Gesellschaften mussten zu einer Zusammenarbeit mit Österreich und seinem Kulturinstitut nicht erst überredet werden. Bernhard Stillfried begann, mit diesem Pfunde zu wuchern. Vor ihm hatte das Österreichische Kulturinstitut London Konzerte überwiegend unter eigenem Dach veranstaltet. Kammermusik für ein soigniertes Stammpublikum, großteils Auslandsösterreicher. Der Impresario machte Schluss mit dieser Idylle, er holte sich österreichische Solisten und Ensembles aus Österreich und reichte sie kreuz und quer auf der Insel herum; auch zu manchem Abstecher zum irischen Eiland teilte er sie ein. Gewiss, mit der in England noch im Kriegsjahr 1943 gegründeten »Anglo-Austrian Music Society«, damals gemeint auch als politische Botschaft an Österreichs Patrioten, hatte bereits der Vorgänger zusammengearbeitet, doch unter Bernhards Direktorat erfuhr auch das eine deutliche Steigerung. Sehr bald besaß der Impresario eine Liste aller Konzertveranstalter des Landes, nicht zuletzt der Gesellschaften, die einen der großen österreichischen Komponisten in ihrem Namen trugen. Gerade mit ihnen florierte die Zusammenarbeit und – auch das nicht ganz unwichtig – sie kamen selbst für die Musikerhonorare auf, sodass sich der Aufwand des Instituts im Wesentlichen auf die Reise- und Aufenthaltskosten beschränkte. Einmal mehr kamen Bernhard seine BBC-Jahre zugute! Die seinerzeit angeknüpften Beziehungen erwiesen sich als sehr hilfreich, wenn es galt, bei der British Broadcasting Corporation österreichische Musiksendungen unterzubringen. Mitunter widmete die BBC, deren Verantwortliche die Musikliebe eines großen Teils der Hörerschaft geteilt zu haben scheinen, einem österreichischen Komponisten eine Serie von Sendungen, die sich nicht selten auf ein ganzes Quartal erstreckte. Nur mit zwei Sätzen sei gesagt, dass auch die bildende Kunst nicht zu kurz kam. Etlichen jungen österreichischen Malerinnen und Malern, die Otto Mauer für seine Galerie nächst Sankt Stephan entdeckt hatte, vermittelte Bernhard Ausstellungen auch in England. Nie zuvor war Österreich mit seiner Kultur in den britischen Massenmedien so präsent gewesen. So wie in Kairo, Istanbul und Teheran, standen ihm natürlich auch in London fähige Mitarbeiter zur Seite. Der wichtigste unter ihnen war Dr. Peter Marginter, der längstdienende unter seinen Stellvertretern, ein vielseitiger und feinsinniger Kopf, Verfasser geistreicher Prosa. Bernhard und er bildeten ein gutes Gespann.

Mit Blick auf die Themse

In Cheyne Walk Nr. 22 wohnten sie also. Mit Blick auf die Themse, die mit ihrem Wechsel zwischen Ebbe und Flut täglich zweimal ein eindrucksvolles

Schauspiel bot; immerhin sank und stieg der Fluss jeweils gleich um einige Meter. Auf dem Abschnitt, den man von ihren Fenstern übersah, befuhren den Fluss keine Ozeanriesen mehr, nur noch Frachtkähne und Ausflugsschiffe hielten auf Binnenziele zu. Und wo die Stillfrieds wohnten, waren die Freunde nicht weit. So wie früher am Nil wurde jetzt an der Themse viel diskutiert und auch hier konnte es geschehen, dass Ira und Otto Schulmeister aneinandergerieten. Sein Name steht stellvertretend für die Gästenamen, die uns schon aus Kairo geläufig sind. Natürlich kamen Londoner Freunde wie Roland Hill, Martin Esslin und auch Fritz Glaser, der als Pensionist freilich nur noch selten in die Hauptstadt kam, seit er mit seiner Frau Ursula in der Kathedralenstadt Chicester lebte. Mit Ernst Gombrich und Peter Stern standen Bernhard und Ira auf vertrautem Fuß. Noch jemanden hatte schon der junge österreichische Programmassistent bei der BBC flüchtig gekannt, ja einmal sogar interviewt, nämlich Karl Popper, den Autor von »Die offene Gesellschaft und ihre Feinde«. In seinem von den Nationalsozialisten erzwungenen neuseeländischen Exil hatte er diese große Abrechnung mit den Feinden der Demokratie geschrieben, deren englische Originalfassung 1945, kurz vor seiner Berufung an die London School of Economics, erschienen war. Durch Gombrich waren die Stillfrieds nun auch mit dem von Königin Elisabeth II. geadelten Philosophen und seiner Frau Josefine näher bekannt. Übrigens war es Bernhard Stillfried gewesen, der das erste von mehreren Gesprächen vermittelt hatte, die der bekannte österreichische Journalist und spätere Gesundheitsminister Franz Kreuzer mit Karl Popper zwischen 1979 und 1982 führen konnte; eine Zusammenfassung dieses Dialogs war dann in Buchform[16] erschienen. Bald gehörten in der Wolle gefärbte englische, schottische und irische Professoren zu den stillfriedschen Abendgesellschaften und auch einen Freund aus Kairoer Tagen sah man mitunter in Cheyne Walk, nämlich Gordon Brook Shepherd. Doch noch regelmäßiger verkehrte Bernhard in dessen Haus – und zwar aus einem sehr einleuchtenden Grund: Brook Shepherd arbeitete damals an einem neuen Buch und dabei beriet ihn sein österreichischer Freund. Kein Wunder, unter dem Titel »The Austrians« erschien es dann. Der Sprichwörtlichkeit der bereits erwähnten langen Stillfriedabende fügte der Hausherr noch eine weitere, ebenso bestaunte wie beschmunzelte Note hinzu. Dass der Wein, den man trank, aus Österreich kam, verstand sich bei einem österreichischen Diplomaten von selbst, doch Bernhard bezog ihn aus dem Dorfe Stillfried, das diesen Namen noch aus der

---

16 Karl R. Popper/Franz Kreuzer, Offene Gesellschaft – Offenes Universum. Ein Gespräch über das Lebenswerk des Philosophen, Serie Piper, München 1986.

Zeit seiner Vorfahren trägt. Gut gedeiht dort der Wein, der Grüne Veltliner ebenso wie der Traminer, und – *nomen est omen!* – Josef Weindl, der Winzer, lieferte ihn dem Träger des uralten Namens in Bouteillen, auf deren Etikette über der Jahreszahl 1280 das stillfriedsche Wappen prangte. Es ist der Moment, auf einen prominenten Österreicher zu sprechen zu kommen, der Bernhard im Ausland oft besuchte, aus Zeitgründen aber nie dessen häusliche Gastfreundschaft in Anspruch nahm, auf Leopold Gratz. Alles andere als ein ehrgeiziger Karrierist, eher ein Philosoph mit epikureischem Einschlag, erstieg er, wenn man vom Amt des Staatsoberhauptes absieht, die höchsten Karrieresprossen, die Österreich überhaupt zu bieten hat. Zentralsekretär der Sozialistischen Partei, Abgeordneter zum Nationalrat, Klubobmann seiner Parlamentsfraktion, Bundesminister für Unterricht und Kunst, Bürgermeister von Wien, Außenminister, Präsident des Nationalrats: das die Reihenfolge der von ihm bekleideten Funktionen und Ämter. An keinem der Sessel klebte er übrigens. Gratz verfehlte jedenfalls nie, sich seinem Landsmann schon vorher anzukündigen; war er im Hotel angekommen, meldete er sich telefonisch und bestand darauf, Bernhard in ein Restaurant einzuladen, so zwischen zwei Sitzungen oder anderen Terminen. Was dem Juristen Leopold Gratz auf seinem politischen Höhenflug langweilig und immer langweiliger geworden zu sein scheint, dürfte wohl die Gesellschaft Gleichgesinnter, das Beisammenhocken mit Leuten der eigenen Couleur gewesen sein. Er suchte und fand sich unterhaltsameren Umgang. »Fad bin ich selber«, so ähnlich soll er sich einmal geäußert haben, obwohl er eigentlich nichts weniger war als das, auch wenn seine Art, geistreich und humorig zu sein, etwas Verhaltenes an sich hatte. Als Außenminister Österreichs, seinem vorletzten öffentlichen Amt, wird Leopold Gratz in Bernhards Laufbahn ähnlich bestimmend eingreifen wie einst Rudolf Kirchschläger.

Von außen gesehen führten die Stillfrieds in London, eine ganze Weile wenigstens, das Leben einer Durchschnittsfamilie der damaligen Zeit: Ehepaar mit zwei Kindern. Maria und Gabrielle, die beiden Älteren, waren längst in Wien heimisch geworden und lebten dort ihr eigenes Leben. Christina, die nun das Fashion Design College besuchte, und Georg, der zum Besuch seiner Deutschen Schule jeden Tag mit der Vorortelinie nach Richmond fuhr, lebten in der ersten Londoner Zeit indessen noch mit den Eltern in Cheyne Walk. Die gute Fatma hatte es in London nicht allzu lange gehalten, nach einem tränenreichen Abschied war sie in ihre ägyptische Heimat zurückgekehrt. Eine Frage, die das Ehepaar eine Weile beschäftigte, war, wie sie dem Sohn in England die Beherrschung des Arabischen erhalten konnten. Die Stillfrieds bekamen einen Kairoer Stipendiaten vermittelt, der in London postgraduell Pädagogik studierte und im Übrigen zu bezahlten Konversationsstunden mit Georg gerne bereit war. Zweimal in der Woche konnte man ab nun im Cheyne Walk-Haus Nr. 22 zwei junge Männer eine Stunde lang lebhaft miteinander Arabisch sprechen hören, das Thema »Fußball« hat dabei keine geringe Rolle gespielt. Selber kicken konnte Georg im Schulgelände, aber auch in seiner Wohngegend gab es Spielplätze, mitten im großen Battersea Park. Was trieben sie sonst noch den lieben langen Tag, er und seine um sieben Jahre ältere Schwester? Höchstwahrscheinlich sind beide dem Beispiel gefolgt, das ihre Eltern selbst als Junge gegeben hatten. So wie diese hockten auch Christina und Georg nicht viel zu Hause herum, pflegten ihren eigenen Freundeskreis. Christina ging, kaum hatte sie ihr Fashion Design College abgeschlossen, als Au-pair für ein Jahr nach Rom, um danach, ihrer Ausbildung entsprechend, ins Professionelle einzusteigen; Georg schloss 1982 Londons Deutsche Schule mit dem Abitur ab, um dann im Herbst in Wien mit dem Jusstudium zu beginnen. Somit sind auch die beiden jüngeren Stillfriedgeschwister aus dieser Erzählung gefallen – und zwar in ihr eigenes Leben. Hier nur wenige Sätze noch zu den Fahrten, die Bernhard mit Ira von London aus unternahm. »Kinderlos« bereiste das Ethnologenehepaar Spanien, Italien, das damalige Jugoslawien, Griechenland und die Türkei, aber auch Marokko, um in diesen Ländern auszuleben, was wir längst schon als seinen Hang und Drang zu verwandten Fächern erkannt haben. Auf dem Hin- oder Rückweg machten sie meistens Halt im salzburgischen Bad Gastein, um nach den Tanten zu schauen, solange diese noch lebten.

The Golden Age was coming to an end ...

Als der Impresario im Frühjahr 1985 wieder einmal in Wien und auch im Außenministerium zu tun hatte, meldete er sich im Sekretariat des Ministers, um sich zu erkundigen, ob dieser vielleicht ein paar Minuten für ihn Zeit habe. Leopold Gratz hatte sogar etwas mehr Zeit für ihn. Ob Bernhard sich vorstellen könne, im Ministerium die Leitung der Kultursektion zu übernehmen? Ihm scheine es angebracht, dass im Haus endlich einmal jemand vom Fach für die Auslandskultur verantwortlich sei. Die Herren Botschafter hätten diese Leitungsfunktion doch nicht gepachtet, nur weil sie darin eine Art Glanzlicht erblickten, sei es als prestigeträchtige Inlandsverwendung zwischen zwei Missionschefposten im Ausland, sei es als krönender Abschluss ihrer Diplomatenkarriere. Außenminister Gratz wünschte sich einen Fachmann und Manager an der Spitze der Kultursektion, er wünschte sich Bernhard Stillfried. Und dieser erbat sich Bedenkzeit, wollte er das Für und Wider doch mit Ira beraten. Die beiden waren bald einig, dass das Für überwog. Wie konnte man denn wissen, ob ihm ein zweites Mal die Chance winken würde, an die Schalthebel der österreichischen Auslandskulturpolitik zu kommen, und Bernhard lag viel daran, eben diese von der Zentrale aus aktiv mitzugestalten. Er sagte also zu und der Zeitplan, den man dann vereinbarte, sah vor, dass Wiens langjährigem Kulturmann in London genug Zeit bleiben sollte, dort zum Abschluss zu bringen, was noch im Laufen war; danach würde er ins Ministerium übersiedeln und dort zunächst die operative Abteilung, das eigentliche Herz der Sektion, übernehmen – und zwar schon als Stellvertreter des sich noch im Amt befindlichen Sektionschefs. Dieser hatte den Rest seiner Inlandszeit abzusitzen, bis er seinen nächsten Auslandsposten antreten durfte; dann aber würde der Impresario in der Kultursektion das Steuer übernehmen.

Mit dieser Zukunftsperspektive kehrte Bernhard nach London zurück. Wir wollen Peter Branscombe von der Universität St. Andrews das Wort lassen: »When it became clear that the Golden Age of Dr. Stillfried's tenancy of 28 Rutland Gate was coming to an end, Peter Stern and I determined that this distinguished contribution to Austrian Studies in Britain must be commemorated in some appropriate way.« Und in der Tat, am 5. Juli 1985 verlieh die Universität St. Andrews, Schottlands älteste, Dr. Bernhard Stillfried das Ehrendoktorat. Die akademische Feier, mit der dies geschah, war, wie sich Branscombe später in einem Aufsatz erinnerte, »the most formal, and perhaps also the most enjoyable, of numerous visits that he and Ira paid to St. Andrews. It is a matter of delight to all of us that the Stillfries maintain their interest in, and continue occasionally to visit, the town and university.«[17] St. Andrews ist übrigens nicht nur Sitz der ältesten schottischen Universität, sondern auch des in der Welt berühmtesten Royal & Ancient Golf Club, dessen Gründung auf das Jahr 1754 zurückgeht. Und das eine passt gut zum anderen, denn wie hatte Roland Hill in einem seiner Artikel geschrieben? »Gute Golfspieler und wahre Gelehrte sind demütige Menschen, der körperlichen wie der geistigen Unvollkommenheit bewusst.« Tatsächlich wird Bernhard noch zwei oder dreimal an den Ort so vieler guter Erinnerungen zurückkehren. Auf ganz besondere Weise ehrte die Universität London den Scheidenden, sie erhob ihn zum Honorary Fellow, zu ihrem Honorarprofessor also, und Bernhard war der erste ausländische Kul-

---

17 Peter Branscombe, Austrian Studies at St. Andrews, Festschrift für Bernhard Stillfried aus Anlass seines 70. Geburtstags, Peter Lang AG, Europäischer Verlag der Wissenschaften, Bern 1996.

turinstitutsleiter, dem diese Ehre zuteilwurde. Aber auch die anderen Universitäten ließen Bernhard nicht gehen wie die Dirn vom Tanz, auf die eine oder andere Art war jede bemüht, ihn merken zu lassen, dass man wusste, was man an ihm gehabt hatte. Bei der Farewell Party, die ihm die Universität Oxford gab, wurde sogar ein ihm gewidmetes Gedicht rezitiert: »Still lächelt der Fried, / er ladet zum Weine, / wie oft schon zuvor im frohen Vereine. / Lasst hören ein Klingen, / ihr Leute stoßt an, / ein Loblied zu singen / dem spendabeln Mann. / Ob in London, in Oxford, stets war er da, / wenn es ging ums geliebte Austria. / Wir wünschen ihm Segen, / wir wünschen ihm Glück. / Ein Direktor kam, ein Freund geht zurück.«

Die verschiedenen Arten, einer Kultursektion vorzustehen

Noch in der Übergangszeit, während welcher er als designierter Sektionschef bereits deren wichtigste Abteilung, die für alles Operative zuständige »Sechser«, geleitet hatte, war Bernhard in der Schreibstelle auf eine ungewöhnliche Frau aufmerksam geworden. Die Schreibstelle suchten die Mitarbeiter der Kultursektion auf, wenn sie einen Brief oder was auch immer zu Papier gebracht haben wollten; normalerweise hatte man seinen Text schon auf Tonband diktiert, sodass die Kassette dann einfach einer der Schreibkräfte auszuhändigen war, die hinter ihren Schreibmaschinen saßen. Nur der Sektionschef verfügte über ein eigenes Sekretariat. Bernhard, der diese Position ja demnächst antreten sollte, hatte sich bereits nach einer Sekretärin umgeschaut. War er in der Schreibstelle fündig geworden? Ja, und die Rede ist von einer Frau, die ihre hundertprozentige Sehbehinderung, Folge einer in der Kindheit ausgebrochenen Erkrankung, mit ungewöhnlicher Willenskraft und hoher Intelligenz wettmachte; ihre Ausbildung in einer Wiener Sonderlehranstalt hatte Ernestine Baig mit der Matura abgeschlossen. Und nur wer über ihr Handicap Bescheid wusste, wunderte sich immer wieder darüber, mit welcher Selbstverständlichkeit sie sich durch die Gänge und Verwinkelungen des neuen Amtsgebäudes bewegte; so die Bezeichnung für jenen Ausbund an architektonischer Bedeutungslosigkeit, in dem damals Teile des Außenamtes untergebracht waren. Einer, der ohne Tonbandkassetten, dafür aber mit einem ganzen Bündel Papier in der Schreibstelle anzurücken pflegte, war Doktor Stillfried und es dauerte nicht lange, bis er jedes Mal pfeilgerade auf jenen Tisch zusteuerte, an dem Frau Baig saß. Er bezog sie ein in den Sachverhalt, welcher dem beabsichtigten Diktat zugrunde lag, und die endgültige Formulierung war dann meistens das Ergebnis eines halblaut geführten Gedankenaustauschs zwischen den beiden. Kurz und gut, Bernhard holte das Wunderkind aus der Schreibstube und machte es zu seiner Sekretärin. Bis zu ihrem gemeinsamen Umzug in das Sektionsallerheiligste teilten er und sie sich einen mehrfenstrigen, sehr hellen Raum, in dem es, vor allem vormittags, zuging wie in einem Taubenschlag. Zuerst die Postsitzung mit den Mitarbeitern der Abteilung, dann die Kommunikation mit der Außenwelt. Wurde dazwischen gerade ein Brieftext komponiert, war Telefongeklingel die Begleitmelodie, doch Chef und Sekretärin nahmen nach jeder Unterbrechung unbeirrt wieder den Faden auf. Dazwischen die eine oder andere Besprechung, die aus dem Augenblick heraus notwendig wurde. Und Besucher waren immer willkommen, selbst wenn sie sich unangesagt im Türrahmen zeigten, vorausgesetzt, sie wurden nicht nervös, wenn immer wieder das Telefon ging, einmal auf Bernhards Schreibtisch, einmal auf dem von Frau Baig und oft gleichzeitig auf beiden. Diesem Gespann machte Stress nichts aus, im Gegenteil! Erst dann begannen die beiden, sich richtig in ihrem Element fühlen. Und sie verstanden einander ohne viele Worte. In kürzester Zeit hatte sie sich ganz auf ihn eingestellt. Und so wie er hatte auch sie einen etwas mitleidigen Blick für Leute, die Wesentliches und Unwesentliches nicht auseinanderhalten konnten. Bernhards Tante Alice hätte diese Art von Harmonie auch unter einem astrologischen Gesichtswinkel zu erklären gewusst. Partner der Abteilung 6, die Dr. Stillfried gesucht, dann aber mit »seiner Baig« vorlieb zu nehmen gehabt hatten, fanden bald heraus, dass das genau so gut war, als hätten sie mit dem Chef gesprochen. Die Spitzensekretärin, auf der ganzen Welt erkennt man sie daran.

Wann haben wir das letzte Mal einen Menschen behaupten gehört, es gehe ihm »nur um die Sache«? Was auch immer damit gemeint war, wir haben Grund, skeptisch zu sein. Wer sagt schon, dass ihm die Form mehr bedeute als die Sache, das Gefäß mehr als sein Inhalt, der Schein mehr als das Sein! Und doch gibt es weltweit einen Bund genau solcher Brüder. Bekleidet einer von ihnen eine beamtete Spitzenposition, erschöpft sich seine Arbeit in der Hauptsache darin, die Stunden des Tages anzuzeigen, fast wie eine Figur der Ankeruhr auf Wiens Hohem Markt. Einen guten Teil des Tages verbringt so einer vor Unterschriftenmappen, Arbeit nennt er die kalligrafische Übung. Und je geringer seine schöpferische Veranlagung, umso größer seine Begeisterung fürs Koordinieren: er »stimmt aufeinander ab«, was andere ersonnen und auf die Reihe gebracht haben. Das Vergnügen, mit dem er Sitzungen leitet, wird höchstens noch gesteigert, wenn er sich dabei in der Sache selbst »eher bedeckt« halten kann. Die Phrasenhaftigkeit seiner Rede erkennt man schon an den vielen Superlativen, er freut sich »wahnsinnig«, er begrüßt »aus ganzem Herzen« und wenn er etwas interessant nennt, dann nicht, ohne die Voranstellung des Wortes »unglaublich«. Und ein Credo hat er wie alle Vorgesetzten, die an der Form kleben bleiben: »Der Prophet geht zum Berg und nicht der Berg zum Propheten.« Und der Berg ist natürlich er selbst! In keinem Mitarbeiterzimmer trifft man ihn an. Er bittet zu sich, lässt zu sich bitten, lässt rufen, lässt kommen.

Doch zurück zu Bernhard Stillfried und zur Causa prima seines Trachtens, der kulturellen Vernetzung Österreichs mit der Welt. Das war die Sache, um die es ihm ging. Für Rituale um seine Person, wenn er sie denn überhaupt wahrnahm, hatte er wenig übrig. Und er war sehr wohl der Berg, der zum Propheten ging, der den Mitarbeitern gern ins Zimmer schneite, wenn es etwas zu fragen oder zu besprechen gab. Einer, bei dem Bernhard fast täglich hockte, war der Budgetbeamte der Sektion, ein nicht gerade mitteilsamer Zahlenmensch, der aber rasch auftaute, wenn der Chef und er sich über die Buchhaltung beugten. Bernhard änderte kein Jota an seinem Arbeitsstil, wurde weder förmlich noch ein Formalist, als er endlich die Führung der Kultursektion übernahm. Er und Ernestine Baig, wir haben sie uns als eine Art Arbeitstandem vorzustellen. Nach Bernhards Ausscheiden aus dem Amt wird die sehbehinderte Spitzensekretärin eine kulturdiplomatische Laufbahn einschlagen – und zwar am Österreichischen Kulturinstitut in Warschau, wo sie bald fließend Polnisch sprechen und als Vizedirektorin viel Ehre einlegen wird. In seiner Art, auf die Mitarbeiter in Augenhöhe zuzugehen, ähnelte der neue Sektionschef wahrscheinlich Botschafter Karl Hartl, einem seiner Vorgänger in der Sektionsleitung; auch dieser Freund Bernhards hatte nie ein Organ für das Zeremonielle gehabt.

Das Haus mit den fünf drinkcorners

Entsinnen wir uns noch, um wieder einmal einen Abstecher ins Stillfriedsche Privatleben zu machen, der Damen Grete und Erni Anna? Von ihnen hatte Bernhard das Haus in Badgastein geerbt, jenes, in dem er und die Seinen auf der Durchreise schon das eine oder andere Mal gastfreie Aufnahme gefunden hatten; damals waren die Tanten beide noch am Leben gewesen. Seit auch Erni, die jüngere Schwester, gestorben war, hatten sich die Stillfrieds mit dem Gedanken getragen, das Haus in dem bekannten Alpenkurort durch ein paar interne bauliche Veränderungen auch für eine größere Bewohnerzahl komfortabel zu machen. Anfang der 1960er-Jahre errichtet, unterschied sich der eher schlichte Bau jedenfalls wohltuend von den Wohlstandsbunkern späterer Jahrzehnte. Schon im Sommer des Jahres ihrer Rückkehr nach Österreich, 1986 also, gingen die Stillfrieds an die Adaptierung ihres Badgasteiner Hauses – und zwar in familiärer Eigenregie; alle taten mit, nicht zuletzt die Schwiegersöhne, aber auch ein paar engere Freunde der Familie. Gedungen war da nur ein Maurer, der als Mann vom Fach vorübergehend das Kommando hatte, um dieses nach Erledigung des Gröbsten aber sogleich an Ira zu verlieren, denn nun war sie in ihrem Element! Vermutlich ist an Bernhards Frau (unter anderem auch) eine Innenarchitektin verloren gegangen, war sie es doch, die dem Interieur des Hauses eine neue Seele gab, sprich ein intimes, urgemütliches Flair, das dann alle Besucher entzückte. Gleich fünf *drinkcorners* hat einer von ihnen gezählt, fünf über das kleine Haus verteilte Sitz- und Trinkecken also, und jede ansprechend im wahrsten Sinn dieses Wortes: Bedien dich drüben am Schnapsschrank, mit dem Glas aber setz dich hier her! Im Winter war die fünffache Verlockung, die selbst im Kellergeschoss noch Präsenz zeigte, besonders groß, während diese Art von Suggestion sommers eher auf die Abendstunden beschränkt blieb. Das wenigstens der übereinstimmende Befund jener Freunde, die den Vorzug gehabt hatten, in der kalten wie in der warmen Jahreszeit ein paar Tage in der Stillfried-Datscha zu verbringen.

Karrierismus, ein österreichisches Beispiel

Da war einer als Karrierediplomat sehr hoch gestiegen und nun krallte er sich fest, um nicht ebenso tief zu fallen, ausgerechnet von der letzten, der obersten Sprosse seiner Karriere. Aber warum? Weil er auf der vorletzten Sprosse, als Generalsekretär der Vereinten Nationen, jahrelang geglaubt hatte, sich gehässige Parteilichkeit gegen einen jungen Staat erlauben zu können, dessen Volk, wenige Jahrzehnte zuvor noch über die Welt verstreut, millionenfach hingemordet worden war. Unter dem dafür verantwortlichen Mörderregime hatte man ihn, den inzwischen zum Vorzeigeösterreicher Avancierten, wenn auch nicht als einen von den Jubelnden, so doch als berechnenden Mitläufer erlebt. Später dann als subalternen, aber diensteifrigen Wehrmachtsoffizier am Balkan, dem Schauplatz abscheulicher Kriegsverbrechen. Auch die Deportation von Juden hatte dazugehört, mit einem der Vernichtungslager als Endstation. Doch was auch immer, etwa im Jahr 1943, am Balkan geschah, der, von dem hier die Rede ist, hätte es weder befehlen noch verhindern können. Zu niedrig war sein militärischer Rang gewesen, soviel ist sicher. Doch gewusst hatte der Beflissene viel, genug war über seinen Schreibtisch gelaufen. Kaum eine Einsatzbesprechung, bei welcher er nicht mit am Tisch gesessen wäre[18]. Im New Yorker Glaspalast verschwieg er dann ganz bewusst, was schon der Kriegsheimkehrer verdrängt oder »vergessen« hatte, als er, in Österreichs diplomatischem Dienst gelandet, den Fuß auf die erste Karrieresprosse setzte. Doch der unterschlagene Teil der Wahrheit war an den Tag gekommen, als der *well known man* aus New York zum letzten Karrieresprung angesetzt hatte, zu jenem in die Wiener Hofburg, dem Amtssitz des österreichischen Staatsoberhauptes. Im Zuge des Bundespräsidentschaftswahlkampfes 1986 war die Kugel ins Rollen gebracht worden, durchaus wie beim Billard von geschickten Spielern – oder solchen, die sich dafür hielten.

Kaum hatte man in Österreich damit begonnen, dieses zeitverschobene Ineinandergreifen von Ursache und Wirkung mit dem Namen »Causa Waldheim« zu belegen, war daraus die »Causa Österreich« geworden. Nicht nur hatten sich die österreichischen Wähler, wenngleich erst im zweiten Wahlgang, unter der Devise »Jetzt erst recht!« mehrheitlich für den international ins Zwielicht geratenen Präsidentschaftskandidaten Dr. Kurt Waldheim entschieden, sondern noch anderes, das viel länger zurücklag, sah man durch die Affäre in das Bewusstsein der Weltöffentlichkeit gerückt. Zuvorderst natürlich der seinerzeit von zahlreichen deutschen Wochenschauteams festgehaltene Jubel, mit dem Hitlers Einmarsch im März 1938 von vielen Österreichern begrüßt worden war. Auch die Namen österreichischer NS-Schergen, von denen es nicht wenige und einige sehr bekannte gegeben hatte, wurden in den Massenmedien wieder buchstabiert. Dass Österreich das erste Opfer nazideutscher Eroberungspolitik geworden war, geriet in dieser neu aufgeflammten Diskussion stark in den Hintergrund. Dafür erinnerte man sich jetzt in Kreisen der Überlebenden des Holocausts, dass das befreite Österreich, auch als es wieder aufgebaut und wirtschaftlich zu Kräften gekommen war, sich gerechtfertigten Entschädigungsansprüchen gegenüber vielfach taub gestellt hatte. In mehr als einer Hinsicht waren seine Politiker mit Blick auf die Opfer des Nationalsozialismus, gelinde gesagt, äußerst unsensibel gewesen. Österreichs Ruf in der Welt hatte also gelitten und wem, wenn nicht seinen Historikern und Diplomaten, fiel nun die Aufgabe zu, diesen Schaden wenigstens zu begrenzen.

---

18 1988 ermittelte eine auf Waldheims Wunsch von Österreichs Regierung eingesetzte internationale Historiker-Kommission, dass er keine Verbrechen begangen, aber von Mordbefehlen, Deportationen und Morden in seiner Umgebung Detailkenntnisse gehabt hatte.

Die Initiative

Auch nach mehr als dreißig im Ausland verbrachten Jahren hatten die Stillfrieds nicht lange gebraucht, sich in der Heimatstadt wieder zurechtzufinden. Sie wohnten nun im dritten Wiener Gemeindebezirk, in der Landstraßer Hauptstraße. Die geräumige Wohnung, zu einem denkmalgeschützten Altbau gehörend, hatte Bernhard schon Jahre vorher angemietet und in der Zwischenzeit waren die beiden älteren Töchter Maria und Gabrielle während ihres Studiums die glücklichen Benützerinnen gewesen. Keine drei Minuten davon entfernt und auf derselben Straßenseite steht die Kirche des heiligen Rochus, die auch einem sich vor ihr ausbreitenden Viktualienmarkt den Namen gibt. Wenn das Ehepaar den Sonntagsgottesdienst auch hin und wieder in der Wiener Innstadt besuchte, nicht zuletzt in der ukrainisch-katholischen St. Barbara-Kirche, zugehörig fühlte es sich doch der Pfarre St. Rochus. Neben der guten Einbindung in das städtische Verkehrsnetz und der günstigen Verkehrslage gehört auch die Nähe des Praters zu den Annehmlichkeiten dieser Wohngegend. Doch zurück zu der mit der »Causa Waldheim« so sehr verschachtelten »Causa Österreich«. Wer wie Bernhard täglich drei bis vier ausländische Zeitungen las, den verfolgte sie auch bis in die eigenen vier Wände. Gab es da keine Möglichkeit, irgendeine Initiative zu ergreifen, das Gesetz des Handelns an sich zu reißen oder wenigstens einen Zipfel davon? Im Impresario hatte es längst zu arbeiten begonnen. In der Kultursektion war man bereits damit beschäftigt, die nächste Auslandskulturtagung zu planen, jene des Jahres 1987. Wie schon gesagt versammelten diese Veranstaltungen für zwei oder drei Tage all diejenigen in Wien, die im Auftrag des Außenministeriums Österreichs Kultur im Ausland vertraten. Das Tagungsprogramm nahm auf die traditionellen Fachbereiche wie Musik, Literatur oder Hochschulwesen ebenso Bedacht wie auf aktuelle Problemstellungen. Bleibt noch zu sagen, dass es sich bei dieser Tagung für die Kulturmitarbeiter um eine Parallelveranstaltung zur alljährlichen Botschafterkonferenz handelte. Auf diese Weise konnten die Missionschefs, wenn ihnen danach war, die kulturelle Hauptveranstaltung miterleben und umgekehrt die Kulturleute das jeweilige Veranstaltungsglanzlicht der Botschafterkonferenz.

Die »Causa Österreich« als Generalthema der nächsten Auslandskulturtagung! Ja, das war's. Zwar würde der militärische Einmarsch Hitlers erst im übernächsten Jahr zum fünfzigsten Mal wiederkehren, doch was Bernhard vorschwebte, war keine Gedenkfeier, kein umflortes Memento, sondern eine Informationsveranstaltung, die wissenschaftlichen Maßstäben entsprach. Dazu würde auch eine selbstkritische Auseinandersetzung mit der eigenen Vergangenheit gehören, sprich eine ungeschminkte Bilanz über jene Irrtümer, Fehler und Versäumnisse, die Österreich sich selbst zuzuschreiben hatte. Zeitzeugen, die über jeden Zweifel erhaben waren, aber auch Historiker, die dieses Stück Zeitgeschichte von Grund auf kannten, ihre Namen schaukelten Bernhard bereits im Kopf herum. Eine Podiums- oder Paneldiskussion sollte es werden, am besten mit einem angesehenen und in der Materie beschlagenen Journalisten als Moderator. Für die Umsetzung dieser Idee konnte gar kein geeigneteres Forum gefunden werden als die Auslandskulturtagung! Das Thema auf der Botschafterkonferenz abzuhandeln, würde dem Außenministerium womöglich als »Diplomatenvergatterung« ausgelegt werden. Natürlich gab man sich am Ballhausplatz keinen Illusionen darüber hin, was Österreich im Jahr 1988 erwartete. Man hatte sich auf einiges gefasst zu machen, auch auf Stereotypen und polemische Verallgemeinerungen. Der World Jewish Congress, die Vertretung aller in der Diaspora lebenden Juden, war, was Letzteres betraf, von New Jork aus, wo er seinen Hauptsitz hatte, schon bisher mit einer Reihe von Fleißaufgaben hervorgetreten. Österreichs Außenminister, dem solches bereits das eine oder andere Mal die Laune getrübt hatte, hieß Dr. Alois Mock und dem gefiel der Vorschlag seines Kultursektionschefs auf Anhieb.

Zeitzeugen also galt es zu gewinnen! Zeugen nicht nur des sogenannten »Anschlusses« mit seinem hysterischen Jubel, den pöbelhaften Ausschreitungen und allem, was ihn sonst begleitete. Zeugen auch der bedrohlichen Jahre davor mit ihrer Gegenwehr, ihren fatalen Weichenstellungen und ungewollten Vorwegnahmen. Zeugen, die sich gegen die unheilvolle Entwicklung gestemmt und dafür mit der Hölle eines Konzentrationslagers bezahlt hatten. Zeugen des verzweifelten Widerstands in dem von der Landkarte getilgten Österreich, dann aber nicht nur Zeugen, sondern auch Handelnde, Aktivisten. Seinen eigenen Vater konnte Bernhard nicht mehr einladen, der weilte schon seit mehr als einem Jahrzehnt nicht mehr unter den Lebenden. Gewiss, Alfons Stillfried hätte dem Auditorium viel zu sagen gehabt. Schon früh hatte dieser Mann gegen die Vereinnahmung Österreichs durch Nazideutschland seine Stimme erhoben und war, schließlich vor vollendeten Tatsachen stehend, nicht wie so viele den Weg des geringsten Widerstandes gegangen – nein, in den Widerstand. Und bis zu seinem Tod hatte er jenes Österreich verkörpert, das man in der zweiten Hälfte der 1980er-Jahre als das »andere Österreich« zu bezeichnen versucht sein konnte, so sehr nämlich wurde die ihm abgekehrte, wetterwendisch-opportunistische Seite damals durch die Medien gezerrt. Den Nachweis zu führen, dass das andere, bessere Österreich trotz allem nie aufgehört hatte zu existieren, gleichzeitig aber auch reinen Tisch zu machen mit den eigenen

Die Initiative

Verirrungen und zu zeigen, dass man daraus gelernt hatte, das war es, was der Sohn Alfons Stillfrieds sich von seinem Diskussionsprojekt erhoffte.

Zum Glück waren noch einige Zeugen am Leben. Dr. Erich Bielka etwa, der nach Kirchschlägers Wahl zum Bundespräsidenten unter Kreisky zwei Jahre Außenminister gewesen war, übrigens parteilos wie sein Amtsvorgänger, wenn auch nicht von dessen Format. Die letzten drei Jahre vor der Annexion Österreichs durch Hitlerdeutschland hatte Bielka als ganz junger Diplomat miterlebt – und zwar auf einem hochpolitischen Vorposten, nämlich am österreichischen Generalkonsulat in München, im NS-Staat die »Stadt der Bewegung«. Als österreichischer Patriot, denn das war er wirklich, gleich nach dem »Anschluss« von der Gestapo verhaftet, erlebte er die Naziherrschaft bis zum Kriegsende in Konzentrationslagern, zuerst in Dachau, dann in Buchenwald. Nach seiner Befreiung wieder in den Diplomatenberuf zurückgekehrt, diente er der Zweiten Republik jahrzehntelang in verschiedenen Spitzenpositionen; die Bestellung zum Minister war die Krönung dieser österreichischen Beamtenkarriere gewesen. Ein prominenter Zeuge, den zu hören manchen Aufschluss versprach. Gewiss, aber da gab es einen, der etwas mehr war als »prominent«, an den sich im ganzen Land noch viele erinnerten, an seine Unerschrockenheit und seine Verdienste um den Wiederaufbau nach dem Krieg, an seinen steilen Aufstieg und seinen tiefen Fall. Ja, von Franz Olahs Zeitzeugenschaft konnte man sich sogar noch mehr erwarten als von jener des trotz allem etwas farblosen Bielka. Als der Kultursektionschef beim ehemaligen Innenminister anrief, um ihn zu fragen, ob er denn an der Diskussion teilnehmen wolle, erinnerte sich dieser bei Nennung des Namens Stillfried sofort an Bernhards Onkel Emanuel, den Gendarmeriegeneral, und ohne zu zögern sagte er zu. Den einen wie den anderen hatten die neuen Machthaber bereits mit dem ersten, dem »Prominententransport« nach Dachau geschafft. Als Bernhard Franz Olah als Zeitzeugen gewann, war dessen politischer Absturz, ein Ereignis der 1960er-Jahre, nur noch Geschichte, zählte der Mann längst wieder zu den Hochgeachteten im Lande.

Aber nicht nur Zeitzeugen, auch Wissenschaftler brauchte Bernhard für seine Diskussion: Fachleute, die in Österreichs jüngerer Geschichte zu Hause sind. Von den hier in Betracht kommenden Namen fand sich einer auf Bernhard Liste, der schon als Student nicht anders als druckreif gedacht haben dürfte. Gläubiger Christ wie der Sektionschef, teilte er mit diesem auch ein gutes Stück Nostalgie, Nostalgie für Kaiser Franz Joseph. Und das als in der Wolle gefärbter Sozialdemokrat! Freilich, ein »Querdenker«, wie man heute sagt, einer von den Unbequemen, vor allem in der eigenen Partei. Noch etwas gestattete sich dieser Gelehrte, nämlich den Luxus, kauzig zu sein. In einem Heurigenlokal am Stadtrand von Wien, wo man ihn als Stammgast kannte, gesellte er sich zu den Musikanten; die Lieder, die sie ihren Instrumenten entlockten, fast so gut wie gern sang er sie mit – und die auf den alten Kaiser am liebsten. Der Universitätsprofessor Dr. Norbert Leser hätte sich auch als Sänger von Bernhard Stillfried nicht lange bitten lassen, aber dieser war ausschließlich an dem Politologen und Parteihistoriker interessiert, der damals an der Universität Wien lehrte und das Ludwig Boltzmann-Institut für neuere österreichische Geistesgeschichte leitete. Und dann waren da noch zwei Zeitgeschichtler, beide an der Universität Klagenfurt, die mit einschlägigen Publikationen den Chef der Kultursektion auf sich aufmerksam gemacht hatten, die Professoren Helmut Rumpler und Norbert Schausberger. Besonders letzterer war mit dem Buch »Der Griff nach Österreich – Der Anschluss« tief in die Thematik der von Bernhard geplanten Forumsdiskussion eingedrungen. Auch diese beiden waren schnell für die Sache gewonnen. Und wer schien geeigneter, den Moderator zu machen, als Hugo Portisch? Dem Journalisten, der als Chefredakteur der Tageszeitung »Kurier« und als Chefkommentator beim Österreichischen Rundfunk einen hohen Bekanntheits- und Beliebtheitsgrad erlangt hatte, war es gelungen, die Geschichte der Ersten und Zweiten Republik allgemein verständlich und sehr anschaulich darzustellen, dies mit seinen Fernsehserien »Österreich I« und »Österreich II«. Mit Hugo Portisch hatte Bernhard sein zeitgeschichtliches Forum beisammen.

Historische Selbstbesinnung

Am Montag, 31. August 1987, war es so weit. Schon eine halbe Stunde vorher hatten sie begonnen, den Redoutensaal der Wiener Hofburg zu füllen, die zu ihrer alljährlichen Tagung einberufenen Kulturbeamten und die Teilnehmer an der zeitgleich stattfindenden Botschafterkonferenz. Die Diskussion »März 1938 – Wie es dazu kam« begann pünktlich um neun Uhr. Was die in der Hofburg versammelte Beamtenschaft des österreichischen Außenministeriums als Antworten auf diese Frage vernahm, eine Tonbandaufnahme gibt uns darüber Aufschluss. Die Begrüßungsansprache des Ministers übersprungen und vom Moderator Portisch hier nur einige Einleitungssätze: »Wir haben immer damit gerechnet, dass das Jahr 1988 kein leichtes für unser Land sein wird. Ganz besonders auch kein leichtes für Sie, die Sie draußen an vorderster Linie stehen. Wir wissen, was die Fernsehanstalten der Welt vorbereiten. Sie kennen die Vorwürfe. Es ist zunächst der Fall Waldheim gewesen, es ist jetzt ein Fall Österreich, jedenfalls mehr schon als ein Fall Waldheim. Diese Vorwürfe haben gezeigt, dass sie zu einem Teil aus Unwissenheit kommen, einiges ist auch entstellt, manches gehässig. Vieles aber stimmt, das dürfen wir nicht übersehen.«

Erich Bielka: »Als ich die Diplomatenprüfung ablegte, das war ein Jahr nach der Aufnahme in den Höheren auswärtigen Dienst, wurde gerade das verhängnisvolle Juli-Abkommen 1936[19] abgeschlossen, das eine Periode der Befriedung in den österreichisch-deutschen Beziehungen herbeiführen sollte ... Für das Generalkonsulat in München ergaben sich jedoch auch nach dem Juli-Abkommen viele Möglichkeiten, in Erfahrung zu bringen, mit welcher Beharrlichkeit die deutsche und österreichische nationalsozialistische Führung weiter systematisch eine Gleichschaltung Österreichs herbeizuführen bestrebt war ... Am 11. März 1938 läutete um 7.30 in meinem Büro das Telefon und ein Freund teilte mir mit, dass in seiner Firma Reservisten in der Nacht einberufen worden seien und dass davon gesprochen werde, dass irgendetwas Militärisches gegen Österreich geplant sei. Ich wusste nichts von all dem und rief daher sofort den Generalkonsul in seiner Villa an. Er erwiderte mir, er sei gleichfalls kurz vorher von einem Freund in diesem Sinne informiert worden ... Ich machte mich erbötig, am Nachmittag mit meinem kleinen Auto nach Kufstein zu fahren, um dort, ohne dass die Gestapo mithören konnte, zu versuchen, neue Informationen zu erhalten ... Auf der Bezirkshauptmannschaft telefonierte ich mit dem Außenamt, von dem ich erfuhr, dass die Regierung Schuschnigg soeben zurückgetreten sei ... Im Arbeitszimmer des Bezirkshauptmannes hörte ich dann den letzten Teil der Abschiedsrede Schuschniggs im Radio mit an ... Meine Stimmung bei der Rückfahrt war beherrscht von einer Mischung aus Enttäuschung, Verbitterung und Zorn über die widerstandslose Hinnahme der brutalen Gewalt. Ich konnte nicht begreifen, wie ein verantwortungsbewusster Regierungschef, der noch zwei Wochen vorher mit seinem Appell ›Rot-Weiß-Rot bis in den Tod‹ die Bevölkerung zu höchster patriotischer Haltung angefeuert hatte, sein Land nun bedingungslos dem Gegner preisgab und dies plötzlich damit begründete, dass er kein ›deutsches Blut‹ vergießen wolle. Nicht etwa nur ›Blutvergießen‹ sollte vermieden werden. Bis heute ist es mir ein Rätsel, was eigentlich ›deutsches Blut‹ sei – noch dazu in einem Land, in

---

19 In diesem Abkommen zwischen dem Ständestaat Österreich und dem Deutschen Reich verpflichtete sich Ersterer zur Amnestierung der seit dem Juliputsch inhaftierten Angehörigen der seit 1933 illegalen NSDAP sowie zur Aufnahme zweier Vertrauenspersonen der Naziopposition in die Regierung. Im Gegenzug nahm Berlin die Tausend-Mark-Sperre zurück; außerdem versprach es, sich der Einmischung in innerösterreichische Angelegenheiten zu enthalten.

dem sich seit Jahrhunderten das Blut so vieler Völkerschaften vermischte wie sonst kaum irgendwo in Europa! ... Die Erkenntnis, einem eigenen Volk mit seiner eigenen Geschichte und Kultur anzugehören, also einer eigenen europäischen, zwar deutschsprachigen, aber nicht deutschen Spezies, fehlte bereits bei vielen führenden Politikern der Ersten Republik bis hin zu Kurt Schuschnigg in hohem Ausmaß. Mehr oder weniger waren diese alle von Immunschwäche befallen und dadurch in ihrer Einstellung zu Österreich fast schon schizophren geworden. So kam es eben zum 13. März 1938.«

Franz Olah: »Ich war damals ein leitender Funktionär der Untergrundbewegung, der Nachfolgeorganisation der Sozialdemokraten, der revolutionären Sozialisten und der illegalen Freien Gewerkschaften. Wir machten uns keine Illusionen. Wir kannten die Berichte der Emigranten aller Lager aus Deutschland, nicht nur der Roten. Auch der Juni 1934 war ein Fanal, als man anlässlich des angeblichen Röhm-Putschversuchs nicht nur die SA-Führer liquidiert hat, sondern auch gleichzeitig alle missliebigen oder gefährlichen Bürgerlichen ... Von diesem Tag an musste man wissen, was kommen wird: die brutalste Herrschaft, die es in diesen Breiten je gegeben hat, unmenschlich, rücksichtslos, ein Mörderregime ... Wir Sozialdemokraten waren natürlich damals in Opposition, in scharfer Opposition zum Ständestaat...Aber als wir gesehen haben, wohin die Entwicklung geht, dachten wir uns: Wir müssen versuchen, gegen das Hitler-Regime doch noch eine Abwehr zustande zu bringen ... Mein Kollege Bielka sagte mit Recht, das Juli-Abkommen 1936 war eine Katastrophe. Ich habe das Altkanzler Schuschnigg zwei, drei Jahre vor seinem Tod in einem kleinen Kreis gesagt. Herr Kanzler, wie konnten Sie mit den Mördern Ihres Vorgängers einen solchen Vertrag abschließen! Er erklärte es mit dem Bestreben, auf lange Sicht Zeit zu gewinnen, bis sich die internationale Lage verändert hätte, und dann nachher wollte man Blutvergießen verhindern. Wurde denn ein Blutvergießen verhindert? Wurde das Blutvergießen denn nachher nicht viel ärger, als es gewesen wäre, wenn wir aktiven Widerstand geleistet hätten? Man sieht heute im Ausland nur den Heldenplatz und die hunderttausend oder wie viele dort gewesen sein mögen. Ich und viele andere mit mir, wir waren nicht am Heldenplatz. Wir waren in den Gefängnissen der Umgebung, denn schon in der Nacht vom 11. auf den 12. März 1938 setzten die Massenverhaftungen ein ... Im Ausland sehen sie nur den Heldenplatz, und manche auch bei uns. Aber sie sehen nicht, sie haben sie nicht gesehen, man konnte sie nicht sehen: die Tausenden, die bereits verhaftet wurden, oder die zu Hause gezittert und sich nicht auf die Straße getraut haben ... Beim ersten Transport nach Dachau war ich dabei. Dort haben sich die Gegner von einst kennen gelernt ... Schuschniggs

Volksabstimmung, die Hitler gefürchtet und verhindert hat: ich sage Ihnen, die Arbeiterschaft, ja ein Großteil der Bevölkerung hätte für Österreich gestimmt, ungefähr 70 Prozent für Österreich und gegen den Anschluss ... Folgendes möchte ich noch sagen, ich habe das auch Dr. Schuschnigg gesagt, und ich schreibe das auch in meinem Buch. Ich meine, der bewaffnete Widerstand wäre möglich gewesen. Wir hätten ihn leisten sollen. Nicht nur, weil man nie weiß, wie etwas ausgeht. Natürlich ist man hinterher klüger. Aber hätten wir gekämpft, die Opfer wären nicht größer gewesen, als sie nachher gewesen sind. Wir wären nur anders dagestanden im Jahr 1945 ... Ich bin nach wie vor davon überzeugt, dieses Österreich hätte nicht untergehen müssen.«

Norbert Leser: »Der grundlegende Fehler oder die grundlegende Erfahrung, die überhaupt erst das Eindringen der Barbarei in das Vakuum in Europa möglich gemacht hat, war die Zerstörung des alten Österreich. Diese war keineswegs unvermeidlich und auch nicht nur das Werk der Unterlassungssünden der Vertreter des alten Österreich und auch nicht bloß des entfesselten Nationalismus, sondern, wie wir heute aus diplomatischen Quellen wissen, auch ein Werk der Siegermächte ... Ähnlich war es vor 1938, als die Westmächte die Bedeutung Österreichs nicht erkannten und auch nicht, wie bedeutend es war, Österreich gegen die Aggression Hitlers zu schützen. Ich zitiere aus Stefan Zweigs Memoirenwerk ›Die Welt von gestern‹, wo er schreibt: ›Niemand begriff, dass Österreich der Stein in der Mauer war und dass Europa niederbrechen musste, sobald man ihn heraussprengte‹ ... Sicherlich enthebt uns das nicht der Verantwortung für unsere eigenen Fehler und der Aufarbeitung unserer eigenen Vergangenheit. Fehler über Fehler sind geschehen in dieser Ersten Republik, und nicht bloß Schönheitsfehler. Es waren wirkliche Konstruktionsfehler, Geburtstraumata, so dass man aus historischer Sicht sagen kann, dass die Zerstörung der österreichischen Demokratie 1933/1934 und die Auslöschung der österreichischen Unabhängigkeit nicht von ungefähr kamen, sondern irgendwie als Nachvollzug einer nicht bloß in Einzelheiten verfangenen Ausgangskonstellation ... Außerdem hat sich kein österreichischer Patriotismus entwickelt, kein Bekenntnis zur Notwendigkeit der Bejahung einer Nation, ohne die eben ein Staatsvolk, wenn es sich bloß als Staatsvolk versteht, nicht überleben kann, wie die Geschichte gezeigt hat. Das hatten in der Ersten Republik nur ganz wenige Menschen verstanden, und man sollte auch ihre Namen nennen. Vor allem Ernst Karl Winter und Alfred Missong ... Ich glaube, dass die Ideologie des ›zweiten deutschen Staates‹ und die Ideologie, dass Österreich das bessere Deutschland sei, so gut sie gemeint waren, psychologisch dazu beigetragen haben, einen österreichischen Abwehrwillen zu unterminieren ... Man hat sich da in eine Defensivposition begeben, die dann auch im Juli-Abkommen 1936 ihren Niederschlag fand, wo doch alle Erfahrungen des menschlichen Lebens lehren, dass man durch Nachgeben gegenüber einem Erpresser höchstens einen Aufschub gewinnt ... Ich glaube, dass es möglich gewesen wäre, die Kausalkette zu durchbrechen und vielleicht gar nicht entstehen zu lassen, wenn das eingetreten wäre, was Herr Minister Olah gesagt hat, nämlich, wenn es zu einem wirklichen Widerstand gekommen wäre ... Aber Österreich hat sich in dieser Zeit dennoch bemüht, solange wie möglich den Nationalsozialismus von Österreich fernzuhalten. Wenn man heute manchmal von der Diktatur 1934–1945 spricht, so glaube ich, dass man hier doch nicht nur quantitative, sondern auch qualitative Unterschiede unterschlägt. Zum Beispiel in der für das ›Dritte Reich‹ so zentralen jüdischen Frage, wo es doch sehr nahe liegend erscheinen konnte, den Nazis den Wind aus den Segeln zu nehmen, indem man in eigener Regie den Arierparagrafen einführt. Aber das war absolut nicht der Fall. Die Nazi-Propaganda hat den Ständestaat als ›verjudet‹ qualifiziert, und Österreich war kein Fluchtland, sondern ein Asylland. Nicht nur Carl Zuckmayer, sondern viele andere Verfolgte sind nach Österreich gekommen ... Heute wissen wir, dass es sehr wohl möglich gewesen wäre, nicht nur einen symbolischen Widerstand zu leisten, sondern auch tatsächlich die Hitlertruppen in erste Verlegenheiten zu bringen. Die Lehre die man daraus ziehen soll, ist die, dass man für letzte Werte ohne Rücksicht auf Erfolg einzutreten hat. Selbst wenn man momentan sozusagen in Ehren untergeht, ist das besser als diese ehrenwerte pazifistische Haltung, kein Blut vergießen zu wollen, die aber einem Staatsmann, der eben in gewissen Situationen auch Führer sein muss, nicht adäquat ist ... Noch zum viel zitierten Heldenplatz-Jubel. Selbst wenn man die höchsten Schätzungen annimmt, war es noch immer eine Minderheit der Wiener und der Österreicher. Viele sind aus Neugier am Heldenplatz gestanden, und außerdem war es 1938 so, dass die allermeisten Menschen – auch diejenigen, die den Einmarsch Hitlers als Katastrophe betrachteten – der Meinung waren, es mit einem Fait accompli zu tun zu haben, mit etwas Unwiderruflichem, zumindest für ihre Lebenszeit. Mit unwiderruflichen Tatsachen pflegt sich der Mensch abzufinden oder gelegentlich auch zu arrangieren. Das ist eine allgemeine menschliche Eigenschaft, daher kann man, selbst wenn man den Jubel zum Nennwert nimmt, ihn nicht zurückprojizieren auf eine eventuelle Abstimmung von 1938. Da bin ich durchaus der Meinung, dass eine solide Mehrheit für Österreich herausgekommen wäre.«

Helmut Rumpler: »Österreich war im Jahre 1938 und in den auf dieses Ereignis hinführenden älteren Erscheinungsprozessen – ob das uns Nachlebenden passt und ob es uns morgen genehm ist oder nicht – sowohl Opfer als auch Täter…Fast uneingeschränkt gilt die These von Österreich als »erstem Opfer des Nationalsozialismus« aus der Perspektive der internationalen Beziehungen … Maßgeblich war nicht die schwer zu beantwortende Frage, wie die Lage wirklich war, sondern wie das Ausland die Lage einschätzte, und dieses Urteil war eher auf ein nationalsozialistisches Übergewicht eingestellt. Nach Berchtesgaden im Februar 1938 sah zum Beispiel der italienische Außenminister Graf Ciano die Auffassung Mussolinis von der ›stillschweigenden Nazisierung‹ Österreichs nur bestätigt: ›Der Anschluss Österreichs ist unvermeidlich. Es gilt, ihn nur so lange als möglich hinauszuschieben‹ … Allerdings wird man Dollfuß und Schuschnigg zugute halten müssen, dass eine radikale antideutsche Politik im Vorfeld von 1938 angesichts der deutschnationalen Gesinnung in Österreich schlechthin unmöglich war und der sogenannten ›nationalen Opposition‹ schon früher Erfolge gebracht hätte. Denn unter den entscheidenden ›Bedingungen‹, die dem Nationalsozialismus in Österreich den Boden bereiteten und den ›Anschluss‹ von 1938 als Erfüllung eines legitimen politischen Zieles für breiteste Kreise akzeptabel machten, spielte ein alle politischen Lager durchdringender Deutschnationalismus ohne ein gefestigtes Bekenntnis zur österreichischen Eigenstaatlichkeit eine zentrale Rolle.«

Norbert Schausberger: »Was war für Hitlers Deutschland in Österreich zu holen? An erster Stelle der Gold- und Devisenschatz. Ich werde oft gefragt, wie es möglich war, dass das arme Österreich über so beträchtliche Gold- und Devisenvorräte verfügen konnte … Das Prinzip war, Devisen und Gold zu horten, um eine stabile Währung zu haben. Der Schilling war eine der besten Währungen vor 1938, allerdings um den Preis einer strukturellen Arbeitslosigkeit. In Wirklichkeit hat man – ohne es zu wollen – für Hitler und seine Aufrüstung gespart. Das erste deutsche Kommando, das am 12. März in Wien um fünf Uhr früh auf dem Flughafen in Aspern gelandet ist, war ein Gestapo-Kommando. Es ist bei der Österreichischen Nationalbank vorgefahren, wo gerade die Goldbarren verladen wurden, um noch schnell über die tschechoslowakische Grenze gebracht zu werden. Was die deutschen Gestapo-Leute zu vereiteln wussten. Das Deutsche Reich hat Ende 1937 einen Gold- und Devisenschatz von sage und schreibe 80 Millionen Reichsmark besessen, in den österreichischen Tresoren ist ungefähr das Achtzehnfache gelegen…Von den österreichischen Bodenschätzen hatte man in Berlin schon lange geschwärmt: die österreichischen Eisenerze, die im Tagbau zu gewinnen sind. Österreich war damals der zweitgrößte Exporteur von Graphit und Magnesit. Dazu kam die vollkommene Abdeckung des deutschen Holzdefizits. Und schließlich die

Aufstellung von acht bis zehn Divisionen! ... Ich gebe dem Kollegen Leser Recht, der meinte, man könne nicht voraussagen, was Widerstand auch gegen einen weit überlegenen Gegner international bedeutet, wenn ich auch zugeben muss, dass die Konstellation für Österreich nicht günstig war. Aber so gesehen, dürfte es dann in der Weltgeschichte niemals einen Widerstand gegen einen übermächtigen Gegner gegeben haben. Man muss auch der Welt demonstrieren, dass man bereit ist, seine Unabhängigkeit zu verteidigen. Die Pannen beim deutschen Einmarsch waren teilweise grotesk. Ich erwähne nur das berühmte Beispiel vom Panzerkorps Guderian, das als Voraustruppe über Passau durch das Alpenvorland Richtung Wien vorstoßen sollte, und das zunächst in Passau nicht auftanken konnte, weil der Verantwortliche für das Treibstofflager in Passau noch keinen Befehl bekommen hatte. Die Truppen haben ihre Marschpläne nicht eingehalten, auf den Straßen ist ein totales Chaos entstanden. Der Nachschub hat schließlich versagt, vor allem der Benzinnachschub, weshalb ein beträchtlicher Teil der Panzer liegen blieb. Beziehungsweise vor österreichischen Tankstellen vorfuhr, um aufzutanken. Stellen Sie sich das in einer Kriegssituation vor! ... So ganz aussichtslos für die ersten Tage scheint ein österreichischer Widerstand nicht gewesen zu sein ... Ich schließe mich der Auffassung an, dass Widerstand eine Dokumentation des Freiheitswillens eines Volkes ist und man Widerstandshandlungen nicht danach bemessen kann, ob von vornherein der Erfolg gesichert ist oder nicht. Es hätte in der Weltgeschichte sonst wenig Kampf um die Freiheit, um die Unabhängigkeit eines Volkes, auch eines kleinen Volkes gegeben.«

Wie war es dazu gekommen? Viel Wahres und Einleuchtendes wurde dazu gesagt, bemerkenswert auch der hohe Grad an Übereinstimmung zwischen den fünf Männern am Podiumstisch! Und der Moderator Hugo Portisch, wie hat er das Vorgebrachte zusammengefasst, welche Schlussfolgerungen hat er gezogen? Plötzlich scheint sich das Tonband an sein Alter zu erinnern, immerhin über zwanzig Jahre. Zwar war schon bisher ein starkes Rauschen lästig und zwischendurch, wenn auch noch eher selten, eine Art Zwitschern. Doch nun, nach einem regelrechten Absturz der Tonqualität, ist vom Erzähler Kombinationsgabe gefordert, denn was er phonetisch zusammenbekommt, Zitatcharakter kann es keinesfalls beanspruchen, zu mehr als einer gestrafften Inhaltsangabe reicht es wohl kaum. Wer Portisch vom Fernsehen kennt, dem muss seine Stimme, auf sich allein gestellt, ein wenig verlassen erscheinen, zu sehr ist man an die bewegte Mimik und das temperamentvolle Gestikulieren gewöhnt, mit dem der Journalist seinen Sätzen Emphase und Nachdruck verleiht. Er wendet sich jenem Begriff zu, auf den an diesem Vormittag schon mehrmals Bezug genommen wurde: Österreich, Hitlers erstes Opfer. Gewiss, die Republik Österreich habe es nach dem Einmarsch der deutschen Truppen nicht mehr gegeben, aber die Menschen hätten trotz der ihnen übergestülpten neuen, der reichsdeutschen Staatsbürgerschaft ihre wahre Identität nicht verloren. Und diese Österreicher seien in der Folge an allem beteiligt gewesen: als Verfolgte und Vertriebene, im Widerstand gegen Hitler, aber genauso auch als Mitläufer und Nutznießer des NS-Regimes, als Parteibonzen, als KZ-Kommandanten, als Mörder. Das befreite Österreich habe die strengste Kriegsverbrecher-Gesetzgebung gehabt, über dreizehntausend Strafverfahren mit Schuldspruch und Verurteilung zu oft sehr empfindlichen Strafen. Dreiundvierzig Todesurteile, zweiunddreißig davon auch vollstreckt! Und die Sühnegesetzgebung gegen Nationalsozialisten, auch gegen solche Parteigenossen, die sich selbst keiner Kriegsverbrechen schuldig gemacht hatten. Über eine halbe Million Österreicher registrierungspflichtig, mit Berufsverbot belegt oder sonst wie zurückgestuft. Freilich, irgendwann habe das Land zur Normalität zurückkehren müssen. Durch den Ausbruch des »Kalten Krieges« seien bei den westlichen Besatzungsmächten Verschiebungen in der Lagebewertung eingetreten, besonders bei den Amerikanern, und das habe auch innenpolitische Rückwirkungen gehabt. Trotz allem seien 1945 Fehler geschehen, die Österreich sich selbst anlasten müsse. Während das Land, wie die gerade angeführten Beispiele gezeigt hätten, nach innen nicht mit der passiven Opferrolle zufrieden gewesen sei, habe es ebendiese Rolle nach außen hin gespielt. Entschädigungsansprüchen der Opfer oder ihrer Angehörigen sei man lange Zeit mit wenig Verständnis begegnet. Die Antwort ›Das haben doch nicht wir zu verantworten, Österreich als Staat hat es ab März 1938 gar nicht gegeben, Nachfolgestaat Nazideutschlands ist die Bundesrepublik, holt es euch dort‹, diese Antwort habe man vor allem im ersten Nachkriegsjahrzehnt von unseren Ämtern allzu oft zu hören bekommen. Alle Arten von bürokratischen Hindernissen seien den Geschädigten in den Weg gelegt worden. Und auf etwas habe man nach dem Krieg auf geradezu sträfliche Weise überhaupt vergessen: sich um die Emigranten zu bemühen, sie in ihre einstige Heimat zurückzuholen. Keine Rede von Großzügigkeit oder Mitempfinden für Menschen, über die großes Leid gekommen war! Letztlich aber habe Österreich sehr wohl Wiedergutmachung geleistet, doch durch das lange Zögern und durch die Attitüde, wir könnten kein Wässerlein trüben, seien viel Enttäuschung und Bitterkeit aufgestaut worden. Und in der Weltpolitik hätten wir uns als ein Land gegeben, auf das nie ein Schatten nationalsozialistischer Mitverantwortung gefallen sei, als ein davon völlig freies Land, das etwa in der Nahostpolitik keinerlei Rücksicht zu nehmen brauche, das die Unbefangenheit eines Neugeborenen an den Tag legen dürfe. Der deutsche Bundeskanzler Willi Brandt habe da 1970 mit seinem Kniefall am Ehrenmal für die Opfer des Warschauer Gettos ein ganz anderes Beispiel gegeben. Auf der einen Seite habe Österreich nach 1945 sehr wohl seine Vergangenheit aufzuarbeiten versucht, konsequenter und strenger als andere europäische Völker. Auf der anderen Seite sei das Land ohne Sensibilität vorgegangen – und zwar ausgerechnet gegenüber denjenigen, die Unsägliches erlitten hätten. Und auch in der Staatengemeinschaft hätten wir es an Sensibilität, an Einfühlung fehlen lassen. Das alles sei durch den »Fall Waldheim« wieder aufgerührt worden.

Gewiss sei im Nachkriegsösterreich einiges falsch gelaufen, meint Norbert Leser. Einerseits die eigenen Fehler nach 1945, andererseits aber werde zu seinem Erstaunen sehr oft die damalige Bedrohung des Landes vergessen, die Gefahr nämlich, das Schicksal Ungarns oder der Tschechoslowakei zu teilen und als Volksdemokratie hinter dem Eisernen Vorhang zu landen. Österreichische Politiker hätten alle Hände voll zu tun gehabt, die damals größte, die kommunistische Gefahr abzuwenden. Im Vergleich dazu sei die Auseinandersetzung mit dem Nationalsozialismus kaum mehr als eine historische Reminiszenz erschienen. Neben den Herren am Podiumstisch melden sich auch mehrere Botschafter zu Wort, einer mit der Frage nach der Einschätzung der Loyalität des österreichischen Bundesheeres; inwieweit auf seine Offiziere und Unteroffiziere im Fall einer militärischen Konfrontation mit Nazideutschland wirklich Verlass gewesen wäre. Dazu fallen ein paar Sätze, die das Tonbandgerät ganz unverstümmelt wiedergibt: »Ich bin kein Militarist, war nie Soldat, aber wenn ich kämpfe, löse ich das einfach. Die ersten Befehlsverweigerer stelle ich an die Wand. Dann funktioniert das garantiert. Das darf auch ein Volk machen, das für seine Freiheit kämpft, nicht nur Diktatoren.« Sie kommen von Franz Olah und beziehen sich direkt auf die Bemerkung eines anderen Botschafters, dass die Bereitschaft, gegen reichsdeutsches Militär zu kämpfen, bei höheren Offizieren noch der Regelfall, bei jüngeren Offizieren aber nur noch halb und halb gewesen sei. Auch im Publikum sitzen Zeitzeugen. Unter ihnen ist Fritz Molden der Prominenteste. Im Zweiten Weltkrieg hatte Molden im Widerstand eng mit Alfons Stillfried zusammengearbeitet. Im März 1938 habe ihn seine Neugier auf den Heldenplatz getrieben und schon auf dem Hinweg sei ihm die große Zahl von Autobussen und Lastwagen aufgefallen – und zwar mit Plakaten und Spruchbändern wie »Horn grüßt den Führer« oder »Ganz Leoben erhebt die Hand zum deutschen Gruß«. Er, Molden, habe sich gewundert, wie viele unter den Jubelnden, vielleicht gar die Hälfte, nach Wien »importiert« worden seien. Dem Autor der Fernsehdokumentationen über die Erste und

Zweite Republik fällt dazu ein, dass auch der Ständestaat keine Schwierigkeiten gehabt habe, den Heldenplatz mit Menschen zu füllen. Er sei bei seinen Recherchen sogar auf Filmmaterial gestoßen, das eine Schuschnigg-Kundgebung auf der Schmelz zeige, einer Fläche doppelt so groß wie der Heldenplatz, und trotz der mäßigen Popularität des Regimes sei die Schmelz gerammelt voll gewesen. Und jetzt prägt Portisch ein Wort, das die Runde zu machen verdient. Er nennt den Heldenplatz das »Küchenmaß«, mit dem Österreich so gern gemessen werde, wann immer der März 1938 zur Sprache komme. Zuletzt meldet sich noch ein Botschafter, der von seinen Erfahrungen draußen berichtet. »Draußen«, das war Los Angeles gewesen, wo er als österreichischer Generalkonsul gedient hatte. Er habe die Enttäuschung und den Groll der jüdischen Emigranten und Flüchtlinge zu spüren bekommen. Für sie sei die ehemalige Heimat nach 1945 zum »Land des Wegschauens und Weghörens« geworden. Er habe versucht, selbst diesen Fehler nicht zu wiederholen, sei auf die Menschen eingegangen. Verständnis und Mitgefühl müsse man ihnen zeigen; sie hätten einen Anspruch darauf, dass man ihnen zuhöre, sich um sie bemühe. Ganz besonders diesem Diplomaten merkt man an, dass er sich von der »Causa Österreich« nicht bloß »dienstlich«, sondern auch innerlich betroffen fühlt. Seine Wortmeldung schließt er mit einem Vorschlag an das »Binnen-Österreich«: den im kommenden Jahr zum fünfzigsten Mal wiederkehrenden 13. März 1938 nicht als Gedenktag, sondern als Tag der Trauer zu begehen.

Gewiss, so wie fast jeder Mensch hat auch fast jedes Volk sein Maß an eigener Schuld und an eigener Schande. So gesehen traf Österreichs ehemaliger Generalkonsul in Los Angeles ins Schwarze. Aber Trauer lässt sich nicht verordnen. Sollte man nicht schon damit zufrieden sein, einen Zustand als erreicht ansehen zu können, in welchem die Geschichte des eigenen Landes sich »selbstbewusst« erzählen lässt, nämlich auch in dem ganz offen eingestandenen Bewusstsein der eigenen Fehler und Verfehlungen? Und eben dazu hat jene Veranstaltung in der Wiener Hofburg für Österreich den Weg freigemacht. Während in einem anderen ihrer vielen Trakte, der sogenannten Amalienburg, Amtssitz des österreichischen Bundespräsidenten, einer noch immer nicht verstanden hatte, weder verstehen konnte noch wollte, warum er den Mittelpunkt einer »Causa« bildete, war die Diskussion im Redoutensaal der »Causa Österreich« bis auf den Grund gegangen. Dies mit der Folge, dass jene Binnenmoral, die rund um den Bundespräsidentenwahlkampf 1986 unter der provinzlerischen Devise »Mir san' mir« so kräftige Lebenszeichen von sich gegeben hatte, einem Zustand wich, den man wohl am besten mit »historischer Besonnenheit« beschreibt. Spät, aber doch war sie nun eingetreten.

Mit dem Medienecho auf das Kolloquium konnte man gewiss zufrieden sein, so gut wie alle österreichischen Tages- und Wochenzeitungen, aber auch Rundfunk und Fernsehen berichteten darüber. Nicht wenige Printmedien wählten als Titel für ihren Bericht den Schlusssatz von Olahs Beitrag: »Österreich hätte nicht untergehen müssen«. Bernhard selbst hatte sich bei dieser Veranstaltung völlig im Hintergrund gehalten, aber das war für seine Arbeitsweise schon immer charakteristisch gewesen. Wenn andere ihren Fuß aufs Podium setzten, konnte er den Hauptteil seiner Arbeit meistens schon als erledigt betrachten – und ob er seinen Namen am nächsten Tag groß in der Zeitung las, kaum jemandem war das so nebensächlich wie Bernhard Stillfried. Nichtsdestoweniger haben es die Gazetten immer gut mit ihm gemeint, mit dem Kulturinstitutsleiter in Kairo oder London ebenso wie mit dem Sektionschef. Nicht nur seine Initiativen, auch seine Person durfte ihrer Aufmerksamkeit sicher sein, wenn es wirklich darauf ankam. Vielleicht gerade deshalb, weil er den Journalisten nicht nachlief. Obwohl die Zuständigkeit für die Auslandskulturpolitik schon 1974 vom Unterrichtsressort zum Außenministerium gewandert war, gab es in der Folge mindestens einmal auch die gegenläufige Tendenz, die Idee einer Rückkehr zum Minoritenplatz. Mehr als den Redakteur nur einer Zeitung interessierte, wie Bernhard darüber dachte, und der bekannte sich als Verfechter des Status quo. Das Netz, um sämtliche für Österreich wichtigen Städte des Auslands zu erreichen, besitze nur das Außenministerium, und dieser Vorteil lasse die Frage, welche politische Partei in Österreich gerade das Außen- oder das Unterrichtsressort innehabe, völlig zweitrangig erscheinen. Doch der Kultursektionschef nahm sich auch kein Blatt vor den Mund, wenn ihm in seinem eigenen Ministerium etwas in die falsche Richtung zu laufen schien. So hatte ihn ein Journalist der katholischen Wochenzeitung Die Furche in einem Interview gefragt, ob es stimme, dass man am Ballhausplatz davon abgerückt sei, in der Auslandskultur »Spezialisten« einzusetzen, Beamte also, die in ihrer Laufbahn ausschließlich mit kulturellen Aufgaben betraut, sprich nur als Kulturattachés oder Kulturinstitutsdirektoren eingesetzt würden. Eine Zeit lang hatte es für Anwärter auf diese Karriere sogar eine eigene Eignungsprüfung gegeben, das sogenannte Kultur-Préalable, für welches eben andere Kriterien maßgeblich gewesen waren als für das Diplomaten-Préalable; doch diese Sonderung der Kultur von der Diplomatie hatte man bei der Zulassung zum auswärtigen Dienst bald wieder fallen lassen. Seither musste auch die oder der kulturpolitisch Interessierte wieder Völkerrecht und andere juristische Materien büffeln, wenn sie oder er das Berufsziel erreichen wollte. Nur noch in Sonderfällen, zumal, wenn bestimmte Fachkenntnisse gefordert waren, wurden Ausnahmen gemacht. Bernhard musste die Frage des Journalisten also bejahen. Sein Ministerium habe die Spezialistenlösung verworfen, er persönlich aber würde ihr den Vorzug geben. Der Sektionschef im Originalton: »Auslandskultur und Diplomatie sind doch recht verschieden. Wer sich mit der Auslandskultur beschäftigen will, muss eine Art Impresario sein und Kontakte zu Persönlichkeiten aus allen Bereichen der bildenden Kunst, Literatur, Musik und der Wissenschaften finden und nützen. Das deckt sich nicht unbedingt mit den Voraussetzungen, die ein guter Diplomat mitbringen muss.«[20] Bernhard wusste, wovon er sprach. Und während Diplomaten auf einem Auslandsposten für gewöhnlich nicht länger als vier Jahre bleiben, war das Doppelte dieses Zeitraums bei den österreichischen Kulturdiplomaten keine Seltenheit gewesen. Misst sich doch die Zeit schon in Jahren, die jemand braucht, um mit der Kultur des Gastlandes in ihrer Vielfalt und Vielschichtigkeit wirklich vertraut zu werden! Bernhard Stillfried freilich hatte mit sechzehn und elf Jahren den Rekord erreicht. Aber: Wäre es nicht idiotisch gewesen, ihn nach vier Jahren zurückzuholen oder ihn wieder woandershin zu schicken? Nun, genau diese Idiotie ist in Österreichs Auslandskulturpolitik am Beginn des 21. Jahrhunderts zum eisernen Grundsatz geworden. Kulturinstitute, die jetzt »Kulturforum« heißen und sich vervielfacht haben, weil nun auch die kleinste Kulturabteilung einer Botschaft sich »Forum« nennen darf, diese etwas hochtrabend etikettierten Einrichtungen also sind nun Durchgangsstationen für Jungdiplomaten und deren vierjähriger Dienst dort bloß eine Episode auf dem Karriereweg zum ersten Botschafterposten. Mit ihrer »Verbotschafterung« hat man der österreichischen Auslandskulturpolitik nichts Gutes getan.

Der Sektionschef und das Ende einer Erbfeindschaft

Doch wir sind wieder im Jahr 1988 und bei dem Mann, der schon bei den ersten Anzeichen der soeben beschriebenen Entwicklung die Stirn gerunzelt hatte. Während in seiner Kairoer und Londoner Zeit die »große Politik«, wenn man von Ausnahmesituationen absieht, die Kulturarbeit kaum beeinflusst hatte, erleben wir nun, wie Bernhards Arbeit immer politischer wird. Mit der »Causa Waldheim« hatte es angefangen. Aber bevor wir zu jenem Ereignis kommen, von dem viele geschichtsbewusste Menschen gemeint hatten, dass es wohl irgendwann einmal eintreten würde, aber gewiss nicht zu ihrer Lebzeit, bevor

---

20 Die Furche Nr. 35 vom 2. September 1988.

also vom Fall des Eisernen Vorhangs und der großen Wende die Rede sein wird, soll noch etwas mehr über die Unternehmungen des Sektionschefs gesagt werden. Wen wundert's, um damit zu beginnen, dass er den Maßstäben, die er sich als Institutsleiter gesetzt hatte, in der österreichischen Kulturpolitik nun Allgemeingültigkeit zu verschaffen suchte? Stichwort »Lektoren«. An den Universitäten des Insel-Königreichs wollte man ihre Mitarbeit längst nicht mehr missen und wer hätte behaupten können, in den Ländern diesseits des Ärmelkanals seien Junggermanisten aus Wien, Graz, Salzburg, Innsbruck oder Klagenfurt nicht genau so erwünscht? Nur sollte sich ab nun kein Österreichisches Kulturinstitut mehr damit begnügen abzuwarten, bis endlich jemand anfragte. Sie alle sollten nun selbst die Initiative ergreifen! Oder Stichwort »Veranstaltungen«. Keine Stubenhockerei mehr, Schluss mit der Beschaulichkeit unter eigenem Dach, hinaus ins Land zu den Veranstaltungspartnern, präsent sein, möglichst in jeder Stadt! Nennen wir es einen Organisations- und Modernisierungsschub, den der Impresario der österreichischen Auslandskulturpolitik verpasste, und der hat ihr sehr gut getan. Bernhard im O-Ton: »Warum den Preußen das Organisieren überlassen, sie haben es nicht gepachtet.« Doch zu mehr als diesem kraftvollen Schub wird dem Sektionschef kaum Zeit bleiben, denn wie alle Beamten unterliegt auch er jener Bestimmung der Dienstpragmatik, wonach bei Vollendung des fünfundsechzigsten Lebensjahres an der Pensionierung kein Weg mehr vorbeiführt. Und wen, wie das bei Bernhard 1988 der Fall ist, von diesem Lebenseinschnitt nicht mehr als zwei Jahre trennen, der muss sich damit abfinden, nur noch für Nächstliegendes genug Spielraum zu haben. Doch wenn der Countdown dabei sein wird, die Tage des Jahres 1989 wegzuzählen, wird sich auf das Radikalste erfüllen, was die oft gehörte, aber reichlich vertrackte Redensart meint: »Erstens kommt es anders und zweitens, als man denkt.«

Aber zuvor sei noch ein besonderer Jahrestag erwähnt, der in das Jahr 1988 fiel. Wieder einmal war es ein historisches Datum, das sich jährte – und zwar zum siebzigsten Mal: der 3. oder 4. November 1918, das Inkrafttreten des von einem Datumsmissverständnis behafteten Waffenstillstands mit Italien, der für Österreich jedenfalls das Ende des Ersten Weltkriegs markierte! In dem mörderischen Kräftemessen zwischen den Mittelmächten und der Triple Entente waren Österreich und Italien einander »Erbfeinde« gewesen, die gegenseitigen Ressentiments hatten den Zweiten Weltkrieg überdauert, ja selbst nach dessen Ende waren noch mehr als zwei Jahrzehnte vergangen, bis die Bereinigung des alten Konflikts zu einem gutnachbarlich-freundschaftlichen Verhältnis der beiden Länder endlich den Weg freimachte. Von Südtirol ist die Rede, das, als Ergebnis des Ersten Weltkriegs, an Italien verloren gegangen war, ein Verlust, der in Österreich noch lange besonders schmerzlich empfunden wurde. In langwierigen, sich über viele Jahre hinziehenden Verhandlungen war es 1969 gelungen, den Durchbruch zu einer ausgewogenen Autonomieregelung zu erzielen, die dem kleinen Land und seiner an Deutsch als Muttersprache festhaltenden Bevölkerung seither ein durchaus komfortables Maß an Eigenständigkeit sichert. Nun, da der Haussegen zwischen Rom und Wien wieder gerade hing, konnte der Staatsbesuch, den Italiens König Umberto I. Kaiser Franz Joseph 1881 in Wien abgestattet hatte, im November 1971 endlich erwidert werden. Freilich nicht mehr von Franz Joseph, sondern von Franz Jonas, dem vierten Bundespräsidenten der Zweiten Republik, der bis zu seiner Wahl zum Staatsoberhaupt viele Jahre Bürgermeister der sozialistisch regierten Bundeshauptstadt gewesen war. Ihm und seiner Delegation wurde in Rom ein besonders herzlicher Empfang bereitet und die Symbolik dieses Besuches teilte sich allen Beteiligten mit. Obwohl bei solchen Anlässen an Pressefotografen nie ein Mangel besteht, ließ es sich der österreichische Präsident auch diesmal nicht nehmen, mehrmals seinen eigenen Apparat zu zücken. Auf Staatsbesuchen war es ihm zur lieben Gewohnheit geworden, seine zunächst überraschten Gastgeber spontan zu einem Gruppen-Erinnerungsfoto zu arrangieren (fürs Album daheim) und dadurch dem Protokoll, wie er glaubte, dann und wann ein wenig von seiner Steifheit zu nehmen.

Szenenwechsel. Ein Frühsommervormittag des Jahres 1988, der Gastgarten des Wiener Schottenhofs, in welchem zwei Herren soeben unter einem der Sonnenschirme Platz genommen und ihr erstes Bier bestellt haben. Die beiden sind gute Freunde, auch wenn ihre Wege sie kaum häufiger als zweimal im Jahr zusammenführen, dann aber geht ihnen der Gesprächsstoff nicht aus. Betrachtungen zur politischen Lage machen für gewöhnlich den Anfang, doch diesmal streifen sie dieses Thema nur, rasch wechselt die Unterhaltung ins Historische, zum Ersten Weltkrieg nämlich und zu dem dramatischen Ende, das der mörderische Konflikt zwischen dem savoyischen Italien und Habsburgs Österreich-Ungarn durch den in der Villa Giusti ausgehandelten Waffenstillstand gefunden hat. Der Jüngere von beiden, ein Italiener aus dem Friaul, mokiert sich über die Art, wie dieser Sieg in seinem Land noch immer gefeiert wird. Reichlich »triumphalistisch«, wie er meint. Sein älteres Gegenüber, ein Österreicher und Pensionist schon seit einer Reihe von Jahren, nickt zustimmend. Warum nicht endlich einmal eine von beiden Ländern gemeinsam veranstaltete Feier? Eine, bei der weder von Sieg noch von Niederlage die Rede ist, sondern vom Ende eines grauenhaften Krieges und von guter Nachbarschaft in einem hoffentlich gesicherten Frieden! Und schreibt man nicht gerade das Jahr, in dessen Herbst das Ende des Ersten Weltkriegs zum siebzigsten Mal wiederkehren wird? Ein »rundes« Datum kehrt erst in zehn Jahren wieder, jetzt also sollte man die Initiative ergreifen! Es vergeht keine Stunde und die Freunde haben beim nächsten Glas Bier schon eine Art Rohkonzept entwickelt. Was beim persönlichen Hintergrund der beiden freilich nicht weiter erstaunlich ist, hat doch der Ältere, Dr. Walter Zettl, übrigens ein guter Freund Bernhard Stillfrieds, bis zu seiner Pensionierung viele Jahre lang höchst erfolgreich das Österreichische Kulturinstitut in Rom geleitet; und auch der Jüngere, Renato Tubaro, versteht sich aufs Organisieren Völker verbindender Anlässe, ist er doch Mitbegründer und Generalsekretär des 1966 in der norditalienischen Stadt Gorizia ins Leben gerufenen Instituts für Mitteleuropäische Kulturbegegnungen. Görz, so der frühere, der österreichische Name, liegt am Isonzo, jenem Fluss, nach dem insgesamt zwölf blutige Schlachten benannt sind. Im Spätmittelalter Sitz der Grafen von Görz und nach deren Aussterben durch Erbschaft jahrhundertelang Besitz der Habsburger, war die Stadt im Ersten Weltkrieg heiß umkämpft worden. Im Sommer 1916 von italienischen Truppen erobert, wurde sie im Herbst 1917 von Österreich-Ungarn wieder zurückgewonnen, doch 1918 kamen Görz und sein Umland dann an Italien. Kein Wunder, dass man in dieser früheren Frontstadt auf das große Schlachten weniger »triumphalistisch« zurückblickte als anderswo im Lande, und wohl auch kein purer Zufall, dass man sich gerade dort in den 1960er-Jahren auf Mitteleuropa zu besinnen begann – und das Institut für Mitteleuropäische Kulturbegegnungen gründete. Diesem war es seither mit Idealismus, aber auch mit Beharrlichkeit und ein klein wenig List gelungen, den Eisernen Vorhang in Mitteleuropa durchlässiger zu machen. Intellektuelle aus Polen, der Tschechoslowakei, Ungarn, Jugoslawien und Österreich waren alljährlich einmal in Görz zusammengekommen, um – all dem zum Trotz, was seit dem Untergang des Habsburgerreiches in und mit Europa passiert war – das Bewusstsein mitteleuropäischer Gemeinsamkeit kulturell wiederzubeleben. Das Görzer Istituto und das Österreichische Kulturinstitut in Rom hatten schon bald zusammenzuarbeiten begonnen, Ursprung der Freundschaft zwischen Renato Tubaro und Walter Zettl.

Der Hofrat, der seinem Ruhestand übrigens noch jahrzehntelang genussvoll zuwiderhandeln wird, kannte nun seinen nächsten Schritt. Er ging zu Stillfried und in der Tat, einen geeigneteren Bundesgenossen als ihn hätte er für das Vorhaben nicht finden können. Dieser war sofort Feuer und Flamme und, um es vorwegzunehmen, auch Minister Mock wird die Idee auf Anhieb gefallen. Walter Zettl verspricht, das nächste Mal Renato Tubaro mitzubringen. In der

Zwischenzeit hatte dieser, nach Görz zurückgekehrt, daselbst seine Verbindungen spielen lassen. Nachdem er sich der Unterstützung einiger befreundeter Lokalgrößen versichert hatte, war über diese rasch auch der Präsident der Region Friaul-Julisch Venetien für die Sache gewonnen. Mit Rom stand man bereits in brieflicher Verbindung, ging es doch darum, auch einen Vertreter der italienischen Regierung für die Mitwirkung an der Gedenkveranstaltung zu gewinnen. Bei diesem Stand der Dinge verfügte sich der rührige Görzer Generalsekretär wieder nach Wien, wo er schon am nächsten Morgen mit Walter Zettl am Eingang zur Dependance des Außenministeriums verabredet war. Als beim Eintritt niemand sie abfing, um nach den Ausweisen zu verlangen, staunte der Italiener nicht wenig. Nur ein Portier nickte freundlich aus seiner Loge; ihm schien es völlig zu genügen, dass er Renatos Begleiter kannte. Im italienischen Außenministerium ganz und gar undenkbar! Kopfschüttelnd wird Renato Tubaro noch Jahrzehnte später das jedem versichern. Die beiden wurden bereits ungeduldig erwartet. Auch den Sektionschef hatte das Projekt in den letzten Tagen nicht mehr losgelassen und nun drängte es ihn, Nägel mit Köpfen zu machen. Was nun folgt, wird Tubaro mit dem Ausdruck »Concretezza Stillfriediana« belegen. Wie so oft, wenn er unter Hochspannung steht, setzt sich der Impresario selbst an die Schreibmaschine, nachdem er zwei weitere Stühle herangerückt hat, auf welchen nun die Besucher Platz nehmen, der eine links und der andere rechts von ihm, auch so werden Triumvirate geschlossen. In dem zweisprachig geführten Dreiergespräch braucht Walter, der zwischen Renato und Bernhard den Dolmetsch macht, das jeweils Gesagte kaum zu Ende zu übersetzen. Dazwischen klappert immer wieder die Schreibmaschine. Und so entsteht das, was man fast schon das definitive Konzept der Veranstaltung nennen kann; zwei Schwerpunkte sieht es vor, einen offiziell-zeremoniellen, bei dem führende politische Vertreter Italiens und Österreichs auftreten sollen, und einen wissenschaftlichen Teil, sprich eine von Fachleuten zu bestreitende Podiumsdiskussion. Auch auf den Titel des Görzer Treffens einigt sich das Triumvirat: »1918–1988: Italien und Österreich, ein neues Kapitel gemeinsamer Geschichte«. Schließlich verteilen die drei Herren noch die Aufgaben untereinander und nach dem Mittagessen beim »Leupold«, Bernhards Stammgasthaus in der Schottengasse, trennen sich ihre Wege.

Am 23. Oktober 1988 ist es dann so weit, auf Plakaten und Spruchbändern, die einige Straßen überspannen, liest man den italienischen Titel des Treffens: »1918–1988: Austria e Italia di Fronte alla nuova Storia.« Um zehn Uhr sind alle im Gemeinderatssaal versammelt, eine ansehnliche Zahl geschichtsbewusster Bürger der Stadt, weiter vorne die Ehrengäste, unter ihnen ein stattliches österreichisches Kontingent, und natürlich die Honoratioren, die eigentlichen Akteure dieses Vormittags: der Bürgermeister von Görz, der Präsident der Provinzverwaltung, der Präsident des Instituts für Mitteleuropäische Kulturbegegnungen, Österreichs Generalkonsul in Triest, der Präsident der Autonomen Region Friaul-Julisch Venetien, ein italienischer Minister und der österreichische Vizekanzler, der auch das Amt des Außenministers bekleidet, eben jener, dem Bernhard Stillfried als Kultursektionschef dient. In der Reihenfolge, in der sie zu Wort kommen, sind die Redner hier aufgezählt. Was sie zu sagen haben, Sonntagsrhetorik. Warum auch nicht, hat doch der Friede viel von einem Sonntag an sich. Nach dem Festakt brachte ein Autokonvoi die Teilnehmer nach Oslavia, wo sich weithin sichtbar das gigantische Kriegerdenkmal erhebt. Mehrstöckig angelegt, dient es als Beinhaus, das die sterblichen Überreste von sechzigtausend Gefallenen aufbewahrt, in geringerer Zahl auch Soldaten Österreich-Ungarns. Als der Konvoi eintrifft, wartet schon eine größere Menschenmenge, militärische Abordnungen der beiden Staaten haben Aufstellung genommen, das österreichische und das italienische Regierungsmitglied treten auf das Mahnmal zu, zur Kranzniederlegung. Geste, deren Pathos uns nur dann nicht zu viel wird, wenn wir ihr Galle beifügen, Galle gegen die Politiker und hohen Militärs, deren verbrecherisch eitler Ehrgeiz die Jugend zweier Völker bis fünf nach zwölf aufeinanderhetzte. Dreieinhalb Jahre lang, vom Mai 1915 bis zum November 1918, in den Flussniederungen wie im Hochgebirge. Wie hätte Bernhard in Görz nicht an seinen Vater denken sollen! An den österreichisch-ungarischen Oberleutnant im Ersten Weltkrieg, der mit mutigen Denkschriften an sein Militärkommando versucht hat, wenigstens das Schlimmste zu verhüten. Freilich vergebens.

Mit der Zeremonie in Oslavia war dem Bedürfnis nach historischer Rückbesinnung Genüge getan, nun galt es, dem Jetzt und Hier den geschuldeten Tribut zu zollen. Das geschah in San Floriano del Collio, im Schloss der Grafen Formentini, von welchem ein Trakt schon vor Längerem zum Restaurant umgewidmet worden war. Als die Mitglieder der österreichischen Delegation dort eintrafen, staunten sie nicht wenig. Im Parterre hatte man für hundertfünfzig Gäste gedeckt, als da waren: Offiziere, Unteroffiziere und andere Dienstgrade der österreichischen und italienischen Militärabordnungen, je eine Gruppe aus dem für die Region zuständigen Polizei- und Carabinieri-Corps, Bürgermeister der umliegenden Gemeinden und noch andere für würdig Befundene. Die bewaffneten Kräfte Italiens mit ihren bekannt schmucken Uniformen dienen bei vielen öffentlichen Anlässen als willkommener Aufputz. Auf die Granden, Honoratioren und Ehrengäste wartete im Obergeschoss – und zwar im sogenannten Salone d'onore, eine geradezu imperiale Tafel mit sage und schreibe vierzig Gedecken. Zu diesen Privilegierten gehörten die beiden Minister, der Bürgermeister, der Erzbischof von Görz und alle anderen Persönlichkeiten, die schon am vormittägigen Festakt teilgenommen hatten. Natürlich waren alle Mitglieder der von Vizekanzler Alois Mock angeführten Delegation im Rathaus dabei gewesen und nun fand man sie auch im Salone d'onore wieder. Namentlich zu erwähnen der Wiener Stadtrat Dr. Erhard Busek, ein Politiker, der schon viel von sich Reden gemacht hatte; nicht weit von ihm Sektionschef Bernhard Stillfried, Hofrat Walter Zettl und der Historiker Adam Wandruszka. Von Letzterem muss erwähnt werden, dass er zusammen mit seinem italienischen Fachkollegen Silvio Furlani das »Bilaterale Geschichtsbuch Österreich und Italien« verfasst hat, ein bereits 1973 in beiden Sprachen erschienener Rückblick auf die gemeinsame Vergangenheit beider Völker, der, wenn auch ohne Beschönigungen, den Geist gegenseitigen Verständnisses und der Versöhnung atmet.[21] Dass neben dem Österreichischen Generalkonsulat in Triest auch jenes in Mailand noch bis in die Abendstunden des 23. Oktober mit seinem Vertreter präsent war, lag in der Natur der ganzen Veranstaltung.

Wie soll, wenn Vertreter zweier Völker dabei sind, mit einem Bankett die glückliche Überwindung alter Gegensätze zu feiern, sich das nicht auch in der Tischunterhaltung widerspiegeln! Professor Zettl hat gerade dazu angesetzt, seine Tischnachbarn über den Ursprung des Wortgebildes »Katzelmacher« aufzuklären. »Mein Professor an der Wiener Universität, der Germanist und Sprachforscher Eberhard Kranzmayr, Heimkehrer aus dem Ersten Weltkrieg und der Herkunft nach ein Kärntner, hat mich überzeugend über die Herkunft dieses Wortes aufgeklärt, das auf die Wanderhändler aus dem Friaul zurückgeht, die in Kärnten ihre selbst verfertigten Holzwaren für den Hausgebrauch mit dem Ruf ›Cazulmoker‹ angepriesen haben, ein Wort, das so viel wie ›Kochlöffelschnitzer‹ bedeutet. In der Folge wurde diese Bezeichnung mehr oder weniger scherzhaft von den österreichischen Soldaten an der italienischen Front für jene Soldaten verwendet, die ihnen gegenüberstanden. Eine verächtliche Bedeutung kam dieser Bezeichnung erst in der Zwischenkriegszeit zu, als die Abneigung gegenüber Italien seltsame Formen annahm ...«

Professor Wandruszka erzählt den ihm zunächst Sitzenden vom Waffenstillstand, der im Spätherbst 1918 in der Villa Giusti ausgehandelt wurde, und von der Tragödie des Missverständnisses über das Datum seines Inkrafttretens.

---

21 Silvio Furlani und Adam Wandruszka, Österreich und Italien, Jugend & Volk 1973; überarbeitete Auflage: Maddalena Guiotto und Stefan Malfèr, öbvethpt 2002.

»Infolge dieses Datumsunterschieds gerieten am 3. November, dem letzten Kriegstag, den die österreichische Seite aber irrtümlich für den ersten Tag der vereinbarten Waffenruhe hielt, gerieten 360.000 österreichische Soldaten in italienische Kriegsgefangenschaft, viele für Monate, manche auch für einen wesentlich längeren Zeitraum. Bei uns sprach man sehr bald von einem Verrat der Italiener, und das wurde zu einer fixen Idee, die sich als außerordentlich langlebig erwies. Tatsächlich aber hatte sich das italienische Kommando, für das der Waffenstillstand am 4. November 1918 um 15 Uhr in Kraft getreten war, im Recht befunden. Um das Missverständnis besser zu verstehen, muss man sich das unglaubliche Chaos vor Augen halten, das sowohl auf österreichischer als auch auf italienischer Seite im letzten Kriegsstadium herrschte …«

Jetzt mischt sich die lebhafte, wenn auch ein wenig nuschelnde Stimme des Quirligsten unter Italiens Germanistenprominenz mit ein, jene Professor Giorgio Cusatellis von der Universität Pavia. Gerade noch hat er den Görzer Ervino Pocar erwähnt und von dessen großer Anthologie österreichischer Lyrik geschwärmt, um dann einen Sprung zu Claudio Magris tun: »Sein ›Mito asburgigo‹ war ein veritables Ereignis, da hier mithilfe literaturwissenschaftlicher Kriterien gerade das in seinen Zusammenhängen erfasst wird, was zuvor eine nicht näher definierte, dennoch deutlich vorhandene Tendenz der italienischen Leser war: aus österreichischen Texten ein Idealbild des Landes abzuleiten. Es war sehr klug von Claudio Magris, die der österreichischen Kultur des vorigen Jahrhunderts bis herauf zum Ersten Weltkrieg innewohnende Entwicklung als ›Mythos‹ zu bezeichnen. Vergessen wir nicht, dass Norditalien ein Jahrhundert lang einer österreichischen Verwaltung unterstand. Mit dieser Verwaltung wird bei uns (ob zu Recht oder zu Unrecht, will ich nicht entscheiden) Ordnung, Korrektheit und Unbestechlichkeit assoziiert, ein Wunschtraum der Italiener …«

Die Aufmerksamkeit eines anderen Teils der Tischgesellschaft gehört Giorgio Campanini von der Universität Parma. Es ist eine Bemerkung seines Professorenkollegen Michele Martina, des Präsidenten des Görzer Instituts für Mitteleuropäische Kulturbegegnungen, auf die sich der Gelehrte gerade bezieht: »Sicher, bereits der Ausbruch des Ersten Weltkriegs – und nicht erst seine Folgen – hatte das Ende Mitteleuropas als kulturelle Einheit besiegelt. Aber gerade sein verheerender Ausgang und die noch größere Katastrophe des Zweiten Weltkriegs machten es möglich, dass im Europa der Jahre nach 1945 das Problem der Überwindung des Nationalismus erneut zur Sprache kam. Europa hätte als solches nicht überlebt, wenn die Nationalismen nicht eingedämmt und überwunden worden wären. So hat die mitteleuropäische Kultur, die so vielfältig, so kosmopolitisch und in gewisser Hinsicht so ›grenzenlos‹ ist, eine

Art geschichtlicher Revanche genommen. Den Weg in ein ›Europa der Völker‹ anstatt in ein ›Europa der Vaterländer‹ einzuschlagen, bedeutet ja nichts anderes, als eine wichtige Komponente des mitteleuropäischen Erbes wieder aufzugreifen ...«

Nur noch ein paar Sätze des Wiener Kommunalpolitikers Busek aufgeschnappt. Stichwort »Nationalismus«, einer am Tisch hat gerade Jugoslawien genannt: »Ja, ein falsch verstandener Nationalismus, der politische Ideologien ersetzen will, die ihren Inhalt verloren haben. Auf der anderen Seite sehen wir, dass nicht nur unsere beiden Länder Sehnsucht haben, zueinander zu kommen, sondern, dass es in Mitteleuropa noch andere gibt, die von der gleichen Sehnsucht beseelt sind: die Menschen in Ungarn, in Polen, in Slowenien, in Kroatien, in Serbien, in der Tschechoslowakei. Uns Italienern und Österreichern ist da ja bereits sehr viel gelungen. Ich war heute tief gerührt, als nach der Zeremonie vor dem Kriegerdenkmal in Oslavia mein Freund, der Assessor Giovanni Battista Panzera, zu mir sagte ›Die Isonzofront existiert nicht mehr‹. Wenn ich ›Sehnsucht‹ sage, meine ich jene nach einer verlorenen Zeit, nach einem verlorenen Kontinent, gerade von den Literaten, von den Dichtern dieser Länder wird sie herbeigeschrieben. Wir sollten nicht auf die Politiker, nicht auf die Diplomaten warten, die kommen als letzte. Andere sind es, die neue Wirklichkeiten schaffen müssen, Künstler und Intellektuelle haben damit schon begonnen ...«

Die Natürlichkeit, mit der die Erben Roms Erhabenes mit Kreatürlichem, Frömmigkeit mit Lebensgenuss, Spiritualität mit den Freuden der Schöpfung in den harmonischsten Einklang zu bringen verstehen, verdient Bewunderung. Von der Andacht vor dem Gefallenendenkmal von Oslavia war man auf dem kürzesten Weg zum Schlossrestaurant von San Floriano gefahren, wo man sich nun von einer Küche beglücken ließ, in der sich das Raffinierte mit dem Deftigen paart, der Küche Friauls. Doch jetzt von der Küche in seinen Keller! Zu den Köstlichkeiten, die er birgt, gehört auch jener Wein, der dem altedlen Namen »Tokaj«, als dessen Klang in der ungarischen Heimat schal geworden war, viele Jahrzehnte lang die Ehre gerettet hat. Nun, da der einstige »König der Weine und Wein der Könige« im Ungarland wieder die ihm gebührende Pflege erfährt, darf sich Gekeltertes anderswo nicht mehr »Tokaj« oder »Tokaier« nennen. Der friaulische Ableger heißt nun schlicht »Friulano« und trinkt sich so herrlich wie immer! An jenem 23. Oktober 1988 waren die Bouteillen freilich noch mit der Bezeichnung »Tocai« etikettiert, wie die Italiener diese Sorte buchstabieren, doch die im Formentini-Schloss vereinten Cousins kümmerte der Name wenig, ihnen war der Inhalt wichtig, der steigerte noch ihr Verwandtschaftsgefühl.

Es war schon zu vorgerückter Stunde, als der Stadtrat aus Wien sich mit gesenkter Stimme an Professor Zettl wandte. Ob dieser nicht unauffällig seinen Freund Tubaro nach einem Lokal fragen könnte, das geeignet sei, den Abend dort würdig zu beschließen. Busek, den man ganz in die Nähe seines Parteifreunds, des Vizekanzlers, gesetzt hatte, waren die Tischgespräche langsam aber sicher zu einschlägig geworden, nun sehnte er sich nach einem Tapetenwechsel. Aber wo hatte noch etwas offen, spätabends und ausgerechnet an einem Sonntag? Renato fiel nur die Trattoria da Mirko ein. Probieren, vielleicht hatten sie Glück. Da man einen anstrengenden Tag hinter sich hatte und ein Teil der Ehrengäste sich bereits im Aufbruch befand, auch Österreichs Vizekanzler gehörte dazu, fiel es nicht weiter auf, dass sich an der Garderobe um Erhard Busek eine Gruppe gebildet hatte, die sich nun in Bewegung setzte. Zu ihr gehörten noch Bernhard Stillfried, Walter Zettl, Adam Wandruszka und Dr. Peter Mahringer, Buseks Sekretär und enger Vertrauter. Als die Gesellschaft beim Gasthaus ankam, war Mirko gerade dabei, die Lichter zu löschen. Trotzdem begrüßte er Renato und seine Freunde mit Herzlichkeit. »Vien con mi, ciapè und bicer e bevè quel che volè.« Sie sollten ihm folgen, sich jeder ein Glas schnappen und trinken, was sie wollten. In der Küche öffnete er eine hölzerne Falltüre, wobei er einladend auf eine Leiter wies; er selbst setzte sich auf eine Bank und blieb, wo er war. Hinter Tubaro stiegen sie hinunter. An den Wänden des ebenso langen wie engen Kellers erkannte man sechs oder sieben senkrechte Edelstahlbehälter, jeder mit einem Hahn: Merlot, Cabernet, Tocai, Pinot, Sauvignon. Die Weinverkostung nahm ihren Lauf und während jeder der Anwesenden bemüht war, zu »seiner« Sorte vorzudringen, scheint Peter Mahringer sich auf eine Holzplatte gestützt zu haben, die dem Druck nachgebend den Blick auf einen Bottich mit Rotwein freigab. Renato wusste sofort Bescheid, einen ganz neuen Wein hatten sie da, einen, der – anders als der *Vino novello,* Italiens »Heuriger« – nicht dazu bestimmt war, schon in seiner Jugend getrunken zu werden. Es war seinem noch ganz deutlichen Traubengeschmack zuzuschreiben (und wahrscheinlich auch der Ausgelassenheit der Zecher), dass ausgerechnet dieser Tropfen die Verkostung beschloss. Sechs mitteleuropäische Männer umstanden den Weinbottich und jeder von ihnen schöpfte mit dem eigenen Glas. Peter Mahringer, dem sie diese Entdeckung verdankten, beschwor die Runde nach jedem Schluck, sich der Einmaligkeit des Augenblicks bewusst zu sein. Wie sie den Aufstieg über die Leiter geschafft hatten, mancher von ihnen fragte sich das noch nach Jahren.

Hatten mit italienisch-österreichischer Versöhnungssymbolik die Politiker den Sonntag beherrscht, so waren es am Montag die Wissenschaftler, die sich des Treffens bemächtigten. Den Moderator machte der Professor für Kulturgeschichte Sergio Tavano und die Professoren Adam Wandruszka, Giorgio Campanini, Walter Zettl und Giorgio Cusatelli waren die Redner, und zum Schluss der Politiker Dr. Erhard Busek; er übrigens bekam den längsten Applaus. In der gerade angeführten Rednerfolge gleich auch die Titel der Vorträge: »Das Kriegsende«, »Mitteleuropa und die Nationalismen«, »Die Wandlung des Italienbildes in Österreich«, »Italien und Österreich aus der Perspektive der Literatur« und »Österreich und Italien der Zukunft entgegen«.

Görz war ein Erfolg und das gleich in mehrfacher Hinsicht. Hatte man mit dem Festakt im Rathaus der Stadt und mit der Kranzniederlegung in Oslavia ein Signal der Versöhnung gesetzt, das in der ganzen Region empfangen wurde, war man im geselligen Rahmen einander auch menschlich näher gekommen. Beiträge der Wissenschaftler zu diesem italienisch-österreichischen Podium waren dann in einem zweisprachigen Band erschienen. Ferner begründete das Treffen in der Isonzostadt eine jahrzehntelange, sehr enge Zusammenarbeit zwischen Wien und Görz beziehungsweise zwischen ihren wichtigsten Akteuren Stillfried, Zettl und Tubaro. Doch bleibt diese Bilanz unvollständig, wird hier nicht auch Mirkos Keller erwähnt! Denn vergegenwärtigen wir uns seine nächtlichen Besucher, dann finden wir keinen Einzigen unter ihnen, der in der Folge in Mitteleuropa nicht noch seine Rolle spielen wird.

Entdeckung und Erforschung eines Subkontinents

Über einen aus der Kellerriege ist das Wichtigste noch gar nicht gesagt. Höchste Zeit also, über Erhard Busek zu reden. Schon früh hatte er zu jenen Intellektuellen gehört, die der Eiserne Vorhang nicht daran hindern konnte, sich über Mitteleuropa Gedanken zu machen. Gedanken, die historische Tabus ebenso leicht übersprangen, wie sie auch vor grenzüberschreitenden Utopien nicht zurückscheuten. Intellektuelle Oberitaliens waren die Ersten gewesen, Mitteleuropa ins Blickfeld zu nehmen; die nördliche Hälfte der Halbinsel erlebte eine Reihe wichtiger Mitteleuropa-Symposien, an denen die Crème der internationalen Gelehrtenwelt mitwirkte. Das Görzer Institut hatte den Anfang gemacht, gefolgt vom Istituto Storico Italo-Germanico (ISIG) in Trient sowie von den Universitäten Parma und Mailand, um nur die wichtigsten Veranstaltungen dieses Typs zu nennen. Irgendwann war übrigens auch in Triest ein mitteleuropäisch orientierter Zirkel aus der Taufe gehoben worden, der so wie die Görzer mit dem Österreichischen Kulturinstitut in Rom eng zusammenarbeitete. Partnerschaften, die sich später auf das in Mailand eröffnete Österreichische Kulturinstitut übertrugen. Zu den Ländern, die in den 1970er-Jahren ähnliche Ambitionen zeigten, gehörte auch Österreich, wo es außer Busek noch eine ganze Reihe mitteleuropäisch Gesinnter gab. Da waren der visionäre Schriftsteller Jörg Mauthe und der junge Diplomat Emil Brix, mit dem Busek später ein Buch mit dem Titel »Projekt Mitteleuropa« verfasste[22]. Zu den Persönlichkeiten in Wien, die sich von einem Stacheldrahtzaun ihre Fantasie nicht abkaufen ließen, zählte auch Wolfgang Kraus, lange Zeit graue Eminenz des heimischen Literaturlebens, Autor mehrerer kulturphilosophischer Bände und Gründer der Österreichischen Gesellschaft für Literatur, die sich unter seiner langjährigen Leitung gerade die Beziehungen zu den Ländern des kommunistischen Ostblocks angelegen sein ließ. Oder der in Ungarn aufgewachsene deutschsprachige Schriftsteller György Sebestyén oder der Germanist Josef Peter Strelka, der trotz seiner Professur an einer amerikanischen Universität die Verbindung zur österreichischen Heimat nie abreißen ließ. Was hatten diese Intellektuellen mit ihrem auf Europas Mitte gehefteten Blick entdeckt – und das mehr oder weniger gleichzeitig? Nun, sie haben Mitteleuropa als »geokulturellen Subkontinent« entdeckt. Wegen seiner vielen Sprachen und Dialekte könnte man freilich meinen, der Turm von Babel habe auf ihm irgendwo seine Baustelle gehabt, und trotzdem, die Völker, die ihn bewohnen, kulturell verbindet sie seit langem genug, um hier »subkontinentale Geschlossenheit« konstatieren zu können. Und ein Subkontinent war Mitteleuropa bis ans Ende der 1980er-Jahre auch in einem ganz wörtlichen Sinn gewesen, als eine nur unter der Oberfläche einer totalitären Realität existierende Region, zu der die »Realpolitiker«, die Anhänger einer Politik des Machbaren, keinen Zugang hatten. Im Gegensatz zu den Tagträumern.

Busek war, auch das muss gesagt werden, in Österreich weit und breit der einzige Politiker gewesen, der die Entdeckung dieses Subkontinents machte. Und er hat ihn systematisch erforscht; in Begleitung seines Reisemarschalls Peter Mahringer besuchte er Polen, die Tschechoslowakei, Ungarn, Slowenien, Kroatien und Serbien. Aber während die österreichische Regierungs- und Wirtschaftsprominenz bei ihren Reisen in diese Region stets nur mit den jeweiligen Größen von Staat und Partei zusammengetroffen war, nicht zuletzt in der Hoffnung auf fette Industrieaufträge, hatte Busek bei jedem seiner Aufenthalte jenseits des Eisernen Vorhangs oder im ehemaligen Jugoslawien Begegnung mit Menschen gesucht, die vom kommunistischen Regime ausgegrenzt, beargwöhnt und schikaniert wurden, also mit Regimekritikern und Dissidenten, mit Charta 77-Mitgliedern und Solidarność-Verantwortlichen, mit Künstlern

---

22 Erhard Busek – Emil Brix, Projekt Mitteleuropa, Ueberreuter, Wien 1986.

und Intellektuellen, mit Literaten, Studenten und Vertretern der Kirche. Insgesamt werden es wohl weit mehr als hundert Menschen gewesen sein, mit denen Busek im Lauf der Jahre zusammentraf. Darunter nicht wenige Namen, die jahrelang von den westlichen Massenmedien buchstabiert worden waren. Doch nicht nur diese Kreise interessierten ihn, auch den Umständen, in denen die sogenannten kleinen Leute lebten, galt seine Wissbegier; er suchte das Gespräch mit Industriearbeitern und Verkäuferinnen staatlicher Läden, mit Obusfahrerinnen und Männern der städtischen Müllabfuhr. Mit beiden Letzteren konnte er sogar fachsimpeln, nicht umsonst war er Kommunalpolitiker. Kaum je kam der Erforscher Mitteleuropas ohne Konterbande nach Warschau, Prag oder Budapest, er versorgte die neu gewonnenen Freunde mit Zeitschriften und Büchern, solchen, die beim Regime auf dem Index standen, oder mit daheim zusammengeschnorrter Technik, etwa mit Vervielfältigungsapparaten oder Fotokopiergeräten, aber auch mit manch anderem aus dem westlichen Warensortiment. Peter Mahringer verstand es übrigens glänzend, die Konterbande an misstrauischen Grenzern trickreich vorbeizuschmuggeln. Erhard Busek hat auf seinen Streifzügen viele Freunde gewonnen: sich selbst, aber fast immer auch seinem Land: Tadeusz Mazowiecki, Władysław Bartoszewski, Lech Wałęsa, Václav Havel, Dana Němcová, Karl Johannes Schwarzenberg, Jószef Antall, György Konrád, Milovan Djilas, Dejan Medakovic. Nur einige Namen sind das, stellvertretend für andere, kaum weniger wichtige. Wurde Bernhard Stillfried kurz vor seinem Aufbruch in den Orient mit Lawrence von Arabien verglichen, so könnte man Erhard Busek Mitteleuropas österreichischen Alexander von Humboldt nennen.

Die Wende

Annus mirabilis 1989, das Jahr des Wunders, Jahr der Wende. Der Fall des Eisernen Vorhangs! *Dies mirabilis* 27. Juni 1989, der Tag, an dem der österreichische Außenminister Alois Mock und sein ungarischer Amtskollege Gyula Horn mit großen Drahtscheren den Stacheldraht durchschneiden. Nicht nur die beiden Länder, Österreich und Ungarn, ganz Europa nicht länger in zwei feindliche Lager geteilt! Dynamik eines Jahrhundert-Tauwetters: Ernennung des ersten nicht kommunistischen Ministerpräsidenten in Polen, Massenflucht der DDR-Bürger über Ungarns offene Grenze. Fall der Berliner Mauer! Einsetzung einer nicht kommunistischen Regierung in Prag, das makabre Schauspiel eines »kurzen Prozesses« gegen den rumänischen Diktator Nicolae Ceaușescu und seine Ehefrau, die Wahl Vaclav Havels zum Präsidenten der Republik. Neben diesen Namen sind freilich noch andere, die ihre Rolle spielten in der großen Dynamik, wie Lech Wałęsa und Alexander Dubček, oder im Westen die beiden Deutschen Helmut Kohl und Hans Dietrich Genscher. Und jeder von ihnen, egal ob auf der einen oder der anderen Seite, sowohl treibende Kraft als auch Getriebener. Und selbst Michail Gorbatschow, der Mann, ohne den das 20. Jahrhundert das Ende der Teilung Europas gewiss nicht erlebt hätte, war beides gewesen, hatte wahrlich nicht nur das Gesetz des Handelns auf seiner Seite gehabt. Vor der Welt ein großer Erneuerer, in der geografischen und geopolitischen Realität seines eigenen Landes ein großer Gescheiterter. Und trotzdem werden die Begriffe »Perestroika« und »Glasnost« im internationalen Sprachgebrauch wahrscheinlich noch lange einen guten Klang behalten.

Erhard Busek durfte sich auf geradezu wunderbare Weise bestätigt fühlen, er und die Gruppe Gleichgesinnter. So mancher mitteleuropäische Dissident war unter den neuen Vorzeichen bereits zu Ehren und hohen Ämtern aufgestiegen. Was bisher inoffiziell, nur vermittels persönlicher Verbindungen unternommen worden war, galt es nun offiziell auf den Weg zu bringen. Gerade Österreich schien dazu aufgerufen, die sogenannten »Reformstaaten« mit seinem Knowhow und seinen Ressourcen zu unterstütze, an die Stelle von Improvisation hatten nun Planung und Organisation zu treten und an die Stelle privater Sachspenden der gezielte Einsatz öffentlicher Mittel.

Das Jahr der Wende erweist sich auch als ein Jahr der glücklichen Koinzidenzen. Um mit der ersten zu beginnen, Erhard Busek war im April 1989 zum Bundesminister für Wissenschaft und Forschung bestellt worden. Damit saß er an einem besonders wichtigen Hebel, der es ihm ermöglichte, den Nachbarländern unter die Arme zu greifen – und zwar auf einem Sektor, der für deren Zukunft von grundlegender Bedeutung sein würde. Die Rede ist von Österreichs wissenschaftlicher und universitärer Zusammenarbeit mit den Reformstaaten. Freilich, auch in Zeiten des Eisernen Vorhangs waren mit diesen Ländern Kulturabkommen abgeschlossen worden, hatte es einen zwischenstaatlichen Kulturaustausch gegeben. Nun aber wurde alles auf eine neue Basis gestellt, wobei die hier eingesetzten Haushaltsmittel ein bisher noch nicht gekanntes Niveau erreichten. Der Professoren-, Jungakademiker- und Studentenaustausch wird sich im Lauf weniger Jahre vervielfachen und großzügige Stipendienprogramme werden diesem Aufschwung die materielle Grundlage sichern. Die Zahl der in Zentral-, Ost- und Südosteuropa eingesetzten österreichischen Lektoren wird auf mehr als das Dreifache steigen und das von Buseks Ministerium finanziell unterstützte Wiener Ost- und Südosteuropa-Institut wird nach und nach in jedem dieser Länder ein Wissenschaftsbüro errichten, dies zu dem Zweck, die tatsächlichen Bedürfnisse möglichst schon vor Ort zu erfassen und für eine optimale Koordination zu sorgen. Nicht zu vergessen die wissenschaftliche Forschung, die durch länderübergreifende Programme nun nachhaltig gefördert wird.

Nur einen Steinwurf von Buseks Ministerium entfernt leitete Bernhard Stillfried die Kultursektion des österreichischen Außenministeriums. Ihn hatte das von Stacheldrahtzäunen befreite Mitteleuropa als große Aufgabe sogleich in seinen Bann geschlagen. Und das nicht von ungefähr. Verflocht sich der uralte Name seiner Familie nicht aufs Engste mit Böhmens Geschichte? Und wurzelte man nicht auch im Ungarischen, über die Großmutter väterlicherseits? Der Vater selbst hatte noch beide Sprachen beherrscht, das Ungarische so gut wie das Tschechische. Und Bernhards Frau, obschon von klein an in Wien aufgewachsen, war sie nicht Kind huzulischer Eltern? Die westliche Ukraine, Mitteleuropas Osten und einst auch östlichste Provinz des Habsburgerreiches. Schon als Schüler hatte Bernhard beim Wort »Mitteleuropa« im Geist stets das Wort »Habsburg« mitbuchstabiert. Diesem Herrscherhaus waren Träger des Namens Stillfried durch die Jahrhunderte eng verbunden gewesen, hatten ihm in verschiedenen, auch zivilen Vertrauensstellungen, vor allem aber als Offiziere gedient. Mit umso größerer Hingabe würde der Impresario sich in seinem neuen Aufgabenbereich auch auf Habsburgs Spurensuche begeben können. Auch seinem Chef, dem Außenminister, lag viel an der Sache; Alois Mock hatte schon bald nach der Wende darüber nachzudenken begonnen, wie er sich in dieser Situation der Mitarbeit seines Kultursektionschefs noch möglichst lange versichern könnte. Zwar stand dieser schon in Jahresfrist zur Pensionierung heran, doch auch Bernhard selbst war zuversichtlich, dass sich eine brauchbare Lösung würde finden lassen.

Bald nach dem Fall des Eisernen Vorhangs hatte Bernhard Minister Mock mühelos für die Idee gewinnen können, neben dem in Warschau bestehenden Österreichischen Kulturinstitut noch ein zweites zu eröffnen – und zwar in Krakau, jener altehrwürdigen Stadt, deren Schicksal so lange mit dem Österreich-Ungarns verbunden gewesen war. Doch dort wollten die Polen Österreich nicht mit einem Kulturinstitut, sondern mit einem Generalkonsulat vertreten wissen, und also entsprach der Ballhausplatz eben diesem Wunsch. Jedenfalls der Rechtsform nach, denn dem österreichischen Generalkonsul Emil Brix, der nun in Krakau seinen Einzug hielt, war die Pflege der kulturellen Beziehungen aufgetragen, nichts anderes; den Verwaltungskram hielt ihm der Kanzler vom Leib. Ein Kulturinstitut und sein Direktor konsularisch verhüllt!

In Bernhards Beamtenlaufbahn hat sich offizielle Anerkennung sehr reichlich über ihn ergossen. Im Iran und in Ägypten waren es prestigeträchtige Orden gewesen, in England hatte man ihm ein Ehrendoktorat und, äußerst seltener Fall, sogar eine Ehrenprofessur verliehen. Aber auch Österreich war geneigt gewesen, diesen Spitzenmann seiner Auslandskultur mit einigen Insignien staatlicher Zufriedenheit zu schmücken, mit Ehrenzeichen also, deren Klasse, einem minutiös ausgezirkelten Schema folgend, von Mal zu Mal an Höhe gewann. Ganz zu schweigen von verschiedensten ministeriellen Dank- und Anerkennungsschreiben. In einem, es trägt die Unterschrift von Außenminister Alois Mock und ist mit 10. Januar 1991 datiert, heißt es: »Mit Ablauf des vergangenen Jahres hast Du Deine Tätigkeit als Sektionschef der Kultursektion des Bundesministeriums für auswärtige Angelegenheiten beendet und bist in einen nahezu ebenso arbeitsreichen Ruhestand getreten.« Und also wird Bernhard trotz seiner Pensionierung weiterarbeiten. Juristisch hatte man das mit einem Konsulentenvertrag möglich gemacht, abgeschlossen zwischen dem Außenministerium und seinem bisherigem Dienstnehmer. Bernhard durfte weitermachen, solange er konnte und mochte, und zu seinem Arbeitsgebiet war Mitteleuropa bestimmt. Die Weichen zur vierten Ära stillfriedschen Schaffens waren gestellt.

Vor der Vorstellung, ihren unternehmungslustigen Mann demnächst als Beamtenpensionisten Tag aus Tag ein ständig um sich zu haben, hatte Ira schon mehrmals gegraut. Umso zufriedener war auch sie mit der gefundenen Lösung, dank welcher sie einer Reihe noch in gewohntem Takt dahinfließender Jahre entgegensehen konnte. So kam und blieb es dann auch noch eine Weile, bis eine schon früh diagnostizierte Arthrose ihr das Gehen beschwerlich machte, ihr starke Schmerzen verursachte. In ihrem letzten Jahr trat ein Nierenleiden hinzu, welches sie schließlich ans Bett fesselte. Am 3. November 2007 erlag sie einem Nierenversagen. Bis fast zum Schluss war sie bei Bewusstsein gewesen, hatte die Tröstungen der Kirche empfangen und mit der vollzählig um ihr Bett versammelten Familie den Rosenkranz gebetet. Im Familiengrab, das Bernhard 1993 dem Willen seines Vaters gemäß von Wien Döbling auf den Stillfrieder Dorffriedhof verlegt hatte, wurde Ira Stillfried zur letzten Ruhe gebettet.

Subkontinent zwischen Traum und Wirklichkeit

Träume, die sich erfüllen, sind auch schon ausgeträumt, kaum einer überlebt seine Verwirklichung. Mitteleuropa hat seine »Träumbarkeit« ins 21. Jahrhundert hinübergetragen. Bald eine Generation nach der Wende ist der Subkontinent noch immer gegen die Banalität des Selbstverständlichen gefeit. Trotzdem wurde seither vieles bewegt und ausgerechnet ein »Pensionist« hat besonderen Anteil daran. Gewiss, wer sich in seinem Beruf deutlich über den Durchschnitt erhoben hat, den lädt man gar nicht so ungern ein, nach seiner Pensionierung zwei oder drei Jahre dranzuhängen. Danach aber ist gegen den »wohlverdienten Ruhestand« kein Kraut mehr gewachsen. Ganz anders bei Bernhard Stillfried! Volle zwanzig Jahre (!), von Anfang 1991 bis Ende 2010, hat er sich dem ihm von Mock und Busek anvertrauten Aufgabenbereich gewidmet. Ein Fulltime-Job. Die ersten Jahre als persönlicher Mitteleuropa-Konsulent des Außenministers, ab 1993 als Geschäftsführer des auf Buseks Initiative gegründeten Vereins Österreich-Kooperation in Wissenschaft, Bildung und Kultur. Bleibt zu ergänzen, dass Stillfried kurz nach Übernahme seiner Konsulentenfunktion in den Vorstand der Stiftung Pro Oriente gewählt worden war und dass er bald vor Antritt seiner Stellung als Geschäftsführer der Österreich-Kooperation die Nachfolge von Walter Zettl als Präsident der Österreichischen Kulturvereinigung angetreten hatte. Außerdem war er noch im Vorstand zweier weiterer Einrichtungen mit Wiener Adresse, nämlich des Instituts für den Donauraum und Mitteleuropa und des Österreichischen Ost- und Südosteuropa-Instituts. Bernhard ein Multifunktionär? Nicht wirklich, denn alles, was er da übernahm, wies in ein und dieselbe Richtung.

Dreizehn Tage, zwanzig Jahre

Bernhards letzte große Ära, im Zeitraffer einer Busreise wollen wir sie durchmessen, zwanzig Jahre in dreizehn Tagen. Ein halbes Dutzend Male hat der Impresario sie unternommen und bis zu dreißig Personen dazu eingeladen: Wissenschaftler, Künstler, Kulturbeamte, Diplomaten, Journalisten. Und jedes Mal führte die Fahrt durch die nordöstlichen Regionen Mitteleuropas, auch als der Erzähler und seine Frau zu den Eingeladenen gehörten. Das war im Herbst 2005, am 29. September um 3 Uhr früh die Abfahrt, der Reisebus hatte seine Passagiere auf der Nebenfahrbahn der Wiener Ringstraße vor dem Lueger-Denkmal eingesammelt. Budapest reibt sich gerade erst den Schlaf aus den Augen, als wir es in seiner Peripherie durchqueren; noch eine Stunde weitergeschlafen, bis der Fahrer an einer Raststation hält. Als wir wieder einsteigen, werden wir unserer Reiseführerin gewahr, sie hat ihren Platz ganz vorn neben Bernhard: Maria Ostheim-Dzerowycz; als gebürtige Ukrainerin wird sie uns auch als Dolmetscherin behilflich sein. Cziczka wird sie von ihren Freunden genannt, sie und Stillfried werden sich das Mikrofon teilen. Wir fahren durch Siebenbürgen, vorbei an Großwardein und Klausenburg; in Bistritz die erste Übernachtung. Auch der nächste Vormittag gehört Siebenbürgen, doch bald fordert der andere Name sein Recht: Transsilvanien. Als wir das nächste Mal halten, sind wir bereits in der Bukowina. Dornej Vatra heißt der hübsche Kurort; im Park, den wir durchstreifen, steht das ehemalige k. u. k. Offizierskasino, im dem auch Leutnant Alfons Stillfried sein Geld verspielt hat. Nach einem Besuch des Moldauklosters Voronetz nimmt uns in Sucevica zur Nacht ein Waldkarpaten-Chalet auf. Anderntags das zweite im Reiseplan vorgesehene Moldaukloster: Moldovica. Die Außenmauern seiner Kirche von oben bis unten mit Fresken bemalt, 16. Jahrhundert. Schwester Tatjana begrüßt lachend unsere Gruppe, Bernhard besonders herzlich. Von Michael weiß ich, wie die Nonne bei Wiener Insidern heißt: »Schwester Resoluta«, wegen ihres energischen Auftretens. Michael, das ist der Historiker Dr. Dippelreiter, engster Mitarbeiter Stillfrieds in der Österreich-Kooperation, wir haben uns vor Jahren in Görz kennengelernt. Auch diesmal hat der österreichische Besuch ein Paket mit Kaffee und Waschpulver mitgebracht, beides auf besonderen Wunsch der Schwestern. Mittags sind wir Gäste des deutschsprachigen Kulturvereins des Städtchens Radautz in der Südbukowina, eine der vielen Einrichtungen, die von der Österreich-Kooperation unterstützt werden. Die Weiterfahrt nach Czernowitz wird in Sereth unterbrochen, dessen jüdischer Friedhof besonders gut erhalten ist. Eine seltsam-wehmütige Ausstellung[23] fällt mir ein, »Vergessener Völker Müdigkeiten« war ihr Titel gewesen, in Anlehnung an das Gedicht Hugo von Hofmannsthals.

Drei volle Tage in Czernowitz: Besuch der Universität, deren Gebäude einst die Residenz des griechisch-orthodoxen Erzbischofs und Metropoliten der Bukowina und Dalmatiens gewesen war: Der Letzte dieser Kirchenfürsten soll sich einmal in der Woche mit dem römisch-katholischen Bischof, dem evangelischen Superintendenten und dem Rabbiner zum Tarockspiel getroffen haben, wobei man alles Anstehende besprach. 2004 hat die Czernowitzer Universität Bernhard Stillfried das Ehrendoktorat verliehen, in Anerkennung dessen, was der Freund aus Wien und seine NGO seit dem Fall des Eisernen Vorhangs auf dem Gebiet der ukrainisch-österreichischen Wissenschaftskooperation geleistet hatten. Der Stadtrundgang am Nachmittag wird mit einem Besuch der

---

23 Wanderausstellung »Vergessener Völker Müdigkeiten. Friedhöfe in den Kronländern der k. und k. Monarchie«, Fotos Christoph Lingg – Text Susanne Schaber, Katalog Picus Verlag, Wien 2000.

Österreich-Bibliothek verbunden, die hier seit 1992 besteht. So wie in Czernowitz werden die allermeisten dieser Einrichtungen von einer österreichischen Lektorin oder einem Lektor betreut. Eine Erzählung ist keine Statistik, daher kein Zahlenmaterial! Weder über das dichte Netz von Österreich-Bibliotheken noch über die Schar der von Österreich im Ausland, vor allem aber in mitteleuropäischen Ländern eingesetzten Junggermanisten und Sprachassistenten. Wen die Zahlen interessieren, dem hilft eine Broschüre[24] weiter oder auch die Kultursektion des österreichischen Außenministeriums. Einer, den Bernhard Stillfried in Czernowitz mit Rücksicht auf dessen hohes Alter ohne unsere Begleitung besucht, ist Josef Burg, wohl der letzte jiddische Erzähler. Österreich ist sehr lebendig im Bild dieser Stadt, so mancher Gebäudekomplex erinnert an Graz oder Klagenfurt, ganz zu schweigen vom Stadttheater, das vom Wiener Architektenduo Helmer & Fellner stammt. Viel Mädchenschönheit auf den Plätzen und Straßen, auch viel Chic beim Anziehen, sehr zum Unterschied von der Beliebigkeit westlichen Freizeitlooks. Ein Ausflug bringt uns zu den Lippowanern, einer den Wiedertäufern vergleichbaren Sekte, die ein Dorf an der ukrainisch-rumänischen Grenze bewohnt und sich mit strenggläubigem Trotz dem technischen Fortschritt widersetzt. Im Lippowanerdorf muss unsere Gruppe auf irgendetwas elendslang warten, in kleinen Gruppen stehen wir um den Bus herum. Zu dem Grüppchen, in dem die Unterhaltung gerade am lebhaftesten ist, gesellt sich Prof. William Johnston. Der in der Fachwelt hoch geachtete US-amerikanische Autor des Klassikers »The Austrian Mind«, der seit 2001 eine Professur in Melbourne innehat, ist auf Österreichs Kultur und Geistesgeschichte spezialisiert. Wo und wann immer auf dieser Reise Einschlägiges zur Sprache kommt, stellt sich der schlanke, fast hagere Mann mit einem ernsten Nicken dazu. Mit Unterstützung der beiden Stillfriedvereine, der Österreich-Kooperation und der Österreichischen Kulturvereinigung, erschien Johnstons Standardwerk in deutscher Sprache.[25] Es soll nicht sein letztes Buch sein, dem diese Förderung zuteilwerden wird. Und überhaupt, die Publikationen mit Österreichbezug, deren Übersetzung in die jeweilige Landessprache und Herausgabe vom stillfriedschen NGO-Regime unterstützt wurde, wer wollte sie noch zählen? Wir überlassen es der Statistik. Hier nur aus der Literatur eine Auswahl: Manès Sperber, Paul Celan, Ingeborg Bachmann, Georg Trakl, Leo-

---

24 Die Österreich-Kooperation in Wissenschaft, Bildung und Kultur. Ziele und Aufgaben, Geschichte und Zukunft, Druckerei Hans Jentzsch & Co GmbH, Wien 2006.
25 William M. Johnston, Österreichische Kultur- und Geistesgeschichte. Gesellschaft und Ideen im Donauraum 1848 bis 1938, Böhlau Verlag, Wien-Köln-Weimar 2006.

pold von Sacher-Masoch, Joseph Roth, Thomas Bernhard. Auf Initiative und mit Unterstützung durch Bernhards Team wurden zum Gedenken an deutschsprachige Autoren altösterreichisch-ukrainischer Herkunft an ihren Geburtsorten Büsten oder Gedenktafeln enthüllt. Nach den Czernowitzer Tagen heißt nun Lemberg das Ziel. Auf halbem Weg eines der unvergesslichen Picknicks. Wir steigen aus dem Bus, vertreten uns die Beine und nehmen unsere Verpflegung in Empfang: Brot, Wurst und Käse, zum Dessert Schnitten oder Kekse. Bernhard persönlich verteilt die Gottesgaben, unterstützt von Herrn Grabner, dem Chauffeur, der sich um die Getränke kümmert: Bier, Wein oder Mineralwasser. Herumstehen in Gruppen, entspanntes Plaudern, da und dort Gelächter, immer wieder auch das verständnisinnige Nicken Professor Johnstons.

Lemberg scheint zu lächeln, auch dort, wo es den Besucher beeindrucken will. Die Pracht seiner Kirchen, Paläste und Bürgerhäuser strahlt Heiterkeit aus. Gegenüber seinem Statuenreichtum, in dem sich die Götterwelt der Antike ein Stelldichein gibt, verblasst Czertnowitz' Gründerzeitcharme. Wie dort auch hier viel Jugendfrömmigkeit, die zu den Altären drängt und das »Nur alte Betschwestern«-Klischee widerlegt. In dieser Stadt unterhält die Österreich-Kooperation ein eigenes Büro; Elisabeth Gehrer, Buseks Nachfolgerin am Wiener Minoritenplatz, hat es 1998 eröffnet. Diese Ministerin war klug genug gewesen, den Kabinettchef ihres Vorgängers zu behalten: Dr. Peter Mahringer, den klugen und diskreten Mann, den Jörg Mauthe den »Alleswisser und Vielverschweiger« nannte. Im Unterrichtsministerium hatte Mahringer den sogenannten »Kooperationsfonds« geschaffen, aus dem er in enger Abstimmung mit Stillfried bauliche Instandsetzungen in Ländern Mitteleuropas finanzierte, zum Beispiel das neue Dach des ehemaligen k. u. k. Deutschen Staatsgymnasiums in Lemberg. Mit dem Leiter des für die gesamte Ukraine zuständigen Lemberger Koordinationsbüros, Mag. Andreas Wenninger, hat uns das Besuchsprogramm mehrere Male zusammengebracht. Das von ihm im Auftrag der Österreich-Kooperation bewältigte Pensum kann sich sehen lassen: gemeinsame Forschungsprojekte ukrainischer und österreichischer Universitäten, Austausch auch in Form von Gastvorträgen, Seminaren und Workshops, Zusammenarbeit auf dem Gebiet des Denkmalschutzes, die Schulpartnerschaften nicht zu vergessen; auch auf dem Kunstsektor hat sich das von Wenninger geleitete Büro bereits als anerkannte österreichische Anlaufstelle etabliert. Doch auch hier keine Statistik. Untergebracht ist der kleine Apparat in Lembergs Iwan Franko-Universität; auch sie hat Bernhard das Ehrendoktorat verliehen, bereits 2002, gleichzeitig mit der Eröffnung der Österreich-Bibliothek. Der Rektor der Universität, der Physiker und Mathematiker Iwan Wakartschuk, bereitet dem Ehrendoktor und seiner Gruppe einen würdigen Empfang. Noch in lebhaftester Erinnerung eine Besprechung in Lembergs erst 2002 gegründeter griechisch-katholischen Universität; bei ihrem Aufbau hatte die Österreich-Kooperation mitgeholfen. Bei dem Gespräch ging es um ein paar Fragen, deren Details nicht mehr wichtig sind. Doch noch heute sehe ich Bernhard vor mir, seine Augen zu einem Kurzschlaf geschlossen, freilich nur so lange, bis am Sitzungstisch sein Stichwort fällt; augenblicklich ist er wieder ganz da und der erste Satz, den er sagt, hört sich an, als wäre er schon seit fünf Minuten am Wort. Ein Akrobat der Geistesgegenwart nach wie vor! Von Lemberg aus zwei Ausflüge unternommen, wahlweise. Meine Frau und ich entscheiden uns für den nach Schovkva, zur ehemaligen Residenz Jan Sobieskis. Der andere Ausflug führt seine Teilnehmer nach Brody, wo eine Gedenktafel an Joseph Roths Geburt erinnert. Wir haben uns auf die Seite des Retters von Wien geschlagen. Am nächsten Tag Aufbruch nach Krakau. Unterwegs setzen uns immer wieder grellsilbrige Dächer in Erstaunen, auch das eine oder andere Kirchturmdach blendet uns silbern, angeblich wird diese Blech-Scheußlichkeit in Österreich erzeugt. Bernhard Stillfrieds sechste Busreise also, doch die ersten Male hatte man die umgekehrte Route gewählt: von Wien nach Krakau, von dort nach Lemberg und so fort. Seine allererste Reise in die Ukraine aber hatte er im eigenen Pkw unternommen, 1990 war das gewesen, Ira, der Osteuropa-Experte Prof. Andreas Moritsch und Cziczka in seiner Begleitung. Damals konnten sie als Pioniere gelten, so gut wie keine Tankstellen gab es noch in dem Land; als in einem Militärdepot, immerhin waren diese auch Zivilisten zugänglich, der Treibstoff sich einmal als besonders trüb erwies, musste Ira zwecks Filtrierung eine ihrer Strumpfhosen opfern. Vor Krakau machen wir noch in Lancut halt, um das Barockschloss der Fürsten Lubomirski zu besichtigen; mein Freund Karl ist ein Spross dieses Geschlechts, aus ihm haben die Umwälzungen der ersten Hälfte des 20. Jahrhunderts einen waschechten Tiroler gemacht. Und einen in viele Sprachen übersetzten Dichter.

Krakau. Mit Michael die Altstadt durchstreift, in der Marienkirche vor Veit Stoß' Marienaltar gestanden. Die Universität der Weichselmetropole wurde 1364 gegründet, ein Jahr vor Wiens Alma Mater. Im Stadtteil Kasimiersk, wo sich das jüdische Getto befand, der Remu'h-Synagoge, die auch heute als Gotteshaus dient, einen Besuch abgestattet und danach im Café Singer an einem seiner sprichwörtlichen Nähmaschinentische Kaffee getrunken. Natürlich gehört Österreichs als Generalkonsulat »verkleidetes« Kulturinstitut zum Besuchsprogramm. Am Morgen des 13. Tages unserer Zeitreise verlassen wir Krakau, um über Teschen, Olmütz und Brünn die Heimreise anzutreten. Unsere Fahrt hat uns auf eine mitteleuropäische Spurensuche geführt.

Als es nicht mehr weit bis zur österreichischen Grenze ist, übernimmt einer aus der Gruppe den Dank. Wohlgesetztes an Bernhard, aber auch an Cziczka und an Michael, den Organisator der Reise. Aber noch gibt Norbert Leser das Mikrofon nicht zurück, lässt Musikalisches folgen. Zu einer vorsorglich mitgebrachten Tonbandkassette singt er nun den entsprechenden Text: Heurigenlieder, die viel vom alten Kaiser handeln. Und so unpassend scheint uns auch dieses gesungene Schlusswort nicht. Waren wir nicht dreizehn Tage lang im »Franz Josephs Land« unterwegs gewesen?

Eine Annexion der besonderen Art

Wie ein Vexierbild bringt der Subkontinent, je nach dem unter welchem Blickwinkel man ihn betrachtet, zwei Gesichter zum Vorschein, neben dem geografisch-zeitlosen immer auch jenes historische, dessen Züge nun einmal unverwechselbar habsburgisch sind. Daher ist es nicht so weit hergeholt zu behaupten, Bernhard sei mit der Eröffnung eines Kooperationsbüros in Sarajewo alt-österreichischen Spuren gefolgt. Zwar kann die von ihm betriebene »Annexion« nur im übertragenen Sinn so genannt werden, ging es doch diesmal um Kultur, um partnerschaftlichen Austausch und um Nachbarschaftshilfe. In Bosnien-Herzegowina spielt das Thema »Islam« auch im kulturellen Kontext eine wichtige Rolle und die beiden österreichischen Ministerinnen Elisabeth Gehrer und Ursula Plassnik (die eine zuständig für Bildung, die andere für europäische und internationale Angelegenheiten) waren sich dessen durchaus bewusst gewesen, als sie zur Errichtung eines Kooperationsbüros in Sarajewo gemeinsam die Initiative ergriffen. Und der Impresario seinerseits war nicht der Mann gewesen, sich das zweimal sagen zu lassen, genau genommen hatte sogar er den allerersten Anstoß zu dieser »Aneignung« gegeben, die übrigens nicht auf Bosnien-Herzegowina beschränkt blieb, sondern auch andere Länder des Westbalkans mit einschloss. So ließ die Österreich-Kooperation in Montenegro, Albanien und im Kosovo, organisatorisch unterstützt durch ihre neue Sarajewoer Außenstelle, mehrere Grundschulen ebenso wie mittlere und berufsbildende höhere Schulen von Grund auf renovieren, darunter auch ein ehemaliges österreichisches Gymnasium. Noch im Jahr seiner Eröffnung führte das Österreichische Kooperationsbüro in Zusammenarbeit mit der Universität Wien eine Vorlesungsreihe durch, unter dem Titel »Der autochthone Islam in Europa«. Man wollte herausarbeiten, dass der Islam kein außereuropäisches, grundsätzlich europafremdes Phänomen sei, sondern gebietsweise auch auf unserem Kontinent Bodenständigkeit besitze. In kürzester Zeit gelang es, ein enges Verhältnis zum Professorenkollegium der Universität Sarajewo aufzubauen, hier ganz besonders zu jenem der islamischen und der rechtswissenschaftlichen Fakultät. Dank einem Angebot von letzterer ist das Österreichische Kooperationsbüro im Gebäude der Sarajewoer Universität untergebracht, noch dazu, ohne dafür Miete in Rechnung gestellt zu bekommen. Was seinen allgemeinen Aufgabenkatalog betraf, stimmte dieser im Prinzip ja mit jenem von Lemberg überein. Ganz wichtig die Teilnahme Österreichs an verschiedenen lokalen Projekten, die Auswahl und Gestaltung des Unterrichtsmaterials betreffend. Toleranz und gegenseitiges Verständnis zwischen den Konfessionen, Islam also in Abgrenzung zum Islamismus, so etwa ließ sich die Maxime der gemeinsamen Bestrebungen umreißen. Die bosnisch-herzegowinische ebenso wie die österreichische Seite konnten sich dabei auf Smail Balić beziehen, den Schöpfer des Begriffes »Euro-Islam«. Die Herausgabe seiner Werke, wie jenes mit dem Titel »Islam für Europa. Neue Perspektiven einer alten Religion«[26] hat die Österreich-Kooperation finanziell unterstützt und das gilt auch für die zweisprachige Veröffentlichung der Mitschrift des in Sarajewo abgehaltenen Symposions »Smail Balić als Vordenker eines europäischen Islams«.

Apropos Sarajewo, Bernhard hat dort sein letztes großes Projekt verwirklicht, eine Ausstellung mit dem Titel »Auf der Suche nach Atlantis«. Ihr Gegenstand Fotografien aus der »Bosnien-Mappe« seines Großvaters, des Malers und Hof-Fotografen Raimund Baron Stillfried. Wie durch ein Wunder hatte diese Mappe die Wirren zweier Weltkriege und am Ende des Zweiten sogar einen Bombentreffer heil überstanden. Die darin aufbewahrten Fotografien entstanden, so der Enkel im Vorwort zu dem bibliophilen Ausstellungskatalog, »alle im vorletzten Jahrzehnt des 19. Jahrhunderts. Sie zeigen in einer sehr direkten Art und Weise Städte, Orte und Landschaften Bosnien-Herzegowinas, das damals einen neuen Teil der Österreichisch-Ungarischen Monarchie darstellte. Die Fotografien meines Großvaters sind ein wichtiges Dokument jener Zeit, weil sie Momente während der beginnenden Modernisierung in diesem Gebiet einfingen.« Der fremdartige, von Jahrhunderten osmanischer Herrschaft herrührende Reiz dieser Region hatte dem adeligen Hof-Fotografen die Sujets geliefert, doch gleichzeitig scheint er auch dem Auftrag gefolgt zu sein, den mit der österreichischen Verwaltung einhergehenden technischen Fortschritt zu dokumentieren. Die Idee, die Bilder aus der »Bosnien-Mappe« seines Großva-

---

26 Smail Balić, Islam für Europa. Neue Perspektiven einer alten Religion, Böhlau Verlag, Wien-Köln-Weimar 2001.

ters in Bosnien-Herzegowina auszustellen, war Bernhard selbst gekommen und das Österreichische Kulturinstitut in Zagreb hatte sich daran gemacht, das Projekt in die Tat umzusetzen, dies freilich nur mit Reproduktionen in kleinerer Auswahl. Der Kurator der großen Ausstellungsfassung war Max Aufischer, ihm ist auch die Königsidee zuzuschreiben, die darin bestanden hatte, jeder einzelnen Vedute von damals eine Entsprechung aus der Gegenwart an die Seite zu hängen. Die heutigen Fotos hat Aufischer selbst aufgenommen, in oft zeitraubender Spurensuche, viele Wochen lang kreuz und quer in der Region unterwegs. Doch das Ergebnis bereicherte das Projekt um eine »komparatistische« Dimension, die den Reiz und die Anziehungskraft von Raimund Stillfrieds »Bosnien-Mappe« noch steigerte. Am 20. November 2008 wurde die Ausstellung eröffnet in einem Gebäude von exotischer Stattlichkeit, das zur Türkenzeit als Hamam (Badehaus) gedient hatte. Übrigens, der Publikumserfolg in der Hauptstadt setzte sich an anderen Plätzen fort, die Fotoschau ging auf Tournee.

In seinem Nachwort zum Katalog spricht Aufischer von der Tragödie, die Ende des 20. Jahrhunderts über Bosnien und Herzegowina hereingebrochen war und den Menschen in dieser Region die Zeit mit Österreich-Ungarn in einem umso verklärteren Licht erscheinen ließ. »Sie stilisieren sie zu einem Mythos, zu einer Idealvorstellung – quasi zum Atlantis der Moderne, das durch eine tragische Katastrophe zerstört wurde, symbolisch vergleichbar der Tragödie der eigenen Region.« Und dann noch der nachgeschobene Satz: »Wahrscheinlich benötigt aber jeder Mensch sein persönliches Atlantis, als geschütztes Areal für die Pflege von Idealen und Vorstellungen einer besseren Welt.« Atlantis also in Bosnien-Herzegowina suchen, Mitteleuropa als einen Subkontinent entdecken – und diesem, wenigstens hypothetisch, dann noch den Namen »Franz Josephs Land« geben, weil ihn der Eiswüstenarchipel genau genommen zu Unrecht trägt. Warum eigentlich nicht?

Weggelegt

Das haben Politiker mit Kindern gemein, sie legen von einem Tag auf den anderen weg, lassen liegen und stehen, vergessen: diese das schönste Spielzeug, jene die besten Ideen. Bei der Errichtung der Österreich-Kooperation war der Gedanke Pate gestanden, dass kleine Einheiten, die abseits der engmaschigen Vorschriften der Hoheitsverwaltung operieren können, auf verschiedenen Gebieten ungleich wirksamer sind als die von vornherein schwerfällige Staatsmaschinerie. Ungeachtet der überzeugenden Erfolge des stillfriedschen

NGO-Regimes hatte gegen Ende des zweiten Jahrzehnts seines Bestehens ein österreichischer Politiker (einer, der als Wissenschaftsminister ein eher kurzes Gastspiel gab) im Zentralisieren das Ei des Columbus entdeckt. »Rationalisierung« war da, wie schon so oft, die Überschrift gewesen. Und im Schwesterressort, jenem für Unterricht, hatte die auch dort einst so hoch gehaltene Überzeugung, in der Österreich-Kooperation einen unverzichtbaren Partner zu besitzen, ebenfalls einer kaum verhohlenen Gleichgültigkeit Platz gemacht. Bernhard und seinen Mitarbeitern waren natürlich schon die ersten Anzeichen des Klimawandels aufgefallen und an Versuchen, hier gegenzusteuern, hatte es nicht gefehlt. Doch alle Interventionen von befreundeter, vor allem wissenschaftlicher Seite waren fruchtlos geblieben. Erhard Busek und Peter Mahringer: längst nur noch Namen einer versunkenen Ära! Dass Bernhard bis zuletzt die Effizienz seines Systems eindrucksvoll unter Beweis gestellt hatte, dass es ihm dank seiner weitverzweigten Beziehungen gelungen war, Bosniens obersten islamischen Würdenträger mit einem bloßen Telefonat für die Teilnahme an einer kurzfristig anberaumten Wiener Konferenz zu gewinnen, das hatte nur noch im Außenamt Eindruck gemacht, dem letzten von ursprünglich drei stillfriedschen Partnerministerien. Freilich, im Umgang mit der Beamtenschaft der beiden Minoritenplatz-Ministerien war Bernhard in letzter Zeit mit seiner kurz angebundenen Art nicht gerade der große Diplomat gewesen. Zudem hatte es sowohl im Wissenschafts- als auch im Unterrichtsministerium die eine oder den anderen gegeben, der oder dem die völlig selbstständige Arbeitsweise der Österreich-Kooperation schon von Anfang an gegen den Strich gegangen war. Vorauseilender Gehorsam schlug sich nun auf die Seite des neuen Zentralisierungskonzepts, Bernhard und seinem Team blies der Wind immer stärker ins Gesicht. Schließlich bewahrheitete sich, was schon seit Längerem zu befürchten gewesen war: Das Unterrichtsministerium drehte der Österreich-Kooperation den Geldhahn zu, das Wissenschaftsministerium aber nahm Bernhards NGO sämtliche Wissenschaftsagenden weg und verlagerte sie zum Österreichischen Austauschdienst (OeAD). So blieb dem Vereinsvorstand nichts anderes übrig, als per Ende 2010 seine Auflösung zu beschließen. Bernhards langjährige Crew wurde vom OeAD übernommen. Unter der Patronanz der beiden Fachministerien stehend, betreut der OeAD die internationale Zusammenarbeit Österreichs in den Bereichen Bildung und Wissenschaft. Stillfrieds Leute mussten also fachlich kein Neuland betreten, nur dass sie ein kleines wendiges Boot gegen ein veritables Linienschiff vertauschten.

Bernhard

Bis neunundfünfzig nach zwölf

Wäre es nicht untertrieben, den Punkt, bis zu welchem Bernhard mit seiner tatsächlichen Lebensarbeitszeit die Norm überschritt, bloß mit »bis fünf nach zwölf« zu umschreiben? Arbeit und Leben, jemand wie er dachte sie sich als zwei gleich lange Linien. Unter all den Dingen, von denen Menschen nicht lassen können, was war das bei Bernhard, wenn nicht seine Arbeit! So kam es, dass er seine Zeit überzog, den richtigen Moment für seinen Abgang verpasste; er stand schon im sechsundachtzigsten Lebensjahr, als man ihm seine Operationsbasis nahm. Da hatte seine tausendfach erprobte Art zuzugreifen und Nägel mit Köpfen zu machen, am Minoritenplatz nicht mehr ins Konzept gepasst. Nicht nur ich habe mich später mehr als einmal gefragt, welches wohl die letzte Gelegenheit gewesen wäre, diesem so hoch verdienten Mann einen würdigen Abschied zu bereiten, ein glanzvolles Finale, vergleichbar den Schlusstakten des letzten Satzes einer großen Symphonie. Vermutlich Bernhards achtzigster Geburtstag. Wenn der sich denn, solange ihm seine NGO sicher war, überhaupt hätte verabschieden lassen! Als man sich im Herbst 2010 zu etwas Offiziellem aufraffte, hatten erst Freunde, vor allem aus dem universitären Bereich, ihren Einfluss geltend zu machen gehabt und der damaligen Wissenschaftsministerin, so wie ihr unmittelbarer Vorgänger kaum mehr als eine Eintagsfliege im Amt, merkte man an, dass ihr der Festakt nur eine Pflichtübung war. Es ist wahr, der Festredner, ein Universitätsprofessor aus Graz und langjähriger Freund Bernhards, zog alle Register, um die Leistungen der Österreich-Kooperation und ihres Geschäftsführers ins rechte Licht zu rücken. Und trotzdem: Lob, Dank und Anerkennung, wer auch immer sie in diesen eineinhalb Nachmittagsstunden in Worte zu fassen suchte, wirkte irgendwie angestrengt. Eine Feierstunde, in der niemandes Puls wirklich schneller schlug.

Seit die Überlebenschancen der Österreich-Kooperation auf null gesunken waren, hatte der Impresario damit begonnen, das Gewicht seines Wirkens ganz auf das »zweite Standbein« zu verlagern. Die Österreichische Kulturvereinigung allein war nun die Basis, von der aus die Außenstellen in Lemberg und Sarajewo geführt werden konnten. Mit finanzieller Hilfe nur noch des Außenministeriums. Bernhard wäre nicht er gewesen, hätte er sich nicht auch ein Büro gesichert: ein Zimmer mit Telefonanschluss und eine Sekretärin, die ihm zweimal die Woche vormittags zur Verfügung stand. Und Michael Dippelreiter, bis vor Kurzem sein engster Mitarbeiter, obwohl bereits zum Österreichischen Austauschdienst überstellt, schaute ebenfalls zweimal in der Woche vorbei, um seinem alten Chef zur Hand zu gehen – aber auch, um ihn ein wenig aufzumuntern. Bernhard hatte sich also das geschaffen, was Militärs unter einer »Auffangstellung« verstehen. Bleibt noch zu sagen, dass ein Teil seiner Energien der Vorbereitung eines großen Abschieds gehörten. Abschied nicht etwa von seinem neuen, klein gewordenen Wirkungsbereich, Abschied in einem eigentlich sehr stolzen Sinn: ein Adieu als Präsident und ehrenamtlicher Geschäftsführer der Österreich-Kooperation, jener Einrichtung also, die zwei Jahrzehnte lang »mitteleuropäische Realpolitik« betrieben hatte, konkreteste Sacharbeit, doch inspiriert von einer echten Vision! Das Adieu eines großen Österreichers, eines überzeugten Mitteleuropäers Abschiedssalut. So einer geht nicht wie die Dirn vom Tanz, so einer schuldet sich und der Welt eine noble Geste. Zwei Einladungen plante er: die eine in Wien – und zwar für einen größeren Kreis; die andere in Kiew, wo ihn seine jüngste Tochter Christina, Frau eines dorthin entsandten deutschen Diplomaten, beim Empfang der ukrainischen Freunde tatkräftig unterstützen würde. Und trotz allem ist hier von jener Zeitspanne die Rede, in der Bernhards Sterben begann. Ihm, der nie ein Einzelgänger gewesen war, der in seiner Arbeit ein Leben lang den menschlichen Kontakt, den direkten Austausch gebraucht und gesucht hatte, war sporadischer Zuspruch nicht mehr als der Tropfen auf den heißen Stein. Gewiss, er hatte sich eine Auffangstellung geschaffen, doch in ihr vereinsamte er, trocknete aus, baute ab. Man begann, Momente geistiger Verwirrung an ihm wahrzunehmen. Die Wiener Einladung wurde für den 2. Mai 2011 festgesetzt, ein Mittagessen im traditionsreichen Restaurant »Griechenbeisl«, und die Einladung erging an rund siebzig Personen. Am Karfreitag freilich hatte Bernhard einen Demenzschub erlebt, der seine mentale Präsenz in eine Art Halbdunkel tauchte. Vorübergehende Besserung über Ostern, doch am Morgen des 2. Mai war Maria, Bernhards älteste Tochter, die ihre im Ausland aufgehaltenen Geschwister vertrat, unsicher gewesen, ob der Vater imstande sein würde, seiner Rolle als Gastgeber überhaupt zu genügen, aber mit ihrem Beistand fand dieses Essen dann statt. Fragende, besorgte Blicke der so gut wie vollzählig erschienenen Freunde. Bernhards Tischrede hielt für ihn seine Tochter. Kaum jemand, der den Flügelschlag solcher Tragik nicht spürte. An eine Zweitveranstaltung, für den ukrainischen Freundeskreis nämlich, war nicht mehr zu denken.

Von den ersten Ausfallserscheinungen bis zu Bernhards Tod hat es ein volles Jahr gedauert. Seine letzten sechs Monate, Frühjahr bis Spätherbst 2011, verbrachte er in häuslicher Pflege, von seinen Kindern umsorgt und von zwei Pflegern im Turnus rund um die Uhr betreut. Ein Ärzteehepaar mit ihm im selben Stockwerk, Tür an Tür: Gabrielle, seine zweitälteste Tochter, und Heinz, deren Mann, und auch Maria verheiratet mit einem Arzt. Die ersten Monate noch zwischen Bett und Lehnstuhl wechselnd, steigerte sich Bernhards Unzugänglichkeit von Tag zu Tag. Zunächst aber hatte der große Organisator ein letztes Mal organisiert oder zu organisieren versucht – und zwar nichts anderes als den eigenen Tod. Auf sein Geheiß wurde der Priester bestellt, dessen Besuch ihm die Zuversicht gab, dass mit dem Empfang des Sterbesakraments seiner Abreise das Signal nun gestellt sei. Doch dieser Besucher ließ Bernhard warten! Wie ein enttäuschter alter Fürst lag er da, wie einer, dessen letzten Wunsch man nicht und nicht erfüllen wollte, ein ungehaltener König Lear.

Am 26. November 2011 tat Bernhard Stillfried seinen letzten Atemzug, im siebenundachtzigsten Lebensjahr in den Armen seines Sohnes. Das Begräbnis fand im engsten Familienkreis statt, an einem eisigen Dezembertag bettete man ihn zur letzten Ruhe. Auf dem Friedhof jenes Dorfes am Grenzfluss March, das seit undenklichen Zeiten den Namen Stillfried trägt. Anlässlich der für Bernhard gehaltenen Seelenmesse, im Beisein einer Vielzahl von Freunden und Verwandten fand sie in seiner Wiener Pfarrkirche St. Rochus statt, lag ein Faltbillett auf, das mit dem Bild des Verstorbenen und ausgewählten Texten bedruckt war, darunter mit einem Satz des britischen Kardinals John Henry Newman: »Nothing would be done at all if one waited until one could do it so well that no one could find fault with it.« Das hätte auch Bernhard gesagt haben können! Noch wichtiger: Danach gehandelt hat er ein Leben lang.

Bernhard Stillfried, auch die Wasser dreier Flüsse könnten aus seinem Leben erzählen. Jeder von ihnen nun angekommen: der Nil in Kairo, die Themse in London, die Donau in Wien. Dreifache Metapher für Ankunft nach langer Fahrt.

Bildtafeln

Abb. 1: Alfons mit seiner um zwei Jahre älteren Schwester Alice in der Sommerfrische, Kindermädchen, 1889

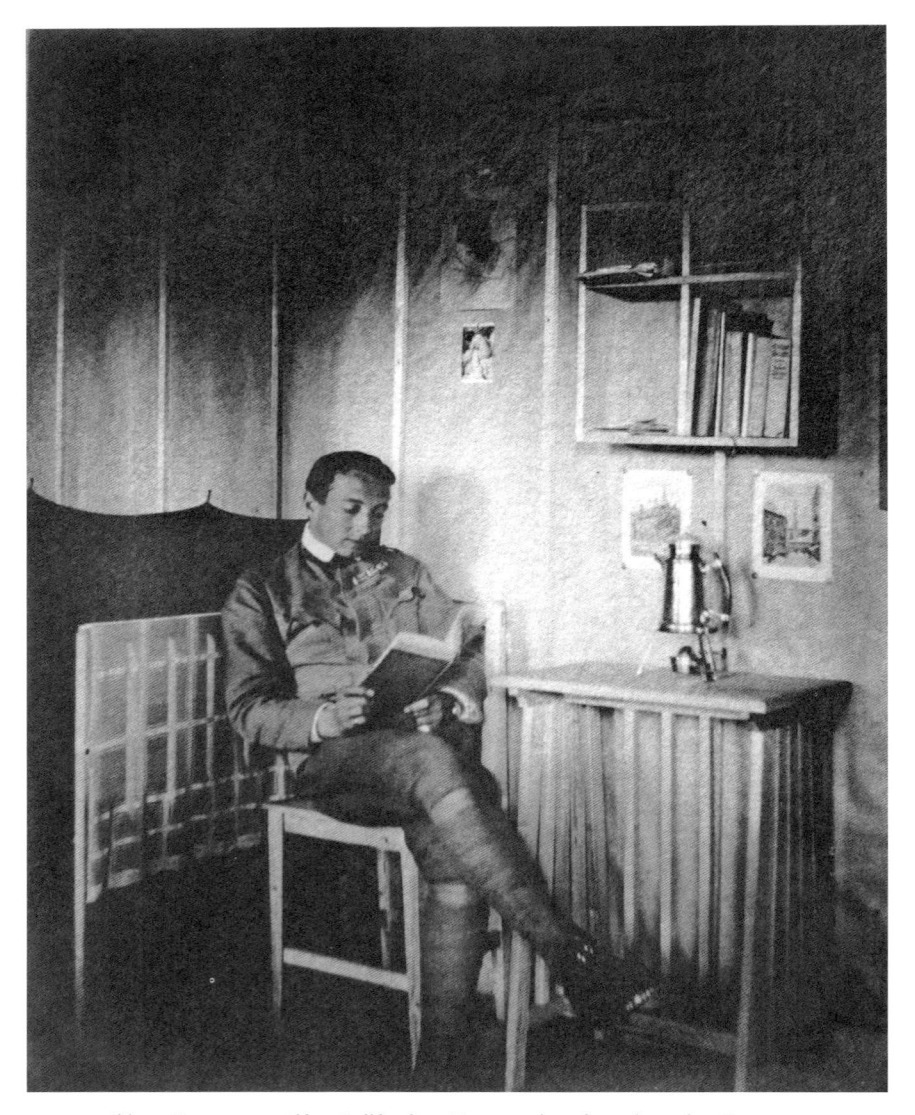

Abb. 2: Hauptmann Alfons Stillfried im Unterstand an der italienischen Front, 1917

Bildtafeln

Abb. 3: *Familie Stillfried vor der Nussdorfer Villa von Schwester und Schwager (Aly, Alfons und die Kinder: von unten nach oben Georg, Maria, Bernhard), 1932*

Bildtafeln

Abb. 4: Erni Anna, Freundin der Familie und Alfons' Vertraute im Widerstand

Abb. 5: Alfons in Wehrmachtsuniform mit Sohn Bernhard

Bildtafeln

Abb. 6: Alfons' Schwester Alice

Abb. 7: Großvater mit Enkelinnen (von li. nach re.: Maria, Alfons, Gabrielle und Cousine Elisabeth

Bildtafeln

Abb. 8: Alfons in Gizeh, zu Besuch bei Sohn und Schwiegertochter 1960

Abb. 9: Alfons, Porträtfoto Anfang der 1960er-Jahre

Bildtafeln

Abb. 10: Bernhard im Garten am Saarplatz, 1941

Abb. 11: Bernhard als Offiziersanwärter der deutschen Kriegsmarine, Stralsund 1944

Bildtafeln

Abb. 12: Ira und Bernhard als Jungverheiratete, 1949

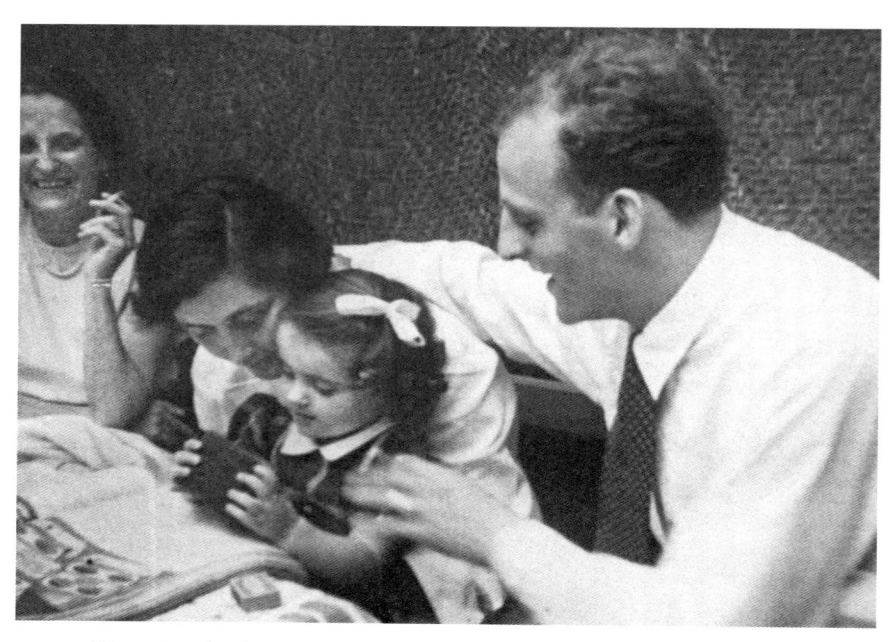

Abb. 13: Familienfoto am Saarplatz (von li. nach re.: Aly, Ira, Maria, Bernhard, 1953

Bildtafeln

Abb. 14: Bernhard (re.) neben Fritz Glaser in London während einer deutschsprachigen Sendung von BBC, 1956

Abb. 15: Bernhard und Ira Ende der 1950er-Jahre bei einem Diner in Kairo

Bildtafeln

Abb. 16: Bernhard erklärt die Welt (oder zumindest den Vorderen Orient), Beirut Anfang der 60er-Jahre

Abb. 17: Stillfriedsches Familienfoto, unmittelbar nach Georgs Taufe

Bildtafeln

Abb. 18: Ira in der Sommerfrische am Wolfgangsee, 1964

Abb. 19: Bernhard (li.), Verleihung des Ehrendoktorats der Universität St. Andrews (Schottland), 1985

Abb. 20: Bernhard bei einer Ehrung durch Außenminister Dr. Alois Mock

Bildtafeln

Abb. 22: Bernhard mit Enkelinnen Anna und Maresi beim Ball der Wiener Philharmoniker

Abb. 23: Raimund Freiherr von Stillfried und Rathenitz als Enddreißiger

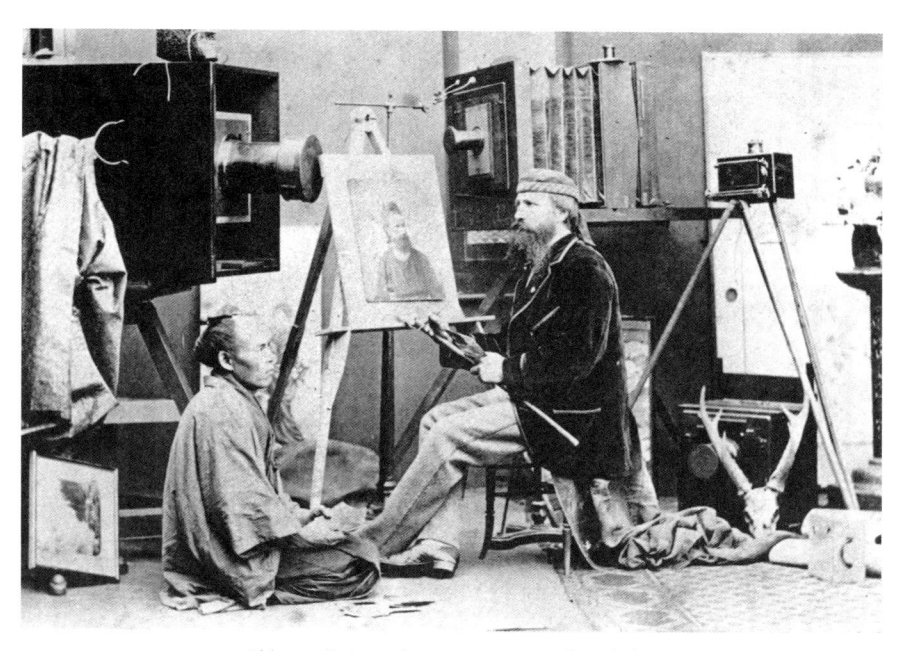

Abb. 24: Raimund in seinem japanischen Atelier

Bildtafeln

Abb. 25: Raimund mit seiner jungen Frau Helene

Abb. 26: Raimund mit Lesepfeife, Wien 1901 (Zeichnung seiner Tochter Alice)

– RAIMUND –

Wieder einmal ist Herbst, unser achter in Recanati, und also erleben wir hier auch schon das achte Kastanienfest, die *Sagra delle Castagne*. Doch an diesem Oktobertag steht das Stadtereignis unter keinem sehr glücklichen Stern, ein besonders steifer Nordostwind droht die Maronibrater, so wenigstens nennt man sie im heimatlichen Wien, von der Piazza Leopardi zu vertreiben, und tatsächlich, einer von ihnen hat schon unter den Arkaden des Rathauses Schutz gesucht. Genau dorthin zieht es auch uns, meine Frau und mich, aber der Wind ist noch angriffslustiger geworden, die Sorge um die Scheiben unserer nach Norden blickenden Fenster treibt uns nach Hause, höchste Zeit, die hölzernen Läden vorzulegen. Und auch an ihnen zerren und rütteln sie dann, die kalten Böen, Ausläufer der Bora, Grüße von dem nördlichen Adriaufer, die uns immer an Triest denken lassen, denn dort hatte der Fallwind uns einmal, kaum waren wir vors Hotel getreten, gleich wieder zurückgetrieben. Und uns gezwungen, den geplanten Ausflug zum Schloss Miramare auf den nächsten Tag zu verschieben, wenn nicht sogar auf den übernächsten. Jedenfalls passen diese windigen Grüße ganz gut zu meinen Gedanken, denn schon seit Wochen gehen sie beinahe täglich übers Meer, hin zu dem Adriahafen mit seiner großen österreichischen Vergangenheit, aber auch zu dem fünf Kilometer von ihm entfernten, auf einer Felsenklippe errichteten »Unglücksschloss«, das mein im nahen Görz aufgewachsener Vater, die Tragödie Erzherzog Ferdinand Maximilians von Österreich vor Augen, so und nie anders genannt hat. Die Hafenstadt und das Schloss, beide gehören sie zu der Geschichte, die nun anhebt, Lebensgeschichte des Raimund Freiherrn von Stillfried und Rathenitz, jenes Mannes also, der Alfons und Bernhard Stillfried als Vater beziehungsweise Großvater voranging.

Raimund

Um mit einem Rückblick zu beginnen

Raimund sind wir bereits begegnet, ganz am Beginn der Erzählung – und zwar als langsam in die Jahre kommendem Ehemann, Mann der schönen Helene, sie nicht einmal halb so alt wie er. Sogar als Vater haben wir Raimund Stillfried schon kennengelernt, doch auch in dieser Rolle nur flüchtig, als Vater der Geschwister Alice und Alfons, der seinen Kindern so manches gönnte und erlaubte, nur eines nicht: seine Kreise zu stören. Wenn er, sei es als äußerst erfolgreicher Fotograf oder als selbst bei Hofe geschätzter Kunstmaler, damit beschäftigt war, die nächste Ausstellung vorzubereiten, dann hatten in der Wohnung Lachen und Lärmen strikt zu unterbleiben und Gleiches galt, wenn der seiner Heimat jahrzehntelang ferngebliebene Weltenbummler und Japanexperte an einem seiner Vorträge zu exotischen Themen feilte. Einen Mann mit Grundsätzen hat man sich jedenfalls vorzustellen, einen, dem es beispielsweise gegen den Strich ging, wenn Schwiegervater Sándor seine beiden Enkelkinder während ihrer Ferien im ungarischen Fülek zu sehr verwöhnte, was denn auch regelmäßig geschah. Dort litt es den Schwiegersohn nie länger als zwei Wochen; so wie er nach Fülek gekommen war, so fuhr er nach Wien zurück, nämlich mit dem Fahrrad. Dem Sport zuliebe, aber auch aus Sparsamkeit, wie er hinzuzufügen nie unterließ. Raimund Stillfried ein Sonderling? Dass ihm eine gewisse Schrulligkeit nicht abzusprechen war – und das besonders im Alter, darauf deuten auch zwei noch erhaltene Bleistiftzeichnungen hin, die Alice als Teenager von ihrem Vater angefertigt hat. Sie zeigen einen tiefernsten, ja eigentlich humorlos wirkenden Mann mit schütterem Haar und fast weißem Backenbart, einmal an einem quadratischen Tisch sitzend und, zumindest dem Anschein nach, eine Patience legend oder doch eher mit einer Skizze beschäftigt oder vielleicht mit dem Zusammenstellen irgendwelcher Fotografien. An diesem Tischchen wird er sich wohl auch niedergelassen haben, wenn es im Haus etwas zu reparieren gab, denn das war seine kleine Schwäche und große Stärke zugleich: Er konnte nichts Entzweigegangenes sehen, ohne sich sofort an dessen Reparatur zu machen; gleichgültig, aus welchem Material der Gebrauchs- oder Ziergegenstand war, Raimund gab jedem seine Tauglichkeit zurück. Auf Alices anderer Zeichnung hat er sich's mit übergeschlagenen Beinen in einem Lehnstuhl bequem gemacht, ein Buch in seiner Linken. Und auf beiden Zeichnungen zieht Raimund an einer der überlangen, völlig geraden Lesepfeifen, wie sie damals in Verwendung standen; beim Hantieren auf der Tischplatte hält er den Pfeifenstiel in der linken, beim Lesen im Fauteuil in der rechten Hand. Ein Rechtshänder also, aber offenbar einer mit gleich zwei goldenen Händen;

blickte er nicht auf beiden Bildern so streng, könnte man fast glauben, er sei seiner Tochter zu einer Großväterchen-Idylle Modell gesessen. Einige Augenblicke lang wollen wir indessen noch beim Mann mit Grundsätzen verweilen, als welcher sich Raimund Stillfried auch in schulischen Belangen seines Sohnes erwies. So hatte er Alfons' Ausbildung ab dem zehnten Lebensjahr einem Internat anvertraut, noch dazu einem mit Sitz in Prag. Warum Internat, wo doch gerade die Hauptstadt des Reiches mit einem vielfältigen Schulangebot aufwarten konnte? Und wenn ihn schon außer Haus geben, den eigenen Sohn, warum diesen gleich bis an die Moldau schicken? Nun, der Vater kannte den Wert der Mehrsprachigkeit, in der großen ebenso wie in der vergleichsweise kleinen Habsburger-Welt. So wie er sich, wenn auch ein wenig brummend, damit abgefunden hatte, dass seine Kinder Jahr für Jahr die Sommerferien im mütterlichen Familienambiente Füleks verbrachten, wo ihnen das Ungarische, im Allgemeinen als eher zungenbrecherisch verschrien, fast wie ein Spielball in den Schoß fiel, so wird auch bei seiner Entscheidung für die Graf Strakersche Akademie, wie das Prager Institut hieß, die damit verbundene Chance seines Sohnes auf das gründliche Erlernen einer weiteren wichtigen Fremdsprache den Ausschlag gegeben haben. Als Erwachsener hatte Alfons – sattelfest, wie er sich nun sowohl im Ungarischen als auch im Tschechischen fühlen konnte – dann allen Grund gehabt, beiden Eltern dankbar zu sein. Auch wenn die vom Vater verordneten Internatsjahre in Prag nicht ohne Härten gewesen waren, zumal in den Osterferien, die der Zögling Stillfried, anders als sämtliche seiner Klassenkameraden, aus Gründen väterlicher Sparsamkeit regelmäßig in Strakerscher Obhut verbringen musste. Zwar hatte es der Freiherr verstanden, seine Beziehungen spielen zu lassen und dem Sohn einen kaiserlichen Stiftungsplatz zu verschaffen, doch das Stipendium deckte die Fahrtkosten nicht. Raimund Stillfried ein Geizhals? War es ihm in Übersee nicht gelungen, ein ansehnliches Vermögen anzuhäufen? Gewiss, aber er hatte in seinem abenteuerlichen Leben auch mehrmals Pech gehabt, worauf an anderer Stelle noch zurückzukommen sein wird. Und auch der angesehene Maler und Fotograf, als der er in Wien schließlich Fuß gefasst hatte, war, seiner einflussreichen, ja hochmögenden Gönner und Auftraggeber ungeachtet, anscheinend nicht immer auf Rosen gebettet gewesen. Zwar hatten Raimund und Helene zunächst einige Jahre auf großem Fuß gelebt, wie man so sagt, da war ihnen selbst eine Wohnung in der Reichsratsstraße nicht zu teuer gewesen, doch den Kindern, Alice wie Alfons, waren diese »goldenen Jahre« fast nur von gelegentlichen Schwärmereien ihrer Mutter ein Begriff geblieben. Kurzum, wenn es der sparsame Haushaltsvorstand für angebracht hielt, machte man eben auch einmal kleinere Sprünge. Indessen wäre diese Rückbesinnung auf den eher spät sesshaft gewordenen Globetrotter, auch wenn wir dessen Persönlichkeit bisher nicht mehr als gestreift haben, denn doch allzu unvollständig, fiele darin ein Punkt ganz unter den Tisch, nämlich das kluge Einfühlungsvermögen, das Raimund bewies, als sein Filius in der Sexta hochkant aus dem Graf Strakerschen Internat geflogen war. Fehlt nur noch ein Apropos zum Thema Sparsamkeit: Als ein Jahr nach der Prager Affäre Alfons seinen Schulkarren – irreparabel, wie es scheinen mochte – in den Sand gefahren hatte, griff sein Vater zwecks Anstellung eines Hauslehrers tief in die Tasche. Als Letztes haben wir uns den Tod des Raimund Freiherrn von Stillfried und Rathenitz ins Gedächtnis zurückzurufen. In einer Hochsommernacht, jener vom 11. auf den 12. August 1911, hatte es an der Tür von Alfons Junggesellenbude geläutet, die Haushälterin seiner Eltern war draußen gestanden: der Vater ganz plötzlich gestorben, an einer Herzlähmung, im zweiundsiebzigsten Lebensjahr.

Und also ist es der Tod ihres Protagonisten, mit dem diese Geschichte nun ihren Anfang nimmt. Eine umgedrehte Chronik soll es werden, eine »Chronologie«, die der Vergangenheit zustrebt. Raimund, obwohl in dieser Trilogie die früheste Generation, ist hier nicht zufällig der Drittgereihte nach Sohn und Enkel. Denn anders als die Vitae dieser beiden, in welchen Vergangenheit sich noch mit Gegenwart mischt und Geschichte mit Zeitgeschichte, ist Raimunds Leben nur noch Vergangenheit, nur noch Geschichte. Mit seinen Vorfahren in einer Reihe stehend wollen wir ihn uns denken, als letztes Glied in einer viele Jahrhunderte zurückreichenden Kette. Die Zeit als Rolltreppe, die keiner Gegenwart mehr als ein paar Stufen gönnt.

Doch bevor wir uns im Krebsgang auf Raimund Stillfrieds Lebensweg machen, hält uns Gewissenhaftigkeit noch in Wien zurück, dort also, wo das Leben des Freiherrn lange genug die Herbstfarben trug. Herbstzeit – Erntezeit! War es nicht die Ernte von zwanzig seiner besten, am anderen Ende der Welt verbrachten Jahre, die der Globetrotter nach und nach in die Scheune fuhr? Da sind Raimunds Ausstellungen, denen hier wohl der erste Platz gebührt. Ausstellungen, auf welchen er seine Fotografien, Gemälde und Zeichnungen zeigte. Zahl oder Umfang von Raimunds Exponaten haben sich nicht in dem erschöpft, was er in Japan, China oder sonst wo gemalt, gezeichnet oder fotografiert hat. Ein sehr wesentlicher Teil seiner Arbeiten ist erst in Österreich entstanden! Sich Maler oder Fotograf zu nennen, weder zu dem einen noch zu dem anderen hatte Raimund, als er zum ersten Mal an einer fernen Küste vom Schiff ging, auch nur den Hauch einer Berechtigung besessen. Viel *learning by doing*, in der Schule des Lebens das Hauptfach, hatte er da noch vor sich gehabt.

Beim Thema Fotografie werden Erinnerungen an Sarajewo wach und an die Ausstellung »Auf der Suche nach Atlantis«. Die Bilder, die da gezeigt wurden, hat Raimund im vorletzten Jahrzehnt des 19. Jahrhunderts aufgenommen, zu einer Zeit also, in der er noch recht agil gewesen sein muss. Durch Wochen oder gar Monate in Bosnien und Herzegowina unterwegs, das ging wohl nicht ohne Strapazen ab. Wie viele Male musste er in die Region reisen, um seine Serie zusammenzubekommen? Auch im 21. Jahrhundert hat Raimund Stillfrieds Name seinen Klang behalten, vor allem in Fachkreisen. Zwei ausführliche Aufsätze tragen den Pionier schon in ihrem Titel: »A Chronology of Baron Raimund von Stillfried und Rathenitz« der eine und »Photographs of Stillfried & Company« der andere. Beide hat Luke Gartlan verfasst, seit 2007 an der School of Art History von Schottlands University of St Andrews Dozent und Forscher auf den Gebieten *Photography, Japanese modern visual culture, Visual cultures of the Habsburg Empire*, jeweils mit Schwerpunkt auf dem 19. Jahrhundert.

Und Raimund, der geschätzte Maler? Franz Joseph höchstselbst hat eines seiner Bilder angekauft, das Aquarell »Interieur der Stephanskirche«. Wie hatte es in einer Wiener Zeitung geheißen? »Das Bild, welches bei der letzten Jahresausstellung des Künstlerhauses gezeigt wurde und damals gerechtes Aufsehen hervorrief, hat im Privatsalon des Kaisers in der Hofburg seinen Platz zugewiesen bekommen, eine Auszeichnung, deren sich nur bedeutende Kunstwerke erfreuen.« Noch manches andere österreichische Schlossgemach ziert so ein stillfriedsches Interieur (ein Genre, das man ruhig seine Spezialität nennen darf) und jedes dieser Bilder zeugt von Akkuratesse und liebevollster Wirklichkeitstreue. Doch anders als in der Geschichte der Fotografie besetzt er in der Geschichte der Malerei keinen der vorderen Plätze.

Raimunds Medienpräsenz stellte selbst die seines Enkels noch in den Schatten; was von Bernhards Großvater noch heute an Gedrucktem vorliegt, füllt leicht einen ganzen Folianten. Ungezählte Meldungen und Artikel widmeten die Gazetten Österreich-Ungarns, vor allem natürlich jene Wiens, dem Maler-Fotografen und dem weltklugen Vortragenden; fast immer sprach er in bis auf den letzten Platz besetzten Sälen und auch in dieser Eigenschaft ließen die Redaktionen Raimund Stillfried gerne zu Wort kommen.

Im Saale IX des Österreichischen Museums ist gegenwärtig Gelegenheit geboten nach Ostasien zu reisen, wenn auch nur mit den Augen. Derjenige, der diese Reise wirklich gemacht, ist Baron Stillfried, der leidenschaftliche Tourist; er hat aus jenen Gegenden eine ganze Bildergalerie mitgebracht ... China, Japan und Siam sind die drei Reiche,

welche er uns in effigie zeigt. In Panoramen von imposanter Größe sehen wir die Städte Hongkong und Bangkok mit ihrem halbzivilisierten Häusergewimmel, die buddhistischen Tempel entfalten ihre zopfige Pracht, hie und da mischt sich der Baustil mit europäischen Elementen, z. B. in Siam, wo die königliche Villeggiatur von Ban-Pa-In fast wie ein Zitat aus dem Französischen aussieht ... Aber das Gros des Publikums dürfte die ethnographischen Darstellungen noch mehr goutieren, da sie ein originelles Volksleben mitunter in ganz intimer Weise schildern ...
Fremdenblatt, 24. Januar 1884

Aus den Berichten wohlwollender Europäer, welche Japan nur vorübergehend berührten, und namentlich aus den Berichten preußischer Expeditionen nach Ostasien hat sich eine so vorteilhafte Vorstellung von Japan und seinen Zuständen in Europa eingebürgert, dass der heimische Handel daraus bereits eine Reihe recht bitterer Erfahrungen ziehen konnte. Dem landläufigen Fabelwesen trat nun Baron Stillfried gestern abends in einem Vortrage, gehalten im Wissenschaftlichen Klub, an der Hand eigener Anschauungen entgegen ... Er schildert das Land als weitaus nicht so ergiebig, wie man vielleicht glaubt, die Leute noch viel weniger liebenswürdig, als sie von »Durchreisenden« geschildert werden. Die Regierungsform ist noch immer despotisch, die Gerichtsbarkeit korrumpiert und brutal ...
Fremdenblatt, 5. März 1884

Der durch seine Weltreisen bekannte Maler und Photograph Baron Raimund von Stillfried und Rathenitz nahm mit seinem Apparate den Schauplatz auf. »Soll ich mich ruhig verhalten?« fragte ihn der Kronprinz. »Nein, kaiserliche Hoheit, es ist eine Momentaufnahme«, war des Künstlers Antwort.
Illustriertes Extrablatt, 13. Juni 1885

Im Österreichischen Kunstverein besteht die Ausstellung aus sehr ungleichartigen Gegenständen. Das Sehenswerteste darin ist wohl eine Serie von Aquarellen und Photographien des Freiherrn von Stillfried-Rathenitz nach Interieurs aus kaiserlichen Residenzen und Schlössern ... Die vornehme weiße Barock-Pracht des spanischen Saales in der Prager Burg, der malerische Gobelin-Saal in Schönbrunn, die phantasievollen Räume von Miramar, die bizarren Vieux-Laque-Zimmer zu Hetzendorf, die geschäftsmäßige Eleganz des Konferenzzimmers im Ofener Schloss, der Roth- und Goldluxus des Maria Theresia-Zimmers in der Wiener Burg u. s. f. – das sind lauter Musterstücke des dekorativen Zeitgeschmacks, an denen sich der Künstler als gewandter Prospektmaler bewährt hat.
Fremdenblatt, 13. Februar 1886

Gestern besuchte der Kaiser die geographische Ausstellung im Universitätsgebäude ... Lange Zeit widmete der Monarch der Besichtigung der photographischen Aufnahmen aus Japan und China. Baron Stillfried als Aussteller gab hier die Erläuterungen. Auch die Aquarelle Stillfrieds fanden das besondere Gefallen des Monarchen. Vor einem Aquarell, welches den Vulkan Komagatake auf Jeffo zeigt, bemerkte der Kaiser, auf die daselbst dargestellten Landesbewohner zeigend: »Das scheinen Halbwilde zu sein.« »Majestät«, erwiderte Baron Stillfried, der die bösen Anlagen jener Bewohner persönlich kennen lernte, »das sind schon ganz Wilde«, worüber der Kaiser herzlich lachte ...
                                            Tagblatt, 3. April 1891

Im »Wiener Künstlerklub« wurde soeben eine neue Ausstellung eröffnet ... Von den einheimischen Künstlern sei vorerst Baron Stillfried genannt, der im Auftrage der Regierung den sogenannten blauen Salon im Finanzministerium mit Wasserfarben abgebildet hat. Es ist eine ausgezeichnete Arbeit, die bereits bei ihrer ersten Ausstellung im Künstlerhause verdiente Anerkennung fand ...
                                            Neues Wiener Tagblatt, 17. Mai 1891

Nach den letzten telegraphischen Nachrichten befindet sich Erzherzog Franz Ferdinand von Österreich-Este, dessen Weltreise das »Welt-Blatt« stets mit Wort und Bild verfolgt, gegenwärtig in Japan, das der Prinz zu Land bereist ... Wir sind durch die Liebenswürdigkeit des Weltreisenden Herrn Baron von Stillfried, der lange Jahre in Japan lebte, in der Lage, unseren Lesern einige interessante Ansichten und Typen aus dem Lande der aufgehenden Sonne zu bieten, welche in diesem Augenblicke erhöhtes Interesse erregen dürften. Den Reigen eröffnet der uns äußerst drollig anmuthende Typus des reformwüthigen Japaners, der mit einem Male alles Hergebrachte, Landesübliche von sich geworfen hat, um wenigstens seinem Äußeren nach als »Europäer« zu erscheinen ...
                                            Neuigkeiten-Weltblatt, 11. August 1893

Samstag Nacht ist hier der bekannte Weltreisende und Maler Raimund Freiherr von Stillfried und Rathenitz wenige Tage nach seinem 72. Geburtstage plötzlich an Herzlähmung gestorben ... Er hat sich durch seine hervorragenden Leistungen auf dem damals noch im Anfangsstadium befindlichen Gebiete der Photographie, die für die Entwicklung derselben grundlegend waren, und als Künstler durch seine ausgezeichneten Interieurs, von denen besonders die kaiserlichen Schlösser und das Innere der Stephanskirche (Städtische Sammlungen), der Votiv- sowie der Schottenkirche zu nennen sind, einen Namen gemacht. Sein ungemein bewegtes und ereignisreiches Leben enthält eine Fülle an Interessantem und Lehrreichem ...
                                            Neues Wiener Journal, 13. August 1911

Weltenbummler, Globetrotter

Mit beiden Namen hat der Sohn abwechselnd den Vater belegt, wohl weniger zu dessen Lebzeiten als posthum, um die Zeit etwa, in der Alfons sich mit der eigenen Familie schriftstellernd zu beschäftigen begann. Was war seine letzte große Fahrt gewesen, von wo hatte er Kurs Richtung Heimat genommen? Nun, von Bangkok, Siams Hauptstadt und wichtigstem Hafen, war er mit dem Schiff bis Hamburg gereist und von dort auf rollenden Rädern nach Wien, freilich zum ersten Mal ganz mit der Bahn; auf Hauptstrecken hatte der guten alten Postkutsche damals schon die letzte Stunde geschlagen. Die Regierung des Königreiches Siam hatte, vermutlich vermittels einer nach Japan entsandten Abordnung, Raimund ein verlockendes Angebot unterbreitet. Sein Sohn beschreibt es folgendermaßen: »Dem Hofstaat des Herrschers attachiert, musste er dortselbst in steter Bereitschaft sein, um jeden Wunsch des Königs und seiner Schwester, der Prinzessin Sowabha Pongrsi, möglichst rasch erfüllen zu können. Wie es an exotischen Höfen allgemein Sitte ist, musste er dem ganzen Hofstaat seine Dienste gratis zur Verfügung stellen. Er schuf dort eine Serie von Porträts und Landschaftsaquarellen, vor allem aber besorgte er eine gründliche Restaurierung der königlichen Gemäldegalerie. Zu diesem Behufe ersann er ein eigenes Verfahren, das sogenannte Rentoilieren mit Kautschuklösung, welches es ermöglicht, Ölgemälde, deren Grund schadhaft geworden ist, auf eine neue Unterlage zu übertragen. Trotz scheinbar günstigen Anfängen waltete über dem siamesischen Unternehmen kein günstiger Stern.«[1] Um es kurz zu machen: Zwietracht herrschte bei Hofe – zwei Parteien, die einander bekämpften. Welche Aufträge auch immer Raimund vom Prinzen der regierenden Partei erhielt, die Gegenpartei und deren Prinz wurden nie müde, alles und jedes schlechtzumachen. Ehe er sich dessen versah, war er zwischen die Fronten geraten. Ihm kreidete der oppositionelle Klüngel an, für seine Leistungen (soweit sie nicht ohnehin unentgeltlich erbracht werden mussten!) unverhältnismäßig hohe Preise zu verlangen. Um diese unerfreuliche Geschichte zu Ende zu bringen: Der Prinz, der Raimund an den Hof geholt hatte, ein kultivierter und liebenswürdiger Mann, fiel einer Palastrevolte zum Opfer, wodurch sich sein österreichischer Schützling nicht nur um fix zugesagte Aufträge geprellt sah, sondern auch um seinen bereits fällig gewordenen Lohn. Raimunds Versuche, auf konsularischem Weg doch noch zu seinem Recht zu kommen, er-

---

[1] Alfons Stillfried, Die Stillfriede. Drei Jahrhunderte aus dem Lebensroman einer österreichischen Familie, Europäischer Verlag 1956.

wiesen sich als vergebliche Mühe. Fast eineinhalb Jahre hatte er an Siams Hof zugebracht, eine Zeit, die er nun als verloren abbuchen musste. Erst dieses zweifelhaften Abenteuers hatte es bedurft, um in einem Weltenbummler (oder Globetrotter) von Raimunds Ausdauer den Gedanken aufkeimen zu lassen, es vielleicht doch einmal im eigenen Land zu versuchen. Aber diese Geschichte kennen wir schon – und weiter im Rückwärtsgang bewegt sich der Krebs.

Scheidung auf Japanisch

Wie sehr Raimund mit seinem siamesischen Unternehmen alles auf eine Karte setzte, zeigt der dicke Schlussstrich, den er zuvor unter seine langjährige Existenz im Reich der aufgehenden Sonne gezogen hatte. Immerhin war ihm Japan – und hier besonders der Ballungsraum zwischen Yokohama und Tokio – das gewesen, was als Mittelpunkt von Lebensbeziehungen gilt – und zwar im vollen Sinn dieser Definition. Verheiratet mit einer Japanerin und Vater von drei netten Mädchen! Ein Sachverhalt, den zu schildern wir einmal mehr dem Sohn das Wort überlassen: »Zu einem etwas sesshafteren Leben gezwungen, entschloss er sich, einen eigenen Hausstand zu führen und sein Junggesellenleben aufzugeben. Die Einladungen in sein Haus waren von den vornehmen Japanern in gleicher Weise gesucht wie von den immer zahlreicher nach Japan kommenden Fremden. Es gab kaum einen Fremden von Distinktion, der zu jener Zeit nach Japan gekommen wäre, ohne sich um eine Einladung ins Haus Stillfried zu bewerben, wie die zahllosen Fotos mit eigenhändigen Widmungen noch heute beweisen. Die Spezialitäten, die sein französischer Koch den Gästen aufzutischen verstand, waren gleicherweise begehrt wie die musikalischen Genüsse, welche seine entzückende kleine japanische Hausfrau, die ihm drei Töchter gebar, ab und zu darbot.« Dieser doch recht vordergründig-idyllischen Darstellung lässt Alfons schon auf der übernächsten Seite seines Familienromans das Ende der Idylle folgen: »Als Raimund ein sehr verlockendes Angebot von der siamesischen Regierung erhielt, beschloss er, seine Zelte in Japan abzubrechen, ohne zu vergessen, für seine Gefährtin und seine Töchter in großzügiger Weise zu sorgen. Die Töchter wurden legitimiert und wie vornehme junge Damen in einem englischen Kloster in Singapur erzogen; sie haben alle geheiratet und blieben mit ihrem Vater bis zu dessen Lebensende in Verbindung.« Gegen den Hang zum Euphemismus sind offenbar selbst wahrheitsliebende Menschen wie Alfons Stillfried nicht gefeit. Vor allem, wenn sie sich der eigenen Familiengeschichte bemächtigen.

Bevor ihn das siamesische Abenteuer endgültig aus Japan weggelockt hatte, waren Raimund schon andere Gelegenheiten willkommen gewesen, dem Inselreich wenigstens vorübergehend den Rücken zu kehren. Nur zu gerne folgte er einem Ruf nach Hongkong, wo er von der Kolonialregierung beauftragt wurde, die Festlichkeiten anlässlich der Anwesenheit königlich britischer Prinzen festzuhalten, dies sowohl mit der Kamera als auch mit dem Pinsel. Obwohl er sich in Japan vor allem als Unternehmer hervortat, muss er schon damals als Fotograf und Kunstmaler einen hohen Bekanntheitsgrad besessen haben; auf irgendwelchen Wegen war Raimunds Fama jedenfalls bis in die britische Kronkolonie vorgedrungen. Hier einige kurze Auszüge aus einem Bericht der Hongkong Daily Press vom 15. Februar 1882: »We mentioned some time ago that Baron Stillfried had been engaged by the Government to take a series of photographs of the Colony and the various arches etc., erected in honour of the visit of the Royal Princes ... The principal pictures are two panoramic views of Victoria: one taken from above the city, the other from Kowloon. The first which is eight feet long by twenty inches high, is e very fine picture ... The panorama taken from the Kowloon shore is especially interesting as it is an unusually comprehensive picture, taking in not only the city of Victoria ..., but also the beach of Kowloon ... The photographs of the triumphal arches are also excellent being accurate representations of those structures ... All the photographs are indeed well worthy of inspection; they are the fruit of much labour, for which no doubt talented artist will be well paid – at the expense of the taxpayers.« Der in den letzten Worten steckende Seitenhieb auf die Kolonialverwaltung, die das festliche Aufgebot zu Ehren der königlichen Prinzen samt seinen Triumphbögen und sonstigen Arrangements dem Steuerzahler anzulasten beliebte, ging den österreichischen Baron nichts an, denn der hatte zu allseitiger Zufriedenheit seine Arbeit getan.

War Hongkong für Raimund nicht mehr als eine, wenngleich sehr erfolgreiche, Episode gewesen, hatte eine bereits 1880 unternommene Kunst- und Studienreise nach Sibirien fast eineinhalb Jahre in Anspruch genommen. Die meiste Zeit davon war er auf der Tschuktschen-Halbinsel geblieben, dem nordöstlichsten Zipfel Sibiriens, dem Alaska genau gegenüberliegt. Die Tschuktschen hatten es dem Baron angetan und das ethnologische Material, das er von diesem altsibirischen Polarvolk nach Hause brachte, stellte, zusammen mit den angefertigten Zeichnungen und Fotografien, eine kostbare Sammlung dar. Leider hat Raimund davon nichts als die Erinnerung behalten, denn sämtliche Zeugnisse seines dokumentarischen Fleißes sind, vermutlich in Japan, durch einen Brand verloren gegangen.

Eine halbe Ewigkeit haben wir uns Raimund in Japan zu denken, wo Yokohama ihm Wohnsitz und Zentrum seiner Aktivitäten ist, deren Vielfalt auch heute noch in Erstaunen setzt. Irgendwie scheint es ihm gelungen zu sein, die japanische Regierung für seine Ideen zu interessieren – und sich bei dieser nach und nach unentbehrlich zu machen. Im Regierungsauftrag hebt er gesunkene Schiffe, baut er ein Pulvermagazin, auch eine Wurstfabrik entsteht nach seinen Entwürfen. Sprichwörtlich in Japan aber wird sein Ruf, ein Alleskönner zu sein, als er der Hauptstadt eine Staatsdruckerei verpasst. Raimund als ihr Planer wird auch ihr erster Direktor. Yokohama liegt nicht so weit, bleibt er dort wohnen und hält sich in Tokio bloß eine Absteige oder übersiedelt er ganz in die Metropole? Beides ist denkbar. Jedenfalls war es damals, dass Raimund den Moment für gekommen hielt, sein Junggesellenleben aufzugeben und einen japanischen Hausstand zu gründen. Den Anschluss an die Kunst verlor der Baron freilich nie, er porträtierte Nippons Prominenz und für den Kaiserpalast schuf er ein Kolossalgemälde des Fudschijamas, des höchsten Gipfels und heiligen Bergs des Reichs der aufgehenden Sonne.

Das japanische Teehaus

Mitten im Aufschwung seiner Unternehmungen hatte Raimund von einem internationalen Großereignis gehört, das schon im nächsten Jahr bevorstand: die Wiener Weltausstellung 1873! Eine Nachricht, die ihn bei seinem Ehrgeiz packte! Es war die Zeit, in der japanische Lebensart und Kultur in Europa interessant zu werden begannen. In aller Ahnungslosigkeit, die auf dem alten Kontinent mit Blick auf das ferne Inselreich herrschte, war man in Städten wie London, Paris, Berlin oder Wien doch neugierig geworden. Wer, wenn nicht Raimund, musste sich da herausgefordert fühlen? Schon seit vielen Jahren lebte er in diesem Land. Wie viele Österreicher gab es denn, die zu Japan in ähnlich enger Beziehung standen? Wahrscheinlich brauchte man, um sie zu zählen, nicht einmal die Finger einer Hand. Und also war eine Weltausstellung, die neben dem Gastland ja auch allen anderen wichtigen Ländern der Welt Gelegenheit gab, sich in glanzvoller Selbstdarstellung in Szene zu setzen, für den österreichischen Baron der richtige Anlass, als Vermittler zwischen seiner eigentlichen und seiner zweiten Heimat in Erscheinung zu treten. Aber wie, beziehungsweise womit? Raimund war um eine Idee nicht lange verlegen. Eine Idee, der man Originalität nicht absprechen konnte, die an dem Baron aber auch einen Wesenszug zeigt, in dem sich geistige Eigenständigkeit mit einem Hang zum Bizarren, Folgerichtigkeit mit einem Schuss Skurrilität vermengt.

Die Idee bestand in der Verpflanzung eines japanischen Teehauses nach Wien! Mit siebenköpfigem, durchwegs japanischem Personal, bestehend aus vier Geishas und drei Gehilfen, sowie einem aus mehreren Zimmern bestehenden, natürlich zerlegbaren Teehaus ging er aufs Schiff. Welches der europäische Zielhafen war, ist nicht bekannt, jedenfalls kam man an einem Märztag des Jahres 1873 wohlbehalten an in Wien. Schon der Besuch im Elternhaus brachte eine schmerzliche Überraschung, die Mutter tot, vor fünf Monaten gestorben, und die Todesnachricht war erst nach Raimunds Abreise in Japan eingetroffen. Doch auch das Unternehmen selbst stand unter keinem glücklichen Stern. Allzu bald stellte sich heraus, dass der Präsident der Weltausstellung, ein gewisser Schwarz-Senborn, dessen Zweitname auf den Tag genauso frisch war wie die jüngst erworbene Baronie, zu jener Gattung gehörte, deren Gehorsam dem Vorgesetzten tänzelnd vorauszueilen pflegt. Er versagte dem japanischen Teehaus einen Platz im Ausstellungsgelände. Aus Schicklichkeitsgründen! Umsonst bemühte sich Raimund, den »neu gebackenen Baron und engstirnigen Bürokraten« (so Alfons Stillfried in seiner Familienchronik) davon zu überzeugen, dass ein japanisches Teehaus, in der Originalsprache »Tscha-ya«, sich wie Tag und Nacht vom »Dschoro-ya« unterscheide, dessen Zwecke in der Tat weniger unschuldig seien. Diese Klarstellung stieß bei Schwarz-Sennborn ebenso auf taube Ohren wie Raimunds Argument, dass eine Weltausstellung der sachlichen Information über die Bräuche anderer Völker und nicht der Zementierung von Vorurteilen zu dienen habe. Das japanische Teehaus mit seinen Geishas werde nun einmal beim breiten Publikum mit Prostitution in Verbindung gebracht, hielt der Ausstellungspräsident entgegen, und ob das zu Recht oder zu Unrecht geschehe, sei nebensächlich; den Vorrang habe hier die Pflicht der Veranstalter, jedes Ärgernis zu vermeiden. Im Übrigen liege in dieser Frage bereits eine eindeutig negative Direktive vor, von keinem geringeren als Seiner Kaiserlichen Hoheit Erzherzog Karl Ludwig.

In puncto Borniertheit werden sie einander wohl ebenbürtig gewesen sein, der habsburgische Erzherzog und der gerade erst aus dem Backofen gezogene Baron. Doch es gab noch einen anderen Grund, der im Sommer des Weltausstellungsjahres aus dem Teehausprojekt eine Teehausaffäre machte. Was in einem Wiener Blatt darüber zu lesen war, verdient ausführlich und wortgetreu wiedergegeben zu werden: »Erzherzog Karl Ludwig legte gegen die Aufstellung des japanischen Teehauses im Weltausstellungsrayon sein mächtiges Veto ein. Viele vergebliche Versuche Stillfrieds, dennoch mit seinem Projekt durchzudringen, bewiesen ihm, dass gegen die Mächtigen der Ausstellung ein Kampf nicht zu gewinnen war und dass ein wichtiger Grund seiner Nichtzulassung sein Adel war, Hand in Hand mit dem Umstand, dass der Baron hohe Verwandte, die seinen Namen tragen, nicht auf seiner Seite hatte. Man schämte sich in jenen Kreisen, einen Fotografen, einen Kaufmann oder gar einen Teehausbesitzer mit dem Namen Stillfried in Verbindung gebracht zu sehen. So wenigstens erzählt man es sich in Wien – und zwar in Kreisen, die es wissen müssen. Die Folge ist, dass das Teehaus mit seinen munteren Insassen in einem Winkel des Praters versteckt wird und so den Augen des allergrößten Teils der Ausstellungsbesucher entzogen. Dass man damit Unrecht getan hat, ja empörendes Unrecht, indem man Stillfried die Zulassung zur Weltausstellung verweigert hat, liegt wohl klar zutage. Ebenso klar ist es, dass Österreich sich durch diesen Coup selbst geschadet hat. Stillfried ist der einzige österreichische Geschäftsmann in Japan und seine Aufgabe war und ist es, die Handelsbeziehungen Österreichs mit Japan zu heben. Genau dabei ist man ihm in den Arm gefallen. Kostspielige Expeditionen von Kriegsschiffen hat man nach Japan gesandt, um dort Eindruck zu machen und Vorteile zu erringen; tatsächlich hat man den Ruf der Lächerlichkeit auf sich geladen und die Stellung unseres Landes in Japan nur erschwert. Die leichteste und auch billigste Gangart, Beziehungen anzuknüpfen, weist man aber energisch zurück und die Folgen wird man sich selbst zuzuschreiben haben. Große Verdienste hat Stillfried sich um Österreichs Handelsbeziehungen zu Japan erworben, aber die Resultate seiner Arbeit versucht man zunichtezumachen. Zu den Folgen der Verhinderung des Teehauses gehören empfindliche pekuniäre Verluste aufseiten Stillfrieds. Anstatt ihm Schwierigkeiten in den Weg zu legen, hätte man ihm auf jede Weise entgegenkommen und seine Tätigkeit belohnen müssen. Er verdiente dies mit Rücksicht auf sein vielseitiges Wissen und seine Sprachkenntnisse, nicht zuletzt des Japanischen – Vorzüge, wie sie nur wenigen unserer Kavaliere zu eigen sein dürften. Wäre Stillfried ein Engländer oder Amerikaner, er hätte längst die Aufmerksamkeit der Regierung auf sich gezogen und den Lohn seiner Arbeit aus den Händen des Staates empfangen; zwar zweifeln wir, dass Stillfried, den persönlich zu kennen wir das Vergnügen haben, eine solche Anerkennung anstrebt, aber was er verlangen dürfte, ist, dass längst begrabene Adelsvorurteile nicht zu seinem Nachteil wieder ausgegraben werden.« Eine unmissverständliche Parteinahme für den »Baron ohne Standesdünkel«.

Die Wiener Weltausstellung 1873 wird vermutlich der erste Anlass gewesen sein – und mit Sicherheit der spektakulärste, bei dem der Baron mit seinen brotberuflichen Unternehmungen gesellschaftlich aneckte, und der vorstehende Zeitungsartikel bringt das »Problem« besonders gut auf den Punkt. Der Großteil des Adels – ob hoch, mittel, klein oder gar noch ofenwarm – hielt damals ein Erwerbseinkommen, welches das Ergebnis eigener Arbeit war, eigentlich für »nicht standesgemäß«. Selbst Kunst, wurde sie als Broterwerb ausgeübt, hatte gegen diesen Dünkel nicht immer einen leichten Stand. Wie ich aus der Familienchronik Alfons Stillfrieds weiß, war seinem Vater die Auseinandersetzung mit gesellschaftlichen Vorurteilen auch in seinem »zweitem Leben«, jenem sesshaften in Wien, nicht ganz erspart geblieben. Aber solches war eher selten vorgekommen, dann hauptsächlich im Kreis der Familie.

Raimund wäre nicht er gewesen, hätte er vor seiner Rückreise nach Japan seinen Aufenthalt in der Heimatstadt nicht noch schnell zu einem hochinteressanten Augenschein genützt. Er besuchte die österreichische Staatsdruckerei, besser: Er verbrachte dort ganze zwei Tage, um sich von den leitenden Herren dieser damals europaweit als vorbildlich geltenden Einrichtung deren Organisation und Funktionsweise erklären zu lassen. Die auf diese Weise gewonnenen Einblicke verstand er dann, in Nippon auszuwerten. Doch bevor Raimund im Inselreich zum erfolgreichen Unternehmer wurde, hatte er der Norddeutschen Gesandtschaft in Jeddo, dem nachmaligen Tokio, als Kanzler gedient und zugleich, als eine Art Korrespondent halbamtlicher Natur, auch dem eigenen Land, das ihm dann auch irgendeinen Orden verlieh. Übrigens nicht die einzige staatliche Auszeichnung in Raimunds Leben, von welchen freilich kaum eine in einem anderen Fach seines Bewusstseins landete als jenem, das die Aufschrift »Artig-Belangloses« trug. Es dauerte nicht lange, bis sich der junge Mann darüber Rechenschaft geben musste, dass ein Büroleben nicht wirklich sein Fall war. Er zog die Konsequenz und quittierte den Dienst.

Mexiko, eine verlorene Sache

Inzwischen ist das Krustentier bis zum Jahr 1865 zurückgekrochen – schneller, als seinesgleichen zuzutrauen wäre. Von Miramare, dem »Unglücksschloss«, war schon die Rede gewesen und von Ferdinand Maximilian, dem glücklosen Habsburger. An ihm, der so vornehm und gefasst zu sterben wusste, war wenig vornehm gehandelt worden. Ein opportunistischer Politiker auf dem französischen Kaiserthron hatte den Arglosen zu einem fragwürdigen monarchischen Abenteuer verlockt, ihn dann aber einem neuen Kalkül geopfert. Von vielen getäuscht oder hintergangen und zuletzt von einem hohen Offizier seines Vertrauens verraten, war der Kaiser von Mexiko nach nur drei Regierungsjahren entmachtet und in Gewahrsam genommen worden. Bevor er als Gefangener der republikanischen Truppen am 19. Juni 1867 in Querétaro, zusammen mit zwei ihm ergeben gebliebenen mexikanischen Generälen, unter den Schüssen eines Pelotons starb, hatte Maximilian den zu seiner Exekution abkommandierten Soldaten noch versichert, dass sie nur ihre Pflicht täten; mit dem Ersuchen, genau zu zielen, aber sein Gesicht zu schonen, damit die Mutter seinen Leichnam identifizieren könne, hatte er noch jedem von ihnen eine Goldmünze zugesteckt. Zuvor war dem Kaiser noch die Möglichkeit zur Flucht angeboten worden, was dieser aber mit wehmütigem Kopfschütteln abgelehnt hatte. Von einem ungewöhnlichen Habsburger ist da die Rede, den die Sehnsucht nach einer großen Aufgabe blind gemacht hatte für das, was man seit Ludwig August von Rochau unter »Realpolitik« versteht. Der deutsche Publizist, Autor des bekannten Buches »Grundsätze der Realpolitik«, und der auf den mexikanischen Kaiserthron gestolperte Habsburger waren übrigens Zeitgenossen. Als Maximilian nach einer Schiffsreise, die vom Pier des »Unglücksschlosses« ihren Ausgang genommen hatte, zusammen mit seiner belgischen Gemahlin voller Erwartung mexikanischen Boden betrat, lag die Veröffentlichung des Standardwerkes über die Politik des Möglichen oder Machbaren schon vierzehn Jahre zurück. Sicher ist, dass dieser Habsburgerherzog als Kaiser von Mexiko seine Träume von einem modernen, liberalen Staat verwirklichen wollte. Hat er, in Augenblicken gehobener Stimmung, vielleicht auch davon geträumt, durch das eigene Beispiel (*Exempla trahunt!*) seinen älteren, den kaiserlichen Bruder zu überzeugen? Was für ein Mensch ist dieser Maximilian gewesen? War er nur der realitätsferne, wenn auch intellektuell wache Schwärmer, für den er von vielen gehalten wird, dem bayerischen Ludwig auf Neuschwanstein geistesverwandt, wenn auch bei Weitem nicht so exzentrisch wie dieser? Und hätte die von Heinrich Heine so nachhaltig inspirierte »Kaiserin wider Willen«, immerhin eine der gebildetsten Frauen ihrer Zeit, nicht besser zu Maximilian gepasst als zu Österreich-Ungarns knochentrockenem Langzeitmonarchen? Vermutlich wäre sie an der Seite des jüngeren Bruders auch nicht so zickig geworden. Und wahrscheinlich wäre Maximilian auch einem so begabten Sohn wie dem Kronprinzen Rudolf der verständnisvollere Vater gewesen. Jedenfalls hat dieser Kurzzeitkaiser in ein jahrhundertelang gepflegtes Klischee gepasst: Geistesgegenwärtige Verschmitztheit sei Sache der Diener und nicht ihrer Herren. Maximilian von der traurigen Gestalt, aber wie Don Quichotte eben ein Ritter! Wenn Adel auf der dem Wanderer unerreichbaren Linie liegt, an der Himmel und Erde einander berühren, oder dem flüchtigen Aufleuchten eines Elmsfeuers gleicht, dann hat Maximilian wenigstens in seinen Träumen jene Linie berührt, ist dem Träumer das Elmsfeuer über den Scheitel gehuscht.

Jetzt aber zu Raimund, wieso hat sein Weg den Maximilians gekreuzt? Ein starkes Gefühl von Solidarität wird wohl den Ausschlag gegeben haben, Solidarität mit einem habsburgischen Landsmann, dem so wie ihm selbst die Heimat zu eng geworden war. Genau das hat auch in Raimund den Entschluss reifen lassen, draußen in der Welt sein Glück zu versuchen. Von Maximilians politischem Abenteuer, über das er aus den Zeitungen halbwegs Bescheid wusste, mag er sich freilich von Anbeginn nicht viel Gutes versprochen haben und als die Entwicklung in Amerika ebenso wie die militärische Lage in Mexiko ihm Recht zu geben schienen, war in ihm bald der Wunsch erwacht, dem bedrohten Kaiser zu Hilfe zu eilen. Seit ein paar Jahren Kapitän seines eigenen Schiffes, waren ihm Asiens Küsten vertraut und die Amerikas nicht mehr ganz fremd. San Franciscos Hafen hatte Raimund zum ersten Mal angelaufen und dort erfuhr er von der Österreichischen Legion; in Mexiko werde sie aufgestellt, um sich mit den kaisertreuen Truppen zu vereinen. Wie Alfons Familienchronik berichtet, schlug sich der Vater von San Franzisko auf abenteuerliche Weise bis nach Querétaro durch, wo der Kaiser sein Quartier aufgeschlagen hatte; ein Flussdampfer löste einen Küstendampfer ab, doch den allergrößten Teil der mehrwöchigen Reise legte Raimund im Sattel zurück. Und was zu einem richtigen Abenteuer gehört, ließ auch das nicht auf sich warten: Der Reiter bekam Gelegenheit, sich unterwegs als rechter Kavalier zu erweisen. Er und José, sein indianischer Begleiter, überraschten eine Gruppe republikanischer Marodeure, die sich offensichtlich gerade einer durchfahrenden Postkutsche bemächtigt hatten; einer von ihnen, anscheinend ihr Anführer, war gerade dabei, einen Fahrgast mit seiner Pistole einzuschüchtern. Alfons in seinem Buch: »Raimund trat, das Gewehr schussbereit, ein wenig hervor: ›Caballeros‹, rief er laut, ›werft eure Gewehre und Pistolen sofort weg und stellt euch dort neben den Kaktus – ich zähle bis drei!‹ Er war noch nicht bis zwei, als einer der Kerle nach ihm schoss; Raimund wusste, dass er von den elenden Feuerwaffen der Banditen auf diese Distanz nicht viel zu fürchten hatte, und zerschmetterte mit einem wohlgezielten Schuss das Gewehr des Schützen. Dies zur Warnung, die nächsten Schüsse gälten den Köpfen. Nun gehorchten die Banditen und warfen die Waffen weg; José brachte dieselben außerhalb ihrer Reichweite und hielt sie mit seinen zwei Revolvern in Schach. Raimund schritt auf den Wagen zu, dem eine Dame entsteigen wollte, um ihrem Befreier zu danken; sie war nach Raimunds Schätzung zwischen 25 und 30, in einem eleganten grauen Reisekostüm und von blendender Schönheit.« Nun, die Dame bedankte sich bei Raimund in einem Englisch, das, so Alfons, die Nordamerikanerin verriet. Wie sich bald herausstellte, wollte auch sie nach Querétaro. Mit einem deutschen Offizier verheiratet, der im Stabe Kaiser Maximilians diente, war ihr die Trennung zu lang geworden und trotz aller Warnungen vor den Gefahren einer solchen Reise hatte sich Wainona – so war sie von Indianern in ihrer Kindheit genannt worden und dieser Name gefiel ihr noch immer – leichtsinnig auf den Weg gemacht. Die eigene Sorglosigkeit war ihr nun freilich selbst klar geworden, was sie Raimunds Begleitung nur umso dankbarer annehmen ließ. Mit dem größten Vergnügen werde sie den rüttelnden Kutschkasten mit dem Sattel vertauschen! Zuerst aber waren noch die Banditen abzufertigen gewesen; die bündige Beredtheit zweier auf sie gerichteter Gewehre ließ ihnen, zur großen Erleichterung auch der anderen Postkutschenpassagiere, keine andere Wahl, als sich zu trollen. Dies ohne ihre Waffen und selbstverständlich zu Fuß, denn auch ihre Pferde hatten die Kerle zurücklassen müssen, wutschnaubend, wie man sich vorstellen kann.

Das literarische Kuckucksei

In Alfons Schilderung hat die Sache ein Nachspiel, eines von der galanten Art. Wainona und Raimund beschlossen den ersten gemeinsamen Reisetag in einem einschichtigen Gasthof. Ein Zweibettzimmer hatten sie genommen, dies auf Wainonas entschiedenes Zureden, zumal, so ihre durchaus schlüssige Argumentation, in dem an Zimmern knappen Quartier eine andere Art der Unterbringung entweder ihr oder ihm unzumutbar gewesen wäre. »Raimund war alles andere eher denn begriffsstutzig und genoss die Umarmung der schönen Frau in vollen Zügen. Sie müssten einen Rasttag einschalten, erklärte Raimund am nächsten Morgen, denn Wainona sei sicherlich übermüdet und auch den Pferden müsse Ruhe vergönnt werden. Sie fühle sich im Gegenteil erfrischt, meinte Wainona in blendender Laune, und die Pferde könne man wechseln … Was sie beide jedoch betreffe, so wisse sie, dass sie es mit einem Gentleman zu tun habe, der ihre Bitte respektieren werde, dass sie sich von nun an wieder wie Fremde gegenüberstehen müssten. Sie könne sich selbstverständlich auf ihn verlassen, sagte Raimund, aber sie hätten bis zum Ziel noch gut zwölf Tagesmärsche und ob sie denn glaube, dass die Verhältnisse in den Gasthöfen von Rio Verde, San José, Allende u. s. w. wesentlich andere wären? Ja, gegen Fälle von Force majeure sei sie natürlich hilflos, meinte Wainona mit einem unschuldigen, entzückenden Augenaufschlag, der Raimunds Blut in Wallung brachte, und Force majeure sei sie auch weder ihrem Mann noch dem Priester zu beichten gehalten. Eben dieser Augenaufschlag verzögerte jedoch ihre Weiterreise beträchtlich.« Überspringen wir die Freuden, deren das Paar noch viele Nächte lang teilhaftig wurde, bis zu dem Moment, in welchem Raimund, endlich in Querétaro, seine Verlegenheit nur mühsam verbergen kann, als sich Wainonas Ehemann überschwänglich bei ihm für den ritterlichen Dienst an seiner jungen Frau bedankt. »Im gleichen Augenblick öffnet sich eine Tür und herein trat – Wainona in einer bezaubernden Morgentoilette, schöner und verführerischer denn je. Sie reichte dem verdutzten Raimund gänzlich unbefangen die Hand und zu ihrem Gatten gewendet: ›Wie gefällt Dir mein Retter? Ich hoffe, du wirst dich ihm erkenntlich erweisen, Darling – ich arme Frau kann es ja nicht.‹ Sie reichte Raimund die Hand zum Kusse und rauschte hinaus.«

Von Anfang an hat Alfons von jener dichterischen Freiheit, die ihm allein schon das Wort »Lebensroman« im Untertitel seiner Familiengeschichte verbrieft, recht unbefangen Gebrauch gemacht. Das bezeugen die vielen (nicht immer) kleinen liebevoll-parteiischen Euphemismen, die wie ein feiner Schleier über den knapp zweihundert Seiten liegen. Und trotzdem ist ihm zu bescheinigen, dass er stets auch um die andere, die historische Wahrheit bemüht blieb. Was aber hat es mit dem galanten Histörchen auf sich? Kein Zweifel, hier hat Pegasus, der fantasiebeflügelte Hengst, seinen Reiter in noch luftigere Regionen entführt. Denn diesmal, Ausnahme von der Regel, wird nicht etwas bloß in ein milderes Licht gerückt – nein, hier sind schlichtweg die handelnden Personen vertauscht: Nicht der Vater, der Sohn selbst war sein Held! Und Wainonas Name hat Alfons als Pseudonym gedient: für eine ihm unvergesslich gebliebene Schöne. Vielleicht ist ihr der k. u. k. Leutnant Stillfried auf einem seiner Ritte durch Osteuropas Weiten begegnet, etwa zu Beginn des Ersten Weltkriegs auf jenem Vormarsch, dessen er, im Gegensatz zu seinen sonstigen Kriegserlebnissen, auch im Alter noch mit einigem Vergnügen gedachte; die übrigen Umstände dieser Begegnung werden wohl jenen geglichen haben, die wir nun aus seiner Feder kennen. Möglicherweise war Alfons schon mehr als einmal die Idee durch den Kopf gegangen, der Unvergesslichen ein literarisches Denkmal zu setzen. Und was konnte ihm dazu gelegener kommen als seine Arbeit an dem Buchkapitel über Vaters mexikanisches Abenteuer? Hier passte sie hinein, die polnische oder ukrainische Dame, nur wenig war an ihr umzudichten, ja eigentlich nur Herkunft und Name.

Bin ich jetzt selbst ins Fabulieren geraten? Geduld, ich habe die Indizien noch nicht genannt, die meine Version unterstützen. Fangen wir mit Alfons Erzählstil an, der urplötzlich ganz aus dem Rahmen fällt. Noch nie war er als

Autor so hymnisch, so gefühlig, bis ins Letzte empathisch! Nur Selbsterlebtes schildert man so und das auch nur der Connaisseur. Ja, es ist das Entzücken des Schwerenöters, mit dem Alfons von dem Talent der Dame spricht, punkto Liebschaften die günstige Gelegenheit nicht etwa schnöde zu nützen, sondern sich ihr als einer höheren Gewalt nur ganz ergeben zu fügen – und so das eigene Gewissen stets im Zustand heiterster Aufgeräumtheit zu halten. Soviel nur zum Stil, aber noch etwas Anderes, Wesentliches spricht gegen seine, die familienoffizielle Version! Unterstellt sie doch, der Vater habe dem erwachsenen Sohn das galante mexikanische Intermezzo erzählt, aber so viel ausschmückende Mitteilsamkeit ist gerade einem Mann wie Raimund, den wir uns als eher verschlossenen, in sich gekehrten Sonderling vorzustellen haben, schlechterdings nicht zuzutrauen. Gesprächig mag er, wenn überhaupt, bei Sach- oder Fachthemen gewesen sein, Fotografie nur als Stichwort, oder auch in Hinsicht auf seine prägenden Erlebnisse als Globetrotter, Schiffskapitän, Freiwilliger auf dem mexikanischen Kriegsschauplatz oder als Multi-Unternehmer in Yokohama. Zieht man hinzu, was Alfons im vorgerückten Alter noch aufgezeichnet hat, so findet sich dort zwar so manche Erinnerung an seinen Vater, aber keinerlei Hinweis darauf, dass die beiden zueinander in einem besonders engen Verhältnis gestanden hätten. Der Austausch pikanter Vertraulichkeiten ist da wohl von vornherein auszuschließen. Nein, ich bleibe dabei, ein Kuckucksei hat der Sohn seinem Vater ins Nest gelegt, wenn auch eines, wofür Ersterem mildernde Umstände kaum abzusprechen sind. Konnte Alfons die Sache doch von vornherein nicht als seine, sondern nur als solche überliefern.

Was kam, wie es kommen musste

Nicht viel stärker als Zigarettenpapier, was Leichtsinniges von Schwermütigem, Frivoles von Tragischem trennt. Der Weltenbummler hatte also endlich Querétaro erreicht und damit die Österreichische Legion sowie auch den Kaiser. Vielleicht war Raimund, als er den Entschluss fasste, Maximilian zu Hilfe zu eilen, ein Sieg der kaiserlichen Sache immerhin mit einigem Glück noch möglich erschienen, aber selbst die pessimistischste aller Perspektiven hätte seinem Solidaritätsgefühl kaum mehr Einhalt zu bieten vermocht. Fast unmittelbar nach der Ankunft im Hauptquartier wurde ihm auch schon Audienz gewährt. Doch die aufrichtige Anerkennung vonseiten Maximilians ebenso wie die kameradschaftliche, ja ausgesprochen herzliche Aufnahme, die Raimund in dessen nächster Umgebung fand, täuschte ihn nicht lange über das Prekäre der Lage hinweg, in der sie sich alle befanden. Schon nach einigen Wochen war ihm klar: sie kämpften, falls nicht ein Wunder geschah, für eine verlorene Sache. Aber die Sache selbst, die war doch gerecht? Ja, das Recht immerhin glaubten sie, auf ihrer Seite zu wissen. Solidarisch sein, heißt Partei ergreifen. Maximilian war ein Mann, der für alle und jeden nur das Beste wollte – und von allen und jedem nur das Beste glaubte. Fast wider besseres Wissen fühlte er sich der Loyalität des überwiegenden Teils seiner mexikanischen Verbände selbst jetzt noch versichert.

Puebla, beinahe hätte dieser Name Raimunds Schicksal besiegelt! Die Stadt wurde von den Republikanern belagert, unter dem Befehl von Porfirio Díaz, dem nachmaligen mexikanischen Staatspräsidenten. Beim Entsatzversuch eines dem Kaiser ergebenen Generals entbrannte eine von beiden Seiten mit großer Erbitterung geführte Schlacht, in der die Republikanische Partei den Sieg davontrug. In diesem Geschehen wurde Raimund schwer verwundet; als man ihn, der vom Pferd gestürzt war, Stunden später fand, machte der mexikanische Feldarzt Anstalten, das von einer Gewehrkugel am Oberschenkel getroffene Bein gleich an Ort und Stelle zu amputieren. Mit einer Pistole im Anschlag wusste sich der Rittmeister dagegen zu wehren, sodass man ihn einfach liegen ließ, wo er lag; erst eine österreichische Sanitätspatrouille schaffte Raimund nach Mexiko City. Wochenlanges Wundfieber, Delirien, schmerzliches Gesunden, das Bein blieb erhalten. Was weiter geschah, sei hier mit wenigen Sätzen gesagt. Am 15. Mai 1867 fiel Querétaro – und zwar durch Verrat. Wodurch denn sonst, ist man versucht zu fragen, schien doch der arme Maximilian geradezu darauf abonniert, getäuscht, verraten und geprellt zu werden. Er und die ihm treu gebliebenen Offiziere gerieten in Gefangenschaft. Interventionen ausländischer Mächte, die nichts fruchteten, und fantastische Fluchtpläne, von denen der Kaiser freilich nichts wissen wollte. Maximilians trauriges Ende ist Geschichte. Zwei Sätze noch sollen Alfons Stillfried gehören: »Zwei Tage später ergab sich nach tapferem Widerstand Mexiko City, da ja nach dem Tode des Kaisers ein weiterer Kampf sinnlos geworden war. Die österreichische Legion löste sich auf und die Mehrzahl begab sich zurück in ihre Heimat.« Einer, der nicht zu dieser Mehrzahl gehörte, war unser Globetrotter.

Kapitän im Pazifik

Über das Leben auf hoher See, dem sich Raimund vor seinem mexikanischen Abenteuer jahrelang hingegeben hatte, ist das vielleicht Wichtigste noch gar nicht gesagt. Als sein Schiff wieder einmal im Hafen von Yokohama lag, kam ein Herr an Bord, dem man, wenn wir den Ausschmückungen von Raimunds Sohn folgen wollen, »schon von Weitem den Deutschen ansah«, genauer gesagt: »anhörte« – jedenfalls, wenn es sich um österreichische Ohren handelte. »N' Tach, junger Mann, habe mir sagen lassen, dass sie ein Deutscher sind und mit ihrer Nussschale nach Siam in See gehen; ich will auch dorthin und will wissen, ob man sich ihnen anvertrauen kann.« Raimund überwand seine Abneigung gegen die schnoddrige Art des Fremden, nach ein paar Richtigstellungen wie etwa, dass er nicht Deutscher, sondern Österreicher sei, beschied er dem Herrn: »Wenn sie mitwollen, übermorgen fünf Uhr früh.« Und ob der wollte, als Professor Eduard Hildebrandt trug er sich in die Passagierliste ein. Der vor allem am preußischen Hof hoch geschätzte Landschaftsmaler, selbst ein Globetrotter, befand sich auf seiner letzten großen Weltreise und fast ein halbes Jahr blieb er auf Raimunds Schiff. Tag für Tag stundenlang an Deck mit Stiften und Pinseln zugange hat man sich Hildebrandt vorzustellen und einen Käpt'n Stillfried, der kaum müde wird, dem Künstler über die Schulter zu schauen. Schon in früher Jugend hatte Raimund Talent fürs Zeichnen und Malen gezeigt und nun war ihm sein Lehrmeister vom Himmel gefallen. Das war die entscheidende Weichenstellung, Lehrer und Schüler wurden Freunde. Bleibt zu sagen, dass auf dieser Fahrt zwei der großen Gemälde Hildebrands entstanden, »Benares im Frühlicht« und »Ein Abend in Siam«.

Leben heißt, in ein Netz von Ursachen verstrickt zu sein; jede einzelne, auf die wir stoßen, ist selbst die Folge einer anderen und das hört nie auf, geht ins Unendliche. Warum wurde Raimund Stillfried zu einem angesehenen Maler? Weil er im Hafen von Yokohama auf Eduard Hildebrandt getroffen war, der seine Begabung erkannte, weiterentwickelte und zur Reife brachte. Und warum hat es Raimund in den Fernen Osten verschlagen? Weil ihm die Heimat zu eng geworden war. Als Schiffsjunge heuerte er in Hamburg auf der Barke »Inka« an, die ihn nach Callao brachte, dem Hafen von Lima. Bis die zwei Globetrotter in Yokohama aufeinandergetroffen waren, hatte es wenige Beschäftigungen oder Berufe gegeben, denen der Österreicher nicht nachgegangen wäre, sei es auf der einen oder der anderen Seite des Stillen Ozeans: Holzfäller, Schiffsbauarbeiter, Jäger, Pelzhändler und, wie denn auch nicht, Matrose. In der Seefahrt hatte er es mit der Zeit zum Kapitänspatent gebracht; seine Ersparnisse erlaubten ihm dann die Anschaffung eines kleinen Frachters und ein Dasein als selbstständiger Unternehmer.

Die Preussen, wie schnell schossen sie wirklich?

Warum war Raimund die Heimat zu eng geworden? Und weiter im Krebsgang bewegen wir uns durch die Zeit, gelingt es uns doch in keinem anderen, dem Gesetz der Kausalität so akribisch zu folgen. Mit seinem Vater, dem k. u. k. Feldmarschallleutnant August Freiherrn von Stillfried und Rathenitz, hatte sich der junge Mann überworfen. Ein Streit, der sich an nichts Passenderem als dem Zündnadelgewehr entzündete. Im Habsburgerreich ein Politikum, an dem sich in Militärkreisen bis hin zum Kaiser die Gemüter erhitzten. Raimund war als Oberleutnant vorübergehend in der deutschen Festung Mainz stationiert gewesen, wo sich natürlich auch ein preußischer Truppenteil befand; eben dadurch lernte er das Dreyse'sche Zündnadelgewehr kennen. Neugierig und technisch veranlagt, wie er war, erkannte er rasch dessen haushohe Überlegenheit gegenüber dem vorsintflutlichen Vorderlader, der in der österreichischen Armee aber noch in Verwendung stand. Deren Generalität hielt das Zündnadelgewehr für so etwas wie einen Bluff, denn wenn man damit womöglich auch schneller schießen könne, so sei das Ding trotzdem im Krieg gänzlich unbrauchbar. Das Argument, mit dem die Kavaliere ihre Beurteilung stützten, sollte man sich Wort für Wort auf der Zunge zergehen lassen. Nun also: »Der Soldat werde seine Munition zu schnell verschießen, der Nachschub könne den riesigen Bedarf nicht bewältigen und die Infanterie stünde dann waffenlos da, dem Gegner auf Gnade und Ungnade ausgeliefert.« Zitat aus Alfons Stillfrieds Familienchronik! Auf den guten alten Vorderlader sei Verlass, trotz seines Zündnadelzeugs werde sich der Gegner im Fall des Falles blutige Köpfe holen. Und überhaupt: »So schnell schießen die Preußen auch wieder nicht!« Wo immer es auch seinen Ursprung hat, jedenfalls ein Wort, dem seine Flügel bis heute nicht abhandengekommen sind. Gerade weil Raimund diese offizielle Meinung kannte, hielt er es für seine Pflicht, den tatsächlichen Sachverhalt öffentlich auszusprechen. Doch lassen wir nochmals Alfons das Wort: »Es war bekannt, dass man vor Seiner Majestät das Zündnadelgewehr gar nicht erwähnen durfte, doch er, der zwanzigjährige Oberleutnant Raimund Stillfried, wollte es darauf ankommen lassen; es wäre ja grotesk, sollte man den Großkopferten eine so handgreifliche Wahrheit nicht beibringen können. Zunächst hielt er im Offizierskasino einen Vortrag, in welchem er alle Einwände gegen das Zündnadelgewehr schlagend widerlegte. Doch schon dieser erste Versuch, der Wahrheit zum Siege zu verhelfen, scheiterte kläglich. Er musste sich von seinem Kommandanten beim Rapport die größten Grobheiten sagen lassen – aber das war noch nichts gegen das, was er von seinem alten Herrn zu hören bekam; als der von den Eskapaden seines Sohnes erfuhr, erlitt er einen Tobsuchtsanfall ... Der Feldmarschallleutnant hatte die Dreyse'sche Erfindung nie gesehen und konnte also keine eigene Meinung darüber haben, aber bei einem Befehl des Kaisers erübrigte sich derartiges für ihn. Gehorsam war ihm die erste und vornehmste Pflicht des Soldaten. Hier stießen zwei Welten aufeinander: der Vater als Vertreter des Prinzips der kaiserlichen Autorität, die sich nach unten in der väterlichen und nach oben in der göttlichen Autorität fortsetzt ...; der Sohn als Vertreter des Prinzips der freien Individualität, der ebenso bedingungslos das Recht der freien Meinungsbildung für sich in Anspruch nahm ... Raimund war in den Augen des Vaters ein Rebell, ja nahezu ein Eidbrüchiger, der Vater in Raimunds Augen ein verzopfter Tyrann.«

Dass Franz Joseph I. und seine Generalität in der Sache selbst bald genug Unrecht bekommen sollten, wissen wir aus dem Geschichtsunterricht, Stichwort Königgrätz 1866! Der Kaiser ebenso wie der Vater, beide schienen Raimund jene Haltung zu verkörpern, von der er selbst sich innerlich längst losgesagt hatte. Waren da in Mexiko nicht zwei Gleichgesinnte aufeinandergetroffen? Der offen ausgebrochene Stillfriedsche Vater-Sohn-Konflikt hat natürlich manches Vorspiel gehabt. Zunächst ist die Stadt Linz zu nennen, wo das Pionierkorps in Garnison lag. Dorthin hatte ihn der Vater kurzerhand versetzen lassen – und zwar mit der unmissverständlichen Aufforderung an den Kompaniekommandanten, dem Sohn ja nichts durchgehen zu lassen. Anders als nicht wenigen Söhnen hochgestellter Militärs sollten Raimund aus der Position des Vaters keinerlei Vorteile erwachsen; ganz ohne Extrawürste würde er sich sein Portepee[2] selbst zu verdienen haben. So weit, so korrekt! Doch mit dem Ausbedingen strengster soldatischer Korrektheit hatte der Feldmarschallleutnant auch eine Nebenabsicht verfolgt; sie zielte darauf ab, dem Filius die »Spompanadeln« auszutreiben. Sehr wahrscheinlich hat August Freiherr von Stillfried diesen Ausdruck benützt, um Raimunds künstlerische Neigung zu bezeichnen. Doch Vaters Nebenabsicht schlug fehl. Trotz der harten Schule, die der junge Mann durchmachte, ließ er sich nicht nur nicht unterkriegen, sondern es gelang ihm auch in Linz, die Bekanntschaft eines höchst geeigneten Lehrers zu machen. Hinter dem Rücken seines Vaters nahm er Stunden bei Joseph Maria Kaiser, einem Künstler, der in Oberösterreich als Meister seines Faches galt. Raimunds Fortschritte im Zeichnen und bald auch in der Aquarellmalerei waren nicht zu übersehen. Trotzdem, drei Jahre nach seiner Versetzung zum Linzer Pionierskorps hielt er sein Offizierspatent in der Hand

---

2 Silberne oder goldene Quaste am Säbel, dies als Insignien des Offiziersranges.

und nachdem er den ihm verordneten Härtetest mit Bravour bestanden hatte, beförderte ihn der Vater bereits nach wenigen Wochen zum Oberleutnant, was aber nach einem immerhin dreijährigen Dienst des Sohnes wohl kaum mehr als eine späte Kompensation gewesen sein mag. Sollte väterlicherseits hier auch ein leises Signal der Versöhnlichkeit beabsichtigt gewesen sein, im Rauch des Zündnadelgewehrs wäre es auf jeden Fall untergegangen. Soviel zu Linz.

Doch ein Warum verweist auf das andere. Warum eigentlich Linz, hatte Raimund nicht schon in früher Jugend vom Meer geträumt, für die Seefahrt geschwärmt? Ja, der Vater hatte ihn für die Militärlaufbahn bestimmt, aber so stur, ihm dabei die Kriegsmarine zu versagen, scheint nicht einmal er gewesen zu sein. Also war Raimund, gerade erst zwölfjährig, in Triests Kriegsmarine-Akademie gesteckt worden. Fast überall in der sogenannten zivilisierten Welt war es auch im 19. Jahrhundert noch durchaus üblich, dass man den Weg des Berufsoffiziers schon im Kindesalter beschritt. Was die herbe Disziplin des Internatsbetriebs und der zum Lehrplan gehörende Drill indessen nicht unter sich zu begraben vermochten, war Raimunds künstlerische Begabung. Schon in Triest hatte er das Glück gehabt, den denkbar besten Lehrmeister zu finden. Wir wissen nicht, bei welcher Gelegenheit Bernhard Fiedler, der deutsche Landschaftsmaler, auf das Talent des Jünglings aufmerksam wurde. Fiedler genoss nicht nur die besondere Wertschätzung zweier europäischer Könige, des Preußen Friedrich Wilhelm IV. und des Belgiers Leopold II., sondern auch jene des türkischen Sultans Abdülmecid, der ihn nach Konstantinopel einlud und mit der Abbildung einiger Stadtansichten beauftragte. In Triest war übrigens auch Erzherzog Ferdinand Maximilian, eben jener spätere Kaiser von Mexiko, auf den deutschen Maler aufmerksam geworden; mit Unterstützung des Habsburgers hatte sich Fiedler in Österreichs traditionsreicher Hafenstadt niedergelassen; sie scheint so etwas wie seine Wahlheimat geworden zu sein, denn er verblieb dort bis an sein Lebensende. Raimund hat der berühmte Mann immerhin zwei Jahre lang im Zeichnen und Malen unterrichtet, nämlich bis zu der – vom Vater veranlassten – Versetzung des jungen Mannes zum Pionierkorps nach Linz. Ja, dem Feldmarschallleutnant hatten die künstlerischen Neigungen seines Sohnes nicht ins Konzept gepasst und einen, höchstwahrscheinlich brieflichen, Versuch Fiedlers, den Vater zu einer verständnisvolleren Haltung zu bewegen, hat dieser nur damit beantwortet, dass er Raimund kurzerhand durch Ortswechsel dem Einfluss des Malers entzog. Freilich nur, um die Reihe der um den Sohn bemühten großen Meister um einen weiteren Namen zu bereichern.

WAS ÜBER RAIMUNDS LEBEN ZU ERZÄHLEN ÜBRIG BLEIBT

In dem hier schon oft zitierten Buch »Die Stillfriede. Drei Jahrhunderte aus dem Lebensroman einer österreichischen Familie« setzt die Erzählung von Raimunds Leben erst mit dem Linzer Kapitel ein, während eine ebenfalls im Druck erschienene, nur fünfeinhalbseitige Lebensbeschreibung sowie ein Curriculum Vitae in Schreibmaschinenschrift immerhin bereits mit dem zweijährigen Triester Zwischenspiel beginnen. Ältere schriftliche Zeugnisse besitze ich nicht und Bernhard, dem Enkel, den zu fragen es mir an Gelegenheiten nicht gefehlt hätte, war sein Großvater schon vierzehn Jahre vor der eigenen Geburt gestorben. So bleibt nicht viel, was über Raimund Stillfried noch erzählt werden kann. Sohn des August Freiherrn von Stillfried und Rathenitz und der Gräfin Maria Anna Clam-Martinitz, dank welcher die Stillfrieds jenen am Vorabend des Dreißigjährigen Krieges aus einem Fenster der Prager Burg geworfenen kaiserlichen Rat Martinitz zu ihren Vorfahren zählen dürfen. Von der Persönlichkeit des Vaters zu urteilen, scheint Raimund keine ganz unbeschwerte Kindheit gehabt zu haben, gemildert freilich durch eine offenbar sehr warmherzige Mutter. Kein Wunder, dass Maria Anna sich über die Trennung von ihren drei Söhnen grämte. Ja, Raimund hatte zwei Brüder! Geschwister, zwischen denen er altersmäßig in der Mitte stand. Und auch was die Flucht in die weite Welt betrifft, nahm er die Mittelstellung ein, denn der ältere Bruder war ihm dorthin bereits vorausgegangen, während ihm der Jüngere alsbald folgen sollte. Ersterer verheiratete sich in den USA, wo er kinderlos starb, letzterer blieb in Übersee verschollen. Einer der beiden Brüder Raimunds hieß Franz. Er war es, der während des Militärdienstes eine Liebschaft gehabt hatte, die nicht ohne Folgen geblieben war. Bei der Lösung des Verhältnisses blieb, auch das kommt vor, das Kind nicht bei ihr, sondern bei ihm. Da dieser Zustand auf die Dauer nicht haltbar erschien, fanden die Eltern ein kinderlos gebliebenes Ehepaar, das die kleine Franziska adoptierte. Zunächst aber hatte es eines Machtworts des Feldmarschallleutnants bedurft, denn seine Frau war drauf und dran gewesen, das Enkelkind für immer bei sich zu behalten, was aber, in Anbetracht ihres Alters, gewiss ein Fehler gewesen wäre. Zahlreich und voll Anteilnahme die Briefe, die sie bis zu ihrem Tod mit der Ziehmutter, einer Notarsgattin, wechselte. Das waren auch die Jahre, während welcher man Maria Anna beinahe täglich über englischsprachige Journale gebeugt sah, die sie in der vagen Hoffnung studierte, irgendeinen Hinweis auf den Verbleib ihrer Söhne zu finden. Keinen von ihnen hat sie wiedergesehen. Noch ein letzter Schritt im Krebsgang: Raimunds Geburt. Sie geschah am 6. August 1839 im böhmischen

Komotau, einer kleinen Stadt am Fuße des Erzgebirges, in welcher der Vater damals für eine kurze Spanne garnisoniert gewesen war.

Mit seiner Geburt also ist sie an ihr Ende gekommen, die Geschichte des Raimund Freiherrn von Stillfried und Rathenitz. Eine Lebensgeschichte, die wie eine Addition von Wagnissen, Unternehmungen und Leistungen, kurzum von Taten wirkt. Jenen in Stein gemeißelten Reliefbändern nicht unähnlich, die uns auf Pyramiden, Tempeln, Palästen oder Triumphbögen von historischen Taten berichten. Doch der Mensch Raimund? Über ihn erfahren wir aus einer getippten dreiseitigen Erinnerungsnotiz Bernhards mit der Überschrift »Großvater Raimund (aus den Erzählungen meines Vaters)« so gut wie nichts. Keine einzige Kindheitsanekdote ist überliefert, keine Lausbubenstreiche, auch von Jugendtorheiten kein Wort. Seltsam steif bleibt das Bild, das seine Persönlichkeit hinterlässt, irgendwie eindimensional. Wie dem auch sei, mit Raimunds Geburt sind wir an der Schwelle zu seinen Altvorderen angelangt und diese Schwelle werden wir sogleich überschreiten. Nicht, dass die Stillfriedsche Ahnentafel bis jetzt ein Buch mit sieben Siegeln geblieben wäre! Hat doch im ersten Teil dieser Erzählung der eine oder andere Zeitsprung über Jahrhunderte hinweg Ahnengestalten ins Blickfeld gerückt, welchen der Dreißigjährige Krieg, die Gegenreformation oder die Maria Theresia von Friedrich II. aufgezwungene Abtretung Schlesiens zum Schicksal geworden war. Nach dem Verlust dieser wichtigen Provinz, in welcher seit dem 16. Jahrhundert der Stammsitz des Stillfriedgeschlechts lag, war die Spaltung in eine österreichische und eine preußische Linie nicht mehr aufzuhalten gewesen. Und mit ersterer wollen wir uns jetzt noch etwas vertrauter machen.

Das Ekel

»Ekel«, ein Wort, das unter maskulinem Vorzeichen für »Widerwille« oder »Abscheu« steht, als Neutrum aber Menschengestalt annimmt, zum Beispiel die eines Feldmarschallleutnants: August Freiherr von Stillfried und Rathenitz war es gelungen, seine aus drei Söhnen bestehende Nachkommenschaft aus dem Hause und in fernste Fernen zu ekeln; erst als hochbetagter Mann hat er schon einmal unseren Gesichtskreis gestreift. Da war im ersten von Alfons Stillfried handelnden Teil von den sonntäglichen Mittagessen die Rede gewesen, die Raimund – der Einzige, bei dem sich das Gleichnis vom verlorenen Sohn schließlich doch fast bibelgemäß erfüllte – zusammen mit Frau und Kindern ziemlich regelmäßig am Tisch des Vaters einzunehmen pflegte. Dieser, ein Witwer schon seit vielen Jahren, wohnte damals in dem von Villen bestandenen 19. Wiener Gemeindebezirk, wo ihm die diensteifrige Marie die Wirtschaft besorgte. Schon mit dreiundfünfzig Jahren war August in den Ruhestand versetzt worden, zwangspensioniert, zusammen mit paar Dutzend anderer Generäle – und zwar, wie es in dem Entlassungsdekret hieß, »zur dringend gebotenen Erleichterung des Staatsschatzes«. Nicht jedem der per Dekret zum alten Eisen geworfenen Offiziere wird eine Träne nachzuweinen gewesen sein; möglicherweise trifft diese Vermutung sogar auf die meisten zu, doch auf August Stillfried, den Feldmarschallleutnant, mit Sicherheit nicht. Er, der als Sohn einer französischen Mutter, der Caroline Marquise von Favras, die Militärschule Saint-Cyr absolviert hatte, war sich schon sehr früh darüber im Klaren gewesen, dass ihm nur eine Karriere im Staatsdienst die Chance geben würde, der ihres schlesischen Stammsitzes ebenso wie ihrer Güter beraubten österreichischen Stillfried-Linie die einstige Stellung zurückzugewinnen. So wurde August Stillfried, als Erster seines Namens, Berufsoffizier. Und was nach diesem Schritt nicht lange auf sich warten ließ, war die Versetzung an Österreichs Militärgrenze gewesen. Erfahren wir von Alfons, dem Enkel und Familienchronisten, was man darunter zu verstehen hat: »Diese nur im alten Österreich bestehende Einrichtung der Militärgrenze ist auf die ständig drohende Türkengefahr zurückzuführen und hat sich außerordentlich bewährt. In den verwüsteten Grenzbezirken wurden von den Türken vertriebene oder vor ihnen geflüchtete Serben und Bosnier, die sogenannten Uskoken, unter der Verpflichtung des Kriegsdienstes gegen die Türken angesiedelt. Es waren Soldatenbauern, die keine Steuern zu zahlen hatten, aber Tag und Nacht, solange sie waffenfähig waren – und das währte zumeist das ganze Leben lang –, sozusagen Gewehr bei Fuß stehen mussten; die alte österreichische Armee hat niemals bessere Soldaten gehabt. Die Militärgrenze war ein Staat im Staate, ein reiner Militärstaat, in vier Grenzgeneralate unterteilt, die direkt dem Hofkriegsrat in Wien unterstanden. Unter dem Generalat standen die Regimentskommandos, die gleichzeitig als Bezirksbehörden fungierten, also nicht nur die militärischen, sondern auch die politischen, ökonomischen und Justizgeschäfte besorgten. Der ein Regimentskommando innehabende Oberst war also militärischer Kommandant, Bezirkshauptmann und Richter in einer Person.«

August, der schon bald nach Antritt seines Dienstes Unterschlagungen in der Verwaltung aufgedeckt hatte, war zu einem an allen Abschnitten der Militärgrenze gefürchteten Mann geworden. Doch auch offizielle Ankerkennung blieb nicht aus, dies in Gestalt seiner vorzeitigen Beförderung zum Obersten und Kommandanten des Warasdiner Kreutzer-Regiments. Mit dieser Einheit ging er im März 1848 nach Italien ab, wo er sich mehrfach auszeichnete, ja sogar die persönliche Anerkennung Radetzkys fand. Auch die weiteren Stationen seiner Laufbahn sind nichts anderes als Fortsetzungen einer geradezu bilderbuchhaften Erfolgsgeschichte. Auch Augusts nächste Station liegt in Italien: Militär- und Zivilgouverneur der Provinz Belluno, jetzt bereits im Rang eines Generals. Dann folgt ein glänzendes militärisches Zwischenspiel bei der ungarischen Armee und nach kurzer Garnisonierung im böhmischen Komotau – Raimunds Geburtsort! – sehen wir ihn wieder in Italien, jetzt als Divisionär in Udine, wo er, wegen des anhaltenden Belagerungszustandes, wieder einmal auch die zivile Gewalt in seiner Hand hält. Rasch hintereinander wird August Feldmarschallleutnant, Oberst-Inhaber des 50. Infanterieregiments, Kommandant des 10. Korps und schließlich Adlatus des Generalgouverneurs von Ungarn und Kommandanten der 3. Armee, des Erzherzogs Albrecht. Schwer zu übersehen, dass es die blutige Unterdrückung der weite Teile Europas erfassenden Revolution des Jahres 1848 war, die zu Augusts militärischer Karriere den Hintergrund abgab, sie in den Dunstkreis der finstersten Reaktion rückte. Bevor wir zu dem betrüblichen Ende dieser über weiteste Strecken so außergewöhnlichen Karriere zurückkehren, einem Ende, das den Feldmarschallleutnant traf wie der sprichwörtliche Blitz aus heiterem Himmel, wollen wir uns einige Augenblicke lang dessen Privatleben zuwenden.

Eine bedauernswerte Ehefrau, ein in seiner Ehre gekränkter Offizier und ein Erbschleicher

Da war Anna Clam-Martinitz, die um ihr Leben an Augusts Seite zu beneiden, es nur sehr wenig Grund gegeben haben mag. Wir haben sie uns als eine jener adeligen Frauen zu denken, denen die Unterordnung unter die Ideen, Wünsche und Launen des Ehemanns traditions- und erziehungsbedingt zur Selbstverständlichkeit geworden war. Ob ihr die jeweilige Garnisonierung ihres Mannes das eine Mal mehr, das andere Mal weniger behagte, wird ihr keines Aufhebens wert erschienen sein. Nie wäre es ihr eingefallen, Augusts Aufmerksamkeit ganz für sich in Anspruch zu nehmen, auch ihre drei Geburten werden da wohl keine Ausnahme gebildet haben. Und als die Söhne sich später gegen das überstrenge Regiment des Vaters auflehnten, um es schließlich, einer nach dem anderen, auf die denkbar radikalste Art abzuschütteln, fing Anna an, sich still zu Tode zu grämen. War es dann der Witwer, der verspätet Abbitte tat, oder der zuletzt auch noch vom dritten Sohn verlassene Vater, der die Unnachgiebigkeit seiner

Erziehungsmethoden bereute? Vielleicht sind dem Feldmarschallleutnant Regungen dieser Art nicht ganz fremd geblieben, doch überliefert sind nur sein Groll, die tief empfundene Kränkung – Ressentiments, die ihn bis zu seinem Tod nicht mehr verließen. Ohne Zweifel waren bei seinem jähen Absturz in den sogenannten Ruhestand Intrigen mit im Spiel gewesen. Der geradlinige August hatte zunächst an einen Irrtum, an ein dummes Missverständnis geglaubt und daher wochenlang auf eine Entschuldigung, auf die Zurücknahme seiner Pensionierung gewartet, dann aber, als nichts dergleichen geschah, zur Feder gegriffen und sich an einige vermeintliche Freunde in hohen und höchsten Kommandostellen, ja auch an den Erzherzog persönlich gewandt. Wie all die anderen war auch dessen Antwort nur ausweichend gewesen, des Inhalts nämlich, dass Augusts Versetzung in den Ruhestand gewiss nichts Kränkendes an sich habe, zeige ihm doch ein Blick in das Verordnungsblatt, mit wie vielen Ehrenmännern er das Schicksal teile und dies ja aus keinem anderen Grund als dem der dringenden »Erleichterung des Staatsschatzes«. »Entlastung« werden sie wohl gemeint haben. Als der aus einer alles versprechenden Karriere mir nichts, dir nichts in die Pension katapultierte Feldmarschallleutnant zwecks Klärung der tatsächlichen Gründe gegen sich ein formelles Verfahren beantragt, wird ihm mitgeteilt, dass dies unmöglich sei, liege doch gegen ihn nicht das Geringste vor. Endgültiges Scheitern, Scheitern an einer Gummiwand. Ab diesem Zeitpunkt scheint sich August Stillfried auf ein Zusammenleben mit der ihm zugefügten Kränkung eingerichtet zu haben; für Einsicht in eigene Fehler wird da nicht viel Platz geblieben sein. Ein Ansatz dazu lässt sich in einem mit 14. September 1872 datierten Brief finden, mit welchem er sich bei der Adoptivmutter der kleinen Franziska, für die Beileidsbezeugung zum Ableben seiner Frau bedankt. In diesem Briefwechsel ist auch von Franziska selbst die Rede, von einer »gewissen Unfügsamkeit«, die Frau Neuber bei dem Kind festgestellt haben will. Eine Charaktereigenschaft, für welche der Großvater in seiner Antwort freimütig die Verantwortung übernimmt:, »... leider kein guter und der einzige Erbteil, den sie von mir bekommen kann«, und nun vervollständigt er den Satz – nach der in gehobenen Kreisen damals üblichen Art, etwas nicht für alle Ohren Bestimmtes zu sagen – auf Französisch: »car je suis pauvre comme un rat d'église n'ayant qu'une pension fort mediocre et pas un liard de fortune.« (denn ich bin arm wie eine Kirchenmaus, weil ich weder im Besitz einer angemessenen Pension bin noch das nötige Vermögen habe.) Nun fällt August wieder ins Deutsche zurück: »Ich weiß nicht, wie ich dazu komme, Ihnen dieses Geständnis zu machen, aber es floss mir so aus der Feder, und im Übrigen habe ich gar keinen Grund, mich dessen zu schämen, da es ganz unverschuldet ist ...«

Gerade die bescheidenen Verhältnisse, in denen August Stillfried lebte, zeichneten ihn als Ehrenmann aus, er war das extreme Gegenteil seines jüngeren Bruders Philipp, einem Schelm, der den Älteren um eine riesige Erbschaft geprellt hat. Die immer gleiche Geschichte: Der Erbe eines Reichs, einer Burg, eines Gutes oder auch eines Bauernhofs zieht ins Feld und der daheimgebliebene Bruder nützt die Gunst der Stunde. Um es kurz zu machen, eine Erbtante, in ihrer Ehe kinderlos, hatte den Wunsch gehabt, die ihr nach dem Tod ihres gräflichen Gemahls kraft Heiratskontrakt zugefallene 4000 Hektar große Herrschaft Wisowitz samt Barockschloss mit wertvoller Gemäldesammlung und viele Tausend Bände umfassender Bibliothek ungeteilt zu erhalten. Also konnten nicht alle vier Stillfried-Brüder auf Erbschaft hoffen, sondern nur der Älteste, und das war August, er aber auf die ganze. Doch während dieser an fernen Kriegsschauplätzen weilte, umschlich und umschmeichelte Philipp die Tante. Er wird schon die richtigen Worte gefunden haben, um Neigung und Eignung seines soldatischen Bruders zu Land- und Forstwirtschaft bei ihr in ein schräges Licht zu setzen. Als die alte Dame das Zeitliche segnete, hatte Philipp es zum reichen Grundherrn gebracht. Viel mehr als ein paar zerstreute, wenn auch wenig freundliche Gedanken scheint August an den Erbschleicher nicht verschwendet zu haben, allzu sehr war er damals mit seiner militärischen Karriere beschäftigt gewesen, jener Karte, auf die er alles gesetzt hatte.

Rüdiger Cincinnatus

Lucius Quinctius Cincinnatus, Großbauer der römischen Legende, ihr zufolge im Widerstreit zwischen angeborener Neigung und sittlicher Verantwortung, fortgeholt vom Pflug, um dieser zu genügen, zu jener zurückgekehrt, sobald sein Gewissen es ihm erlaubte, sich wieder hinter den Pflug zu stellen. Dies ist die Parabel von Rüdigers Leben. Einer zum Extremen, ja Bizarren neigenden Persönlichkeit wie August pflegt im Wechsel der Generationen nicht selten ein auf die Mitte und den Ausgleich hinorientierter Charakter vorangegangen zu sein: Rüdiger hieß also Augusts Vater, Sohn Emanuels, des Begründers der österreichischen Stillfriedlinie und getreuen Paladins Maria Theresias – ja, und des ersten Direktors der von der Herrscherin in Wien gegründeten Baumschule für adelig-männlichen Staats- und Regierungsnachwuchs, des Theresianums. Erst die dritte Ehe hat das lange genug kreuznormal verlaufene Leben Rüdigers in ein extravagantes Flair getaucht, die Ehe mit einer Französin. Nachdem zu Prag in aller Umständlichkeit der »Heuraths-Contract«, ein echtes Meisterwerk der Kasuistik, verabredet, aufgesetzt und mit den Unterschriften und Siegeln des Brautpaares, der Brautmutter sowie von vier Zeugen, deren Namen im Gotha ausnahmslos zu den großen zählen, bekräftigt worden war, fand am 26. Oktober 1805 in der Kapelle des Fürstlich Fürstenbergischen Schlosses zu Nischburg die Trauung statt. »Der Bräutigam«, verrät uns Alfons in seiner Chronik, »war schon einundvierzig Jahre alt, Witwer zweier Frauen und Vater von sechs Kindern. Obwohl also Rüdiger, der Sohn Emanuels, mehr als doppelt so alt war, gestaltete sich die Ehe außerordentlich harmonisch und glücklich.« Aber wer war nun die Braut? Ihr Name: Carolina Josepha Rosalia Gräfin Mahy, Marquise von Favras, Tochter des in den Anfängen der Französischen Revolution in Paris hingerichteten Thomas de Mahy Marquis de Favras und der Viktoria Hedwig Carolina Gräfin Mahy, Marquise von Favras, geborene Prinzessin von Anhalt.

Favras, ein uralter französischer Adelsname, der sich, nicht unähnlich dem Namen Stillfried, bis ins erste Jahrtausend zurückverfolgen lässt, wenngleich ohne jene Zeitlücken, deren Vorhandensein der gewissenhafte Chronist Alfons Stillfried im eigenen Stammbaum mehr als einmal ausdrücklich festgestellt hat. Aber noch wichtiger als des Marquis alter Name: Der Mann war tapfer und hielt zu seinem König. Lassen wir Alfons das Wort: »Favras hatte sich bei den neuen Machthabern missliebig gemacht, weil er, als die Volksmenge am 5. Oktober 1789 nach Versailles marschierte, als einziger unter allen dort anwesenden königlichen Offizieren die Meinung vertrat, dass man den Pöbel mit der blanken Waffe vertreiben müsse … Von diesem Zeitpunkt an wurde Favras von Spitzeln auf Schritt und Tritt beobachtet, und das Ergebnis war, dass er in den nicht ganz unbegründeten Verdacht geriet, mit Monsieur, dem Grafen von Provence[3] , eine Gegenrevolution organisieren zu wollen. Um 2 Uhr morgens wurde die Marquise, als ausländische Prinzessin zu allem Überfluss noch zusätzlich verhasst und verdächtig, im Gefängnis von keinem Geringeren als Lafayette verhört. Als dieser sie fragte, wieso sie in einem Brief habe behaupten können, dass der König ein Gefangener sei, erwiderte sie furchtlos: ›Ja, mein Herr! Der König ist ein Gefangener und sie sind sein Kerkermeister!‹«

Die kleine, nach heutigen Maßstäben vielleicht sogar winzige Dame hat sich kein Blatt vor den Mund genommen, laut Alfons ließ sie sich nicht einmal durch Drohungen einschüchtern. Obwohl die Untersuchungen gegen ihren Gatten keine Beweise erbracht hatten, wurde dieser zum Tode verurteilt. Die

---

3 Der Graf von Provence war der älteste Bruder Ludwigs XVI., dem nach der Thronbesteigung Ludwigs der Titel »Monsieur« verliehen worden war.

Hinrichtung fand am 19. Februar 1790 um 8 Uhr abends auf der Place de Grève statt. Durch Erhängen, obwohl die Guillotine bereits erfunden war und ihre Aufstellung nicht mehr lange auf sich warten lassen sollte. Der Marquis hielt, was er bei der Urteilsverkündung gelobt hatte, er zeigte den Parisern, »wie ein Edelmann zu sterben weiß«. Zu den Hintergründen dieser Verurteilung Alfons Stillfried: »In Wahrheit hatte sich Favras für die königliche Familie aufgeopfert; Monsieur hatte natürlich einen Plan zur Befreiung der königlichen Familie, welches Mitglied derselben hätte ihn nicht gehabt? Und Favras war der Vertraute Monsieurs und befolgte als Offizier die Befehle seines Herrn; welcher wahrhafte Edelmann hätte den König nicht gerne befreit? Wenn aber Favras diese Bestrebungen der königlichen Familie eingestanden hätte, wäre diese zweifellos schon damals der Wut des Pöbels zum Opfer gefallen.«

Die Marquise hatte von der Hinrichtung ihres Mannes im Gefängnis erfahren, schon wenige Augenblicke nach der Vollstreckung des Urteils; die Stimme des Ausrufers war zu ihr in die Zelle gedrungen. Tags darauf wurde sie in Freiheit gesetzt, doch was da auf sie wartete, mehr als ein notdürftiges Sich-Durchfretten war das nicht. Ein Frauenstift stellte der all ihrer Mittel beraubten Witwe eine bescheidene Unterkunft zur Verfügung und ganz im Geheimen half ihr der König mit einer finanziellen Zuwendung aus. Ihre Zivilcourage hatte die Marquise von Favras indessen keineswegs eingebüßt! Als ihr 1791 vom Pariser Magistrat unter der Bezeichnung »Contribution patriotique« eine Steuervorschreibung zuging, antwortete sie dem Bürgermeister persönlich – und zwar mit einem Brief, der es in sich hatte, die Anrede des Adressaten in der dritten Person – nicht anders, als wenn Aristokraten an ihre Diener das Wort richteten: »Wie kann er durch den Glanz einer nur kurz dauernden Erhöhung so verblendet sein, mich in die Lage zu versetzen, ihn daran erinnern zu müssen, dass ich es nie vergessen werde, dass er die Kühnheit hatte, mich des Nachts aus meiner Wohnung abholen zu lassen, und die Grausamkeit beging, mich 56 Tage in geheimer Haft zu lassen, ohne irgend jemand sehen zu dürfen, ohne dass gegen mich ein Urteil oder eine Klage vorlag, und dass er mir alle Mittel raubte, meinen Mann zu retten, indem meine Gefangenschaft bis zu dem Morde an diesem unvergesslichen Opfer verlängert wurde! Mein Herr, wo ist jetzt mein Vaterland? Wenn er diesen süßen Namen dem Lande geben will, in welchem meine Kinder geboren sind und welches deren Vater geschlachtet hat, so kann ich es nur verabscheuen, es macht mich schaudern. Ich schulde ihm nichts, es schuldet mir alles!« Entgegen allen Warnungen ihrer Verwandten und Freunde schickte die Marquise den Brief auch ab, sodass man sich noch heute über zweierlei wundern darf: Weder wurde eines Morgengrauens mit dem Ruf

»Im Namen der Republik« an ihre Türe gepocht noch bestand der Magistrat von Paris auf der »Contribution patriotique«. Nicht lange danach aber gelang der Marquise, zusammen mit ihrem Sohn, die Flucht ins Ausland; die beiden schlugen sich durch bis nach Prag, wo sie bei der befreundeten, schon früher aus Frankreich emigrierten Fürstenfamilie Rohan Aufnahme fanden.

Und Caroline, die Tochter? Sie, gerade erst einmal fünf Jahre alt, war von ihrer Mutter unmittelbar vor deren Flucht ins Ausland geistlichen Schwestern anvertraut worden, mit der Absicht, sie nachkommen zu lassen, sobald man ein weniger gefahrvolles Fahrwasser erreicht haben würde. Bis dahin, so die letzten ermahnenden Worte der Marquise, werde es wahrscheinlich noch längere Zeit dauern, Caroline müsse sich mit Geduld wappnen und tapfer sein. Überstürzter Abschied. Damit begann eine tränenreiche Kindheitsodyssee und die Erinnerungen an diese Jahre – zehn an der Zahl! – hat Caroline als erwachsene Frau dann zu Papier gebracht. Wie man aus dem Buch »Die Stillfriede. Drei Jahrhunderte aus dem Lebensroman einer österreichischen Familie« ersehen kann, hat sein Autor auch dieses Dokument besessen. Die geistlichen Schwestern waren nett zu dem Kind gewesen, hatten es zu trösten versucht; die Mutter habe seinen Bruder ins Ausland mitnehmen müssen, weil er sonst in ein Findelhaus gebracht worden wäre. Findelhaus – und Caroline war nicht von diesem Schicksal bedroht gewesen? Wie dem auch sei, das Revolutionsregime hob alle geistlichen Orden auf und auch Carolines Schwestern mussten sich zerstreuen. Eine hilfsbereite Dame aus der entfernteren Verwandtschaft brachte das Kind aufs Land, wo sie es einer Schwester seines Vaters übergab. Doch diese Tante war ängstlich, sie fürchtete Schwierigkeiten mit den Behörden, und so wurde Caroline zu einem Bauern geschafft, wo ihre Unterkunft nicht viel mehr als ein Stallabteil war. Und wieder tauchte die hilfsbereite Dame auf, um die Unglückliche nach Paris zurückzuholen. Auf eine Kostfrau, die das Kind hungern ließ und es auch sonst ganz vernachlässigte, folgte eine menschlichere Person, die ihre Beziehungen zu einflussreichen Jakobinern gepflegt haben soll, um Kindern von politisch in Misskredit geratenen Eltern bei sich Schutz zu gewähren. Zwischen diesem Herumgestoßenwerden musste Caroline die öffentliche Schule besuchen, in der die Schüler mit revolutionären Parolen gefüttert wurden oder an auf offener Straße aufgestellten Tischen republikanische Mahlzeiten einnahmen, bei denen jeder Trinkspruch auf die Revolution mitzujubeln war. Erst als die Guillotine am 28. Juli 1794 auch Robespierres Kopf gefordert hatte, konnten Carolines geistliche Schwestern an eine Rückkehr denken. Bald hatten sie sich wieder in ihrem Pariser Kloster eingerichtet und auch das ihnen zu Revolutionsbeginn in aller Hast anvertraute Mädchen gehörte zu ihren Zöglingen. War nun ein Wiedersehen mit Mutter und Bruder in greifbare Nähe gerückt? Sollte man meinen, doch es kam ganz anders und Caroline blieb es ein Leben lang unbegreiflich, warum es noch bis Mai 1801 dauern sollte. Gewiss, man war durch Revolution und Krieg lange voneinander abgeschnitten gewesen und auch, als sich die Lage langsam zu entspannen begann, hatte der Postweg Monate in Anspruch genommen. Den ersten Brief, den die Marquise nach jahrelangem, durch die politische Lage aufgezwungenem Schweigen ihrer Tochter geschrieben hat, findet man wörtlich im Familienroman: Dokument einer Mutterliebe, die, noch ganz im Schreibstil des 18. Jahrhunderts, auf dem Kothurn einherschreitet. Oder einherstelzt: »Ich schreibe Dir nur zwei Worte, meine liebe Caroline, um Dir zu sagen, wie sehr ich Dich liebe. Ja, mein liebes Kind, ich werde zufrieden sterben, wenn ich Dich gesehen und umarmt habe. Ach, wie sehr, meine liebe Caroline, bedarf Deine Mutter Deiner, um ihren Kummer zu erleichtern. Ich bin sicher, dass Du die Liebe Deiner Mutter erwidern wirst. Sage mir immer wieder, ob Du Dich darauf freust, Dich mit mir zu vereinen, ich will alles dransetzen, diesen glücklichen Augenblick herbeizuführen; lass Dein Herz sprechen, es möge allein Deine Feder führen, und ich werde urteilen, ob Du Dich gedrängt fühlst, die Tränen zu trocknen, welche wegen unserer Trennung fließen. Ja, Du hast das Herz Deines Vaters und wirst in meine Arme fliegen. Dein Bruder ist wohl auf und spricht mir in jedem Briefe von Dir. Ich musste mich von ihm trennen, weil er in die österreichische Armee eingetreten ist. Bitte Gott, ihn zu erhalten … Einstweilen, mein liebes Kind, versichere ich Dich aller meiner mütterlichen Liebe.« Dann war – allzu bedächtig, wie es scheint – Carolines Heimholung geplant worden. Heimholung freilich nicht nach Paris, sondern in ein neues, das Prager Zuhause. Das zu bewerkstelligen hatte sich ein enger Vertrauter der Marquise von Favras, der österreichische Graf Nostitz, erbötig gemacht. Die erste Etappe war Strassburg gewesen, wohin die mittlerweile Fünfzehnjährige von einer freundlichen Dame (offenbar gefiel es Carolines Schutzengel, ihr in dieser Gestalt zur Seite zu stehen) in der Postkutsche mitgenommen wurde. Dort übergab sie das Mädchen dem Prager Freund und Vertrauten der Mutter und wer meint, wenigstens jetzt auf keine weiteren Verzögerungen mehr gefasst sein zu müssen, der irrt abermals. Unvorhergesehene Ereignisse zwangen den Grafen, die Reise nach Augsburg, der nächsten Etappe von Carolines Heimholung, um vier Monate zu verschieben. Aber so viel hatte Nostitz bereits mitbekommen: Die Tochter seiner verehrten Freundin war unter jakobinischen Auspizien noch nicht ganz zu dem herangereift, was man in der aristokratischen Gesellschaft Prags unter einer gebildeten jungen Dame verstand. Also steckte der Graf Caroline in ein elsässisches Mädchenpensionat, dessen Besuch die vier Monate nutzbringend auszufüllen versprach. Geduld scheint eine ihrer besonderen Tugenden gewesen zu sein, denn statt an einer Erwachsenenwelt, deren Zeitbegriff von schwer erträglicher Dehnbarkeit zu sein schien, zu verzweifeln, hat sich Caroline auch als längst erwachsene Frau nur mit Dankbarkeit ihrer Pensionatszeit im Elsass erinnert – und das Gebetsbuch immer in Ehren gehalten, das ihr der Religionslehrer zum Abschied geschenkt hatte. Doch an einem Maitag 1801 war es dann so weit gewesen. Über die Rheinbrücke wurde Caroline, die als Tochter einer Emigrantin keinen Pass besaß, in aller Unauffälligkeit zu Fuß geleitet, erst auf der deutschen Seite bestieg sie Nostizens wartende Kutsche und über Augsburg ging die Reise nach Prag.

Doch zurück zu ihm, dessen Name über diesem Kapitel steht, zu Rüdiger Stillfried, der zu Prag gerade seinen dritten Ehebund eingegangen ist. Die Neugier auf seine dritte Braut war es gewesen, die uns nach Paris und mitten unter die Jakobiner entführt hat. Mit seiner dritten Heirat mischt Rüdiger die österreichische Stillfried-Linie durch Zuführung von gallischem Blut ins Weltläufig-Urbane auf. Was noch ist an ihm bemerkenswert? Er hat sich um Österreichs Landwirtschaft verdient gemacht, als angesehener Fachmann und Autor von zwei Büchern. »Bemerkungen über die Wechselwirtschaft, aus Erfahrungen und Beobachtungen gesammelt. Nebst einem Anhange über den Gebrauch der neuen Ackergeräthe und Maschinen von J. H. C. Bley«, so der Titel des ersten, 1813 im Prager Haase-Verlag erschienenen Buches. Das zweite Buch, vom nämlichen Verlagshaus 1830 herausgebracht, behandelte den landwirtschaftlichen Einsatz von Kunstdünger, einem echten Novum in der damaligen Zeit. Natürlich beschränkte sich Rüdigers Interesse an der Landwirtschaft nicht aufs Theoretische, auch als aktiver Landwirt tat er sich hervor, dies auf dem von seiner Mutter Antonia Gräfin von Zierotin ererbten mährischen Gut Johnsdorf; bis zu seiner dritten Heirat war das der Fall gewesen. Bei Caroline hatte er Hemmungen gehabt, sie der so lange entbehrten Mutter und dem geselligen Leben der neuen Prager Heimat zu entführen. Nicht ohne Bedenken übergab er das Gut einem Verwalter, doch seine junge Frau war glücklich, sie genoss das Leben in der Goldenen Stadt. Ein noch im Familienbesitz befindliches Gemälde der französischen Malerin Vigée-Lebrun, die sich damals vorübergehend in Prag aufhielt, zeigt Caroline mit dem kleinen August auf ihrem Schoß. Unter den Bildern, die von der Hand der Künstlerin stammen, dürfte es kaum zu den gelungensten zählen. Als man 1809 dann doch nach Johnsdorf übersiedelte, hatte die junge Frau noch zwei weitere Knaben zur Welt gebracht; insgesamt sollten es schließlich acht Kinder werden. In seinem oft zitierten Buch hat Alfons Stillfried die Marquise von Favras als »Stammmutter aller künftigen Mitglieder der österreichischen Linie« bezeichnet, denn nur von ihren Kindern habe »das Haus im Mannesstamm weitergeblüht«. Für die Übersiedlung nach Johrnsdorf gibt Alfons zwei Gründe an: Erstens habe der landwirtschaftlich so engagierte Rüdiger das Gut, zumindest auf Dauer, nicht gänzlich einem Verwalter überlassen wollen und zweitens sei die Lebenshaltung im Prager Palais schon ziemlich kostspielig geworden. Trotzdem wurde aus dem Landleben nicht mehr als eine Episode, denn die Einschicht begann sich bei Caroline schon bald aufs Gemüt zu schlagen. Die alte dumme Geschichte, in welcher jemand, der einen Tagtraum hat, sich nichts anderes vorstellen kann, als dass dieser auch vom geliebten Menschen geteilt werde; groß das Erstaunen, sobald der Traum Wirklichkeit geworden ist. Eine Erfahrung, die auch Rüdiger mit Caroline nicht erspart blieb. Nachdem sie ihm in der Landeinsamkeit zwei Töchter geschenkt hatte, waren bei ihr Anzeichen beginnenden Trübsinns nicht länger zu übersehen gewesen, er sah ein, dass er ihr das Leben in Johrnsdorf nicht länger zumuten konnte. Nach drei Jahren, während welcher »Madame la Princesse«, wie sich Carolines Mutter in ihren Kreisen gerne nennen ließ, ohnehin nie aufgehört hatte, auf eine Rückkehr nach Prag zu drängen, vertauschte man das Johrnsdorfer Schloss mit dem Prager Palais. Schweren Herzens verkaufte Rüdiger sein mütterliches Erbteil, was ihm, wie sein Urenkel Alfons zu behaupten nie müde wurde, kein Glück gebracht habe. Tatsächlich scheint er den Verlust von Johrnsdorf kaum verwunden zu haben, beinahe zwanghaft kaufte er später fünf Güter zusammen, vier in Böhmen und eines sogar in Tirol. Letzteres, ein mit dem erblichen Titel »Herr und Landmann in Tirol« verbundenes Rittergut, dürfte Caroline aber zu entlegen gewesen sein; indessen ließ sie sich dazu bewegen, zeitweise zusammen mit ihrem Cincinnatus das im Taborer Kreis gelegene Gut Prosetsch zu bewohnen; dort gebar sie ihr achtes und letztes Kind, einen Knaben, der auf den Namen Karl getauft wurde. Obwohl Rüdiger sich in seinem Ruf als Fachmann sonnen durfte, scheinen seine Neuanfänge alles in allem unter keinem günstigen Stern gestanden zu sein. »Nur so ist es zu erklären, dass Rüdiger nicht eines der vielen Güter, die er zu Lebzeiten besessen, auf einen seiner Söhne vererben konnte.« So das bedauernde Resümee seines Urenkels Alfons, ein Zitat, das diesem Kapitel sehr gut als Schlusswort dienen könnte, gäbe es da nicht noch etwas: Rüdiger hat den Kontakt mit der preußischen Stillfried-Linie mit Eifer gepflegt und aufrechterhalten. Wie schon von seinem Vater Emanuel, der den in der letzten Phase des Schlesischen Krieges ausgebrochenen stillfriedschen Bruderzwist, Ursache der österreichisch-preußischen Liniengabelung, im Briefwechsel mit einem Neffen namens Josef begrub, sind auch von Rüdiger Briefe erhalten geblieben, die er mit preußischen Verwandten ausgetauscht hat. Wie patriotisch österreichische und preußische Träger des Namens Stillfried im weiteren Verlauf der Geschichte auch immer gedacht und gehandelt haben mögen, das Gefühl verwandtschaftlicher Zusammengehörigkeit ist bis auf den heutigen Tag erhalten geblieben.

Ganz unter seinesgleichen in Prag

Madame la Princesse hatte in der Moldaumetropole ihre zweite Heimat gefunden, ein Zuhause, das sie nicht einmal mehr mit Paris getauscht hätte; das umso weniger, als man dort, wo sie verkehrte, ohnehin ausschließlich Französisch sprach. Welche Rolle diese Stadt während der Französischen Revolution und in den Jahrzehnten danach, jenen der Restauration, damals in Europa spielte und ob die Uhren ihrer vielen Kirchtürme mit der Zeit noch Schritt hielten, das zu klären, soll hier in dialektischer Manier versucht werden, im Wechsel von zwei voneinander sehr verschiedenen Betrachtungsweisen, der Alfons Stillfrieds und jener des Erzählers dieser Geschichte.

In Prag, seit Alters her eine Stadt des hohen Adels, herrschte ein äußerst reges gesellschaftliches und kulturelles Leben. In den Palästen der Lobkowitz und Schwarzenberg, der Fürstenberg, Waldstein und Czernin, der Thun, Sternberg, der Martinitz, Chotek und Kolowrat wurden nicht nur Bälle und Feste veranstaltet, sondern auch Musik und Theater gepflegt. Und nicht nur aus Frankreich kamen Emigranten, sondern aus allen Teilen des Deutschen Reiches suchten und fanden gar Viele in Prag Zuflucht vor Napoleon. Hier liest Kleist im Salon des Kolowratschen Palais seine »Hermannsschlacht« vor …

»Die Hermannsschlacht«! Mit diesem Drama in fünf Akten, aber auch mit anderen Werken hat dieser bedeutende Dramatiker, der auch einer der patriotischen Vorbeter im Preußen der Befreiungskriege war, gegen Napoleon angeschrieben. Kein Wunder, dass Kleist auch in Prags Hautevolee als en vogue galt, bei jenen Kreisen nämlich, die glücklich waren, in jener Stadt Aufnahme gefunden zu haben, in der man seinen Abscheu gegen das damalige Frankreich risikolos zur Schau tragen durfte.

Prag war zu einem Sammelpunkt der französischen Emigranten geworden, und da diese Emigranten alle royalistisch gesinnt waren, auch zu einem Sammelpunkt der antibonapartistischen Kreise ... Der Sommer des Jahres 1813 brachte in das ohnehin reiche und bewegte Leben Prags vermehrten Zustrom und neue Sensationen. Napoleon sah sich nach dem fluchtartigen Rückzug aus Russland einer Koalition von Russland, Preußen, England und Schweden gegenüber. Alles hing davon ab, welche Stellung Österreich einnehmen würde ... Caroline kann die Festlichkeiten und Empfänge, die sich aus diesem Anlass (gemeint ist Napoleons Scheitern in und an Russland) ergeben, nicht mitmachen, da sie wieder einmal guter Hoffnung ist ... Umso mehr überlässt sich Madame la Princesse den Freuden des Fests. Obwohl sie schon an die sechzig ist, ist sie noch immer eine sehr ansprechende Erscheinung; Nostitz bleibt auch im Alter ihr getreuer Cicerone. Der Graf von Artois, Bruder des hingerichteten Königs und des Grafen von Provence, für den sich der Marquis von Favras aufgeopfert hatte, weilt ebenfalls im Lager der Verbündeten, sagt ihr viele freundliche Worte des Danks und der Anerkennung und verspricht ihr für den Fall der Restauration des Hauses Bourbon eine Pension von 10.000 Francs. Bei der Nachricht von der großen Entscheidungsschlacht von Leipzig herrscht großer Jubel und die Stadt erstrahlt in festlicher Illumination ... Kaspar Sternberg ist ein Mann von den vielseitigsten Interessen, er steht in regem Briefwechsel mit Goethe, den er für seine mineralogischen Forschungen und sein Museum interessiert hat und der ihm eine ganze Anzahl seltener Funde überlässt. Goethe nimmt auch die Ehrenmitgliedschaft des Museums an, aber den öfters an ihn ergangenen Bitten, doch einmal nach Prag zu kommen, entspricht er nicht, obwohl er es von Marienbad oder Karlsbad aus nicht mehr weit gehabt hätte ...

Sicher hätte er es nicht mehr weit nach Prag gehabt, der Dichterfürst, der sich freilich durch den Umstand, auch ein, wenngleich hochrangiger, Fürstendiener zu sein, nie von seinen grundsätzlichen Einwänden gegen Adelsherrschaft und Adelsunwesen hatte abbringen lassen. Warum erst lange in den »Leiden des jungen Werthers« nach Belegen suchen, ist Goethe doch schon mit dem Diktum »Was du ererbt von deinen Vätern, erwirb es, um es zu besitzen« deutlich genug zu dem auf Distanz gegangen, was er um sich herum als deutsche Realität zur Kenntnis zu nehmen hatte. Das abgesehen von seiner schwärmerischen Sympathie für Napoleon, dessen Orden er auch dann noch trug, als das allgemein für anstößig erachtet wurde. Goethe dürfte eine ziemlich klare Vorstellung davon gehabt haben, worauf er sich in Prag eingelassen hätte.

Im Jahre 1833 kam Marie Therese, die Tochter Ludwigs XVI., als einzige Überlebende seiner Familie mit ihrem Gatten Ludwig, Herzog von Angoulême, dem Sohne des letzten Königs von Frankreich, Karl X. (des vormaligen Grafen von Artois) nach Prag.

Das herzogliche Paar war vor der Julirevolution nach England geflüchtet, fühlte sich dort aber nicht wohl und kam auf der Suche nach einem ihnen zusagenden Exil nach Prag. Madame la Princesse hatte schon vorher davon Wind bekommen und bedrängte ihren Schwiegersohn, dem hohen Paare seine Gastfreundschaft oder vielmehr ihre – der Prinzessin – Gastfreundschaft anzubieten, denn sie wollte im Falle der Annahme seitens des Herzogs die Rolle der Hausfrau spielen, und der Herzog sollte glauben, dass es ihr Haus sei, in dem er wohne, andernfalls, nämlich von einem Fremden, könnte der Herzog das Angebot ja gar nicht akzeptieren. Rüdiger machte seiner Schwiegermutter gerne den Gefallen, und das Angebot wurde tatsächlich angenommen. Madame la Princesse war selig, der Tochter i h r e s letzten unglücklichen Königs Logis bieten zu können, und auch Caroline empfand für die um neun Jahre ältere Marie Thérèse, die zur selben Zeit wie sie selbst in Paris noch viel Ärgeres zu erdulden gehabt hatte, eine schwärmerische Verehrung. Madame la Princesse hätte ihren Schwiegersohn ohne Bedenken finanziell zugrunde gerichtet, nur um das Glück zu genießen, die heroische und von ihr mit Recht bewunderte Marie Thérèse länger in ihrem Hause zu behalten. Natürlich kannte Marie Thérèse die Geschichte des Marquis von Favras und sprach des Öfteren mit Worten dankbarer Anerkennung von ihm, was Balsam für die Ohren der Prinzessin war und sie nicht oft genug hören konnte. Zum Glück für Rüdiger, dem die Kosten einige Sorgen bereiteten, zog es der Herzog nach wenigen Wochen vor, seinem entthronten Vater nach Görz zu folgen ...

So gewiss, wie es Rüdigers dritte Heirat gewesen war, die ihn in die ganz große Welt geweht hatte, so wenig ist daran zu zweifeln, dass er sich dabei auf eine anstrengende Schwiegermutter eingelassen hatte. Nicht wenig prätentiös muss sie gewesen sein, Madame la Princesse, und genau so blickt sie auch aus jener Miniatur in die Welt, die sich noch im Familienbesitz befindet. Bei allem Respekt vor ihrer im Umgang mit Jakobinern bewiesenen Courage, eine Nervensäge muss sie doch gewesen sein. Indessen hatte sie einen gutmütigen, ja vielleicht sogar etwas phlegmatischen Schwiegersohn – zu ihrem, vor allem aber zu dessen eigenem Glück und Seelenfrieden. Über den Herzog von Angoulême, den Gatten der Tochter Ludwigs XVI., ist wenig bekannt, im Gegensatz zu seinem Vater. Als Karl X. war dieser Ludwig XVIII. auf den französischen Thron gefolgt[4], auf welchem er die Reaktion zu finsteren Triumphen geführt hatte. Ein König, der von den Zeichen der neuen Zeit wohl kein einziges verstanden und

---

4 Der einem vertierten Schuster zur Erziehung übergebene und noch in jugendlichem Alter umgekommene Sohn des hingerichteten Königs Ludwigs XVI. wird in der Geschichtsschreibung als Ludwig XVII. geführt.

auf seinen Sturz durch die Julirevolution 1830 noch mit einer Mischung aus Verblüffung und Indignation reagiert hatte.

Im Jahre 1836 fand im Prager Veitsdom die feierliche Krönung des jungen Kaisers[5] zum König von Böhmen statt, die mit zahlreichen Festlichkeiten verbunden war. Die Marquise konnte an diesen Festlichkeiten nicht teilnehmen, weil ihr Gatte Rüdiger inzwischen gestorben und die Trauer noch nicht abgelaufen war; aber die unverwüstliche Madame la Princesse erschien bei Hofe und erhielt auch eine Audienz beim Kaiser; sie beklagte sich bitter bei ihm, dass seit der Julirevolution ihre französische Pension ausgeblieben sei, und bat den Kaiser um diplomatische Intervention bei der französischen Regierung, denn weder könne man ihr zumuten, sich von ihrem Schwiegersohn bzw. von ihrer Tochter erhalten zu lassen, noch könne sie sich so weit erniedrigen, an König Louis-Philippe, den Sohn des Königsmörders Egalité, eine Bittschrift zu richten ...

Wer wollte es Madame la Princesse verdenken, dass sie den Vater des »Bürgerkönigs« Louis-Philippe I. einen Königsmörder nannte! Immerhin hatte dieser Herzog von Orléans, der sich als begeisterter Revolutionär den Beinamen »Égalité« zulegte, als Abgeordneter des Konvents für den Tod Ludwigs XVI. gestimmt. Übrigens, bevor er 1793 dann selbst der Guillotine zum Opfer fiel.

Während all dieser Ereignisse (Alfons meint damit vor allem das Revolutionsjahr 1848, die wechselvolle Militärkarriere von Rüdigers Sohn August, die Schlacht von Solferino und die Ereignisse rund um das Zündnadelgewehr), *die sich in der großen und kleinen Welt abspielten, thronte die Mutter Augusts, Madame la Marquise, seit 30 Jahren verwitwet, immer noch in unnahbarer Würde in ihrem kleinen Palais in Prag. Sie war etwas schrullenhaft und egoistisch geworden und sehr ungehalten, als sie, um ihren Lebensstandard aufrechterhalten zu können, gezwungen war, das zweite Stockwerk zu vermieten; sie fand es nicht standesgemäß, mit einer anderen Familie zusammen in einem Hause zu wohnen – da könnte man ja gleich in ein Mietshaus ziehen! Nach seiner Thronentsagung wählte Kaiser Ferdinand die königliche Burg von Prag zu seinem Ruhesitz. Dort war er von einem kleinen Kreis mehr oder weniger missvergnügter, aber harmloser Herren und Damen der Aristokratie umgeben, die einmal wöchentlich bei ihm zum Kartenspiel geladen waren. Auch die Marquise gehörte dazu, und jeden Donnerstag, Schlag*

---

5 Ferdinand I., der geistig zurückgebliebene Sohn von Franz I.

5 Uhr, verließ ihre Equipage das Palais in der Hibernergasse und rollte über die Karlsbrücke zum Hradschin. Die Leute, die ihrem Wagen begegneten, richteten ihre Uhren danach. Bei ihrer eigenen Intelligenz konnte sich die Marquise wohl keinen Illusionen in Bezug auf die geistigen Fähigkeiten des hohen Herrn hingeben, aber sie lebte mehr in der Vergangenheit als in der Gegenwart, sie fühlte ein Faible für alles Gestrige und insbesondere für entthronte Monarchen, was ja bis zu einem gewissen Grade auch bei Ferdinand der Fall war. Außerdem gefiel ihr seine Bonhommie und sein natürliches unbekümmertes Wesen, obwohl sie selbst auf Etikette außerordentlich bedacht war. Nach der unglücklichen Schlacht bei Solferino sagte Ferdinand auf den Umstand anspielend, dass Franz Joseph I. höchstpersönlich den Oberfehl geführt hatte: »Das hätten wir am End' a troffen.« Und zur Marquise gewendet: »Ihnern Herrn Sohn ham's mit zwarafuchzg anderen Generalen pensioniert, damit hundertfuchzgtausend Gulden im Jahr erspart werden, aber der Eynatten[6] hat in an Jahr mehr als das Doppelte g'stohlen.« »Oui, Sire«, erwiderte die Marquise, die nie wirklich Deutsch erlernt und, zudem schon etwas schwerhörig, nur etwas vom Sparen verstanden hatte, »Kreisel hin und Kreisel her, macht ein großer Somm«; es war ihr Lieblingsspruch, nur das Wort »Kreuzer« konnte sie nicht aussprechen. In den Sommermonaten weilte die Marquise öfters zum Kurgebrauch in Teplitz, wo sie auch hochbetagt starb ...

Madame la Marquise, die, ihrer Mutter darin durchaus nachgeraten, den ererbten Titel wie eine Stola um ihre Schultern trug, scheint, älter werdend, dieser immer ähnlicher geworden zu sein. Hatten diese beiden und die ganze übrige Prager Hautevolee auch nur einen Funken von dem verstanden, was 1789, 1830 oder 1848 in Europa vor sich gegangen war? Noch Alfons Stillfried, der selbst längst zu der Einsicht gekommen war, dass der Adel seine führende Rolle in der Gesellschaft verwirkt hatte, und nicht müde wurde, Adelsdünkel anzuprangern, hat, wenn es um das Thema »Revolution« ging, mit großer Selbstverständlichkeit und ziemlich wahllos das Wort »Pöbel« verwendet. Gewiss besitzt jede Gesellschaft auch ihr Lumpenproletariat und im revolutionären Paris mag dieses zeitweise durchaus das Straßenbild beherrscht haben. Aber das Gros der Pariser Bevölkerung, das wie in allen Städten der Welt aus arbeitenden, ihre Steuer entrichtenden Menschen bestand, zumindest Letzteres sehr zum Unterschied sowohl vom Adel wie vom Klerus, schon deshalb als Pöbel abzutun,

---

6 Feldmarschallleutnant August Friedrich Freiherr von Eynatten, der durch Selbstmord geendet war, nachdem er sich als Gouverneur von Verona schwerer Unregelmäßigkeiten schuldig gemacht hatte.

weil es sein Vertrauen in das Königshaus irgendwann einmal eingebüßt hatte?! Und »Canaille«, ob dieses auf die lichtscheuen und gewaltbereiten Bewohner der Pariser Elendsquartiere gemünzte Wort zum Beispiel nicht auch jene arrogant-zynischen Lebedamen und Lebemänner bezeichnen sollte, die gegen die Sintflut nichts einzuwenden hatten, wenn sie nur *nach* ihnen die Erde unter Wasser setzen würde? Diejenigen, die zuerst vor der Französischen Revolution und dann vor Napoleon in Prag komfortable Zuflucht gefunden hatten, scheinen von den Ursachen dieses großen und gewaltsamen Umsturzes nicht einmal nachträglich die leiseste Idee gehabt zu haben. Kein Hauch von *nostra culpa*! Nichts hat sich ihnen, den Kavalieren und ihren Damen, vom Heulen und Zähneklappern der Geknechteten mitgeteilt, das man, wie Schopenhauer ein paar Jahrzente später meinte, zwischen den Seiten jeder Philosophie spüren müsse. Gewiss, jeder Philosophie, die diesen Namen verdient.

Ende und Anfang

Meine Erzählung nähert sich ihrem Ende. Ende, das mit einem Anfang zusammenfällt, dem Anfang der österreichischen Stillfried-Linie. Mit ihren Begründern, Rüdigers Vater Emanuel und seiner Frau Antonia Gräfin von Zierotin, sie wie er aus böhmischem Uradel, haben wir längst Bekanntschaft gemacht oder, um genau zu sein: eher mit ihm. Sie hat der Verfasser der stillfriedschen Familienchronik ein wenig vernachlässigt; der sonst so Akribische war im betreffenden Kapitel von etwas anderem zu sehr in Anspruch genommen, wahrscheinlich von dem Briefwechsel zwischen Emanuel und seinem »neupreußischen« Neffen Josef. Diesen ganz im Geist der Versöhnung geführten, hauptsächlich genealogischen Fragen gewidmeten Gedankenaustausch möglichst ausführlich wiederzugeben, scheint Alfons ein besonderes Anliegen gewesen zu sein; die Ahnfrau Antonia hat das im Text um ein paar Zeilen geprellt. Jedenfalls geht aus den Unterlagen hervor, dass sie nach Rüdiger noch viermal Mutter geworden ist. Zum Wichtigsten, das wir von Emanuel wissen, gehört, dass er der erste Direktor des Wiener Theresianums war. Sein älterer Bruder Stephan hatte dem jüngeren Bruder Michael, als ihn dieser mit abfälligen Reden über den Wiener Hof in Rage brachte, eine Ohrfeige verpasst. Das besiegelte die Abspaltung einer preußischen Linie – und die Geburt der österreichischen.

Das nächtliche Bankett

So sehr auch … auf der Bühne der Welt die Stücke und die Masken wechseln, so bleiben doch in allen die Schauspieler dieselben. Wir sitzen zusammen und reden und regen einander auf, und die Augen leuchten und die Stimmen werden schallender: ganz ebenso haben andere gesessen, vor tausend Jahren: es war dasselbe, und es waren dieselben: ebenso wird es sein über tausend Jahre.

Arthur Schopenhauer

Durch die alles vertilgende Zeit, in der Vergangenheit, Gegenwart und Zukunft kaum mehr bedeuten als ein Traum, halten sich die Menschen an einer selbst geknüpften Strickleiter fest, die sie ihren »Kalender« nennen; der Punkt, an dem sie das Artefakt zuletzt befestigten, rund zwei Jahrtausende ist das erst her, scheint mir so beliebig wie alle früher gewählten Punkte. Zum ersten Mal hat mich die Relativität der Zeit vor einem Gemälde schwindeln gemacht: vor Wolfgang Heimbachs »Nächtlichem Bankett«. Gut vierzig Jahre liegt das zurück und seither habe ich Wiens Kunsthistorisches Museum nie mehr besucht, ohne diesem Bild meine Aufwartung zu machen. Erst seit ungefähr einem Jahr hängt das Werk des norddeutschen Barockmalers nicht mehr an seinem Platz, es ist anderen Bildern ins Depot ausgewichen, doch das wird sich auch wieder ändern. Aber was hat es mit dem Gemälde auf sich? An die vierzig Menschen, Damen wie Herren, im Schein vieler Kerzen um eine sehr lange Tafel versammelt. Faszinierend an dem Gemälde ist seine zeitlose Festlichkeit! Festliche Aufgeräumtheit auf den Gesichtern, über angeregten Blicken weit emporgezogene Augenbrauenpaare, die einem Nachbarn zur Seite oder dem Visavis artigste Aufmerksamkeit bekunden wollen. Die aufwendige Eleganz der Garderoben, die auf jede Damenfrisur verwendete Sorgfalt – ja und die allseits erkennbare Freude am Sehen und Gesehenwerden! Gastgeber und Ehrengast sind gerade auf ihre offenbar recht massiven Stühle gestiegen, damit ihre Trinksprüche auch allseits gehört werden können. Man ahnt den Überschwang der dabei ausgetauschten Komplimente und vielleicht wird einem der Tischredner die Zunge schon schwer oder auch beiden. Wein muss ja schon in Strömen geflossen sein und zu den gerade aufgetragenen Desserts wird wohl Likör gereicht werden. Über dreihundertsiebzig Jahre sind schon vergangen, seit der taubstumme Künstler dieses Genrebild gemalt hat, doch sieht man vom Wandel der Mode ab und natürlich auch davon, dass Kerzen, zumal als ausschließliche Lichtquelle, den Festen unserer Tage beinahe abhandengekommen sind, könnte dieses Gastmahl auch gestern erst stattgefunden haben.

Gestern ebenso gut wie vor einigen Hundert Jahren. Ist da nicht Madame la Princesse, die jeden der Trinksprüche mit gedankenvollem Nicken begleitet? Natürlich hat der Hausherr sie, eine geborene Prinzessin von Anhalt, zu seiner Tischdame erkoren! Nicht weit von ihr sitzt ihre Tochter, Madame la Marquise; wäre das Datum der Einladung erst auf den nächsten Monat gefallen, hätte sie, die wieder einmal guter Hoffnung ist, an dem Bankett nicht mehr teilnehmen können. Rüdiger, ihrem Gemahl merke ich die Erleichterung an, sich mit seiner Tischdame, wenn schon nicht über das Forstwesen, so doch immerhin über die Jagd unterhalten zu können. In ihrer Relativität zaubert die Zeit auch weit auseinanderliegende Stillfriedgenerationen an Heimbachs Tafel. Sitzt da nicht, mit dem Rücken zum zweiten Butzenscheibenfenster von rechts, Heinrich der Ältere, Erbherr auf Schloss Neurode und Stammvater des ganzen Geschlechts? Stammvater insofern, als sich der Name Stillfried bis zu ihm, dem 1519 Geborenen, lückenlos zurückverfolgen lässt. Der hochbetagte Patriarch umfasst mit einem Schmunzeln sein Weinglas, die Gedanken wieder einmal in Prag, wohin er seine letzte große Reise unternommen hatte. Der Reisezweck war eher delikat gewesen, nämlich der, sich zu einer einschneidenden Änderung des mit den Söhnen abgeschlossenen Erbschaftsvertrags endlich die Zustimmung des Kaisers zu holen. Ohne dessen Bestätigung wäre das Paragrafenwerk nicht mehr als eine kalligrafische Übung geblieben. Immer wieder waren Lehensgüter vom Rückfall an die Krone bedroht und dem galt es im stillfriedschen Fall, mit diplomatischem Geschick zuvorzukommen. Klug hatte der ältere Heinrich das Ableben Rudolfs II. abgewartet, war doch dessen Hofkamarilla als ebenso unberechenbar wie korrupt verschrien gewesen; erst unter günstigeren Vorzeichen trat er in Aktion. Bei Matthias, Rudolfs Nachfolger, hatte er das Glück des Tüchtigen gehabt – oder auch das Glück des Gefinkelten. Schräg gegenüber – und zwar an der etwas niedergedrückten Haltung, errät man des Stammvaters vom Schicksal gezausten Sohn: Bernhard I., den »Hiob von Neurode«. Ihm fiel es zu, den vom Vater in jungen Jahren vollzogenen Übertritt zum Protestantismus am eigenen Leibe zu büßen, denn selbstverständlich waren dann auch die Kinder des Patriarchen im lutherischen Glauben getauft und erzogen worden. Nur hatte sich 1620 mit der Schlacht am Weißen Berge, die mit der vollkommenen Niederlage der aufständischen Protestanten endete, das Blatt zu deren Ungunsten zu wenden begonnen. Das katholisch-kaiserliche Strafgericht, das über den protestantischen Adel Böhmens in vielerlei Gestalt – Verfolgung, Einkerkerung und vor allem Einziehung der Güter – hereinbrach, verschonte auch Bernhard I. nicht. Immerhin verstand er es, sich ganz klein zu machen; gemeinsam mit seiner Frau »kehrte er zum Glauben der Väter zurück«, wie er das von der siegreichen Partei geforderte Gewissensopfer euphemistisch umschrieb. An der nächtlichen Festtafel ist er ein aufmerksamer Zuhörer, der beflissen in alle Richtungen Zustimmung nickt; zu gründlich haben ihm die Kaiserlich-Katholischen die Schneid abgekauft. Ist nicht Matthias Graf von Gallas, Generalleutnant und Feldzeugmeister im Dreißigjährigen Krieg sowie Wallensteins Stellvertreter, der Ehrengast des Banketts? Mit leicht belustigtem Blick streift er den Hiob von Neurode, denn dieser, von einer ihm gegenübersitzenden entfernten Verwandten nach den Umständen seiner einstigen Rettung aus den Klauen wallensteinscher Marodeure befragt, hat gerade einmal mehr die alte Geschichte erzählt: niemand anderer als ein Engel habe das Raubgesindel verjagt. Man stelle sich vor, ein Engel im Brustpanzer, der den Schurken mit dem Aufknüpfen droht! Gallas scheint sich des wahren Hergangs zu entsinnen. Übrigens, »um ein Eck« sind die Stillfrieds auch mit den Wallensteins verwandt. Dieser gobelingeschmückte Saal, aus welchem Schloss wird man wohl durch seine Fenster geblickt haben? Oder ist es eine Burg, etwa gar jene Prags? Schon sitz der kaiserliche Rat Martinitz mit an der Tafel, von seinen Tischnachbarn mit Fragen sekkiert! Wie lange er gebraucht habe, sich vom Prager Fenstersturz ganz zu erholen; in welcher Reihenfolge die drei Herren ihren unfreiwilligen Flug anzutreten gehabt hätten; ob er, sein Kollege Slavata und jener Schreiber wirklich so weich gefallen seien und worauf denn nun wirklich. Die Geduld, mit welcher der kaiserlicher Rat Auskunft gibt, täuscht nicht darüber hinweg: Ganz verwunden hat er es noch immer nicht, wie man mit ihm und seinesgleichen damals verfuhr. Und da ist Maria Anna, die stillfriedsche Freifrau und geborene Gräfin von Salburg, die ihrem Josef, einem verbohrten Jünger der Alchimie, knapp hintereinander neun Kinder gebar. Unter ihnen Stephan und Michael, die beiden Kampfhähne jenes Bruderzwistes im Hause Stillfried, seit welchem dieser alte Name im österreichischen wie im preußischen Tonfall buchstabiert zu werden pflegt. Maria Anna muss eine sehr schöne Frau gewesen sein, noch als Witwe galt sie dafür. Ein Graf Degenfeld, der sie schon als Jüngling angehimmelt hatte, warb zielstrebig um sie und jetzt glaubte auch die Freifrau, seine Neigung erwidern zu dürfen. Schon hatte man im Gesindehaus von Verlobung zu tuscheln begonnen, wurde doch im Schloss schon seit Tagen das Silber geputzt, dann aber war alles ganz anders gekommen. Das Ballfest, auf Neurode das erste seit Jahren, strebte gerade seinem Höhepunkt zu, als die Schlossherrin mit einem »leisen Aufschrei den Armen des Grafen entsank und wie vom Blitz getroffen zu Boden stürzte«. Lassen wir Alfons Stillfried das Wort, um zu erfahren, was Maria Anna bald nach dem Erwachen aus ihrer Ohnmacht dem Schlossgeistlichen gebeichtet haben soll: Als sie in Degenfelds Armen gerade an den Gemächern ihres verblichenen Gemahls vorbei durch den Wappensaal schwebte, habe sich »nur ihr sichtbar die Flügeltür geöffnet und Josef, wie zu festlichen Gelegenheiten gekleidet, mit üppiger Allongeperücke im grünen Samtrock und Silberbrokatweste, weißer Krawatte mit Brüsseler Spitzen, grauseidenen Strümpfen und schwarzen Samtschuhen mit blitzenden Schnallen, an der Seite den Degen, der Handschutz aus kunstvoll geschmiedetem Edelmetall, sei mit drohender Gebärde auf sie zugekommen. Sie sehe das als deutlichen Beweis an, dass sie im Begriff gestanden sei, eine schwere Sünde öffentlich zu begehen, die sie in ihrem Inneren bereits begangen habe. Sie bereue ihre Sünde tief und wolle den Rest ihres Lebens der Sühne dieser Sünde weihen.« Und so geschah es dann auch. Gut gemeinten priesterlichen Beschwichtigungsversuchen zeigte sich die Aufgewühlte völlig verschlossen, sie und ihr Verehrer bekamen einander nicht mehr zu Gesicht. Ihre Trauerkleidung hat Maria Anna wieder aus der Truhe geholt, um für den Rest ihres Lebens nichts mehr anderes zu tragen. In der Familienüberlieferung wird sie als die »Heilige von Neurode« geführt. Nächtens auf dem Bankett ist sie freilich in leuchtend blauen Samt gekleidet, gut gelaunt und an Degenfelds Seite. Wie hätte ein so altes Geschlecht wie das stillfriedsche im Lauf der Jahrhunderte nicht so gut wie jedes Genre hervorbringen sollen? Neben dem um die Sicherung seiner Güter besorgten Feudalherrn, dem seinem Kaiserhaus bedingungslos ergebenen Amtsträger, dem treuen Kriegsgefolgsmann oder der Schlossheiligen, neben diesen erhabenen Gestalten also auch die anderen, dunkleren Schattierungen. Den Geizhals etwa, den Ausbeuter und Leuteschinder, den Verschwender auf Kosten seiner Untertanen, den Erbschleicher oder gar den vollendeten Bösewicht. Doch das Schurkengenre scheint im Hause Stillfried niemals die Oberhand gewonnen zu haben. Immerhin, der Erbschleicher Philipp ist an der langen Tafel nicht zufällig gegenüber Bernhard III. platziert; auch dieser Bernhard war nämlich zeitlebens kein Guter gewesen: einer, der sich seinen Bauern gegenüber in der Rolle des harten, strengen und unnahbaren Erbherrn gefiel. Den ganzen langen Abend wird barocke Tischmusik gespielt, neben anderem Marco Uccellinis »Aria sopra la Bergamasca«. Und zu barocker Musik rücken plötzlich drei Jahrhunderte zusammen: das 19. Jahrhundert mit August Stillfried, dem Feldmarschallleutnant des schon im Abendrot stehenden Habsburgerreiches; das 17. Jahrhundert mit Tobias Stillfried, dem in der Schlacht am Weißen Berge gefallenen protestantischen Freiherrn, und das 16. Jahrhundert mit Jakob, Heinrich des Älteren Vater, der bei Wiens erster Türkenbelagerung auf einer heiß umkämpften Schanze seinen Geist aufgab. Beim Bankett bilden die drei Krieger sehr bald einen Klüngel. Mischt sich da in Giovanni Battista Fontanas »Sonata XV« nicht plötzlich das Geräusch zusammenrückender Stühle?

Mondscheinadel

Der erbliche Adel habe einen »indirekten Charakter«, er sei »gespiegeltes Licht, Mondlicht, ein Mondscheinadel, Totenwerk«. So José Ortega y Gasset, der in der Übertragung des Adels vom Gründer auf seine Nachfahren überdies so etwas wie eine Ungereimtheit ortet: »Folgerichtiger drehen die Chinesen die Erbfolge um; nicht der Vater adelt den Sohn, sondern der Sohn, der den Adel erwirbt, teilt ihn seinen Vorfahren mit und zeichnet seinen niederen Stamm durch seine Leistung aus.«[7] Alfons Stillfried hat da sicher anders gedacht, doch war auch er dem Adel gegenüber alles andere als unkritisch gewesen: »Die herrschende Klasse«, so schrieb er in seinem ungedruckt gebliebenen Lebenswerk, »hat christliche Ordnung mit der Wahrung ihres Besitzstandes verwechselt. Die Tragik, dass die kirchliche Hierarchie sich an die Seite der Mächtigen stellte. Wäre die Kirche nur Schutzherrin der Armen und Entrechteten geblieben!«[8]

Der Traum

Die Mythologie der Hindus sah auf eine Welt, »von der man weder sagen kann, dass sie sei, noch auch, dass sie nicht sei, denn sie ist, wie ein Traum ist.« Für Li-tai-pe ging das Leben »so wie ein großer Traum dahin, und sich darin zu mühn, weiß wer den Sinn?« Die Eitelkeit alles Irdischen und die traumartige Beschaffenheit dieser Welt, ein Topos fernöstlicher Weiser und Dichter. Freilich, ein wiederkehrendes Thema auch in der abendländischen Literatur. Shakespeare hielt uns Menschen für »solches Zeug wie das, woraus die Träume gemacht sind, und unser kurzes Leben ist von einem Schlaf umschlossen.« Leben und Traum, Quasi-Identität oder gegenseitige Durchdringung: Calderóns Drama »Das Leben ein Traum«, Grillparzers dramatisches Märchen »Der Traum, ein Leben«. Und auch in Europas Philosophie gibt es dieses feststehende Bild: Das Leben als ein dem bloßen Schein verfallener Traum. Liegt es da nicht in der

---

7 José Ortega y Gasset, Der Aufstand der Massen, Deutsche Verlagsanstalt Stuttgart München 2002.
8 Alfons Stillfried, Vom Mythos zur Gegenwart, nicht verlegt.

Luft, diese Erzählung traumartig enden zu lassen – und zwar mit einem »genealogischen Traum«, mit dem, was Alfons Stillfried von seinen Ahnen geträumt haben könnte? Ihn wollen wir uns schlafend denken, als einen Träumer mit geschlossenen Augen und als Mann im letzten Jahr seines Lebens.

Wie hätten sie, die Ahnfrauen und Ahnherrn, aus dem Unterbewusstsein gerade dieses Nachkommen ausgeschlossen bleiben sollen, der ihrem Andenken viele Tausend Stunden seines Lebens schenkte; der sich in seinen Nachforschungen keineswegs damit begnügte, ihren Vornamen im Stammbaum den stimmigen Platz zuzuweisen; der sich vielmehr auch der Mühe unterzog, die Lebensgeschichte jedes von ihnen zu rekonstruieren, und der mit ihnen tägliche Zwiesprache hielt? Brauchte Alfons doch nur von seiner Schreibmaschine aufzublicken, um sie beinahe vollzählig an der Wand versammelt zu sehen, vom stillfriedschen Stammvater Heinrich dem Älteren über Emanuel, dem späteren Begründer der österreichischen Linie, bis hin zu Raimund, seinem eigenen Vater. Die Herren wie die ihnen angetrauten Damen, sie alle angeordnet zu einem durchdachten Ensemble kleinformatiger Bilder. Könnte ihm da nicht nachts einmal geträumt haben, alle Bilderrahmen seien plötzlich leer? Doch er war nicht mehr allein in dem Zimmer, jemand hatte es sich in der Biedermeier-Sitzgarnitur bequem gemacht, sein eigener Vater. Das Antlitz, ernst wie fast immer, schien in vorwurfsvolle Falten gelegt und als er zu reden begann, passte das ganz zum Gesichtsausdruck. »Extravagant warst du ja schon immer gewesen! Als Schüler nachts in die Internatskappelle geschlichen und mit einer Nadel die Eucharistie auf die Probe gestellt; als kleiner Angestellter der Staatseisenbahn nach durchzechter Nacht gern verspätet zum Dienst erschienen, dafür aber mit großer Vorfahrt im Fiaker; die reguläre Neujahrsgratifikation snobistisch als Trinkgeld zurückgewiesen und mit nobler Geste dem Amtsdiener geschenkt; nicht genug damit, als blutjunger Leutnant, noch dazu der Reserve, einen Konteradmiral zum Duell gefordert!« »Bei all dem«, fuhr der Vater fort, »war dir immerhin noch deine Jugend zugutezuhalten, aber was du dir als in die Jahre gekommener Mann mit deiner Schriftstellerei geleistet hast, du weißt schon: mein angebliches mexikanisches Techtelmechtel mit deiner Wainona, das, mein Lieber, hat dem Fass den Boden ausgeschlagen!« Alfons begann, etwas von dichterischer Freiheit zu murmeln, doch der Alte hatte dafür nicht mehr als ein Papperlapapp. Sein Gesicht den leeren Bilderrahmen zugewandt, wechselte er schon das Thema. »Du wunderst dich, dass sie ausgeflogen sind? Sie kommen zurück, schon morgen hast du sie wieder.« Doch in diesem Augenblick betrat Bernhard den Raum und die Art, in der sich sein Blick mit dem des Großvaters traf, erweckte den Eindruck, als wären sie gerade erst auseinandergegangen. Den Vater begrüßte Bernhard mit seinem üblichen, beinahe hastigen »Servus, Servus«, dem dann übergangslos die Sachaussage folgte. »Nachschub für Badgastein!« Zur Unterstreichung des Gesagten hob Bernhard eine gerade erst abgestellte unförmige und offensichtlich sehr schwere Tasche kurz vom Boden auf, aus deren Innerem das spröde Geräusch sich aneinander reibender Flaschen nicht zu überhören war. Warum Badgastein, wunderte Alfons sich jetzt. Vater und Sohn sahen ihn verständnislos an. »Du weißt also nicht, dass eure Vorfahren sich dort ein Stelldichein geben!« Der Alte schüttelte ungläubig den Kopf, nun aber wollte sein Filius wissen, warum Raimund »eure Vorfahren« gesagt habe, seien es doch auch seine, des Vaters. »Das schon, aber zum Unterschied von dir und Bernhard, die ihr noch eurer Gegenwart gehört und dieser auch über eure Lebenszeit hinaus noch eine Weile verhaftet bleiben werdet, hat sich mein Leben von alldem längst gelöst, ist nur noch Vergangenheit, Geschichte. Vorfahre oder Ahne, das bin ich selbst!« Den letzten Satz hatte der ernste Mann mit dem Anflug eines Lächelns gesagt. Ein Kulissenwechsel war während des kleinen Disputs nahezu unbemerkt geblieben, doch tatsächlich, der Platz der Handlung hatte sich in einen alpinen Kurort verwandelt, in keinen anderen als Badgastein! Selbdritt standen sie nun vor einem Chalet, das nicht zu groß, nicht zu klein und sehr einladend war. Kein Zweifel, das »Five Drinkcorners House«. Raimund grüßte zum Balkon des oberen Stockwerks hinauf und an Sohn und Enkel gewandt, ließ er sich leise vernehmen: »Ihr könnt sie nicht sehen, aber sie sehen euch und mehr euch als mir gilt ihr Winken. Doch wir müssen uns jetzt trennen, man erwartet mich schon.« Und damit verabschiedete er sich. Vor der Haustür wandte er sich noch einmal zurück: »Auch unsereiner, bevor er seinen Platz in der Geschichte bekommt – und sei es auch nur ein Platzerl, muss zunächst in der Zeitgeschichte antichambrieren. Alfons, bei unserem nächsten Treffen bist auch du schon dabei! Mit Ahnenreihen ist es nicht viel anders als im Leben: man stellt sich an – und kommt an die Reihe.« Jetzt war es schon mehr als ein Anflug, Raimund lächelte wirklich. Bernhard besaß noch die Geistesgegenwart, dem Alten die Tasche bis zum Hauseingang nachzutragen. »Großvater, Nachfüllung für den Schnapsschrank!« Inzwischen war es Nacht geworden. Im Chalet standen mehrere Fenster offen, ein lautes und vielstimmiges Lachen drang zu den beiden herunter; es schien dem Neuankömmling zu gelten oder, noch wahrscheinlicher, dem Inhalt der Tasche. Alfons, humanistisch und also zur Bewunderung der griechischen Klassik erzogen, dünkte das Gelächter, ja was wohl: »homerisch«! Bernhard schien inzwischen die Raumkapazitäten überschlagen zu haben: »Platz ist genug in dem Haus; ich glaub, fast jeder kann sitzen, ein paar stehen eh immer herum, halt wie bei einer richtigen Party.« Vater und Sohn standen noch immer vor dem erleuchteten Haus. Der Heiterkeitsausbruch, ob nun homerisch oder sardonisch, ebbte rasch ab und an seiner Stelle erklang auf einmal Musik. Eine Symphonie, Nr. 38 D-Dur: Mozarts Prager! Alfons, dem klassische Musik nie viel bedeutet hatte, war nicht wenig stolz, diese Symphonie schon bei ihren ersten Takten erkannt zu haben. Er wusste sogar das Datum der Uraufführung und jetzt nannte er es seinem Sohn: »Der 19. Januar 1787, mehr als wahrscheinlich, dass Emanuel und Antonia, unsere österreichischen Stammeltern, Mozarts Konzert beigewohnt haben, lebten sie doch damals längst nicht mehr in Wien, sondern wieder auf ihrem Johnsdorfer Gut. Nach Prag hatten sie es von dort nicht allzu weit und Verwandte, die gern bereit waren, ihnen Gastfreundschaft zu gewähren, besaßen sie ja in der Hauptstadt zur Genüge.« Warfen die Gasteiner Berge im Mondlicht bloß seltsame Schatten oder befanden sie sich auf einmal wirklich in Prag? Alfons glaubte, ganz schemenhaft die Umrisse des Hradschins zu erkennen und dann plötzlich, er wusste nicht, wie ihnen geschah, lehnten er und Bernhard am Geländer der Karlsbrücke. Die »Prager Symphonie« erfüllte die Nacht, das Adagio des ersten Satzes war dem Andante des zweiten gewichen, während beider Männer Augen die Brunsviksäule suchten. Und da, unterhalb der Brücke, auf der Insel Kampa emporragend, der schlanke mit Reliefs verzierte Stein, der einen Ritter in voller Rüstung trägt – einen, dessen Rechte den Griff eines goldenen Schwertes umfasst. »Hier wird der alten Sage gedacht, die von zwei böhmischen Fürsten erzählt, von Stylfryd oder Stoymir, dem Vater, und von Brunsvik, dem noch legendäreren Sohn. Dessen Schwert soll unter der Säule begraben liegen, und dem, der es wieder ans Tageslicht bringt, verheißt die Sage die böhmische Krone. Es ist dasselbe Halbdunkel, in dem sich die Anfänge Böhmens und unsere Stillfriedschen Spuren verlieren.« Kaum hatte Bernhard gedankenverloren zu diesen Sätzen des Vaters genickt, als die beiden ihres neuerlichen Ortswechsels gewahr wurden. Wieder standen sie vor ihrem Gasteiner Haus und dessen Fenster waren noch immer erleuchtet. Die paar schattenhaften Umrisse, die sie da wahrzunehmen glaubten, Alfons schienen sie seltsam vertraut. Der Ort hatte sich also verändert, doch nicht die Musik, der sie lauschten. Noch immer die »Prager« und noch immer ihr zweiter Satz mit seinem tiefernsten Andante.

Lassen wir es das Jahr 1974 gewesen sein und Alfons letzten Traum von den Ahnen. Ja, und die hellste Nacht, die das obere Gasteinertal in diesem Sommer erlebte! Was konnte Vater und Sohn besser in den Morgen begleiten als der Satz E. T. A. Hoffmanns, des genialischen Schriftstellers! Er soll ihn auf die »symphonische Schwester«, Nr. 39 Es-Dur, gemünzt haben, genau so aber scheint er mir auf die »Prager« zu passen: »Liebe und Wehmut tönen in holden Stimmen, die Nacht der Geisterwelt geht auf in hellem Purpurschimmer, und in unaussprechlicher Sehnsucht ziehen wir den Gestalten nach, die freundlich uns in ihre Reihen winken, im ewigen Sphärentanze durch die Wolken fliegen.« Ein Satz wie geschaffen, beides ausklingen zu lassen, Alfons Stillfrieds Traum ebenso wie meine Erzählung.

Nachbemerkung

Nur wer die eigene Position klarstellt, kann Glaubwürdigkeit beanspruchen, wenn er einer Haltung, die er selbst keineswegs teilt, den geschuldeten Respekt oder gar Bewunderung zollt. Ich habe in meiner Erzählung vor christlich-katholischer Frömmigkeit immer wieder den Hut gezogen, ganz besonders mit Blick auf manche Tat oder Verhaltensweise, zu welcher die Protagonisten der Handlung ohne ihren Glauben kaum die Kraft aufgebracht hätten. Und also beeile ich mich zu bekennen, dass in meiner Anschauung die Welt auf nichts außer ihr Bestehendes hinweist.

Auch Bernhard Stillfried war das bekannt, als er mich fragte, ob ich seine Lebensgeschichte und die seiner Familie erzählen würde. Er hat das Erscheinen dieses Buches nicht mehr erlebt, doch unser enger Kontakt und Gedankenaustausch in seinen letzten Lebensjahren machen mich zuversichtlich, dass mein Freund sich und die Seinen in meiner Erzählung wiedererkennen könnte.

Mario Erschen

Danksagung

Den langen Atem, der notwendig war, um den überreichen Stoff dieser Erzählung zu bändigen, danke ich vielen Freunden, in erster Linie denen Dr. Bernhard Stillfrieds, aber auch persönlichen. Vielfach decken sich diese beiden Kreise und in aller Vollständigkeit seien hier die Namen genannt:

Prof. Dr. Michael und Mag. Maria Dippelreiter, die meine Arbeit von der ersten bis zur letzten Seite begleitet haben: er als studierter Historiker, sie mit dem Zugang derjenigen, die von Berufs wegen mit der Sprache arbeitet, und beide hinsichtlich der fototechnischen Aufbereitung des Bildmaterials;

Prof. Dr. Edward Timms, britischer Germanist und Karl Kraus-Experte, der mir bei meiner Erzählung ein einfühlsamer Rezensent und Ratgeber war;

der Ägyptologe Prof. Dr. Erich Winter, der den Erzählstoff, der vom Land am Nil und seiner großen Vergangenheit handelt, fachkritisch durchgesehen hat;

der Orientalist Prof. Dr. Bert G. Fragner, der sich als profunder Kenner der Levante all jener Passagen annahm, die die übrigen Länder dieser Region zum Gegenstand haben;

Mag. Gertrude Kothanek, die meine Texte mit germanistischer Gewissenhaftigkeit gelesen hat;

Dr. Kurt Piringer, Uralt-Freund und Probeleser meiner allerersten Versuche;

Renato Tubaro, langjähriger Generalsekretär des Görzer Istituto per gli Incontri Culturali Mitteleuropei, dem ich für die Auffrischung wesentlicher Fakten und Zusammenhänge zu danken habe, die Bernhard Stillfrieds spätere Schaffensperiode betreffen, und – last, but not least – meiner Schwägerin Irmi, bewährter Retterin aus tausend Computernöten.

Diesen Namen habe ich drei Persönlichkeiten hinzuzufügen, die mir, als mich die sieben Jahre der langen tagtäglichen Nahsicht auf meinen Gegenstand allmählich etwas »betriebsblind« zu machen begann, das Manuskript sacht entwanden, um zwecks Drucklegung mit großer Umsicht initiativ zu werden:

Dr. Teresa Indjein, österreichische Diplomatin und subtile Übersetzerin schönster italienischer Gegenwartslyrik, sowie zwei alte Freunde Bernhard Stillfrieds: Dr. Christian Prosl, pensionierter Diplomat, zuletzt Österreichs Botschafter in Washington, nunmehr Präsident der Österreichischen Kulturvereinigung, und – hier muss sein Name noch einmal genannt werden – Michael Dippelreiter, lange Jahre engster Mitarbeiter Stillfrieds und Autor zahlreicher historischer Fachpublikationen. Teresa Indjein werde ich es nie vergessen, dass sie Dr. Angelika Klammer als Lektorin gewinnen konnte, die mit überzeugender Professionalität die Gartenschere zu handhaben wusste, um meine Erzählung von allerlei Wildwuchs zu befreien.

Diese Danksagung bliebe noch immer unvollständig, ließe ich die Unterstützung unerwähnt, die mir die Familie Stillfried, genauer gesagt Bernhards Kinder, zuteilwerden ließen, vor allem durch einige Interviews, mit denen sie Aussagen des Vaters ergänzten, aber auch durch tatkräftige Hilfe bei der Auswahl von Unterlagen und fotografischem Material.

Quellen

Buch I – Alfons

Stillfried, Alfons: Die Kriegsverlängerer im Schützengraben. Nicht veröffentlicht, 1918

Stillfried, Alfons: Ein Vorschlag. Nicht veröffentlicht, 1918

Stillfried, Alfons: Eingabe an das k. k. Regimentskommando[1]. 25. 6. 1918

Stillfried, Alfons: Österreich – ein nationaler Begriff. Der christliche Ständestaat, 22. 3. 1936

Briefwechsel zwischen Alfons Stillfried und seinem zur Deutschen Wehrmacht eingezogenen Sohn Georg

Stillfried, Alfons: Österreichs Jugend einmal anders gesehen. In: Austria Rediviva, 1945

Statuten der Österreichischen Liga demokratischer Freiheitskämpfer

Stillfried, Alfons: Resümee über die erste Vorstandssitzung der Österreichischen Liga demokratischer Freiheitskämpfer, 10. 11. 1945

Gründungsversammlung der Österreichischen Liga demokratischer Freiheitskämpfer vom 9. 11. 1945. Bericht über dieselbe im Mitteilungsblatt des Vereins, 1. 12. 1945

Stillfried, Alfons: Österreichs Beitrag zu seiner Befreiung. In: Die Presse, 16. 2. 1946

Stillfried, Alfons: Gerechtigkeit für Österreich. In: Austria Rediviva, März 1946

Stillfried, Alfons: Die österreichische Widerstandsbewegung und ihr Rückhalt im Volk, Sonderdruck, 1946[2]

Stillfried, Alfons: Demokratie und Freiheit. Sonderdruck, 1946[3]

Bescheid des Bundesministeriums für Inneres, Generaldirektion für die öffentliche Sicherheit, Zl. 151.854-4/46 vom 8. 11. 1946 betreffend die Auflösung des Vereins Österreichische Liga demokratischer Freiheitskämpfer

---

1 Pressburger Feldhaubitzen-Regiment.
2 Vortrag, gehalten am 17.6.1946 im Großen Musikvereinssaal Wien.
3 Vortrag, gehalten am 28.10.1946 an der Universität Wien.

Bericht des Leiters der Geheimdienstabteilung des sowjetischen Teils der Alliierten Kommission für Österreich, Bogdanov, an den stv. Minister des MGB der UdSSR, N. N. Selivanovskij, über die Aktivitäten verschiedener Organisationen ehemaliger Mitglieder der Widerstandsbewegungen O5 und der Österreichischen Liga demokratischer Freiheitskämpfer und ihre Einstellung gegenüber den Alliierten vom 14. 11. 1946[4]
Schreiben A. Stillfrieds vom 20. 11. 1946 an das Bundesministerium für Inneres
STILLFRIED, Alfons: Ein beschämendes Beispiel. In: Der Aufruf, 4. 6. 1948
STILLFRIED, Alfons: Die Aktualität der Österreichischen Idee. In: Der Aufruf, 16. 7. 1948
Von Freunden verfasstes Curriculum Vitae A. Stillfrieds, Mitte der 1950er-Jahre
STILLFRIED, Alfons: Erinnerungsnotizen (Schreibmaschine), Ende der 1960er-Jahre
STILLFRIED, Bernhard: Erinnerungsnotizen über die Jahre 1938 bis 1945, seine Familie und ihn selbst betreffend (Schreibmaschine)

BUCH II – BERNHARD

Lebensgang des Bernhard Raimund Alexius Wolfgang Maria Freiherrn von Stillfried und Rathenitz, 1925 vom Vater angelegt und in der Folge fortlaufend mit Eintragungen versehen
Vier Exemplare von »Worte unter uns«, Vereinsblatt der Neuen Jugend, Jahre 1948–1949
STILLFRIED, Bernhard: eine Vielzahl seiner als Programmassistent von BBC erstellten Features vorwiegend völkerkundlichen Inhalts, z. B. Blasrohre besiegen Maschinenpistolen, 1951; Tote herrschen über Lebende, 1954; Schmelztiegel Westindien, 1956; Im Land der Trommelsprache, 1957
STILLFRIED, Bernhard: eine Reihe wissenschaftlicher Aufsätze, z.B. Die Gilbert-Inseln, ein Schlüssel in der Frage der Besiedlung Ozeaniens. In: Die Wiener Schule der Völkerkunde, 1954; Mutterrechtliche Verwandtschaftszüge in den Zentral-Karolinen und ihre Problematik. In: Zeitschrift für Ethnologie, Bd. 81, Heft 1, Braunschweig 1956; Die hohe Kunst der Seefahrt in Ozeanien. In: Zeitschrift für Natur und Technik, Murnau, Heft 9, 1958
STILLFRIED, Ira: Die kosmogonischen Mythen der algonkinischen Stämme

---

4 Nach Öffnung der Moskauer Archive von Mitarbeitern des Ludwig Boltzmann Instituts für Kriegsfolgen-Forschung eingesehen und auszugweise ins Deutsche übersetzt.

im und um das nordöstliche Waldgebiet Nordamerikas, Seminarvortrag an der Universität Wien, 1955

STILLFRIED, Ira: Die Wahrheit des Mythos. Mit Maschine geschriebenes Manuskript ohne Hinweis auf Datum und Art der Veröffentlichung

STILLFRIED, Ira: Die Geschichte der europäischen Philosophie. Mit Maschine geschriebenes Manuskript ohne Hinweis auf Datum und Art der Veröffentlichung

STILLFRIED, Ira: Ein Angriff auf die Religion, Theaterrezension der Londoner Uraufführung von »The Making of Moo«, In: Die Furche, 14. 9. 1957

STILLFRIED, Bernhard: Morgen-Land. In: Die Furche, 10. 5. 1958

Eine Vielzahl von Zeitungsartikeln über die von Bernhard Stillfried übernommene und zwischen 1958 und 1986 geleistete Auslandskulturarbeit, z.B: Der Lawrence vom Minoritenplatz. Jahresexpedition in den Nahen Osten: Wo soll das Österreichische Kulturinstitut gebaut werden? In: Heute, 3. 5. 1958; Die österreichische Kulturarbeit im Vorderen Orient. Erste Ergebnisse einer Informationsreise zur Errichtung eines Kulturinstituts. In: Die Presse, 14. 1. 1959; Guter Anfang in Nahost. Kairo als Mittelpunkt intensivierter österreichischer Kulturarbeit. In: Die Presse, 17.6.1971; Abschied vom Nil. Bernhard Stillfried geht als Kulturattaché nach London. In: Die Presse, 29. 12. 1974; Geist in Bewegung. Gespräch mit Bernhard Stillfried über die Kulturarbeit im Ausland. In: Die Furche, 2. 9. 1988

STILLFRIED, Bernhard: Erinnerungsnotizen über die Jahre 1938 bis 1945, seine Familie und ihn selbst betreffend (Schreibmaschine)

Protokoll der Podiumsdiskussion »März 1938 – Wie es dazu kam« in der Wiener Hofburg am 31. 8. 1987

STILLFRIED, Bernhard: Interview zum Thema »Auslandkultur und Diplomatie«, In: Die Furche, 2.9.1988

STILLFRIED, Bernhard: Unser Führer war Christus. Am 7. Oktober 1938 feierten katholische Jugendliche in Wien das Rosenkranzfest. In: Wiener Zeitung, 4. Oktober 2008

Informationsbroschüre »Die Österreich-Kooperation in Wissenschaft, Bildung und Kultur. Ziele und Aufgaben, Geschichte und Zukunft«

Informationsbroschüre »Österreichische Kulturvereinigung«

Buch III – Raimund

Allgemeine illustrierte Weltausstellungs-Zeitung: Eine japanische Niederlassung in Wien), 1873

STILLFRIED, Raimund: Artikelserie »Japan auf der Weltausstellung«, 1873
Zeitungsbericht über R. Stillfrieds japanisches Teehaus, 1873
STILLFRIED, Raimund: Leserbrief betreffend das japanische Teehaus, 19. 7. 1873
Hongkong Daily Press: Bericht über Fotografien und Aquarelle R. Stillfrieds anlässlich der Feierlichkeiten zu Ehren des Besuches königlicher Prinzen in der britischen Kronkolonie, 15. 2. 1882
Photographic News: Photography in eastern Asia, 29. 2. 1884
STILLFRIED, Raimund: Separatabdruck einer Vortragsreihe »Japan und seine Bewohner«. In: Mitteilungen der Anthropologischen Gesellschaft in Wien, Band XIV, März 1884
STILLFRIED, Raimund: in Fotokopie erhaltener Abdruck einer Vortragsreihe über Japan. In: Verlag des Verfassers
Illustriertes Extrablatt: Notiz über einen Fototermin R. Stillfrieds mit Kronprinz Rudolf, 13. 6. 1885
Fremdenblatt, Neue Freie Presse, Wiener Allgemeine Zeitung sowie Kunst & Musik Zeitung: Notiz über die Ausstellung von Aquarellen und Fotografien R. Stillfrieds nach Interieurs kaiserlicher Residenzen und Schlösser, 13., 15. 25. 2. bzw. 10. 3. 1886
STILLFRIED, Raimund: Richtigstellung, wonach er nicht Amateur-, sondern Fachfotograf und 1874 mit dem Titel eines k. u. k. Hofphotografen ausgezeichnet worden sei, Neues Wiener Tagblatt, 20. 4. 1890
Neues Wiener Tagblatt: Der Kaiser in der geographischen Ausstellung, 3. 4. 1891
Neues Wiener Tagblatt: Meldung über eine Ausstellung im Wiener Künstlerklub, 17. 5. 1891
Neues Wiener Journal: Fotografie- und Aquarelle-Ausstellung R. Stillfrieds im Gebäude der Wiener Börse, 19. 5. 1891
Neue Freie Presse: Wiener Ateliers, Teil V, eingehende Würdigung R. Stillfrieds und seiner fotografischen und künstlerischen Verdienste, Juli 1891
Fotokopie einer fünfseitigen biografischen Abhandlung über R. Stillfried, deren Text einer Art Lexikon entnommen zu sein scheint, Name der Schrift und Erscheinungsdatum unbekannt
Fotokopie einer nicht identifizierbaren Zeitungsmeldung über den Ankauf des Aquarellbildes »Interieur der St. Stephanskirche« durch Se. Majestät den Kaiser
Neuigkeits Weltblatt: Reportage über die Weltreise des Erzherzogs Franz Ferdinand von Österreich-Este, deren Japan-Station für die Leser durch Schilderungen R. Stillfrieds veranschaulicht wird, 11. 8. 1893
Wiener Bilder: Vierzig Jahre nach Querétaro (mit einem Foto der Überlebenden der österreichischen Freiwilligen, darunter R. Stillfried), 26. 6. 1907

Neues Wiener Journal: Raimund Freiherr v. Stillfried gestorben, 13. 8. 1911

STILLFRIED, Bernhard: Über Großvater Raimund aus den Erzählungen meines Vaters (Schreibmaschine)

GARTLAN, Luke: Sources and Documents – A Chronology of Baron Raimund von Stillfried und Rathenitz (6. 8. 1839–12. 8. 1911)

GARTLAN, Luke: Changing Views. The Early Topographical Photographs of Stillfried & Company

GARTLAN, Luke: Views and Costumes of Japan. A Photograph Album by Baron Raimund von Stillfries-Ratenicz. In: La Trobe Journal, No 76, 2005

LITERATUR

Aus dem stillfriedschen Familienkreis:

STILLFRIED, Alfons (Pseudonym *Astill*): Kritische Betrachtungen, im Felde angestellt und im Tagebuch verzeichnet, Verlag, Buchhandlung und Zeitungsbüro Hermann Goldschmied, Wien 1918

STILLFRIED, Alfons: Vom Mythos zur Gegenwart, Wien 1955/1956 (nicht verlegt)

STILLFRIED, Alfons: Die Stillfriede – Drei Jahrhunderte aus dem Lebensroman einer österreichischen Familie. Europäischer Verlag, Wien 1956

STILLFRIED, Alfons: Einsichten und Ausblicke, Dr. Borotha-Schoeler, Wien 1965

STILLFRIED, Alfons: Die Přemysliden und der Ursprung des Hauses Stillfried, Dr. Borotha-Schoeler, Wien 1971

MORAWITZ-CADIO, Alice[5]: Erfahrung und Glaube. Amandus-Verlag, Wien (Datum nicht feststellbar)

MORAWITZ-CADIO, Alice: Das universale Sinnbild des Abendlandes. Eine Deutung der modernen naturwissenschaftlichen Forschungsergebnisse. Europäischer Verlag, Wien 1956

MORAWITZ-CADIO, Alice: Spirituelle Psychologie. Zur Psychologie Jungs als Notwendigkeit der Gegenwart, Amandus Verlag, Wien 1958

Zur Zeitgeschichte:

BROUCEK, Peter (Hg.): Ein österreichischer General gegen Hitler: Feldmarschalleutnant Alfred Jansa – Erinnerungen. Böhlau Verlag, Wien – Köln – Weimar 2011

---

5 Schwester Alfons Stillfrieds

CHORHERR, Thomas (Hg.): 1938 – Anatomie eines Jahres. Carl Ueberreuter, Wien 1987
Dokumentation zur österreichischen Zeitgeschichte 1938–1945, Jugend und Volk, Wien 1971
FURLANI, Silvio und Adam Wandruszka: Österreich und Italien. Ein bilaterales Geschichtsbuch, überarbeitet und aktualisiert von Maddalena Guiotto und Stephan Malfèr. Öbvahpt, Wien 2002
HILL, Roland: A time Out of Joint. A Journey from Nazi Germany to Post-War Britain. The Radcliffe Press, London – New York 2007
KARNER, Stefan – Karl Duffek (Hg.): Der Widerstand in Österreich 1938–1945. Die Beiträge der Parlaments-Enquete 2005. Verein zur Förderung der Forschung von Folgen nach Konflikten und Kriegen, 2007
KINDERMANN, Gottfried-Karl: Österreich gegen Hitler. Europas erste Abwehrfront 1933–1938. Langen Müller, München 2003
LOEBEN, Elisabeth von: Graf Marogna-Redwitz. Opfergang einer bayerischen Familie. Tuduv, München 1984
LÖWENTHAL, Max: Doppeladler und Hakenkreuz. Erlebnisse eines österreichischen Diplomaten. Wort und Welt, Innsbruck 1985
LUŽA, Radomír: Der Widerstand in Österreich 1938–1945, Österreichischer Bundesverlag, Wien 1985
MOLDEN, Fritz: Fepolinski & Waschlapski auf dem berstenden Stern. Bericht einer unruhigen Jugend, Verlag Fritz Molden, Wien – München – Zürich 1976
MOLDEN, Otto: Der Ruf des Gewissens. Der österreichische Freiheitskampf 1938–1945. Herold Druck- und Verlagsgesellschaft, Wien 1958
NEUGEBAUER, Wolfgang: Der österreichische Widerstand 1938–1945. Edition Steinbauer ‚Wien 2008
Opferschicksale. Widerstand und Verfolgung im Nationalsozialismus. Jahrbuch 2013 des Dokumentationsarchivs des österreichischen Widerstands
PROSL, Christian: Tödliche Romantik. Das legitimistische akademische Corps »Ottonen«. Övfstg, Wien/Berlin 2008
Rot-Weiß-Rot-Buch der österreichischen Bundesregierung, Österreichische Staatsdruckerei, Wien 1946
SCHAUSBERGER, Norbert: Der Griff nach Österreich. Der Anschluss. Jugend und Volk, Wien 1978
SCHUSCHNIGG, Kurt: Ein Requiem in Rot-Weiß-Rot. Amstutz, Herdegg & Co., Zürich 1946

SCHÜTTE-LIHOTZKY, Margarete: Erinnerungen aus dem Widerstand: Das kämpferische Leben einer Architektin. Promedia, Wien 1994
WIECHERT, Ernst: Der Totenwald. Ein Bericht. Rascher Verlag, Zürich 1946

Zu Geschichtlich-Kulturgeschichtlichem:

ASSMANN, Jan: Ägypten. Eine Sinngeschichte. S. Fischer, 1999
BALIĆ, Smail: Islam für Europa. Neue Perspektiven einer alten Religion. Böhlau Verlag, Wien – Köln – Weimar 2002
BREYCHA-VAUTHIER, Arthur: Österreich in der Levante. Verlag Herold, Wien – München 1972
BRUNNER-TRAUT, Hell Vera: Ägypten – Kunst- und Reiseführer mit Landeskunde. Verlag Kohlhammer, Stuttgart 1978
ENDLER, Franz: Musik auf Reisen. Unterwegs mit Wiener Ensembles. Österreichischer Bundesverlag, Wien 1982
HORNUNG, Erik: Echnaton. Die Religion des Lichts. Artemis, Zürich 1995
JOHNSTON, William M.: Österreichische Kultur und Geistesgeschichte. Gesellschaft und Ideen im Donauraum 1848 bis 1938. Böhlau Verlag, Wien – Köln – Weimar 2006
Knaurs Lexikon der ägyptischen Kultur. Droemersche Verlagsanstalt, München – Zürich 1960
LINGG, Christoph, Schaber Susanne: Katalog der Ausstellung Vergessener Völker Müdigkeiten. Friedhöfe in den Kronländern der ehemaligen k. u. k. Monarchie. Picus, Wien 2000
LORENZ, Wolfgang: Egon Friedell. Momente im Leben eines Ungewöhnlichen. Edition Raetia, Bozen 1994
ORTEGA Y GASSET, José: Der Aufstand der Massen. Deutsche Verlags-Anstalt, Stuttgart – München 2002
POPPER, Karl, Kreuzer Franz: Offene Gesellschaft – offenes Universum. Ein Gespräch über das Lebenswerk des Philosophen. Piper, München 1986
SIEBURG, Friedrich: Robespierre, Deutsche Verlags-Anstalt, Stuttgart 1958
SLAWINSKI, Ilona, Joseph P. Strelka (Hg.): Viribus Unitis. Österreichs Wissenschaft und Kultur im Ausland – Impulse und Wechselwirkungen. Festschrift für Bernhard Stillfried aus Anlass seines 70. Geburtstags. Peter Lang, Bern 1996
TIMMS, Edward: Taking up the Torch: English Institutions, German Dialectics and Multicultural Commitments. Sussex Academic Press, Brighton 2011
TOMAŠEVIC, AUFISCHER u. a.: Katalog der Ausstellung »Auf der Suche nach Atlantis. Raimund Baron Stillfried, Bosnien und Herzegowina 1888–2008«. Verlag Connectum, Sarajevo 2008

Die Anfänge des Stillfriedschen Geschlechts

(Jahreszahlen, von Alfons Stillfried zusammengestellt)

896 Herzog Stoymir flüchtet nach Bayern und wird als Grenzgraf »in partibus Avarorum et Slavorum« eingesetzt.

1178 wird in einer Urkunde die Burg als »perg Stillivridi« bezeichnet und die dort residierenden Grenzgrafen als »de perge Stillifridi«, später einfach »de Stillfried«.

1207 erscheint Hirzo de Stilfrit als Zeuge in einer Urkunde für die Pfarrkirche Kreuzstetten vor Herzog Leopold VI. dem Glorreichen.

1241 wird in einer Urkunde die dem hl. Georg gewidmete Pfarrkirche erwähnt.

1277 schenkt Cunradus de Stillfried die Mühle in Stillfried den Johannitern in Mailberg.

1292 schließt Leopoldus de Stillfried, Komthur des Johanniterordens unter Vermittlung des Leupold von Chuenring einen Vertrag mit dem Kloster Melk wegen des Schlosses Laa.

1278 Schlacht am Marchfelde bei Stillfried.

1296 Revolte des niederösterreichischen Adels gegen Herzog Albrecht I. – von da an kommt der Name des stillfriedschen Geschlechts in keiner niederösterreichischen Urkunde mehr vor.

1329 erscheint im ältesten Breslauer Stadtbuch, der Hylla hirsuta, unter dem Adel Schlesiens erstmalig der Name Stillfried mit dem Beinamen Ratienic.

1347 erscheint Hermann von Ratienic (Rednitz Radtonitz) als Beisitzer des ritterlichen Lehngutes Tuntschendorf bei Neurode – Hermann ist nachweislich der Stammvater der Stillfrieds, seine Urenkel besaßen dieses Lehngut noch im Jahre 1524.

1472 Belehnung Georgs I. Stillfried mit Neurode und den zugehörigen Gütern.

1499 Wappenbestätigung durch Kaiser Maximilian I.

1519 Geburt Heinrichs des Älteren.

Alfons Stillfried – Zeittafel

1887	20. November: Alfons Stillfried in Wien geboren
1906	Matura am Prager Deutschen Gymnasium
1906/1907	Einjährig-Freiwilligenjahr in Pressburg und Militärschule in Ödenburg
1908	Inskription an der Universität Wien (Jus) und Annahme einer Anstellung bei der k. k. Staatseisenbahn-Gesellschaft (StEG)
1911	Tod des Vaters
1912	Ablegung der Ersten Staatsprüfung
	Heirat der Schwester Alice mit Dr. Heinrich Morawitz-Cadio
1913	Kündigung der Anstellung bei der StEG und Antritt der Berufsoffizierslaufbahn
1914	Ausbruch des Ersten Weltkriegs
	Teilnahme am berittenen Vormarsch auf Warschau
1915	Nach dem Kriegseintritt Italiens an der Seite der Entente Versetzung an die italienische Front
	Mehrere Auszeichnungen, Beförderung zum Hauptmann
1918	Zusammenbruch der Habsburgermonarchie
	Neugründung einer beruflichen Existenz in der Ölbranche
1921	Heirat mit Alice (von) Greiner
1922	Geburt Georgs
1925	Geburt Bernhards
1927	Geburt Marias
1933	Sogenannte Selbstausschaltung des Parlaments, autoritäre Regierung unter Bundeskanzler Dr. Engelbert Dollfuß
1934	Februar: bürgerkriegsähnliche Unruhen zwischen der in ihrer politischen Existenz bedrohten Sozialdemokratischen Partei und dem autoritären Ständestaat, Abdrängung der Sozialdemokraten in die Illegalität
	Scheitern des nationalsozialistischen Juli-Putsches
	Bundeskanzler Dr. Engelbert Dollfuß von SS-Leuten erschossen
1936	Abschluss des für Österreich verhängnisvollen Juli-Abkommens

	zwischen Dollfuß-Nachfolger Dr. Kurt Schuschnigg und Adolf Hitler
	Übersiedlung der Familie Stillfried an den Saarplatz Nr. 10 in Wien Döbling
1938	»Anschluss« Österreichs an Hitlerdeutschland
	Nach mehreren Gestapoverhören Berufsverbot für Alfons Stillfried
1939	Anstellung in der Wiener Auslandsbriefprüfstelle (ABP) der Deutschen Wehrmacht über Veranlassung des bayerischen Cousins Oberst Rudolf Marogna-Redwitz
	Beginn einer bis ins Detail geplanten Sabotagetätigkeit und Bildung einer durch den ganzen Krieg aktiven Wiener Widerstandszelle
1941	Übernahme in die Deutsche Wehrmacht im Rang eines Majors
1942	Tod des zu den Gebirgsjägern eingezogenen Sohnes Georg infolge einer im Kaukasus erlittenen Verwundung
1944	20 Juli: nach dem Fehlschlag des Attentats auf Hitler vorübergehende Verhaftung durch die Gestapo
	Ausschluss aus der Deutschen Wehrmacht wegen (unbewiesener) staatsfeindlicher Umtriebe
1944/1945	Gründung des Provisorischen Österreichischen Nationalkomitees (POEN) durch führende Persönlichkeiten des Widerstandes
	Neuerliche Verhaftung Stillfrieds durch die Gestapo und dessen Identifizierung als führender Kopf des Widerstandes
	Haft und wochenlange Verhöre in der Gestapozentrale
	Rettung in letzter Minute vor der Hinrichtung durch ein SS-Erschießungskommando
1945	April: Befreiung Wiens durch die Rote Armee
	Herbst: Wahl Stillfrieds zum Präsidenten der Österreichischen Liga demokratischer Freiheitskämpfer
1945–1949	Redner, Vortragender, Publizist und Vertreter der Anliegen der Widerständler gegenüber der österreichischen Bundesregierung
1949	Rückzug ins Privatleben
1950–1971	Intensive schriftstellerische Tätigkeit
1964	Tod der Schwester Alice bei einem Verkehrsunfall
1967	Tod seiner Frau an Lungenentzündung im Gefolge einer verschleppten Erkältung
1974	26. Juli: Alfons Stillfried siebenundachtzigjährig in Wien gestorben

Bernhard Stillfried – Zeittafel

1925	17. November: Bernhard Stillfried in Wien geboren
	Volksschule und Realgymnasium in der privat geführten katholischen Neulandschule
	Engagement in der katholischen Jugendbewegung
1938	Beteiligung an Zusammenstößen mit deutschnationalen bzw. nationalsozialistischen Jugendgruppen, Teilnahme an Demonstrationen für ein freies und unabhängiges Österreich
	»Anschluss« Österreichs an Hitler-Deutschland
1943	Kriegsmatura
	Reichsarbeitsdienst
	Kriegsdienst bei der deutschen Kriegsmarine, Kampfeinsatz in französischen Küstengewässern
1944	Ende Dezember: Beförderung zum Fähnrich
1945	Marschbefehl zu einem Kanonenfutter-Einsatz an die Oder-Front
	Desertion zusammen mit zwei Kameraden, Überleben der letzten Kriegswochen in einem Heuschober am östlichen Elbeufer
	Abenteuerliche Heimkehr mit einem gestohlenen Fahrrad bis Berlin und von dort auf offenen Eisenbahnzügen durch polnisches und tschechoslowakisches Gebiet nach Wien
	Immatrikulation an der Universität Wien
1946/1947	Stipendiat an der Pariser Sorbonne (Politikwissenschaften)
	Engagement in der Jeunesse Étudiante Chrétienne (JEC)
1947/1948	Studium an der Universität Wien (Jus)
	Aufbau einer österreichischen Zweigstelle der JEC
1949	18. Oktober: Bernhard Stillfried heiratet Ira Huzuliak
1949/1950	Einjähriges Stipendium in den USA, Abschluss als Bachelor in Politikwissenschaften
1951	Geburt von Maria
1951–1953	Werkstudium an der Universität Wien, Wechsel zur Fächerkombination Geschichte und Ethnologie
	Ganztagsjob beim Wiener US-Informationscenter

1952	Geburt von Gabrielle
1953	Promotion an der Universität Wien zum Doktor der Ethnologie
1953–1958	Programmassistent beim European Service der British Broadcasting Corporation (BBC) in London
1956	Geburt von Christina
1958–1974	Leitung des Österreichischen Kulturreferates für den Vorderen Orient mit drei Stillfried unterstehenden Kulturinstituten (Kairo, Istanbul und Teheran)
1963	Geburt von Georg
1975–1986	Leitung des Österreichischen Kulturinstitutes in London mit Zuständigkeit für Großbritannien und Nordirland sowie für die Republik Irland
1985	Ehrendoktorat der University of St. Andrews (Schottland)
1986	Fellowship der University of London
1986–1990	Leitung der Kulturpolitischen Sektion des österreichischen Außenministeriums
1991–1995	Konsulent des Außenministers Dr. Alois Mock für die Staaten Mittel-, Ost- und Südosteuropas
1993–2011	Präsident der Österreichischen Kulturvereinigung
	Ehrenamtlicher Geschäftsführer der Österreich-Kooperation in Wissenschaft, Bildung und Kultur
1998	Errichtung des Ukrainisch-Österreichischen Kooperationsbüros in Wissenschaft, Bildung und Kultur in Lemberg
2002	Ehrendoktorat der Universität Lemberg
2006	Errichtung eines Kooperationsbüros in Sarajewo nach dem Lemberger Modell
	Ehrendoktorat der Universität Czernowitz
2007	3. November: Dr. Ira Stillfried in Wien gestorben
2011	26. November: Dr. Bernhard Stillfried sechsundachtzigjährig in Wien gestorben

Raimund Stillfried – Zeittafel

1839	6. August: Raimund Stillfried in Komotau (Böhmen) geboren
1851–1856	Besuch der Marineakademie in Triest
1856	Versetzung zum Pionierkorps nach Linz
1859	Ernennung zum Oberleutnant
1863	Quittierung des Militärdienstes
	Anheuerung als Schiffsjunge in Bremen und Fahrt nach Peru (Callao)
1863–1865	Globetrotter in verschiedenen Ländern des pazifischen Raumes, Ausübung zahlreicher Berufe
	Während seines ersten Japan-Aufenthaltes Erwerb des Kapitänspatents und Ankauf eines Schiffes
1865–1866	Freiwilliger Kämpfer für die verlorene Sache Kaiser Maximilians in Mexiko
1867	Nach Japan zurückgekehrt, zunächst Verwendung als Kanzler an der Norddeutschen Gesandtschaft in Yedo, dem späteren Tokio, gleichzeitig Berichterstatter für den Wiener Hof
1872	Stillfriedsche Gründung einer fotografischen Verlagsanstalt in Yokohama, Vervollkommnung auf dem Gebiet der Landschafts- und Genrefotografie sowie in der Aquarellmalerei
1873	Die Teilnahme an der Wiener Weltausstellung mit einem original japanischen Teehaus scheitert an der Borniertheit der Ausstellungsleitung; Rückkehr nach Japan
1874–1879	Gewaltiger Aufschwung der Verlagsanstalt in Yokohama
	Weitere unternehmerische Aktivitäten Raimund Stillfrieds: Hebung gesunkener Schiffe, Errichtung eines Pulvermagazins und einer Wurstfabrik
1880	Einjährige Kunst- und Studienreise nach Sibirien
1881	Längerer Aufenthalt in Siam auf Einladung des Königs, dies als Kustos der königlichen Gemäldegalerie und als Bilderrestaurator; das zunächst vielversprechende Projekt scheitert an einer Palastrevolte
1882	Berufung des vorübergehend wieder in Japan residierenden Rai-

	mund nach Hongkong, wo er im Auftrag der Kolonialregierung die Festlichkeiten anlässlich des Besuchs der Söhne des englischen Kronprinzen künstlerisch und fotografisch dokumentiert
1883/1884	Während eines nur als vorübergehend geplanten Aufenthaltes in Wien heiratet Raimund Hals über Kopf Helene von Jankovich, nachdem er bereits in Japan, wenn auch offenbar ohne Rechtsverbindlichkeit im eigenen Land, eine Familie gegründet hat; aus dem Wiener Intermezzo wird Raimunds endgültige Rückkehr in die Heimat
1885	Geburt von Alice
1887	Geburt von Alfons
1884–1911	Wirken in Wien als gefragter k. u. k. Hofmaler und Fotograf, der im Mittelpunkt zahlreicher Ausstellungen steht; Pionier in der technischen Weiterentwicklung der Fotografie; sein letzter Großauftrag ist die fotografische Dokumentation der südöstlichen Kronländer
1911	12. August: Raimund Stillfried zweiundsiebzigjährig in Wien gestorben

Personenregister

Abdülmecid, Sultan 392
Adler, H. G. 287, 300
Adler, Jeremy, Prof. 287
Aichinger, Ilse 298
Albrecht I., Kaiser 89, 433
Albrecht, Erzherzog 396 f.
Allerhand, Jakov 300
Amba Shenouda, Patriarch 253
Ambros, Arne, Prof. Dr. 254
Angoulême, Ludwig Herzog von 406
Anna, Erni 36, 57, 81, 108, 267, 308
Anna, Grete 36, 38, 57, 267, 308
Anselm von Canterbury 112
Antall, Jószef 337
Arnulf von Kärnten, dt. König und Kaiser 134
Artman, H.C. 298
Aufischer, Max 348
Augustinus, Kirchenlehrer 112

Baader, Franz Xaver von 112
Bachmann, Ingeborg 343
Badoglio, Pietro 49
Badura-Skoda, Paul 243
Baig, Ernestine 306 ff.,
Balić, Smail, Dr. 204, 254, 347
Ball, Hugo 112
Bannert, Ernst, Doz. Dr. 254
Barea, Ilse 285
Barras, Paul Jean 114
Bartoszewski Wladislaw 337
Bauer, Wolfgang 298
Becker, Sidonius Hans, Dr. 72 ff., 79
Beer, Johann (Hansl) Ferdinand 285, 287
Beran, Heinz 286 f.,
Berdjajew, Nicolai Alexandrowitsch 112
Bergels (Kompagnon A. Stillfrieds) 34, 45
Bernanos, Georges 180

Bernhard von Clairvaux 112, 183
Bernhard, Thomas 344
Biagioli, Ubaldo Don 155
Biedermann, Karl 78 f., 83 ff.
Bielka, Erich, Dr. 313, 315 f.,
Bock, C.V., Prof. 291
Böck-Greissau, Josef 36, 46, 108, 147
Böhaimb, Johannes von, General 86
Brandt, Willi 322
Branscombe, Peter Prof. 295, 305
Braun, Felix 286 f.
Brendel, Alfred 243
Breycha-Vauthier, Arthur, Dr. 262
Brix, Emil, Dr. 336, 339
Brook-Shepherd, Gordon 259, 302
Bruckner, Anton 283
Brunsvik, Gestalt der Brunsvik-Sage 138, 418
Buchbinder, Rudolf 242 f.
Buresch, Eugen, Dr. 211 f., 214, 229
Busek, Erhard, Dr. 331, 333 ff., 336 f., 338 f., 341, 349
Buresch, Karl, Dr. 42, 225 f.
Bünau, Rudolf von, General 83
Burg, Josef
Busbecq, Ghislain de 206
Buschbeck, Ernst, Prof. Dr. 284

Cabell, Charles, General 64
Calderón de la Barca, Pedro 415
Campanini, Giorgio, Prof. 332, 335
Canaris, Wilhelm, Admiral 47, 68 f.
Canetti, Elias 286 f.
Ceaușescu, Nicolae 337
Celan, Paul 343
Chamberlain, Arthur Neville 46, 76, 285
Cheops, Pharao 238
Chephren, Pharao 235, 238
Ciano, Galeazzo 319

Claudel, Paul 180
Chuenring, Leupold von 136, 433
Churchill, Winston 47,106, 232
Clark, Mark, General 64
Cusatelli, Giorgio, Prof. 332, 335
Czermak, Wilhelm, Prof. Dr. 205

Dacqué, Edgar 112
Daladier, Edouard 46
Dareios der Große 211, 227
Dawson, Christopher 112
Demus, Jörg 243, 284
Demus, Otto, Prof. Dr. 284
Dippelreiter, Michael, Prof. Dr. 342, 345 f., 350
Djehan Schah 228
Djilas, Milovan 337
Dolezal, Arnold, kath. Geistlicher 108, 162, 180, 236, 274
Dollfuß, Engelbert, Dr. 38, 51, 146, 319
Dostojewskij, Fjodor Michajlowitsch 112
Driesch, Hans 112
Drimmel, Heinrich, Dr. 203, 220, 255, 275
Dubček, Alexander 338
Dulles, Allen 64
Duns Scotus 112
Duschinsky, Richard

Ebner, Ferdinand 112
Echnaton, Pharao 240
Eckhart, Johann (»Meister Eckhart«) 116
Edward VI., König 278
Ehgartner, Wilhelm, Doz. Dr. 245, 247
Ehm, Anna 145
Ehrenzweig, Robert 285
Eichlehner, Nikolaus, Dr. 213 f., 225
Eichmann, Adolf 287
Eid, Xavier 258
Elisabeth II., Königin 302
Endler, Franz 242 f.,
Erhart, Hermann 149 f., 152 ff., 160, 288
Esslin, Martin, Prof. 282, 284, 287, 302
Eugen III., Papst 183
Eugen, Prinz von Savoyen 260
Eynatten, August Friedrich Freiherr von 409

Farbowski, Kurt, Dr. 208 f., 224
Fath, Emil 22
Fatma 264 f., 267, 280, 303
Favras, Thomas de Mahy Marquis de 106, 399 f., 406
Favras, Viktoria Hedwig Carolina de Mahy Marquise de, geb. Prinzessin von Anhalt 399 ff., 404, 406, 408, 412
Ferdinand I., dt. Kaiser 206
Ferdinand I., Kaiser von Österreich 408 f.
Ferstel, Heinrich von 261
Feuerbach, Ludwig 113
Fichte, Johann Gottlieb 112
Fiedlzer, Bernhard 392
Figl, Leopold 212 f.
Fischer, Heinrich 286
Fontana, Giovanni Battista 415
Fouché, Joseph 114
Fragner, Bert, Prof. Dr. 228 f.,
Francé, Raul 112, 116
Frankenstein, Georg Albert Freiherr von 200 f.
Frankl, Viktor 112
Franz II. (I.), Kaiser 137
Franz Ferdinand, Erzherzog-Thronfolger 22, 375
Franz Joseph I., Kaiser 21,106, 261 f., 283, 327, 346, 348, 373, 375, 391
Franz von Assisi 112
Freisler, Roland, Dr. 71
Freud, Sigmund 112, 283
Freund, Friedrich, Dr. 109
Fried, Erich 286 ff., 298
Friedrich Wilhelm IV. 392
Friedell, Egon 112, 118, 272, 289
Friedrich II., dt. Kaiser 13
Friedrich II., König von Preußen 106, 394
Friedrich II., Herzog 206
Furlani, Silvio, Prof. 331
Fussenegger, Gertrud 298

Gallas, Matthias Graf von 413
Gartlan, Luke, Prof. 373
Gehrer, Elisabeth 344, 346
Gellner, Julius 286 f.,

Genscher, Hans Dietrich 338
Georg VI., König 201
Glaser, Fritz 191 f., 194, 201, 224, 302
Glaser, Ursula 201, 224, 302
Goebbels, Joseph, Dr. 107
Goethe, Johann Wolfgang von 112, 272, 406
Goerdeler, Carl Friedrich 70
Gombrich, Ernst, Prof. Dr. 282 f., 284, 287 f., 297, 302
Gorbach, Alfons, Dr. 130
Gorbatschow, Michail 338
Görgey, Erich von 20, 24
Götz, Diego, Ordensgeistlicher 180
Gratz, Leopold, Mag. 303 f.,
Gredler, Wilfried, Dr. 274
Gregor XIII., Papst 155
Greiner, Anna, geb. Schenker
Greiner, Leo von, Feldmarschallleutnant 33 f.
Grillparzer, Franz 415
Gruber, Karl, Dr. 85 f
Gstrein, Heinz 277
Gudenus, Anna 266
Gudenus, Annamaria 266
Gudenus, Gordian, Dr. 252, 266 f.,
Guderian, Heinz, Generaloberst 320
Guiotto, Maddalena, Dr. 331

Habsburg, Otto von, Dr. 251 f.
Hafis 227
Hamburger, Michael 296
Hammer-Purgstall, Freiherr von 206
Hansen-Löve, Fritz 149 f., 153, 177, 180
Hartl, Karl, Dr. 178, 251, 290, 308
Harun al-Raschid 227
Havel, Václav 337 f.,
Haydn, Joseph 300
Hegel, Georg Wilhelm Friedrich 112
Heimbach, Wolfgang 411
Heine, Heinrich 383
Heinrich II., Herzog 206
Heisenberg, Werner, 112
Helmer & Fellner 343
Herder, Johann Gottfried 112
Hess, Rudolf 197 f.
Hesse, Erwin, kath. Geistlicher 181

Heinrich VIII., König 278
Herzl, Theodor 300
Heydrich, Reinhard 45, 68 f.
Hildebrandt, Eduard, Prof. 389
Hill (urspr. Hess), Roland 194, 196, 198 ff., 201, 224, 277, 288, 302, 305
Himmler, Heinrich 45, 51, 68 f.,130
Hitler, Adolf 43, 48 ff., 55, 58, 69 ff., 76, 90, 106, 111, 156, 158 f., 162, 167, 173, 185, 283, 310 f., 317, 319, 321
Hofer, Josef 152
Hoffmann, E.T.A 418
Hofmannsthal, Hugo von 295 f., 342
Hohenberg, Sophie, Herzogin von 22
Hohenwart-Gerlachstein, Georg, Dr. 196
Hollegha, Wolfgang 236
Holzmeister, Clemens 145, 251
Horn, Gyula 337
Horváth, Ödön von 295, 298
Huch, Ricarda 112
Humboldt, Alexander von 337
Huth, Alfred 85
Huzuliak, Antonia geb. Rudnicki 184
Huzuliak, Simeon, Dr. 184

Igler, Wolfgang 75
Innitzer, Theodor, Kardinal 147, 155 ff.

Jankovich, Lajos von 18, 22 ff.
Janjovich, Sándor von, Oberst 17 f., 370
Johannes Chrysostomus 112
Jonas, Franz 327
Johnston, William, Prof. 343 f.,
Jorda, Ludwig, Dr. 222, 260
Joussef, Jorgo 230
Joseph II., Kaiser 106
Juan d'Austria, Don 155
Jung, Carl Gustav 31, 37, 112 f., 118

Kaiser, Joseph Maria 391
Khahil, Mary 258
Khalil 240 f., 280
Kant, Immanuel 112
Karl V., Kaiser 136
Koestler, Arthur 286

Kohl, Helmut 338
Karl X., König (Charles, Comte d'Artois) 406
Karl Ludwig, Erzherzog 380
Käs, Ferdinand 84
Kasper, Johann, Dr. 244, 250
Khalil 240 f.
Kaunitz, Wenzel Anton, Fürst von 260
Keneally, Thomas 300
Kienzer, Heinz, Dr. 351
Kirchschläger, Rudolf, Dr. 273, 275 f., 281, 290, 303
Kleopatra, ägypt. Königin 240
Kleist, Heinrich von 405
Klien, Walter 243
Klinger, Kurt 298
Klose (mit Alfons und Aly Stillfried befreundetes Ehepaar) 36, 109
Koch, Friedolin, Dr. 218
Kogelnik, Kiki 236
Köhldorfer, Karl 244
König, Franz, Kardinal 203, 252 f., 254 f., Konrád, György 337
Kornfeld, Walter, Prof. Dr. 274
Kramer, Theodor 286
Kranzmayr, Eberhard, Prof. Dr. 331
Kraus, Karl 21, 29, 94, 272, 296 f.,
Kraus, Wolfgang, Dr. 336
Kreisky, Bruno, Dr. 252, 255 f., 275
Kreutel, Richard, Dr. 204, 221, 223, 226 f.,
Kreuzer, Franz 302
Krieg, Karin 335
Kromer, Karl, Prof. Dr. 204, 244 ff.,
Kunz, Bruno, Dr. 244
Kyros der Große 227

Lahousen-Vivremont, Erwin von 58, 62
Lassnig, Maria 236
Lawrence, T.E. 206, 337
Leber, Julius 71
Lehmden, Anton 216 f.,
Leibnitz, Gottfried Wilhelm 112
Lemberger, Berta 75
Lemberger, Ernst, Dr. 73, 75, 77, 80
Lenau, Nikolaus 297
Leopardi, Giacomo 16, 49, 139

Leopold I., Kaiser 136
Leopold VI., Herzog 206, 433
Leopold II., belg. König 392
Leser, Norbert, Prof. Dr. 314, 317, 320, 322, 346
Liechtenstein, Johannes, Fürst von 22
Li-tai-pe 415
Litschauer, Franz 219, 242
Loos, Adolf 21, 57
Lorenz, Konrad 120
Lorenz, Wolfgang 289
Lotze, Rudolf Hermann 112, 117
Louis-Philippe, französ. König 408
Lubomirski, Karl 345
Ludwig XVI., König 399, 406
Ludwig XVIII., König (Monsieur Comte de Provence) 399 f., 406

Luža, Radomír 52 ff., 55, 79, 90, 99
Luzianovich, Rudi 269, 271

Maculan, Guido von 34, 46, 147, 174, 203
Magdi Allam 264 f.,
Magris, Claudio, Prof. 332
Mahler, Gustav 283
Mahringer, Peter, Dr. 334, 336 f., 344, 349
Malik Schah 228
Malfèr, Stefan, Dr. 331
Marc Aurel 112
Marginter, Peter, Dr. 301
Maria Theresia, Erzherzogin, Königin 105, 137, 206, 260, 394, 398
Marie Therese, Tochter Ludwigs XVI. 406
Marogna-Redwitz, Anni Gräfin von 61, 67
Marogna-Redwitz, Rudolf Graf von 46 f., 54, 58, 61, 67 ff., 72, 83, 157, 164
Marina, Michele, Prof. 332
Martinitz, Jaroslav Graf von 18, 20, 124, 413
Marx, Karl 113
Maschke, Otto, Dr. 277
Matthias, dt. Kaiser 123, 412
Mauer, Otto, kath. Geistlicher 181, 236 f., 252, 301
Maurig, Friedrich 75
Mauthe, Jörg 336, 344

Personenregister

Maximilian I., Kaiser 206, 433
Maximilian, Kaiser von Mexiko 262, 382 ff., 387 f., 392
May, Karl 219
Mayer, Ewald, Dr. 159
Mayer, Maria 107 f.
Mazowiecki, Tadeusz 337
Medaković, Dejan 337
Medjimorec, Heinz 243
Mehoffer, Rudolf, von 22, 34, 122
Mendelssohn, Peter de 288
Mikl, Josef 236
Missong, Alfred 40, 42, 317
Mock, Alois, Dr. 312, 328, 331, 337, 339 ff.,
Mohammad Reza Schah Pahlavi 211, 215
Molden, Ernst, Dr. 63, 75, 79
Molden, Fritz 62 ff., 73, 77 ff., 86, 103, 149, 274, 322
Molden, Otto 62, 86, 161, 274
Montgomery, Bernard, Feldmarschall 266
Morawitz-Cadio, Heinrich, Dr. 31 f., 34
Morgenstern, Christian 112, 117
Moritsch, Andreas, Prof. Dr. 345
Mozart, Wolfgang Amadeus 300, 418
Müller, Johannes 37
Murdoch, Rupert 297
Musil, Robert 297
Mussolini, Benito 38, 49 f., 173, 319
Mykerinos, Pharao 238

Napoleon I., Kaiser 405 f., 410
Nefertari, ägypt. Königin 239
Němcová, Dana 337
Nestroy, Johann 298
Neuberger, Julia 300
Newman, John Henry, Kardinal 194, 352
Niessner, Tony 242
Nietzsche, Friedrich 112
Nofretete, ägypt. Königin 240
Nostitz (Vorname nicht eruierbar) Graf von 402 f., 406
Novalis (Georg Philipp Friedrich Freiherr von Hardenberg) 112, 116
Neuberger, Julia 300
Oberhuber, Oswald 236

Olah, Franz 129 ff., 313, 316, 318, 322, 324
Origines 112
Orléans, Ludwig Philippe Joseph (Egalité) 408
Ortega y Gasset, José 15, 112, 415
Osman Aga 221
Oster, Hans 58
Ostheim-Dzerowycz, Alexander, Dr., kath. Geistlicher 237, 274
Ostheim-Dzerowycz, Maria (Cziczka) 341, 345 f.
Ottokar I., König 13, 89

Panzera, Giovanni Battista 333
Parmenides 112
Parsch, Pius, katholischer Geistlicher 145
Pascal, Blaise 112
Paul VI., Papst 253
Paulus, Apostel 112
Pernter, Hans, Dr. 42
Petermandl, Hans 243
Philby, Kim 234 f.
Pick, Friedl 36, 44, 109, 143, 294
Pick, Robert, Prof. 294
Piffl, Friedrich Gustav, Kardinal 145
Piffl-Perčević, Theodor, Dr. 253
Planck, Max 112, 115, 117
Plassnik, Ursula, Dr. 346
Platon 112
Podjebrad, Georg von, böhm. König 125, 139
Popper, Karl 302
Portisch, Hugo, Dr. 314, 320
Prachensky, Markus 236
Preradović, Paula von, verehel. Molden 63, 79, 145
Preußen, Friedrich Prinz von 199
Proudhon, Pierre-Joseph 112

Radetzky, Joseph Graf von Radetz, Feldmarschall 396
Rahner, Karl, SJ. 180
Raidl, Ernest, kath. Geistlicher 216, 263
Rainer, Arnulf 236
Rainer, Friedrich 87
Rambusch, Bob 181 f., 186, 197

Rambusch, Nancy 194
Ramses II., Pharao 238
Raschke, Rudolf 85
Rathenau, Walther 118
Reinhardt, Max 298
Richter, Paul 197
Ritschel, Heinz, Dr. 201, 222, 224
Robertson, Ritchie, Prof. 299 f.,
Robespierre, Maximilien 114 f., 401
Rochau, Ludwig August von 383
Rommel, Erwin, Generalfeldmarschall 266
Roth, Joseph 344 f.,
Rudnicki, Anastasia 184 f., 195
Rudnicki, Johann 185
Rudolf, Kronprinz 374, 383
Rudolf II., Kaiser 123, 412
Rumpler, Helmut, Prof. Dr. 314, 318

Saadi 227
Saar, Ferdinand von 295 f.,
Sacher-Masoch, Leopold von 344
Sadat, Anwar-es 277
Sagarra, Edda, Prof. 296
Saint-Exupéry, Antoine de 180
Satzinger, Ingeborg, Dr. 224, 244
Saud, König von Saudi Arabien 210
Saxl, Friedrich (Fritz) 283
Schamun, Camille 208
Schärf, Adolf, Dr. 75
Schausberger, Norbert, Dr. Prof. 314, 319
Schechner, Karl, Dr. 20, 33
Scheler, Max 112
Schell, Maximilian 295
Schelling, Friedrich Wilhelm 112
Schleiermacher, Friedrich Ernst Daniel 183
Schiller, Friedrich von 112
Schimazek, Anton, Prof. Dr. 273 f.,
Schneider, Reinhold 181
Schopenhauer, Arthur 13, 50, 112, 118
Schreker, Fritz 285, 287
Schrödinger, Erwin 113
Schubert, Franz 300
Schubert, Kurt, Prof. Dr. 300
Schücker, Walter, Ordensgeistlicher 185, 197, 224

Schulmeister, Otto, Dr. 238 f., 252, 274, 302
Schuschnigg, Kurt, Dr. 43 f., 51, 148, 150 f., 160, 200, 316 f., 319, 323
Schütte-Lihotzky, Margarete 55
Schwarz-Senborn, Willhelm von 380
Schwarzenberg, Johannes (Fürst zu) 200
Schwarzenberg, Karl Johannes 337
Schwerin von Schwanenfeld, Ulrich Wilhelm von 71
Sebestyén, György 336
Seipel, Ignaz, Prof. Dr. 145
Seymour, Jane, Gattin Heinrichs VIII. 278
Shakespeare, William 415
Sieburg, Friedrich 115
Slaby, Helmut, Dr. 229, 244
Slatin, Rudolf Carl, Freiherr von (Slatin Pascha) 256 ff.
Slavata, Wilhelm Graf von 413
Snofru, Pharao 238
Sobieski, Jan, König 345
Solowjew, Wladimir 112
Spencer, Herbert 112
Sperber, Manès 298, 343
Spiel, Hilde 288
Spielberg, Steven 300
Spitz, Heinrich Otto 73, 75, 79
Standenat, Heinrich, Dr. 269
Starhemberg, Ernst Rüdiger Fürst von 38
Stauffenberg, Claus Graf Schenk von 69
Steindl-Rast, Franz Kuno 161
Steindl-Rast, Hans 161
Steindl-Rast, Liesl 161
Steindl-Rast, Max 161
Steiner, Rudolf 112, 113
Stern, Peter, Prof. 224, 287, 288, 291, 294, 296, 302
Sternberg, Kaspar Graf von 406
Stifter, Adalbert 297
Stillfried, Alice (Schwester Alfons Stillfrieds), verehel. Morawitz-Cadio 17, 30 ff., 112, 131 f., 141, 143, 307, 370 f.
Stillfried, Alice (»Aly«, Ehefrau Alfons Stillfrieds) 33 ff., 46, 132 f., 157, 189, 262 f., 272

Stillfried, Anna geb. Clam-Martinitz 18, 393, 396 f.
Stillfried, Antonia geb. Gräfin von Zierotin 410
Stillfried, August 18, 390 f., 394 f., 398, 403, 408
Stillfried, Bernhard I. 14, 125 ff., 136, 412
Stillfried, Bernhard II. 14, 136, 137
Stillfried, Bernhard III, 414
Stillfried, Carolina Josepha Rosalia geb. de Mahy Marquise de Favras 395, 399, 401, 404, 406, 408 f., 412
Stillfried, Christina 121, 201, 223, 232, 263, 272, 277 ff., 303 f., 351
Stillfried, Cunradus 138, 433
Stillfried, Emanuel (Begründer der österr. Stillfried-Linie) 41, 105 f., 136, 398 f., 410
Stillfried, Emanuel (Cousin Alfons Stillfrieds) 45 f, 97 f., 128 ff
Stillfried, Franz 393
Stillfried, Gabrielle, Dr., verehel. Kienzer 121, 191, 194, 197, 201, 204, 223, 231 f., 263, 266, 272, 273, 303, 311, 351
Stillfried, Gebhard, Ordensgeistlicher 237
Stillfried, Georg I. 433
Stillfried, Georg (Bruder Bernhard Stillfrieds) 35, 59 ff., 142, 146, 152, 158 ff., 163
Stillfried, Georg, Dr. (Sohn Bernhard Stillfrieds) 121, 263, 265 f., 267, 272, 277, 280, 304
Stillfried, Hans Heinrich 127
Stillfried (Vollständiger Name des Geschlechts: von Stillfried und Rathenitz), Heinrich der Ältere, 14, 105, 123 ff., 412, 416
Stillfried, Helene geb. von Jankovich 17, 121, 143, 176, 190
Stillfried, Hirzo 138, 433
Stillfried, Ira, Dr., geb. Huzuliak 121, 180 f., 188 f., 191, 195, 197, 201, 223 f., 226, 228 f., 231 f., 233, 238, 241, 247, 263, 278, 297, 309, 340
Stillfried, Jakob 414
Stillfried, Josef (Gatte Maria Annas, der geb. Gräfin von Salburg) 413 f.
Stillfried, Josef (Preußischer Neffe Emanuels, des Begründers der österreichischen Stillfried-Linie) 137, 404
Stillfried, Leopoldus 136
Stillfried, Maria (Schwester Bernhard Stillfrieds) 35, 80 ff., 133, 144, 152, 168, 185, 190
Stillfried, Maria (Tochter Bernhard Stillfrieds) 121, 194, 194, 197, 201, 204, 223, 231 f., 235, 263, 266, 272, 273, 303, 311, 351
Stillfried, Maria Anna, geb. Gräfin von Salburg 413 f.
Stillfried, Michael 41, 413
Stillfried, Philipp 398, 414
Stillfried, Rüdiger 106, 398 f., 403 ff., 408, 410, 412
Stillfried, Stephan 41, 413
Stillfried, Tobias 127, 414
Stoymir, böhm. Herzog, später Burggraf in dt. Reichsdiensten 134, 418
Strelka, Josef Peter, Prof. Dr. 336
Stross, Johanna (Hansi) 219, 224, 242
Susini, Pierre Michel André, Prof. 176 f.
Szokoll, Karl 76, 83 ff.

Tagore, Rabindranath 112
Täuber, Heimo, Prof. 225, 229
Tavano, Sergio, Prof. 335
Teilhard de Chardin, Pierre 180
Thatcher, Margaret 296
Thausing, Gertrud, Prof. Dr. 244 f., 247
Theresia von Avila 181
Thirring, Hans, Prof. Dr. 163
Thomas von Aquin 112
Thomas Morus (More) 112, 279
Thurn, Matthias Graf von 126
Timms, Edward, Prof. 296 f., 299 ff.,
Timur Tamerlan 228
Tito (Broz), Josip 170
Trakl, Georg 295, 343
Trapp, Georg Baron von 187
Trapp, Johanna von 187
Trauttmansdorff, Helene 164
Trauttmansdorff, Josef 164
Tubaro, Renato 328 f., 334
Tuthmosis III., Pharao 238

Umberto I., König 327
Unterrainer, Hans Jörg 73 ff.

Verdroß, Alfred, Univ.Prof. 75
Vigée-Lebrun, Élisabeth 403
Viktor Emanuel III. 49
Voltaire (François-Marie Arouet) 113

Wainona 385
Wakartschuk, Iwan, Prof. 344
Waldheim, Kurt, Dr. 310 f., 315, 322, 325
Walesa, Lech,
Wallenstein, Albrecht, Herzog von Friedland und Meklenburg 128, 130 ff., 136
Wandruszka, Adam, Dr. Prof. 331, 334 f.,
Weidenfeld, Georg 284
Weikert, Alfred, Dr. 202 f., 205, 220, 223, 249
Wenninger, Andreas, Mag. 344
Wenzel III., König 135
Wenzl, Aloys 112

Wilmot, Charles 230
Winter, Erich, Prof. Dr. 204, 238, 247
Winter, Ernst Florian 186 f,,
Winter, Ernst Karl, Prof. Dr. 40, 42, 186. 317
Wittek, Maria, Dr. 221, 244
Wittgenstein, Ludwig 298
Wladislaw II. 206
Wolf, Edmund 286

Xerxes 211

Yates, W.E., Prof. 291
Yuill, W.E. 291, 295

Zandler, Grete 222 f., 224
Zettl, Walter, Prof. Dr. 328 f., 331, 334 f., 341
Zita, Kaiserin 257
Zweig, Stefan 297, 317
Zuckmayer, Carl 318

böhlau

WILLIAM M. JOHNSTON

ÖSTERREICHISCHE KULTUR- UND GEISTESGESCHICHTE

GESELLSCHAFT UND IDEEN IM DONAURAUM 1848 BIS 1938

Wer erinnert sich heute noch daran, dass etwa die moderne Sprachphilosophie, die Psychoanalyse, die Soziologie des Wissens, der Feuilletonismus, der Ästhetizismus Hofmannsthalscher Prägung, die Reine Rechtslehre, die Zwölftonmusik von Österreich aus ihren Weg angetreten haben? Viele der Persönlichkeiten, die dieses Buch behandelt, sind weltbekannt geworden und geblieben, andere wieder sind so gut wie vergessen, aber ihr Beitrag zu einem neuen Weltbild verdient es sehr wohl, sich mit ihnen auseinander zu setzen.

In derselben Stadt, in der Johann Strauß die „schöne blaue Donau" glorifizierte, rang Schönberg um einen neuen musikalischen Kosmos, und in einer dem Ästhetizismus überschwänglich huldigenden Gesellschaft, die von verlogenen Tabus gezeichnet war, haben Freud und Karl Kraus das Dickicht der Zweideutigkeiten und Doppelzüngigkeiten kompromisslos durchbrochen. Kontraste wie Lebenslust und Todestrieb, therapeutischer Nihilismus und Ignaz Semmelweis, Makart und Schiele, Brentano und Wittgenstein, Otto Weininger und Rosa Mayreder zeigen, wie vielfältig traditionelle und moderne Strömungen einander befruchten.

4. ERG. AUFL. 2006, XXXV, 506 S. GB. 170 X 240 MM | ISBN 978-3-205-77498-3

BÖHLAU VERLAG, WIESINGERSTRASSE I, A-IOIO WIEN, T:+43 I 330 24 27-0
INFO@BOEHLAU-VERLAG.COM, WWW.BOEHLAU-VERLAG.COM | WIEN KÖLN WEIMAR

böhlau

GÜNTHER WINDHAGER

GÜNTHER WINDHAGER
LEOPOLD WEISS ALIAS
MUHAMMAD ASAD

VON GALIZIEN NACH ARABIEN

Leopold Weiss alias Muhammad Asad (1900–1992): österreichischer Journalist und Orientreisender, enger Vertrauter König Ibn Sauds, Gesandter Pakistans bei den Vereinten Nationen in New York, Koranübersetzer und -kommentator, visionärer muslimischer Denker und Autor. Geboren in Lemberg als Sohn einer jüdischen Familie, gehörte Weiss Ende der 1910er- und Anfang der 1920er-Jahre zur literarischen und künstlerischen Boheme in Wien und Berlin. Nachdem er ab 1923 als Nahost-Korrespondent der Frankfurter Zeitung die Länder zwischen Ägypten und Afghanistan bereiste, konvertierte er 1926 zum Islam und nahm den Namen Muhammad Asad an. Durch sein schriftstellerisches und theoretisches Werk wurde Asad nicht nur zu einem der bemerkenswertesten islamischen Theoretiker des 20. Jahrhunderts, sondern auch zu einem bedeutenden Kulturvermittler und Wegbereiter für einen Dialog zwischen dem Islam und dem Westen. Das Buch – mit bisher unveröffentlichten Fotos und Dokumenten – bietet erstmals einen ausführlich recherchierten Einblick in Weiss"/Asads frühe Biographie und seine journalistische Arbeit bis zum Aufbruch zu seiner ersten Pilgerfahrt nach Mekka im Jahr 1927.

3. AUFL. 2008, 230 S. 19 S/W-ABB. AUF 18 TAF. BR. 155 X 235 MM.
ISBN 978-3-205-99393-3

BÖHLAU VERLAG, WIESINGERSTRASSE 1, A-1010 WIEN, T:+43 1 330 24 27-0
INFO@BOEHLAU-VERLAG.COM, WWW.BOEHLAU-VERLAG.COM | WIEN KÖLN WEIMAR

JOHANNES E. SCHWARZENBERG
ERINNERUNGEN UND GEDANKEN EINES DIPLOMATEN IM ZEITENWANDEL 1903–1978
HERAUSGEGEBEN VON
COLIENNE MERAN,
MARYSIA MILLER-AICHHOLZ,
ERKINGER SCHWARZENBERG

Johannes E. Schwarzenberg (1903–1978) zieht 1921 zum Studium nach Wien. Als mittelloser Akademiker tritt er 1928 einen Posten bei der Wiener Polizei als gewöhnlicher Verkehrspolizist an. 1930 wird er in den Auswärtigen Dienst aufgenommen und 1933 nach Rom und dann 1936 nach Berlin entsandt. 1938 muss Schwarzenberg fliehen. Er entkommt den Nazis nach Belgien, ehe es ihn 1940 nach Genf verschlägt. Als Leiter der Sonderhilfsabteilung des Roten Kreuzes befasst er sich bis 1945 mit dem tragischen Los der europäischen Juden. Nach Kriegsende stellt sich Schwarzenberg neuerlich der Republik Österreich als Diplomat zur Verfügung.

Oliver Rathkolb, Peter Jankowitsch, Maximilian Liebmann, Gabriella Dixon und Christoph Meran bestreiten den Dokumentarteil zu diesem Band, in dem auch die „Auschwitz Protokolle" enthalten sind.

2013. 467 S. 81 S/W-ABB. UND 2 STAMMTAF. GB. MIT SU. 170 X 240 MM.
ISBN 978-3-205-78915-4

BÖHLAU VERLAG, WIESINGERSTRASSE 1, A-1010 WIEN, T:+43 1 330 24 27-0
INFO@BOEHLAU-VERLAG.COM, WWW.BOEHLAU-VERLAG.COM | WIEN KÖLN WEIMAR

böhlau

FRITZ FELLNER, DORIS A. CORRADINI (HG.)

SCHICKSALSJAHRE ÖSTERREICHS

DIE ERINNERUNGEN UND TAGEBÜCHER JOSEF REDLICHS 1869–1936

(VERÖFFENTLICHUNGEN DER KOMMISSION FÜR NEUERE GESCHICHTE ÖSTERREICHS, BAND 105/1–3)

Die erweiterte Neuedition der Tagebücher des österreichischen Politikers und Gelehrten Josef Redlich lässt den Lebenskampf des habsburgischen Vielvölkerstaates aus der Perspektive des täglichen Lebens miterleben. Seine den Tagbüchern vorangestellten Lebenserinnerungen schildern den Aufstieg einer jüdischen Familie aus den einfachen Verhältnissen einer slowakischen Landstadt zu einer in Cisleithanien wirtschaftlich erfolgreichen Industriellenfamilie. Die bis zu seinem Tod 1936 reichenden Tagebucheintragungen bieten Einblick in die gesellschaftlichen Verflechtungen, die das politische Geschehen der so dramatischen ersten Jahrzehnte des 20. Jahrhunderts bestimmt haben. In ihrer Gesamtheit sind diese durch Briefauszüge ergänzten Aufzeichnungen eine aus Quellen zusammengestellte »Autobiographie«.

2011. 1622 S. 15 S/W-ABB. GB. 170 X 240 MM. | ISBN 978-3-205-78617-7

BÖHLAU VERLAG, WIESINGERSTRASSE I, A-1010 WIEN, T: +43 1 330 24 27-0
INFO@BOEHLAU-VERLAG.COM, WWW.BOEHLAU-VERLAG.COM | WIEN KÖLN WEIMAR